现代校长的专业智慧

优化内部管理篇

青岛市教育局
编著

中国海洋大学出版社

·青岛·

图书在版编目（CIP）数据

现代校长的专业智慧.优化内部管理篇 / 青岛市教
育局编著 . –– 青岛：中国海洋大学出版社，2020.12

ISBN 978-7-5670-2722-0

Ⅰ.①现… Ⅱ.①青… Ⅲ.①学校管理－文集 Ⅳ.
① G47-53

中国版本图书馆 CIP 数据核字 (2021) 第 005701 号

现代校长的专业智慧（优化内部管理篇）

出版发行	中国海洋大学出版社		
社　　址	青岛市香港东路 23 号	邮政编码	266071
网　　址	http://pub.ouc.edu.cn		
出 版 人	杨立敏		
责任编辑	王积庆	电　　话	0532-85902349
电子信箱	3987667@qq.com		
印　　制	青岛国彩印刷股份有限公司		
版　　次	2021 年 3 月第 1 版		
印　　次	2021 年 3 月第 1 次印刷		
成品尺寸	185 mm × 260 mm		
印　　张	34.25		
字　　数	642 千		
印　　数	1 ～ 2500		
定　　价	60.00 元		
订购电话	0532-82032573（传真）		

发现印装质量问题，请致电 0532-58700168，由印刷厂负责调换。

《现代校长的专业智慧（优化内部管理篇）》
编委会

序言
——PREFACE

在中小学校里,校长权力最大。权力越大,责任越大。如果校长的权力运用不当,就会对学生发展、教师发展、学校发展造成负面影响。校长是学校的灵魂,一个学校有个好校长,是教师们的幸运,更是孩子们的幸运。校长管理学校是专业性的活动,并非人人都能胜任。一个不懂管理、不懂教育的外行,是管不好一所学校的。专业的人做专业的事才能做好。校长的专业水平直接决定着一个学校的办学水平和教育质量。

专业成长的过程就是专业化的过程,校长的专业成长包括三个方面:专业知识、专业能力和专业精神。专业知识涉及"知不知",专业能力涉及"能不能",专业精神涉及"愿不愿"。人往往是先"知"而后"能",专业知识是专业能力的基础。但是,如果一个人能力很强,但是不愿意干事,没有干事的动力,最终也干不成事;所以,想干事+能干事=干成事。

校长首先要"想干事",要树立正确的权力观与政绩观,要认识到自己的责任,要以积极的态度、饱满的热情、坚定的意志投入管理工作。如果自己消极怠工、不思进取,就会贻误学生、教师、学校的发展。管理之责神圣,不可亵渎,管理工作会影响很多人的未来,校长对于管理工作要有敬畏之心。

校长还要"能干事",根据我国校长专业标准的要求,我国中小学校长要做好六项专业职责,即规划学校发展、营造育人文化、领导课程教学、引领教师成长、优化内部管理、调适外部环境。这六项内容要求校长既要"懂教育"又要"懂管理"。

校长要有正确的教育观,要坚持育人为本,而不是"分数挂帅"。要为学生的"一世"做准备,要培养学生一生受用的关键素养,如思维能力、创新能力、合作能力、交流能力,而不是只为学生的中考或者高考这"一时"做准备,要立足学生的长远利益和根本利益,教育不能急功近利,更不能庸俗势利。校长要做课程改革与教学改革的内行里手,引领学校的课程与教学改革。

校长要有正确的管理观。校长做的是"教育管理",管理是为教育服务的、为育人服务的,不能为管理而管理。管理不是为了把师生管住管死,而是为了发展人、解放人。校长要做现代校长,要具有现代精神,要做"现代管理",即科学管理、民主管理、依法管理。科学管理要求实事求是,具有科学精神,不是有权就任性,不是乱作为;民主管理反对专制,要求师生和家长参与学校管理,校长多听取各方意见和建议,在民主的基础上决策,而不是独断专行、专制霸道;依法管理反对人治,要求加强法制建设和制度建设,通过制度来管事、管人、管钱,而不是随意随性而为。

加速校长的专业成长路径有三:一是政府增强校长培训的针对性、实效性,精准提升校长专业素养;二是通过校长人事制度改革尤其是通过校长评价制度改革,用好评价这个指挥棒,促进校长专业成长;三是校长自身要勤于学习与反思,要多读书,并把理论与实践有机结合,通过反思使理论与实践互动互惠,使自己快速成长。

青岛市教育局为促进中小学校长、幼儿园园长快速成长,发挥名校长的示范、引领与辐射作用,投入专项经费建立名校长工作室,涵盖学前教育、小学教育、中学教育、职业教育、特殊教育等各学段。这些工作室依据教育部颁布的《校长专业标准》深入开展理论研究,大胆进行实践探索,取得了很好的成效。本书精选的"现代校长的专业智慧"就是名校长工作室的重要研究成果,是多年来青岛学校管理的宝贵经验,它凝聚了全市 3000 多名中小学校长、幼儿园园长的专业智慧,值得大家学习借鉴。

褚宏启

(北京开放大学校长、北京师范大学教授)

目录
——CONTENTS

第一部分 学前教育

第二部分 小学教育

第三部分 中学教育

第四部分　职业教育

第五部分　特殊教育

第一部分

学 前 教 育

幼儿园优化内部管理四部曲

平度市白沙河街道张戈庄中心幼儿园　迟洪芝

建立科学的管理机制是幼儿园内部产生良好循环的根本保证。俗话说："麻雀虽小，五脏俱全。"这句话形象地道出幼儿园管理工作面广事杂的特点。如何科学规范管理幼儿园是广大幼教管理者探讨的课题。近年来，张戈庄中心幼儿园根据本园的实际情况，深入探讨管理的步骤、方法与措施，探索出一条符合本园实际的管理思路，为幼儿园各项工作提供了有力的保证。

一、紧抓常规管理，提高实效

1. 党务工作制度化。继续大力加强学习型党组织和"五好班子"建设，努力打造学习型、服务型、实干型、创新型、廉洁型班子。

2. 教学管理科学化。进一步规范、落实幼儿园保教工作考核制度。杜绝工作中走过场、搞形式主义，增强教师工作责任感和自觉性，综合评定教师在本学期内的业务工作。

3. 安全工作常态化。完善幼儿园安全监管体制，落实幼儿园主体责任，定期开展校园安全隐患大排查大整治，杜绝安全隐患。

4. 家长工作和谐化。让家长真正走进幼儿园，开通家园沟通热线，以家长学校、父母课堂、家教沙龙等多种形式向家长宣传最新的科学育儿的知识。继续深入开展0～3岁早教活动，发挥中心幼儿园的辐射带动作用，提高辖区内婴幼儿家长科学育儿的能力。

二、深化教育教学，不断提高保教质量

以抓实教育教学研讨为核心，加强学习和研究，不断更新教育观念，转变教育行为，加强课题研究，提升教师业务素质，提高教师教育教学反思能力，提高幼儿园教育质量。

1. 加强园本教研力度,提高园本教研质量。立足张戈庄中心幼儿园教研活动的实际情况,深入查找本园在园本教研过程中的薄弱环节,成立专项研究小组,研究园本教研细项问题。

2. 坚持集体备课制度,提高教育质量。教师分年级组每周三进行集体备课,要做到先周备课,活动后能针对活动过程中存在的问题及时进行探讨、反思。教师之间要加强听课力度,通过相互学习,共同提高。

3. 加强新教材研究,提高教师理解教材的能力。通过开展教育活动、区域游戏的听、看、议、评活动,继续加强教师新教材培训,提高教师对新教材的认知与理解。

三、加强教师队伍建设,提高保教质量

幼儿园根据教师自身的不同特点以及教学过程中的薄弱环节,对教师进行青年新秀、骨干教师、名师等不同等级、不同层次的培训,确立了"重点培养、梯队推进、整体提高"的教师发展策略。通过压担子、引路子,加快教师进步成长;搭台子、铺路子,推出教师榜样;定标准、真考核,动态管理推进集体创优,为教师发展提供专业成长的环境和演练的舞台,全面推进教师队伍整体素质的提高,逐步提升专业发展水平,打造一支"业务硬,能力强,素质高"的保教队伍。

四、加强特色课程发展,提升园本课程品质

1. 加强课题研究,丰富园本课程。积极做好国家"十三五"课题"家园共育,促进幼儿良好行为习惯的研究"研究工作,将家庭教育资源充分融合幼儿园园本课程。

2. 利用乡土资源,活化幼儿园课程。幼儿园结合本地实际情况,利用张戈庄落药河茶厂资源,定期组织家长和幼儿进行参观茶厂实践活动,创设了"家乡的茶园"主题活动,进一步完善、丰富园本课程体系。

精细化管理推进特色幼儿园创建

青岛市城阳区夏庄街道中心幼儿园　郭文辉

一所特色幼儿园需要有精细化的管理。近年来,夏庄街道中心幼儿园为打造区

域特色幼儿园,经过不断的探讨,确定了"精细化管理"这一带有方向性的管理思路,幼儿园管理和教学水平不断提升。

一、让精细管理成为一种工作态度

精细化管理是一种理念、一种文化。"没有规矩不成方圆",管理制度和岗位细则是依法治教在幼儿园管理中的具体体现。要想对幼儿园进行精细化管理,首先要建立完善适合幼儿园发展的制度和细则,建立一套可行的工作流程,才能保证工作的规范化,幼儿园的各项工作才能有章可循。同时,园长及管理层还要将这种制度内化成为每一个教师的自觉行动,将这种理念渗透于管理的方方面面,渗透于教学的全过程,这样精细化管理才有保证,有落实。近年来,夏庄中心幼儿园一直把"为孩子的一生幸福成长奠基未来"作为工作的动力,走内涵发展之路,推行先进的教育理念,为师生成长创设广阔的发展空间,让每一名孩子享受更适合的教育,让每一位教师从事专业的教育,让学校成为师生的精神家园、孩子的乐园!

二、让精细管理贯穿工作过程

幼儿园要求中层领导要牢固树立服务意识和奉献意识,要带头讲学习、讲正气、讲大气,在"细"字上做文章,在"实"字上下功夫;要有一定的高度和力度,清楚教育的方向和教育的作用;团结同事,注重实干,提高群众意识和公仆观念,工作服务于师生和教育;变一人管理为大家管理,权力层层有,任务个个担,责任人人负,做到人人会管理,处处有管理,事事见管理;引领每一名教师都成为管理的一部分,都能找到属于自己的管理坐标,强化每个成员的主人翁意识。

三、让精细管理成为一种责任

幼儿园的管理有三个层次:一是规范化,二是精细化,三是人性化。精细化管理就是落实管理责任,变一人操心为大家操心,将管理责任具体化、明确化,其中精细化是建立在规范管理的基础上,并将规范管理引向深入的关键一步。精细化管理就是要每一个教师做到"八有",即有目标、有责任、有思路、有步骤、有重点、有考核、有反馈、有落实。想问题办事情一定从幼儿园大局出发,不要只顾自己的三分地,要放眼万亩良田,做好自己的本职工作,守土有责,守土尽责。

四、让精细管理不断创新

首先,创设民主的氛围,让教师勇于创新。幼儿园应积极创设民主、宽松和谐的心理氛围,运用有效的措施建立一个平等、尊重、友好的工作状态,使教师的思维能进入一个驰骋的空间,保持思想的开放,思维的活跃。

其次,做教研活动的有心人。丰富的研究机会、独特的研究背景、突出的研究问题、最佳的研究时间,为教师开展教学活动提供了优越的研究条件。这就要求教师以独特的眼光、分析解决问题,找准突破口,以问题为研究课题,经过集思广益,转化为一个又一个特色的教研课题。学会反思和积累,坚持积累教学经验和教研素材,以好奇心和新鲜感对待每一天的工作,天天有反思,天天有新视角,天天有收获。创新的思维、创新的作为常常源于反思之中。

构建信息化立交桥,悦享共育新校园

青岛市即墨区环秀中心幼儿园 黄玉香

信息社会对幼儿园提出了新的要求,信息技术作为幼儿园管理和教学中一种便捷、有效的方式,在实际工作中发挥着重要的作用。实现幼儿园教育和管理的现代化,能促使幼儿园管理更加高效、保教活动得以良性发展。

一、智慧化搭桥赋能,促管理精细化

在信息技术迅猛发展的时代,传统教学与管理模式不断更新改变,智能化管理系统步入学校是历史发展的必然,很多学校认为数字化需要花钱。其实,一些免费又实用的小工具在学校日常工作中起着不可小觑的作用,如手机 App "钉钉",通过使用其中的考勤、请假、物品领用、绩效自评、盯盘等功能,打破了组织边界,让幼儿园 "跳起舞来",让沟通快如闪电。有人说:现在幼儿园发通知、请假、审批、物品领用,包括教师的工资条,都通过 "钉钉",纸张变得无比寂寞。幼儿园的值日教师每天会全园巡逻,记录信息汇总,以前这些都记到纸上,汇总给全园看到,最快也得第二天,使用 "钉钉" 后,值日教师随时提交巡查信息同步给全园;还有包括检查卫生在内,都可以通过 "钉钉" 远程监控,检查区域的高清照片上传,卫生是否合格一目了然。工作变得高效,成本得到了节约,真正将幼儿园的信息化建设与社会的低碳环保理念相互衔接,武装了教师的信息化头脑,提升了信息化管理的创新理念,为幼儿园的发展提供了契机。

二、硬件、软件双管齐下，促科研专业化

依照我国颁布的《国家中长期教育改革和发展规划纲要（2010—2020 年）》要求，幼儿园要加快教育的信息化建设进程，到 2020 年，要基本实现教育内容、手段、方法的现代化。为了达到这个目标，在环秀街道党工委的大力支持下，环秀中心幼儿园在硬件上下大功夫，早在 2014 年就为每个班级配备了高规格的交互式教学一体机，强大的软硬件平台，满足了日常保教工作中课件演示、互动交流、重点标注、远程视频等需要。幼儿园顺势而为，巧妙使用手机投屏软件 ApowerMirror，在区角点评环节"删繁就简"，让智能手机来协助教师完成全部工作，拍照、投屏、展示变成了一分钟的事，极大减轻教师工作负担，提高了工作效率。巧妙利用 GoodNotes、MindManager 思维导图、有道云笔记、百度云盘等 App，不仅可以帮助教师理清思路、在线研讨，还可以帮助教师将手中的资料进行分类、筛选，零距离分享彼此的教学心得、体会、经验，同步上传重要文件，供其他教师浏览、查阅，为教师工作的开展提供了最大的支持，使资源管理更高效。

三、共情共育平台，促家园畅通化

在信息时代我们需要构建线上、线下同心园，用同感的思维方式引领幼儿家庭的参与，积极创建家园共育新型平台。线上，我们创新幼儿入园报名方式，在综合考虑幼儿家庭的实际情况后，秉持为幼儿家庭提供最大便利的理念，采用微信小程序在线报名的形式，缓解了幼儿报名难的问题，为幼儿入园提供了方便。线下，我们开展了"沙龙互动"活动，前期通过"问卷星"探家长之所想，活动中通过微信小程序"小小签到"享家长心之所愿。通过微信小程序，活动现场的家长可以上传照片和文字感悟，畅所欲言，让因事未能参加的家长也能同步参加幼儿园的各项活动。一条条发自肺腑的留言汇聚成了"网络联系本"，拉近了教师、幼儿、家长之间的距离，家长可以随时了解到自己孩子的学习动态，与教师沟通思考解决方案。每一份"网络联系本"最后都会被家庭收放在孩子的成长档案中，珍藏这份美好的家园情怀。通过这种线上线下信息双通道并行的沟通平台，在多形式、多途径的信息传递中，不用亲临现场就能感受到活动现场精彩的气氛，家园同感共成长。

信息化建设对于幼儿园来说，既是发展的需要，也是促进幼儿健康成长的需要，更是消除家园隔阂的重要方式。我们将持续探索信息化创新应用在幼儿园的可持续发展，让数字化校园多一种可能，让信息化在幼儿园建设过程中发挥更大的作用与价值。

践行精细化管理 推进幼儿园特色建设

青岛市市北瑞安幼儿园　杨丽菁

　　现代管理认为,管理有三个层次,一是规范化,二是精细化,三是个性化。我认为精细化管理就是:第一,落实管理责任。变一人操心为大家操心,将管理责任具体化、明确化,要求每一个人都要到位、尽职。第二,提高教职工的责任感。第一次就把工作做到位,对工作负责,对岗位负责,人人都管理,处处有管理,事事见管理,从而使幼儿园的管理呈现权力层层有,任务个个担,责任人人负,以精心的态度、精细的运作过程,打造出一个个精品工作业绩的园风、园貌和园景(远景)。我园在精细化管理上是分以下三步走的。

　　第一,转变观念,提高认识。

　　引导教职工了解实施精细化管理的必要性和重要性,同时认识到自己所肩负的重担。首先,在转变教师观念、提高教师对精细化管理的认识方面,我们为教师提供了两本书,一本是《没有任何借口》,另一本是《细节决定命运》。我校组织每位教师认真阅读了这两本书,并要求教师写出心得体会在例会交流。通过对《没有任何借口》的学习,全体教师认识到:借口只能让人逃避一时,却不能让人如意一世;一个人对自己的工作、学习不负责任就是对自己不负责任,一个对自己不负责任的人就没有任何前途可言;对待工作与学习的正确态度是正视现实,踏实敬业,以一种积极的心态去努力学习、不断进取,发现并肯定自己的能力。通过对《细节决定命运》一书的学习,教师们认识到"失败与成功的关键就隐藏在我们行为的细枝末节里,行为养成习惯、习惯形成性格、性格决定命运"。幼儿园实行精细化管理,就是纠正幼儿园细枝末节工作中的不良现象,从每一个细小的行为与责任入手,实现幼儿园的全面和美发展。

　　其次,有了这样的思想认识以后,我们就根据我园"爱润童年,惠泽未来"的办园特色,引导教师开展了"上善若水,润万物而不争"的"水文化"大讨论。通过讨论大家梳理出了近百条的"潜移默化、润物于细微"的教育策略,其内容涉猎环境创设、师幼关系、家园沟通、教师严兴仪表、保教工作、团队合作等方面,并将这些"润物于细微"的理念有机地融入了我园"润泽教育"管理手册之中。

第二、细化制度,狠抓落实。

幼儿园制定、完善各项制度,引导教职工遵守工作规范,约束教职工的个体工作行为,使教职工明确遵守或者违反规定的奖励惩罚措施,保障幼儿园各项措施执行的政令畅通,对幼儿园发展起着决定性的作用。通过幼儿园教职工学习、讨论,教职工代表大会通过,共同制定以下几方面制度。

1. 幼儿园各部门人员的岗位职责。从园长、党支部书记、副园长等幼儿园党政领导,一直到图书管理员、门卫、班主任、保育教师等工作人员都有自己的职责,使幼儿园各部门工作人员明确工作职责,各尽其责,做到事事有人负责,人人有事负责。

2. 幼儿园各项工作的流程及规范。幼儿园把领导决策、办事程序等每项工作都建立管理的流程,说明管理的步骤和要求,在此基础上,细化了工作规范。幼儿园工作规范有《园务公开制度》《重大事项议事规则》《家园社区工作常规》《教师一日常规》《幼儿园安全制度》《重大突发事件紧急预案》《幼儿园教学事故处理办法》等。

3. 教师的激励制度。制度不光是告诉教师应该怎样做和不应该怎样做,还需要激发教师的工作积极性,把实现自身的价值的过程与实现幼儿园的目标统一起来,这就需要制定激励性制度。例如,《绩效工资分配方案》《教研成果奖励制度》《继续教育培训提高奖励制度》。

4. 教师的考核制度。考核是所有制度执行的保障。例如,《教职工月考核制度》《幼儿发展评估制度》,不但重视考核教师教育教学工作的结果,而且重视考核教育教学的过程;不但重视教师工作量的考核,而且重视教师工作质的考核。

再好的制度也须在执行的基础上才有意义,否则就是一堆废话。在制度的执行落实中,我们提出了"热炉定律"——当人要用手去碰烧热的火炉(违反制度)时,就会受到"烫"的惩处。

精细化管理是提高管理效益的有效手段,经过一段时间的探索实践,幼儿园的面貌焕然一新;每项工作有章可循,有规可依;教师的事业心责任感明显增强,讲奉献、搞教研、创一流的风气日盛;学生增强了自信心,讲卫生、懂礼貌、守纪律、勤学好问、积极上进,蔚然成风。

新河镇新河中心幼儿园规范、传承、特色办园历程

平度市新河镇新河中心幼儿园 郑素岩

　　自《国务院关于当前发展学前教育若干意见》颁布以来,幼儿教育迎来了前所未有的发展时期。特色办园过去曾经是为了提高自身竞争力而选择的发展思路;而现在,准确定位的幼儿园特色,不但能充分发挥优势,更能促进工作更好的发展。

　　基于农村幼儿园的现状,新河镇新河中心幼儿园在成长与发展的过程中步履艰难。因特色发展的路子无固定模式可循,在成就特色的过程中存在盲目性,着实走了一些弯路。工作中的不顺畅并没有让我们懈怠,而是静下心来做了一些思考、归纳,继而拟定了规范、传承、特色办园的发展之路。

　　第一,注重师德师风,规范育人氛围。

　　幼儿园把提高教师职业道德和业务水平作为规范办园行为的重中之重,以《纲要》《指南》为依托,充分利用自主学习和周六集中学习时间,组织教师学习师德文件和学前教育相关规定,不断提升教师业务和职业道德素养;坚持保教并重,全面实施五大领域课程,科学规范地组织一日活动,坚决杜绝"小学化",营造适合幼儿身心发展的育人氛围。

　　第二,重游戏研环创,教师幼儿同成长。

　　以游戏为基本活动形式,科学合理利用室内外空间,多方挖掘富有地域特点的材料(草编、水产品、农副产品及废旧物品),为幼儿提供可操作材料,诱启多元思维,实施以物代物,激发幼儿参与活动的积极性。依托主题重创设,真正做到一班一品。为助推户外活动的开展,挖掘废旧材料制作杠铃、打击乐器、轮胎滚滚乐、油桶冒险神器等,充分展现了教师深厚的基本功和幼儿的动手制作能力,使幼儿的户外活动妙趣横生。

　　第三,扬个性挖传统,多元活动精彩呈。

　　为培养幼儿的创造力和表现美的能力,开展亲子制作、讲故事等比赛。升国旗时的"国旗下的好孩子",旨在鼓励孩子生活、学习中从点滴进步开始,努力做最好的自己。挖掘传统游戏:跳房子、赶木木牛、跳大绳、打宝、翻花绳、跳竹竿,使优秀的传统

文化得到传承。

第四,"合乐"课程引领,精准实施课程。

制订适合园本实际的课程实施计划(学期计划、月计划、周计划等),按规定开足开齐课程,组织开展教学活动。坚持按学期教学计划开设活动,坚持按周工作计划把握进度;不随意增减课时,不随意增减科目;不随意提前结束课程和搞突击教学,严格执行课程方案。建立科学、开放、民主的课程管理和评价体系,实施动态、弹性的课程管理。家园社合力,开启多方资源挖掘地域性材料用于环境创设。每周结合各班课程实施对幼儿进行素质评估,每月进行总结反馈,教师及时调整教学策略和方法,确保幼儿整体素质全面发展。

第五,立特色倡运动,孩子体质有保障。

为促进幼儿身心健康发展,遵循《指南》要求并根据孩子的年龄特点,确立了不同的体育锻炼项目:大班跳绳,中班拍球,小班滚轮胎。规定专属时间开展活动,递进增加难度,分时段组织比赛、表彰。为深入贯彻落实习近平总书记关于振兴中国足球"从娃娃抓起、从基层抓起、从基础抓起"的重要指示精神,本学期,新河镇新河中心幼儿园加快推进足球工作,思想上重视,行动上跟进,于2019年8月被评为"全国足球特色幼儿园"。12月1日,新河镇新河中心幼儿园的园级足球队赴青岛市国信体育馆参加了"2019年青岛市第一届幼儿足球嘉年华活动"并获亚军殊荣。

平度市明村镇中心幼儿园和谐管理体制的确立

平度市明村镇中心幼儿园　蒲海霞

幼儿园管理体制是制约农村幼儿教育发展的瓶颈,健全和完善幼儿园管理体制是发展农村幼儿教育的前提和保障。平度市明村镇中心幼儿园是一所公办幼儿园,长期以来在计划经济体制下,幼儿园是处于"全包"的封闭状态,事事由主管部门安排,幼儿园只管关门办园。而面对市场经济的新形势,幼儿园缺乏足够的心理准备和承受力,因此导致管理体制瘫痪,幼儿园各项工作停滞不前,不能有效开展。近年来,主管部门给予幼儿园更多的自主权与决策权,实施"一体化"管理模式,改革内部管理体制,实施目标管理,促使管理工作的科学化。

一、改变思想，更新理念，细化管理机制

坚持"统一管理、适度分离、明确职责、促进发展"的原则，全镇实行"一体化"管理，坚持园长负责制，中心幼儿园园长负责辖区内所有幼儿园的工作，园负责教师负责本园的日常工作。及时更新管理理念，学习新的管理知识，细化管理机制，建立完善系统的幼儿园管理体制。

1. 制定完善的管理制度，合理利用幼儿园及家长资源，使园内管理达到事半功倍的效果。建立园本管理手册并不断完善，实行园长负责制、教师聘任制等，调动教职工积极性和主动性，成立"园长工作室""园务管理委员会""家长委员会""膳食管理委员会""教职工代表大会"等管理机构，充分发挥其合力作用，积极出谋划策，共同参与幼儿园的科学管理。

2. 设立健全的组织机构，明确管理职责，细化管理任务，在管理过程中突出"以人为本"的管理理念，有分工、有制度、有考核，做到事事有标准，人人明责任，检查有依据，考核有结果，形成人人有事干、事事有人管的科学管理；提升管理人员自主管理水平，定期组织管理人员会议，大家梳理近期工作中的突破点和困惑点，分享工作中的经验，分析探讨管理中存在的问题，通过案例分析的方式，帮助大家了解问题解决方法和流程，进一步明确每一个案例背后所蕴含的管理理念；注重日常管理工作的开展，坚持纵向管理与横向管理相结合原则，建立了园长、分管主任、级部组长、班主任分层负责的纵向管理制度，日常管理工作分层分解落实，这样既保证每项工作落实到位，又充分发挥每一层管理者的自主性和创造性；为了满足每位教师参与互动的机会，我们通过"教职工代表大会""全体教师会"等形式，了解大家的所思所想，采纳合理建议，提供发展环境与机会。

二、转变态度，拓宽视角，优化服务意识

树立教育服务意识，幼儿时期是人生的关键时期，幼儿教师服务意识的体现对幼儿健康成长至关重要。加强教职工师德师风建设，从宏观视角看待幼儿教育的本质，树立良好的服务意识，组织大家认真学习《新时代幼儿教师职业行为十项准则》，撰写学习心得，开展师德演讲比赛，记得一位教师在演讲时含着眼泪说道："我时常在心中想：'假如我是孩子，假如是我的孩子'，这样的情感使我对工作少了一份埋怨，多了一份宽容，用心呵护每一个孩子，真正走进孩子的世界。"正是有了这样的情感，教师们每天扮演着不同角色，满足着各种需求服务，优化着保教服务质量。

三、加强学习，注重内涵，深化质量提升

随着《纲要》《指南》等一系列学前教育领域国家文件的正式出台，课程改革、专业提升在幼儿园备受关注。在一体化体制改革实施中，幼儿园尤其注重教师队伍建设、幼儿园内涵发展及保教质量的提升。

1. 把提升教师队伍水平作为重中之重的工作。教师定期分层培训让教师掌握幼儿教师的基本素养；《纲要》《指南》等政策性文件的解读让教师把握幼儿教育的引领方向；通过解读幼儿行为，撰写观察记录的措施来强化自身核心专业素养，这种分步递进式的培养目标，形成了教师专业成长的切实可行的路径。

2. 打造幼儿园课程建设，充分发挥课程核心意识，以宽阔的户外场地和丰富的农村自然资源为基础，以国家级"十三五"课题《利用农村资源开展户外体育活动的研究》为依托，开展了和谐发展园本课程研究，以幼儿的现实的需要为出发点，以教师为主体构建园本课程，注重课程在幼儿一日生活中的渗透与随机教育，利用环境这种隐形课程，吸纳家长群体这一课程资源，让孩子得到全面发展。

和谐管理体制的建立保证了幼儿园有序全面而快速的发展，形成了一体化管理的完整体系。

优化管理，营造和谐家园

青岛市李沧区衡水路幼儿园　王　开

幼儿园是教职工的另外一个家，在以目标管理、动态管理和量化管理在建立管理机制的同时，要从教职工内心激发和谐家园的共同愿景，把开拓创业和敬业奉献结合起来，营造出一个大家争先创优的工作局面。

幼儿园的各项工作繁多，在内部管理过程中最突出的问题是事务多，管理干部少，所有工作需要一一下达到班级，无形中增加了教师的工作压力，管理的效力也不佳。在这种情况下，如何发挥教职工特长，突出管理优势，优化内部管理机制，营造和谐的园所氛围，我园尝试开展了项目管理的内部管理机制，调动了教职工的积极性，提高了工作的效率和质量。

一、细化各项工作，统整罗列相关项目

学期初，我园将幼儿园学期工作计划中的各项内容进行了细致的规划和统整，依据活动的内容和组织形式等，分别罗列出了与教师日常工作紧密相关的项目，如薄弱领域研究、节日环境创设（幼儿园大环境）、社区宣传活动、大班毕业典礼、重大节日活动、升旗仪式、各类应急演练，通过召开班主任会议，让教师了解相关的项目内容，并筹备开展项目认领工作。

二、发挥教师优势，项目认领到人

1. 以级部为单位，推选项目管理人员。在项目管理内容确定后，各级部教研组长带领各级教师，针对不同的项目内容，鼓励有特长的教师、有管理组织能力的教师、有积极主动性的教师积极地参与项目管理工作，在级部中形成初步的意见。

2. 以园区为单位，确定项目管理人员以及工作职责。各级部确定人选后，园区所有教师针对不同教师的能力和特长，以及所负责项目的内容进行投票，选出最适合的项目管理人员。项目管理推选结束后，根据相关的内容和要求，细化不同项目工作的重点以及需要完成相关工作的时间，同时明确在项目管理中的职责——重思考、细规划、抓落实，与班级教师积极协调配合，根据一日活动的要求和课程实施的需要，高质量地完成不同项目的内容。

3. 制订项目管理计划，逐步落实各项工作。计划是落实工作的必要条件和基础，作为项目管理教师，首先要明确一学期项目工作的内容并做出细致的规划，在过程中与班级教师配合完成各项工作。以薄弱领域研究为例，负责的项目教师与各级部教研组长共同研究，确定了研究内容和研究时间，并用表格的形式列出研究的计划。

活动名称	组织时间	执教教师	评析主持人
数学：《认识前后》（小班）	2019.3.11	董淑婷	王琳
数学：《图形分类》（小班）	2019.3.27	张俊青	王琳
数学：《认识序数》（中班）	2019.4.9	张静	华卉
数学：《有趣的数字》（中班）	2019.4.23	邱静	华卉
数学：《认识整点》（大班）	2019.5.10	陈怡静	鹿春燕
数学：《图形二等分》（大班）	2019.5.21	宋惠	鹿春燕

续表

活动名称	组织时间	执教教师	评析主持人
数学：《认识梯形》（中班）	2019.6.13	张静	华卉
数学：《正方体和长方体》（大班）	2019.6.26	肖璎	鹿春燕

参与此项目的教师根据时间的安排,各自提前准备,并及时将相关的教案和材料发送给项目管理人,及时整理成档。其他项目负责人同时根据项目实施的要求也列出相关的计划,在活动开展前及时通过微信等方式发放相关的提醒和要求,让各类活动有序地开展。

三、追踪项目进程，落实工作实效

作为管理者,项目管理人是负责项目的主要人员,过程中的实施情况需要管理者随时关注过程和实施的质量情况,并及时提出合理化的建议,完善管理方案。在幼儿园大环境的创设与营造方面,管理者要随时关注幼儿在活动中的参与性和主体性的体现,时刻提醒教师避免单纯为了制作而制作的现场,把创设大环境的过程与课程内容有机整合,激发幼儿对主题内容和幼儿园的情感,让幼儿在动手的过程中了解为什么要做,感受在过程中的成功体验。

领域教学研究过程中,管理者亲自走进课堂,与教师和负责人共同研究实施的质量,在教学过程中关注教师专业发展的需要,积极地为教师提供专业引领和支持,通过项目管理与时间研究让教师在过程中受益。

管理者在管理的过程中要及时发现不同项目管理者的优点,及时分享有益经验,善于发现实施过程中的问题,以点带面地及时纠正完善,促进相关工作高质量地开展。

项目管理的方式,发挥了教师的专业能动性,激发了教师的工作积极性,体现了人人都是幼儿园的管理者,发挥教师的主人翁意识,最大限度地挖局个人特长,为幼儿园管理服务,实现教师自我价值的同时促进幼儿高效管理、稳步发展。

优化自我管理机制，提升教师自我管理能力

平度市同和街道中心幼儿园　孙会珍

一、背景分析

在幼儿园管理过程中，园长处于管理系统的核心地位。园长要善于思考和创新，且与时俱进，坚持科学的幼儿教育思想。园长要着眼时代要求，不断提高自我发展、自我完善的能力，更新自己的知识结构，掌握前沿的发展教育理论，使幼儿园的管理更具艺术性。

二、问题梳理

1. 建立一支具有良好政治业务素质、结构合理、相对稳定的教师队伍，是社会主义现代化建设事业的需要，也是教育改革和发展的根本大计。如何优化幼儿园管理机制，增强教师主体意识，激发教师科研动力？

2. 幼儿园实施于幼儿的教育效果如何，与教师的专业技能有直接联系。因此做适合幼儿发展的教育应先从抓教师的成长抓起。幼儿园如何搭建研磨平台，提高教师专业技能？

三、实施策略

（一）优化管理机制，增强教师主体意识

1. 树立和谐理念。"内强素质，外树形象"，营造积极的工作氛围，建立和谐的内外关系，举办"与教师谈为人处世""打造卓越团队""释放压力，放飞心灵"等讲座，增强教师的职业责任感和幸福感。

2. 优化管理体制。我园研究制定了相关制度和考核方案，提升全街道教师教育教学水平。形成了《同和幼儿园制度汇编》《同和幼儿园积分管理方案》，由幼儿园主要领导干部牵头，考核幼儿园的各项活动，一月一积分、公示，结合幼儿园业绩考

核,成绩突出的教师在评优时优先考虑;每年召开街道内教育工作会议,总结表彰优秀教科研奖获得者,激励教师不断提升业务素质。

3.建立激励机制。为促进不同层次教师快速成长,鼓励优秀教师脱颖而出,建立了各种激励制度。一是名师评选制度。制定了园本名师、幼教新秀评选和培养方案。二是外出学习制度。近两年,先后外派教师300余人次,参加国家、省级、市级各类培训,促进教师专业化发展,幼儿园教育教学水平不断提高。

(二)搭建研磨平台,提高教师专业技能

1.实施分层教研。幼儿园遵循"共性问题集体研讨、个性问题小组解决"的原则,满足不同层次、不同教师群体的成长需求。园长深入教学一线,走进课堂把脉教学,教务主任和教研组长带头上好每节课,坚持听课评课常态化。

2.实施"五课"课例式教研。即教学能手示范课、骨干教师优质课、中老年教师研究课、青年教师汇报课、新教师亮相课,逐步形成"首次观摩、二次跟进、三次重建"的研讨模式,逐层推进,让参与其中的每位教师讲有提升、听有所得、学有所获。

3.开展"聚焦一日活动"跟进式教研。通过"班级环境观摩""半日活动评比""活动区活动展示"等,形成"聚焦一日活动各个环节—观摩示范班级—问题式交流反思研讨—调整教师教育行为—整体推进提升"的跟进式教研模式,强化级部教师间的互动和经验交流,达到优势互补、共同提高的目标。

4.成立五大领域工作坊,做项目研究。我园教师年轻化情况突出,对区域游戏教学理解不深不透,如何让教师向专业化和研究型发展。于是,我园成立了语言、社会、健康、科学、艺术五大领域工作坊,鼓励在五大领域有独到见解的教师自愿报名承担坊主职责,带领教师分领域进行学习研讨。在此基础上,组织工作坊成员对标学习,外出跟岗培训,观摩市组织的精品课例和优秀教案展示及游戏活动观摩,反复听评课等,促进各领域教师最大化发展。

我园以"自主"为内涵的管理机制优化,是以焕发每个个体发展动力为目的的优化。通过实施改变教师的思维及行为方式,有助于促进教师自我成长,改变园内文化生态,让自主成为教师的核心价值观,通过传递影响所有幼儿,最终实现将自主的理念植根于全体师幼的灵魂深处。

创造性地破坏

——以创新促进品牌园发展

平度经济开发区中心幼儿园 官伟丽

被任命为开发区幼儿园园长之时,我是光杆司令,只有中心幼儿园的名却没有实体园。2012年,幼儿园从一所农村村办园到开始承担并履行中心幼儿园职能,这时摆在我们面前的严峻考验是:如何把一个办园形式杂乱、发展参差不齐、处于自由散漫的幼儿园群体,建设成一个能全市发挥引领辐射作用的示范园、品牌园?

一、打破模式化工作常态:以幼儿表演游戏创新研究为突破口

考虑到课题研究是推动幼儿园健康发展的牵引力,是教师专业发展的启动器,2014年,我提出开展课题研究。这时,大家都比较惊讶、为难。师资还处于每班两位教师的现状,大多数教师的学历在大专水平,其中东方明珠园刚刚创办。我们能研究吗?会研究吗?在重重质疑中,我们勇敢地打破了只有高学历教师才能搞研究的固有的观念,只有优质园才能搞研究,创造性地开启了田野行动之旅。自此教师们打破了模式化的工作常态,开始步入研究性的工作样态。

从教师们最为困惑的问题为切入点,我们自2014年开始开展表演游戏研究。请专家走进来,派教师走出去,走进教育现场对话碰撞,一点一点地探讨,从一个个细微的小问题入手,从孩子们一点点创造性想象开始,将课题研究不断推向深入。

经历持续性的研究,我们牢牢把握表演游戏与主题活动的关系:整体统一,发展延伸。以主题活动为依托设计游戏内容,体现活动的趣味性。在主题活动中把握衍生表演游戏的机会,培养幼儿的想象力。积极寻找表演游戏的基本因子:愉悦体验,自主发展。找准教师在表演游戏中的角色:积极引导,适当介入。通过将近三年的研究,孩子们的综合素养得到了极大提升。课题研究已经不再是教师们头疼的事情,而是成为教师们喜欢做的事情了。

二、打破单打独斗局面：创新家园共振机制

与家长沟通是教师们最为头疼的事情，由于家长教育理念跟不上，加上教师沟通能力不足，因此不少教师不敢甚至拒绝跟家长沟通，还有不少教师在与家长进行沟通的过程中遭遇重重障碍。于是家园之间无形间横了一道道难以逾越的墙。倘若我们不去砸碎这道"墙"，那么幼儿教育的"一车两轮"将长期处于分离状态，幼儿园单打独斗的局面将使得幼儿园教育陷入僵局。于是，我们选择了"破坏"，用"勇敢地行动"建立多种沟通渠道，让矛盾浮现出来，在出现矛盾、解决矛盾的过程中，提高教师专业能力，改变家长教育观念。

我们开辟多种家园沟通途径，吸纳家长义工，与社会上专业人士合作，让他们进入校园给孩子上体验课，每周一节，常态化。我们开设的体验课程有陶艺、花样面点、蛋糕制作、捏泥人、国学讲堂、围棋、小剧场等。生活实践课的开设非常受孩子、家长的欢迎，借庆"六一"活动，邀请家长参与也为此次活动增添了新的亮点，活动中家长言传身教，带领幼儿熟悉社会规则，体验人际交往的乐趣，感受家乡文化、民俗，同时，孩子们在活动中表现出的快乐、执着、分享也让家长们感受着生命最初的美丽。

三、打破一成不变的课程：创新田园课程建设

经过前期的积累，教师们的研究热情已经激发起来，家园合作的良好氛围也非常浓厚了。课程既是幼儿发展的桥梁，也是比较难啃的骨头。在照本宣科地实施课程方案的过程中，我们发现，课程中很多内容离我们的孩子比较遥远，而孩子现实生活中感兴趣的内容又没有被纳入到课程中。毕竟，孩子是脚，教育是鞋，而不是反之。我们需要打破一模一样的"鞋"，构建适应孩子需要的课程，不能让孩子削足适履。

于是，依据孩子们生活环境和生活经验，我们开发了田园课程，立足幼儿主体发展需要，将科学发现区扩大延伸，精心打造田园教育，探索一条让幼儿在自然、宽松、适宜的环境中自由、自主发展的田园教育之路。与之前以自然时令季节为主线开展的"春天在行动"主题活动、"花儿朵朵——美丽夏天"主题活动、"果果多多——丰收的秋天"主题活动一脉相承，今年我们开展了丰富多彩的创意种植活动。把幼儿从水泥地中解放出来，让他们投身到泥土的芳香中，充分发挥自然环境的特殊作用，让各种形式的种植园地成为幼儿亲身体验并获得主体发展的乐园。在全区进行交流推广东方明珠幼儿园曲奎芳教师的经验总结《快乐种植健康成长》。

七年来，其持续的推动力无疑是坚持创新发展的理念。可以说，每一个台阶，都来自于创造性破坏的行动。创造性破坏的创新理念推动开发区幼儿园加快了向名优园发展的步伐。

从"心"出发，寻找管理新起点

青岛西海岸新区琅琊中心幼儿园 肖桂芳

管理大师德鲁克认为，企业管理者最重要的能力就是用人的能力。在幼儿园，管理者需要用心思考如何用好教师能力，凝聚全体教师的才智，相互促进，相互提高，实现幼儿园、教师、幼儿同发展、共成长。面对 16 名新入职教师，在新学年遇见新环境、新幼儿、新家长，这一连串的"新"，正是我们寻找幼儿园管理新思路的起点。

一、扎根教师内心，思考园本管理新起点

源于意外事件——教师自购材料做环创。在开学环创过程中，大一班的欣欣教师自掏腰包购置 PVC 管，让家人协助制作了 PVC 花架投放到自然角，既节约了空间，又让幼儿感受到 PVC 管的创意应用。中三班的晓蕾教师在不经意间看到几名幼儿在美工区摆弄纸杯，便自行购置许多纸杯，让幼儿画、剪、粘、涂、搭建……那一刻，我被感动了，感动于她们对待工作的用心和面对幼儿的真爱。这样有责任心又专业的教师，应该获得大家的尊重，应该被大家认可。源于意外的发现，源于不让好教师吃亏的想法，我们要看见付出，给予肯定、赞美和认同，让教师收获专业成长的幸福。

源于不协调事件——老办法与新教师的不协调。开学初，管理层马不停蹄的指挥着、指导着，新教师疲于应付的适应着、忙碌着，最后呈现给大家的是又忙又乱，问题扎堆出现。由此引发我们的思考，新教师都是科班出身，她们的专业性哪儿去了，她们年轻又有活力的精气神哪儿去了？……反思中，我们发现了老管理办法与新教师队伍的不协调。面对新教师时，管理层依然拿出老制度、老办法，穿新鞋走老路，不厌其烦地重复昨天的故事。新教师作为有激情、有专业、有想法、有创意的新生一代，她们不应该被安排、被计划，她们需要信任和支持，我们要学会放手，把好方向，让他们在实践中锻炼，在锻炼中成长。

源于发展的需要——专业化的发展方向。学前教育起步较晚，教育资源相对不足，师资队伍不规范，是各级各类教育中的薄弱环节，自"国十条"颁布以来，在社会各界的关注和支持下，逐步走向规范办园。伴随着《指南》的出台，学前教育发展目

标更明确,研究分类越加细化,逐步走向专业化的发展道路。这种专业化的时代发展需求,既明确,又具体,迫使管理不得不调整思路,走专业化的发展道路,融入学前教育发展大趋势。

二、激发教师慧心,探索园本管理新途径

1. 理念引领:尊重、信任、授权。一个优秀的领导者,一定是懂得授权的高手,只有把权力授下去,让员工把责任担起来,彼此建立一种健康的信任文化,员工的潜力才能被释放出来,企业才能获得更好的发展。在现代化幼儿园管理中,管理者与教师之间更多的应该是一种相互合作,彼此尊重,整合资源,因共同的教育理想和目标凝聚在一起,为学前教育事业的发展携手前行的关系。在尊重、信任、授权的理念引领下,我们尝试开展小项目管理。"我的项目我做主",让教师自主发现我的不足和优势,主动参与管理,学会观察和对比,让管理更接地气、更高效。

2. 项目实施:项目小、亮精彩、能看见。幼儿园就是一个大舞台,你有亮点,我来提供舞台,你有想法,我就让你亮起来。时间你定,标准你说,项目不嫌小,一次活动的精彩展示、一面墙壁的设计、一个管理故事的呈现等,一日活动的方方面面均可作为项目。只要你能够用脑、用情、用心开展工作,只要你有欲望又愿意展示,幼儿园全力支持。管理人员既是主持人,又是幕后总导演,根据各班级教师的申报项目,跟踪指导,出谋划策。热火朝天的项目管理由此拉开帷幕……

小三班"主题下区角活动的组织"、中一班鑫鑫教师"呼啦圈的一物多玩"、小一班"自然物拼摆"、大一班小梦教师"建构游戏的组织与指导"、小三班"废旧纸盒大变身"……一时间,全园总动员,各班级带着孩子动起来了,教师眼睛里闪着光,楼上楼下,室内室外,忙得不亦乐乎。

三、赢得人心,实现园本管理新突破

一是管理效率有新突破。小项目,时间短,易操作,见效快,更加适用于新教师批量入职时。刚入职时的美丽初心,在新岗位上大展拳脚的美好愿望,小项目——助力实现,一方面帮助新教师确立目标,有针对性地主动开展工作,而不是等待被安排、被指挥;另一方面小项目效果的迅速呈现,让教师的辛勤付出被看见、被认可,在新岗位上更快获得身份认同感,完成了新教师有效融入团队、做出团队贡献的新突破。

二是管理形式有新突破。管理者与被管理者不再是一对矛盾体,你有项目意向,我来指导助力,实现了管理者和教师并肩协作。工作性质没有改变,工作内容没有改变,唯一改变的是工作形式,由原来的"你来做"变成了现在的"我要做",管理形式

被突破,工作有目标,人人有事做,激发了每一位教师工作的主动性、积极性和创造性。

三是管理理念有新突破。根据马斯洛对人的需要层次划分,每个人在低级需要被满足后,会主动追求实现自己的能力或潜能。小项目的实施,给教师追求自我价值搭建了一个平台,一个完成尊重需要和自我实现需要的平台,让每一位教师相信自己有能力成为自己的主人,在项目研究中发展自我、联结团队,在项目展示中成长自我、看见团队。幼儿园在管理的同时,成就教师,实现自我。

小项目助力新教师专业路上大发展,它让每一位教师找到了自己在团队中的位置,感觉自己很重要,让每一位教师的智慧最大限度地迸发出来,让每一位教师有机会实现自身价值,获得专业成长的幸福。

为幼儿健康成长保驾护航

——树立科学理念　提高卫生保健水平

青岛西海岸新区第一幼儿园　谭湘菲

幼儿园后勤工作是关系到全园各项工作开展的一项全局性工作,它为教育教学工作起着先行和保障作用。伴随着《幼儿园教育指导纲要》的颁布,我国的课程改革进入了一个新的阶段。因此,如何改革后勤工作以适应不断深化的课程改革,确保幼儿持续健康地发展的问题,已不可避免地摆在幼儿园面前。青岛西海岸新区第一幼儿园从实际出发,积极探索后勤工作的改革之路。

一、完善饮食卫生制度,提高餐点质量

幼儿园应以对幼儿生命的关怀和呵护为己任。幼儿如果没有安全的保障和健康的体魄,幼儿的发展便无从谈起,有的改革必将成为一句空话。为科学管理幼儿的膳食,第一幼儿园建立和完善了有关饮食卫生的"四个制度":第一,建立"供货方公示制"。每学期公布一次食品供货方的单位名称、详细地址、法人姓名、"三证"情况、联络电话等,接受教职工和家长的监督。第二,建立了"食品供货合约制"。为了买到

物美价廉质优的食品,幼儿园每学期组织一次市场调查,然后就食品的价格、质量等与供货方签订"食品供货合约",做到双方职责明确,共同把好食品卫生监管的第一关。第三,充分利用伙食委员会,定期组织召开营养膳食会,群策群力,科学制订幼儿营养食谱,尽全力做到膳食搭配合理、品种多样、花样新颖、营养均衡,保证质量,并每周定期向家长公布食谱,接受家长的监督。第四,严格执行饮食操作规范制度。要求厨房工作人员对待工作必须认真负责,严谨心细,以"一切为了孩子的健康"为宗旨,以幼儿的生理特点和成长需要为依据,科学合理地烹制幼儿餐点,做到色、香、味俱全,让幼儿吃得开心,家长放心,教师舒心。

二、加强综合素质提升,创一流保育水平

在班级教师配备中,保育员的角色是不可忽视的。提高保育员的综合素质也是第一幼儿园后勤管理发展的一个目标。幼儿园在招聘保育员时也着重于提高教师自身的素质,从谈吐、外貌、文化素质、吃苦耐劳的品质等方面进行考察。但相对来说,保育员的综合素质要薄弱一些,为了提高保育员的综合素质,幼儿园着重加强保育员的综合培训,内容包括幼儿心理、生理卫生、普通话及一日常规工作规范等培训工作。通过集中学习、分散自学的方法,帮助他们真正从心理上、生理上认识孩子,了解孩子从而更好地保育孩子,为孩子服务。除此,对保育员思想上的关心与沟通也不可缺少,所以加强思想交流也是幼儿园在卫生保健工作中不容忽视的一个方面。

同时,幼儿园每学期进行"练兵比武"活动,并不断探索赛事形式和规模。通过基本功考核,提升自己的专业技能。激发后勤人员的工作热情和责任心,加强其主人翁意识和团结协作的精神。同时,也使部分教师通过考核存有危机感,从而更加敬业地工作和学习。

三、由"被动"转"互动",家园共同维护幼儿健康

以前教职工们一般都认为,安全管理是园长的事,园长怎么说,自己就怎么做,因而在安全管理上存在着"单向、被动"的局面。为此,在强化安全管理工作过程中幼儿园着力抓薄弱环节,抓责任到人,强化全园教职工的安全意识,使安全管理由"被动"转向"互动",努力形成人人重视、人人有责的安全工作管理格局。

从管理层面第一幼儿园重视检查环节,坚决不走过场,注重抓好"八查":一查安全责任制的签订与落实情况。二查消防疏散通道、安全出口的设置和畅通情况。三查园里教学、生活设备、设施的安全状况。通过责任到人的方式,将班级和公共场所的设施设备检查落实到每一岗、每一天,同时争取在第一时间内进行整改,做到防

范在先,确保安全。四查为幼儿提供的食品、饮用水、教学用具是否符合安全、卫生标准。五查组织幼儿参加教育教学或社会实践活动的安全保护措施是否落实。六查应急预案的制订、演练和完善情况。七查幼儿安全教育的开展情况。八查安全工作的家教宣传和家长配合教育的情况。同时利用"安全教育月"的综合治理进行强化管理,使"预防为主,安全第一"的管理宗旨落到实处。

"积分量化"诞生记

——"以人为本"制度文化的构建

青岛市市北区海贝儿幼儿园 闫文卿

"以人为本"的制度文化是教职工在人文制度下精神层面上的升华,这种制度是以尊重教职工为前提,强调制度以人性化为目标。制度在每个幼儿园随处可见,但只有真正体现"以人为本"的制度才最能展现教职工在园所文化中的主体地位和作用。近几年来,幼儿园通过建立科学的考核管理制度,引导教职工按照自己的考核标准自主实施考核工作。考核工作已成为每位教职工对目标的实施、目标的达成情况进行全面检验的最直观的途径。考核制度的民主化、内容的个性化、程序的合作化、形式的公开化充分体现了幼儿园"以人为本"的制度文化。

一、问题:"优秀教师迟到"引发的思考

自从王教师家的小儿子九月份上了幼儿园,从不迟到的王教师每个月都要迟到好几天。原来王教师早上自己照顾两个孩子起床、穿衣,还要做早饭,孩子稍一磨蹭或者交通状况不好就会迟到。按照幼儿园的规章制度,只要迟到一分钟就要扣钱,几个月下来王教师因为迟到扣了不少钱。久而久之王教师的工作热情不断降温,最后形成一种迟到还不如请半天假的消极情绪。一直以来,我们都积极倡导以人为本的理念,把满足人的需要、促进人的发展以及提升人的价值作为根本目的。现在我不得不重新思考,我们的制度是以尊重教职工为前提,真正体现"以人为本"的制度吗?

二、行动：全园参与制度的修订

首先我召开了园务委员会，问题一提出，立刻引起了大家的共鸣。大家都认为建立完善的制度并不难，难在"以人为本"的管理制度需要在制度建设中注重体现大多数人的利益诉求及讲究人文关怀。于是我们组织教职工展开讨论，让大家一起参与研究如何制定适合自己工作岗位的考核制度，然后经由全园讨论，针对有异议的问题再次提交到小组中去，大家再一次逐条进行商讨研究，直至最终确定代表大家意愿的考核制度。在这个过程中避免了强制的行政指令，体现领导、教师的平等地位，人人参与，形成良好的民主氛围。

三、成效：积分量化制度诞生

在大家的共同努力下，新的幼儿园管理制度及绩效考核制度诞生了。我们取消了各类惩罚制度，改用积分的方式通过自评、互评、工作实绩考核等形式对教职工的各项工作进行量化。每位教职工一张考核积分卡，像银行的存折一样，随着教职工工作中所表现出来的成绩和问题，积分卡里分值也在不断地发生变化。外出学习、年底评优的时候这张卡片就派上了大用场。大家通过这张积分卡重新审视自己的工作，大大调动了教师们工作的积极性，最大化地将教职工们的潜能挖掘出来了。

在组织教职工制定制度之前，已经考虑到岗位不同，分工不同，因此制定的考核制度不能"一刀切"。管理人员、教师、保育、后勤人员在标准和内容上是有所不同的。以工作性质和内容的不同细分考核标准的做法，让考核工作具有很强的针对性与操作性，也使幼儿园制度管理更加人性化和个性化。

"以人为本"的管理制度就如一把钥匙，了解人心、尊重人心、激励人心，让教职工有了主人翁意识，有了工作热情，进而教职工的自主能力也得到了提升，从而轻而易举地实现了幼儿园发展与教职工发展的统一。

开好一次教职工代表大会

青岛市市北区桦川路幼儿园　李春萍

我园在 2009 年时已是山东省十佳幼儿园了，近年也获得区、市教育行政部门的各种表彰和奖励，部分教职工有一种自满的情绪。但随着幼儿园的发展规模越来越大，人员越来越多，上级及社会的期望值也越来越高，我们面临着不进则退的境地，如何帮助幼儿园全体教职工认清形势，找准方向，砥砺前行，促进幼儿园更加快速发展，是摆在我们面前的主要问题。

面对问题，领导班子决定召开第四届第四次教代会，对目前幼儿园的各岗位考核细则进行完善修订，使全园教职工在进一步完善考核细则的过程中，发现不足，找出短板，明确方向，继续努力。

我们向全体教职工发了召开教代会的通知，把会议主题、《各岗位日常考核细则》发到各部门各班级，请大家根据自己的岗位职责认真学习与讨论，并提出修改意见。

我们将教育部对教师职业道德的要求，《3—6 岁儿童学习与发展指南》的精神，省教育厅、市教育局对幼儿园工作的要求落实到《各岗位日常考核细则》的完善和修订中，使大家在学习和讨论的过程中，体会到与时俱进的重要性和紧迫感，克服沾沾自喜，自以为是的思想。教职工对领导班子的这种做法非常认同，感到自己作为幼儿园的主人责任重大，要积极献言献策，参与到《各岗位日常考核细则》的完善和修订中。各教师代表针对各个不同岗位的岗位职责，从安全角度、教师日常仪容仪表的规范、日常考勤工作、保健人员的工作细化等方面，提出了切实可行的修改意见。教代会代表根据讨论情况上交提案。

在此基础上我园正式召开第四届第四次教代会。在会长，园长做了《不断完善幼儿园各岗位日常考核进一步提升科学管理水平》的专题报告，将《各岗位日常考核细则》完善和修订的意义、具体的内容、考核的办法向代表报告。报告后全体代表在工会小组长带领下各组围绕《各岗位日常考核细则》和园长报告进行了热烈的讨论。领导班子高度重视代表们所提出的修改意见和建议，在充分酝酿讨论、集思广益的基础上园长给予积极的答复。参会教职员工代表举手表决，全票通过报告及答复。

最后大会形成决议,本考核办法将于2020年新学期开始实施。

教职工对此次会议评价颇高,认为幼儿园领导班子信任全园教职工,教代会开得民主和谐、制度制定得公开公平、代表的建议合情合理、园长的答复有理有据,真正把幼儿园发展与每位教职工的发展紧密联系在一起。

这次会议不仅给全体教职工提供了参与民主管理的平台,提供了共同谋划幼儿园发展前景规划的过程,而且使每位教职工克服自满情绪,更加信心百倍努力工作,保证幼儿园的各项工作有条不紊地进行,管理更加科学规范。

我们也深深地体会到,开好一次教职工代表大会,把幼儿园发展中的问题交给教职工共同解决,有利于调动大家参与管理的积极性,有利于领导与群众共同面对问题,同舟共济,携手前行。

实施规范管理,打造完美团队

青岛永宁路小学幼儿园　牟　青

幼儿园管理涉及方方面面,我认为最主要就是人的管理。美国贝尔宾团队管理理论谈到"没有完美的个人,只有完美的团队",因此在幼儿园内部管理工作中,只有以充分调动人的积极性为根本,才能提高管理效能,实现预定目标。所以,实施科学民主管理能顺应民心,更能促进幼儿园稳步发展。

一、规范管理体系,落实人文制度,突显精细管理之美

1.优化内部管理。幼儿园是一个具有内在运行机制的组织系统,园长作为这个组织系统的管理者与第一责任人,要依法办园,实施民主管理与科学管理,建立健全幼儿园的各项规章制度,优化配置人力、物力和财力等多种资源,采取有力措施激发与协调幼儿园内部各方面的力量,使大家能够齐心协力地做好各项工作,最大限度地发挥幼儿园组织系统的效能,不断提高管理水平。

2.建立健全规章制度。队伍建设是幼儿园管理的重要基础,要透过制度规范教职工的道德行为。园长要认真做好教师政治思想教育和职业道德教育,规范教师的言行,促进教师增强职业意识、育人意识、责任意识、服务意识。

3.透过制度激发教师的工作活力。通过各类制度及激励措施,促进教师良性竞争,激发工作活力。如通过中层聘任制,引进竞争机制,优化班子建设,增强战斗力和凝聚力;通过教师聘任制,提高教师竞争意识和质量意识;通过结构工资制,调动教职工的积极性和主动性;通过岗位责任制,按需设岗、择优上岗,形成自我发展、自我完善的机制;通过绩效考核和奖励机制,解决"干和不干、干多干少、干好干坏一个样"的问题,调动全体教职工的积极性,形成团队合力,促进幼儿园快速发展。

二、打造完美团队，推动名师梯队，引领教师成长之美

园长一定要重视教师自身专业成长,为教师搭建成长的平台,提高教师的业务能力,培养其对幼教事业浓厚的兴趣并树立稳定的事业心。打造不同层面教师积极发展的平台是重中之重。

1.针对发展型教师,打造"积极进步"平台,帮助其在团队中建立自信,夯实基础。这类教师年轻、有朝气、有活力,接受能力强,但缺乏经验和自信。采用的方式有"师徒结对""基本功比武"等,让此类教师在不断的教学实践中学习团队其他优秀教师的优点,积累经验,锻炼技能,学会合作,建立教学自信心。每学期我们都会开展"师徒结对"活动,通过这种"手把手"、"一对一"的方式,帮助年轻教师快速成长。

2.针对成熟型教师,打造"自我完善"平台,帮助其自我修炼,勇于创造,远离职业倦怠。这类教师在教学上积累了一定的经验,也非常重视合作,具备了一些调控教学的能力,所以往往容易安于现状,出现职业倦怠。为此,我们多提供她们外出学习和带教的机会,使其通过学习不断完善自我。让这类教师在团队中多承担一些教学任务,树立责任感和认同感,并为教师们订阅各类专业、生活休闲类杂志,陶冶教师情操,利用节假日带领教师爬山、游玩和拓展训练,让教师远离职业倦怠,从而以积极的生活态度投入到工作中去。

3.针对骨干型教师,打造"精益求精"平台,帮助其增强科研能力,形成独特的教学风格与智慧。这类教师具备了良好的教学综合素质,善于反思与总结自己的教学行为,为此就要求这类教师在教学中具备科研的意识和能力,积极开展课题研究,通过科研不断提升自己的专业素养,形成自己的教学风格,打造专家型教师,推广此类教师的科研成果,带动更多的教师参与到研究中,做研究型的教师。

幼儿园园长还要带领教师们树立正确的民主管理意识,要有赏识意识,每一个人都要学会赏识自己、赏识同事、赏识领导、赏识幼儿园。按照"以人为本"的管理思想,探索一种适合自己的、科学合理的、高效的管理方法,才能更进一步提升办园理念,提高办园品位,推进幼儿园的可持续发展。

精细管理，规正致远

青岛市崂山区橄榄城幼儿园　邢洪彦

古人云："不以规矩，无以成方圆。"我园紧紧围绕办园目标"发展幼儿，成就教师，打造优质的教育品牌"，不断优化制度建设，在精细管理中规正行为，以创造更为适宜的幼儿园管理模式。

一、细定制度——由实用到精粹

严格执行上级各项教育法律、法规、文件规定的基础上，积极探索幼儿教育改革发展规律，创新管理机制与管理模式，用以价值观为核心的文化引领，逐步制定实施了一系列的规章制度，并在工作中边实践边完善，逐步细化要求，由实用变为精粹，提升了幼儿园教育教学质量和办园水平。

如为了保证日常保教工作正常开展，及时了解第一线的保教工作状况，特制定一日三巡制度。此制度由园长、副园长及中层干部分工合作完成。

（一）早巡——边观边查

观幼儿是否心情愉悦，家长是否满意放心，教师是否精神满、热情接待；查是否按计划执行，各岗位工作是否有序到位，环境是否安全宽松。

（二）中巡——兼看兼听

陪午餐，尝饭菜质量，看教师关注引导、幼儿进餐习惯，听师生反馈。看餐后活动是否适量有序，幼儿情绪是否稳定，教师交接班情况。午睡环节看班级环境创设、教师照顾护理、幼儿午睡习惯。

（三）晚巡——随见随检

看幼儿仪表整洁、安全快乐离园及教师与家长沟通交流等。

二、细化流程——由稀疏到精密

成立了"园务管理项目组"，以实现幼儿园战略目标为目的，梳理凝练出不同岗位的工作流程。关注常规工作中最平常、细微之处，点线汇集，由稀疏到精密，最终形成流程网，提升了工作效率，实现管理效能，如下表所示。

幼儿园工作流程	保教管理	保教管理	教师工作流程、公用教室使用流程、外出活动管理流程、家长开放日组织流程等
		班级管理	晨间工作流程、教育及区域活动流程、户外活动流程、幼儿洗手流程、午睡流程等
		教科研管理	园本课程教研流程、课题申报流程、课题结题流程等
	办公室管理	党务管理	组织生活会流程、谈心谈话流程、支部大会流程、党课流程等
		行政管理	招生工作流程、公章使用流程、值班工作流程、会议组织流程等
	总务管理	资产管理	固定资产上报、查验、报损流程、固定资产申购流程、固定资产出入库流程等
		医务室管理	接诊流程、查体流程、新生入园审证流程、幼儿在园服药流程等
		安全管理	应急事件处理流程、安全演练流程、外来人员进园流程、隐患排查工作流程等
		食堂管理	幼儿食谱制定流程、食品出入库及操作流程、食品留样流程、食品采购流程等

三、细微落实——由胜任到精通

为提高民主管理、监督落实，园务管理项目组进一步完善了涵盖全部在岗人员的职责分工。在职责的推行中坚持"以人为本"的理念：首先在团队中树立共同的目标和期望，激发教师对集体的归属感、认同感和荣誉感；其次通过学习培训，让每个人都能明确自己的工作职责，结合有效的绩效奖励方案，激励大家工作的积极性；再次树立中层以上干部的服务意识和担当精神，引导其从细微之处着手，帮助教职工找问题，寻方法，探优势，补短板，鼓励大家小步递进，从承担到胜任，从专业到精通。

科学、实效的管理模式是幼儿园长远发展的有力保障。我会不断学习借鉴国内外优秀的管理经验和模式，谋全局、优策略，焕发幼儿园的勃勃生机。

求真务实，优化园所内部管理

青岛市崂山区王哥庄街道宁真幼儿园　常娜娜

幼儿园想要发展，离不开不断优化的管理体系。而园长不仅仅是这个组织的第一责任人，更是幼儿园内部管理的规划者、执行者和服务者。在宁真幼儿园，我们始终坚持求真务实的工作态度，在"回归本真"育人文化的土壤中，不忘初心，真抓实干，坚持依法办园、立德树人，带领全园教职工牢记使命，逐步形成了分工明确、各司其职、群策群力、互相成就的富有凝聚力的团队，为幼儿园的发展奠定了坚实的基础。

首先是坚持依法办园，完善各类规章制度。我们带领全体教职工深入学习相关法律法规和政策，进一步修订完善本园的各类规章制度。通过教师们的互相交流以及学习后的反思，增强了全体教职工的法律意识，明确了教师的权利和义务，并依据国家教育法律法规分析评价教育实践中的各种问题，保护幼儿的合法权益。例如，针对国家出台的预防和制止"小学化"倾向意见、全国各地报道的虐童、幼儿园防暴力、防拐骗等事件，教师们都能以最快的速度发现、了解并及时地与自己的工作联系思考，对幼儿园内部管理的优化产生了积极作用。

其次，坚持立德树人，实行科学民主管理。我国著名教育家陶行知先生曾说过，"千教万教教人求真，千学万学学做真人"，我们把求真务实作为一切工作的原则。作为园所负责人，我首先严格要求自己以身作则、以德服人，要求教师们要懂的，我先吃透；要求教师们做到的，我先做到，力求用自己的专业知识和人格魅力为团队中的每一位成员提供更加专业、更有信服力的引领。例如，坚持每天陪幼儿用餐并通过观察幼儿、教师在就餐过程中的反应提出营养搭配、花样口感、用餐氛围等方面的建议，就这样在一点一滴对平凡小事的坚持中，用正能量影响身边的每一个人。

结合幼儿园的实际情况，我们将科学与民主有机融合，让每一位教师参与管理，根据工作需要和各自特长明确分工、各司其职，此时园长尊重民主的力量，变身为服务者。管理工作过程中，教师的自我价值感得到满足，主人翁意识和集体荣誉感明显增强，发现问题、分析问题、解决问题的能力也得到了很大提高，并对工作和生活产生了积极的推动作用。在这一园长和教师互相成就的过程中，传递着我们"回归本真"的教育理念和做"真教育"、真抓管理的信心，也在细节之中不断增强着团队的向心力和凝聚力。

管理是一门科学，更是一门艺术。作为幼儿园的服务者，我始终相信，只要我们坚持不变的初心，牢记使命，求真务实，合教职工、家长和社会之力，我们的管理就能更富活力，不断向新台阶迈进。

优化内部管理，构建和谐家园

莱西市机关幼儿园 林春凤

科学有效的管理机制是幼儿园各项工作顺利推进的前提。我们结合本园实际，探索采取双岗互补扁平化管理和教职工民主自治管理，取得了良好效果，既减轻了园长的压力，又激发了教职工的正能量，促进了幼儿园各项工作的开展。

一、双岗互补，集约管理

一是实行分工负责制。对于教育教学、后勤卫生、安全管理、家园合作等重要工作，实行分管领导分工负责制，力求条块清晰，责任明确。二是实行 AB 角互补制，在分工负责的基础上，要求每名分管领导再承担非所在园的另一项工作，形成总园和分园的 AB 角互补，确保工作随时无遗漏。三是实行包联级部制。各分管领导每人直接包联一个级部，参与分管级部的教研活动、重大事项督查、家园沟通指导等，确保直接接触一线，减少中间层级管理环节，既利于培养幼儿园管理的多面手，又能够充分发挥人力资源优势。四是值周园长制。各园分管人员在本园内实行值周园长制，值周期间关注所在园的一日活动各项工作，这样力求所有人员分工不分家，眼中都有全局观念、全园意识，提高了管理实效。

二、民主管理，群众自治

我们从重大事项、重要财务和教学评价等涉及幼儿园教职工切身利益的三大方面入手，分别成立了民意代表小组、民主理财小组和民主评价小组，重大政策和制度的产生由民意代表小组研究决定,5000元以上的重大财务事项由民主理财小组决定,所有教育教学方面的评价考核由各级部组成的民主评价小组考评,让教职工在参与制定、审批、评价的过程中,相互监督、自主管理,营造了民主、平等、和谐的良好管理氛围。另外,在班级配置中,在确定好班主任队伍前提下,采取两轮聘任制,第一轮配班教师采取"双向选择、自由组合"的方式,以求班级主体力量的和谐,第二轮配班采取"单向选择、优胜劣汰"的方式聘任,体现了激励警醒后进的作用,这样既调动了主动性又体现了竞争性,充分体现了教师的自主自治,在民主自治中实现和谐。

三、绩效考核,和而不同

我园充分发挥绩效考核的杠杆作用,每学期调整考核方案,既有对班级三人的捆绑评价,也有对个人专业素养的独立考评,既引导教职工相互协作共同抓好班级管理,又引导教职工不断修炼自身提高专业水平。每学期《绩效考核方案》和《实施细则》的制定与修改,均征求所有教职工意见,经过全体教职工集体表决通过,考核标准明确、考核措施具体,做到有结果、有奖惩,并力求公开公正公平。通过实施绩效考核,大家心中有目标、共认同,既和谐合作又和而不同,全园上下充满着积极向上、和谐共进的正能量。

落实三线管理,促进内涵发展

胶州市锦州路幼儿园　臧玉萍

胶州市锦州路幼儿园是一所有着60多年发展历史的省级示范幼儿园,幼儿园秉承"倾心锦质童年,瞩目慧秀未来"的办园宗旨,强抓"园所管理""课程建设""教师发展"三条管理线,三线管理聚焦幼儿发展,提品质、修内涵,各项工作取得突出成效,先后获得"山东省信息化试点单位""山东省语言文字规范化幼儿园""青岛市十佳幼儿园"青岛市学前教育先进单位""青岛市三八红旗集体""青岛市精神文明单位"以及"胶州市创造教育先进单位""教科研先进单位"等多项荣誉称号。

第一条线"园所管理"：落实三层次科学化管理，营造和谐开放的育人氛围

第一层是"加强规范化"，这是管理的基础。包括规范教育方式，规范课程管理，规范办园行为。第二层是"落实精细化"，这是管理的深入。首先是注重融情于制度：以"立德树人"为根本，以师德建设为核心，细化各项制度，实施情感管理，制度情感并融，赏识激励并施，形成了凝心聚力、人人争先的工作氛围。其次是注重落精于日常：提倡"勤学、善思、细做"的工作作风，树立"幼儿园里无小事，事事都要做精细"的思想，从教育教学到后勤管理，都在"精"字上提要求，在"细"字上下功夫，如保育教师从细处入手研究抹布使用，将班级桌、椅、橱、门的消毒和清水抹布分颜色挂、放、使用管理。保管员深入研究分析班级材料的领取使用规律，对纸张、颜料、工具等有侧重地购买并分类存放，便于教师领取使用。第三层是"追求特色化"，这是管理的升华。在幼儿层面追求"张扬个性，和谐发展"，在教师层面追求"研究创新，百花齐放"，在幼儿园层面追求"出经验，创特色"。幼儿园在胶州率先成立早教机构，为早教研究奠定基础；率先创办《幸福快车》园报，连接起家园共育的亲情纽带；率先进行了"家庭活动区活动"研究，组织的家庭活动区录像获山东省特色教育活动二等奖；率先进行生成主题活动研究，总结的《多方参与共同研究逐步完善课程方案》等课改经验多次在省市专题会议交流推广；在 2019 年的"山东省基础教育发展共同体学前教育游戏研讨会"上，幼儿园做了《优化真游戏环境，助推幼儿自主发展》典型发言，省市专家同行对室内外游戏环境创设和幼儿游戏中的自主深度学习给予高度评价。

第二条线"课程建设"：实施自然探究教育课程，形成主动探究的课程特色

在卢梭"自然教育思想"以及陈鹤琴"活教育"等理论指导下，不断构建完善了幼儿园的"自然探究课程"，形成了"教育即生长，让每一颗种子都绽放绚丽的生命"的课程理念，使幼儿回归自然，释放天性，亲历体验，主动探究。自然探究教育突出了以下几点：一是户外活动的自然反璞，富有探究。"锦乐园"里的小小运动场、大型多功能游戏土坡、沙池、水池尽显个性化与探险功能；"锦趣园"里自由组合、就地取材、自主游戏，充满自然与泥土气息；"锦探园"里种植饲养、浇水捉虫、果树飘香、快乐劳作。二是室内游戏自主开放，深度学习。依托国家级"十三五"课题及省市课题的研究，幼儿园注重幼儿自发形成游戏主题，通过提供更多的低结构和非结构材料、教师多种形式的观察指导和游戏经验的提升，实现了幼儿自主游戏中的深度学习。三是

领域教学的做中学习、自主探索。园内省市教学能手牵头成立"领域教学研究工作室",实行"一二四伞式带动",教师研究总结的"音乐教法自主研究""先分析再欣赏"的故事教学、"科学活动组织五步法"等多篇教学经验先后在省市交流。园内三人获山东省优质课一等奖,一人获二等奖,十多人次获青岛市优质课一等奖,两人获胶州市党建课程优质课比赛一等奖。四是党建课程的有效融合,润物无声。从幼儿年龄特点和兴趣入手,抓住幼儿身边的小事,在一日活动中自然浸润红色基因,播撒理想种子。

第三条线"教师发展":善用"放推拉"多层助力,实现教师队伍梯队发展

本着"一个都不能少、一个都不掉队"的培养原则,给予教师"放、推、拉"三层次助力,努力培养"四有好教师"。对于自身优势突出而又积极上进的教师给予一个"放"字;对于朴实认真、不善于表现的教师,给予一个"推"字;对于上进心不强、得过且过的教师给予一个"拉"字。结合十二五课题"园本培训内容与有效模式的研究",提炼了园本研训"四加四内容模式"和"三加三培训方式",巧用参与式、讨论式、研训一体式等多种方式,打造了一支有理想信念、有道德情操、有扎实学识、有仁爱之心的教师团队,先后培养了山东省特级教师一人、山东省教学能手四人、山东省优秀教师一人、山东省百佳教师一人、齐鲁名师和齐鲁名校长培训工程人选各一人,青岛市名师、青岛市特级教师、青岛市教学能手、青岛市学科带头人等16人次,十多人走上了园长、教研员的行列。

"以和为美"理念在管理过程中的有效渗透

胶州市胶北街道办事处北关中心幼儿园　邢立芹

胶州市胶北街道办事处北关中心幼儿园在"和而不同　致善致美"办园理念的引领下,树立"精心　精致　精彩"的工作理念,在实施精细化管理中坚持"以和为美",本着每一个步骤都精心,每一个环节都精致,每一项工作都精彩的"三精"目标,让各项工作始于精心,成于精彩,打造出"和美教育"的精致品牌。管理中,邢立芹坚

持"和就是力量，美就是质量"，坚持以人为本，创设园领导与教职工目标共识、思想共鸣的管理氛围，形成了富有凝聚力的教师队伍。

一是管理过程中注重规范性。规范是一切工作的基础也是基本标准，根据幼儿园的工作实际，坚持基本规范靠制度，规定动作必到位。如餐点前后的消毒与清理、生活活动的餐具摆放、教师书面教学材料等都有固定的要求和标准，教师必须按规定的要求逐项落实，不准擅自变通和更改，同时还根据需要不断调整标准要求，让幼儿园的每项工作有章可循，每个岗位有质量考核，从多角度规范幼儿园工作。

二是管理过程中注重人本化。在制度化管理的同时，更注重人性化的落实。通过营造"优雅和谐　幸福自信"的园风，精心打造园内的每一处环境、每一个细节，发挥目标导向的激励引领作用，做到权力层层有，任务人人担，责任人人负，善于营造民主、开放的教学氛围，以幼儿为本的育人氛围、健康和谐的人际氛围，使全体教师形成"发展共同体"的理念，使全园上下达成目标共识，形成工作合力，让幼儿园成为教师体验专业幸成就与职业幸福的精神家园。

三是管理过程中注重创造性。幼儿园的工作烦琐，幼儿的学习方式独特。这就需要教师在实践中创新。幼儿园经常鼓励教师做有思想的人，工作中要敢于突破，大胆实践。如同级部相同的主题背景下，拒绝简单复制，同样的活动，不同的组织者要体现个人的创新点，实现工作成效的多样化与个性化。引领教师做实践的思考者和思考的实践者，凝聚教师智慧，激发教师潜能，提升教师素养，努力打造一支有活力、有爱心、有智慧、乐奉献的教师团队。

四是管理过程中注重有效性。注重增强教职工的"自我调控、自我约束、自我发展、自我完善"的意识，形成"自我管理"为主，多种管理手段相辅的管理机制，通过加大检查力度，落实指导策略实现精细管理，将态度与质量作为最重要的考核内容，营造一种你追我赶、争优创先的工作氛围。

管理中过程中，幼儿园引导全体教职工围绕和美目标，聚焦和美品质，以提升内涵为核心，开展文化共建、智慧共享活动，以学习提升高度，以专业扩展广度，以文化滋养厚度，成就了教师，成就了自己，同时提升了幼儿园的教育品质，带领教职工一起让美好的教育憧憬变成教育现实。

优化内部管理，提升农村幼儿园的教育品质

青岛市城阳区红岛街道办事处阳村幼儿园　刘淑叶

我园是一所农村幼儿园，教师资源欠缺，设备设施远没有城市幼儿园丰富和充足。但在《指南》指导下，作为农村幼儿园的管理人员，需要加强对其的科学管理，提升教育质量。结合自身的管理实践，我认为可以运用精细化管理模式，坚持以"精心、精细、精品"的管理理念，提升幼儿园管理质量。

一、团队精细化，提升凝聚力量

1. 园长做好全局规划。园长是幼儿园的领头羊，精细化管理需要从园长开始，园长的科学引领和精细引导，能奠定优质管理的基础。一是契合实际确立恰当的办园目标和管理理念，营造良好的管理文化。二是与时俱进更新管理思想，要站在前瞻性、科学性、依法办学的角度，设计精细化管理方案，科学安排，责任到人，以身作则，注重过程。

2. 巧妙管理，构建和谐队伍。要想管理好一所幼儿园，切实提升园所保教质量，单靠园长一人之力是完全不够的，因此巧妙管理是关键。幼儿园管理落实到具体中就是教职工在幼儿园管理者的管理下对幼儿进行保育教育活动，所涉及的是三个方面：管理者、教职工、幼儿。所以，幼儿园的管理归根到底是对人的管理，坚持管理人本化，才能促进教职工和幼儿的和谐发展，这也是我们幼儿园工作的出发点和落脚点。多年来我带领自己的团队，从本园的实际情况出发，深入探讨优化内部管理的步骤、方法和措施，并结合实践组织编成了一套园所内部管理手册，真正打破了惯性思维的束缚，做到了依规治园、思路清晰、过程扎实，使得幼儿园内部管理工作更加科学、有序。

二、规章制度精细化，优化管理方案

制度建设是管理的基础，它是幼儿园管理的依据，是所有教工必须共同遵守的规则或行为准则。谁都不能凌驾于制度之上，为此，我们实行人人参与制，组织教职工

集中讨论和学习园所规章制度,完善岗位职责,细化工作流程和评价标准,编写教职工手册,以此强化教职工的主人翁意识。例如,我们将园务管理规范与园本教研相结合,每月有重点,每月有反思,研讨交流,重点突破,再次实践。形成制度和流程的循环模式,让每一条制度,每一个流程都能够逐一落实,从而使管理工作更加原本化,合理化,让教职工的行为更加自觉化。

三、教育专业精细化,提升保教质量

《幼儿园工作规程》指出:"幼儿园的任务是实行保教育相结合的原则,对幼儿实施体、智、德、美诸方面全面发展的教育,以促进其身心和谐发展。"

1. 加强学习提升业务素质。加强对《纲要》《指南》的解读,使"以幼儿发展为本"的教育理念扎根于每位教师的脑海中。不断转变教育理念,树立正确的儿童观、教育观,促进了幼儿个性健康和谐的发展。另外,鼓励教师自主学习,向有经验的教师学、吸取各种培训精华,积累丰富的专业理论知识。

2. 从细节入手狠抓过程管理。对幼儿园一日活动的各环节的要求、流程与实施具体指导,细化幼儿园常规管理与评价。开展幼儿园课程指导教学,注重教育活动的整合。如在课程实施过程中,牢固树立"以幼儿发展为本"的教育观,促进幼儿各项能力的协调发展。课程内容为全面的、启蒙的,课程结构以整合、开放的"主题教学"的形式出现,通过一系列生动有趣活动让幼儿在观察、探索、发现中获得情感、知识技能的体验。

3. 加强反思型学习,促教师专业成长。幼儿园教师在日常的教育工作中都会遇到各种教育事件。不仅考验幼儿教师的专业教育水平和应急应变能力,而且,对教师专业实践知识的再建构有一定的影响。关键是能够促进教师不断地反思教育观念、教学方法和专业态度,在不断地自我反思、自我批评、挖掘和梳理总结教学经验中,实现自我知识结构体系的充实和开展反思型学习。例如,教师在备课中反思学活动,在教研组内进行探讨,使教师们在教学实践中遇到的困惑、难题及时得到解决,共享教学资源,分享教学成果与喜悦,促进了教师的共同成长。

4. 教育科研,推进教学实践。坚持以科研为先导,解决教学实践问题,引领教师专业成长。进一步强化教师的教科研意识,鼓励教师积极参与区市举行的教研活动,加强课题研究的过程管理,争取人人有课题、个个在研究的良好势态,并取得较好的教学成果。

四、家园共育精细化，优化教育质量

《纲要》指出："家庭是幼儿园重要合作伙伴。"应该拓展多种渠道，树立家长正确的家庭教育理念，提升家长参与家园共育的积极性，在多样化的渠道和活动中，一起制定家园共育方案，一起实施家园共育。如建立家长学校，集中家长优势资源，邀请在民间艺术、传统节日、风俗文化、卫生育儿等方面有独特见解的家长担任助教，另外还开展了"亲子运动会""图书漂流"等活动，形成一致的教育理念。

"细节决定成败"，对于农村幼儿园来说，提升幼儿教育质量，需要运用精细化管理模式。以分工精细化、服务精细化的态度和科学方案，各层管理人员分工合作、责任到人，能有效优化农村幼儿园教育质量。

优化内部管理，打造高质量幼儿园

青岛市即墨区墨城中心幼儿园　张英波

一个好园长，可以成就一所好的幼儿园。一所好的幼儿园，离不开规范化的管理。可以说，规范化管理是"辞海"中的"索引"，是"电影"的"序幕"，只要把规范化管理的"头"开好了，一切便会顺理成章，水到渠成。

一、建立愿景体系，上下同心聚力

领导班子凝聚力是一个领导团队的核心，也是一所幼儿园能够有序运转的保障。园长作为幼儿园的灵魂，应该以团队建设为抓手，通过树立共同的目标愿景，转变传统的领导方式，建立班子成员沟通协作的制度之际，形成班子成员之间的情感共鸣，促进幼儿园各项事务的有序开展。

（一）树立共同的目标愿景

共同的目标愿景是领导班子凝聚力实现的基础。首先，我们认真倾听每一位成员的意见，以民主集中制的原则，确定了领导班子近期、中期、远期的发展方向和目标，在发展的道路上，统一思想，统一动作，更好更快地实现目标和理想，努力为幼

儿提供艺术创作、科学探究、个性发展、自主学习等教育环境。让幼儿园健康有序的发展,让家长信任我们,把孩子送到我们手中,让我们的孩子在快乐的教育环境中成长,让教师在平等、自信、支持、合作中提升,实现社会价值和人生价值,成为幼儿的伙伴、教育的名师、幼儿园的顶梁柱。

(二)建立健全规范准则

规章制度对班子成员的行为起到约束的作用,同时也为领导班子成为的行为提供一种规范。首先,我们建立了严格的议事和决策机制。对事关领导班子建设以及幼儿园发展的重大问题,充分听取程艳意见,经过集体共同协商和研究决定,避免决策的草率行为,克服独断专行和各行其是。

其次,我们建立了良好的沟通机制,坚持和健全民主生活会制度,增强成员在思想、工作、生活、情感上的交流与沟通,允许不同的声音表达,营造成员之间和谐的集体氛围。

最后,我们建立健全了班子成员的监督考评机制。使班子成员置于群众的监督之下,使班子成员生活在民主、公开、公平的氛围之中,园长及班子成员的权利和履行的责任就得到了很好的监督,整个班子的氛围就积极向上,从而切实增强了领导班子的凝聚力。

(三)明确权限分工协作

领导班子成员的角色不同,所承担的任务和工作也不尽相同,这就需要成员各司其职、各谋其政、通力合作,完成各自的人物以及领导班子的目标。因此,我们明确了班子成员各自的岗位职责,使每个人都能找准自身的定位,严格按照规章办事,各尽其能,防止权责不清、权责混乱等情况的发生。

二、健全民主制度,拓宽管理渠道

幼儿园民主管理是一项系统的工程,受到来自幼儿园内外部的影响。幼儿园不仅需要拥有良好的民主管理氛围,同样需要进行制度的建设和不断完善,保障教职工参与民主管理的权利。

(一)建立教师参与民主管理制度

首先,我们完善了教职工大会制度,并定期召开教职工大会,研究和决定幼儿园发展以及涉及教职工切身利益的重大事务,听取广大教职工的意见和建议,充分发挥教职工参与幼儿园民主管理的权利。学校发展规划、教职工评价及绩效奖励方案、教师评价及奖惩方案、幼儿园重大决策方案等,都应反复听取意见,形成决策思路,生成决策草案,再提交教职工大会,经反复讨论、修订,通过后才能实施。另外,为更加深入了教师的意见和建议,幼儿园还通过信箱、电子邮箱、召开座谈会、开展有针对性的问卷调查、开展"为幼儿园进计献策"活动等途径获取大量的面对面难以获得的信息,为完善幼儿园管理提供大量的事实依据。

其次,我们有效落实了园务公开制度,保证园务信息内容的公开化、透明化。这其中包括涉及教职工切身利益的相关工作。比如,与幼儿园改革发展教育教学相关的重大问题以及涉及教职工切身利益的事项。同时,保证相关事务运行环境的透明化,使广大教职工对幼儿园的各项事务进行"零距离"监督,从而在幼儿园营造一种透明、公平、公开的软环境,为民主监督提供环境保障。

（二）拓宽民主管理渠道

民主渠道的畅通和多元化是保证民主管理实施的重要条件,一个幼儿园在多大程度上能够获取来自基层的真实声音,直接决定着幼儿园民主管理水平的高低。我园民主管理渠道呈现出多样化的趋势,不仅限于有形的校园实体,也存在无形的网络平台民主渠道,实现全方位的民主管理。

（三）营造民主管理氛围

对于新的制度,我们充分运用多种途径,如各种会议、广播、宣传栏等进行广泛宣传,将规章制度的有关条款内容、执行步骤、实施要求等,向教师解释。定期利用知识竞赛、文艺会演和考试等形式,制造有利于制度实施的外在环境,从而提升自觉执行和维护规章制度的使命感,营造共同学习遵守规章制度的氛围。

重安全管理，创平安校园

青岛市李沧区重庆中路幼儿园　张　花

《幼儿园教育指导纲要》指出:"幼儿园必须把保护幼儿的生命和促进幼儿的健康放在工作的首位。"由此可见幼儿的安全和健康是关系到千家万户家庭的幸福和社会稳定的大事。确保儿童安全健康发展,是幼儿园应尽的义务,更是关系着社会的稳定大局。安全重于泰山!

　　我园是一所办园规模 21 个教学班的局属公办园,占地面积大、办园规模大,幼儿数量多。由于幼儿园是一所新建园,周边规划尚未配套完成,幼儿园周边厂房多,且有的正面临着整体改造,周边环境较为杂乱,安全任务艰巨。因此,幼儿园在充分分析考虑幼儿园内、外部现状基础上,把安全工作放在首位,健全组织机构,完善制度预案,规范管理,狠抓落实,并结合园本实际,在护岗、演练等方面做了深入的实践探索。

一、五级护岗在行动

　　幼儿入园离园环节是幼儿园一日活动中安全方面最薄弱的地方,因此,严把入门关,是确保师幼安全的第一道关口,也是至关重要的环节。幼儿园启动了入园离园五级护岗行动,即每天早晚由支部书记带头成立党团先锋队,保安、家长志愿者、安全员、视频监控管理员分工明确,各司其职。一级护岗:党团先锋队——支部书记园长负责园内外安全巡查,纪检委员、后勤园长负责院子里面户外安全巡查,业务园长负责教学楼内班级安全巡查,骨干团员负责教学楼楼梯拐角安全巡查;二级护岗:专职安全员——负责大门外及周边安全巡查;三级护岗:保安、门卫——严把入门关,严格落实接送卡制度;四级护岗:家长志愿者——协助保安,严把入门关,同时维持家长秩序;五级护岗:视频监控管理员——每日入园离园时通过查看全园监控,密切关注全园动态,发现可疑情况及时上报。通过五级护岗力争关注到幼儿园门口、周边、院内、楼内每一个角落,确保师生安全。

二、逃生演练常态化

　　所有的危险不会等着我们准备好了再发生,要让全体教职工和幼儿形成一种意识:危险随时都在,一听到相应的警报第一时间展开逃生,或逃或躲。我园每月都会进行一次有计划地安全逃生演练,防火、防震、防暴力侵犯、防拐、防汛等,师生各岗位人员能根据预案各司其职,按照既定逃生路线或方案快速逃生。更重要的是,幼儿园还会不定期、不提前通知的开展逃生演练,功夫用在平常,使逃生演练成为幼儿园的一项常态化的工作,大家会根据警铃或逃生提醒快速做出逃生反应。经过一学期实地演练,全园师生安全逃生速度从最初的 4′11″ 缩短到 1′39″,大大提高了师生安全意识及意外发生时的自救互救能力。

三、排查巡查无死角

安全工作容不得半点马虎。日常工作中,严格落实园长为组长的安全工作领导小组职责,细化完善安全排查巡查制度,力争做到:幼儿园每一寸空间每天都巡到——园长、安全分管领导、安全员每天至少两次进行全园巡查,并做好安全巡查日志、监控检查记录等;维修人员、伙房班长、维保人员等定期定向检查各类设备设施的安全状况,确保全园水、电、燃气等安全管理和使用,预防意外事件的发生;发现问题第一时间记录上报——不管是班级还是管理人员,只要发现安全问题马上报备办公室;安全隐患第一时间整改排除——做到不拖不放、立查立改,形成幼儿园里人人都是安全责任人的意识,为师生营造安全幸福的生活环境。

实施精细化管理,为幼儿园发展提供保障

胶州市胶州路幼儿园　李香芸

精细化管理是胶州市胶州路幼儿园持续发展的重要举措,幼儿园将"每一个步骤都精心,每一个环节都精细,每一项工作都是精品"的管理理念贯穿于日常工作中。幼儿园精细管理注重"三个突出"。

一、突出规范化管理

首先是规范办园行为,幼儿园坚持依法办园,严谨治园的方针,严格按照国家财政、物价部门和省示范幼儿园教育收费管理的各项政策规定,及时公开收费标准;深入贯彻《纲要》和《指南》精神,遵循幼儿身心发展特点和教育原则,以游戏为基本活动形式,积极创设丰富多彩的教育环境,科学进行保教工作,杜绝了兴趣班、特色班及一切违背幼儿身心健康的小学化行为;调整和完善了一系列规章制度,如《教育收费公示制度》《教职工岗位考核细则》《绩效工资改革制度》;制定了新一轮五年发展规划,规划目标明确,理念新颖,思路清晰,重点突出,措施有力,为幼儿园的规范化管理提供了保障。其次是规范课程管理,进一步修整园本课程方案。对照《青岛市幼儿园课程研究与开发评估标准(修订稿)》,围绕"让每个孩子体验成长的快乐"

的办园理念,吸纳本园教师新编和生成的体验活动及优秀活动案例,明确了体验课程特色,满足幼儿的发展需要,规范了课程的动态管理。再次是规范教育方式:通过培训学习、观摩研讨等,逐步提升教育理念,改变个别高控教育、过度保护、不重视户外锻炼等现象,真正"把游戏权利还给儿童,把儿童从室内解放出来",释放幼儿天性,让幼儿尽情享受自由的户外游戏体验,进一步促进了教育行为的规范化。

二、突出人文化管理

我们力求把握三个支撑点。一是加强思想认识。提倡"勤学、善思、细做"的工作作风,树立"幼儿园里无小事,事事都要做精细"的思想;从一线教师到后勤人员,从教育教学到园舍建设,都在"精"字上提要求,在"细"字上下功夫,力求教职工做事精心,环节精细,成果精致。 二是注重民主参与。通过教职工大会、教师座谈、民主评议、"金点子"征集等,充分发挥教职工民主监督和参政议政的作用,引领教职工知园情、谋园事、解园难,自觉参与幼儿园建设与发展,激发教职工内驱力,增进教职工的主人翁责任感。三是实行人文关怀。我园坚持人本与科学相容,制度与情感并存的人文理念,切切实实地把人文关怀落实到教职工个体身上。通过更新设施配套等为教师提供工作上的物质保障,及时配置办公教学设备;通过节日座谈联欢、文体活动、免费查体等,注重身心关爱,帮助职工缓解各种压力,使大家心情舒畅地工作和学习;通过正面引导,公正处事,引导同事之间宽容相待、不斤斤计较,和谐共事,愉快工作。同时,根据上级有关政策,我们及时为审核认定的非事业编教师办理补交保险和补发工资,全面调整了非编教师的工资待遇,提高了公积金缴纳基数,解除了非编教师的后顾之忧,激励了工作热情和积极性。

三、突出个性化管理

我园把"体验教育"作为幼儿园特色文化建设的核心。在幼儿层面:我们追求让每个孩子体验成长的快乐。通过创设多元的教育环境,引领幼儿主动参与,积极体验,让孩子们在不同环境中体验不同的快乐,获得不同的感受,促进了孩子身心健康,全面发展。我们先后建立了12个体验教育基地,多次组织幼儿走进基地进行体验活动,不仅促进幼儿在积极参与中体验成长的快乐,体验童年的精彩,更是发展了各种能力,培养了美好情感;在教师层面:我们追求"个体有特色,群体有智慧",通过小水滴读书会、青年教师协作组、小蜜蜂编辑部、小百灵故事会、教师成长论坛等,搭建多元立体发展平台,为教师提供各种学习和锻炼的空间,引领教师发挥自身优势,展示自己的特长,互相学习,共同成长;在幼儿园层面:我们追求"亮特色,出经验，"以体验教育为载体，精心研究，精细管理，逐步凝练出办园特色、课程特色，梳理出可以推广的管理经验、课程经验，推进了幼儿园内涵发展，优质发展，特色发展。

市南区和田路幼儿园制度管理优化策略

青岛市市南区和田路幼儿园　侯　杰

我园从实际情况出发，深入探讨优化内部管理的步骤、方法和措施，最终探索出了一条符合幼儿园实际内部管理思路，真正打破了惯性思维的束缚，做到了依归治园、思路清晰、过程扎实，使工作更加科学有序。具体方法如下。

一、规范制度，"金点子"民主管理

幼儿园实行"金点子"制度，让人人参与其中，组织教职工讨论和学习园所规章制度，完善岗位职责，细化工作流程和评价标准，以此强化教职工的主人翁意识。同时，幼儿园将园务管理规范与园本教研相结合，每月一重点、每周一反思、每日一自查，采取"学习制度、对照检查——班级实践、跟踪指导——研讨交流、重点突破——再次实践、全园观摩——归纳提升、形成制度和流程"的循环模式，让每一条制度都能逐一落实，让教职工的行为更加自觉化。

二、精细管理，关注过程

幼儿园进一步细化工作内容，后勤教师分别承担起相应的主管职责，全面指导和评价，责任包干落地，过程详细记录，实时动态考评。例如，落实巡视制度，时间上做到"五巡"，即"入离园安全巡、活动随机巡、午睡常规巡、户外活动巡"；对象上做到"三巡"，即"巡幼儿、巡教师、巡保教"；内容上做到"三巡"，即"巡规范、巡师德、巡发展"，让管理工作不再盲目和随意。

三、动态评估，关注品质

根据幼儿园各个岗位的工作内容、职责以及要求，设计制定了相应的检查、评估标准,最终建立幼儿园三个维度的评估体系,让动态评价成为提升办园品质的主要手段。

个性化:考核指标的标准体系与岗位密切相关。评价系统涵盖全园各个部门、个岗位,但是每个岗位的标准质量不一样。因此,针对不同的岗位性质,制定不同的评价体系与方式,有针对性地开展实时评估。例如,教师评价会通过教师自评、同事他评、家长评价等方式开展;伙房人员评价会通过岗位他评、幼儿评价、家长陪餐评价、伙委会评价、问卷调查等方式开展。

全面化:一是评价的内容和方法要全面,包括每周工作回顾评价、每月重点项目推进评价和期末专项考核。例如,教师除了日常评估外,每学期还有环境、早操、活动评价,每月有教育故事、师德案例分享、五大领域基本功评价等。二是评价视角全面,我园会根据不同内容邀请专家、家长、名师、班长、幼儿等进行综合评价。

激励化:评价结果是动态的,我园每学期会根据教师不同的特长进行颁发"岗位明星奖",有"最佳学习奖""最佳岗位奖""最佳师德奖"……让每位教师都从自己擅长的方面获得认可,激励全体教师共同进步。

精细管理共同成长

青岛市城阳区上马街道中心幼儿园　周　赞

城阳区上马街道中心幼儿园在幼儿园管理过程中关注细节,提高了幼儿生活学习品质,促进教师专业素养的提高。

一、价值引领,人人都成事

精细化管理其实就是用精心的态度实施细致的管理,以获取精品的结果。我园在管理过程中始终坚持"把大事抓好,小事做细,细事做精"的态度和"权利层层有,任务个个担,责任人人负"的要求,最终达到"人人都想事,人人都干事,人人都成事"的目标。

（一）以书为友，树立终身学习目标

每周一、二集体备课时间有半个小时读书交流时间，假期中园长推荐给教职工阅读书目，开学后开展读书论坛活动，教师们在读书、思考、交流的过程中提高自身修养。

（二）案例分享，积累成长经验

每月末有教师成长案例分享会，教师们通过讲述工作中的教育故事和教育金点子好做法，分享成长的喜和乐；每周例会"闪光十分钟"，交流教师们在日常工作中发现的身边感动的人和美好的事。《早来晚走的彤彤》《统筹工作的郭嫂子》《秀霞浇花》等一个个温暖的故事，传递着正能量。

（三）留白时间与空间，体验成长快乐

幼儿园一日活动各环节时间地点安排，教师们可以根据课程需要进行调整，为教师提供了开展微课程和创生课程的空间与时间。教师们会在午睡起床后和孩子们一起到小菜园里探究，一起在小山坡做观察日记，生活的快乐体验在一日活动中随时撷取。

（四）有变化的生活，营造和谐师幼环境

晨检接待中每周有不同的打招呼的方式，让孩子每天都有灿烂的笑脸：碰碰小肚子，变成气球弹啊弹；肩膀碰肩膀，快快长高棒棒棒。

二、"6S"管理，实现精细管理

"6S"管理是现代工厂行之有效的现场管理理念和方法。内容包括整理、整顿、清扫、安全、清洁和素养六个方面的内容。自 2016 年以来，我园实施 6S 精细管理，管理工作有标准、有要求、有督导、有反馈、有提升。

（一）常态工作严格要求

制定教室、专用室物品摆放标准和班前班后、日清日查等工作标准，有标准促习惯养成。每个班级有叠衣服专用桌和小背心挂衣架，孩子们每天自己穿脱衣服；每周中大班幼儿参与班级大扫除，主动收拾衣帽橱和活动区材料。孩子们在图示提醒的有序环境中，在重复要求的过程中，养成物归原处好习惯和自己的事情自己做的自我服务能力。

（二）特色活动，促幼儿生活能力提高

幼儿园印制发放《生活教育礼仪手册》，每月初由幼儿带回家，和父母进行礼仪小知识和小技能的练习，月底带回幼儿园，进行"我是礼仪好宝宝"专项比赛展示活动。孩子们学会了如何做文明小客人，怎样整理衣服等，提高了孩子们的生活能力。六一儿童节开展自理能力展示运动会。小朋友进行穿鞋子、拧瓶盖、卷袜子、穿衣服、夹花生米、晾衣服等比赛，家长们都对孩子们精彩的展示竖起大拇指。

三、评价考核，激活团队

要提高幼儿学习品质，就要关注一日活动质量，幼儿园通过定量和定性相结合的评价方法，激活团队内驱力。

（一）定量评价，常态工作中树立精品意识

将全园教职工分为教育岗、膳食岗、保育岗、工勤岗，通过考核第一评价人每月对各岗位工作人员进行考核、服务对象进行互评和园长抽评的方式进行全方位评价。

（二）发展性评价，激发工作热情

新手教师采用发展性评价，通过档案袋评价、他评和阶段小结评价相结合的方式，促进每位教师业务水平的提高；成熟教师，有全面量化的考核标准，包括一日活动、研究活动、执行制度和完成突如其来的工作等，培养工作的多面手。每年我们会在教师节前，通过教师申报、级部评价、幼儿园和家长评价相结合的方式推选最美教师和团队并录制宣传片，提炼教育特点，帮助教师找准自己的发展定位。

精细管理立足于教师和幼儿的原本生活，来源于教师和幼儿的实际生活，在共同生活的日子里，关注细节和常态，服务于教师和幼儿的未来生活。

幼儿园生活活动的组织与管理

青岛市市北区银河之星幼儿园　黄　伟

幼儿园的生活活动是幼儿一日活动的重要组成部分,贯穿于一日生活的始终。正确、有序、科学、合理的生活活动,对幼儿的身心发展起着重要的作用。《幼儿园教育指导纲要》中指出:幼儿园应为幼儿提供健康、丰富的生活和活动环境,满足他们多方面发展的需要,使他们度过快乐而有意义的童年。

一、运用图示法,为幼儿创设良好的教育环境

图示直观、形象、生动、有趣,容易引起幼儿注意,教育内容是什么、怎么做,幼儿一看就会。我园根据生活活动的不同内容,运用照片、文字和图画的形式,设计了许多步骤图示,在不同的环境中呈现,让良好的生活常规在环境与幼儿互动中等到培养。

二、指导教师辩证地处理"爱"与"严",施爱与施教相结合

"亲其师,才能信其道。"营造温馨、宽松的家庭式氛围,让幼儿有一个愉快的充满爱的学习生活环境。幼儿是非对错观念淡薄,知识经验储备少,没有独立的生活能力,需要教师在生活上的悉心照顾、在行为习惯上的耐心引导。每当有新生入园,教师都要提前做好工作,详细询问了解孩子的家庭环境、教育条件、家庭成员、个性特点、身体状况、在家表现等,入园后做到亲切、关怀、热爱每一个孩子,一切为了孩子。让孩子们从每日每刻和教师的友爱相处体验中,潜移默化地接受道德品质和习惯的熏陶;通过与教师的相处去体味人世间的冷暖,萌发关心他人、热爱人生的积极态度。但教师要把握好"爱"与"严"的关系,理智地去关爱孩子,不偏爱溺爱,把教育目标和内容更多地蕴藏在关爱孩子,引导孩子的行为之中。爱而不严,多用语言、表情、动作去感染孩子,一句发自内心的赞美之词、一个充满鼓励信任的眼神、一个绚烂的笑脸,都会使孩子感受到爱。孩子从老师那儿感受到母爱般的温暖,他们就会对

教师充满爱,无怨无悔地接受教师的教导,使每个孩子在教师爱的哺育下健康茁壮地成长。

三、培养幼儿良好的行为习惯,让幼儿学会管理自己

制订共同遵守的生活常规,注意幼儿的生活常规应符合幼儿的生理、心理特点,有利于幼儿的身心健康成长。既能养成遵守一定的行为规则,养成遵守纪律的习惯,又能轻松愉快地活动,培养活泼开朗的性格。幼儿一日生活常规要做到一环接一环,动静交替,井井有条。生活常规要做到一切为了孩子着想,处处方便幼儿。在一日生活常规中培养幼儿良好的思想品德和行为习惯。生活常规一经订立就要共同遵守,教师也不例外,要求孩子做到的,自己首先做到,要求孩子不做的,自己绝对不做,因为教师的榜样表率作用对孩子影响是巨大的。生活常规确定后,还应做到全面管理和个别照顾相结合,注重个体差异,既要照顾全体幼儿,同时也要对体弱多病或有生理缺陷的幼儿给予特殊关照,还要注意纠正个别幼儿的不良习惯。

四、家园同步教育是关键,家园携手促发展

可以通过家园联系栏将一些教育方法、育儿经验介绍给家长,以便让他们在家中能正确地引导、教育幼儿;利用走廊、窗台、墙壁陈列幼儿的手工作品、活动相片等,供家长接送孩子时阅览;利用班级 QQ 群、微信群和家长交流幼儿在幼儿园的情况。不定时地上传一些幼儿一日活动的图片或视频,家长通过这些平台了解了幼儿在园的学习和表现,家长之间也互相交流,拉近了家园之间的距离。让家长了解到,只有积极地参与,才能使班级管理得更好,从而提高保教质量。

第二部分

小学教育

新建校管理发展心得

青岛西海岸新区港头小学　李殿清

要办好一所学校,其决定的因素是教师,而教师积极性的充分调动是学校管理系统处于最佳状态和实现教师使用最优控制的标志。因此要使每一个教职工都学会从学校整体发展的角度思考自己的工作,找到自己的位置,确立自己的目标,把自身的发展利益与学校的整体利益高度融为一体。

近几年,西海岸新区作为青岛经济重心,经济得到了迅猛的发展,学校地处西海岸新区辛安工业园和前湾港西侧。随着本区经济的迅速发展,社区的一部分土地现已建成前湾港,一部分土地正准备进行旧城改造。随着外来务工人员的大量进城,他们的子女也随父母到学校来上学,现有基础教育资源将会出现供不应求的现象。

一、背景分析

1. 我校属于迁建学校,2019 年 9 月投入使用。学校现在校生 1274 人,教职员工 71 人。所有的教师主动承担重任,工作中从不计较,心态阳光,用爱心滋润每一个孩子的成长。但学校规模的极速扩大,随之带来的生源、师资融合问题也成为学校追求高质量发展必须解决的实际问题,新教师的成长有待进一步提高,打造团结务实高效的学习型团队是教师团队发展的核心。

2. 学生家庭经济及教育状况一般。学校生源 90% 为外来务工人员,本地居民子女不足 10%。在实际工作中,进城务工人员的子女因父母工作的原因,得不到很好的家庭教育,家庭文化氛围不浓,家庭教育水平亟待提高。

3. 学校原有教师、调入教师、新考录教师及顶岗实习教师的融合发展需要学校在发展规划中引起重视。

二、问题解决方案与措施

面对上述问题,必须对学校进行一番大调整、大改革。

（一）建章立制，促进学校和谐，提升教师工作动力

在全校范围内建立全员岗位责任制度和其他相关的制度，使每一个教职工都明确自己的责任、权利、义务。

对于一个学校来说，建立健全规章制度，实行工作责任制，个人分配与个人工作过程和绩效挂钩，用以提高个人工作积极性。虽然这不是绝好的办法，但是作为管理者，这也不失为是顺应管理科学的一个基本出发点和落脚点。当然，所有规章制度都不是贴在墙上，写在纸上，摆样子让别人看的，必须落实在各项工作中，一切按规章制度办事。每个教职工在制度面前都是平等的，包括校长在内，受制度约束，避免"一言堂""家长作风""独断专行"等不良作风。

（二）利用管理激励理论，满足教师情感需求，提升群体凝聚力

好的领导往往在强调组织目标的同时还十分注意照顾并满足教师的个人目标，尽量使两者协调统一起来，尽量满足下属正当的个人欲求。只有把精神追求与个人欲望和谐地统一起来，才能使下属愉悦地、全身心地投入到工作中去，才能形成亲和力和凝聚力。教师作为知识分子，实现自我价值、希望得到领导的尊重是其高层次的需要。满足他们的需要不能简单地进行物质化，其实大部分教师渴望赏识、渴望尊重、渴望成功。"校长把我当人看，我给校长当牛干；校长把我当牛看，我什么事情也不想干"，这就是教师最渴望赏识和尊重的最直白的最朴实的心理描述。

（三）让教职工参与学校教育教学规范化建设，激励其主动自觉发展

让教职工参与学校教育教学规范化建设，有很多的好处，能得到更多的决策方案。

①能促使教职工自觉树立责任意识。

②能满足教职工的心理需要。

③有利于决策内容的贯彻落实。

④有利于干群关系的和谐团结。

应该注意的是，让教职工参与决策并不意味着校长可以放弃责任。如果领导以"决定是大家做出的，出了问题大家负责"为借口推卸责任，那么民主决策就会变得毫无意义。校长要敢于对决策执行的结果负责，主动承担责任，这样民主决策才有意义。

（四）充分利用学校网络办公系统，激励教师专业自主发展

建设一个学校内部的网络办公系统，一是适应现代互联网技术和现代通讯技术

带来的信息传输网络化、信息显示多媒体化、信息处理智能化的要求,二来可以在一定程度上促进教师的终身学习,拓宽教师专业发展的时空和渠道,为教师自主发展提供平台和手段。

通过学校网络办公系统,教师们可以参与、反思、讨论,共叙教育教学中的得失,共享教学资料,探讨教学案例,研习教学理论,提高教学艺术,可以说,实现了教师间的智慧共享。这在一定程度上改变了教师在校上网运用网络的模式,增加了彼此之间的交流互动,也无形中凝聚了众人的智慧和力量。

优秀的校长带出优秀的团队,必能创办优秀的学校。

数字智慧校园促学校内涵发展

青岛西海岸新区港头小学　李殿清

信息化建设是学校建设重要组成部分,是一项基础性、长期性的重要工作,其建设水平是学校整体办学水平、学校形象重要标志。而数字智慧校园建设也是实现优质教育资源共享、共用,促进教育共同发展的有力举措。

一、思想决定行动

学校用现代化的思想引领学校发展,坚持"统筹规划、分类要求、分步实施、注重实效、适度超前"的原则,以教育资源、信息交换平台和应用软件建设为重点,以教育教学信息化应用为核心,以管理体制机制和队伍建设为保障,以全面改革学校教育教学手段、创新教育模式、提升教机制,不断推进数字化校园建设,丰厚现代化学校的内涵。

二、智慧促管理科学

学校配备专业化的师资队伍,全员化的教师培训制度,为数字化校园建设撑起了有力的保护伞。学校进一步完善了现代教育技术管理规章制度,如工作责任制度及细则、技术性培训制度、信息发布采集制度、网络维护制度等数字化校园管理必需的制度。定期开展教育信息化的新知识、新技术与新媒体等应用专题培训,并能与学校教学实际相结合,开展丰富多彩的信息化教学设计、课件制作、微课制作等比赛及展示活动。

三、硬件促管理规范

目前我校各办公室和各教室实现了网络全覆盖。校园网拓扑结构、运算设备、存储设备等均能满足学校工作需要。校园无线网络部分实现全覆盖,能够符合管理、安全与教学等功能要求,且有线网络和无线网络相互补充,满足了学校的整体需求。我校建有先进的录播教室系统,可以实现在线直播、视频下载等基本功能,能够满足"名师课堂"等应用需求。

四、数字化促管理便捷

学校数字智慧校园平台依托于全区数字通讯系统,具有即时通讯、门户管理、文件服务、信息沟通、公文流转、协同办公等若干功能的学科资源库,能够为师生提供便捷的数据服务。各处室充分利用计算机网络技术和通讯技术,在校园网平台上开展信息开发、应用与研究工作,实现办公自动化、管理科学化,以信息化促进管理水平提高,全面提高教育教学质量。目前,我校已经初步建成了教育教学资源库,教师的课件、微课、校本资源等都可以很快捷地上传到学校服务器中,并可以随时在班级、办公室调用,极大地服务于教育教学工作。

在课堂教学、教研中应用班班通进行教育教学、研修,每一位教师也拥有属于自己的博客,学校数字智慧校园平台得到了广泛的应用,发挥了主导作用。目前,全体教师的教育教学质量得到了显著地提高,学生学习兴趣也随之取得了前所未有的效果。与此同时,学校还组建了以年轻教师为主的微课开发小组,为学校资源库做好了后方补给保障。现在,我校绝大多数教师能自主开发微课程并应用于课堂教学。在教学之余教师们还充分利用数字智慧校园这个平台,在线研讨学习、制作微课等。

五、数字智慧催生课程校本化

我校创建数字化校园紧紧依靠国家课程、地方课程、校本课程全方位地提升数字智慧校园的建设。目前我校在三到五年级开齐开足了信息技术课程,学生的信息素养得到了逐步的提升。我校在抓好国家地方课程的同时,大力推进数字校本课程的开发,大胆引入动漫并作为特色教育深入开展,成立动漫工作室和 3D 打印 DIY 体验室,将动漫教学融入课堂,与美术课程进行整合,通过 3D 打印 DIY 体验室,培养学生动手创新能力。本学期,随着新校舍的投入使用,学校将开设机器人、计算机编程等课程,进一步丰富学生的校园生活。

数字化校园建设工作是学校工作的重要组成部分,以高性能校园网为基础,实现教务管理、教学资源管理、科研管理、后勤与服务管理的全面整合,实现信息化增值服务是我们学校的目标。

精于常态　致于优质

青岛定陶路小学　郭晓霞

一、背景分析

对学校而言,管理的精致,最终是为了教育的精致。如果说先进教育思想的引领是学校发展的航标,那么精致化的管理机制则是学校发展的发动机。校园安全、教学规范、礼仪常规……这些看起来平实普通的教育教学工作,恰恰是决定学校发展成败的关键点。如何充分发挥管理团队的管理效能,用精致化的管理构建可操作、可持续的校园常态管理网络,以立体化的管理架构来保障学校发展既高瞻远瞩又脚踏实地,是每一位学校管理者必须思考和回答的问题。我校多年来持续推进与固化实施了"常态+优质"的精致化管理模式,以督查反馈促自省反思,以常态发展促优质提升,夯实现代学校治理基础,保障规范办学行为落实,为学校的持续发展提供了原动力。

二、典型做法

1. 管理干部联年级——连点成线。

在日常管理中,为每个年级配备一名管理干部是许多学校采用的管理模式,如何促进干部将深入教育教学一线的走动式管理落到实处,把管理干部联年级的管理模式精致化,让教育教学的每一个关键点连缀成规范管理的网格线,我们主要思考并落实了以下两个方面。

（1）每日督查"四关注"。

精致即用心地把每一件事做到最佳的状态。精确设点，才能指导干部精准发力，干部每日到自己分管的年级巡视，看什么？怎样看？我们根据小学教育教学的特点，确定了"每日督查四关注"，指导年级分管干部用精致管理的眼光去观察、去发现、去改进。

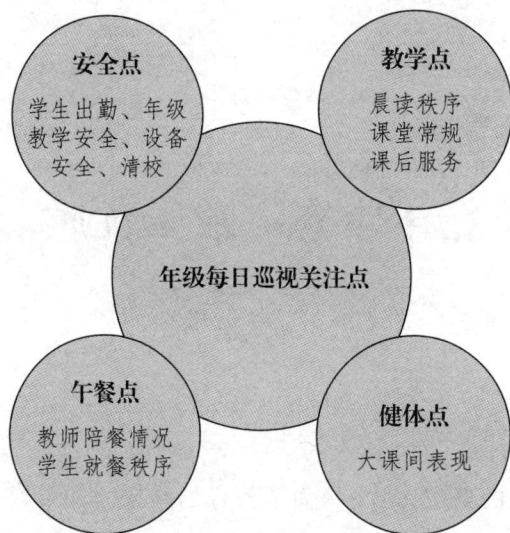

（2）巡视记录"两落实"。

有了明确的关注点，如何保证每位年级分管干部在繁忙的工作中合理安排时间，落实每日巡视制度呢？我们设计了内容全面、操作简便的每日巡视表。

首先，落实"年级巡视表单制"。干部严格落实巡视表对巡视内容、巡视时间的相关要求，这使常态管理有章可循，有法可依，也将每日常态管理的散点用时间点和项目点凝成一条清晰的管理动线，将教育教学过程的过程控制做到了精致化。

其次，落实"年级巡视分享制"。年级管理干部每日下班前，将自己的巡视表格群发给每一位干部，让管理团队的每位成员都全面了解各年级当天的情况，"群发分享"这个动作也督促每位干部认真、按时完成当天的年级管理工作，避免了良好的制度在执行过程中的"递减式打折"。

2. 一日六巡贯全程——线动成面。

如果说每日年级巡视是将管理工作的点纵向梳理成线，那么我们还需要有相应的管理机制将每个年级的管理线横向梳理成学校每日常态管理的平面图，并打通巡视管理与反馈提升之间的通路，让精致管理为学校教育教学质量提升赋能。

（1）值日校长——每日万步的校园行者。

每周五天，学校各安排一位干部作为"值日校长"，值日校长的"权限"可不小，从护导教师上岗工作情况、到校园内外安全巡视，从食品安全管理到教学常规情况都是巡视管理的范畴。如此多的项目，值日校长如何来开展工作呢？没有流程的精致控制，就没有管理，我们以一日六巡的方式来固化值日校长的管理流程，让值日校长既能深入到每一处管理现场做好管理工作，又能让每日的"一万步"忙而不乱。我们的一日六巡的内容和时间安排如下图：

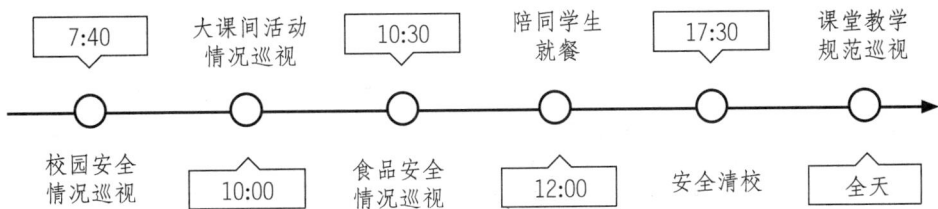

| 7:40 | 大课间活动情况巡视 | 10:30 | 陪同学生就餐 | 17:30 | 课堂教学规范巡视 |

（时间轴）

校园安全情况巡视 ── 10:00 ── 食品安全情况巡视 ── 12:00 ── 安全清校 ── 全天

（2）实时反馈——管理与教师团队的连通器。

每日值日校长和年级管理干部的巡视情况，如何整合反馈给全体教师，起到抓住"微亮点"表扬推广，发现"小问题"及时整改的作用？值日校长每日收集各年级管理干部的年级巡视记录，结合当日的一日六巡情况，在第二天8∶30前进行面向全校进行书面反馈，反馈中既有各方面工作的总体巡视情况，也有对细节的关注和反馈。如值日校长发现"一年级学生开学第一周，就能够离开教室前收拾好桌面用品"的"微亮点"，及时对一年级班主任提出表扬，促进各年级重视学生良好习惯的培养，再如发现"个别学生午餐挑食浪费"现象，及时进行反馈，并由大队部牵头开展"光盘行动"系列活动。这些来自教育教学现场的最鲜活的观察与思考、反馈与跟进，让教育教学的每一个侧面都精致起来。

三、实施效果

几年来，在深入打造学校"常态＋优质"精致管理模式的过程中，我们深深感到，精致管理是科学精神与人文精神相互交融的管理；是与时俱进、追求卓越的管理；是既重视宏观又重视微观的管理，是学校发展的重要保证。

多年来的精致管理为学校锤炼出了一支善思考、会管理的干部队伍，每位干部在管理中都养成了周到细致、精益求精的工作态度和习惯；精致管理也帮助教师团队更加明白常态的底线是什么，优秀的标准是什么，工作有规范、有方向、有品质；精致管理更让孩子们受益，学校教育教学秩序井然，孩子们礼貌大方，阳光健康。精致管理带来了学校长足的进步，近年来学校获得山东省"五四红旗团支部"、青岛市"文明校园"、青岛市"青年文明号"等称号,这些都是精致管理结出的硕果。

四、问题和反思

精致管理突出的是逐步精细、逐步完善的过程,因此,精致管理也是一种长效管理,不可能一蹴而就。让精致管理逐渐积淀为学校的文化,用心经营,有效推动,让文化渗入管理,让管理彰显文化,也将是学校管理团队持续思考并不断实践的重点。

学生良好习惯,从小事抓起

青岛市即墨区第四实验小学 王成广

学校发展的最终落脚点应是学生素质的不断提升。叶圣陶先生说:"教育就是培养习惯。"良好习惯的养成需要从身边的小事做起,因此,学校提出"良好习惯,从小事做起"的口号,把学生良好习惯的养成教育作为学校优化内部管理工作的一项重要内容抓实抓好。

从静音站队入手,引导学生学会站队,学会守纪。针对站队时学生说话、打闹现象突出问题,学校提出了"一分钟静音站队"要求,要求学生站队时做到三点:快速找到自己的位置;两眼只能看前一个同学的后脑勺,不齐的调调位置;不出声,两手贴裤缝。在走廊站队、带队均静音,师生均静音,全用手势指挥。一年下来,效果非常好。学生不仅养成怎样站队的习惯,还懂得了该遵守纪律就要严格遵守纪律的道理。

从"拖、冲、挂"三字入手引导学生会拖地。为什么有的学生用拖把拖地不但没拖干净,反而地面水很多?原因就是先冲拖把,没冲净,直接用带着很多水的拖把拖地造成的。了解到这些原因后,学校要求学生拖干净地面后自觉冲净拖把并把拖把挂起来,这样下次拖地时,直接拿着晾成半干的拖把直接拖地即可。

从会说执笔姿势儿歌入手,引导学生养成良好的执笔姿势。经过观察,我们发现不少学生虽然做到了写字时的"三个一",但执笔姿势不正确。为让学生养成良好的执笔姿势,我们要求学生人人会说执笔姿势儿歌(食指拇指捏着,中指下面托着,四指五指靠着,悄悄躲在下面),并严格按照儿歌要求去做,每月一次面上指导和检查评估活动,并将正确率及时反馈,要求所有任课教师齐心协力,共同规范学生读写姿势。

　　从"一笔一画写好字,圈圈点点读好书"入手引导学生写好字、读好书。针对部分学生写字不认真、乱写乱画和读书光讲速度、边读边忘现象,学校提出了"一笔一画写好字,圈圈点点读好书"的要求,人人建立写字本,每天中午拿出 10 分钟时间专门练字,每月举行一次班级写字展,学生写字水平有了较大提高。为了读好书,不一味讲求速度,我们引导学生读书时先把一篇文章完整读完,然后想想这篇文章讲了什么时间的发生了谁的什么事,自己有哪些收获,最后再读一遍并把好词好句划下来,这样读书的质量明显提高。

　　像这样引导学生从小事做起,养成良好习惯的方面还有很多,我们认为学生身边的小事就是学校的大事,这些小事做好了,学生的素质提高才不至于只落在口号上。

　　注重自主管理,让爱与责任伴随学生成长。我们坚持以生为本,努力为学生打造展示自身才华的舞台。一是搭建班级管理舞台。为让更多学生感受成长、体验成功的机会,我们提出的目标是让每一名学生在六年期间都要至少有一次当班干部的经历,至少有一次当众讲话的经历,至少有一次当众展示的经历。因此,作为班级管理的小助手,班干部我们采取班级任命、竞选上岗和轮流担任三种方式产生。二是搭建学校管理舞台。充分发挥少先队组织监督作用,举行了"亮出精彩"大队委竞选活动,选举了大队委员,监督值日生工作。每天检查、督促、反馈,既锻炼了学生,又提升了学校的管理水平。我们还抓住尽可能多的机会让孩子展示、体验,以进一步提高自我管理、自我激励意识。如每天的广播体操,我们在教学楼、宿舍楼跟前安排 4 ～ 6 名学生进行镜面领操。镜面领操和背后领操对领操学生的锻炼是有区别的,镜面领操因为要面对全体师生,所以对领操人的心理素质是考验更是锻炼。为让更多人有展示锻炼的机会,我们实行每天班级轮流领操的办法,并且每个班级领操的学生每天都要轮换,每个人都要积极参与。现在"绽放笑容、展现自信、亮出精彩"已逐渐成为四小孩子身上最亮丽的风景。

抓学生习惯养成教育　促学生创新发展

青岛西海岸新区薛家岛小学　郭太艳

薛家岛小学的德育工作始终把学生习惯养成教育和创新教育作为学校教育教学工作的一个重点来抓。将其与学科教学、社会实践活动、校园文化建设、学生自主管理有机结合,取得了显著成效。

一、抓好师资队伍建设,营造全员育人氛围

1. 学校制定并实施《薛家岛小学德育工作实施意见》。明确各处室及各学科教师德育工作职责,从而形成对学生养成教育以身作则,共抓共管的大好局面。

2. 大力加强教师职业道德培训。结合学期初师德教育月,学校集中组织教师认真学习了《教师法》《义务教育法》和《中小学教师职业道德规范》等法律法规,组织教师学习全国模范教师先进事迹,对照先进结合自己认真反思,并写出心得体会,召开教师大会认真总结交流。通过这些活动的开展,教师们树立了良好的教育观、价值观、人生观,形成了良好的校风与教风。

3. 加强班主任工作的管理和指导。我们采用请领导专家做讲座、请优秀班主任做经验介绍、外出培训等不同形式,不断提高班主任的素质和工作水平。每学期召开一次班主任论坛,每月开好一次班主任例会,健全和完善班主任工作考核奖励和五星级班级的评比机制,坚持从形式和内容两方面公正、客观地衡量班主任工作。要求班主任以科研为导向,以育人为目标,做到工作到岗,指导到场,示范到位。

二、抓好学生德育阵地建设,促进学生发展

1. 继续加强少先大队主阵地建设。完善少先队制度,促进少先队工作有条不紊地开展。大队部完善各项制度,要求少先队及早制订出学期工作计划及活动安排,使少先队活动有布置、有落实、有记录、有总结。各中队也都有各自中队工作计划,根据中队实际开展丰富多彩的活动、各种记录齐全。

结合重大节日和纪念日，积极开展主题教育活动。活动是少先队的核心，将少先队思想道德教育和体验教育活动贯穿始终，根据每月的时令特点，既注意传统节日和纪念日，又抓住重大事件，渗透思想道德教育内涵，注重少年儿童的实践体验，培养学生的创新精神和实践能力，从而推动少先队工作不断迈上新台阶。

2. 加强校园文化阵地建设。学校校园文化环境的建设注重分"光荣的校史""海洋生命"及"百年强国梦"三个板块，以此突出校史文化、区域文化和特色文化，更好地对学生进行爱国主义和革命传统教育。二是由美术教师组织学生在教育外墙涂鸦，突出学校特色文化。三是加强教师办公室文化的建设和各班教室文化的建设，创造良好的心理气氛与和谐的教育氛围。四是继续办好每月一期的宣传板报、班级黑板报、班级宣传栏。组建并发挥学校"小凤凰之声"广播站和校园广播电视台的宣传作用。

充分发挥学校的科技特色，通过开展一系列丰富多彩的科技活动，不断培养学生的科技意识和创新精神。学校开设沙画、舞蹈、陶艺、葫芦丝等各种兴趣小组，规范管理，要营造良好的艺术氛围。各班要创建特色班级，从而实现"班班有特色，人人有特长"，确立各班工作目标，提出明确要求，美化教室环境，广泛开展各种学生喜闻乐见的兴趣活动，给学生创造展示特长的平台，不断丰富校园文化生活。

三、做好学生评价工作，促学生养成良好习惯

1. 单项评价与综合评价相结合。制订《学校五星级班级评比实施方案》，将学生日常工作分为路队、卫生、两操、纪律礼仪和宣传五项，各项制订出具体的实施细则。班级设置五个值日组轮流值勤，每个值日组再指定五个项目的监督员负责对本班学生进行劝导考评，每天由值日组组长组织各项监督员认真填写《学生常规日评价记录表》。每项每天合格的可获得一个"小笑脸"。班委每周对日评价表进行汇总，一周单项获四个以上"小笑脸"可授予"每周之星"（卫生之星、礼仪之星、健美之星、艺术之星）。一周五项获20个以上"小笑脸"可换取一个"小红五星"，并粘贴在班级"星光灿烂"宣传栏上，并获得"文明小使者"称号。每月获得3个以上"小红五星"的学生可被授予"模范生"称号。每学期获得15个以上"小红五星"可被授予"标兵"称号，学校于期末进行表彰奖励。

2. 终结性评价与过程性评价相结合。班级对学生五项常规坚持每日一检查，每周一汇总，每月一评比，每学期一表彰，让养成教育形成常态机制，保持其连续性和有效性。

3. 自我评价与他人评价相结合。班级每周一给每个学生发放一张"学生常规评

价表"，内容分为"自我评价"和"小组评价"。"自我评价"让学生反思过去一周自己的表现，找出各自的不足并拟定改进计划，"小组评价"则由各组成员互评。班主任利用班队会时间进行点评，达到取长补短，共同提高的目的。

四、学生养成教育融合到学生日常教育活动中

1. 与学科教学相结合。抓好课堂教学，注重学科德育渗透。要求教师根据学科的教材特点，结合教学内容，挖掘思想教育因素，寻找对学生进行思想品德教育的最佳结合点。 遵循由浅入深、循序渐进的原则。引导他们逐步树立正确的世界观、人生观、价值观。学校将学科德育渗透作为课堂教学的首要内容，并作为课堂教学评价的一项重要标准。

2. 与社会实践相结合。学校充分挖掘并发挥社会和驻地高校等优质德育教育资源，积极开拓学校德育教育基地。

为让学生走出校门，走向社会，在实践中锻炼和成长，学校分别与办事处敬老院签订协议，定期组织学生到敬老院中开展活动，培养了学生尊老敬老和感恩意识；与驻工社区签订《绿地认养协议》，使学生从小养成爱绿护绿和讲文明的好习惯；与青岛理工大学和青岛上海戏剧学院艺术学校签订合作协议，定期组织开展大手拉小手活动。通过这些活动的开展，使学生开阔了眼界，增长了知识，学会了合作，从而增强了小公民的社会责任感和使命感。

3. 与校园文化建设相结合。学校每学期举办校读书节活动。通过开放阅览室、组建班级读书小组、开展丰富多彩的读书活动，写读书笔记、进行阅读之星、书香班级评选等活动，培养了学生良好读书的习惯，提高了学生的读书能力；使校园文化环境得以优化，营造了和谐的书香校园。

4. 与学生自主管理相结合。自主管理是学生养成良好行为习惯的一个有效途径。为此，学校制定了《班级目标责任制实施方案》。将班务工作分成若干个岗位，学生自由竞岗，承包到人，并明确各个岗位职责，设置各个岗位监督员，坚持每日一检查，每周一汇总，每月一评比，每学期表彰一批"岗位小明星"。从而实现了班工作"人人有事干，事事有人管"，极大调动了学生的积极性，提高了学生自主管理意识，养成了良好的行为习惯。

为了孩子的终身发展，我们将紧紧围绕"打造名校，创建特色"的战略思想，以教育发展为主线，以提高教学质量为出发点，以素质教育为根本目标而努力。

我与夏小的管理故事

青岛市城阳区夏庄小学 高彩霞

2013年盛夏一个普通的日子里,我来到夏庄小学,有几许忐忑,更有无数憧憬。忐忑的是,做过语文数学教师,做过实验班班主任,做过教研组长,做过级部主任,做过教研员,组过团队,却偏偏没有多少学校直接管理经验的我,如何带动起一所学校的发展;憧憬的是,就是这么一所学校,在我们共同的努力下会走向哪里。

如何提升教育教育质量?

如何办出有特色的教学品牌?

如何提振教师的信心和工作积极性?

这许多的问题整天盘绕在脑际。那时候,我始终站在学校的土地上,努力去发现她与众不同的地方,努力去寻找改进的着力点。谁拥有了更多的思想,谁就拥有了更多的行走方式。

竹子在前四年只能长三厘米,这三厘米还都是深埋于土下,等到第四年它破土而出,就能以每天30厘米的速度疯长,六周时间就能长到15米。教育亦是如此,厚积薄发,在关键人、关键时段、关键力上下足功夫。

一、关键人行政干部

1. 方法讲求艺术,工作提升品位。第一次行政会我是精心备了课的。会议的主题主要讨论,学校工作千条线万条线,行政干部应如何使自己的条线管理更科学。作为干部要成为学校各个条线的把关者,各项活动内容的决定者,"二传手"式的干部是不符合学校发展要求的。在业务上,干部必须拿得出手,必须是各学科各条线工作的引领者,全力做好学生和教师成长的服务者。有为才有威,有为才有位。管理是一门科学,更是一门艺术,学会了四个"第一",也就意味着拥有了足够的管理智慧。生存第一,永远的危机与改变意识;规则第一,永远的服务与执行意识;团队第一,永远的合作与大局意识;忠诚第一,永远的真诚与感恩意识。作为学校中层干部,要用这四个"第一"来衡量自己,要求自己。

这次行政会产生多大的影响我不知道，只是后来文静提起说，学校管理这么多年，第一次校长行政会使用了课件，感觉挺新鲜的，校长你要求也挺高，说实话我们开始也挺不适应。高守浩副校长也曾开玩笑说，"校长穿着高跟鞋，我们在后面也没追上……"其实所有的团队在一起一开始都要经过一个磨合的逐渐认同的过程。这个过程没磨合好，就如同一盘散沙，若磨合得好，则会成为战斗力很强的团队。情感很重要，因为情感增进，给予我理解和支持；因为看到了学校的发展，教师的成长，孩子们的进步，给予我价值认同，才会走在共同的前进路上。

夏小的行政团队人并不多，2013 年 17 个教学班，5 位行政干部；2019 年 30 个教学班，期间有人员变更，但依然 5 位行政干部，还有 3 名是未正式任命的，三定一聘暂且都享受不到中层补贴，但这好似在夏小都不是事。"管理团队，不在于人多，在于管理者是否有想法有办法，是否能保持高效，是否注重细节。"但工作量毕竟摆在这儿，要高质量完成各项工作，加班加点是夏小行政干部常有的事情。夏小行政干部和教师们一起到点下班的场景几乎没有。

2. 主动介入，走动管理。管理者——学会弹钢琴。夏小多年前就一直把走动式管理作为行政干部坚持的管理信条。要经常走进课堂，走近教师，走近学生，在发现问题的过程中尽早解决问题，这样的管理才是最有效的。只会坐在办公室接受汇报的管理者，只能在拥有一个办公室的同时，失掉了教师的信任。一名有责任心的校长，应致力于形成自己独特的治校之道，"校长手里不应该拿着鞭子，而应该举着旗帜，走在前面。"每日巡校，每日巡课，每日谈心，每日察言观色。每早站在门口迎接学生，不仅是对学生一天学习生活开始的欢迎，更是对教师一天心情的"察言观色"，和教师们微微笑，玩笑上两句，对于心情不佳的教师，则观察上半天，找个合适的时间叫在一起聊聊天，释放一天的心情。"谈心"，真的很重要。

3. 项目管理。2018 年，学校尝试项目管理，扩大了中层干部的梯队培养，这是对中层领导干部力量的有效补充。教学层面，语数英三个工作室的成立，全面引领起三大学科的教研工作，不管我们教研深度是否足够，教研的实效性有多大，这种"动"就是一种推动和融合。特色实验项目。"5+x 班主任工作室，"由 5 名主持人辐射带动所有班主任共同发展，成为具有'5 力'（即学习力、研究力、反思力、创造力和执行力）的专业化班主任，这项工作已走在序列发展的路上，初见成效。除此以外，学校还有科技项目、信息化技术项目等。项目负责人都是学校的普通教师，有的甚至是班主任。教师执校，一线教师参与学校管理，这种尝试让教师对管理有了更多的自主权和主人意识。这样的管理和反转还无声地教育着教师，使他们感受到管理学校的不易，在项目负责的过程中有了一种责任感动和神圣的使命，干群关系更加和谐。

4.细致提升质量,细节决定成败,管理呼唤精细化。行政和项目工作一定要有规划。每周日前提报每周工作计划。和孩子养成习惯一样,这个过程也是一个慢慢形成的过程。从一开始总要督促,总有项目组负责人忘记提报,到现在已成为约定行为,需要的也是一种耐心和坚持。行政例会每周一定期召开,对照上周工作计划表述完成情况及效果,说明未完成的原因预备何时完成;同时说明新一周工作计划。项目工作会一般每两周一召开,每月进行工作点评。"思维·表达",这是刚结束的青岛市语文统编教材研讨现场会主题,不仅是学生要具备的语文素养,同时也是做好一位行政干部应具备的核心素养的关键词。项目会,让行政干部讲讲"我的课程故事""我的课堂故事""我与教师的故事""我与孩子们的故事",讲身边故事的过程中,梳理诠释自己的部门管理理念和途径。

二、关键力——学校一定要有顶层设计

苏霍姆林斯基说过:校长要实施教育思想上的领导。我想"教育思想"就包括办学理念的定位。2013年的夏天,我想得最多的是用什么来统领起学校的全局工作,用什么来凝聚起教师和学生的价值取向。最初,抬头就见的是大山,大山的厚重、大山的朴实、大山的坚韧,便以山的品格来培养孩子。在和大家沟通中,总觉得"大山"过于具体化,过于凝重。学校历史悠久,需传承发展。我们把目标转到了当时学校已见雏形的特色项目上——古诗文诵读。"诗"映入眼帘。"在心为志,发言为诗",《人间的诗意》中写道:"人们把世界最美的状态称为诗境,把心中最美的意念称为诗意。"我们恰恰期望每一个学生都应当成为精神生活丰富的人。在我们看来,教育是一项生命活动,每一个生命,无论伟大与卑微,都是教育的起点和归宿。学校教育的大事,就是关心、照顾好每一个生命。"诗意教育"就和教师们一起得到认同,希望能够办一种关照心灵发展、关照学生精神生活的教育。"诗意教育"的核心理念是追寻真善美,让每一个生命自由舒展,其实也就是一种自然的教育,和夏小山水相依的地理环境相契合。知山知水,山水为伴,自然为友。

校园文化的符号随着时代和学校的发展,也在发生着变化。夏小标志主体——夏花,是由红、黄、蓝、黑、绿五色花朵组成的球形,有一抹绿地托起,象征我校犹如从地平线升起的朝阳,在教育沃土不断升腾。几名抽象孩童手拉手围舞在一起,形成和谐的五彩花团,象征着学生灿烂的笑脸。明亮和谐主色调代表了诗意教育的内涵,结合中华传统文化的精髓,形成学校"有爱心、知礼仪、会学习、讲诚信、亲自然"的文化教育理念。我们倡导发展学生个性,打造朝气蓬勃、快乐健康的多彩生活。

教育讲究慢工,优质来自细活。唯有"慢",才能细化我们的每一个教学行为。

这种慢工,好比"绣花"。我们的管理理念是:

绣好我们的"夏花"

——绣好每一片花瓣,绣出多彩的人生。

教育如绣花,绣好这朵花,绣出好的花朵。

成长(学生、教师)如绣花,绣好每一片花瓣。

绣出多彩的人生花朵,成就、展示亮丽的自我。

班主任团队建设——"慢"字当头。班主任工作是学校面对家长的第一个渠道。随着教师队伍的日益壮大,我们的班主任队伍面临着年轻化的趋势,如何使90后的新班主任迅速适应新角色?如何使部分外省市班主任尽快适应青岛的教育环境?都是管理者需要考虑的。工作不再是简单的布置,而应该辅之以有效且具有可操作性的现场指导,甚至是手把手地口手相传。只有这样,才能打造出一支有教育方法、能善于沟通的班主任队伍。学校主要是通过班主任论坛来实施,每期定的主题都很小很具体,如接任一个新的班级,应做好哪些工作?第一次家长会如何来开;一年级新生如何培养习惯。

教学管理——"慢"字当头。学校实施推门听课制;教学常规月检反馈制,教研组长例会制,教师教学基本功考核制,更有成序列的每年一次的"绿苑杯"课堂教学比赛和每学期一次的"教学工作会"。这是2014年春天首届"绿苑杯"课堂教学比赛,分青年教师比赛、骨干教师比赛、老教师比赛。也就是这次比赛,一下子打乱了夏小的节奏,一下子爆发出许多矛盾点。所有教师上课展示,老教师不愿意,中年教师也不情愿,尤其是50多岁的老教师多次到教导处去要求不上课,我不同意并坚持了下来,"哪怕课质量不高,也必须上课。"引起了老教师们的些许微词。"只要没骂到我面前,没关系,更何况教师赛课天经地义的事。"坎迈过去也就迈过去了,所有教师参与了课堂比赛。在总结会上给教师们颁了奖,他们内心也是挺开心的。其实,他们拒的不是事情本身吗,而是事情的过程,但往往这个过程又最是有滋味的。就这样,教学比赛坚持了六年,学校也成序列地开展每学期的教学工作会。

三、关键力 —— 改变,由内而生

"静专""笃行",学校才能由内而外衍生出一种趋向质变的生长力量,实现自身的不断超越。

校园文化、学校特色是一个学校区别于其他学校的标志,相信每一位校长都会考虑学校的文化和特色。但很多时候我们彰显的校园文化和办学特色缺少"特色"。别人版画,我也版画;别人足球,我也足球。所谓的学校特色总是自上而下,自外而内地贴上去的，我们没有找到真正与之相匹配的文化和特色。说白了我们的文化和特色是从外面植入的，没有接入地气。"校园文化的构建一定要寻找一个学校内部的生长点，然后与外面的世界进行对接。校园文化的建设必须是由内而外的，而不是将外面的东西全盘照搬。"学校管理者要构建学校特色，首先要了解学校，寻找合适的生成点，这样才会找到其特色。

厦小有浓厚的诗歌文化特色，是诗意流淌的校园，教学质量在整个区也比较优异。但不是就质量抓质量，而是将质量和学校的特色建设、和学校的项目管理有机融合。在诗歌教学中引导学生诵读古诗、读现代诗，作诗，这不是一种很好的语文学习吗？每月的执行校长由不同学科的教师担任，语文教师搞语文活动，数学教师搞数学活动，体育教师开展体育活动，这不是一种全面发展吗？夏小的孩子来自不同的阶层，有机关的子女，有市民的子女，更有一批新农民的孩子，但到了夏小就都是夏小的孩子，他们在这所美丽的校园学习、生活，以优质的质量完成自己的人生的第一个六年——"诗意的生活，最好的方向"学校的校训也是学生素质的最真实的写照。

至善的人性铸就学校教育底色，决定学校要走到哪里。所谓善良，简单说就是同理心，就是设身处地替他人着想。好校长的善良，又比一般人的善良多出了智慧与力量，他们深深迷恋他人成长，更加尊重师生独立人格，更有力量将同理心变成行动力。校长有了善良，教育就少了功利，校园内外就多了人性的光芒。

这种善良，体现在对学生冷暖的本能的"心疼"上。当时教师每天在里面装一些亲手做的小吃，给那些来不及吃早餐的学生；孩子哭了，弯下腰认真地关怀一下；路队站岗，孩子的鞋带开了，弯下腰帮孩子系上。这种最朴素的发自心底的善良，让教育充满母性的美好。

这种善良，体现在对人的人格尊严与平等的真诚尊重上。校长的尊重，"看重"、坦诚、包容，会给师生带来更多的安全感和价值感，激发更多善的力量，形成一个宽松、自由、民主、和谐、奋进的校园生活和成长氛围。

这种善良，体现在对师生命运的切实关心上。这种善良，尤其体现在对社会责任的承担上。"没有爱就没有教育"，爱与责任，是夏小的教育精髓。围绕"向上向善，办有温度的教育，做善美教师"这一目标，每学年学校都要开展"最美夏小教师"评选。通过"底线+榜样"的管理方式，让那些优秀的师生个体，成为学校的英雄与榜样，成为最有力的教育力量，成为学校叙事中的绝对主角。

良好的公平公正的竞争氛围。欲为大树，莫与草争。同样的竞争，领导干部往往把机会让给教师。我经常说的一句话是，"大家要不争不抢，不急不燥"。学校实施捆绑式评价，每年教学工作会都要表彰教学优秀团队，标准是团队整体优秀，若有一位教师落后,团队中的任何一位教师都不在表彰范围内。通过这种评价方式加强团队建设,形成良好的团队文化。

其实好学校与普通学校的本质差别,往往只是他们比别人多想了一点点,多做了一点点,多做好了一点点,多坚持了一点点,但就是这不起眼的一点点的"点点效应",日积月累,趾步千里,累加在一起才成就了好学校。这也是夏小正在努力的方向。

夏庄小学经营到现在,在各级领导和兄弟学校的帮助下,取得一定的成绩。精准分析当前,是为了以后更好的发展。现在的夏小正处在一个转型期、发展期,大量新教师需要培养,多线条管理需要提高管理实效。学生大幅度增加,带来提升教学质量的考验,规模扩大速度快,带来了发展机遇,但也带来了管理的新课题。要防止师资队伍被稀释后,管理不能到边到角,使学校持续又好又快地发展出现隐患。

一个组织要获得持续的发展,必须不断超越自己,寻找发展的"第二曲线",突破瓶颈期,将新的课题作为学校发展的新的"生长点"。用苏霍姆林斯基的话来说,那就是——"做,就对了!"可见,我们需要真正的传承文化的力量,需要我们用自己的实际行动将那一个个美好的理想变成美丽的现实。

朱熹说:"教学者如扶醉人,扶得东来西又倒。"时间是不会穷尽的,夏小便永远要扶着醉人,爬上高岗,走下陡坎,又爬上高岗,走下陡坎。我想,锤炼一所好学校的历程,也大抵如此吧,与大家共勉。

下好绩考"一盘棋" 激活团队"精气神"

青岛市市南区第二实验小学 毛小园

为全面贯彻落实新时代教师队伍建设改革意见和全国教育大会精神,推进学校管理科学化、制度化、规范化建设,增强办学活力,市南区第二实验小学在现代学校制度建设中充分发挥教师绩效考核的激励导向作用,采取"硬条件"和"软文化"相结合的管理办法,积极探索规范绩效量化改革途径,下好绩效考核"一盘棋",激发教职工的工作积极性,形成内部激励机制和约束机制,不断提高教育教学水平和办学质量。

一、做好"三项工作"，夯实绩效考核运行基础

（一）建立领导小组，从机制管理做起

绩效考核工作是推进高效、务实工作作风的有效办法之一，绩效考核的方式是规范教职工教育教学行为，促进教育教学效能提高的有效途径之一。为此，学校高度重视，将绩效考核纳入学校重点工作，成立了由校长任组长的领导小组，结合学校自身实际，充分发挥主人翁精神，注重考核过程性管理，制订了具体可行的创建方案，建立了一系列有效考核机制，分管干部各司其职，每月认真进行绩效考核，努力形成以绩效促管理、以绩效促落实的良好局面，为示范点的创建夯实基础。

（二）指纹打 call，从细节规范抓起

每天进出校门，签到签退，已成为我校教师们的常态。学校从出勤入手，建立健全教职工考勤台账，每天向全体教师公示，月末进行汇总反馈。在 2019 年的"三定一聘"薪酬制度改革中，学校以原有的考勤制度为蓝本，在广泛征求干部教师意见和建议的基础上，重新补充说明了《青岛市南区第二实验小学考勤制度》，并经六届七次全体教职工大会审议通过，予以实施。小小的指纹打卡，在充分发挥了考勤的约束功能，做到考勤面前人人平等的同时，也保证了教师的人身安全。

（三）落实"三定一聘"，从人事改革入手

为完善"按需设岗、竞聘上岗、按岗聘用"的教职工岗位管理机制，落实工作量（课时量）在教职工在各项考核中的重要权重；进一步明确学校教职工岗位数量及岗位职责；有效落实岗位能上能下、人员能进能出的人事管理体制，激发教职工工作积极性，促进现代学校制度建设，切实提升办学质量和水平。学校根据国家、省系列文件精神，结合学校实际，在全校教职工中开展定工作岗位、定工作量、定工作职责、全员竞聘（简称"三定一聘"）工作，制定了《青岛市南区第二实验小学"三定一聘"工作实施方案》，重新确定了工作量标准、实施办法和教职工岗位职责，经六届七次全体教职工大会审议通过，予以实施。

二、细化"三项措施"，推进绩效考核顺利实施

（一）完善绩效考核方案，规范考核管理办法

为深化学校内部分配制度改革，进一步调动广大教职工的工作积极性和创造性，更好地体现教师的实绩和贡献、更好地发挥激励功能提供制度保障。根据上级文件

及有关规定,结合学校实际,经广泛征求教职工意见,学校重新修订、完善了青岛市南区第二实验小学薪酬制度改革实施方案(2019年修订),经教代会审议通过,予以实施。新方案重点体现教职工工作量班主任工作情况以及教职工工作业绩和实际贡献。在此基础上,创新了"七色花"校长奖励津贴,依据学校每月工作实际确定奖励补贴发放范围及标准,进一步增强教育内部活力,调动广大教师潜心教育的积极性、主动性,规范了学校管理的规范和运行的高效。

(二)修订岗位设置,发挥绩效激励作用

"三定一聘"改革通过后,学校根据新的"三定一聘"岗位设置方案,在广泛征求教师们意见和建议的基础上,重新修订《青岛市南区第二实验小学教职工岗位设置表》和《青岛市南区第二实验小学教师课时量》,经教代会审议通过,予以实施。新办法注重多劳多得、优劳优酬,加大向班主任、骨干教师和勇于承担,成绩突出的教师倾斜的力度,充分发挥工资分配的激励作用,有效的引导干部教师树立正确的绩效考核观念,将绩效量化考核与核心价值观教育紧密结合,形成高效自我管理、自我约束的习惯和进取有为的管理目标。

(三)阳光透明操作,考核过程公平公正

严格执行考核规则,公平公正,阳光操作,确保考核结果客观真实。一是考核程序全公开。从制定考核规则,设置考核标准、内容,到对结果审定整个过程全部公开。例如,在制定"三定一聘"实施方案和薪酬制度改革实施方案时,组织召开校务会、教师座谈会,广泛征求意见。二是量化考核内容全公开。每月绩效量化考核通过即时通群发,让每位教师都能了解明细考核结果。三是绩效量化实际数据全公开。每月将汇总所有项目得出实际金额通知全体教师,在规定的时间内确认签字,无异议后,报学校考核领导小组组长审批,提报报账员进行登录。

公平公正严谨规范的绩效考核改革"阳光操作",公平合理、公开透明、有效激励、管理规范的校内分配制度,充分发挥绩效工资分配的激励导向作用,将硬指标考核与软文化引导结合起来,使干部职工的工作责任心进一步加强,行为得到有效的规范和约束,提高教师的获得感和幸福感。下一步学校将以此为契机,采取小步伐、不停步的方法,逐步完善教师绩效考核方案,不断提升人事管理工作水平,以科学管理、民主管理、人文关怀聚人心,促发展,不断提高教师工作的热情和积极性,促进教职工的精气神和幸福指数逐步提升,形成和谐向上的人事环境。

"三全管理"　刚柔并济　规范人文

青岛八大峡小学　邱　琳

八大峡小学管理中积极落实"一中心三注重"为目标。"一中心"即充分发挥以校长为核心的学校决策中心的作用;"三注重"即在每项工作中都注重执行、监督和反馈三个重要环节,使学校的整体工作决策正确、执行到位、监督有力、反馈及时,形成一个灵活、高效并充满活力的内部管理机制;日常管理从常规抓起,立足常态教学、常规管理的跟踪、检查、指导,以每周的"常规管理督导 + 常态教学跟踪"为抓手,由点及面、点面结合。努力做好"纵向到底,横向到边"的学校精细化管理,实现"人人会管理、处处有管理、事事见管理"的局面。

一、实行"三全"精细化管理

学校管理中实行"三全"精细化管理,即全员参与,全面实施,全程监控。强调人人都是管理者又是被管理者,将学校工作全部纳入管理系统,无管理盲区。事前有准备,做事有要求,过程有检查,中间有反馈,事后有总结,结果有评价。各项工作都按照"计划—实施—检查—总结"模式运行。强调学校干部工作重心下移,在此基础上推行"首遇负责制",培养师生的主人翁意识,变"守制度"为"尽责任",把制度约束变为自觉行为,人人参与到学校管理中来,在管理中找到自己的准确定位。

二、完善制度刚柔并济,凸显人文情怀

(一)聚焦现代化制度建设

管理离不开规则和标准,任何一种真正高效的管理必然是靠制度来运行,制度的建立必须顺应和促进学校的发展。学校加强制度建设,以制度规范学校工作的方方面面,针对学校管理权限的起草和修订,广泛征求教师、家长、社区、专业人士多方面的意见和建议,以科学、审慎的态度不断推进学校现代化制度建设。学校根据教育形式的新要求和学校工作的新情况,各部门全面修订完善了学校的各项规章制度和工

作职责,健全考核机制,修订汇编了具有我校特色的《八大峡小学规章制度》。通过增加新的制度条款,对教师的教育教学行为进行规范,使管理更加趋于科学化、精细化。

（二）着力日常规范管理

进一步完善"全员育人导师制"的管理制度,建立班主任班级日志、教师爱心帮扶手册、课堂教学德育渗透案例集等,抓住学生管理各个时机对学生进行关爱教育,以更好地贯彻全员育人、全过程育人、全方位育人的现代教育理念,更好地适应素质教育的要求和人才培养目标的转变,有效发挥每一位教师的育人功能。

通过媒体、学校网站等平台,加大对学校"全员育人导师制"的工作宣传,通过家长委员会的调研走访,让家长们对学校工作有更多的了解,产生认同感,从而对学校对教师的有感恩之情。促进学校各项工作都在"策划—执行—监督—反馈"四个主要环节上层层跟进,进一步形成灵活、高效并充满活力的管理机制。

（三）精诚团结，民主管理

在党支部领导下,学校干部精诚团结、分工合作,把师德师风建设摆在首位。学校注重教师的人格品貌的铸造,学高为师,身正为范。要学生做到的,教师先做到;要教师做到的,班子成员先做到。不管是教师纯朴的外表师态,还是敬业爱岗的精神风貌,处处都有着"身教"的作用。组织带领广大教师积极努力做好各项工作,注重教育决策的民主化,始终把建立健全教职工代表大会制度作为实施"参与民主管理和监督"等四项职能的一个载体来抓,建立各项规范化的民主制度,大大调动了全体教职工参政议政的积极性,体现了作为现代化学校全员管理的自觉性、主动性特色。

每学期,学校组织全体教师对学校中层干部进行民主测评,组织教师对领导常规管理、教师常规工作提出意见和建议,由代表提交各项议案,学校逐项整理归类,迅速给教师以明确的回复,以求整改发展。不断增强教师的主人翁意识,积极参加学校重大事情的决策。规范学校管理,全面推进学校内部管理改革,建立了一系列的师德建设制度,规范了教职工要求,建立学校内部绩校工资制,最大限度地调动干部教师的工作积极性,在广大教师中形成了"学校是我家,兴旺靠大家"的思想共识和育人氛围。

（四）提升教育合作实效，优乐学生多元共育

多方并举,搭建家校交流平台。召开了"三年发展规划"自评恳谈会,邀请家委会代表共同商榷学校发展愿景;关注师生心理健康,先后开展了"工作倍儿轻松——

面对压力"、"正面管教"为主题的教师职场心理健康培训；借"心理健康活动日"契机，向全校学生发起"我爱我"活动倡议，开展"心语桥""爱之语"活动；针对青春期女生进行了《羞答答的百合静悄悄地开》青春期教育讲座；为中高年级学生进行团队心理疏导等，关注师生心理健康，实效性强；级部组的"家委会驻校办公"常态化，达到了一周一次的高频率，起到了监督与提议的双赢，促进了家长与学校、教师间的信任与理解；此外，"蒲公英爱心义卖""怡乐修品微视频制作""快乐六一 拥抱海滩"，甚至教工文艺会演等活动的开展，均有家长献计献策、跟进参与的身影，促进了义工团建设。

三、实施成效

学校日常管理从细节抓起，立足提升常态教学和常态管理的质量，进一步发挥教师自主管理的效能，推行的每周"常规教育督导＋常态教学跟踪"工作，逐步形成"无须提醒的自觉"的自主管理模式，努力做好"纵向到底，横向到边"的学校精细化管理，以高效的管理为求真尚美校园建设夯实基础。

模块管理，班级负责制

青岛百盛希望小学　乔严平

本人于2004年到2014年在胶州市实验初中小学部（后改为北京路小学）任教，以下是本人在学校内部管理尤其是学生管理方面的案例。

一、指导思想

以坚持"为了孩子的一切、一切为了孩子、为了一切孩子"的办学理念。以提高学生的民族素养和科教兴国战略为德育核心；以养成教育为基础；以学生为本；以质量为本；大处着眼，小处着手。在德育内容上注重实效性、针对性、科学性，旨在努力培养品德优良、举止文明、注重礼仪、心理健康、自主能力强且富有创新精神的实初小学子。

二、形成背景

学校成立于 2004 年，前身是胶州市初级实验中学设置的小学部，为寄宿性质学校，2011 年 9 月改制，命名为胶州市北京路小学。历时 8 年，现拥有 34 个教学班，近 2200 名学生，180 余名教职员工学校发展健康快速。

学校的生源散布胶州市各个乡镇甚至辐射到整个青岛地区，国外及外省在胶务工的子女也有一部分。学生的生活背景、家庭情况以及行为习惯都差别很大，许多同学在农村甚至没有上过一天幼儿园，一直是由爷爷奶奶带。而这样一些学生大多都是来自一些家长做生意、开工厂或在企业打工的家庭，平时生意比较忙、脱不开身，疏于教育孩子，所以愿意把孩子送到我们这所寄宿制学校，这样家长可以不用为孩子的日常学习及生活操心。学校成立以来倡导：教学生几年，为学生想几十年，为国家想几百年；促进师生能持续发展、全面发展、个性发展；努力打造"激励教育"和"能说会写"两大学校特色。既然要让家长放心，学校肯定就要多操心。学生的衣食住行都在学校，各种行为习惯的养成就需要学校、教师通过各种方法和途径来促其健康发展。针对这种情况学校曾经尝试了多种管理方法促使学生习惯的养成，但收效甚微，2008 年学校创造性地启用了名为"模块管理，班级负责制"的德育管理模式，旨在实现让学生自主管理，教师全员参与学校管理的新局面。经过两年多的实施，我们认为具有非常好的可操作性，对学校常规管理的落实、学生行为习惯的养成具有很好的效果。

三、 "模块管理，班级负责制"的实施方案

（一）我校班级管理量化共细分七个模块

①教室及教室对应走廊卫生（包括学生个人卫生）。

②宿舍及对应走廊卫生。

③卫生区卫生。

④午休晚休纪律。

⑤两操及课间纪律。

⑥餐厅就餐及上下楼梯秩序。

⑦学生出入校门纪律。

（二）我们对这七个模块进行班级负责制，即由七个班级分别负责这七个模块的监督管理

例如，6.5 负责第一模块，5.3 负责第二模块，6.3 负责第三模块，5.4、6.3 负责第四模块（5.4 负责 2 号、3 号公寓楼，6.3 负责 1 号公寓楼），6.6　4.2 负责第五模块（6.6 负责教学楼和行政楼，4.2 负责实验楼），4.6 负责第六模块，4.2 负责第七模块。

其中每个模块政教处安排两名大队委协助完成工作，每天的带班领导和值班教师都要指导所负责的模块管理工作。体育组负责指导两操的检查；卫生室负责指导班级及个人卫生的检查；美术组负责指导班级文化、走廊文化及校园文化的检查；音乐组负责校园广播的宣传工作。

（三）奖励

对负责每个模块管理的班级在每月的班级量化中根据带班领导、值班教师的每周评价及综合评定给予 1～10 分的加分奖励。（负责的班级施行班级申报制，学校通过申报班级的综合管理情况进行认定）

四、实施"模块管理，班级负责制"的意义

首先，这种管理模式能创造一种全面的、和谐的育人环境，这种环境有利于对学生的教育。教育心理学的研究表明：教育环境过于严肃、紧张或过于松散、零乱，学生的心境与情绪都会受到影响，接受教育的功能就会随之下降。

其次，对学生起到一种有力的约束和监督的作用。如以前学生经常违反纪律却屡教不改，卫生情况一团糟却熟视无睹，就餐秩序混乱……诸如此类，举不胜举。但自从我校实施"模块管理，班级负责制"方案以后，用制度来约束学生的行为学校的育人环境、学生的精神面貌都有了很大的提高。

再次，本方案能从多方面培养学生各种良好习惯的养成，同时为学生增长管理才干创造了许多时间的机会。长期在这样的环境中生活的孩子，长大以后一定有进取心，不墨守成规，有较强的适应性，从而为祖国多做贡献。

此外，它还有利于班风和校风的树立。学生在自主管理过程中，自主认识、自主组织、自主监督、自主调节、自主评价的能力得到迅速的提高，从而为优良的班风校风的树立，准备好思想条件。

五、方案的实施措施

（一）建立一支优秀的正副班主任教师队伍

本方案的实施在某种程度上来说,正副班主任的作用是至关重要的,甚至能起到决定性的作用。因此建立一支优秀的正副班主任队伍就显得尤为重要,他们是提高德育管理效益的有力保障。我们把推动正副班主任专业化成长作为本方案实施的重中之重。具体做法:坚持依法治校、依法执教,规范德育管理,调动正副班主任各尽其能,各负其责;坚持正副班主任养成以"乐于奉献、不懈追求"的育人精神。为增强班主任工作责任感,我们通过"制度人性化、管理原则化"的管理,运用"榜样激励法""常规公示法"等方式,有效调动教师争先、进取的工作心态,帮助班主任走向专业化成长道路。我校坚持每月一次的班主任工作培训会,定期反馈常规检查情况,帮助教师及时反思并做出相应调整。有效落实每月一次的开放式班主任工作论坛,组织班主任教育案例和教育故事的交流活动和讨论,进一步增强德育研究的针对性和实效性。

同时,我们还以班主任队伍建设为重点,全面推进德育工作队伍建设。建立"优秀班主任工作室"制度,为班主任教师搭建平台,通过专家引领、同伴研讨、实践提高等不同形式,培养和推介一批在班主任工作中,具备一定的先进理念作支撑、工作扎实、态度勤勉的班主任楷模,以促进班主任成长和加强自我专业化建设方面发挥最大的"传帮带"作用。

再有就是加强副班主任的常规管理,增强责任意识。于学期初、学期中和学期末,分别组织副班主任教师进行工作制度的学习和《学生安全管理的实施条例》的学习,帮助其牢固树立"教书"和"育人"的服务意识,增强安全教育责任观,并不断提高自身的教育教学组织协调能力。关注学生身心素质的全面发展,逐步掌握与学生进行平等沟通的教育艺术,建立和谐的师生关系,使教师逐步发展成为具有相当教育管理能力的现代教师,从而推动本方案的顺利实施。

（二）将德育管理制度化

将人性化管理与制度化管理有机结合,体现德育创新管理模式,丰富德育管理内容,拓展德育管理途径,体现从下而上、由上至下的双轨评价激励机制,增强德育管理实效。为充分发挥分管班级工作的能动性,创造性地开展模块管理工作,学校调整了优胜班级考评标准,细化评价方法,严格奖惩措施,逐步建立和形成一套完善、全面的评价方案。通过制度的建设和完善,进一步提升学生的道德素养,营造全员德育的良好氛围,充分发挥德育的优化功能,从而有力推动学校各项工作的顺利开展。

（三）确立"为学生健康成长服务，为教师创造性工作服务"的德育管理理念

在管理中,通过规范学生的行为习惯,健全模块管理制度,指导分管班级以及班主任的工作方式方法,营造人文育人氛围,构建开放、科学、民主的管理新模式;在管理中完善制度,将扁平式管理与垂直式管理相结合,使管理从规范到示范,实现无缝隙、全天候的德育管理。

综上所述,本方案的实施成为抓好学生德育管理工作的催化剂;成为使每一个学生从单一的被管理者成为管理者,充分发扬民主,让全体学生积极参与管理的有力抓手;成为培养学生独立自主的意识和自主管理能力并逐步完成由教师管理向学生管理的过渡的有力支撑;借用叶圣陶先生说过的一句话"教是为了不教",在这里也可以理解为"管是为了不管"。"不管"是学校管理追求的最高境界,实施"模块管理,班级负责制",有利于我们达到这一最高目标。

"六步"聚力 柱天踏地

胶州市铺集镇张家屯小学 丁万春

胶州市铺集镇张家屯小学是由原先三所农村小学合并而成。成立初期,学校存在以下几个问题。

一、典型案例及分析

（一）教师教育理念落后

教师平均年龄大,由于年龄老化和职业倦怠严重,对新理念新方法不认可,不想学,相对兄弟学校的教师而言,理念要落后一些,对课程实施的理解要更加传统一些,很难认识到各个学科同等重要的基本理念,对学科的重视程度不均等,头脑中有根深蒂固的偏见,认为考试的学科就是主科,不考试的学科是副科,认为综合实践活动、地校课程既然不考试就与学生的发展没有什么关系。

（二）素质教育开展不到位，管理不成熟

原先的小规模学校带有许多小学校固有的缺点，如应试教育思想严重、对素质教育不理解，抢占薄弱学科课时的现象时有发生。学生厌学情绪非常严重，不能保证持续发展，到初中时辍学率升高。同时，教师工作比较随意，消极应付的现象严重，不能严格执行学校的制度。教师纪律意识淡薄，而管理人员发现问题后往往碍于面子不好意思对违纪教师进行批评教育。

（三）学校管理评价不成熟

评价时出现只以成绩为中心，忽略学生综合素质的情况，对于教师的考评制度更是没有系统地建立起来，评价出现偏差，师生努力方向不明确。

针对以上问题，学校采取了一系列创新性举措，运用"六步"聚力法，实施民主管理，取得了较为理想的效果。

二、对策建议

（一）他山之石，学习先进管理经验

新建学校要"走出去，请进来"。自建新校以来，学校不断到胶州市香港路小学、常州路小学学习管理经验，向青岛"支教岛"的优秀教师取经，并与本校实际情况相结合。类似活动的举办，不仅为教师们创设了交流学习的平台，更是一次次实效、快捷、高效的校本培训，拓宽了教师的工作思路，提高了育人整体水平，增强了教育实效。

（二）集思广益，教师积极参政议政

为开展学校工作，调动广大一线教师的主人翁意识，集思广益，学校于每年学期初对师生进行一次调查问卷。主要有以下问题：你心目中的最理想的教育、学校、教师和学生是什么样的？本校主要的优势和劣势是什么？如何扬长避短？如何开展课外活动（时间、地点、形式等）？你准备带什么社团进行活动？学校中层干部将对问卷进行深入分析整合，为学校的重大决策提供了第一手资料。

（三）多管齐下，提倡多元评价管理

学校制订了科学的多元化评价管理策略，如校委会成员评、各年级组长评、教师

自评、同组教师互评、学生评价教师、家长评价教师等。各评价主体根据各自可检查的项目进行评价,注重平时工作的细节。对发现的问题进行汇总记录,及时反馈公布信息,及时整改。

（四）刚柔并济，奉献与量化相结合

现代化科学民主管理离不开量化管理,但无论平时分工多么精细,都有可能出现盲区,还会出现临时性工作和突发性事件。对此,学校倡导带班负责制,提倡无私奉献,强调教师的主人翁意识。从平日的实际情况看,这种无私奉献与量化管理相结合的思路是正确的,既保障了教师的工作积极性和责任感,又使得各种突发事件和临时性工作能够得到妥善处理。

（五）以人为本，关心每一位教职工

学校对每一位困难职工伸出援手,让每一位教师都感受到集体的温暖。学校在安排工作时充分考虑到各种因素:如对离校较远坐车不方便的教职工可申请提前离校、教职工带幼儿在工作日时间打防疫针可不计在事假内。学校这些人性化的措施以关注教职工的生活为出发点,也从根本上提高了教师的工作热情。

（六）凝心聚力，用活动提高凝聚力

在学校各科室的密切配合下,学校举行了各种文体活动。教职工们一改平日教书匠的形象,发挥自己的特长,展现自己的风采。在各种活动中,师生们情真意切,鼓舞士气,更是掀起了无私奉献、爱岗敬业、你追我赶的浪潮。类似的活动还有很多,丰富多彩的文体活动,既陶冶了教职工的身心,又增强了大家的凝聚力和向心力。

通过六年全体师生的努力,张家屯小学运用的"六步"聚力法,密切了学校管理干部和教师工的关系,学校的向心力明显增强,优良的校风逐步形成。回顾走过的历程,梳理过往经验,希望学下在教育工作上上达高端、下接地气,开创出农村教育的新局面。

学校精细化管理的几点做法

青岛市崂山区凤凰台小学　孙吉昌

一、背景

随着社会发展,教育改革深化,学校竞争日益剧烈,社会对学校要求越来越高,家长对优质教育的需求越来越强烈,学校的竞争压力越来越大。因此,学校办的成败,校长的管理水平起着关键的作用。作为一校之长,要从抓好学校管理入手,切实做到利用科学的发展观谋发展,用精细化的管理水平求质量。

二、典型做法

"一切大事都是由小事组成。"也就是说,要想把事业做成功,必须从简单的事情做起,从细微之处入手,将小事做细,细事做精。我认为学校管理也应如此。

(一)用健全的制度作行动的靠山

只要有健全的制度,学校管理就能由粗变细,由细变精。学校必须加强制度建设,要从各种微小细节入手,遵循科学使用、合情合理的原则,根据各方面存在的问题和努力方向,制定出一套好的制度,并能认真落到实处。这样,就能避免管理的随意性,防止粗枝大叶,形成"制度化、规范化、精细化"的局面,促进各项工作健康、有序的发展。多年的事实证明,再好的制度,如果没有从细微处入手、从细节处把关执行,它的作用也是不大的。一所学校只要制度健全,并且认真落实,很多问题就会迎刃而解,学校的健康有序发展就有了保障。

(二) 职责要明确,落实必到位

学校的各项工作要在"精"字上做文章,"细"字上下功夫,将管理责任具体化、明确化、程序化,形成人人会管理、处处有管理的良好局面。要让每个人做到牢记责任,尽到职责,对自己负责,对岗位负责,养成良好的行为习惯。例如,行政后勤方面要做到:一是每个部门要明确具体要求,每个员工要明白工作细则,每处障碍有人敢排除，每条信息有人能反馈；二是每处角落卫生整洁，每个厕所干干净净，每间教室布置美观；三是每株花草都能完好，每盏电灯都能发亮，每台风扇都能转动，每块玻璃都无破损，从而创造良好的服务育人环境。教学方面要做到：每节课都有秩序，每课教学都有效果，每次考试都有提高。安全方面做到：每天有教育内容，每周有教育活动，每月有教育专题，每期有教育目标，每年有奖惩兑现，每个空白点有人巡查，每起全隐患有人预防，每次安全事故有人处理。从而形成良好的德育安全局面。

（三）把"小事做细，细事做精"

要把"小事做细，细事做精"，就要从大事着眼，小处入手。一是从目标抓起，细化目标，层层签定目标管理责任书，形成一个"心往一处想，劲往一处使"的团队。二是从组织上抓起，组织是学校管理的基础，通过健全组织，实行岗位责任制，做到分工明确，使各项工作和活动之间和谐同步，让学校目标变为行动。三是从制度上抓起，学校规章制度是精细化管理的前提，便于把事情做到公平、合理。四是从问题抓起，哪儿有问题就研究到哪儿，就解决到哪儿。五是从质量上抓起，在实际工作中形成一种质量观念，而且把质量观贯穿于整个工作的始终。

（四）明确职责，责任到人

实行"谁分管谁负责""谁的岗位谁负责""谁的班级谁负责""谁的课堂谁负责"的岗位责任制，一方面可激发其主人翁意识和工作责任感，提高教师自我成就感，增强工作效率；另一方面由于教职参与学校管理，增加了管理的透明度与可信度，增强认同感，使学校与教职工形成一个整体，人人明确自己的成长、发展与学校事业发展的密切关系，提高了教职工的自豪感、责任心和使命感。

（五）变"结果管理"为"过程管理"

学校管理不同于足球比赛，不能只看输赢，只有把结果与过程有机统一，才能提高管理效能。如在教学质量评价上，不能只用及格率、升学率及分数的高低来衡量教师工作成绩，而应侧重学生综合素质的提高、创新精神和创新能力的培养。对教师的评价与考核，应改变那种单纯总结过去的评定方式，给教师贴上"优、合格、不合格"的标签，把教师分等分级；而要慎重选择评价结果的呈现方式，采用激励性的评价方式，立足于教师的发展，帮助教师分析过去，探讨如何使教师明天更好地发展。

三、实施效果

实施精细化管理，就是从小事入手，对每个细节都精益求精，做到事事有人管、处处有人管、事事有检查、时时有计划、事事有总结,杜绝管理上的漏洞,消除管理上的盲点,提高管理效能。精细化管理使学校受益、学生受益、学生家庭受益,使得学校工作更加高效,从而增强了师生责任意识,培养了学生良好行为习惯,为实现学校办学目标开创了新局面。

四、问题与反思

学校精细化管理不是人为制造工作、随意增加工作环节,而是要把事情办得更实在、更全面、更理想,增强真实性、可靠性、精确性,减少工作失误,提高工作效率;同时也是适应现代教育改革的迫切需要,更是激励师生奋发有为、培养师生良好习惯、实现学校办学目标的重要举措。因此我们必须完善制度、遵循规则,强化责任、措施到位、细化考评、坚持激励,切实搞好学校工作。

优化内部管理,提升办学品质

青岛重庆中路第一小学　李　莉

随着社会的发展、新时代的到来,社会对学校的要求也越来越高,家长对优质教育的需求也越来越强烈。我校通过一系列措施,不断优化内部管理,坚持"制度是基础,管理是关键,育人是核心,安全是首要,质量是根本"的作为学校的管理理念,学校各项工作齐头并进,蒸蒸日上,很多工作取得了突破性的进步,学校工作赢得了领导、同行、家长等广泛赞誉。

一、价值引领,追求内涵发展

(一)升级办学理念,规划发展愿景

根据全国教育大会习近平总书记关于"坚持把立德树人作为根本任务"的讲话要求以及《山东省中小学德育课程一体化实施指导纲要》的要求,进行办学理念的升级设计。将"和悦重一"升级为"和悦教育",着力打造"和悦·灵动"课堂文化,"阅读·悦心"家校互动文化,"和悦·共进"教研文化,用文化引领干部教师打开心胸,

放大格局,形成合力。

（二）修订完善制度，突出教学中心

学校管理团队认真分析学校在发展中遇到的问题,结合学校实际,本着严谨民主的原则,重新修订、出台了相关制度。方案的修订、办法的出台、制度的完善、突出了教学工作的中心地位,突出了教学实绩,形成了浓厚的真抓实干氛围。

二、专业引领，追求同心共进

（一）细化教学常规，注重过程管理

从严从实抓好备课、上课、作业布置和批改、课后辅导、考试评价等环节的管理,实行教学常规管理月检制度,将教学常规要求进一步进行细化,开展了大面积的教学常规检查,突出作业的设置与批改。在检查反馈中明确要求的底线在哪里,好的标准是什么,必须改进的地方是什么,以教学常规的落实促教学质量的提升。

（二）突出校本研修，打造品质课堂

学校以"营造和悦教育生态,打造品质灵动课堂"为主题,开展了教学节系列活动,板书设计比赛、模拟上课比赛、教研组风采展示课,教师们都深度参与其中。特别是各教研组的磨课,大家能够"求大同,存小异",在开诚布公、言无不尽的气氛中,很好地尊重与接纳,在合作中多赢共进。在用制度规范活动过程中,教师们的凝聚力参与度明显增强,形成了"一群人才会走得更远"的抱团发展意识,形成"和悦·共进"的教研文化。

（三）开展青蓝工程，加速内涵成长

为加速新入职教师的成长,学校将新老教师结对,进行了隆重的拜师仪式,并进行过程的跟进,每月进行工作的反馈汇总。在师父的带领下,新教师的读书、学习、交流成为常态,研究能力水平也在不断地提升。

（四）重视二次培训，用好学习资源

争取高端培训的机会,让更多教师走出去开阔眼界。学校规定外出参加区级及以上的学习,回校后必须在"和悦讲坛"登坛开讲,将自己的学习所得、实践感悟与其他教师分享,既要仰望星空,更要脚踏实地有自己的教育教学主张。

三、作风引领，追求主动担当

（一）开展项目式管理，鼓励勇于担当

为广开言路，使教师们乐意为学校和学生的发展献计献策，主动请缨，担当作为，学校的大型活动都采取项目式管理。例如，教学节、体育节、科技节、艺术节、读书节这些大型活动，都由分管领导干部牵头，相关教师参与。大家分工不分家，工作中，管理团队成员将"教师的发展是管理者的最高荣誉"作为自己的行动纲领，教师们则坚持将学生的成长发展当作自己的最高荣誉。

（二）完善评价管理，倡导主动作为

每学期开展"教学质量奖""爱校如家奖"先进个人的评选，倡导教师们爱岗敬业，无私奉献。

以学生为本，助推学生品格养成

青岛市即墨区环秀三里庄小学　邱兆辉　华子豪

最早提出"以人为本"这一理念的是春秋时期齐国名相管仲。管仲是辅佐齐桓公九合诸侯、一匡天下的杰出政治家、思想家。西汉刘向编成、汇辑管仲众多思想观点的《管子》一书的"霸言"篇中，记述了管仲对齐桓公陈述霸王之业的言论。其中有一段这样说："夫霸王之所始也，以人为本。本理则国固，本乱则国危。"而在教育行业，"以人为本"也可以说"以学生为本"。作为一名教育工作者，我深切地体会到这种教育思想应用在学生管理中的重要性。只有把学生当成一个有血有肉的独立个体，尊重学生个性的发展，给他们提供一个自由的、开放的、健康的成长空间，才是小学教育的健康发展之路。

那么，什么是"以学生为本"教育思想呢？《现代师德修养》一书中是这样定义的："就是把每一个学生当成教育的目的，确立和尊重学生在教育活动中的主体地位，尊重他们的个性特点，让学校的一切活动都为满足学生的成长和发展而设计和组织，着力培养他们的自信心、全面而和谐的素质、鲜明的个性，尤其注重培养他们的创造力。"通俗地讲，就是在学生管理中，把学生培养成大写的人。只有具有积极

心态和健全人格的学生,才会热爱生活,充满活力和热情;才会自信乐观,健康成长。具体地说,要做到真正"以学生为本"应该从以下几点着手。

一、尊重学生人格,培养自主意识

在以往的学生管理中,我们往往以班主任为中心,强行把自己的意志或者学校的意志灌输给学生。然而现代学生的独立意识已经觉醒,自主意识已经确立,民主参与意识不断增强,传统的皇权式管理思想已经与当前的教育形式格格不入。以学生为中心的管理模式,则体现了人本思想,充分尊重学生的人格,让他们充分参与到班级管理中来,制订适合校情、班情的合情合理的管理办法。让学生明白校规校纪的制定不是限制学生的行为,而是为了使他们能够更好地发展,使学生在情感上理解、主动地配合学校的管理,并把学校的规章制度内化为学生的优良品质。这样学生就会由被动地适应学校生活,变成积极地配合,就不会再把身为管理者的教师当成对立面。在学生管理上要学会放权,不一定什么事都亲力亲为,把权力交给学生,让他们参与制订学生管理办法,让他们每个人都有机会参与到管理中来。例如,我校为了培养学生自主管理意识,由少先队大队部牵头成立了学生自治委员会,由各班推选代表参加。学生自治委员会不但要负责学生日常行为规范的管理、监督,还会参与讨论学校各项规章制度的起草、建立。我校这一模式不但践行了"以学生为中心"这一理念,还加强了学生自主管理的意识,为他们以后走向社会,担负起实现中华民族伟大复兴的历史使命奠定了坚实的基础。

二、倾注情感、推进"共情教育"

在管理中倾注感情,用感情来增进和融的师生关系。这一点很多教育家都曾提到过,很多学校也把这一理念作为学校的重要管理理念。但是,要真正践行这一理念并不容易。班主任在与学生的沟通交往中,不但要把学生看成平等的交往对象,重视"感情投资",以情感人,还要令学生因感到温暖而把学校当作自己的"家",从而形成一个温情脉脉,人人"爱家""报家"的家庭式组织。在这样的学校中学生容易接受教师的教育,学生的自主性、自律性能够得到激发,集体的凝聚力、向心力也会大大地提高。我校不管是在日常管理还是教育教学工作中,处处都留下了"共情教育"的烙印。首先,充分发挥了班主任在共情教育中的核心作用,即以班主任为支点,连接家庭与学校。同时,学校家长委员会发挥辅助作用,搭起家校沟通的桥梁。此外,为了巩固家校联系,推进共情教育,还组织全体教师进行了家访活动,这一工作与以往家访不同的是,家访不仅仅是班主任自进行的,还包括学校领导班子、各任课教师甚至后勤保障人员。这就确保了除了在学生平时课业学习方面,学校能在包括制度管理、德育、后勤保障等各个方面实施共情教育。值得一提的是,这项工作的覆盖面也达到了近百分之百。我校 41 名教职工以及其他在职人员全部参加,覆盖了学校 630 个孩子,600 多个个家庭,近 700 名家长。从实际效果评估,这项工作可谓成效显著。

三、细节入手,关注学生个性发展

"以学生为本"的管理理念是因人因地因时而异的,切忌千篇一律、程序化和公式化。处在成长过程中的学生个性差异很大,这就要求班主任对不同个性的学生采取不同的沟通办法与教育方法,对变化着的班级软环境、管理措施、手段做出相应地调整。整个管理活动既要考虑学生思想、心理动态发展的需求,又要考虑不同学生的性格特点、文化素养、道德水准的差异。因此,"以学生为本"的班级管理追求以新奇制胜,以巧妙攻心,关注学生的日常生活、学习等细枝末节,创造性地进行管理。 而我校关注学生个性发展的"抓手"就是形式多样的社团活动,先后组织和发展了手工、舞蹈、书法、国画、橄榄球、足球等社团,这些社团为的就是把集体教育和个性教育相结合,充分发挥孩子们的个性特点,并通过社团活动让孩子们的闪光点更美、更亮。说到这里,我曾经教过的一个孩子就是典型的例子,她性格内向文静,不怎么爱说话,学习成绩也一般。在开学不久进行社团选择时,她令人意外地选了橄榄球社团。众所周知,橄榄球是激烈的、动感的运动,这与她平时表现出来的性格形成鲜明对比,我也曾经考虑过是否建议她换一下,但最终还是决定尊重她的选择。后来的结果着实让我们吃了一惊,她不但橄榄球打得好,每次训练、比赛时还积极组织其他学生,俨然成了队里的小领袖。她的性格也更加开朗、外向,上课发言次数也多了,学习成绩也有了明显的进步。汇点成线、汇滴成海,我校正是通过无数关注学生个性发展的实际案例将"以人为本"这一理论变成实际。

四、因材施教,变通评价模式

"一切为了学生,为了一切学生,为了学生的一切。"尊重学生的个性差异、因势利导是"以学生为本"学生管理模式的核心。没有规矩,不成方圆,一个集体要想生存和发展,必须有一个规范进行约束管理。常见的规范都以"一视同仁"或"千篇一律"为根本依据。然而以人为本的学生管理,应因人而异,制定出符合学生实际状况的制度,我曾主导制定了《三里庄小学学生行为规范》,除了大家遵守的共同内容外,还结合每位学生的实际状况,又分别对规范进行了变通,如在"上课"一栏,对外向的、好动的孩子提出遵守课堂纪律、不影响别人,发言热烈等要求;对性格内向的孩子提出上课发言过一、两次即为优秀的要求。这样有了因人而异的规范,就可以充分发挥学生的个性,培养学生积极进取、勇于开拓的创新精神。

总的来说,"以学生为本"的教育理念是指我们的教育要从学生的实际出发,充分发挥学生的主观能动性,注重结合教师的主导作用,重视教育的社会功能,着眼于学生的发展,使学生获得全面、主动、有个性的可持续发展。我们强调"以学生为本",不等于否定教育的社会功能。现代教育应实现个人发展与社会发展的有机统一。教育只有把学生放到本体地位,才能真正促进学生的发展,培养全面、主动、可持续发展的人。

平度市沈阳路小学以人为本管理育人发展之路

平度市李园街道沈阳路小学　高锡喜

习近平总书记指出:"教育要注重文化浸润、感染、熏陶,既要重视显性教育,也要重视潜移默化的隐性教育,实现入芝兰之室,久而自芳的效果。"学校的教育教学以"六品八礼"引领与推动师生坚定理想信念,树立正确的世界观、人生观、价值观。深刻领悟新时代赋予教育的神圣职责和光荣使命。沈阳路小学通过学习研究讨论,以此作为新时代小学教育管理模式创新的思想源泉,走出了一条以人为本管理育人的现代化优质学校发展之路,主要体现在以下三个方面。

一、创新学校部门机构设置,实现无缝管理衔接

学校的教育内容必须符合人的发展规律才能有鲜活的生命力,学校的管理机制必须符合人性化和教育规律,保障各个部门的高效运转,充分调动每一个人主观能动性,让每一位教育个体得到主动发展、个性发展、充分发展,给到每一个部门或教师充足的发展空间和舞台,来提高教育教学效率。

学校设立了"行政管理中心",行政管理中心负责上级文件接收、上情下达和来访接待工作。具体由校长直接负责,副校长配合校长进行文件落实到每一个管理部门,并根据工作的需要对各个部门进行协作调配,以达到全校一盘棋的无缝管理标准。

学校将"教导处"改设为"教学发展中心",由原来简单地落实上级政策,完成书本教学任务单纯的工作,转变为不仅研究教法更要研究学法,进一步丰富了原部门

的内涵并对其外延进行了拓展,除了完成上级规定的教学任务外,要能够自主创新,引领全体教师学习掌握现代化教学工具的熟练使用和开发,借助现代化教育教学工具来实现高效课堂的研究。此外要能在教育教学内容的掌握上创造符合学生年龄特点的学法,激发兴趣,因材施教。"考级式教学"就是很好的一个范例。

学校将"少先队大队部"改设为"德育发展中心",由原来搞搞入队仪式、小学生日常行为规范管理,扩展为家、校、社三位一体的共育体系,将中华民族的优秀传统文化引入德育课程体系,学校以"太泉书院"文化为抓手,建立四大书院文化阵地,拓展为德育校本课程,以继承和发扬书院文化培养优秀幸福的中国人为目标,弘扬"六品八礼"为做人做事之根本。六品分别为"孝、仁、义、礼、智、信",八礼为"仪表之礼、行走之礼、餐饮之礼、观赏之礼、言谈之礼、游览之礼、待人之礼、仪式之礼"。德育发展中心在符合学生年龄特点的前提下,研究通过各种载体落实习近平新时代社会主义核心价值观,达到育人的目的。

学校将"后勤"改设为"服务管理中心",一切以师生舒心为服务目标,为全体师生提供一个舒心的工作和学习环境,实现质的升华,而不仅仅是停留在满足教育教学的基本需求上。

学校设立了"安全管理中心",为全体师生传达安全警示信息,创设安全的教育教学环境,将安全教育根植于心,创建家长放心的优质学校。

以上各个中心部门的设立,扩大了各个管理部门的管理职能的内涵和外延,符合教育教学规律,有机地实现了各个管理部门的边缘衔接问题。

二、实行"并行式"评价,以记实"数据"服人

我们对干部教师评价的传统做法多以"积分"进行评价。为了能够更全面地评价干部教师的工作,我们对干部教师履职过程中的优劣行为进行必要的实情记录,增加了"记实"评价,建立起"记实"档案。"积分"与"记实"相结合,能够全面科学的评价干部教师的工作状况,我们称之为"并行式"评价办法。通过实践使用证明,它能够有效调动干部教师的工作积极性。

1.记实原则要突出真实性、公平性、包容性、持久性、全面性。

2.记实内容以工作安排类型分为,全面性工作、调整性工作、临时性工作、奉献性工作、调动性工作。

3.记实要求,对凡服从工作调整安排人员均进行记实,不服从工作安排的人员从领导谈话交流协调后第二次进行记实。

4.请假记实,学校规定限度内的请假不记实、需要性请假不记实,如父母生日、自

己生日、子女结婚。

5. 正能量行为和个人荣誉全部进行记实。

三、创新"四、三"工作法，提高干事做事效率

"四、三"工作法的"四"，指的是做事四个基本环节，"三"指的是三个要素。

四个环节：计划、实施、检查、总结。做事情一定要有切实可行的计划，做好打算再实施；实施的过程要经常检查，不能放任自流；事情结束了需要及时总结，以得到好的经验查找到一些不足，便于今后加以改进。

三个要素：目标、任务、措施。制订计划时目标要清晰，需要达到一个什么样的目的；任务（内容）要明确，都有哪些细节；措施（方式与方法）要得当，以一种什么样的形式呈现出来。

实践验证能够帮助每一位干部教师有条不紊地开展每一项工作，善始善终地做好每一件事情。

为了一切的人，为了人的一切

平度市常州路小学　张新宙

学校就像一台大机器，这部"机器"的良好运转全靠各条块上各部门、各人员等重要"零部件"作用的协调发挥。学校的管理不能像机器那样太机械和僵化，既需要精细地分层、分块管理，更要体现以人为本的管理思想，通过理念渗透、情感交流、影响引领、同行共进等管理方法，获得管理的最大效应。为此，平度市常州路小学确立了与学校办学理念"为了一切的人，为了人的一切"相适应的三大模块管理机制。

一、教师模块——通过"三个一"的管理办法促进教师专业能力和综合素养同步提高

1. 倡导一个理念。"用心做事，做有心人"是我们四年多来一直在倡导的工作理念。教师们每天来到学校都会迎面看到这八个醒目的大字，它时时提醒着常小的教育工作者怎样做人做事。在这个理念的引领影响下，我们构建了"书润心灵"读书工

程,让读书与生命同行;组建了三个诵读群,每天一起用经典诵读唤醒黎明;我们的干部、教师想到要让常小的孩子体验享受到美好的童年时光,就设立了一个没有作业、自由着装、快乐活动的"自由快乐星期三"。

2. 树立一个榜样。"榜样的力量是无穷的",榜样会引领影响不断产生新榜样。四年多来,新教育"底线＋榜样"这一管理的铁律,让越来越多的教师从平庸走向优秀成为榜样。车从华,一位还有一个月就要退休的教师,通过一节常态复习课,让大家看到了什么叫敬业爱生,什么是能力水平,明白了教学质量是从哪里来的;田志红,胶东半岛新教育第一人,坚持天天读书、诵读、撰写教育随笔,被教育报刊选用其论文、随笔、案例几十篇,经常被教育媒体约稿,被全国各地争相邀请去做报告,已经成长为全国新教育界的榜样教师。这样的榜样还有很多很多。

3. 打造一个团队。我们采用读书奖书激励策略、以分组阅读的方式推进教育专著共读,让干部教师重塑自我、重塑课堂、重塑教育;今天,我们的团队已经成长为一个团结协作、凝心聚力的团队,你追我赶、齐头并进的团队。

二、学生模块通过"三位一体"的管理方式推进"三个一"工程

通过每周一项、每月一事、每月一心这"三个一"工程,让教育渗透到点滴小事中,实现素质教育生活化、具体化、习惯化。

1. "每周一项"形成好行为。为了强化学生常规管理效果,学校持续推进"每周一项"重点工作。以少先队为主各分管中层具体负责每周一项的策划组织和验收,如9月份的每周一项设置:第一周学会走路、第二周好好写字、第三周快乐健身和第四周诚信暮省。学校采取循环验收模式,验收周期为两周,第一周由各班级针对验收项目自行申报,由值岗学生和学校领导随机检查,并即时记录检查情况;第二周由学校领导组成复检小组对每周一项落实情况进行细致的考量。两周都通过的班级即为合格;合格班级的成绩将计入班级常规考核。

2. "每月一事"养成好习惯。学校结合新教育的"每月一事"将学生管理教育的切入点做到小、细、实。例如,学会守规、学会合作、学会读书等贴近实际、贴近学生、贴近生活,极易引起学生的情感共鸣。通过每月一件具体可行的事强化每周一项的教育和管理效果,促进学生养成好习惯。

3. "每月一心"塑造好品格。我们的"12心品格教育",通过营造校园文化氛围、实施"三百工程"和主题教育活动,根据每月"一心"的内容特点进行"每月一心"好品格锻造活动。做到每月有专题、有活动、有总结,保证了每月都有好收获。

三、家长模块，通过"双线并举""四进四同"的管理模式推进家校社共育

本学期，学校创新家校社共育工作，开启了"家长驻校"和"家长督学"双线并举的班级轮值进校园模式："家长驻校"即每天安排一个班级的三名家长驻校。他们走进自己的班级，全天候地陪伴孩子，检查学生作业，与各科教师座谈，了解孩子在学校的情况；"家长督学"是每天两名家长，走进督学办公室办公。督学要求是四进四同，即一进教室听课，二进办公室督查，三进校园巡视，四进督学办公室交流；同管理、同学习、同交流、同感悟。

同管理，即督学家长参与晨诵、午写和暮省检查；参与学校教育管理，每天抽查教师的候课、办公和批改情况；参与课间学生管理，分楼层维持学生秩序，维护学生安全；参与学校的重大活动。同学习，即督学家长走进课堂，自主选择听语数英和音体美各一节课，督学家长走进督学办公室自主阅读学校提供的育儿书籍40分钟，写出读书体会。同交流，即放学后，在督学办公室与学校领导和教师进行座谈，对学校的教育教学活动提出合理化的建议，共同探讨家校共育良策。同感悟，即督学家长办公结束后，将所见所闻及时总结，发到校级家委会群里，由各班家委会主任传播各班级 QQ 群。

"为了一切的人，为了人的一切"，这12字的办学宗旨，四年多来一直在指引着我们去进行正确的教育和科学的管理，让每个人通过常州路小学这个平台成为最好的自己，过一种幸福完整的教育新生活。

"为了一切的人，为了人的一切"，把正确的事坚持好好做下去——这就是我们的教育。

优化学校内部管理，让素质教育提升落到实处

青岛蓝谷高新技术产业开发区中心小学　秦志昆

教育教学质量是一个学校的生命线，事关教育发展大计。一个教育教学质量低下的学校，不是人民满意的学校。因此，我们必须切实优化学校内部管理，提高教育教学管理水平，让素质教育提升落到实处。

一、优化班子建设，完善管理机制

优质的内部管理是实现学校办学理念和培养目标的首要条件，是全面实施素质教育的提升的基本保证。

1.优化领导班子建设。我校坚持实行校长负责，教代会民主管理的体制；对涉及学校发展、教职工利益的重大事项，都能经过教代会民主讨论、表决。校领导班子敬业勤政，分工明确，团结协作，形成团结民主、廉洁勤政的战斗集体。

2.更新教育观念，提高教师素质。我们制定"教师专业发展计划和骨干教师个性化培养计划"并认真抓好落实。一是加强师德、师风建设，树立教师新形象。组织教师学习《教师法》《教师职业道德规范》和《新时代中小学教师职业行为十项准则》以及教体局制定的"十条禁令"认真抓好落实，争做新时代的"四有"好教师。二是在评选选优等活动，对教师进行德、能、勤、绩量化考核，并将考核结果与绩效工作挂钩，极大地调动了教师的积极性，增强其责任心和责任感。

二、建章立制，优化管理

1.优化学校内部管理体制，引入竞争激励机制，实现"校长负责制，教师聘任制"，实现学校管理的科学化、规范化和民主化。学校结合实际制定了一系列规章制度，完善学校管理制度，如《校务公开制度》《教师绩效考核制度》等实行管理制度化。充分体现"竞争激励、促进创优"的教育教学质量奖惩制度，调动教师工作积极性。

2.在学校管理中坚持以人为本。既有规范化的制度，又有人性化的关怀。学校采取"统一领导，分工合作，各负其责"的措施，强化内部管理，通过《教学常规管理制度》《教师工作量化考核细则》《班主任工作考核细则》《学校安全管理制度》等制度，实现管理制度管化、规范化、科学化。

三、优化德育队伍建设

1.建立从校长到全体教职员工，全员参与。成立德育工作领导小组，日常工作由吴青主管。

2.建立学校德育激励机制。将德育工作的各项考核与教师年度考核、晋升、聘任、评先选优相结合。

3.班主任是德育队伍中的最中坚力量，每学期进行一次班主任外出培训学习和与局属小学班主任进行工作经验交流会，开拓班主任工作者的视野，提高班主任的素质。

四、践行教学改革，提高教育质量

1. 把课堂教学作为实施素质教育的主渠道，切实实施新课程标准，构建适应素质教育的教学模式，探索优化教学内容、教学方法、师生关系，让学生乐学、善学，全面提高课堂教学效率。

2. 严格按上级教育主管部门的课程标准，开足、开齐课程，使师资、教材、设备充分适应学习和活动课程的要求，积极创造条件，开设每周五的社团活动，丰富学生学习生活，发挥学生特长。

3. 通过开展"好习惯养成教育""分层次教学"等模式，在教育教学的各个环节培养学生形成良好习惯，创造机会发展学生的潜力，努力培养学生的信心和兴趣，开展"好习惯成就好人生"，大面积提高教育质量。

五、优化综合治理，实现校园平安

1. 优化校园综合治理工作，成立各种安全工作领导小组，落实校舍安检、值班领导、值日教师责任及事故处理追究制度，建立安全隐患报告制度，每年签订安全责任书。

2. 优化学生就餐的管理，指导学生合理饮食，防止打架斗殴、食物中毒、传染病症，力保不出现安全事故。

3. 美化校园环境，活跃校园文化生活。充分发挥学校社团的作用。定期举办艺术节、运动会等活动。开展各种艺术活动，如学校健身操比赛、长跑能手、每周一诗、课前三分钟、诗词达人，使校园时时有歌声，处处有艺术。

4. 加强与社区的沟通与合作。建立以吴家岭老县委旧址作为爱国主义教育基地、社会实践基地等，并向社区开放学校的部分健身器材设施。提升学校在本地良好的社会形象和声誉，为构建和谐社区贡献力量。

面对教育改革与发展的重任，我校在发展过程中还存在着困难，但在政府和教育主管部门的关怀与指导，我们会以高度的责任感，求真务实、开拓创新的精神，扎实工作，我相信，蓝谷高新区中心小学一定能够实现跨越式的发展。

优化内部管理，促进学校跨越发展

平度市崔家集镇崔家集小学　金海平

随着社会的发展、教育改革的深化，学校竞争日益剧烈，社会对学校要求越来越高，家长对优质教育的需求越来越强烈，农村小学的生存压力越来越大。近年来，我校通过积极向上级争取资金改善办学条件，通过一系列改革优化学校内部管理，坚持把"制度是基础、管理是关键、育人是核心、安全是首要、质量是根本"作为学校的管理理念，通过连续三年的管理实践，我校在各方面都取得了卓有成效的业绩。

一、注重班子队伍建设，强化教师思想政治学习

学校的发展，师资是关键，学校要发展，一要有凝聚力强、服务意识浓的管理队伍，二要拥有教育理念超前、业务素质过硬的教师团队。我校始终以此作为学校发展的前提。

1. 注重加强班子队伍建设。没有一个好的领导班子，任何单位都难以发展。一直以来，我校行政领导率先垂范，从不脱离课堂，与教师比业绩，与教师比品格。干部与教师风雨同舟，同甘共苦；教学工作挑重担，教学研讨做标兵；管理学生走在前，服务教师用真心。形成了一个榜样型的领导集体。现有 26 个教学班，有 6 位班子成员担任班主任工作，大多数成员担任语、数、外主课的教学。班子成员坚持做到学习经常化、廉洁自律化、办事效率化、决策民主化、关系和谐化，增强了集体凝聚力、战斗力、公信力和亲和力，给广大师生树立了可直接效仿的标杆，为学校发展提供了强大的支撑点。

2. 强化学习研讨，促进教师队伍发展。首先，加强教师职业道德建设和德育工作，坚持开展"三爱三养"教育活动："爱岗敬业、爱校如家、爱生如子"和"道德修养、理论修养、专业修养"，积极引导广大教师确立"敬业、爱生、博学、善导"的教风。

其次，经常性举办师德演讲赛，开展"师德标兵""模范班主任""教学能手"的评选活动来促进教师的发展。

二、制订可操作易执行的科学的管理制度，做到事事有准则

完善的规章制度体系只有得到认真贯彻执行，才能在实际工作中发挥其作用，要想能执行下去，制度内容就应具体，可操作性强，易执行。同时要充分考虑其长效性和广度，要涵盖学校工作的方方面面，杜绝朝令夕改，做到令行禁止，通俗地说，就是要让我们的学校管理有具体条框可依，执行起来有明确的尺度。师生可以通过规章制度明确地规范自己的行为。学校可以用制度保障教育教学有序运转，用制度促进教师积极教学教研，用制度强化学生管理，用制度强化环境治理。

为此，学校主要领导翻阅相关法律法规，组织教师代表讨论，参阅其他学校的相应成型资料，本着以学校学生发展为本，以人为本的原则，修订、重建、完善了学校制度。制定了以"教学管理""教师管理""学生管理""总务管理"为纲目的系列制度。制度考核做到向班主任倾斜，向第一线教师倾斜，现在"重过程、看结果、讲付出、比质量"成为学校评价的基本价值取向，极大地调动了广大教师的工作积极性，增强了办学活力。

最后，注重教师培训和对外交流学习。近两年来，我们先后去过很多学校交流学习。为督促教师认真参加上级举办的各类培训，学校制度规定对获得优秀学员的给予奖励，教师通过交流和培训更新了观念，综合素质得到提升，为课堂教学注入了活力，学校的内部管理提高了效能。

做好农村小学校长职责定位，进一步优化学校内部管理

平度市田庄镇官庄小学　苗金成

官庄小学地处胶莱河畔，有着浓郁的地方特色和乡土气息。目前学校教师大多是民师转正的老教师，农村的观念和人情世故影响着教师的观念与思想。官庄小学苗校长充分考虑到这些因素，力求做好农村小学校长职责定位，整体优化学校内部管理，保证了学校秩序的良好运行，形成了"以人为本，和谐发展"的办学特色。

一、走进教师内心，了解教师需求

教师都是有情感的，在现实生活中也有喜怒哀乐，也有各种繁杂琐事。尤其农村学校，大多教师家里有农田，有家属在务农，牵扯教师精力较多。苗校长从进入官庄小学那天起，就逐一摸清每位教师的情况，走访每一位贫困职工家庭，了解他们在想什么，需要什么，真正走入教师的内心，融入教师的生活当中去，急教师所急，想教师所想，根据实际情况制定既不影响教师工作，又能兼顾家庭的暖心措施。比如，农忙时节来临，校长亲自找到教导主任，协调好部分家里有农活教师的任课安排等，解决教师们的后顾之忧。

二、掷地有声、雷厉风行的执行力

从一定意义上来说，校长的执行力高低决定着学校执行力的高低，决定着学校核心竞争力的强弱，直接影响到学校发展目标的达成。尤其当前的农村学校，部分教师在工作上还存在懈怠思想，导致工作作风有些拖拉。苗校长从自身做起，有安排就有验收、检查，说到的力求做到、做好；另外，抓好学校领导班子执行力，校长的执行力充分渗透和融合到学校中层干部当中，要求他们劲往一处使，形成一股强大的合力，使每项决策落到实处。

三、人文关怀，刚柔相济

人文关怀是一剂良药妙方，能抚平教师们的心痛。每天早晨苗校长早早到校，遇见教师时总是先打招呼，总是找一个理由和教师拉近距离沟通。

学校的各种规章制度是无情的，是冰冷的，但苗校长执行起来却富有人情味。他经常说：朋友永远是朋友，但错误还是错误。例如，有的教师有事请假他非常热情，但考勤制度不容侵犯，每周一的考勤公示雷打不动。有一次，我校李教师农忙时不小心扭伤了腰，得知消息后，校长马上和几个中层干部买上营养品，前去看望。此后经常打电话关心其恢复情况。但李教师恢复健康后，又借故在家农忙几天，超出了病假时限。因违反考勤规章制度，这位教师在业绩考核时受到影响，却没有任何怨言。

四、公平公正，阳光操作

农村教师年龄大，符合晋升职称条件的多，每到评优评先评职称的时候，各种竞争手段层出不穷。但名额总是有限的，职称评聘也是有政策有制度的。要想避免各种问题，就得公平公正，阳光操作。

这几年,不管组织何种类型的评优选先,苗校长都按文件要求制定让教师们信服的竞争措施,力争让榜上有名者理直气壮,让榜上无名者心甘情愿。这种公平公正无私的操作,让教师们见证了校长的廉洁,提升了校长的人格魅力和号召力,教师们才更信其道,律己行。

以心为灯　照亮初心

——城阳区实验小学规范办学管理工作经验

青岛市城阳区实验小学　牛秀娟

城阳区实验小学立足"立德树人"根本教育任务,以"相伴美好童年,共绘美丽人生"为办学理念,以"世界因我更美好"为校训,深入推进"尚美扬善"德育品牌建设工作,努力培育学生成为德、智、体、美、劳全面发展的社会主义合格建设者和接班人。

为全面贯彻落实各级教育行政部门关于规范办学行为要求,从根本上杜绝学校的违规行为,切实减轻学生课业负担工作,着力健全和完善深入实施素质教育的长效机制,努力办好人民满意的教育,结合区市教育局提出的"进一步规范办学行为"有关精神,城阳区实验小学切实强化有力措施,充分认识规范办学行为的重要意义,使之成为学校全体教师的共识,以此促进学校工作规范和谐发展。

一、强化德育引领，引导学生形成正确的思想认识

围绕道德认知与道德实践相统一的原则,学校坚持德育主题活动,通过升旗仪式、主题班会、研学实践、志愿服务等渠道,积极开展社会主义核心价值观、尊敬师长、感恩父母、远离校园欺凌、养成校园良好行为习惯等主题教育,培养、熏陶学生健康、向上的德育信念和品质。

在班主任的带动下,学生积极学习新版《中小学生守则》和《日常行为规范》以及学校自己创编的《好习惯儿歌》《尚美扬善》小册子。各班纷纷建立、形成了自己的班规、班训和班风,营造和谐、温馨的班级文化。学生通过绘画、手抄报、征文等方

式积极参与德育活动,综合素质全面发展。

为培养学生良好的行为习惯,学校专门录制学生上学、放学、两操路队等好习惯视频,班主任教师带领学生观看并加强训练,学生习惯不断养成。

学校编写《美育大道》德育教材、《生存教育读本》加强学生的生存意识和自我保护能力。学校定期开展核心价值观演讲活动、研学活动、学生志愿者活动、劳动实践活动、垃圾分类活动、劳动评价清单等,通过系列德育活动的开展,学校学生养成了健康向上的思想意识,有了行动的目标和指南。

二、加强班主任培养工作,建立一支有行动力的班主任工作队伍

学校坚持开展班主任队伍建设工作,定期开展班主任培训活动,通过班主任工作经验交流会等方式让先进的管理知识、经验和方法丰富、充实班主任的头脑,及时汇聚班主任的工作成果,调动班主任的工作积极性。通过树立榜样、师徒结对等方式,让更多年轻班主任成长起来。2019 年在班主任广泛参与的基础上,学校吸纳班主任优秀工作成果,创编了《城阳区实验小学德育教材》,让班主任互相学习,共同进步。

三、完善制度引领,调动师生参与学校管理的积极性

工作需要制度来保障和规范,没有制度就没有标准和方向。每学期,学校定期与班主任签订《班主任工作岗位责任书》,让班主任明确工作职责和任务,切实调动起班主任的工作责任心。同时,学校还根据需要修订《学生在校管理细则》,引领学生明确行为准则,树立行为习惯养成的标准和依据。

学校政教处加强路队、文明就餐检查工作,学校教导处加强晨读、上课秩序检查工作,学校体育组加强课间操管理工作,切实保障学校各项工作有规范,有引领,充分调动师生参与学校管理工作的积极性。

学校现有 75 个教学班,为提升学生管理水平,学校实行级部负责制。级部主任全面负责级部教育教学管理、学生管理、活动开展等各项具体工作的开展和管理,这样能更好地完成学校的各项任务。

四、加强学生评价和自主管理工作

学校坚持开展学生评价工作,每学期积极评选优秀学生干部、三好学生和各类美德星级学生,学校在教学楼醒目地方布置优秀学生照片,为其他学生树立学习的榜样。

每学期,学校坚持开展学生自主管理工作,设立了校级学生监督岗,鼓励学生积

极参与学校的志愿服务活动。同时,各班级积极开展"部委制"建设,班级学生积极参与班级纪律、卫生、安全等各方面的自主管理工作。学校逐步形成学校"监督"、班级管理齐头并进的管理格局。

为激励学生参与学校管理工作的积极性,学校进行每月班级量化、每学期班级总评比的班级管理评价激励机制,向量化先进班级发放流动红旗,评选学校优秀班集体和优秀班主任,努力调动师生参与学校、班级管理的积极性。

五、家校合作,共同营造良好教育氛围

(一)注重和家长的联系沟通

有效使用微信群,班主任教师可以及时向家长反映本班近期的活动安排及要求,有助于家长参与到学生的成长过程中来。使用微信群在很大程度上起到了以下几个作用:发布通知,短信群发保时效;布置作业,短信支持保监督;紧急情况,短信警醒免损失;检查反馈,短信反馈促管理;节日问候,短信脉脉话温情。正是因为微信群的合理科学使用,使家长更及时地了解学生状态及班级动态等。

(二)注重家庭教育指导

为了使家长能够更好地完成作为父母的角色,能够在孩子的成长中扮演更加积极的角色,我们学校非常重视对家长家庭教育方面的指导,期望"授人以鱼不如授人以渔",以期达到"教育一个孩子,带动一个家庭,影响整个社会"的良好效应。

1. 开办家长学校。邀请省内著名的家庭教育专家给家长朋友们培训。通过讲座培训与互动,家长们普遍感觉受益匪浅。

2. 建立家长委员会。每学年,学校根据班级情况,筹建班级家委会,并选拔代表组建学校的家长委员会,制定明确的制度和章程,开展有意义的活动,真正发挥家长委员会的作用。在家委会的支持下,家长每天参与学校的安全护导、阳光午餐志愿服务工作,为学校工作增添了动力。学校定期召开学校工作总结会,可以说有了家委会的帮助,家校工作稳步开展,家校合力日益凝聚。

3. 开展"万名教师访万家"的家访活动。家访是沟通教师、孩子和家长心灵的桥梁。学校积极开展百名教师访千家的活动,做到覆盖面广,参与度深,深入学生家庭,了解学生生活和成长情况,与家长共同探讨帮助学生成长的方法和途径,征求家长对学校教育教学的意见和建议。

4. 评选十大"教子有方家长"。为了形成更加浓厚的家庭教育氛围,学校每学年都评选一次十大"教子有方家长"。家长的评选通过严格的班级自荐、班级评选、学

校遴选的程序选拔出来,家长积极参与,并进行简要的经验交流,极大地提高家长参与家庭教育和学校事务的热情。

六、培养学生综合素养,规范学校课程设置

学校严格按照青岛市教育局《关于调整义务教育课程设置的通知》中的相关要求安排教育教学工作,开齐开足开好各门课程,没有随意增减课程和课时。在日常教学中,学校教导处定期抽查各个班级的课程实施情况,要求教师严格按课程标准进行教学,把握教学进度,不得随意提高或降低教学难度,不准随意提前结束课程和搞突击教学,不随意调课和挤占其他学科教学时间,确保学生德、智、体、美、劳等方面全面发展。

七、保护学生身心健康,减轻学生课业负担

学校规定统一的作息时间,严格控制学生在校学习活动时间不超过 6 小时。为保证学生体育大课间活动时间,学校每天有 1 小时的体育活动及课外拓展活动时间。学校还利用家校联系渠道和家长进行沟通,要求家长确保学生每日有 10 小时以上的充足睡眠。学校严格控制学生作业量,三至六年级学生每天书面家庭作业控制在 1 小时以内,一、二年级学生不留书面作业。要求教师精选作业内容,提高作业质量,坚决杜绝布置大量机械性、重复性、惩罚性的作业,提倡布置综合性和创新作业,引导自主学习。

八、规范教育收费程序与标准

学校严格执行教育收费标准并公示,规范收费程序,坚决不乱收费、多收费、变相收费,严控各种教辅资料征订,杜绝外来人员来校推销教辅资料,严禁教师以提高教学质量为由向学生推销或变相推销教辅材料或其他学习用品。一旦发现有违反教师师德的现象,学校将根据市、区教育局有关文件精神进行处理。学校严格按上级教育行政部门有关规定征订教材、教辅读物、练习资料,学校和教师没有向学生推荐或统一购买未经省中小学教材审定委员会审定或教育行政部门审定的教辅资料、教学用具。

九、关注教育公平、维护学生权利

学校严格执行教育公平制度,均衡编班,不设重点班,学生按照政策"划片入学"。根据上级"两所非社区"政策,学校分批次录取范围内生源,对不能全部接收的

生源,按照积分公平入学。学校学籍实现了信息化、科学化、制度化,保障了学生的合法权益,没有出现人籍分离和空挂学籍的现象。

总之,规范办学行为、深入实施素质教育是基础教育改革一项长期而又艰巨的任务。我们将严格遵守国家法律法规,在区市教育局的正确领导下扎实工作,坚定不移地实施素质教育,规范学校内部管理,自觉纠正违规办学行为,形成依法办学、自我约束的发展机制,真正把规范办学行为的各项要求落到实处,全面促进学生生动、活泼、和谐的发展。

在上级的正确领导下,学校将继续加强学习,认真总结经验,努力汇聚力量,推动学校管理工作逐步赶上新高度,朝着建一流名校、塑一流师资、育一流人才的目标奋进。

如何留住教师

青岛市即墨区移风店中心小学　王化堂

一、背景

我们学校位于即墨区最西北,史称"西北洼",由于距城偏远,加上经济不富裕,因而在校学生人数骤减,年轻教师不断流失,剩下的大多都是年老的当地教师。

学校为乡镇中心小学,现有 10 个教学班,在校学生 310 名;教职工 30 人,但近三年退休 10 人,近四年退休 15 人。

二、问题分析

1.我们的地理位置是居城偏远,而年轻教师大都在城里有房,往返不方便。

2.学校教师的生活条件和居住条件不优越。

那靠什么留住人才? 拿什么来吸引高素质的教师? 我在沉静中思索,在理智的思考中寻找答案。

三、问题的解决

在当今条件下,人才的动态流动,不可避免,运用行政干预或强制办法留人,是留人留不住心。可谁能来填补优秀教师走后的空缺呢？他们的离开,在一定程度上动摇了其他教师工作的信心和留校工作的决心,一旦造成恶性循环,学校办学优势有可能很快瓦解,留住现有的优秀骨干教师,稳定教师队伍,成为当务之急。

鉴于此,作为教育管理者,尤其是基础教育的管理者,要力求在动态流动中寻求平衡,创造优势,吸引人才;发展壮大,留住人才。这就要求校长加强自身修养,以德留人;要学会打破常规,为教师的专业发展铺路搭桥;积极寻求资金,改善硬件设施水平,提高教师的福利待遇。

（一）解决教师的困难

针对学校经济条件差,想大幅度地改变教师的生活条件和居住条件是肯定解决不了,因此,只能多做教师的思想工作,思想上激励他们,感情上感化他们,生活上多关心他们。

针对年轻教师的回城往返问题,学校在课程安排上,尽量给他们避开上午的第一节和下午的最后一节,并允许其在一周内可以有 1 ~ 2 次晚来或早走,当然,不准超过半节课的时间,从而可以保证其轻松地往返,也就可以减少他们离开的想法并安心地工作。

（二）感情留人，事业留人

金钱不是万能的,面对大部分以事业为重,对自身专业发展看得更重的教师更是如此。所以,我们特别注重感情留人,事业留人,环境留人。

感情留人:平常加深领导和教师之间的沟通,经常和教师交流工作和生活,用自己的真诚打动他们。

事业留人:学校一贯注重加强领导班子建设,发挥领导班子一班人的人格感召力量。一个务实、廉正、高效的领导班集体,在留人方面发挥着其特有的不可忽视的作用。同时,还要为每位教师事业的发展搭建平台。

环境留人:多年来,学校一直在努力营造一个良好、和谐的工作环境,工作中不但给教师以足够的人格尊重,也在生活等多方面给予尽可能多的关心与帮助。凡在我校工作的教师,都切实感觉到学校良好的人文环境,工作之外,大家不用花费更多的"心思"去搞人事关系,同事之间以诚相待,互相不存芥蒂。大家工作可能付出的很多,工作可能感觉很累,但心情愉快,心理放松。

总之,校长要一心为学校发展、为教师成长、为学生成才着想,带领师生共同开拓创新,积极进取。在今后的工作中,我们将尽己所能,发挥学校的自身优势,主动从自身找问题,把稳定学校师资作为一项重要任务,常年不懈。

管理就是要立足于根的建设

青岛市即墨区北安中心小学 张泽宏

学校管理要立足于根的建设。管理的根就是习惯,抓好了习惯,学生的健康发展就有了质的保障,教师的管理有了牢固的根基。多年来,北安中心小学致力于夯实习惯养成,以习惯养成为突破口,提升学校管理层次。

一、构建家、校、社区三位一体的习惯养成教育网络

(一)习惯养成不能单靠学校,更应该关注家庭

北安中心小学立足于从家庭层面,督促和指导家长强化孩子的学习和生活习惯养成,引导家长参与孩子习惯养成培养,确保家校管理不脱节。

(二)夯实学校习惯养成教育

1. 学校将好习惯养成教育升级为学校课程《争做五彩好少年》;抓好开学第一月,举行开学典礼,强化日常生活行为习惯养成教育,重点把卫生、路队、两操、守时、文明等习惯作为检查重点。重在检查和反馈,并将其作为班级管理考核的重要依据。

2. 充分发挥课堂教学主渠道作用,在教学中落实好"情感、态度、价值观"的课程目标。每一个教案中必须具备德育目标,列入常规检查。以学习习惯为着眼点,建立新的课堂教学评价体系。根据教研室要求,切实抓好四大习惯的培养:书写习惯、读书习惯、听讲习惯、认真作业的习惯。

3. 抓住时间节点开展主题教育活动。落实开学课程,召开开学典礼,进行爱国教育收心教育,强调学校纪律,传达争做五彩好少年实施方案;进行文明习惯主题教育;开展感恩教育活动;个性心理品质教育。坚持进行健康生活情趣和健全人格的教育;进行坚强意志品格和承受挫折能力的培养训练;开展国庆节教育活动,培养尊重国旗、唱响国歌的习惯;妥善安排好校内课后托管工作。充分利用校内托管时间,加强对学生的习惯养成培养。

4.搭建多种平台,开展五彩好少年评选活动,确保每学期一次。

加强宣传营造氛围。利用好学校微信平台、校报等媒介,利用好社区宣传栏、社区广播等媒介,打造教育共同体。

二、加强师德建设,打造正能量教育团队

大力加强师德建设,让师德成为一种习惯。认真贯彻《即墨市教育体育局关于加强师德建设严格实施教师行为十项禁令制度的意见》《即墨市教体局作风建设十严禁》,每学期全体教师都要提交师德承诺书,出现违背师德现象取消年度内一切评先选优资格。

实现榜样引领。开展"发现身边的美,树师德标兵"活动,通过微信平台不断宣传推出身边的正能量系列报道。

完善制度约束。组织全体教师参与修改和完善《北安中心小学教职工三定一聘绩效考核方案》《班级管理绩效考核方案》。

管理的最高境界就是为了达到不需要管,说到底就是养成好习惯,提升自我管理水平。在学校实现学生自主管理的道路上,北安中心小学一直以习惯为抓手,促进学校整体管理水平的不断提升。

学校管理典型案例分析

平度市白沙河街道张戈庄小学　杨晓燕

作为学校管理者,在管理中一定会遭遇许多困惑。面对一个个困惑,要大胆求索,勇于攀越,从而寻求最简洁最科学最人性化的达到教育管理的理想境地的一种思想境界。然而,学校管理中也会存在多余的"困惑"。如何赶走困惑?请看以下案例。

张教师的教学业务水平高,工作能力强,在学校具有一定的影响力。学校交给他的工作都能按时保质完成,他不仅在学生中有威信,也深得家长信任。但他总是爱与领导"对着干",发一些"牢骚"。学校工作中难免会出一些问题,他就抓着不放,有时让人难以接受。

学校实行"营养午餐"后,学生要在学校就餐,这就需要一个在学生中有威信的

人去管理,于是校长想到了张教师。张教师爽快地答应了,同时又提出一个条件:"要我参加行,要给我一定的权力,这样我才能调动其他人。"校长考虑后,同意了他的要求,让他管理学生食堂,果然,他不负众望,把学生食堂工作干得风生水起,得到家长好评、同事的认可,同时受到上级部门的表彰奖励。

案例分析:学校领导者的职责之一就是科学选用和培养干部,概括来讲就是用人才。干部队伍是学校的支柱和中枢。建设好干部队伍,学校工作就能全盘皆活。校长要在选、用、养三方面苦心经营。选任干部要准确,要慧眼识人,任用那些能力强、有群众基础的人,但是也要妥善使用那些"尤妙"人才。案例中的张教师教学工作能力强,但又是一个"刺儿头"型的人物。对于这样的人才,校长采取了大胆放权,用其所长的用人艺术。

该案例我们要讨论的核心问题是校长的用人原则和艺术。实行校长负责制后,校长在人事管理方面的自主权扩大了,如何知人用人,是很重要的领导艺术。学校领导者要做到"知人善任"。所谓知人,就是了解人,知人是善任的前提。要善任,必须先知人;不知人,就谈不上善任。但要做到知人并非易事,学校领导首先要明晰下属的风格。在一个健康的学校组织中,下属被看成是联合解决问题和完成任务的合作者。事实上,好的下属和好的领导一样,是由动机、智慧、毅力混合而成的。在学校中,下属有三种类型:

(1)敬业、具有主人翁精神的下属,总是忙忙碌碌,把心思都用在工作上。

(2)聪慧、但玩世不恭的下属,时常不付出其最大努力,而且喜欢说:"不在其位,不谋其政"。

(3)不成事不败事的下属,即那种既不打鱼也不织网的人。

案例中的张教师具有较高的业务水平和较强的工作能力,可在领导面前却扮演了玩世不恭的下属的角色。张教师是一个有能力的下属,有自己的一套工作方式方法,优秀的业绩也使得他深得学生和家长的心。同时,他在领导面前敢于表达自己的意见。对于这种率直的下属,管理者应该以一颗包容的心来接受他。领导者也应该庆幸有这样的下属为自己出谋划策,能够听到不同的声音,获得更多的信息,使得自己的决策更加科学。

明确了下属的风格之后,学校领导者就要思考是否用人和如何用人的问题。用,首先要因才派用,使其各展所长;其次要大胆放权,根据其成熟程度派给其具有挑战性的职责和任务,促进其进一步成熟。养,首先要精心培养,敢表扬敢批评,不没其功,不护其短;其次要促其学习,丰富理论,拓宽眼界,警惕其沉溺于苦干而无远见卓识。

在现实中,领导授权具有一定的艺术性。首先,管理者应视能授权,授权有度。

按照下级的能力适度合理地授权,防止出现超出下属能力范围的过度授权,避免委授权力的不科学,给组织带来负面影响。其次,要防止上级领导的授权不足或空白授权,应当坚持"疑人不用,用人不疑"的原则,对具备能力的下属予以充分信任。权力一旦授出,就要充分信任下属,大胆放手让他们独立完成任务,并为其创造良好的条件。再次,权责明确,权责同授。一方面防止下属因没有必要的权力而无法开展工作,另一方面也对下属实行相应的责任约束。最后,适度监控,可控授权。要保证上下级间沟通渠道的畅通。上级领导者应当经常向下属提供相关情报,陈述决策内容,明确授权含义,而下属则应当经常向上级报告具体工作进程和工作计划,明确工作目标。

龙山中心小学依法治校经验交流

青岛市即墨区龙山中心小学　江志林

龙山中心小学紧紧围绕学校的中心工作,在广大师生员工中深入地开展法制宣传教育,进一步提高广大师生员工的法律素质和意识。为了促进学校教育事业健康、协调的发展,创设良好的法制校园环境,我校采取了如下做法。

一、健全领导组织,明确职责落实

我校始终把依法治校作为学校的首要工作,成立了以校长为组长,法制副校长、其他领导班子为成员的领导小组,明确了各自职责,把依法治校工作摆在学校工作的重要位置。

二、强化民主管理,依法完善监督机制

依法管理是依法治校的主体工作,如何使规章制度落到实处,我校在操作上实行民主管理,以人为本,把工作做细做实。

1.坚持民主决策。学校的各项常规工作,都是先由领导班子提出方案,经校委会研究讨论,教代会通过,形成决议后实施,实行校长负责、民主管理,确保学校各项工作顺利开展。

2.发挥家长及社会各界民主监督的职能。发挥家长委员会作用。学校每学期召开两次全校性学生家长会,同时聘请家长代表参加家长委员会,定期召开会议,由校长通报学校工作,请家长对学校工作提出建设性意见和建议。

3.坚持和完善校务公开制度。严格按校务公开的要求及时将学校收费依据和标准、职称评审、评优评模、学生资助等涉及师生权益的重要事项进行公开。

三、拓宽宣传教育渠道,营造依法治校氛围

1.我校制订了依法治校学习计划及实施方案。有计划地组织每位教职工认真学习和贯彻《教育法》《教师法》《义务教育法》《未成年人保护法》《中小学教师职业道德规范》等,要求教职工要有法制观念和法制意识。每学期都组织教职工认真撰写学习心得体会,从而增强教职工的法制观念。

2.为了加强学生的法制教育。针对各年级学生的特点,不失时机地组织学生开展爱国主义、革命传统教育和思想政治教育,了解法制、安全等方面的知识。(1)建设好法制教育的主阵地,开足开好思政课课和法制课,让学生明法理,懂法规,守法纪,提高学生的法制观念和法制意识。(2)充分利用班会,讲解与学生密切相关的法律案例,加深学生法制认识。(3)在学科教学中渗透法制教育,尤其在思政课、语文课中,培养学生民主与法制的精神。(4)结合12月4日全国"法制教育宣传日",开展送法进校园等多项活动。(5)结合中小学安全教育月,组织学生观看安全伴我行大型宣传片。(6)抓交通安全教育。通过黑板报、主题班会等,进行宣传教育。(7)在每年的换季时节,对学生进行传染病预防知识的宣传教育。(8)在世界禁毒日,开展全校的签名活动,宣传毒品的危害性。(9)在重大活动前、寒暑假放假时对学生进行安全教育。(10)开展读书教育活动,通过开展读书活动,丰富了学生的科学文化知识,培养了学生的科学精神、法制意识和热爱祖国的道德情感。

3.措施落实、管理到位、效果明显。狠抓过程管理和目标考查工作。在普法、依法治校工作过程中,狠抓了计划、布置、实施、督促、检查、总结六个环节。如对学生遵规守纪行为习惯的培养,按学校制度,由班主任实施,教务处、少先队组织专人督促检查,最后总结反馈,对关键环节做了详细的记载和统计,做到了各类资料准确齐全,条理明晰,对出现的问题及时整改,对表现好的予以表扬,使创建工作得到落实。

四、依法治校特色工作

1.建设平安校园,依法保障学生在校安全。学校安全管理小组定期召开会议,学习相关法律知识,不断完善学校安全管理制度,明确各部门责任分工,加强安全知识

宣传和教育。努力为学生也为自己营造一个安全、稳定、和谐的校园环境!

2."12·4"法制宣传日活动落到实处。学校领导高度重视"12·4"法制宣传日,举行多种多样的活动,班主任和学生一起探究生活中学法、懂法、守法、用法、护法的重要性。

李哥庄小学内部管理制度建设

胶州市李哥庄镇李哥庄小学 于 林

什么是管理?管理是人类各种组织活动中最普通和最重要的一种活动。

一年来,我校在政府的支持下,搬进了新校区,教学环境得到了极大的改善。同时学校也坚持把"制度是基础、管理是关键、育人是核心、安全是首要、质量是根本"作为学校的管理理念,这让我校在各方面都取得了卓有成效的业绩,教育质量稳居全市前列。

一、注重班子队伍建设

一个好的领导班子,是发展的必要条件。一直以来,我校行政领导示范,从不脱离课堂,与教师比业绩、比品格。干部与教师风雨同舟,同甘共苦。形成了一个榜样型的领导集体。班子成员做到了学习经常化、廉洁自律化、办事效率化、决策民主化、关系和谐化,给广大师生树立了可直接效仿的标杆,为学校发展提供了强大的支撑点。

二、制定可操作易执行的科学的管理制度,做到事事有准则

完善的规章制度体系只有得到认真贯彻执行,才能在实际工作中发挥其作用,要想能执行下去,制度内容就应具体,可操作性强,易执行。

为此,我们翻阅相关法律法规,组织教师代表讨论,参阅其他学校的相应成型资料,本着以学校学生发展为本,以人为本的原则,修整了学校制度。制定了以"教学管理""教师管理""学生管理""总务管理"为纲目的系列制度。制度考核做到向班主任倾斜,向第一线教师倾斜,现在"重过程、看结果、讲付出、比质量"成为学校评价

的基本价值取向,极大地调动了广大教师的工作积极性,增强了办学活力。

三、抓好教学中心环节，全面提升教育质量

当前,教育竞争日趋激烈家长对优质教育需求的意识明显增强,农村小学的压力越来越大,我校主要采取了如下措施。

（一）抓实教学常规，注重过程管理

学校工作最终的落脚点就是教育质量,我们始终坚持教学中心环节的过程管理,学校对于教师备课、作业批改、课后辅导、听课学习等进行严格的要求和督查,教师听课必须真实,有听课记录,教务处对每节课都巡课,并建立了常规教学登记档案。

（二）重视毕业班教学管理与研讨

学校每年秋季开学伊始就成立毕业班教学工作领导小组,小组成员蹲点到班,与班主任一道,以班为家,经常入班听课,全面关心学生,并针对不同层次的学生,经常找他们谈心,帮助他们解决生活和学习上的困难,鼓士气,树正气,排解心理上的苦闷,激发学生读书热情。

四、抓好安全管理常规，确保教学秩序

我们按照"广宣传,重教育,明责任,强监管"的工作思路抓实学校安全工作。

（一）加强宣传教育，提高安全防范意识

学校经常利用集会、校园广播、宣传栏、少先队活动课等对师生进行安全教育宣传,定期开展全校性的安全知识专题讲座,组织形式多样的安全知识竞赛、举行学生疏散演练活动等。

（二）全员参与，做到安全工作齐抓共管

一是分解、细化安全工作,形成有效的安全管理网络。学校成立了以校长为组长的安全工作领导小组,支书具体负责,职能处室直接抓的良好氛围。二是建立健全"一岗双责"为核心的责任体系,层层签订安全责任书,将安全责任落实到具体的责任人和责任环节。三是加强安全防范设施建设,校内安装了监控设备,学校组织成立了护校队。

近10年来,我校没有出现过一次安全事故,为学校教育教学的顺利进行提供了有力的保障。

三翼发展，重构学校运作方式

胶州市第三实验小学　常晓东

依法治教是贯彻依法治国基本方略的基础工程之一,是新时期的领导思想、领导方式在教育领域的体现。依法治校是依法治教的重要组成部分。随着依法治国方略的不断发展和完善,教育发展与改革进程的不断加快,依法治校已成为我国各级学校管理的必然选择。

常晓东校长2019年8月来到胶州市第三实验小学后,形成以制度建设规范学校管理,构建保障机制,用流程管事,用制度管人的思想。通过以制度建设规范学校管理,逐步实现由"有事找领导"向"有事找规章"转变的目标,主要有以下做法。

一、制定"三定一聘"制度

全面贯彻落实新时代教师队伍建设改革意见,全面落实中小学教职工"以县为主"管理体制,按照"按需设岗、竞聘上岗、按岗聘用、合同管理"的原则,落实学校用人自主权,落实工作量(课时量)在教职工职称评审、岗位聘任、考核评价、绩效工资分配等方面的重要权重,进一步明确中小学校教职工岗位数量及岗位职责,有效落实岗位能上能下、人员能进能出的人事管理体制,学校制定并通过"三定一聘"制度。

"三定一聘"实现了教职工工作岗位、岗位工作量、岗位职责和岗位人员"四清晰"。学校以此为依据,严格岗位、工作量、岗位职责管理,统筹规范教职工病事假管理、合同管理等相关工作,完善教职工考核体系。教职工申报职称、竞聘专业技术岗位、参加评优评先、考核参评优秀等次,均需完成工作岗位基本工作量。"三定一聘"制度充分激发教职工工作积极性,提高人力资源使用效益,促进现代学校制度建设,切实提升办学质量和水平。

二、制定"薪酬改革"制度

不断深化中小学校收入分配制度改革,建立公平合理、公开透明、有效激励、管理规范的校内分配制度,充分发挥绩效工资分配的激励导向作用,提高教师的获得感和幸福感,加快推动教育现代化、办好人民满意的教育。学校制定并通过了"薪酬改革"制度。

三、制定评优选先评选办法

学校各部门根据本部门实际情况,制定本部门年度量化考核细则,经过汇总确定胶州市第三实验小学年度量化考核细则各类制度共 1000 分,其中包括胶州市第三实验小学教师请假制度考核细则(200 分)、胶州市第三实验小学教师工作量考核细则(100 分)、胶州市第三实验小学教学常规考核细则(100 分)、胶州市第三实验小学教学成绩考核细则(200 分)、胶州市第三实验小学教学成果考核细则(100 分)、胶州市第三实验小学和谐团队考核细则(100 分)、胶州市第三实验小学教师职业道德考核细则(100 分)、胶州市第三实验小学物品管理量化考核细则(100 分)。通过过程量化,在宏观管理下将考察内容具体化,做到通过卫生看管理、通过行为看德育、通过课堂看理念、通过精神看队伍、通过情怀看未来。

经过"三定一聘"制度、"薪酬改革"制度、评优选先评选办法,三翼发展,重构学校运作方式,从封闭的集权式管理向开放式的民主化管理转化,有利于规范办学行为,提高学校管理水平,并有利于营造学校教育的法制氛围,有利于维护学校及师生的合法利益,对教师依法从教和学生遵守法纪也有积极作用。全校通过依法治校打造和谐校园,办人民满意的学校。

结伴成行　行稳致远

青岛市第二实验小学　江建华

青岛市第二实验小学建成于 2015 年。学校现有教师 91 人,平均年龄 32.9 岁。近年来,学校取得了良好的社会声誉,这支具有专业思维、专业水平的队伍,功不可没。但是从另一个角度来看,这所新建学校也面临着教师队伍的复杂性和队伍建设艰巨性的问题。一方面,鲜活的风貌、专业向上向好的追求和不断的创新是我们的优势;另一方面,根基尚浅、团队打磨也是我们要面临的挑战。针对新建校的教师队伍建设,学校展开了专项案例研究。

一、新建校教师队伍建设理论指导

正所谓理论是行动的先导,思想是行动的指南。在这一现实需求的催化之下,学校首先确定了"雁阵效应"的理论基础。大雁总是几十只甚至上千只汇集在一起,互相紧接着列队而飞,古人称之为"雁阵"。所谓的"雁阵效应"是指雁群每年目标统一,方向明确地"大家努力飞",雁群纪律严明,步调一致,意志坚强,大家一起"飞得更高更远"。

在这一思想的指导下,学校从团队的发展总目标、个人发展、团队整体提升、团队精神四个维度对教师队伍建设的探索。

二、新建校教师队伍建设发展目标

青岛市第二实验小学师生们的理想之地是办"一所有温度的幸福学校"。学校自成立起就一直努力将"好人在好的关系中做好事"的"幸福教育"的理念渗透到每一位师生的心中,用李沧区"多彩教育,品质课堂,爱校如家,人民满意"的工作思路不断激发起教师强烈的责任感和积极进取的工作意识,最终引领教师团队达到以"合道、合势、和众、共生"为内涵的"和合共生"的最高境界。希望教师们能够忠诚教育,眼光高远,将追求卓越的精神作为自身的价值追求。

三、新建校教师队伍建设实施策略

"雁阵效应"跟教师专业成长共同体的发展之路非常吻合。教师专业成长共同体建设,我们分三步走。学校经历了一个认识与不断改进的过程,真正将自主发展的权利给了教师。

(一)第一阶段:排排队——基于学校需求的共同体建设

共同体成立之初,学校只是以科研的视角,通过需求问卷、专业对话、寻找最近发展区等一系列举措,九个教师专业成长共同体建立起来。共同体在本阶段通过工作室带动、课题推动和项目研究三条路径,以学科大教研、阶梯式磨课、优质课堂开放等活动推进实施,为教师的专业发展搭建一条"高速路"。

(二)第二阶段:分小组——基于教师发展需求的共同体建设

在与东北师范大学、研发中心、教科院等专家进行第二轮头脑风暴后,学校在接下来的共同体建设中找到了关键:自主、自愿、自下而上。

第二阶段,学校在语文、数学学科进行试点,本着完全自愿的原则进行招募。很快,每个人为共同体贡献自己的优势,研讨、争论、带动、辐射、分享、互动。

以语文共同体为例,教师们发现"课文腔"已经横行于全部的课堂,于是,一场关于朗读教学的研究与实践开始了。第一步,共同体成员分文体进行朗读教学的研究,对文本进行分类、提炼;第二步,进行教师朗读素养提升自我培训,自由组合,分文体进行解说与泛读;第三步,集备研讨,寻求合适的策略,进行课堂教学实践;第四步,总结提炼,形成论文,逐步发表。

在专家建议、调查研究的背景下,学校对共同体建设又有了新的认识,于是,自由组合、自主发展的3.0版教师专业成长共同体建设上路了。

(三)第三阶段：找朋友——基于自主发展的跨学科共同体建设

学校提供舞台,教师自主展示,寻求志同道合者。这样,共同体的建设不再拘泥于学科、年级等,多则十人,少则三人,不限时间,不限空间,三级课题联动,研学做合一,合作的行动研究更侧重于过程,而不强求所有参与者的同步发展,"民间互助"让教师多了些主动,赢得了成长。

学校"名师引领——核心驱动——骨干带动"的发展模式,借助教研、集备,为学校教师团队的发展提供了可持续发展的力量。

基于此,通过核心力量,带动全体协同发展,我校初步形成了稳定的教师专业发展模式。学校通过教师共同体的建立,成就教师,成全学生,发展学校。

特色管理　内涵发展

——努力提升办学育人核心能力

青岛市城阳区仲村小学　栾国锋

科学、规范的管理是促进学校发展的有力保障。仲村小学在2015年改建之前是一所农村薄弱学校,改建后办学条件大幅提升,硬件设施水平迈进了城市化学校行列。但学校在学生素养能力、教师专业水平、教育教学质量等方面的软实力相对较低。为快速弥补软实力短板,提升育人质量,仲村小学以推进基础工作科学、规范管理为出发点,坚持"目标导向、问题导向、成长导向",强化清单管理、任务管理、精细管理,全面提升管理科学化、规范化水平,实现了办学水平新变革。他们的做法如下。

一、以责任清单为抓手,构建和谐校园"防护网"

(一)"六个无缝隙"构建学生安全网

建立"六个无缝隙"责任清单管理制度,将职责明确到人、落实到人,校园日常安全管理落到实处、做到细处。

(二)"过十关严六T"构建食品安全网

完善食品安全责任清单管理制度,明确食堂管理每个环节的操作要求和责任分工,突出规范、严格、细致,确保食品卫生安全零事故。

责任清单管理,让人人有责任,确保了学生安全,保障了校园和谐稳定。

二、以目标任务为导向,激活教育教学内驱力

(一)"四个任务"驱动,打造高效课堂

制订教育教学四项目标任务,全面提升课堂教学效益。

一是制订管理目标任务,如"党员先锋示范岗"目标任务,干部分管工作目标任务,促使党员干部创新思维、高效管理。

二是制订教学常规目标任务。对备课流程、课堂常规、作业批改等制定具体细致的目标要求,从小处细处规范教学行为。

三是制订小课题研究目标任务。学校把教育教学出现的问题作为教学改进的课题,通过微课题、微观察、微改进、微创新的"微创共同体"研究沙龙,逐步解决教育教学实际问题。

四是制订课堂教学能力目标任务。促使不同阶段教师总结反思、不断改进。

(二)"六项跟进"助力,打磨教师队伍

为帮助党员干部教师达成目标任务,采取六项跟进措施,助力教师成长。

一是通过课例打磨"五部曲"专业成长行动,锤炼教学能力。

二是开展教师"五课"活动,提升课堂教学水平。

三是举行各类教学比赛,促进专业发展。

四是建立智慧团队,进行项目研究学习,改进教学策略,培养学科领袖,引领团队

提升。

五是建立教学资源库,满足学习需求。

六是建立量化评价方案,调动教师内驱力。

目标任务驱动管理,让教师教育心态、育人行为、教学能力得以转变提升。他们的教学课例获全国英语分级阅读教学优秀课例,经验在全国自然拼读教学研讨会等各级会议上交流,课堂教学在市、区教学研讨会上展示。仲村小学教学质量从全区 D 类快速提升跨入先进行列。

三、以校本课程为载体,打开质量提升突破口

针对仲村小学 74% 是外来务工子女,且他们的成长环境、家庭教育、素养基础差异较大的现状,学校以校本课程建设和课程多元评价做为德育管理的有效载体,实施好习惯养成校本课程,引领学生养成好习惯。

(一)养成良好生活习惯

开设家政课程,通过设置不同年级的目标任务,引领学生在实践中掌握生活生存能力,养成良好生活习惯。

(二)养成健康运动习惯

开设花样跳绳课程,引领学生每天大课间 15 分钟练习花样绳操,开展各类竞赛和达标评价活动,逐步养成健康运动习惯。

(三)养成良好阅读习惯

开展大阅读活动,通过"每日一诗"活动、古诗配画比赛、诗词大会、绘本阅读等激发阅读兴趣,培养阅读习惯。

校本课程实施和多元课程评价有效落实了德育效果,学生在实践中涵养了优秀品质和核心素养。目前,全校学生共有 950 人次在各类比赛中获奖,党员、教师开发的三项课程获青岛市精品课程;青岛市教科院在仲村小学举行了学校课程建设研讨会,推介仲村小学分别在全国 TAEM 教育与学校课程建设论坛会和省、市好课程研讨会上进行了经验交流。

以教育科研为抓手，优化学校内部管理

青岛市即墨区长江路小学　王道田

学校工作千头万绪，学校管理精益求精。即墨区长江路小学以教育科研为抓手，努力抓好教师专业成长和学生综合素养提高两项主要工作，不断促进学校教育教学水平跨上新台阶。

一、以教育科研引领，不断促进教师专业成长

教师是学校的主人、学校教育教学工作的具体实施者，教师专业水平高低直接决定了学校教育教学水平。为此，即墨区长江路小学积极开展教师专业发展科学研究，先后申报了省级课题"开展小课题研究，促教师专业成长""互联网＋同步课堂"小学语文教学策略研究及青岛市课题"双翼作文"——小学作文教学策略研究和即墨区教研室"低年级看图写话作文教学研究"等课题，整体确立了"小组合作、团队评价"教学方式研究课题，学校内部每个教研组都有自己的校级研究子课题。在学校领导的带领下，学校教师积极参与课题研究，在研究中教师们慢慢收获到教育科研的成果，体会到研究成功的喜悦，极大地提高了他们的教育教学效率。

例如，我校在全校教师中开展了"小组合作、团队评价"教学方式研究，把每个班的学生都分成相对固定的小组，学生以小组互助的方式课前自学、课中讨论、相互帮助、相互提高，每节课教师必须拿出一定的时间安排学生小组合作讨论、研究，对学生的评价也以小组为单位实行团队评价，还引进了"课堂优化大师"的评价方式，每堂课及时对学生进行评价，家长也能及时收到学生学习、纪律、品行等方面的表现信息，极大地提高了学生合作学习探究的能力。

目前，我校"开展小课题研究，促教师专业成长"课题已经结题，与新疆头屯河农场学校联合开展的"互联网＋同步课堂"小学语文教学策略研究如火如荼地进行着，"小组合作、团队评价"教学方式研究在日常教学中取得良好效果，教师们教学理念提高、教学方法丰富，教育科研极大地提高了我校课堂教学效率和教学质量。

二、以教育科研抓好学生品行习惯的培养，促进学生核心素养全面提升

两年多来，以发展学生核心素养为目标，即墨区长江路小学自行确立开展了"和雅之星"学生品行目标培养体系并申报了山东省教育学会"家校合作促进学生品行习惯的养成教育"研究课题。

我校首先建立了《长江路小学"和雅之星"学生综合评价方案》，围绕"专注、有序、诚实、友善、自主、合作、勤奋、宽容、尊重、感恩、责任、坚韧"十二个品格，引导学生学会做人、学会学习。并根据《中小学生守则》和《中小学生日常行为规范》的要求，为进一步做好学生的习惯养成教育，推行了长江路小学"和雅之星"具体评价办法。评价方案设定了守纪之星、礼仪之星、课堂之星、合作之星、学习之星、艺体之星、家庭之星七星。学校邀请学生家长共同参与到学生品行培养和评价中，在平日里，由班主任、任课教师、学生、家长共同引导学生良好品行习惯的养成、共同进行评价，家校合作取得了良好的工作效果。通过评价，我们欣喜地发现，学生面貌发生了很大变化。譬如原来学生在家里有些不良习惯（迷恋游戏、不爱读书、不爱劳动），通过家庭之星的评比，家长给孩子评级，激励了孩子的进取心。校长信箱经常收到家长的留言，说你们这个家庭之星的评价太好了，现在孩子在家里表现好多了。还有合作之星的评价，为了争夺小组合作之星，学习小组互帮互助效果明显，学生自主管理能力也有了很大的提升。

以教育科研为抓手，我校提高了工作效率，减轻了教师工作负担，提高了教学质量，提升了管理档次。

田横中心小学铲除教师职业倦怠

青岛市即墨区田横中心小学　于海艳

即墨区田横中心小学是一所距离城区50千米的农村偏远小学。新的学期开始，一个现象令学校领导感到诧异。因学校距离城区远，青年教师流动性大，每学期开始都需要调整部分教师的工作，这本是很正常的事，有些教师却表现出明显的不情愿，

有的跟分管领导推辞,有的甚至到校长办公室哭泣,诉说家里的种种困难……其实,担子变重的教师,是在学校充分了解教师的素质能力和各方面情况后做出的安排,他们是足以胜任的。而且,他们说的家庭困难在很多工作干得很好的教师身上也存在着,而他们却从不抱怨,从不提及,而且精神状态积极饱满。难道担任教研组长、担任班主任、参加课题研究、辅导社团活动这些正常的教育教学活动,在部分教师眼里是那么苦的差事?领导的信任仿佛成了不怀好意。

不知何时,职业倦怠的情绪已悄悄在学校少数教师的身上滋生。奉献精神的缺失、工作热情激情的缺失、责任意识的缺失和美好情感的缺失,表现出来就是安于现状不思进取,所以就不挑重担、不愿付出,得过且过地过着日子。

是在学校日益发展的过程中,制度过于严苛,任务过于烦琐?还是学校管理不够人性化?怎样创造一个让教师们喜欢的工作环境,怎样用激励和赞赏让教师们摆脱"星期一综合征",克服职业倦怠。于是学校启动了一个"向幸福发出邀请"的工程。

其一,用"美"感动。组织教师太极拳演练活动,为教师统一定制发运动服,统一时间进行集体演练,体会运动之美;每次集会,每周升旗,全体教师统一服装,进行集体宣誓,提升职业自豪感,感受职业之美;组织"说说我身边的优秀教师"演讲比赛,让教师们通过寻找发现身边的榜样之美。一个教师真诚地说:"跟大家共处,诚心以待并收获真诚,给予并得到温暖,宽容别人同时也得到谅解。我们一起辛劳,一同欢笑,比肩走过的日子,将是我心中永远的感动。"

其二,用"爱"凝聚。校长带领学校领导班子努力关心教师们的各种疾苦,要求领导班子坚持做到五个"凡是":凡是教职工有疑难问题,都要给予热心帮助,能解决的尽一切力量解决;凡是教职工生病住院或遭遇突发困难,都要及时前往看望慰问和妥善安排;凡是在职教职工家里有喜事,都要祝贺;凡是教职工及配偶的父母去世,都要做好抚慰工作;凡是教职工的人身受到侵害,都要主动帮助维护教职工的合法权益。从细节上、生活上关怀教师,为教师们排忧解难,真正成为教师的知心人和及时雨,以提升教师们日常工作生活的幸福指数。关爱,为教师们提供了心理安全感。

其三,用"读"改变。读书可以改变生命的状态,教师为什么会职业倦怠?一个重要原因就是失去了自身发展的动力,而读书,则重新焕发了他们生命的激情。学校为教师们推荐的书目有:《做教师真难真好》《跳出教育的盒子》《少有人走的路》《班主任突围》《成长比成功更重要》《素质教育在美国》《第五十六号教室的奇迹》。让教师们在读透的基础上撰写心得体会,并通过"读书会"等形式组织广泛交流,享受书香之美。一本本读下来,教师们洗了浮气,除了匠气,增了底气、大气和灵气。坚持不懈地读书使教师们对自身的发展有了渴望。

就这样,学校铲除了职业倦怠。快乐是会传染的,有了幸福感的教师们会尽他们的最大努力让学生更幸福。

灰埠小学校长实施精细化管理 全面提升促质量

平度市新河镇灰埠小学 蔺文燕

近年来,灰埠小学以全面提升教育教学质量为中心,以精细管理为突破口,走内涵发展之路,不断超越自我,有力地促进了学校教育教学质量的提高。在管理上采取精细化管理,突出了严、细两字。

一、严——建章立制,以人为本,落实学校管理理念

(一)建立健全教学规章制度

每学期组织全体教师对《教职工业绩考核方案》《班主任考核方案》《灰埠小学教学常规管理》等制度进行研究完善和学习,健全《灰埠小学绩效工资发放实施方案》真正体现了"干多干少不一样,干好干坏不一样,多劳多得,优劳优酬"的分配原则,也体现了教师在学校管理中的主人翁地位。我们制订了奖励方案,对于教学成绩优秀的教师派出去学习作为对他们的奖励。每年暑假放假前根据两个学期的成绩选出优秀的教师,外派出省出市学习。

(二)严抓考风

我们认为,考风不正,学风就不正,教风就不正。近年来我们严抓了考风考纪,每次考试完毕,质量分析会上都要将考试过程中出现的问题进行实名通报。公平公正之风提升带动了全校师生整体精神风貌的提升,推动了工作作风的改进。无论是单元组织和全市组织的检测,我们都能做到两个100%:100%的学生参加,成绩100%的真实。

（三）抓好教学常规管理，推行"六个一"

我们学校教学管理推行教学常规"六个一"。教学常规"六个一"指在学校推行每周一次教研活动，每月一次教学常规自查，两月一次学情反馈，每学期一个"教研活动月"，每学期一次教学工作会议，每学期一次教科研经验交流大会（年会）。

二、细——教学工作坚持精细化管理，向管理要质量

（一）施行级部负责制和学科负责制网状管理

学期初分工，明确干部队伍职责。学校坚持"事事有人管，时时有人管"的工作态度，将学校的每一项工作责任、权利落实到实处，体现中层领导"负责一个级部，抓好一个学科，带好一个单元"的工作要求。学校中层充分发扬"实干、敢干、真干、会干"的四干精神，尽力将每项工作成为精品。

（二）"提前两分钟候课"开展一日三通报制度

步入我们校园你会听到"提前两分钟候课"铃声，每节课提前两分钟都会有温馨的铃声提醒，短短的两分钟，让学生提前进入教室迅速收心，做好充足的课前准备；教师可以利用两分钟时间对上节课进行简单梳理回顾，可以进行数学口算练习，还可以对生字、单词进行听写、对讲学的知识进行预习……这黄金两分钟收到了良好教学效果。"一日三通报"是指每天的带班领导和值班教师对各班级的早读，午写阅读和放学后的候车学习纪律以及班级管理三个时间段的常规情况进行实名通报，每周由分管领导汇总形成每周教学工作日志，并发到教师工作QQ群和班主任群通报公示，各班级根据通报的情况及时进行整改。

（三）半日驻校促学区，同频共振促均衡

为推进教育单元内小学一体化发展，我校对学区校区进行了渗透式管理，采取每周半日驻校活动。我们成立单元内一体化驻校小组，由两名副校长分别带领中层领导到学区和校区进行驻校活动，每周一次，每次驻校都要进行听课、督查、指导，对学区和校区的教学工作进行重点督导。

注重内涵，提炼特色

——如何制订科学有效的发展规划

青岛市即墨区蓝村中心小学 于红艳

学校发展规划既是一种重要的管理手段，又是一种重要的管理理念。无论学校大小，都必须科学制订并有效实施学校发展规划，尤其是要注重发展规划的内涵，注重提炼办学特色。学校发展规划对学校科学长远的发展有着实实在在的促进作用。

学校规划是一项十分艰巨而又细致的工作，它对学校发展起着至关重要的作用。身为一校之长，义不容辞地对学校的发展前景负有领导责任。校长怎样去描绘学校发展的蓝图，科学制订出学校发展规划，切实搞好学校人力、物力、财力的优化配置，从而实现学校发展目标。

（一）明确方向，确定目标

学校发展规划，无论是长远的还是近期的，是总体的还是分项的，都必须具有明晰的方向性，总体上要不折不扣地执行党和国家的教育方针，符合教育政策法律的有关规定。具体上要从学校的实际出发，要体现学校的办学思想、办学理念、办学愿景和办学特色。校长要明确方向，在认真调查研究、广泛听取教职员工意见的基础上，制订出学校发展目标。

（二）分析现状，因校制宜

在制订规划前，校长要认真分析学校的人力、物力、财力、周边环境、地属关系等现状，一切从校情出发，因校制宜，注重可操作性和特色性，校长要冷静地分析为什么要制订这个规划，这个规划要完成什么任务、达到什么目标，分析实现规划的可能性及怎样去实现这个规划，需要采取哪些手段和措施，达到规划最佳效果；规划中的每一个环节在什么时候进行、什么时候完成。

（三）把握节度，与时俱进

凡事举兴须有节有度。制订学校规划要讲究分寸，注意火候，抓住时机，与时俱进。特别是制订近期规划或单项规划，要准确把握时间和时空。俗话说："量菜着盐，量体裁衣。"时局、时空、条件适度则可行，否则不可强行。这就要求校长要做到心中有数，注意事物发展变化的各种因素的统计和量化，才能制订出科学、正确、合理的规划。校长不能脱离实际，凭空想象，好高骛远地制订可望而不可即的规划。当然，规划具有超前性，但超前不能成为海市蜃楼。

4. 全面考虑，突出重点

校长在拟订规划时，要周密考虑学校工作的方方面面，准确掌握学校发展变化的内在因素及外部环境，掌握其规律性，按客观规律办事，真正做主观与客观相统一。不能将学校所拥有的人力、物力、财力都满打满入，必须做到留有余地，要像部队作战一样，留有预备队，这样方能将规划中的每个阶段目标和分目标订得恰如其分并留有活动的余地。有的地方还要做到以退为进，以迂为直。要做到德育、智育、体育、建设全面考虑，国家、集体、个人利益统筹兼顾，人力、财力、物力综合平衡。在全面考虑的基础上应突出重点，分清主次，要抓住主要矛盾，着力解决学校发展的热点、难点、关键问题。

学校发展规划的制订和实施，必须尊重并符合国家方针政策，制订规划前，校长要学习法律法规，坚持依法治校。要注意的是制订学校发展规划不是推倒重来，应建立在原有的基础之上，所以必须尊重学校的实际，特别要注重从学校的发展历史中提炼学校的传统精神，这样才能使师生员工产生亲切感，激发他们参与的主动意识。学校发展规划的实施，要依靠全体师生员工的共同努力，要得到全体师生员工的高度认同，所以就必须尊重师生员工的意愿，要把全体师生员工引领到规划的制订和实施中来，并注意集中发挥他们的智慧。只有这样，学校发展规划的制订与实施才能收到应有的成效。

从精细到精致　绽放教育精彩

莱西市月湖小学　吕学锋

习近平总书记多次强调,广大教师要引导和帮助青少年学生扣好人生第一粒扣子。那么,在小学教育工作中如何才能引导青少年扣好人生的第一粒扣子呢?

叶圣陶老先生说"教育就是培养良好习惯"。小学时期至关重要的教育任务便是培养学生养成良好的习惯,也是黄金时期。在教育教学工作中,月湖小学长期以来把将习惯养成教育作为学生教育管理的首要工作,学校围绕"和润"教育理念,对学生习惯养成教育工作重新进行了定位在正心以为本,修身以为基;心身相融合,础润而育成。即良好修养乃立身之本,而修养通常来自细节,行为养成习惯,习惯形成品质,品质决定魅力;遵循以"行得通,做得来,看得见;不求多,不求宽,但求细;家校育,必考核,用合力;看细节,重过程,求长效"的原则,引导师生静下心来,找准目标,于细微处着手,于细致处着眼,注重一点一滴、一言一行,逐步形成只有拘小节才能实现习惯养成的意识,只有循序渐进的量变才能实现质变的跨越,最终才能实现学校管理从精细到精致的发展。

一、从细做起,找准目标,循序渐进

习惯养成教育模式。即从两个层面考虑,每个层面采用多阶段教育模式。两个层面相互依托,每个阶可张可弛,灵活取舍,巧妙搭配,逐步实现阶段性成效显现与习惯教育持续性发展的结合。

建立整个养成教育的框架结构。即围绕养成教育过程确立每个学生学段性目标,采取螺旋式渐进教育路线规化学生养成总要求,即一、二年级"知礼重仪",三、四年级"知学求真",五年级达到"知爱致学"。

规划细致地具体操作内容。以一年级为例,第一阶段,学校重点抓五方面的习惯养成:①进出教室、上下楼梯安静有序;②离开座位凳子放在课桌下;③桌洞、书包内物品摆放整齐干净,桌面书本摆放有序;④下课后准备好下节课的物品方可离开座位,上厕所要好排队沿着班级路线有顺序;⑤垃圾分类放置才环保,教室环境卫生干净得保持。

第二阶段，在巩固好第一阶段成果的基础上，增加五项内容。主要是书写手离笔尖有一寸，胸离桌子要一拳，眼离书本得一尺，书写规范、端正、整洁要做到；朗读书本两手拿，声音响亮有感情，心眼都到很重要。

第三阶段，在继续巩固前期十项好习惯的基础上，融入生活习惯和文明礼貌的内容，提出分级目标。例如，包括双手递接他人物品，每天睡觉前将第二天穿戴的衣物摆放整齐，借用他人物品及时归还，不私自拿父母和他人的东西。

第四阶段，经过北师大孙云晓教授指导，我们对习惯养成教育的思路进行重新调整，围绕"爱心""尊重""诚信""学习""责任""公德""合作""自护""节俭""反思"十个人格关键词，为每个级部精心选择了十条具有代表性的核心内容，培养和逐步提升学生综合素养。

二、创新方式，多元监管，走向精致

采取创新监管模式，多管道推进落实，开启精细到精致的电闸，为学校习惯养成教育工作输送压力和能量。

（一）督查管理

一是宣传教育。创设形成立体宣传教育环境。每一座教室、每个一面墙壁、每一处角落；每一周升旗仪式，每一次主题班队会、每一位教师都是宣传的阵地，实现教室有评比，走廊有规范，抬头见要求，低头沿路标，每天有强调，时刻有提醒。二是学生自查。从3～5年级选拔培训责任心强的少先队员组建"红领巾"学生自主管理监督岗，两人一组分布到学生活动区域较为集中的区域，每天对学生的课间秩序、文明礼仪、行为习惯等方面进行监督检查记录。三是班主任互查。学校每两周以级部为单位组织班主任进行级部间现场观摩督查，观摩的同时进行现场评价打分。四是学校随查。学校组建习惯养成教育督查小组。值日领导带领值日班主任和教师在校园或教室对学生的习惯内容进行巡查的同时，坚持每周进行级部驻点式跟踪观察评价。过程中注重通过以点带面的形式推进各个阶段的工作，及时了解并修正实施过程中存在的问题。

（二）课程设置

学校在北京师范大学专家的指导下编写了《习惯修身，细节立人》校本教材，并增设习惯养成课程，确保每班每周一课时。学校还不定时对教材内容对学生进行问卷调查或场景模拟示范表演，真正把习惯养成教育纳入课程教学体系，促使习惯养成成教育常态化和规范化。

（三）家校共育

学校利用家长公益讲堂阐明"习惯修身,细节立人"的重要意义,争取家长的理解和支持。通过班级家长委员会、家庭教育课堂、党员进社区、学期家访、小型家长会、学校开放日、亲子运动会等活动平台,及时传递教育工作信息,交流学生教育成长过程,商量共育的方法和对策,充分形成教育合力。另一方面,开发《习惯修身,细节立人》校本教材,明确家庭教育目的、意义和要求,让家长有的放矢,积极配合学校对孩子的习惯教育加强引导和监管。在此基础上建立学校《学生习惯养成评价表》,参照家庭教育指标内容让家长积极参与到对孩子的教育中来。

（四）激励机制

学校为各班级制作了习惯养成评比台,学生做到哪一项就在其下面奖励一颗小红星,班级每周一评,学校每月一评,对评出的校级习惯之星,利用升旗仪式进行表彰,并在宣传栏和家校报上进行宣传。班级考核中,将学生习惯养成定位一项重要内容,增加分值权重。通过日常学生自查、教师互查,学校随查,学校月评等情况,纳入班级学期量化考核中,激励班主任落实推进班级整体教育工作。

（五）专家引领

为提升习惯教育内涵,学校先后邀请了北师大刘晨元教授及孙云晓教授来校对习惯养成教育进行指导。并应邀加入了孙云晓教授主持的《学校主导下的学校、家庭、社会合育模式研究》课题组,申报了《家校合作培养学生良好习惯》子课题的研究,同时课题《习惯修身,细节立人,培养学生人文素养的研究》也被列入了山东省教科所"十二五"规划重点课题,实现了学校的习惯养成教育在专家的指引下实现了科学持续深入发展。

三、不懈努力，突出特色，精益求精

经过努力,我校的习惯教育已取得了阶段性成果。"习惯修身、细节立人"被青岛市评为"十佳德育品牌";《青岛教育》以《为学生一生筑基》为题对习惯教育进行全面报道;中央电视台以我校习惯教育为切入点,制作了中宣部"理论热点面对面"道德电视专题片进行宣传报道;由共青团中央、中国青少年研究中心主办的《少年儿童研究》对我校的习惯教育经验做了全面介绍;习惯养成教育校本教材《习惯修身,细节立人》被评为全国课题研究校本教材类三等奖。

抓牢学生常规管理，树立"德育优先"观念，构建有效德育体制

——古岘小学德育工作经验交流

平度市古岘镇古岘小学　宿林生

学校德育工作是人生道德教育过程中最重要的一环，它不但可以补救家庭教育中的不足，而且是一个人一生道德行为习惯的形成期。只有通过思想品德教育，把社会主义建设的要求，转化为受教育者的要求，他们才能更好地按照社会的要求，来发展自己。古岘小学结合学校实际，树立先进的德育理念，坚持德育工作创新，拓宽德育工作渠道，以爱国主义教育、集体主义教育为主线，以日常行为规范养成教育为抓手，以优化德育队伍建设为依托，求真务实，着力培养有理想、有道德、有文化、有纪律的一代新人。

一、促进"三级联动"，建立育德的立体式机制

1.学校育德。倡导全体教职工参与德育教育，要求教师以育人为己任，学校行政管理育人、教师教书育人、职工服务育人，打造"立体式"育德网络。同时加强对德育骨干队伍的建设与管理，每月召开一次班主任工作例会，总结成绩、分析问题、提出要求，并对班主任工作方法和管理艺术进行培训，重点指导青年班主任正确处理突发事件，先后组织学习了"后进生如何转化""德育与教学质量的提升""如何发挥班干部职能"等专题，有效提升了班主任的工作水平与艺术。

2.自我育德。注重培养、选拔、管理好班干部队伍，充分发挥班干部和中队干部的自我育德功能，定期召开班干部培训会，提高小助手的工作水平和能力，并让他们在大胆的实践中增长见识和胆识。实行班队常规量化考评，深入开展文明礼仪星级示范班、文明班集体等评选活动，并把班队干部管理作用的发挥情况作为考核的重要指标，鼓励班主任根据自己的个人特长和班级特点，运用团队力量和学生主体教

育原理开展特色班级活动,让学生在集体中受到熏陶、感染和启迪,丰富了班级文化内涵,营造班级、校园的德育特色。

3. 家庭育德。成立了"三个一"的家校管理体系。即家校共育日志,家长学校开放日,家校班级微信联系平台,学校利用这三个平台将教学、教育方面的问题及时与家长沟通、交流,家长再将意见反馈回来。通过与家长沟通、交流,在教育方面达成共识,促进了家庭教育与学校教育的衔接,家长素质普遍提高了,行为规范了,家校合力育德取得了显著效果。

二、以活动为载体,抓学生养成教育

养成教育在教育中占有重要的地位,是教育中最"实"的基础部分,是教育的"质"的指标。

1. 诚信教育——增强责任感。小学生涉世不深,没有复杂的生活经历和丰富的人生体验,"唯天下至诚,唯能尽其性"之类的道理对于他们而言实在太玄妙。我们要求教师在教学时要根据学生的年龄特点,低年级以"不说谎话""不随便拿别人东西""借东西、捡东西要还"为主,中年级以"不隐瞒错误""不要不懂装懂""不贪小便宜"为主,高年级则以"不弄虚作假""不揽功诿过""与人相处讲信用"为主。在进行某一内容教学时,则要由易到难,由浅入深。在引导学生行为时,从大处着眼,小处入手,从远处着眼,近处入手。诚信教育只有抓小事,抓点滴,才能见微知著。

2. 小事德育——润物无声。开展"小事德育"教育活动,学生管理永远是一件大事,小习惯决定大行为,提倡"三弯腰"精神(弯腰捡一捡,弯腰扫一扫,弯腰搬一搬);文明礼貌"十字用语"(你好、对不起、请、谢谢、再见)。用餐做到安静文明,不喧哗,不挑食,不浪费;课间在楼道和教室内做到"四轻",即说话轻,走路轻,搬动桌椅轻,开门关门轻。上下楼梯"慢步轻声靠右行",严禁在楼道、室内玩剧烈活动(拍球、跨大步、跳皮筋、跳绳、扔沙包、踢毽子)。不准在楼道内互相追逐,狂奔乱跑,大喊大叫。不得扒窗台,扒栏杆,不能趴在楼梯扶手自上滑下。通过每日检查、每周评比,每月考核的评比模式,促使学生在日常学习生活中讲规范、讲礼仪、讲公德,让学生的行为逐渐走上规范。

3. 民主管理——唤起学生自尊。在德育过程中,我校一贯倡导学生主体作用的发挥和班级管理特色的形成,充分发扬教育民主,创设宽松、和谐、开放的教育环境,使德育过程成为学生在教师指导下主动、积极参与的过程,成为师生间双向交流的过程。鼓励班主任根据班级具体情况,发挥学生的聪明才智进行高效能的班级管理。学生干部一律竞争上岗,班级中人人有事做,事事有人做;由于每个学生都有"管人"

与"被管"的机会,在管理中也都尝到酸、甜、苦、辣,从而促进其自主合作意识的生成。引导学生正确的自我评价,推进了学生自律行为的生成。丰富了学生成就感的自我体验,强化了学生自立自强的信心。让学生在自我管理中培养做人的尊严感、道德感、责任感。不少班级探索出了特色鲜明的管理方法,如班委轮换制、班长组阁制、一日小班主任制。

4. 人生设计卡——促进学生自立。组织学生进行"自我形象设计、自定奋斗目标、自定人生格言、自选心中榜样"活动。每人一张自我人生设计卡,上面写着自己的人生奋斗目标、人生格言、要克服的缺点等内容。人生设计卡犹如一面镜子,学生随时可以对照反思,激励自己,做一个自立自强的人。为规范由"他律"走向"自律",真正做到督查有成效。

三、开发德育课程,打造学校特色

学校的教育不仅要为学生的一时负责,更要为学生的一生负责。

1. 我镇组织教师根据古岘镇特有的古城文化优势,开发编辑了《康城少年》校本课程,通过授课与自学,教育孩子了解家乡历史,学习先模人物,热爱自己的家乡,从而达到爱国爱党的目的。为使教学富有情趣,达到预期教育目的,很多班主任带领学生走出学校,走进街道社区,实地参观各种遗址,参观古岘发展新变化,然后再结合教材讲解古岘文化,学生就不再感到陌生,倍感亲切,同时为家乡的变化感到自豪。

2. 定期组织心理健康教育。现在的孩子条件太优越,抗挫折能力不强,吃苦耐劳的能力不够,心理上受不了半点委屈,甚至怀疑人生,总感觉自己是不幸福的。为此,我校成立了心理健康教育团队,团队成员必须定期给学生进行心理教育讲座,为确保质量,团队成员可分组协作,共同备课,由一名代表讲授。学校会并对讲座效果进行评定,纳入积分量化。对于个别特殊的学生,学校则充分发挥心理咨询室的作用,进行个别谈心疏导鼓励。

3. 开展丰富多彩的社团活动,浸润学生心灵,激发热情奔放健康向上的情感。我校的社团活动采用招募制,教师根据自身特长确定成立社团,然后制定活动章程,学校统一安排活动时间和活动地点。今年我校成立的校级社团15个,班级层面成立班级社团,内容涵盖文艺、体育、科技、读书写作、书法绘画等各个方面。学生参与面广,活动积极性高涨,教育学生热爱生活,热爱艺术,学会创造与创新,使幼小的心灵得到艺术熏陶,激发热情奔放健康向上的情感。

4. 少先队组织牵头,结合重要节点开展好德育活动。比如,我校把清明节作为"我们的节日",组织学生进行诗文诵读,讲革命故事,参与祭扫等活动,对学生进行爱国教育、感恩教育和理想信念教育；利用法制教育宣传周开展法制教育讲座，利用地球日、环境保护日进行保护环境教育，利用国庆节、中秋节、新春佳节进行传统文化教育和科技创新教育。

四、用积分制规范学生行为，养成良好的习惯

学生积分从两条线进行：一条线是班级活动，各班主任列出学生一天活动的主要考核项目，如纪律、作业完成情况，课堂表现，我的地盘管理，让组长负责记录，项目中要加上班主任评价、学校奖惩分、来自家长的评价、家长的表现等。分数使用办法，如果学生在一周内每天都达到优秀等级，班主任要给家长发喜讯（用微信即可），如果学生连续四个周（一个月）每天积分都达优秀等级，班主任要给家长发喜报（也可用微信），如果学生在一个学期内有 16 个周以上每天积分达到优秀等级，学校为其颁发三好学生奖状。另一条线是家庭活动，家长为孩子制订家庭活动积分项目，如按时作息、作业完成情况、参与家务劳动情况、控制上网看电视情况、读书看新闻情况等。项目还要加上来自学校的喜讯、喜报和学校的奖惩。分数使用办法：如果孩子在一周内每天积分达到优秀等级，家长要给班主任发短信，如果孩子连续四个周（一个月）每天积分达到优秀等级，家长要满足孩子一个愿望，如果一学期内有 16 个周以上积分达到优秀等级，家长要给孩子嘉奖。这样学校积分活动和家庭积分活动可以有效互动，促使孩子健康发展。

总之，学校不光是传授知识的地方，也是育人向善的地方，"学校无小事，处处是教育"就是这个道理，所以我们把德育贯穿到教育教学的方方面面，这里确实不能一一描述，但是我校全体教师在教体局的正确领导下，全面贯彻教育方针，坚持以人为本，德育为首，做到与时俱进，改革创新，为全面建设小康社会而努力奋斗。

优化学校内部管理，全面提高管理水平

平度市旧店镇旧店小学 李云峰

教育教学质量是学校的立校之本。本学期，我校通过制度完善、促规范，整合资源、集中优势，正视问题、重点督查等措施，促进学校教育质量的提高。

（一）内强素质，外树形象，加强领导班子管理

1. 重视思想建设，强化责任意识。我们坚持一周一次班子成员会，交流周工作计划，总结反思上周工作。工作上分，目标上和，团结协作，创造性开展工作，大家都能做到工作中日有计划，周有安排，月有反思。对学校负责、对教师负责，对学生负责，对自己分管的工作争创一流。

2. 构建"学习型班子"。每学期要求班子成员都要读一部教育教学论著，并写出有价值的读书笔记，我们把加强学习作为提高班子成员自身素质的重要措施，既提高了领导的政治素养，又提高了干事创业的能力。特别是在学习实践活动过程中，我们提出了三个学会（学会反思、学会包容、学会合作）、三个带头（做奉献的带头人、做干实事的带头人、做维护大局的带头人）。

3. 创建"业务型班子"。班子成员都能够集中主要精力，深入教学第一线，不下讲台，坚持担课，积极参与教育教学活动。

（二）健全完善学校各项规章制度

学校坚持每个学期修订各项规章制度。2019年上半年，学校进一步修订了《旧店小学教师业绩考核制度》《旧店小学教师课时量认定办法》《旧店小学评优评先和职称晋升晋档加分项》《旧店小学托底培优实施意见》等，重点提高了教师教学质量在业绩考核的比重，将教学成绩在评优选先和职称晋升晋档中的进行加分，另外，将教师教学质量评价由原来在单元校四个班级之间进行衡量，调整为在联盟校所有班级间进行比较，并将教师平均分、及格率、优秀率按照一定比例分别赋分，计入教师教学成绩。

（三）科学分工，网格化管理，形成合力

领导干部科学分工，工作范围界定清晰。领导干部包级部、包教研组，参与级部管理、学科组教研。

（四）加强学校标准化管理

落实《义务教育学校管理标准》，将教师仪容仪表、校园环境、教室、办公室、专用室、食堂、餐厅、厕所等方面，责任到科室，每个科室建立长效机制，定时督查和不定时抽查相结合，与教师业绩考核、班主任考核挂钩，以制度带动，不断提升标准化管理水平。

我们正视问题，重点督促，在关注全局的同时，也不放过局部的薄弱环节。根据上学年的检测情况，对个别成绩较差、管理不力的班级进行重点跟踪督促。首先，期

初与相关班级的班科教师共同分析、寻找落差根源，有针对性地制定提高措施。做到早计划、早主动；其次，结合"监督岗"加强对相关班级的课堂、学生作业、家校联系等方面情况的督查与指导，以致能早发现问题、早解决，避免出现新问题，从而促进学校教育质量整体的提升。

学校精细化管理的再认识

青岛市崂山区华楼海尔希望小学　王伦波

一、精细化管理并不是"斤斤计较"

一提到精细化管理，就容易让人想到，把学校中的大大小小的事，都要进行全面的管理；要让学校中的大大小小的事，都尽其所能地做到精细的程度。如果用这样的想法，来理解学校的精细管理，既没有可能性，也没有必要性。不要说一所学校中的事，就连家庭中的事，如果想把所有事情都做到位，也绝对是很困难的，很多全日在家的主妇，也难以胜任这项工作。所以精细管理中的"细"，并不是细枝末节的意思，应该是"细分"的意思，也就是说，把哪些是重要的事情，哪些是不重要的事情；把哪些是有发展空间的事情，哪些没有发展空间的事情；在进行科学分析的基础上，将其区分开来，从而集中优势资源将其做好。

精细化管理并不是要求管理要做到细微的程度，而是指管理要能够在决策过程中，通过对事情在细节上的把握和比较，有预见地区分出事情在将来的走向，以及事情在将来对学校发展可能造成的重大影响。因此，精细管理中的"精"字，并不是精微的意思，而是"精心"的意思，是指在领导管理过程中，对教育教学过程和具体的事项，哪怕在比较微小的部分或者事项中，也要投入足够的智慧去思考和谋划。

二、领导中的精细化策略

管理并不是靠单一策略就变得完全有效起来了，而且策略本身也并不一定适用于每一个岗位。可是，当我们再走进这个岗位，看到执行策略的具体情况时，才发现虽然岗位间做的事情都是大同小异的，但把每一项策略的精细化程度不一样，得出来的实际效果也就不一样。而且，岗位实施具体策略的效果差异，最本质的原因并不是策略文本的完美与否，而是大家把具体策略落实到了什么样的程度，尤其是在执行的完美程度上。当你把一项策略执行到70%时，可能它一点成效都没有；当把这项策略执行到80%时，成效才有可能得到显现；当把这项策略执行到90%时，策略的成效才得到完全的彰显。于是，前面70%的到位与否，既是不成功的领导抱怨策略无效的理由；也是成功的领导们认为策略有效的前提。为什么不一竿子插到底，到终端学生那去看看、查查？那样问题就都出来了，工作不能浮在表面。

总之，学校精细化管理，肯定不是要求学校把方方面面的小事当成很大的事管。社会上流行这样一句话，"把平凡的事做好就是不平凡"。既然本身就是平凡的事，就不应该用不平凡的标准要求，所以小事就是得当小事管，并不是放大了管理效果就出来了，反而会降低管理成效。精细化管理肯定不是要求领导把每件事情中的细枝末节的地方当成主要的事管，细枝末节的事情就是应该忽略的，要是把细枝末节的事真的太当回事，那就变成吹毛求疵了。真正的精细化管理，应该是要求学校能够通过对教育教学工作过程的全面分析，尤其是容易忽视的"连接点"或者"研究点"的科学分析，从而能够在具体的管理工作中，能够对看起来的"细节问题"做"精心分析"，起到"四两拨千斤"的管理功效，使学校教育教学质量和整体管理成效有较大的提升。我深信，只要我们在管理岗位上不断追求合作、担当、包容、智慧、创新，我们管理者的水平一定会全面提升。

依法优化治理体系，提升办学气质品位

青岛市崂山区张村河小学　王　平

推进依法治校工作，优化治理体系，提升办学气质品位，青岛崂山区张村河小学主要采取了以下做法。

完善学校内部治理体系，积极创新尝试形成有效的管理体制和良好的运行机制，有负责学校发展方向的决策机构，有负责落实的执行机构，有负责纠偏的监督机构，有代表教职工利益的民意机构，这四个机构权责明确、相互制衡，构成了合理的学校管理体制。

学校强化建章立制,用制度管人管事,学校先后制定了《崂山区张村河小学章程》《教职工绩效考核办法》等制度,学校管理有法可依、有章可循。

一是依据学校章程,张村河小学校务委员会由学校领导、教职工、家长、社区、学生代表等共同组成,二是引入社会力量参与学校管理,三是激发学生参与学校管理的内在要求。我们通过家长志愿者的方式,让家长自愿申请参与学校管理。佩戴家长志愿者证的家长可以全天自由进出学校,参与学校管理。家长参与学校管理,帮助学校发展的同时,更加支持学校工作,自身也取得了发展,很好地形成了师生、家校共治共管的局面。校务委员会每年度召开两次以上会议,听取学校的工作报告,对学校的战略规划、章程的制定和修改等重大事项进行审议和决策。在校务委员会中,校长依然处于学校的中心位置,但校长要改变依靠个人力量、个人魅力推进工作的习惯,成为校务委员会决策的忠实执行人。而学校的决策机构则由校长办公会变为校务委员会。多方利益主体组成的校务委员会,形成的决策更加多元、民主、科学、智慧,更能呈现张村河小学"七彩阳光"的核心办学理念,为培养"爱育曙光,七彩绽放"的师生群体打下了良好的组织基础。

而校务委员会的决策需要校长及其领导下的学校内设机构去执行。由于以前很长一段时间学校办学自主权的欠缺,崂山区张村河小学面临中层干部"能上不能下"的窘迫境地。其中的部分中层干部,随着年岁的增长,意与日去,遂成枯落,对教育教学改革不再热心,思想也逐渐固化,严重影响了学校的自我革新和发展。原来的各内设机构的相关职责、制度、办事程序、自我调整机制等,显然不再适应调整后的岗位。

学校依据章程,按相关程序,对新岗位的职权利以制度的形式进行了重新界定,新设了教师发展中心、学生发展中心、行政效能中心、后勤服务中心等,经过不断实践与尝试,张村河小学最终通过弱化部分中层管理部门的职能解决了这一顽疾,学校的办学理念、办学目标、办学文化、共同愿景等,需要校长带领全体教职员工去建构。学校的可持续发展需要一个与时俱进,开拓创新、充满朝气的内设机构去推进。

如教学副校长分管下的教师发展中心,逐步形成了"以人为本、注重过程、多元评价、引领激励、自主发展"的校本研修指导思想,规划了教师从"教坛新秀"到"骨干教师",再到"名优教师"和"名师工作室主持人"的四级成长目标;建立完善了教、科、研管理运行机制和分层负责的校本研修管理机制。德育副校长分管的学生发展中心,利用清明节、端午节、重阳节等重要时间节点开展各种主题教育宣传活动,并根据每年的工作实际制订了《张村河小学德育教育活动实施方案》,由德育处和少先队认真组织学生开展各项活动,充分挖掘资源,聘请社会知名人士和学校领导干部作为道德讲堂讲师,多层面多维度对学生进行人生观、价值观教育和习惯养成教育。

依据学校章程,张村河小学建立了由党支部、教代会、工会、家委会组成的监督系统,对校长及其带领下的内部机构是否依法治校、依章程办学进行监督。同时也通过以上机构并逐步引入相应的教育评估机构对校长及其带领下的内部机构的办学成效进行评价。评价的结果反馈回校务委员会,有利于学校文化、课程等的再构建和持续发展。

这其中,教代会代表着教职工的切身利益,它的监督和评价尤为重要。所以,依据学校章程,学校不仅建设了科学、有效的教代会民主监督、民主管理、民主评价保障制度,而且还细化了教代会的审议程序、监督范围、评价方式等,激发教职工参与学校管理、监督、评价的热情。

胶州市三里河小学"美育党建"的实践

胶州市三里河小学　王书友

习近平总书记在 2018 年全国教育工作大会上强调:"要全面加强和改进学校美育,坚持以美育人,以文化人,提高学生审美和人文素养。"基于此,学校结合四校合一的现状,坚持立德树人,遵循"以美育人、育美的人"的办学思路,传承与创新三里河文化中的"陶文化",以"美育党建"作为学校发展的内生动力,践行"美育党建",植入"红色基因",传承"红色精神",引导学生发现美、感受美、鉴赏美、创造美,润泽美好品质,培育美好心灵,让学生成为德智体美劳全面发展的新时代好少年。

营造美育"磁场",党建提升校园文化"吸引力"。让校园文化成为美育的"磁场",校园才会成为学生的乐园,才会潜移默化中让学生受到美的熏陶,在美育中实现党建引领。学校将教学楼的连廊和综合楼二楼改造成陶艺长廊和陶艺展厅,摆放的都是学生的创作的陶艺作品,有惟妙惟肖的人物系列,有生动活泼的动物系列,美丽的风景系列,还有展现三里河民俗的系列作品,展现中国改革开放伟大成就的作品。这些优美的陶艺作品成为校园文化美的象征,点缀着校园,美化着校园,成为校园文化美的"代言人"。尤其是展现中国共产党发展历程的陶艺作品,更是生动立体展现了中国共产党走过的艰难历程,成为学生们了解中国共产党披荆斩棘、浴血奋战光荣历史的小小窗口,让学生们百看不厌,津津乐道,知党史,感党恩,铭记革命先烈的伟绩,珍惜幸福美好的生活。一件件精美的陶艺作品成为学生课间驻足欣赏的景观,也成为学生们发现美、欣赏美的小天地。营造美育磁场,构建党建引领下的校园文化建设和家庭文化建设,促进家长和学生的变化。让美育成为学生的学习生活中不可或缺的元素,让"墙上贴的""桌上摆的"不仅仅停留在形式上,更能够实实在在走进学生心里,在他们的心田中种下"崇德向上,尽善尽美"的种子,培养语言美、行为美、习惯美、心灵美的学生。

搭建美育"平台",党建夯实陶艺课程"内动力"。深入挖掘三里河浓郁的文化底蕴,学校着力打造陶艺课程,发展陶艺文化,将陶艺课程融于党建,以陶艺课程为平台,实现党建引领下的美育素养的熏陶和培养,夯实陶艺课程的内在发展动能。学校组织学生以庆祝中国共产党建党 97 周年为主题,采用项目式学习的策略,创作了别具特色的陶艺作品,将党建与艺术融为一体,将品格培育与美育素养倾注于小小的陶艺作品中,让学生于潜移默化中受到美的熏陶,红色教育入脑入心。由此,学校也寻求到一条开展美育党建的路径,用陶艺课程承载党建教育,实现思想性与艺术性的完美融合,实现立德树人,以美育人的目标。

拓展美育"渠道",党建促进学科教学"渗透力"。学校始终坚持美育素养的培养贯穿于学校教育教学中,始终渗透于学科教学中,加强美育与德育、智育、体育相融合,与社会实践活动相结合。学校紧紧立足课堂是传承红色基因,开展党建教育,提升美育素养的主阵地。学校以"红色教育课程化"为目标,把红色资源教育贯穿到教育教学全过程,将红色资源转变为独特的教学资源,保证红色教育有教材,有课时,有教师,有成效。一是利用好胶州市教体局颁发的《传承红色基因》红色教育读本,学校有专职教师任课,每两周一节;二是引导鼓励教师充分挖掘学科教材中蕴含的红色教育资源元素。在落实学科知识点的同时,把红色资源融入学科教学,创新红色课程,让课程发挥"1 + 1 > 2"的育人功能,用红色精神引领学生成长。

优化学校内部管理，促进学校高质量发展

——优化内部管理典型案例

莱西市济南路小学　王忠辉

为提高办学水平、形成办学特色，学校结合发展现实水平，整合形成有效资源合力，充分发挥学校组织效能，建立了严格而科学的、规范而稳定的、适应改革和发展新要求的内部管理机制，稳住基础、整体优化，保证了学校工作的优质运行、高质量发展。

一、抓好团队建设，建设幸福校园

1. 加强管理团队建设。根据工作需要，学校落实领导干部分工，要求各负其责，确保工作质量。领导干部贴近一线尚实干。布置规划工作切近教育教学实际、切近教师工作实际。同时，学校实施级部管理负责制，由领导干部具体包联，撸起袖子和教师一起干。

2. 加强教研组团队建设。学校放权给教研组长，建立组内规矩，公平分配工作。同时提出团队内教师要多服从、多配合、多包容、多分享、多合作。在工作中少些孤胆英雄，多些通力合作；少些单打独斗，多些亲密无间。各教研组形成了善于分享、乐于分担、互相促进的和谐局面，提高了工作效率和质量。

3. 加强后勤服务团队建设。依据需要，学校对所有后勤人员定岗、定责，使每一个人都明确自己的工作岗位和工作职责，做到事事有人管，事事有人干，事事有记录，事事有落实，进一步提高服务质量。

二、实施民主管理，推动学校发展

1. 构建民主宽松的气氛，人人能参与。在具体的民主管理机制上，学校切实发挥教代会作用，审议学校工作计划，审议学校预决算，表决通过学校出台的一系列改革方案，决定教职工福利。近年来，教代会通过的《济南路小学内部管理体制改革方案》

《济南路小学教职工奖励办法》等,对稳定教师队伍,推动学校各项工作的开展发挥了重要的作用。

2. 制定科学规范的制度,事事有准则。学校充分考虑各项工作的长效性和广度,完善各类规章制度,用制度促进教师积极教学教研,用制度强化班级学生管理,让管理有具体条框可依、工作有明确尺度标准。制度一经落地,杜绝朝令夕改,做到令行禁止,有力地保障了教育教学有序运转。同时,学校力求考核向班主任倾斜,向一线教师倾斜。现在"重过程、看结果、讲付出、比质量"成为学校评价的基本价值取向,极大地调动了广大教师的工作积极性,增强了办学活力。

三、加强绩效考核,激发工作动能

学校将绩效考核作为教师评价的主要抓手,每年修订教师绩效考核办法,注重公开、公平、公正地对教师工作进行全面评价。

1. 注重过程,发挥绩效考核的促进作用。对课堂教学能力、工作业绩等重点项目,平日组织多次考核,期末取所有考核的平均成绩计入绩效考核,减少考核结果的偶然性,充分调动教师们工作的积极主动性。对课堂管理能力、学生管理等常规工作,坚持定期检查与不定期检查相结合,检查结果日公示、周总结、月汇总,既加强了常规工作的过程管理,又便于教师们随时明确自身差距,及时改进工作。

2. 用好结果,发挥绩效考核的激励作用。学校激励是优化内部管理的重要方面。学校积极搭台,助力教师专业发展,让教师在工作中找到成功感与幸福感。在上级组织的评先选优工作中,首先参看教师的绩效考核成绩,成绩突出的优先考虑。学校选拔教研组长、年级组长,均从绩效考核优秀的教师中产生。教师节期间,学校组织优秀教师表彰奖励活动,进一步调动教师参与工作、优质工作的积极性。这些措施,充分发挥了绩效考核的激励作用,优化了学校内部管理。

改革管理机制　唤醒成长力量

青岛市即墨区第三实验小学　梁丽丽

管理育人,发展人。我们在一直追求、不断完善系统科学、简洁高效、以人为本的教育教学管理机制。

一、"三维双主体"管理机制

"三维"指《成长型教师个人绩效方案》《成长型绿色阳光优秀团队创建方案》《成长型星级教研组创建方案》；"双主体"指每个人既是个人的"主体"，又是团队的"主体"。我们以上述三个维度的管理评价为核心，激发"双主体"的主观能动性，全方位形成了"团队与个人"相融合的基于"优秀标准和成长度"的评价机制，只要达到了规定的"优秀"标准，每个团队都可以成为优秀团队，人人都可以成为优秀教师，有力地激发了团队和个人的成长力量，学校越来越成为一个充满成长气息和向上动力的正能量场。

《成长型教师个人绩效方案》对教师的评价包含师德、出勤、工作量、工作成绩四大部分，力求用多把尺子对教师进行发展评价，如工作成绩包括教学质量、教研组团队教学成绩、教学常规、教学成果奖、论文课题、研究课示范课、教学进步奖、辅导学生，另外还单设突出贡献奖，激励每一位教师都能在工作中树立自信、体验成长。

学校把教研组作为教师成长的核心力量，以教研组为载体开展教学教研工作，不断完善《成长型星级教研组创建方案》，充分发挥团队的智慧潜能和主观能动性，带动促进每一位教师的发展。通过新岗过关课、骨干立标课、教研组建模课等课堂研究，提高教师们的课堂教学质量；开展"师徒结对 青蓝牵手"活动，帮助薄弱教师、新岗教师适应岗位不断成长；给骨干教师搭梯子、压担子，激励他们向研究型个性化教师发展，快速成长成熟起来；以"工作即研究，问题即课题"为理念，引导教师们在教学实际中进行发现创新、研究总结，开展学科、教研组、个人课题研究，引领教学教研往更高水平发展。

《成长型绿色阳光优秀团队创建方案》将"人人传递正能量，自觉遵守各项规章制度，以认真负责的态度干好工作，守时，以正确的有尊严的方式表达意见和诉求，能够从大局出发，换位思考，在互助合作中成就自我，在学习和工作中成长，做最好的自己"作为创建目标，考核项目囊括群众满意度、"班课一体"常规、教师管理和学生管理、教研组管理等学校管理所有内容，起到了弘扬正能量、增强工作幸福感的作用。

二、"班课一体"管理策略

课堂教学和班级建设是学校教育工作中两个彼此相对独立关系密切的实践领域，两者是相互促进、相互支撑的。课堂教学中良好氛围的营造，良好习惯的养成，良好师生关系的形成,是班级建设的重要因素;而班级建设中共同愿景的建设,班级制度与文化建设,以及丰富的班级活动,有利于提高学生的学习兴趣,形成勤奋善学的学习风气,促进学生的全面发展。

我校从学校管理层面把"课堂教学"和"班级管理"作为"单位1"进行管理,做到"评价标准一体化""检查反馈一体化""绩效评价一体化",通过集体备课、听课观班、评班议课等方式,推动以"班课一体"为核心的班级和级部自主管理,使课堂教学和班级管理简洁优质高效。

1. 听课观班。学校管理人员依据《听课观班评价标准》听课观班,运用相关的工具收集与处理信息,作为研究和评价的依据。

2. 评班议课。评班议课有两种方式。第一种方式是听课观班之后按照《听课观班评价标准》,与执教教师交换意见,体现"班课并重""以学论教""教书育人""管理育人"的理念和相关的内容;第二种方式是支部扩大会上围绕听课观班情况进行"深度会谈",交流问题的归因分析、解决问题的途径与方法的建议,在达成共识的基础上形成结论,并对全体教师进行反馈,促进课堂教学和班级建设的持续改革。

3. 好班好课。"好班好课"是课堂教学水平和班级管理水平的"捆绑式分类评价",如某教师在某班上课,听课观班评价结果是 A 班 B 课,即该教师课堂教学为 B(合格),而对班级建设的关注和班级管理的参与或指导为 A(优秀),每个班级的班课一体评价纳入团队管理。

凝心聚力,规范管理,全面提升教育教学质量

平度市东阁街道崔召小学 慕丰吉

万物各得其和以生,各得其养以成。近几年来,平度市东阁街道崔召小学教育教学工作在平度市教育和体育局的正确领导下,在全体教师的共同努力下,砥砺前行,不断进步。围绕建设教育名城总目标,崔召小学教育教学工作总体目标是:坚定不移落实立德树人根本任务,坚定不移将质量作为学校的生命线。坚持"以人为本,狠抓落实,规范发展,提高质量"的工作思路,牢固把握教学质量提升这一核心任务,规范管理,狠抓落实,促进教育教学质量全面提升。

一、凝心聚力，科学管理，抓好三个一建设

一所学校能够规范、科学、健康、优质发展，离不开"三个一"，即一套科学实用的学校管理制度，一支业务水平高、思想觉悟强的领导班子和一支敬业爱岗，无私奉献的教师团队。

建立健全各项制度的根本目的在于促进学校工作的顺利开展，各项制度的制定、修改、完善，我们严格按照程序，广泛征求教师的意见和建议，经教职工代表大会通过后实施。

2018年下半年，为调动教师的工作积极性，我们修改完善了教师业绩考核方案，制定了《崔召小学教育单元音体美及活动类学科教学成绩考核办法》，摒弃了以往音体美学科教师无教学成绩而采取评议的方式，把全市组织音乐、体育、美术等学科抽测、体测达标、各种比赛活动跟任课教师的教学成绩直接挂钩，消除了"干与不干一个样，干好干坏一个样"的不良现象。为调动领导干部工作积极性，我们制定了《中层领导干部业绩考核方案》。

2019上半年，我们又对教师业绩考核方案和班主任考核方案部分内容进行了调整，将学科素养大赛选拔成绩纳入学期末培优检测成绩中，将期末考试班级总评成绩纳入班主任工作考核中。通过修改调整，使各种考核方案不断得以完善。

加强领导干部队伍建设，提升管理水平。学校领导干部队伍建设是学校发展的关键，我们在工作中要求领导干部做到以下三点：一要加强自身建设，能从自身做起，不断学习，提高自己的业务能力和管理水平，特别是注重增强自身的责任意识和担当意识。二要树立全局观点，能从整体出发看待自己的工作，多看他人的长处，弥补自己的不足，既能做好本职工作，又能关心、支持他人的工作，形成"事事有人管，人人有事干"的局面。三要率先垂范做表率，有奉献精神，求真务实，真抓实干。

教学工作是学校的中心工作，建设一支素质优良、敬业爱岗的教师队伍是完成教学工作的基本保证，也是促进教学改革，全面提高教学质量的支撑点。加强教师队伍建设，促进学校和谐发展是我们努力的方向，崔召小学近几年努力打造宽严适度和谐的工作氛围，让教师们工作起来舒心，再苦再累也心甘。

学校要发展，更需要稳中求进。我们在努力抓好教师政治业务提高的基础上，更加关注营造风清气正的工作氛围。在事关教师切身利益的教师业绩考核、评先评优、职称晋升等问题上，严格按照标准执行。工作不努力，业绩考核成绩肯定好不了，工作努力了，业绩考核成绩肯定差不了。各项工作公平公正了，教师们心服了，还有什么理由不努力工作呢？对一些教学成绩落后的教师，给他们改进的时间，再不提升，交流调整岗位。宽容不是放纵，严格而不苛刻，给教师更多的人文关怀，增强团队的

凝聚力和向心力,千人同心,则得千人之力;万人异心,则无一人之用。

二、关注课堂,落实常规,坚守课堂教学主阵地

教学质量是学校发展的生命,提升质量是教育永恒的主题,而课堂是教育教学的主阵地,是师生生命共同成长的地方,是提高教学质量的关键。面对参差不齐的师资,我们不能怨天尤人,更不能无动于衷。怎么办?一抓课堂教学效率的提升,二抓常规管理的落实。课堂教学高效的核心是教师,课堂不变,教师不会变,教师不变,学校不会变。

近年来,崔召小学每学期拿出一个月的时间,开展"高效课堂,有效教学,同课异构"课堂教学展示活动,要求教师转变教学观念,通过教与学方式方法的变革,尊重和体现学生作为学习者的主体地位,落实以生为本,打造生本课堂。本学期,我们进一步修改完善了《崔召小学集体备课教研活动实施方案》,对大集备的组织形式、工作流程、备课管理等提出了明确的要求,在大集备的基础上,每名教师在同步课堂进行教学展示。通过集体备课、教学展示、评课等活动,充分发挥集体智慧,促进教师之间互相交流、探讨教学方法、切磋教学艺术,解决教学工作中遇到的普遍性问题和突出的困难,在研究中发现、成长提升,不断提高教师的授课水平和课堂教学效果。

落实教学常规管理要求是提升质量的重要保证,再好的规章制度不落实也是一纸空文。我们一是要求全体领导教师学习常规内容,明确常规要求,二是分管领导抓全面,级部主任抓级部,三是教学常规检查坚持每月全面检、每日具体检,四是强化执行力教育,落实常规有总结有反馈有通报,五是要求领导干部公正公平做好教学常规考核工作,坚持以事实为依据,以考核方案为准绳,做到脑中有制度,心中无他人,有所敬,才会有所循;心有敬畏,才会行有所止。

积极实施目标化管理,根据工作分工制定本年度的目标任务责任书,提前谋划,认真组织实施,确保工作成效。各班主任和任课教师根据本班级本学科的实际,制定《培植亮点,特色创建,目标管理计划书》,围绕一个点,从小事抓起,把小事做细,把细事做透,不积跬步无以至千里,不积小流无以成江海,从而全面提升学校各项工作的发展水平。

三、面向全体,关注个体,以习惯养成和教学活动开展促教学的效果全面提高

少成若天性,习惯成自然。学生良好学习习惯和行为习惯的养成,对学生知识的掌握和教学质量的提升起着非常重要的作用。我们在日常工作中认真落实小学生日

常行为规范和习惯养成双十条,从学生书写、学习物品摆放、课间活动、文明礼仪等各个细小环节抓起,通过开展活动和日常的监督检查逐步规范学生行为。

通过经常性组织开展教学检测活动,及时掌握各班级教学状况。崔召小学每月组织古诗词检测和学科知识达标已成为常态,检测从命题、监考、阅卷严格按照程序进行,检测后利用例会时间进行质量分析,指出存在问题和不足,指导教师根据班级检测情况,查漏补缺,尽快加以整改。

积极推进托底培优工程,建设好托底培优三个阵地。班级教育阵地以托底为重点,级部教育阵地以培优为重点,家庭教育阵地以学生习惯养成为重点,家校携手,共同做好学生的教育工作。我们提出两个基本达到的工作目标,一是学生的优秀率基本达到90%,学生的及格率基本达到100%。在教学中根据学生实际情况,从教学重难点的确定、问题的提问、作业的布置等方面分别加以设计,落实好分层教学任务。另外我们要求全体任课教师认真做好当堂检测和单元检测工作,及时掌握学生的学习状况,有的放矢地组织教学活动。

四、深入实施师生阅读工程,不断提升师生的人文素养

一所没有阅读的学校,永远不会有真正的教育。崔召小学以建设书香校园为目标,引领全校师生以书为友,品读祖国经典美文,人人养成良好的读书习惯,开阔眼界、拓宽知识面,提高审美情趣和人文底蕴。要求全体教师读好四类书:读经典名著,增文化底蕴;读教学专著,强教学实践;读教育管理学,悟学生心理;读报纸杂志,解世事风情。结合2019年度开展的"七个一行动",要求全体教师每月阅读一本书,每月一次读书交流,每周一篇教育日记。

2018年学校通过积极组织实施"1512阅读时光工程"和首届读书节活动,紧抓晨读、阅读课、亲子共读、读书交流、读书比赛等环节,阅读工作成效显著,在2018年下半年四五六年级期末统考中,四年级阅读获得全市第13名,五年级获得全市第15名,六年级获得全市第14名,成绩比较理想。2019年学校将继续努力抓好师生阅读工程,各年级阅读成绩力争进入全市前十名。

优化内部管理 打造"四有"教师团队

胶州市广州路小学 徐玉梅

习近平总书记强调：全国广大教师要做"有理想信念、有道德情操、有扎实知识、有仁爱之心"的好教师，为发展具有中国特色、世界水平的现代教育，培养社会主义事业建设者和接班人做出更大贡献。

广州路小学全体教师努力践行"四有"教师标准，逐步形成具有广小特质的"四有"教师——有德、有爱、有智、有能，努力营造积极健康的养正文化氛围，让学生在关爱的阳光下健康成长。

一、做有德教师，是立世之本

教师有着敬畏生命、感恩生活、修身立德、献身事业的情操。教师的道德修养是学生的镜子，好教师应该取法乎上、见贤思齐，不断提高道德修养，提升人格品质，并把正确的道德观传授给学生。课堂是道德提升的演练场，我校的每一位教师，都努力让课堂语言严谨，表情动作风趣，师生关系融洽，让课堂富有激情，充满智慧，伴着温馨，涌动师爱。

每次教师会议，学校工会结合党建工作要求，及时推出"唱响身边的感动"演讲比赛，让榜样的力量感染教师行为，凝聚教师力量，展现教师担当。

二、做有爱教师，乃传世之道

教师有着尊重差异、发展个性、赏识善导、爱而不纵的仁爱之心。好教师是用爱培育爱，激发爱，传播爱，把自己的真情倾注到每一个学生身上。用赏识增强学生的信心，用信任树立学生的自尊，让每一个学生健康成长，让每一个学生享受成功的喜悦，让身边充盈温情。

爱自己的孩子是人，爱别人的孩子是神。教师就要做神化了的人，用心，用力，用情，去引导学生的成长，指导家长与孩子沟通的技巧，真正做到家校合作促成长，有效沟通育英才。

三、做有智教师，即有识之士

教师有着较高的文化底蕴、学科素养、知识技能、教育智慧。好教师应该是智慧型教师，具备学习、处世、生活、育人的智慧，能够在各个方面给学生以帮助和指导。营造浓厚的育人氛围，关爱学生成长，呵护学生心灵，让校园充满温暖。

每学期末，我校都围绕"问题式"教学研究，举行成果展示课，展现教师在课堂教学中的成长，在指导学生策略上的提升，在教育教学素养上的发展。

四、做有能教师，为精锐之师

教师有着完善自我、追求理想、重道博学、乐教生趣的专业素养。扎实的知识功底、过硬的教学能力、勤勉的教学态度、科学的教学方法是教师的基本素质，因为只有这样才能将更准确、更实用的知识传授给学生，才能赢得学生的敬重与信赖，让每一寸空间享受阳光。

开学初，组织教师进行课标解读，进行问题式教学研究集备，进行学期工作策划，让教师的每一项工作都有计划、有目标、有思路，真正落实"工作策划要精心，过程要精细，成果要精品"的目标追求。

一言一行树形象，每时每刻求进步，方方面面创佳绩，时时刻刻传递正能量。这就是广小教师：正德厚生，举善而教是我们永远的追求；勤以补拙，熟以生巧是学生永恒的目标；"让学生享受幸福的教育，让教师享受教育的幸福"是广小和谐奋进一家人永远的追寻。

抓学生养成教育的治校历程

青岛西海岸新区薛家岛小学　闫　东

我校是一所办事处驻地小学，学校德育工作始终把学生习惯养成教育和创新教育作为学校教育教学工作的一个重点来抓，将其与学科教学、社会实践活动、校园文化建设、学生自主管理有机结合,取得了显著成效。

一、建好一个网络

学校努力构建学校、家庭、社会三位一体的德育教育网络,携手形成学生养成教育合力。

（一）成立学校三级家长委员会，参与学校管理，发挥其桥梁和纽带作用

学期初,学校召开家长代表大会,推选并成立班级、级部、学校三级家长委员会,制定并通过三级家委会章程,公布本学期三级家委会工作计划,对学校工作计划和班级工作计划提出合理化建议。定期组织家长参加专家讲座,提高家长家庭教育水平,协商解决家校之间的突出矛盾和重大问题。学校定期邀请家委会成员参加校委会,及时了解学校发展动态,做好对学校工作的支持和监督。

（二）办好家长学校，密切家校联系

学校每学期于期初召开家长会,传达学校及班级工作计划,明确学生习惯养成方面的要求,家校联手,通力合作,强化学生的养成教育。学校每月定期出版一期《家长月报》,让家长及时了解学校近期一些重点工作,通报学校取得的成绩,便于家长及时做好对学校工作的宣传和支持。

（三）创建学校网站和班级主页

设置"学校动态""家校合作""教师专栏"和"学生乐园"栏目,从而实现家校互动,为教师、学生、家长搭建交流的平台。

二、抓好两个建设，即教师队伍建设和阵地建设

（一）抓好师资队伍建设，营造全员育人氛围

1.学校制订并实施《薛家岛小学德育工作实施意见》。明确各处室及各学科教师德育工作职责,从而形成对学生养成教育以身作则、共抓共管的大好局面。

2.大力加强教师职业道德培训。结合学期初师德教育月,学校集中组织教师认真学习了《教师法》《义务教育法》和《中小学教师职业道德规范》等法律法规,组织教师学习全国模范教师先进事迹,对照先进结合自己认真反思,并写出心得体会,召开教师大会认真总结交流。通过这些活动的开展,教师们树立了良好的教育观、价值观、人生观,形成良好的校风与教风。

3. 加强班主任工作的管理和指导。我们采用请领导专家做讲座、请优秀班主任做经验介绍、外出培训等不同形式，不断提高班主任的素质和工作水平。每学期召开一次班主任论坛，每月开好一次班主任例会，健全和完善班主任工作考核奖励和五星级班级的评比机制，坚持从形式和内容两方面公正、客观地衡量班主任工作。要求班主任以科研为导向，以育人为目标，做到工作到岗、指导到场、示范到位。

（二）阵地建设

1. 继续加强少先大队主阵地建设。完善少先队制度，促进少先队工作有条不紊地开展。大队部完善各项制度，要求少先队及早制订出学期工作计划及活动安排，使少先队活动有布置、有落实、有记录、有总结。各中队也都有各自中队工作计划，根据中队实际开展丰富多彩的活动、各种记录齐全。

结合重大节日和纪念日，积极开展主题教育活动。活动是少先队的核心，将少先队思想道德教育和体验教育活动贯穿始终，根据每月的时令特点，既注意传统节日和纪念日，又抓住重大事件，渗透思想道德教育内涵，注重少年儿童的实践体验，培养学生的创新精神和实践能力，从而推动少先队工作不断迈上新台阶。

2. 加强校园文化阵地建设。学校校园文化环境的建设注重分"光荣的校史""海洋生命"及"百年强国梦"三个板块，以此突出校史文化、区域文化和特色文化，更好地对学生进行爱国主义和革命传统教育。二是由美术教师组织学生在教育外墙涂鸦，突出学校特色文化。三是加强教师办公室文化的建设和各班教室文化的建设，创造良好的心理气氛与和谐的教育氛围。四是继续办好每月一期的宣传板报、班级黑板报、班级宣传栏。组建并发挥学校"小凤凰之声"广播站和校园广播电视台的宣传作用。

充分发挥学校的科技特色，通过开展一系列丰富多彩的科技活动，不断培养学生的科技意识和创新精神。学校开设沙画、舞蹈、陶艺、葫芦丝等各种兴趣小组，规范管理，要营造良好的艺术氛围。各班要创建特色班级，从而实现"班班有特色，人人有特长"，确立各班工作目标，提出明确要求，美化教室环境，广泛开展各种学生喜闻乐见的兴趣活动，给学生创造展示特长的平台，不断丰富校园文化生活。

三、做好三项评价相结合

（一）单项评价与综合评价相结合

制订《学校五星级班级评比实施方案》，将学生日常工作分为路队、卫生、两操、纪律礼仪和宣传五项，各项制订出具体的实施细则。班级设置五个值日组轮流值勤，每个值日组再指定五个项目的监督员负责对本班学生进行劝导考评,每天由值日组组长组织各项监督员认真填写《学生常规日评价记录表》。每项每天合格的可获得一个"小笑脸"。班委每周对日评价表进行汇总,一周单项获四个以上"小笑脸"可授予"每周之星"(卫生之星、礼仪之星、健美之星、艺术之星)。一周五项获20个以上"小笑脸"可换取一个"小红五星",并粘贴在班级"星光灿烂"宣传栏上,并获得"文明小使者"称号。每月获得三个以上"小红五星"的学生可被授予"模范生"称号。每学期获得15个以上"小红五星"可被授予"标兵"称号,学校于期末进行表彰奖励。

(二)终结性评价与过程性评价相结合

班级对学生五项常规坚持每日一检查,每周一汇总,每月一评比,每学期一表彰,让养成教育形成常态机制,保持其连续性和有效性。

(三)自我评价与他人评价相结合

班级每周一给每个学生发放一张"学生常规评价表",内容分为"自我评价"和"小组评价"。"自我评价"让学生反思过去一周自己的表现,找出各自的不足并拟定改进计划,"小组评价"则由各组成员互评。班主任利用班队会时间进行点评,达到取长补短,共同提高的目的。

四、搞好"四个结合"

(一)与学科教学相结合

抓好课堂教学,注重学科德育渗透。要求教师根据学科的教材特点,结合教学内容,挖掘思想教育因素,寻找对学生进行思想品德教育的最佳结合点。遵循由浅入深、循序渐进的原则。引导他们逐步树立正确的世界观、人生观、价值观。学校将学科德育渗透作为课堂教学的首要内容,并作为课堂教学评价的一项重要标准。

(二)与社会实践相结合

学校充分挖掘并发挥社会和驻地高校等优质德育教育资源,积极开拓学校德育教育基地。

为让学生走出校门,走向社会,在实践中锻炼和成长,学校分别与办事处敬老院签订协议,定期组织学生到敬老院中开展活动,培养了学生尊老敬老和感恩意识;与驻工社区签订《绿地认养协议》,使学生从小养成爱绿护绿和讲文明的好习惯;与青岛理工大学和青岛上海戏剧学院艺术学校签订合作协议,定期组织开展大手拉小手活动。通过这些活动的开展,使学生开阔了眼界,增长了知识,学会了合作,从而增强了小公民的社会责任感和使命感。

（三）与校园文化建设相结合

学校每学期举办校读书节活动。通过开放阅览室、组建班级读书小组、开展丰富多彩的读书活动,写读书笔记、进行阅读之星、书香班级评选等活动,培养了学生良好读书的习惯,提高了学生的读书能力;使校园文化环境得以优化,营造了和谐的书香校园。

（四）与学生自主管理相结合

自主管理是学生养成良好行为习惯的一个有效途径。为此,学校制订了《班级目标责任制实施方案》。将班务工作分成若干个岗位,学生自由竞岗,承包到人,并明确各个岗位职责,设置各个岗位监督员,坚持每日一检查,每周一汇总,每月一评比,每学期表彰一批"岗位小明星"。从而实现了班工作"人人有事干,事事有人管",极大调动了学生的积极性,提高了学生自主管理意识,养成了良好的行为习惯。

经过几年的不断探索和努力实践,学校德育工作取得显著效果,先后被评为市学校教育先进集体、区德育工作先进集体、区红旗学校、素质教育优秀等级学校等。为了孩子的终身发展,我们将紧紧围绕"打造名校,创建特色"的战略思想,以教育发展为主线,以提高教学质量为出发点,以素质教育为根本目标而努力。

打造"亮"的治理体系促学校发展

莱西市滨河小学　赵春萍

莱西市滨河小学在"星光滨河,筑梦起航"办学理念的指导下,在"每颗星星都闪亮"的教育理念引领下,实现制度管理、人本管理、文化管理的有机结合,构建"三纵五横"的扁平化、网格化管理模式,为学校的科学发展提供基础保障。

一、调整结构，重心下移

将管理重心下移，推行级部管理制度，保证管理政令通畅，信息传递与反馈及时，规章制度落实到位，逐步形成"人人有事做，事事有人做，任务具体化、责任明确化"的管理局面。

二、实施民主管理

坚持"真诚倾听、有效沟通、价值管理、团队分享"四维度的"135"民主管理模式，建立以"参与、监督、建议"为主题的民主管理机制，让教师在管理中发现和实现自我价值，提升自身魅力，真正实现管理的"自治与共识"。"1"是指教师"一周执行校长"、学生"一周执行班长"、家长"一日驻校执行管理"制度；"3"是针对教师、学生、家长和社区，每学期至少开展 3 次针对性征集建议活动，评选"阳光金点子"；"5"是指家委会、教师学术与师德委员会、学生监督委员会、学校安全教育委员会和善美环境监督委员会，每个层面的监督委员会通过不同形式的监督，将发现的问题分层梳理归类，提出整改要求，并对整改落实情况进行监督，真正形成自由沟通和建言献策的自我成长生态。

三、突出闪亮文化管理

做好学校文化宣传，明晰学校文化的内涵，组织讨论活动，逐步产生文化认同。以《学校章程》为依据，充分审视、完善学校制度，赋予制度以学校文化的色彩，梳理、形成比较稳定的学校管理制度体系。注重在条文中突出滨小办学理念、发展目标、价值追求等精神文化条款，赋予制度以灵魂。

在"闪亮"学校文化的引领下，校务委员会致力于"亮的管理""亮丽课堂""靓丽教师""亮丽环境"等常规工作的开展，全力推动"闪亮"教育，实现对教师的价值引领和精神境界的提升，激发教师内在向上的动机，使管理从制度走向文化。

四、完善教师评价机制

教师评价是教育评价领域的重要组成部分，直接关系到教师的专业发展。我们将完善教师评价机制，坚持定量分析和定性分析相结合，变自上而下的教师评价为自下而上的教师评价、同行评议和自我评价式的教师评价，同时重视评价的导向性，不只是面向过去，更是面向未来，不以奖惩为目的，而以发展为目的，其最终目标是充分调动教师的积极性，为教师日后的工作提供规范，指明努力的方向，从而实现学校的发展需求。

五、实行教师团队建设激励计划

将教师专业发展团队建设和团队活动开展作为教师专业提升、学校内涵发展、可持续发展的重要举措。主要是以各级名师、学科带头人等为核心成员,目标明确、主体多元,能示范引领、培训指导的专业发展团队。学校要从教育教学需要出发,根据团队专业发展目标和规划,调整、筛选、创新校本教研主题,特别是针对教学过程中制约教育教学发展的小问题、真问题、新问题,开展理论学习、专题攻关、案例研究等活动,突出应用研究和行动研究。学校提供时间、空间、人力和物质支持,注重多方合作,积极推进学习交流,创造专业引领机会,聘请教育专家、名师作为学科学术导师,以外出进修、与名校联谊等形式引领教师体验幸福成长,明确专业发展方向。学校要立足课堂进行开放式研究,开展研修课、评优课、调研课、精品课等课堂教学展示活动,以论坛展示、教学比武、读书交流、教学开放等多元研修形式,为团队提供锻炼发展平台,使不同团队、不同层次的教师有不同程度的提高,激发教师自主发展和合作发展意识。

六、多元参与,完善"亮"的学校治理体系

以学校章程的制定和管理系统的信息化建设为契机,进一步完善多元参与的学校治理体系,不断优化管理程序和管理效能,逐步完善学校治理制度和机制,促进内外部利益相关者共同参与学校发展。

1. 通过校园网、文件公示、工会小组讨论等形式加强章程的宣传,强化各主体对学校章程的重视程度。

2. 强化民主和监督,搭建"教代会"和"家委会"的良性运行平台。一是切实发挥家长委员会在营造良好家校关系中的积极作用,通过实行家委会成员轮流住校制度,对招生分班、校服和教辅资料的征订等热点工作由家委会参与等措施,进一步增强学校、家庭、社会教育作用的一致性,构建"学校—家庭—社会"多方联动机制,构建社会对学校教育的监督机制和支持服务体系。

3. 落实教代会决策参与和民主监督机制。对于涉及教职工切身利益和学校长远发展的事项,由教代会预审,在部分重大事项上实行教代会的一票否决制。

4. 构建多元化、多层次、多主体的动态监督机制。内部监督主体包括教代会、校务委员会、党支部等,外部监督主体教育行政主管部门、家长委员会、社区委员会等,加强决策后的过程监督,推动社会参与机制和民主评议机制的建立健全。

分层多元评价，促进学生和乐发展

胶州市第四实验小学　徐瑞芳

评价是学校内部管理的重要举措，但在教育评价中，依然存在过分强调评价的甄别与选拔功能，忽视改进、激励与发展的功能。教师、家长更多关注的依然还是学生的考试分数以及名次，而对学生的阅读素养、身体素质、习惯态度、生活积累等方面的情况关注不够，现实中更是缺少促进落实这些工作的评价体系和评价载体。为了促进师生的和乐发展，我校从多层面对学业素质评价进行了一系列有益的实践与探索，初步形成一套符合小学生全面发展的"和乐评价策略"。

一、凭借"和乐作业超市"，实施课业分层评价

作业是教学过程中的重要环节之一，对作业同样的评价要求往往会造成优等生"吃不饱"，低等生"吃不了"的现象。为此，我校本着"尊重差异，各取所需"的原则，要求各科任课教师根据学生不同的发展情况，给予分层布置作业和评价，创设"和乐自选作业超市"，每个层次的学生可自主选择作业。例如，某个学科根据潜能生、中等生、优等生不同的情况，布置 ABC 三类作业，A 是基础性作业，B 是基础性作业＋提高类作业，C 是提高类作业和创新探究类作业，只要完成本课时积分即可。教师在评价时都给予肯定，让每一层面的学生都能得到成功的快乐，形成心理上的愉悦，激发学生的学习兴趣。

二、凭借《和乐阅读手册》，推进课外阅读评价

在全民阅读铺开的今天，小学生的阅读习惯亟待养成，小学生应背诵的古诗词和必读书目，家长和学生并不了解，选择阅读书目非常盲目。为使评价有依托，学校编印发放了《和乐阅读手册》，推荐了小学六年 12 个学期每个学期的必读书目和选读书目以及必背的古诗词，其中选读书目又分为推选书目和自选书目，这也是测试考级的主要凭借。每个书目后面印有阅读时间、评价等级和评价人。这本小册子在学

生入校后就发到学生手中,跟随学生六年,有力地促使学生按时完成读书任务。家长也可以随时检查评价学生的读书情况。每次考级结束,学校、班级都会对读书小博士、诵读小明星进行表彰鼓励等。这些规章要求,形成一种合力,推动着书香校园的发展,六年下来绝大多数孩子能熟读唐诗三百首。

同时在"大量阅读"的基础上,我们还采用多种方法对学生的读书效果进行监测和评估,如开展"我说《水浒》"主题读书交流会、"单元主题丛书阅读过关小达人"等活动,让学生阅读不仅有"量",而且保"质"。

三、依托《和乐生活实践手册》,推进劳动实践评价

我校一直致力于创建没有围墙的学校,充分开发社会生活课程资源,针对学生的年龄特点和个性差异,编印了《和乐生活实践手册》,在小学 12 个学期分别设置了两种不同的劳动生活内容,开设了有课程但在校无课时的劳动实践课。即利用《和乐生活实践手册》中的内容要求让家长在家做教师,指导学生开展洗碗、洗衣、做饭等力所能及的家务劳动,培养孩子的劳动意识、生活能力、社会责任感,从而为学生的和乐人生奠定基础,为学生的健康人格产生影响,并按照要求进行劳动评价。

对于劳动评价分自评、他评,均根据活动情况分为 A、B、C 三级,总评 6A 以上为"金牌生活小能手"、6B 以上为"银牌生活小能手",6C 以上为"铜牌生活小能手"。

四、依托《体质健康测试手册》,落实身体素质测试评价

我校树立健康第一的教育理念,在上好体育课的同时,编印了《体质健康测试手册》,手册根据国家测试标准制订了每个年级必测项目、分数标准,依据这些内容每学期组织家长、教师双方参与检测登记,学校进行量化评比,推动开展"四个一"的"日日炼"活动:一分钟跳绳、一分钟高抬腿跑、一分钟仰卧起坐、一分钟坐位体前屈,激发家长、教师、学生共同参与锻炼的积极性。这本手册跟踪记录学生六年的体质检测成绩,帮助学生在体育锻炼中享受乐趣、增强体质、健全人格、锤炼意志。

五、依托 App 教育积分,推进师生量化评价

我校本着"做事先做人"的理念,通过对学生的德育评价,打造"和乐有序"德育品牌,推行实施了 App 教育积分评价。从早读、上操、课间、午休、眼操、就餐、好人好事等多个方面提出了明晰的管理要求和量化标准,由教师学生参与每天进行量化积分,通过大队部"和乐自主巡查员"开出的检查单,转交给各中队辅导员,各中队辅导员使用手机 App 拍照后上传到软件,大队部核实后为中队量化加分,所得分数直接

作为期末中队考核的重要依据。量化积分 App 进校园,既是"互联网+"大潮中学校的一次勇敢尝试,也是学校推动科技进校园、低碳环保倡导无纸化办公迈出的一大步,更能将少先队员管理评价通过 App 积分数据的形式公开、公正、公平呈现给每一个关注儿童成长的辅导员、家长、教师。加强了家校间的联系,有力地促进了学生成长过程的客观评价,促进了学生健康全面发展。

总之,一切育人目标的落实,离不开评价激励的促进。学校通过周总结、月评比、期表彰的形式,激励学生养成爱劳动、爱读书、爱锻炼、爱助人、爱感恩等良好美德习惯,真正成为一个德智体美劳的和乐健康全面发展之人。使"和而不同,其乐融融"成为学生生存状态的一种写照,为学生的和乐多彩人生奠定基础。

优化内部管理,打造高品质教育

青岛市城阳区流亭街道空港小学 孟 萍

学校坚持以立德树人为根本,秉承"让校园成为师生幸福成长的乐园"的办学理念,以规范化、科学化、人性化的管理为经,以有高度、有力度、有深度、有温度的教育为纬,努力打造高品质教育。

一、做有高度、有力度的教育

1. 坚持依法治校,推进规范治理。学校坚持以《义务教育学校管理标准》《山东省普通中小学管理基本规范》《青岛市中小学校管理办法》等为依据,不断完善各项规章制度,充分发挥"三会"(教代会、学生会、家委会)机构职能。做到事事有准则,人人做主人。坚持抓严细节,抓实过程,有思路的用力,有标准的落地。

2. 梳理办学目标,厚植发展优势。学校秉承"让校园成为师生幸福成长的乐园"的办学理念,以"实现全体学生的发展和每一名学生的全面发展"为办学目标,助力教师专业发展可持续和学生全面发展可持续,着眼当下,赋能未来。

二、做有深度的教育

1. 坚持育人为本,构建多元课程体系。积极探索学校课程建设治理途径,努力构建多元课程体系,助力学生全面可持续发展。抓住"润德、启智、健体、尚美、育劳"五大体系,打造"校本选课、社团提升、活动展示"三个平台,体育节、艺术节、科技节、数学节、英语节、传统文化节六大节日。贯彻落实"五育"并举,助推学生全面可持续发展。开辟校内"雅耕乐园劳动基地",以劳育德。

2. 坚持教师为根,引领教师专业发展。以师德建设为魂。通过教育之美"随手拍""夸夸我身边的好同事"以及感动校园人物评选等形式多样的活动树典型,弘扬教育正能量。

以课堂教学为根。基于教育教学"一个都不能少"的初心全面打造"三有(有目标、有章法、有效课)、三声(掌声、笑声、辩论声)、双百(参与率、受关注率)"绿色生本课堂,抓牢主阵地实现每一名孩子的进步与成长。

以"四支队伍"为线,推动教师专业发展。打造"实干、善干、乐干"的班子队伍,"服务者、引领者、同伴者"的干部定位,做到学习经常化、工作效率化,建立一支有大局意识、合作意识、担当意识的干部队伍;打造"敬业、乐业、专业"的骨干教师队伍,鼓励帮助优秀教师提炼优秀教学法,形成自己独特的教学风格,成行家、成专家、成名家;打造"乐学、勤思、善做"的青年教师队伍,依托青春"N+1"工作室,实行积分制管理,鼓励青年教师快速成长"一年站住脚、两年扎下根、三年成大树";打造"有思想、有情怀、有实招"的班主任队伍,每周一次的论坛,各种主题沙龙,通过科学系统的培训与实践,全面提升班主任的科学管理水平。

三、做有温度的教育

1. 培植家校品牌,树智慧家长。规范家长学校工作。坚持"四有",即有计划、有落实、有督查、有总结。做到"三落实",即落实教材、落实教学内容、落实备课。

丰富家校沟通方式。除常规的家访、家长开放日外,定期开展父母沙龙活动,与每个家庭建立家校联系卡,每周征集优秀教子心得,开展优爸慧妈进课堂活动,学校公众号开辟教子有方有声专栏,多渠道多形式多成效。

创新家庭教育服务。成立校外进社区"幸福驿站"家庭教育服务站,开放校内心理咨询室、图书室等作为校内家庭教育服务站。根据家长需要定期邀请家庭教育讲师进行个性化家庭教育专题讲座与指导。

2. 完善多元评价,润幸福园丁。建立和完善教职工代表大会制度,落实校务公开制度,保障广大教师的知情权与参与权,引领教师做学校的主人,深化民主管理。建立多元教师考核评价制度,从关注结果到关注过程,从定量到定性,从重教书到重育人。充分挖掘每位教师的闪光点和正能量,从职业道德、职业能力、职业态度、育人效果等多个方面多把尺子衡量教师,用科学化、人性化的考评机制引领教师专业发展,提高教师的成就感和幸福感。

　　脚踏实地,以人为本,让学校每个生命成为最好的自己,让校园成为师生幸福成长的乐园! 我们守正创新,坚定前行!

多措并举抓养成

青岛市城阳区上马街道桃源小学　刘正昌

　　人从出生的那一天,就开始接触多姿多彩的世界。通过观察、模仿等学习,人格逐渐成熟起来。因此,我们根据当地农村孩子的特点,以抓好养成教育为主线,促进学生健全人格的形成。长期以来,我们一直都把学生的常规习惯作为一项重要内容来抓,并做到了坚持执着。

一、统一认识,明确习惯目标

　　学生良好习惯的养成,需要全员参与,齐抓共管。首先,学校本着"严、紧、细、实、恒、高"的工作原则,以"严抓、善导、树标"为工作出发点,从每个细节、每件小事抓起,达到"乐观向上、秩序井然、举止文明、学习勤奋"的要求,提高学生自我管理的能力,培养学生良好习惯的形成。其次,学校实行网络化管理:由副校长重点抓学生习惯的养成,教导处全面负责全校的学生管理,少先队辅导员负责检查评比,各班主任负责管理好自己的班级。学生习惯养成中出现了问题,学校从上到下,一级级纠查各部门的负责人,达到最终解决问题的目的。

二、制度为先,规范习惯养成

　　"没有规矩,不成方圆",我校结合实际情况,修改了一系列学生管理制度和检查制度,如《校值日纪律评分标准》《学生日常行为量化考核细则》《班主任工作量化考核细则》,使管理更加精细,班级管理、学校检查有章可依,学生行为不断规范。

三、评价激励，促进习惯养成

对学生课间秩序，路队等常规管理。除制度要求外，我们重点通过校值日检查、抓拍实景、合学小组互相监督等方式，从早晨、课间、上操、中午和下午放学全天候对同学们的秩序进行检查。对表现优秀的同学事迹利用校园橱窗、大厅进行表扬宣传；对违纪的同学及班级，学校视情况轻重进行批评教育。学校每周公布各班校值日量化考核分数，每月进行文明学生、星级班级的评比，为优胜者颁发流动奖牌，大会表扬。通过这些方式弘扬先进典型，使同学们学习有榜样，努力有方向。

四、活动开展，激发习惯兴趣

"良好的文明素养，来源于学生发自内心的习惯动机"，为让同学们知其然，知其所以然，真正理解学校制定规章制度的目的，让"要我做"变成"我要做"，学校组织开展了"改陋习，树新风""养成八个好习惯""点亮真情，感恩社会""学校是我家，爱护靠大家""今天我以桃源为荣，明天让桃源为我而骄傲"等教育活动。在感恩系列教育活动中，我们每周都做感恩手语操，每学期都举行以感恩为主题的每周一歌、主题班会和国旗下讲话，每周一都开展宣誓活动等。通过这些活动的开展，学生更加知恩图报、明礼诚信。

五、文化建设，营造习惯氛围

每个班级就是一个温暖的家，我爱我班，我爱我温馨的家。每个同学在动脑、动手装饰打扮自己的班级：卫生整洁，文化气息浓郁，各种花草枝繁叶茂，冬天的外衣叠得整整齐齐统一摆放，扫帚固定位置放好。走进班级，就像进入了温馨的家园。

一系列行之有效的措施，使校园内外全天候干净整洁，班级物品摆放整齐有序。同学们上学、放学、出操、集会、升旗路队整齐规范，跑操口号响亮，宣誓声音高亢，见到教师、客人亲切问好，爱读书、写好字的习惯逐步养成。"抓养成，明感恩，让学生在爱的环境中不断成长"是我们不断追求的目标，我们坚信，我们一直在路上。

以动车理念，优化学校内部管理

青岛市城阳区棘洪滩街道棘洪滩小学　万　伟

动车理论颠覆了"火车跑得快，全凭车头带"的传统观念，形成了"火车跑得快，节节都要快"的全新理念。推动动车型学校建设，打造动车型教师、动车型班级、动车型家庭，人人都是动力源，必将带动学校又稳又快地发展。

棘洪滩小学位于"世界动车小镇"，学校因地制宜，秉承"上善若水，润心启行"的办学理念，锤炼"同频共振"的动车管理理念，精心打造"善润号动车"管理品牌，通过"动车·善润"校园文化建设的精神力量，优化学校内部管理，提升师生的精神境界、道德文化素养。

一、打造动车型教师——创建润心润德教师团队

学校党支部引领广大教师增强信心，使工作方式方法富有成效。在教师队伍建设中，为教师成长搭建平台倡导动车组的团队协作精神，提倡"人人都是车组，节节添动力"，以骨干教师带徒结对活动的途径为平台，充分发挥骨干教师的"传、帮、带"作用，加快青年教师成长。党员带头学课标、研教材、创业绩，树典型，发挥了模范带头作用；"岗位大练兵"、示范课引领、微习惯打卡，激发了教师的工作热情；读书沙龙、结对帮扶、班主任建设等，为教师搭建了成长平台；年终表彰、趣味娱乐比赛等团队建设活动，营造了学先进、争先锋的"创优"氛围，涌现出一大批师德高尚、爱岗敬业的群体教师。他们人人都在各自的岗位上发挥着"动车型"作用。

二、打造动车型学生——创建向善向上学生团队

学校将学科教学与特色教育相结合打造阳光教育阵地。在学生培养上，遵循教育教学规律，尊重学生身心发展规律，关注每一个学生的发展，注重学生综合素质的提高。大力推进教育创新，倡导自主、合作、探究性学习，鼓励启发式教学，积极探索"减负增效"途径和方式，着力提高课堂教学效率和教学质量。

以"崇德向善 育德润心"为主题,构建并完善了以培养学生的劳动技能、劳动习惯为核心的劳动实践课程群,提升劳动技术课的实效性,让课堂对接生活,在劳动中掌握技术,落实到学生日常生活中,通过"家务劳动清单",持续开展"家务劳动技能课堂"展示活动,培养他们勤于劳动、孝敬父母、善于创造的品质。

为此,还建设了"阳光菜园"实践基地,放大地面教育资源,孩子们在"一亩三分地"里进行翻耕、整理,适时耕种、浇水、施肥,日常管理记录,研究生长规律,进行美术写生,使劳动教育不仅局限于体力劳动,更被赋予了创新探索的丰富内涵。学校开辟"阳光菜园"的初衷是旨在让孩子走出课堂,零距离感知农作物的生长,可以立体地体验季节变化,随时可以体验劳动带给自己的身心洗礼,对热爱劳动、珍惜劳动成果,有了更加深刻的理解。生活即教育,这片简单的菜园凝结了学生的爱心和汗水,更凝结了学校的育人智慧。

以"善润"文化为导向,打造悦读书吧、班级图书角,晨读暮诵,形成了善读书、读好书的新风尚;开展多元体卫艺活动,景耀社团精彩纷呈,葫芦丝的普及让更多孩子拥有一项艺术特长。

总之,一切活动的开展,注意面向全体,面向每个孩子的发展,在人人参与中让动车理念得到充分体现。

三、打造动车型家长——携手共育家长团队

学校积极与锦湖社区合作,于2018年9月创建了"润善堂"家庭教育服务站,通过专题讲座、沙龙活动等宣传正确家教理念。邀请心理专家、家庭教育讲师到校进行家教讲座,带动更多的家长们关注孩子心理健康。成立各级家委会,定期召开会议,教师带领家长们自愿加入班级护导、巡查水域活动中,为孩子们的安全保驾护航。开展万名教师访万家、"魅力家长进课堂"活动,构建和谐家校关系。学校还携手家委会开发研学途径,实践育人多样性,创建了研学品牌"阳光聚心社",参加环境保护、知识传播、社会援助、保护动植物、雷锋服务等活动,浸润式提升家长的素养,为亲子教育提供更多的实践机会,同时也为热心公益者搭建一个学习与交流的平台,让孩子在研学行知中成长。通过家校携手,拉动家长力量,让其成为学校发展的一列有力动车组,推动学校不断前行。

就是这样,在"火车跑得快,节节都要快"的动车理念的引导下,学校通过对每一教师、每一位学生、每一位家长的动力源激发,构建起一列一列的学校发展动车组,向着既定目标一路前行!

让孩子争做"一朵晶莹的浪花"

——小学生管理评价模式探索

胶州市少海小学　窦永航

为了建立符合素质教育要求的小学学生评价体系,推进基础教育课程改革向纵深发展,更好地提高学生的综合素质,少海小学不断创新学生管理评价机制,改革实施"做一朵晶莹的浪花"评价模式,创建了富有海洋印记的"晶莹浪花"评价品牌。

一、明确目标，准确定位

少海小学对学生提出的希望是——做一朵晶莹的浪花。我们确立了"培养具有海之品格的人"育人目标,培养学生具有海纳百川的博大胸怀、睿智创新的实践能力、积极向上的生活态度和坚忍不拔的意志品质。以"每一朵浪花都是海的化身,每一个孩子都是一朵晶莹的浪花,每一门课程都是采撷浪花的海洋"为育人理念,提炼了海洋八种积极向上的品质特征。学校从行为习惯、文明礼貌、遵纪守信、学习创新等方面入手,按年级分解"洁白的浪花"的标准,并将海的"八品"落脚在少海学子"常规五十能"的好习惯训练中。倡导每位师生都要做海化的人,成为具有海洋精神的使者。

二、制度保障、公平公正

1. 公示制度。评定的内容、方法、程序及结果的运用等向学生及其家长做出明确的解释并公示。多元化评价获得"优"等的名单应在学生所在班级公布,被评为其他等级的学生可向班主任查询。

2. 申诉制度。对评定结果有异议者,可向学校评定委员会提出申诉和举报,学校评定委员会要力争将问题化解于校内。学校评定委员会应详细记录各项举报、申诉、查处过程及结果。

3. 诚信制度。为工作人员建立诚信记录,如在评定过程中出现弄虚作假的行为,应予以记载,并在师德评价中给予适当扣分。

三、创新策略,落实到位

学校采用"三星、四卡、八品、五十能"的形式,以全面性、发展性为原则,开展实施"点——线——面"渐进式评价,包括日常评价、阶段评价、终结评价。评价时应把握"日常评价是阶段评价的基础,阶段评价是终结评价的基础"的操作准则。力求实现对学生全方位、多元化、互动式的考察与评价。

1. 考察做到全方位。学校以"小海星"为载体,倡导每一位师生都是一枚"海星",每一枚"海星"都是海的化身。做一枚亮晶晶的小海星,就是要成为海化的人,成为具有海洋精神的使者。我校依据教育部提出的基础性发展目标,将其整合为道德品质(10%)、公民素养(10%)、学习能力(10%)、交流与合作能力(10%)、运动与健康(10%)、审美与表现(10%)、综合实践活动(10%)加学生平时表现(学生成长周周看20%)、学生获奖情况(10%)。根据这几个总体方面,大队部和教导处及各教研组开展各种形式的"争星"活动,如今天问好了吗? 学会自己穿鞋子了吗? 认真听讲了吗? 等提高自身50种能力的系列活动。学校设计了"海晶星"卡,用四种海洋生物分别代表不同的闪光指数。学生凭借优秀的表现可以获得教师奖励的"海晶星"卡,积累到一定指数,就可以参加学校的"撷浪星""踏浪星""海晶星"三星评选活动。

2. 评价做到多元参与。通过"撷浪星"评选抓"点"、"踏浪星"评选抓"线"、"海晶星"评选抓"面"三条路径递进式完成。在整个"争星"活动中,孩子的慷慨无私、包容博纳、坚韧执着、热情奔涌、永不懈怠、强大刚健、无畏进取、深邃广博八种品格得到锻炼,孩子们应该会做的50种能力得到提升。评价要突出学生的主体地位,通过交流互动,做到学生自评、学生互评、家长参评和教师评价相结合,建立积极、友好、平等和民主的评价关系。班主任、任课教师、大队部、教导处、家长、红领巾监督岗执勤人员都有评价权,他们主要捕捉学生在日常行为规范中的亮点给予鼓励,并通过颁发不同等级的"星卡"来进行评价。我们所关注的是学生日常生活中的点点滴滴,体现的是"多把尺子评价学生",面向的是"每一朵浪花",追求的是"都晶莹",培育的是德、智、体、美、劳全面发展的海洋少年。

3. 留痕做到多平台。对于评选出的星级浪花,我们利用学校集会的时机隆重颁奖,一月一次阶段性表彰,一学期一次终结性表彰。表彰的平台也采取了多种渠道多种形式:在校报上留下姓名,在广播站留下声音,在"海星大道"留下身影,最终在同学们心中留下榜样。学期终结性表彰时,我们还会邀请家长代表为孩子颁奖,分享海洋少年成长的快乐。

制度强校策略

胶州市里岔镇里岔小学　刘学友

　　胶州市里岔镇里岔小学实施制度强效策略,规范了学校的发展,实现了学校教师"人人参与管理,人人乐于管理"的民主氛围,刘学友校长"制度强校情感引领发展"的管理理念得到了有效落地,其策略主要体现在四个方面。

一、制度规范，民主兴校

　　在距离城区相对较远的一所农村中心小学,里岔小学多年来的管理更多的是"差不多就行了"的理念占先。刘校长深刻认识到这点,所以他在推行制度化管理的第一步,就是民主认同。他带领全体教师共同讨论,去发现寻找共同愿景,在人人参与"民主管理"的过程中,让教师们看到了希望,感受到作为"大家庭"一员的责任感和归属感。

　　在充分调查征求全体教师意见的基础上,学校重新修订了管理制度。一是理顺校委会成员分工,做到分工明确,各负其责。二是重新修订《里岔小学班主任量化考核细则》《里岔小学评优选先暂行办法》和《里岔小学教师量化考核细则》,并经全体教师讨论表决通过。三是修订《里岔小学学生综合评价实施方案》并申报了胶州市立项课题"小学生综合评价的实施研究",以课题引领、方案落实对学生的多元化评价。四是重新设计制作了《教师专业发展档案》和《学生成长档案》,以规范引领教师专业成长,以档案记录学生成长的足迹,以成果促进师生共同成长与发展。五是成立里岔小学家长委员会,通过《里岔小学家长委员会章程》,通过组织各班家委会座谈会和学校家委会座谈会,随时征询家长对学校办学的意见和建议,开门办学,努力做到让人民满意。

　　新制度的制定来自于教师,得到了教师的拥护,学校的管理走向了制度化,特别是经过第一次规范程序的年度考核和绩效量化考核后,教师们得到了相对公平公正的评价,"民主管理"的氛围闪耀出了它的光辉,充分调动了教师们的工作积极性,新制度的执行力自然就逐渐提高了。

二、制度延伸，文化育人

学校的制度文化助推学校的教学管理工作走向规范，为师生们的工作学习提供了公平公正的环境。然而，学校的发展、师生的成长，特别需要精神文化的引领。在充分调查教师、学生和家长的基础上，刘校长带领全校师生重新拟订了贴近师生生活的"三风一训"。学校引领全体教师达成共识，坚持"让学生喜欢、让家长放心、让社会满意"的办学宗旨，围绕"环境优、师资强、质量高、特色明"的办学目标，以"团结、奋进、求实、创新"的校风，"敬业、爱生、博学、善导"的教风，"尊师、守纪、乐学、善思"的学风，建设培育学校人文精神。将"文明向上、勤奋进取"作为校训，在每周一的升旗仪式和每次大型集会上，全体师生都要齐呼校训。每学期学校都设立"文明少年"荣誉称号，开学公布评选标准，少先队大队部联合班级岗位责任制作好督查记录，期末进行隆重的表彰，这样学校就为班级和学生确立了奋斗的目标，并且定期进行阶段总结，让学生们享受到成长的快乐，享受到成功的喜悦。由此制度文化就实现了外树形象、内部育人的功能。

三、制度落实，培训引领

再好的制度缺少执行力也是一纸空文。里岔小学以定期培训的方式努力把各项制度落实到师生的内心当中，以提高制度的执行力。如校长利用每两周一次的全体教师会时间，都会选定一个主题，与教师们一起交流学习心得，如"做一名好教师""团结是一种智慧"等主题都引发了教师们的共鸣，深受教师们的喜欢。

四、制度调整，适应需求

任何一所学校的发展都有其自身的特殊性，所以再好的制度都有其局限性或不合理性，因此实际工作过程中，制度的拟定除了坚持民主，还要根据实际需要及时调整。如学校把"每两周教研活动"改为开展"主题教研"的制度，既提高了教师们参与活动的积极性，又真正发挥了教研活动的实效性。

智慧在心　且行且思

青岛西海岸新区田家窑小学　逄淑宽

在学校的各项管理工作中,校长担负着重要决策人和负责人的作用。而一个学校最优的外在表现就是:每个人各得其所,好人有好报;每件事都能落实,事能做成。因此校长要有能识人、会用人,能团结人、凝聚人,让学校正气氤氲的智慧。

一、打造一流干部教师队伍

我校始终以打造凝聚力强、服务意识浓的管理队伍、组建教育理念超前、业务素质过硬的教师团队为重点,不断促进学校发展。

1.优化班子队伍建设。教育教学工作中,我们认识到:没有一个好的领导班子,学校难以发展。一直以来,我校领导班子率先垂范,从不脱离课堂,与教师比业绩,与教师比品格。干部与教师同心同德,同甘共苦;教学工作挑重担,教学研讨做标兵;管理学生走在前,服务教师用真心,形成了一个榜样型的领导集体。

2.组建学习型教师团队。首先,加强教师职业道德建设和德育工作,坚持开展"四有三爱"教育活动:做"四有"好教师,做"爱岗位、爱学校、爱学生"的好教师,学校通过组织"每月最美教师"评选活动,积极引导广大教师确立了"挚爱、严谨、朴实、认真"的教风。

其次,结合每月教育教学主题,组织举办师德演讲赛、教师基本功比赛等师德教育活动,开展了"师德标兵""教学标兵""最美教师"等评选活动来促进教师的发展。

最后,注重教师培训和对外交流学习。近两年来,我们先后去过很多学校交流学习。为督促教师认真参加上级举办的各类培训,学校制度规定对获得优秀学员的给予奖励,未拿到合格证的教师各种培训费用自理。教师通过交流和培训更新了观念,综合素质得到提升,为课堂教学注入了活力,学校的内部管理提高了效能。

二、优化制度管理体系,各项工作有章可循

为使规章制度在实际工作中可操作性强、具体实用、便于执行,学校主要领导班

子翻阅相关法律法规,组织教师代表讨论,参阅其他学校的相应成型资料,本着以学校学生发展为本,以人为本的原则,修订、重建、完善了学校制度。制定完善了以教学、德育、学生、教师四个方面的系列制度。制度落实过程中,"重过程、看结果、讲付出、比奉献"成为我校衡量评价的基本价值取向,极大地调动了广大教师的工作积极性,增强了办学活力。

三、优化教学常规,实施精细化管理

1. 抓实教学常规,注重过程管理。我校始终坚持教学中心环节的过程管理,实行了"周抽月查"制度,对教师备课、作业批改、辅导、听课学习等进行严格的要求和督查;每周一第一节课为固定的"干部跟踪听课",业务干部每天进行巡课,并建立了常规教学登记档案。

为提升教师的课堂教学效果,我校扎实开展"学生评教"活动,采取问卷、座谈等形式,由学生对教师的教学情况进行评价,提出自己的要求和希望。及时发现问题,及时反馈,及时修正,有力地提高了课堂教学效果,增进了师生间的了解,融洽了师生关系。

2. 精心打造小组合作与积分制评价相结合的教学亮点。结合教育积分制管理模式,积极探索实践班级管理和教学评价中的结合点,充分调动学生的学习内动力,促进可持续的学习动力。

3. 狠抓学科竞赛、教学研讨及培优辅差工作。我校每个学期都定期开展包含音、体、美在内的学科竞赛活动,通过竞赛,培养学生的竞争意识,激励学生上进。为了激励教师钻研业务,积极投身教研教改,我们设立了学历提高奖和教研成果奖,对取得高学历、教学比武、指导学生获奖的教师等,给予精神和物质上的奖励,开展教师教案设计、课件制作和教学反思评选等多种活动,这些活动的开展提升了教师的素质和课堂教学的艺术,激发了教师教书育人的工作热情,有力地促进了我校教育质量的提高。

总而言之,校长必须有活力、有理想,有创新思想和创新精神,让学校中处处充满着和谐的阳光,让全体师生感受到校长对自己的关怀和自身价值所在,那么,教师一定是爱岗敬业、乐于工作、积极奉献的。

建立督导自评制度 激发学校办学活力

青岛包头路小学 杭 伟

学校督导自评制度对于深化教育教学改革,优化学校管理,实施素质教育,提高教育质量和办学效益有着毋庸置疑的作用。督导自评制度的建立应该秉承"内涵求发展、机制求创新、队伍求提高"的原则,秉承为学校发展奠基、为师生进步奠基、为人民办满意教育的理念,充分激发学校办学的活力,以此积淀浓厚的文化底蕴,追求丰富的管理经验和教育教学的高质量。

学校督导自评制度的建立,首先应以人为本,关注人的发展内涵,不但要使学校领导、教师的自我认识到位,而且要进行评价指标体系、评价标准内涵、外延和评价的一般程序、方法步骤等内容的研究。

一、制度制定规范系统

制度的建立不可能一蹴而就,要立足实际,反复论证,要有"科学管理与人本管理的密切结合"的制度体系。如完善教师岗位自评制度,构建评、责、权、利相统一的内部管理体制;将教育目标、教师个人任期目标有机结合,强化评价管理责任的机制;规范三级课程落实的评价制度,以保证国家课程、地方课程和学校课程在总体目标上的一致性和互补性;逐步完善教学活动督导自评制度,保证教学工作计划能采取有效的措施,并对其实施情况进行定期检查,保证得到贯彻实施。这一切都能有效地促进督导自评制度的建立与实施,能有效地促进校园文化建设发展的步伐。

二、制度保障学校规划

《国家中长期教育改革和发展规划纲要》明确指出:"把提高质量作为教育改革发展的核心任务。树立科学的质量观,把促进人的全面发展、适应社会需要作为衡量教育质量的根本标准。树立以提高质量为核心的教育发展观,注重教育内涵发展,鼓励学校办出特色、办出水平,出名师,育英才。"为此结合生情、师情、校情以及地域实情,确立"笃学尚行止于至善"的发展目标,规划了学校""十三五""发展愿景,力争通过督导自评制度,把"尚善笃行"根植于师生的思想与行为中,让教师充分享受职业的尊严和幸福,让学生充分享受童年的天真和快乐,让学校发展成一所具有鲜明特色、和谐氛围的名牌学校。

三、制度落实精心精细

学校督导自评制度是一个多维的立体结构,需要精心制订,逐步修改、补充和完善。例如《教学责任目标自评制度》等都不是孤立的,它们都需要有国家、地方和学校三级课程范围内各个《学科责任目标自评制度》做具体的支撑,因此自评内容要在精细上下功夫。其次,要在管理上求精细,学校要成立督导自评领导组,作为对全校教育教学工作进行督促、检查、评估、指导、咨询的部门。根据工作的需要,逐步设置教学督导自评小组、教育督导自评小组,成员由具有丰富的教学、教育、管理经验的骨干教师和有关部门管理人员组成,全体督导员由学校聘任,逐步制订、完善督导自评条例,完成学校规定的各项督导工作。

建立学校督导自评机制,让督导评估和校内自评制度纳入正常化、日常化,与学校日常教育教学管理、教育教学质量监控、期中总结、年度总结有机结合,才能达到督导自评的终目的,促进学校内涵发展,激发学校办学活力。

优化内部管理,焕发校园活力

青岛宁夏路第二小学　安晓兵

优化内部治理结构,是从学校管理走向学校治理的必由之路,是为提升学校办学气质和品位、实现"立德树人"根本任务的关键抓手。学校的优化内部管理工作从充分发挥校务委员会、家委会和教代会的作用,实施岗位目标责任制,不断焕发校园活力。

一、组织校务委员会,提出合理化建议

多方利益主体组成的校务委员会,形成的决策更加多元、民主、科学、智慧,更能呈现学校全纳教育的教育思想,为培养向上向善的师生群体打下了良好的组织基础。

我校与八大湖街道办事处、八大湖派出所、和田路居委会、学校共建单位青岛武警支队的领导、家委会代表、教师代表、学生代表共同组成校务委员会。学校定期召开校务委员会，就学校的长远规划和学校工作计划与各位与会代表进行广泛交流，并请与会代表提出合理化建议。八大湖街道办事处的涂清华副主任提出建议学校组织开展学生公益劳动，培养学生的综合素养。八大湖派出所的杨彬副所长提出，全面分析、认真对待学校周边的不安定因素，加强校园保安的安全意识，以及学校组织男教师进行安全巡护，更好地实现警校联动。家委会代表提出建议，希望学校能够长期组织啦啦操社团和跳绳社团等，让孩子们能够坚持一项基本的体育锻炼，不断提升学生的身体素质。定期召开校务委员会是学校优化内部管理的重要举措。

二、发挥家委会作用，坚持驻校办公制度

学校充分发挥家委会的作用，坚持家长驻校办公制度，及时向学校提出改进建议。学校定期组织校园开放活动，在与家长互动中不断提升教师专业素质。积极采纳家长建议，利用家长学校对家长开展培训活动，其中针对家庭教育中爸爸教育的缺失专门组织了爸爸课堂，针对小学生更多地由祖辈看护开展的祖辈课堂，形成了学校独有的特色。学校根据家长的需求定期组织开展家长培训工作，学校因此被评为青岛市家长学校示范校。

三、建立多元监督评价系统，充分发挥教代会作用

依据章程，学校建立了由支部、教代会、工会、家委会、社区委员会组成的监督系统，对校长及学校内部机构是否依法治校、依章程办学进行监督。评价的结果反馈回校务委员会，有利于学校文化、课程等的再构建和持续发展。

教代会代表着教职工的切身利益，它的监督和评价尤为重要。所以，依据章程，学校不仅建设了科学、有效的教代会民主监督、民主管理、民主评价保障制度，而且还细化了教代会的审议程序、监督范围、评价方式等，激发教职工参与学校管理、监督、评价的热情。

四、实施岗位目标责任制，构建学校管理新模式

学校于2019年7月申报区人事管理项目"推进干部教师目标责任制"，积极采取有效措施，大力落实和推进项目创建工作。借助青岛市"三定一聘"工作，出台《青岛宁夏路第二小学岗位职责》，全员签订《岗位目标责任书》，定岗、定责、定目标，为全面推进目标责任制打开了良好局面。严格落实岗位目标激励机制，通过自查、互

查、学校检查相结合的方式,经常开展检查考核评比工作并及时量分,客观、公正地评价教职工,考核结果直接与聘任、职称等级和绩效工资发放挂钩。

根据教职工薪酬制度改革指导意见制订学校绩效考核方案,每月进行绩效评估,并结合目标责任书进行每月考核评定。①设立考核奖。学期末评选校级"师德标兵""优秀班主任""优秀师徒结对""优秀护导教师"等岗位标兵,树立学校岗位典型。学期末举行"岗位标兵"表彰仪式。学校组织优秀教师分享和推广经验做法,并组织全体教师学习借鉴,不断提升整体教育教学工作质量。②设立考勤奖,设立月全勤奖和半年全勤奖。③以工作量多少计发课时津贴。④联系工作量和考勤计发绩效工资。学期末评选校级"岗位标兵""师德标兵",树立岗位标杆。总之,学校依托岗位目标责任制,完善干部教师考核体系和学校管理制度。人人签订目标责任书,人人明确岗位职责,人人贯彻落实,形成人人进取、学校奋发有为的局面。

从最基本事扎实做起 优化学校管理

胶州市大同小学 代洪霞

胶州市大同小学始建于1946年,是一所城区老校,但在发展的过程中,多次遇到瓶颈。痛定思痛,我们多次坐下来深入讨论,寻问题,找差距,定措施,下决心,从最基本事扎实做起,优化学校管理,走品牌建设之路。

一、列问题清单寻原因

学校班子成员从学校、教师、环境、制度、学生、家长等全方面进行深入剖析,找准问题症结所在,以便对症下药。经认真梳理,列出以下几项亟待解决的问题:思想上放松,精神上懈怠;多项活动流于形式;教育教学质量有待提升。

二、定解决措施抓落实

1. 提高认识,完善管理制度。确立了一个中心——全面提高教育教学质量;三大突破——教学质量提档升级,活动竞赛争先创优,骨干教师梯队培养。

领导干部团结、引导广大教职员工,思想上"合心",工作上"合力",行动上"合拍",不断提高学校的发展力和整体竞争力。本着立足实际,关注人本,突出实效的原则,全面完善《大同小学教职工工作量化细则》《大同小学教职工年度考核办法》《大同小学教育教学质量奖励规定》《大同小学出勤管理规定》等评价管理办法,形成有效竞争机制,提高教师工作积极性。

2. 加强培训,引领教师成长。邀请专家来校把脉诊断,订立目标,让教学工作有的放矢。为教师们搭建了与名师互动研讨的平台,不断提升教师的专业素养,不仅学名师的教学方法,更重要的是让名师的精神潜移默化地影响每一个人。

3. 集体备课,打造"魅力课堂"。学校每学期举行"魅力课堂教学模式"展评,要求先在各教研组扎实进行研讨,老少齐上阵,精心打造本级部本学科适合学生的教学模式,最后集中展评。在展评基础上,梳理出了"五环节"教学模式,即以"自主预习,引领自学;顺学而导,以学定教;适时引领、合作探究;学以致用、及时反馈;引向生活、拓展延伸"为主要环节,以"以学定教、合作探究"为根本特征,以学生学习能力发展为主要价值追求的教学模式,有效提高了教学效率。

下一步,我们将全面落实教育教学质量和教师队伍建设"双提升"工程,继续以全面提高教育教学质量为中心,优化学校管理,推动品牌学校建设。

实施阳光管理　培育阳光少年

青岛市崂山区辽阳东路小学　刘　峰

法国企业家法约尔提出:"管理就是规划、组织、指挥、协调和控制。"学校管理的主要对象是人,阳光管理实际上就是一种以人为本的创新管理,它要求尊重科学,从实际出发,实施民主、公平、公开的管理理念。它既以"人"发展为前提,又以"人"的发展为目标。

崂山区辽阳东路小学"阳光少年培育"项目是一个系统工程,阳光工程的构建、阳光少年培育项目的运行呼唤阳光管理。没有阳光的领导管理,阳光教育的思想和办学理念不可能得到落实,阳光培育的方案和计划不可能得到实施,阳光少年的目标和标准不可能达成。因此,在"阳光少年培育"项目的开展中,管理是第一位的。

"阳光教育"体现在学校管理上,即学校领导与教师、教师与教师、学校与家长、学校与社会之间的关系,其核心是"温暖透明,自主高效",以"优化管理机制,实现工作标准化、管理制度化、流程规范化、评估常态化,促进学校各项工作步入阳光发展轨道"为总目标,合理调配学校人、财、物等资源,妥善处理学校与社会、教师与家长、学生之间的关系,密切学校与各方面的联系,把学校管理置于各方的监督、参与之下,从而营造民主、温馨的"阳光校园"。

学校成立了"阳光少年培养计划"项目推进实施领导小组,明确分工,责任到位,责任到人,对项目推进实施实行思想管理和过程管理。同时,积极打造阳光管理队伍,努力营造具有人情味的阳光管理环境,以爱心滋润爱心,以生命影响生命,创建阳光校园文化。遵循"公平、公正、公开、人文、规范"的规则,学校制订《项目推进实施方案》,将"阳光少年培养计划"的理念和实施与学校的办学蓝图相结合,修正、补充、制定能有力推进阳光少年培育工作的教育教学和队伍建设的规章制度和考核奖励制度。

阳光家庭,是阳光学生继阳光学校之外的又一个健康成长的幸福乐园。为此,学校积极推进阳光管理下的家校联动,积极打造"阳光家庭",家校共同担负起培育阳光少年的重任。

六年好习惯　一生好品质

平度实验小学　张晓峰

六十七年厚重的办学史,锻造了一代又一代优秀的实小人,近年来,实验小学在教体局的领导下,多渠道积极有效地推进素质教育"生活化　具体化　习惯化",以"六年好习惯　一生好品质"为办学理念,面向全体学生,以"一轴两翼"为中心,精心培育"情智少年"。通过活动课、实践课、文化课相结合,培养学生的创新精神和实践能力,提升学生的全面素养,让六年的小学生活,为孩子一生的优秀品质和健全人格打下坚实的基础;通过"一轴两翼"的实施,全面提升教育教学质量。

"一轴"即教育教学质量的全面提升、"两翼":一翼是指以音体美综合实践等为主的活动类课程,主要培养学生的各种兴趣爱好;一翼是指以习惯养成为核心的各类素养教育,以尊重孩子个性为前提,培养学生良好的品德和行为习惯,促进学生身心健康和谐的发展。

一、抓实教学管理，打造常态有效课堂

自2018年春季开始，通过外出培训、跟岗学习，学校校长、领导干部、教师一直在课堂教学和教科研的忙碌中，学校通过实施"三个走进""六个跟进"方式抓实教学管理，打造常态有效课堂。

1. 走动式管理——落实三个走进。学校一直坚持落实业务干部走动式管理工作：走进课堂、走进教研集备组、走进学生，通过三个走进调研并解决困惑与问题，发现优势，发扬优点，让师生共同进取。

通过多种形式走进课堂，激活课堂魅力，如推门听课、家长开放课堂、优质课展示等，领导干部忙在课堂，与教师研究在课堂，教育教学亮点分享在课堂。让孩子多说、多动脑、多动手，学生间多形式地合作交流、多形式的探究创新，教师结合学科特点，为学生创设更多的自主学习的机会，找准学生的学习起点，适时组织有效交流、讨论、探究、合作。在学习的过程中更注重学习习惯的课堂养成，如读写习惯的养成不但是语文课上纠正，只要牵扯到读写，各学科教师达成共识，提出的要求是一致的。

2. 教学管理过程实施六个跟进。跟进质检。落实语文、数学、英语学科月质检与试卷调研制度。

跟进听课。实施干部、专家课堂听课，诊断、指导教师的课堂教学。市南退休教研员进校指导。

跟进调研。立足"学为基点"，展开"学科兴趣率调研"，关注每一位学生的学习兴趣；指导教师有效改进教学行为（录像课找不足改进）。

跟进评价。研究课堂评价，完善学生学科学习过程评价操作。

跟进作业检查。每学期期初、期中、期末进行三次作业普查，其过程中进行作业抽查与跟进指导，展开作业的学习与交流。期中作业批改与设置经验交流，期末阶段作业展评。

跟进备课检查。每学期期初、期中、期末阶段进行三次备课普查，过程中进行针对教研组和教师的个别抽查。及时推广、分享优秀备课经验。期末举行备课展评。

二、抓实学科教研会商，发挥团队智慧，促进课堂改革

打造有效的课堂。从"四真"出发：一是学情调查真；二是暴露的问题真；三是课堂点拨真；四是自主学习真。求真的课堂要真正关注学生，让学习真正发生在学生身上，实现学为主体、教为主导，寓情于景，激发学生学习的积极性、主动性、全面

提高课堂教学效率。

通过学科会商，促进团队发展，提升课堂效率。

学科会商目的是全体学科教师参与，通过一节课、一次教研活动，凝聚出合力，促使团体共同发展，促进教师专业水平共同提高。教研会商制度落实到学科教研各个层面：如课程研究、课堂建设实施、学科知识会商。学科组的会商每周进行一次（每次 60 分钟）。

课程研究和课堂建设实施"六步磨课"流程。①个人备课：主备人独立设计备课，交由组长审查知道后形成初稿，下发给组里每一个教师；②第一次教研会商：主备人和学科教研团队会商，修改完善备课初稿，形成二次备课稿；③第一次试课：教研团队指定一名老师根据修改后的备课稿上课；④第二次教研会商：学科教研组集中评课，针对课堂中出现的问题再次修改备课；⑤第二次试课：教研组指定另一名教师再次上课，落实会商修改方案；⑥形成定稿：主备人根据相对完整的备课设计，经教研组长审核，学科主任审批后形成定稿。

学科知识会商。教研组由一个教师对一课或者一个单元的知识进行梳理，大家围坐在一起会商：这些知识对于孩子们来说是否重点？自己班的孩子在上课时这部分内容出现什么问题？做题过程中的问题答案从哪几方面入手等。

这种制度便于一个团队的团结及凝聚力的加强，大家齐步走、集体创优。通过精细备课，教师目标清晰，以讲代替学生的学，从而打造有效课堂，学生乐学、会学、学会。

三、设立导学案，建立小组合作学习共同体，固化学生课堂行为习惯，提高课堂教学质量

学校虚心向平度实验中学学习"导学案"的优秀做法，组织教研组就语文、数学、英语三科进行导学案的编写，就深入推进课堂改革的措施、导学案的编写、预习时间的安排、小组合作学习共同体的建立等问题进行深入的交流与探讨，打造小组合作学习共同体，进一步提升高效情智课堂质量。

固化学生课堂行为习惯，提高课堂教学质量。"六年好习惯 一生好品质"，好成绩不如好习惯，实验小学以重视培养学生良好的行为习惯为抓手，抓实学生课堂行为习惯，经过反复探讨，制定了《实验小学学生课堂行为习惯评价表》，将学生需要在课堂上养成的良好习惯一条一条加以梳理固化，具体包括课前准备习惯、听说读写习惯、合作习惯、礼仪习惯等，将每一项都加以量化，与学生的"星级挣星榜""积分管理制度"结合在一起，对学生进行评价。

为了让《实验小学学生课堂行为习惯评价表》能更好地落地实施，制订了"两学、

两查、一评、一奖"的《实验小学学生课堂行为习惯执行方案》。"两学"是教师学、学生学;"两查"是级部自查和级部主任互查;"一评"是根据两查记录,分低中高三个阶段,对学生的行为习惯进行评比,评选出"优胜班级";"一奖"对获得的优胜班级进行奖励。这样,学生的课堂行为习惯既有章可循、有法可依,又有实施措施,真正落实到位。

四、建立两考一赛、月考、学科素养大赛制度,托底培优工程落到实处,提高教学质量

根据教体局的具体要求,实施托底培优工程,建立两考一赛、月考、学科素养大赛制度。两考指期中、期末考试,一赛指五科素养大赛。月考指每个月第一个周四进行形式多样的月考,所谓形式多样,可以是一篇阅读,可以是一篇作文等。各种学科素养大赛如:高年级英语词汇大赛、一年级的识字大王比赛、低年级的数字书写比赛、六年级的语文阅读知识竞赛、数学素养大赛等。每次活动组织完之后都认真总结、反思,利于今后工作的全面提高。

教学是一个学校的重心工作,必须做好三个抓实一个抓紧,即抓实教师团队打造,抓实课堂教学,抓实学生课堂习惯,抓紧团队打造,专心致志地将功夫用在课堂教学上,用在学生身上,以提高课堂教学质量为抓手,提升教育教学质量。

五、学习交流＋团队管理,掌握管理的力道,是提高教学质量的关键

"水之积也不厚,则其负大舟也无力。"为提升干部教师素质、拓展教师视野,实验小学自2018年春季分多批次到青岛优秀的学校跟岗学习。学校八名中层干部、数十名教研组长、年级组长分别到青岛市南区基隆路小学跟岗学习。跟岗学习期间,中层干部每天将学习心得在学校微信公众号向大家分享,跟岗学习一周结束后,全体中层干部向全体教职工汇报交流了跟岗学习的所见所闻,让大家深受鼓舞。同时积极筹备教体局组织的联盟校两轮跟岗学习,各联盟校的校长、副校长、教导主任到实验小学学习交流,促进了学校工作、教学工作的提升。让大家在工作学习中经历大脑风暴,站在知识发展前沿,乐于钻研、严谨笃学,不断充实、拓展、提高自己,将所见所闻用于教育教学中。

学校坚持"向管理要质量,以管理促发展"的管理目标,不断进行探索与实践,在有序规范的基础上更好地实现管理的科学化、精致化、民主化,优化管理系统,提升领导力。

学校管理致力于"从管理走向领导"的干部工作要求,加大专题培训和学习分享的力度,丰富干部管理知识,提高干部的系统思考和统筹兼顾的实践能力,通过多种方式,培养干部的行政管理和学术研究的综合能力。

学校管理致力于干部与教师团队的专业化发展,求实崇真,严谨治学,弘扬"爱与责任"的师德情怀,回归儿童教育的本真,走实生命教育的过程,推动学校内涵发展,提升学校文化品质。通过"目标管理和过程管理"的实施力度,提高干部"对结果负责"的责任感和执行力,从而逐步做到"高品位思考,低重心操作"。

十年磨一剑,一朝试锋芒,我们以饱满的激情做教育,以坚持不懈的努力做教育,成功的风帆我们已自信地扬起,我们会脚踏实地做好一件事:遵循规律做教育,全面发展育儿童,让实验小学的孩子乘着"六年好习惯 一生好品质"的扁舟,展翅翱翔。

优化学校内部管理,全面提高管理水平

蓝村第二小学　解　钢

教育教学质量是学校的立校之本。本学期,我校通过制度完善、促规范,整合资源、集中优势,正视问题、重点督查等措施,促进学校教育质量的提高。

1.为加强教学管理,实行情感为指导、制度为教育的管理办法,根据中心学校《教职工管理实施细则》制定了学校《教职工管理实施细则》6项78条及各类制度20项,只有制度的建设、完善,才有管理上规范的保障。为此,我校在加大落实原先制度力度的同时,进一步完善了各项制度。例如,结合"监督岗",完善教师考勤的通报制度;学生作业抽查评价制度;图书室、仪器室等功能室的管理使用制度;营养餐的接收、签领、发放、储存等制度。

2.整合内在资源,发挥优势力量,狠抓课堂教学。向课堂40分钟要质量,是学校课堂教学的基本要求。本学期,组织教师听取名校教师的指导课,全校教师观摩学习,与自己的第一堂课比较、分析,认识不足,改进教法。然后开展了一轮全校听课互评活动,听课评课多达20多节(次),使全体教师在实践中加深了对新课改的理解,尤其是年轻教师的业务水平有了明显提高。强调课堂教学的规范性,听"推门课"指导反馈意见,使全体教师课堂教学水平迈上一个新的台阶。备课本检查采取周签字制度,从根本上杜绝了教师漏备、补备现象,作业批阅要求有等级特长评语,有错题订正。鼓励设计分层练习题,实施分层教学,使全体学生都有不同程度的发展,每月月底定期检查教师备课和学生作业情况,以了解教育教学中突出的问题,调整策略。更重视后进生辅导,学校强调后进生辅导的重要性,认识到"辅导一名后进生胜于培养一名尖子生"的理念,重心向后进生辅导倾斜。全校各年级分成七八人为一组的五六个小组,选一名学习较好的学生为组长,建立让学生管理学生,让学生互动学生的班级学风机构。每考完一次试,教师分析出全班平均分、小组平均分,小组间对比分析,小组与全班均分差距分析,然后进行设奖鼓励,一种竞争机制自然形成,你追我赶,浓厚的学习氛围在班级间形成。根据各小组长的建议,教师建立班级学困生档案,制订出学困生辅导方案,小组长进行辅导,教师进行指导,学生学得愉快,教师教得轻松。

我们正视问题,重点督促,在关注全局的同时,也不放过局部的薄弱环节。根据上学年的检测情况,对个别成绩较差、管理不力的班级进行重点跟踪督促。首先,期初与相关班级的班科教师共同分析、寻找落差根源,有针对性地制订提高措施。做到早计划、早主动;其次,结合"监督岗"加强对相关班级的课堂、学生作业、家校联系等方面情况的督查与指导,以致能早发现问题、早解决,避免出现新问题,从而促进学校教育质量整体的提升。

优化内部管理

青岛第六十三中学　范明星

自 2014 年 9 月启用以来,学校已经从"规范与合作年""学习与文化年""质量与名师年""创新与发展年"直至"特色与品牌"在这一过程中,由范明星校长带领,以立德树人为根本,以学校五年发展规划为蓝图,以实施生态教育为主题,根据区教体局教学工作会议的具体部署,立足学校的现实情况和发展需求,

学校构建生态教育的管理制度和工作流程,以有效运转的系统操作和正确方法达到优质教育管理目标,保障学校生态教育管理实践的顺利进行和可持续发展。

一、架构生态管理系统

通过两张管理系统图,了解学校管理模式。

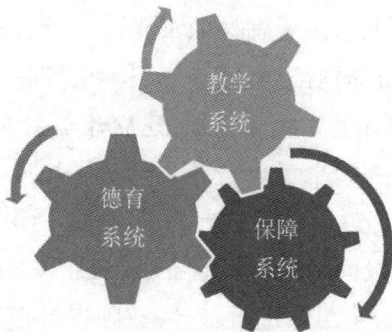

通过齿轮状的系统图,可以清晰地看出管理的简约。咬合的状态又可以看出各大系统之间的协作并不简单,体现了"担当引领,民主开放"的管理理念。

行政运行和学术运行的双齿轮咬合的模式,实现了教师在学校教育教学管理中的主体地位,落实"教师第一"的思想,提高教师积极性,改变教师"懈怠"的最佳策略。通过这一运行模式提升教育质量和办学品质。

在范校长这一管理理念下,每一位教师成为"一线文化创生者",以英语教研组为例:为营造校园英语文化,"Happy English"英语工作室在新学期确定了"创建英语文化校园"这一活动主题,工作室的教师们在学校开展"每周英语"活动,开设"英语广播站",创立"英语角",并将反应中西文化差异的"英语手抄报"列入日常作业当中。孩子们听英文故事,在故事中学习英文单词;孩子们学英文歌曲,在歌曲中体验学习英文的乐趣;孩子们聆听英美文化,在文化学习中增长见识。家长们踊跃报名的亲子栏目,更有家长志愿者带着绘本和自然拼读加入英语角,开拓了学生的视野,提高了学生的口语水平。

灵性语文项目组经过反复的阅读实践,"口袋书"应运而生,学校的口袋书共分为八大板块:一是封皮;二是整理读物类别;三是记录阅读时间及喜欢程度;四是好词积累;五是好句积累;六是感想与启发;七是家长评价及教师评价,体现了我们学校"同行共好";八是阅读记录,用来记录作者信息。另外,还有晨诵、午写和活页阅读,引进"学习通"构建阅读课程包,实现了个人与集体的交流,课内与课外结合,学校与家庭链接,使得阅读变成一种时尚、一种习惯。

学术运行线是推进学校发展的生命线。在行政运行线的统筹安排下,学术运行线有条不紊地运作,靳艳霞教师指导班主任申报了改革项目,朱晓君教师的合作学习不仅仅局限在学科教学,而成为班级管理、家校沟通的妙招,张瑞教师的"小书包大作用"已经成为习惯养成的法宝,辛萍教师更是依托"埠上花开"生态课程成就了学生的成长。秉承着"同行·共好"的理念,教师们彼此携手,影响着每一个孩子。

二、深度优化生态教学系统

将"同行·共好"的精神贯穿于教育的每一个有机的要素和环节中,最终形成一个统一的教育生态链,使促进师生健康成长的土壤、阳光、营养等各种因素产生和谐共振,达到和谐生态育人的目的。学校以"双节并推"为主轴,促进师生共同成长。

构建了生态教研模式——"三项研究"。这不是独立存在的某一个研究项目,而是学校的一种研究模式。通过其逐步形成生态教学研究系统,促进生态教育的健康发展。

课前研教　确定专题　　课中观察　微格研究　　课后议课　形成序列

在范校长的管理理念下,学校生态教育管理实践得到顺利进行和可持续发展。

1. 规范了日常的教学研究：引领教师带着"思考"教学,聚焦学生核心素养的形成,架构了良好的生态教研系统。

2. 提高了研究的实效：有规定的研究主题,明确的研究方向,教研组的"攻坚"意识更强了。

3. 显现了研究的成果："幸福 E 坊"语文工作室被评为全国优秀工作室,被确定为青岛市心理学科实验基地。一年中,全国展示课 1 节,全国评优课 3 节,市级公开课、展示课、评优课 6 节、区级公开课、研究课 8 节。区、市级经验介绍 4 次,1 项课题在全国获奖,1 项课题在李沧区获奖。1 名教师被评为李沧区学科带头人,并推荐参与青岛市学科带头人评选,成为青岛市名师培养对象。

优化学生内部管理，提高学生核心素养

青岛市崂山区朱家洼小学　蓝永传

一、学生管理存在问题

家庭教育的缺失。我校学生生源结构复杂，绝大部分学生都是外来务工人员子女。家长文化程度普遍不高，有的家长甚至不认识字，对于孩子的日常行为管理较差，因而学生日常卫生习惯以及学习习惯、安全习惯都比较差。多数家长为了生活而四处奔波，没有时间和精力管教孩子，还有一些家长图省事，花钱把孩子全权交给托管中心。所以，体现在学生身上问题就比较多。例如，我校低年级学生个人卫生比较差，经常不洗澡，不勤换衣服，不剪指甲，不洗头。中高年级学生不仅卫生习惯较差，乱丢纸屑，不爱护环境卫生，不爱护公物，饭前便后不洗手等；学习也十分懒散，存在学习不自觉、自理能力差等不良行为习惯。这些习惯不仅不利于孩子的健康成长，同时也给学校日常管理增加了很大难度。

1. 社会领域的道德失范。由于市场经济的迅速发展所形成的复杂社会环境，造成了部分学生不同程度的价值观偏离。

2. 家庭教育与学校教育脱离。大多数家长缺乏与学校教育的合作意识，常常把对子女的教育责任推给学校和教师，学校教育与家庭教育无法形成合力，导致许多学生在校在家两个样。

二、学校优化学生管理对策

基于以上情况，学校结合本校实际，针对造成学生不良行为的主观和客观两方面因素，从培养学生良好的学习习惯、卫生习惯和安全意识及文明礼仪入手，通过各种途径与方法，把行为习惯渗透于学校教育、教学的各个环节之中，探索研究相应的矫正策略，切实改进学校德育工作，净化育人环境，形成良好的学风、校风，提高学生的核心素养。

1. 通过班级小岗位建设有效性的研究，提高学生小主人翁意识，培养学生自我管理能力和良好的行为习惯。新基础教育倡导"在成事中成人",想让学生成长成才,需要给学生提供各种锻炼其能力的舞台和机会。为此,我们在全校各班级开展小岗位建设活动,通过小岗位的建设提高学生小主人翁意识,培养学生自我管理能力和良好的行为习惯。要求各班级根据本班级的实际情况设立有效的班级工作和服务岗位,岗位的设立可以一人多岗,也可以一岗多人。岗位设立后,在班级内进行岗位招聘,确保人人有岗位,人人有责任,人人有事做。招聘岗位后,要进行岗位职责培训,要学生明确自己岗位的责任是什么,自己应该怎么去做。当学生进行岗位工作后,组织学生定期进行岗位工作的评价,通过自评、学生互相评价、教师评价和家长评价等方式,使学生明确自己岗位工作的优缺点,从而进一步改进自己的岗位工作。当学生能够胜任自己的班级岗位工作,在现有岗位上能力得到提高后,我们将开展岗位的轮换工作,根据学生自己的意向,进行新一轮岗位的招聘,期望学生在担任不同岗位中得到各方面能力的提高,养成良好的行为习惯。班级小岗位的建设,能够很好地提高学生的小主人翁意识,培养学生自我管理能力和良好行为习惯的养成。如何将班级小岗位建设的功能发挥到极致,是我们在实践中重点研究的方向。

2. 通过班队活动开展有效性的研究,提高学生策划、组织、交流、改进等各方面的能力,使学生成为班级活动的小主人。以往的班队活动都是班主任教师一手包办,形式单一,学生的兴趣不高,且活动的效果不明显。如何提高班队活动的实效性? 首先,要让学生成为活动的主体,将活动策划、组织、改进等方面的权利还给学生,班主任教师的角色定位是学生活动的指导者。学生在组织活动的过程中,会遇到各种问题,而指导学生如何处理遇到的问题,使学生在活动的组织中受益成长,得到价值的提升,都是我们需要在实践中探索的问题。其次,要根据实际情况,分层开展活动。开展班队活动除了丰富学生的学校生活外,更重要的一点是解决近期出现的问题,提升学生的价值观。为此,从学校管理层面看,要将班队活动的权力下放给各班级,让各班级根据班级需求开展活动,让班队活动落地。此外,我校是新基础教育研究联盟学校,我们通过新基础班队活动研讨活动,学习先行学校的丰富经验,结合自己的实际情况开展班队活动,逐渐形成有效开展班队活动的特有经验和方法,使班队活动充分发挥其育人价值。

3. 通过学校大队委、红领巾督导岗建设有效性的研究,培养小干部的管理能力,约束学生的言行举止,使其养成良好的行为习惯。学校大队委、红领巾督导岗是学生参与学校管理的重要角色,是锻炼提升学生管理能力的重要岗位,也是监督、规范学生日常行为的重要岗位。为此,我们重新规划学生参与学校管理的岗位,加强岗位的培训,科学地进行岗位的轮换和升级,使学生在参与学校管理中,充分提高学生干部的领导力,使学生管理岗位发挥充分的作用,约束学生养成良好的行为习惯。

4.通过雏鹰争章活动和常规评比活动有效性的研究,培养学生良好习惯的养成。评价机制对于学生良好行为的养成和能力的提升也是至关重要的,学校现有的评价机制没有充分调动学生各方面的积极性,表现为学生明明知道违反学校的规定会连累班级扣分,班级扣分将失去获得闪亮班级的评选,但还是会有学生明知故犯,根本不在乎学校开展的评比活动。原因的背后是学生集体荣誉感不强,班级获得的荣誉使学生得不到满足。为此,我们根据学生的需求,重新调整学校的各项评价机制,将班级荣誉与学生个人荣誉挂钩,将学校的评价机制更加细化、具体,体现在学生学习生活的各个方面,使学校的评价机制最大效果地促进学生的成长。

通过上述四个方面的措施,学生的自我管理能力和参与学校管理的能力得到提高,学生的小主人翁意识得到了增强,学生能够在学校管理中发挥重要作用。

多元融合,促进学生全面发展

青岛市崂山区枯桃小学　袁宝盛

以习近平新时代中国特色社会主义思想为指导,深入学习贯彻全国、全省、全市教育大会精神,积极落实区委区政府工作部署及崂山区教育与体育局 2019 年工作要点,结合 2019 年省委"担当作为、狠抓落实"的会议精神,全面落实立德树人根本任务,强化学校内部管理,全面提升教学质量。

一、健全现代学校制度,规范学校管理

以校务委员会、教职工大会和家长委员会建设为重点,有效运行校务委员会、学术委员会、家长委员会、法律顾问等机构,实施民主管理、民主监督、依法治校,做到了校务公开、党务公开、财务公开。

全面推进依法治校、依法治教。深化学校内部管理机制改革,加强青少年学生法治教育,推动宪法教育和法治实践活动系统开展。

组织中层干部竞聘上岗,加大学校后备干部的培养选拔力度,吸引优秀骨干教师从事教育管理工作。

加强学校档案管理工作,提高档案管理水平,增强了档案管理的规范性。本学期完成了退休人员信息审核,校级领导信息审核以及中层干部备案等工作。

二、加强党建工作,带动提升整体师德水平

1. 加强党建工作,使党建工作制度化、常态化。深入开展"两学一做"专项教育活动,积极推动"三张清单"落实,破解学校工作重点难点,严格落实"三会一课"等党内政治生活制度,强化党风廉政建设。

三月份开展了以"不忘初心、牢记使命、争做四有好教师"为主题的师德教育活动;四月份,开展了"国家安全,国民安全"主题教育活动;五月份举办了以"发现榜样 传递力量"为主题的专题党日活动;六月份以"党的生日,我的生日"为主题,组织了一次"党味"浓厚的党日活动,以此庆祝建党98周年,强化每一位党员的党性修养,庆祝"七一"党的生日。

2. 加强师德师风建设,使全校形成讲奉献、比业绩的良好风气。落实全员育人导师制以及"润爱无声、善教有格"的教风,让每个学生都受关注,让每个学生感受到学校和教师的关爱。

落实师德培训和校本培训制度,引导教职工讲奉献、比业绩,传播正能量。及时组织教师学习党的十九大报告精神,坚持学习强国的学习,不断提升教师的师德水平和人文素养。

三月份,组织开展学雷锋、讲奉献活动;四月份,组织开展志愿者服务活动,全体党员勘察周边危险水域,发放宣传材料,教育孩子"珍惜生命、预防溺水";六月份,结合"六一"儿童节,开展"党带少先队"活动,引导少先队员"系好人生第一粒扣子";七月份,组织全体党员参加了"心愿直通车活动",为全校24名学生满足了心愿。

三、德育为首、多元融合,促进学生全面发展

1. 狠抓学生行为规范,实施常规育人。学校以"共生"为核心理念,以"回归教育本真,追求满园春色"为办学宗旨,秉承"立根养性,良习自成"的德育理念,崇尚"言行共美,学思生慧"的校训,进一步落实《中小学生守则》和《小学生日常行为规范》要求,规范学生一日常规,完善学生量化考核方案,扎实开展"校园安全小卫士"活动,通过国旗下演讲、庆国庆合唱比赛、志愿者活动、国防教育研学旅行、庆祝六一儿童节等活动,引导学生争当有涵养、有智慧、有梦想、有担当的时代少年。

2. 推行"五人小组"合作策略,引导学生团结协作、比学赶超。结合本校实际推行"五人小组"合作策略,选择优秀的学生担任组长,发挥优生优势,帮扶带动其他学

生尽快养成良好行为习惯。学校每月进行一次学业质量检测,评选优胜小组,激励学生学习。五人小组既是学习小组,也是安全小组,每逢寒暑假、节假日,小组长负责联系组员,了解学生动向,定期上报班主任。在五人小组的团结协作下,各班级形成了比学赶超的良好氛围。

3. 创设红领巾广播站、智慧大讲堂,将教育效果最大化。利用学生中午休息时间开展校园红领巾广播,为学生提供展示自我的平台,通过广播站播放的知识,让身处校园每一个角落的每一个孩子都能接受知识拓展,将教育效果最大化。将红领巾广播站与智慧大讲堂进行融合,宣讲进教室,教育效果更佳。

4. 全面落实"十个一"项目工程,促进学生全面发展。全面落实青岛市"十个一"项目工程,积极开展各种活动,为学生搭建平台,培养兴趣,开发潜能,培养了学生的自制、自律、自理能力,达到了活力飞扬、快乐相伴,自然与人文相谐的效果,提高了育人实效。

成立啦啦操、跳绳、游泳、象棋、武术、太极拳、合唱、舞蹈、扎染等社团,组织学生开展了合唱比赛、元旦联欢会、崂山拍手歌童谣展演等活动。

在校园内开辟"国防书吧"、"智慧书吧",开展"全班共读一本书"活动,并做好读书记录。组织"我爱我家"征文比赛,"优秀日记"比赛。

开辟了开心农场和花卉种植实践基地,引导学生自己种蔬菜和各种花卉,体验劳动的乐趣。

组织学生开展"大兵小将"研学活动,增强学生的爱国主义情怀;走进公交公司,组织"安全记心中"研学活动,提高学生的安全意识;走进枯桃地铁站,提高保护环境,绿色出行的意识。

走进张村河,石老人沙滩,举行"小手拉大手,共筑碧水蓝天"活动;走进枯桃花卉中心进行"垃圾分类,从我做起"活动。

四、加强家校合作,形成了同心并进、共同育人的良好氛围

鼓励家长积极参与学校教育与学校管理,促使家长和学校在学生教育、管理上的相互理解和尊重,形成一种同心并进、共同育人的良好氛围,从而为学子的健康成长、全面发展保驾护航。

利用家长会、微信群、家长一封信等,指导家长如何教育好孩子,如何抓好孩子的习惯养成。开展"枯小教师访万家"活动,全体育人导师走进学生家庭,关心学生生活,关注学生成长。定期更新班级通讯录,形成家校联系网络,保持家校通讯畅通,安全教育不放假。

结合我校学生及家长特点,邀请专家入校,开展"山海家长大课堂"家庭教育讲座。四月份邀请法律顾问李霖律师进行法治讲座。五月份邀请了青岛市市南区家长学校总校副校长、青岛市家校合作促进会副秘书长杨福林主任为全体家长做家庭教育专家讲座。六月份邀请了中国关心下一代工作委员会"悦读照亮心灵"家庭教育课题组研究员刘敬远教师给全校家长作家庭教育讲座——培养孩子卓越的学习力。

6月1日至21日,开展"21天好习惯——亲子伴读共成长"活动,拉近家长与学生的距离,也能逐步培养学生自主阅读好习惯,促进家校合作,达到共同育人的效果。

真诚沟通显真情　家校合力助发展

青岛淮阳路小学　袁海涛

家长是学生的第一任教师,原生家庭教育质量直接影响了孩子的日后幸福指数。目前,大部分父母在孩子的教育问题上也如同学生一样,需要不停地摸索、探究。作为学校的教育者,应如何助力家庭教育,形成家校合力,是我们一直在探索的课题。

一、健全家长委员会组织

学校倡议成立班级、校级两级家委会组织,通过邀请家长委员会代表每天驻校办公,定期召开校级家委会联席会,让家长建言献计,参与学校、班级管理,共同探讨学校今后的发展。

二、启动校园开放周

为了让家长了解孩子在学校的情况,每个学期期初,学校都会启动开放周活动。通过"日推进,周开放",邀请每一位家长到校参加开放日活动。家长们与学生一起参加升旗仪式,观摩班级才艺展示,深入课堂,参与听课与课堂观察,大课间时还观摩学生的课间操、亮眼操、礼仪操等。活动结束后,各班召开座谈会,家长们进一步与班主任及任课教师进行沟通,教师们向家长介绍学生在校情况、班级新学期的管理举措,并虚心听取家长反馈意见。

三、成立家长学校讲师团

有的家长对于学生的学习、特殊学生的教育十分苦恼,家长内心也因为焦虑而压力陡增。家长内心的压力得不到缓解势必会影响学生的学习,乃至给学生童年时光留下不可逆转的影响。为此,学校每学期会邀请家庭教育方面的专家进学校为全体家长做大型讲座,引导家长树立正确的育儿理念。同时针对个别家长在家庭教育方面的困扰,我校的心理教师也会通过每周提前预约形式,进行一对一个人疏导。心理教师的辅导,既帮家长认识到了目前自身情绪带给家人的影响,也让家长学会了如何顺势而导、因材施教。

四、拓宽家校畅通渠道

为了进一步加强家校沟通工作,每个学年,学校都将干部教师分组,每组2人,走访一个教学班的学生。通过走心的交谈、暖心的举措,为学生成长做了良好的铺垫。

学校还建立了校级、班级两级微信、QQ群。除了及时向家长反馈学生在校活动与学习的情况,还推送学校的重大活动、重大决策、学校的工作动态、发展情况、师生中的先进典型和荣誉榜等。使他们自觉成为家校联合教育共同体,共同促进学生的健康全面发展,让更多的家长参与学校工作的交流。

苏联教育家苏霍姆林斯基曾把学校和家庭比作两个"教育者",认为这两者"不仅要一致行动,要向儿童提出同样的要求,而且要志同道合,抱着一致的信念"。我们通过提高了家长对家庭教育的认识,家长积极担负起教育者的责任,促使家校形成了合力,努力为孩子的健康成长保驾护航。

六项措施打造幸福家园

青岛西海岸新区海王路小学　邵学忠

为实现"创建高质量、现代化、有特色、具有国际视野、民族情怀的全国名校"办学目标,学校创新六项机制,为师生打造自主学园、成长乐园、幸福家园。

1. 精心谋划准备,营造高品位育人环境。举办《相逢是首歌》教师见面会、读书会、校本培训会,统一思想干事业,凝神聚力谋发展;举办一年级入学课程,校长"三鞠躬一承诺"感动了每一位家长和教师;"分流学生开学典礼"庄重的仪式、教师们的用心和创意赢得了家长尊重和理解;加强学生食堂管理标准化,打造无声、光盘高品质餐厅。

2. 优化管理机制,推进扁平化管理模式。为提升学校管理水平,稳步推进教育教学质量,学校采取竞争上岗的方式,采用"校长→十个服务中心(四大中心＋五个级部服务中心＋艺体服务中心)→教师"扁平化管理模式,激发干部、教师队伍工作的动力和活力,提高管理效率。采用"捆绑式"管理,凝聚教师团队精神,提高学生自主管理能力。各服务中心有明确分工,又紧密合作,扎实推进学校各项工作的开展。

3. 坚持依法办学,构建高效能育人环境。学校全面落实教育行政主管部门会议精神,制订《海王路小学章程》《海王路小学办学方案》《海王路小学制度汇编》《海王路小学五年规划》,坚持依法治校,规范学校办学行为。

4. 遵循教育规律,缔造高效率课堂教学。以"让每一个孩子拥有自主快乐人生""以人为本,关注生命"办学理念为指导,以"提高教育教学质量,提高教学成绩"为目标,以"自主、合作、探究"为核心,以打造"自主高效课堂"为落脚点,积极开展高效率课堂教学研究,实现"知识、能力、情感、人格"的同步升华。成立校长挂帅的课堂教学领导小组,"校长＋验评组＋级部服务中心主任"课堂评价小组,"教师服务中心＋学科主任"课堂指导小组,落实课堂教学改革。以学生自主展示、口算比赛、小组比赛、小对子展示、演讲比赛等多种形式实现小组合作下的自主教育,提高课堂教学效率,实现自主课堂"拓、挖、思、悟"精髓,让学生在愉悦、和谐、民主、自由的课堂中学习知识、滋养心灵、培育品格,快乐幸福成长。

5. 创新自主课程,创建高品质课程体系。课程是送给孩子最好的礼物。2016 年9 月 13 日,教育部发布《中国学生发展核心素养》总体框架,以培养"全面发展的人"为核心,分为文化基础、自主发展、社会参与三个方面。因此,我校坚持基于课程标准下的国家课程校本化、校本课程特色化、特色课程精品化的自主课程体系研究,创建适合学生、教师和家长发展的特色校本课程,提高孩子适应终身发展和社会发展需要的必备品格和关键能力。

学校以创建学生发展课程为重点,包括基础类课程(语、数、英等课程校本化)、拓展类课程(开设 36 门选修课)、创新类课程(特色德育、童心阅读、综合实践、足球等课程),促进孩子核心素养的提高。制订《海王路小学课程整合方案》《海王路小学特色建设实施计划》,落实立德树人根本任务,谋划适应世界教育改革发展趋势、提升学校竞争力和学生综合素质课程体系。

6.强化安全保障,创造高标准育人环境。以"八个到位"加强平安和谐校园建设,即"领导重视到位(成立安全领导小组,通过多种形式对学生进行教育)、目标责任到位(一岗双责,层层签订目标责任书)、机制建设到位(健全各种安全制度,采取保安＋教师＋家长义工＋交警上放学值班制度,制订各种预案)、投入保障到位(安全保障优先)、常规管理到位、应急演练到位、安全教育到位、家校合作到位",为师生创造快乐、健康、平安、和谐的工作和学习环境。

现代学校制度建设　推进学校依法办学

青岛南仲家洼小学　王　健

近年来,学校着力建设现代学校制度,这是学校更高层次建设好学校、管理好学校、教育好学生、发展好教师,推进学校教育内涵发展、科学发展,全面实施素质教育,实现跨越式发展的重大战略行动;是进一步激发学校内部活力,建立和完善充满活力、富有效率、更加开放、有利于学校科学发展的现代学校制度。让学校回归教学本质,为学校注入新动力,学校呈现依法办学、民主管理、特色发展的良好局面。

一、坚持行政领航,提升管理品质

现代学校制度建设要符合现代教育理论,具有前瞻性,形成先进的、能够促进学生全面发展的、有利于培养现代化合格人才的教育思想和管理思想体系。

1.统一思想推进工作。开学初,学校行政会提前召开现代学校制度建设研讨会。统一思想认识,明确目标与任务,部署相关工作,为现代学校制度建设奠定重要的思想基础、组织基础。尔后召开全体教师会,对全体教师进行计划交流和普及。会议主要从学校发展的特色、学校计划、教学计划、德育计划、科研成果这几方面展开进行。

2.制度引领提高认识。学校关注民主管理,管理制度涵盖着党支部、工会、行政、教学、人事、财务等诸多方面。虽然我校原有相关制度也不少,但这些制度还是不能适应不断发展变化的学校工作,因此我们现在开展的工作是先进一步补充完善当前工作中存在问题较多、矛盾较突出的如职称晋级、绩效奖励、常规工作量化等方面的工作制度。本学期,学校按照"三定一聘"工作部署,对绩效奖励、班主任津贴、常规工作量化等方面的工作制度进行了再次修改。完善了《学校常规工作量化考核细则》《学校绩效考核及奖励性绩效工资分配实施细则》《学校教职工出勤制度》。制订了《学校教职工薪酬制度改革方案》《学校"三定一聘"工作实施方案》。在落实上级工作部署的同时,加强了学校制度建设,使科学决策、多元治理机制有效建立,确保师生的合法权益。

3. 严格把关参与管理。教代会作为学校民主管理的主要形式,学校发挥教代会的作用,除在制度上保证,也注意在措施上落实,工作上支持,同时还加强教代会自身建设,严格把好"四关",选举代表关、议事程序关、提案审议关、提案办理关。在学校的大小事务上,试行代表提案。这是教职工行使民主权利,实现自己政治文化精神上的诉求的有效形式和载体,是学校实行民主管理的主要途径。

4. 校务公开保障权益。不仅是学校领导自觉接受群众监督的形式,也是教职工的一项基本权利,是学校管理走向民主法治的必要前提,是实现教职工权利的有力保障。学校设置校务公开栏,接收群众的监督和建议。从职称评选到"三定一聘"等工作,步步公示,得到教师们的认可和支持。

二、坚持依法办学,提升管理质量

学校能根据新时代对教育工作的新要求及时修订学校章程,并不断完善相关制度。

1. 建立依法治校机制。学校成立了由校长担任组长、法制副校长担任副组长的依法治校工作领导小组,负责全校的负责依法治校工作领导。每学期期初召开会议,研究依法治校工作推进。学校干部每月学习一次法律法规,提升依法办学意识。例如,结合宪法修订,开展了"学习领会宪法精神,自觉维护宪法权威"宪法专题学习活动,引导干部教师切实增强宪法意识。

2. 建立纠纷解决机制。学校建立教师权益保护制度,健全师生权益保护和争议解决制度,维护教师、学生的合法权益。师生权益救济事实清楚、证据充分、定性准确适当、程序完善。未发生向上级教育行政部门申诉后被确认事实或程序失当的事项。制定完善学生权利保护制度,完善学生申诉机制。同时建立小学家长委员会制度,积极探索完善家长委员会的组织形式和运行规则。

3. 遵循规律成效显著。在现代学校制度建立的过程中,行政领导确立"以人为本"和"以校为本"的管理理念,正确处理制度管理与人本管理的关系,实施"人本管理"和"校本管理",带领全校师生,为实现学校的发展目标而团结奋斗。尊重教育规律,在继承优良传统的同时敢于创新,往深处扎根,往高处发展,对成效显著、社会认可的事情做得更多、更快、更好、更省、更精、更细,更符合师生利益,更符合社会发展的需要。

三、完善自主管理,提升办学品质

学校每学期工作计划重点突出,主题鲜明,重点工作与规划的重点发展项目和年度发展目标吻合度较高。学校能以"小学校 大教育"核心办学理念为统领,深入挖掘和雅南仲文化内涵。

1. 完善自主管理机制。学校重视章程和发展规划的纲领作用,学校重点工作与规划的重点发展项目和年度发展目标吻合度较高。能结合五年规划、上级工作重点和学校年度发展计划有效制定本单位工作计划。坚持外树形象、内抓质量,精心经营"宽和立天地 兴学尚自然"办学理念,践行"和雅育人"的核心价值理念,学校办学质量稳步提升。

2. 完善科学决策机制。实行校长办公会制度,负责研究和决策学校行政工作重大事项。一是严格工作制度,严守工作纪律、财经纪律、生活纪律;财务管理实行"三级会审,校长审批",把校务公开、财务公开作为常态。二是严格民主程序,制定"重大事项集体讨论决策程序",由相关处室依据上级文件和相关政策,结合学校实际,定出初步意见、方案、计划等,会同学校主要领导会审,形成一致意见后,召开教代会讨论、完善、通过;分管副校长和相关处室按照会议集体讨论研究决定,抓好工作落实;三是广泛接受监督,通过校长信箱、微信平台等形式广泛接受家长和社会监督,努力办好人民满意的教育。

3. 完善权限运行机制。认真落实管理权限清单制度,全面推动学校管理权限依法、规范、公开运行,形成决策、执行、监督相互协调、相互制约的现代教育治理结构,为维护广大师生合法权益、推动学校依法自主办学提供保障。根据上级文件要求,形成符合校情的管理权限清单目录。逐项梳理清单目录中所列事项的办理依据、条件和工作流程,明确办理机构和职责,完成了《学校管理权限事项表》汇编,形成了教学管理权限、学生管理权限、干部教师管理权限、财务财产管理权限、其他事项管理权限等五大类权限清单。

四、健全民主管理,凝聚办学合力

学生自主管理组织常态化运行,定期召开会议、按期改选,依章程履行职责。

1. 健全校务委员会制度。学校重视校务委员会建设工作。有明确的校务委员会人员构成、人员要求和推荐程序。在自愿报名,充分酝酿、讨论的基础上,推荐家长委员人选；召开专门办公会，确定校内、外委员人选。本学期，学校召开了校务委员会工作会议，对新学期学校课程建设方案进行讨论和审议。委员们一致认为，方案能立足学生发展需求，科学设置课程门类和课时，同意付诸实施。

2. 健全家长委员会制度。每学年开学初做好家委会成员的增递补选举工作。为了使家长学校规范有序地开展工作，由班级家长自主申报，班主任推荐，民主评议选举产生新一届的校级委员会、年级委员会、班级委员会成员。学校根据家长委员会会议制度，根据家委会成员擅长领域，对家委会成员进行多元职能进行分工。明确了各成员的职责，确保了家校合作教育工作项项有人管，事事有人问。

3. 健全学生自主管理制度。学校少先队通过学生的自主管理，将教师从繁杂的事务中解放出来，切实把学生放在主动发展的位置上来，让学生在班级自主管理中认识自己，发展自己，学会约束，培养学生的主人意识、责任意识、荣誉意识，提高学生的自控能力、学习能力、合作能力，提高学生的综合素养。

以人为本　阳光管理

青岛市实验小学　胡繁华

学校管理的最高境界是"让每个教职员工都感到自己重要"，从而使每个人的积极性最大限度地迸发出来，要达到这种管理境界，就离不开民主的管理。近年来，市实验小学以发挥教代会的职能作用为切入点，不断推进学校民主管理进程，使学校焕发了勃勃生机，学校也逐步形成了先进的办学理念、榉家同行的校园文化氛围和鲜明的办学特色。全校教职工同心同德，勤奋敬业，团结协作，形成了一个民主、和谐、温馨的大家庭。

一、阳光管理，制度保障

1. 教代会作为民主治校的重要制度，在我校拥有权威性，没有经过教代会审议通过，重大决策不能执行，改革方案不能出台，规章制度不能算数。教代会所通过的决议、章程和各种规章制度、实施办法等具有合法性和约束力。因此经由教代会审议通过的规章制度也成为全体教工行为规范的准则，更是领导干部依法行事、依章行事的准则和依据。学校自下而上都能自觉将其落实到位，从而推动了学校各项工作的顺畅开展。

2.学校定期向教代会通报工作，尊重和遵守教代会做出的决议和决定，能认真落实大会提案，做到条条有交代，件件有着落。对于学校拟出台的一些决策措施，或者一些活动的安排，工会都及时通过阳光管理行动，广泛的征集并认真研究和吸收教工代表的意见和建议，及时调整、补充，保证参与权落到实处，真正做到源头参与，既把维护教工的合法权益融于新的规章制度和改革方案的制定之中，又能把群众的情绪和呼声作为第一信号，想群众所想，急群众所急，办群众所需。

二、民主集中，规范运作

我校的教职工代表大会坚持民主集中制，其决议、决定和重要议案，都按照少数服从多数的原则，以全体代表的过半数同意方为有效。同时经常组织工会委员及教代会代表学习讨论，加强理解，保证了教代会规范、有序地工作。

一是每学年定期召开教代会，保证教代会按时换届。学校高度重视教代会的换届工作。严格按照有关程序和条件，选举产生新的教代会代表，并根据代表的工作变动情况，适时增补新的代表。

二是坚持对教代会代表进行培训。为提高代表的参政议政能力，每次教代会开幕之前，学校工会都要组织代表学习教代会制度的有关内容，提出要求和希望，确保教代会代表的高素质、高水平。

三是开展调查研究。教代会为了充分反映群众意志和愿望，定期或不定期通过举行座谈会，阳光管理行动等形式开展调查研究工作，以求民意畅达。学校校园文化的确立，学校五年规划的制订、学校绩效工资改革方案的出台等等无不经历了几上几下的碰撞与研究。

三、以人为本，和暖民心

在实践过程中，我们深切地认识到：切实维护广大教职工的利益，充分发挥教职工民主参与、民主管理、民主监督的积极性，使广大教职工能以主人翁的精神参与学校管理，才能进一步促进学校管理的民主化、规范化、科学化。

一是学校把培训作为一种福利，想方设法为教师提供外出参观、学习、培训的机会，为提高教师综合素质提供了坚实的保障。仅2018年度学校就派出50人次干部、教师赴北京、上海、南京、济南等地参加各种培训、研讨、观摩活动。回校后对全体教师再进行二次培训，这样一来，既开拓了教师的视野，又达成了资源共享，形成了"共思共享"的研修局面,大大提升了教师们的学习力。

二是关心教职工生活,努力为教职工办实事,办好事。每年学校都会组织开展丰富多彩的球类、跳绳、联欢晚会以及远足等职工文体娱乐活动。在政策允许的范围内,努力改善教职工的福利待遇,提高班主任待遇;在教师节和春节期间慰问退休老教师;教师的工作和生活中遇到的各种困难,校领导都主动关心,帮助解决。

几年下来,学校形成了一套比较科学、民主、合理、有效的学校管理制度体系,干群关系密切,初步形成了"和而不同、乐而不松"的民主管理风格,形成了巨大的凝聚力。教师真心实意地为学校着想,时时处处维护学校的形象。教代会在校领导与教师中间架起了桥梁,把领导的决策化为群众的自觉行动,使学校上下一致形成合力,为实现学校的工作目标而高效运作。教代会制度的实施也实现了真正的民主,由此带来了凝心聚力、共谋发展、和谐愉快的工作局面。

优化学生管理　做实惠生教育

青岛西海岸新区董家口小学　李振来

学校教学质量的提高离不开优质的学校管理,优化内部结构管理是提高教学质量的保证。众所周知,小学是学生终身发展的奠基阶段,在社会日益发展和素质不断深化发展的今天,如何优化学生管理,为我校学生打好人生底色,作为一名校长,我感到任重道远。现在以学生管理为基点,浅谈一下我校优化内部管理方面的做法。

一、落实立德树人,厚植爱国主义情怀

党的十八大报告首次将"立德树人"明确为教育的根本任务,党的十九大报告提出"落实立德树人的根本任务"。落实立德树人,首先要明确培养什么人、怎样培养人、为谁培养人。因此,在办学时首先必须坚定办学方向。

小学阶段是人成长发展的黄金期,根据学校的心理年龄特征,我校在落实立德树人方面主要依托少先队这一主阵地,把立德树人融入思想道德教育、文化知识教育和社会实践教育的各个环节,形成载体丰富、学科融合的一体化的德育体系,建立德育抓方向、智育重能力、体育推普及、美育多形式、劳动教育重实效的德、智、体、美、

劳互相渗透的促进学生身心健康、全面发展的长效机制,通过开展"坚定理想信念,立志成长报国"等主题教育活动,结合我校的"红席"传统文化教育,厚植爱国主义情怀,培养德智体美劳全面发展的社会主义建设者和接班人。

二、培养良好习惯,奠定良性发展基础

奥维德说:"没有什么比习惯的力量更强大。"习惯是一个思想与行为的真正领导者。习惯让我们减少思考的时间,简化了行动的步骤,让我们更有效率;也会让我们封闭,保守,自以为是,墨守成规。著名的心理专家李玫瑾教授在关于教育孩子的黄金时段的几点建议时也曾指出:0~3岁重情感抚养,3~6岁重性格培养,6~12重习惯培养。在小学阶段养成良好的行为习惯和学习习惯,能够为学生的终身学习和发展奠定坚实的基础。根据孩子们的身心特点和发展规律,我们将1~6年级分为低中高三个年级段,在学习《中小学学生守则》《中小学生日常行为规范》和《中小学学生礼仪常规》的基础上,进一步分解、细化规范要求,由学校德育处牵头,三个级部主任分别带领相关年级的班主任和部分任课教师制定《学生常规管理细则》,在学生的学习习惯和行为习惯养成上提出明确要求,并通过比赛、习惯自查等多种形式的活动,将硬性的规定内化为学生的习惯,将惠生教育做细做实。

三、做到以人为本,提高学生自我管理能力

苏霍姆林斯基指出:"真正的教育是自我教育。"我校在成立之初,我们便把"超越自我"作为我校的校训,设立大队、中队和小队三级管理模式,施行学生自我管理和自主发展。

"超越自我"四字虽然简单,但要引导学生经历正视自我、发展自我的过程,使学生从被管理者成为管理者,从自律走向自觉,在这一过程中,学生的能力得到了提升,自信心增强。

"优于过去的自己,遇见更好的自己"虽然是美好愿景,但这是我们董小人的追求,是我们不变的初心,我们甘愿为之奋斗不息。

抓关键 重突破 全面提升学校管理水平

莱西市第二实验小学 刘 帅

为提高学校管理水平,我校狠抓习惯养成教育和教师管理,重突破,求创新,教师工作作风以及学生管理秩序明显好转,学校整体面貌发生了很大变化。

一、以习惯养成教育为突破口,规范学生管理

我校学生多、班额大,为管理工作带来难度。为此,我们选准守秩序、讲卫生习惯养成教育这一突破口,狠抓卫生、秩序管理,收效明显。

(一)规范制度,明确常规管理目标

学校先后出台了侯课、上课、推门课等教学常规管理制度和上学、课间秩序等学生常规管理制度。针对学校人数多问题,专门制定了《雨雪天放学管理规定》;针对课间操如厕拥挤,制定了《学生如厕管理规定》,对学生如厕时间、顺序、进出口等都进行了具体要求。

1.校内秩序"轻声、慢步、靠右行"。学期初,大队部向全体队员发出"遵守校园秩序"的倡议,重新统一规划了学生校园、楼梯等行走路线。增设校园监督岗,检查成绩每天一汇总,监督员每周一开会。利用代币制规范监督员行为,激励其工作热情。

2.校外秩序"安静、整齐、不逗留"。学校出台了学生上学、放学等常规管理规定;明确划分班级放学等候区,缩短队伍长度以减少放学时间;制作路队安全移动护栏,对路队护送办法也进行了全面改革:教师定点监督学生路队情况,并根据路队秩序实际情况适当增减教师执值勤点;路队长高举路队旗管理本班路队。如今,学生进出校园、上下楼梯秩序井然,放学路上更是精神抖擞、队列整齐,受到社会和家长的好评。

3.卫生管理"日日清"。建立《第二实验小学班级日日清卫生自查表》由外治转为自查,为新班主任及学生指明方向。制定新的办公室卫生标准,化繁为简,主抓办

公室、教室晚学后垃圾桶倾倒问题,做到垃圾桶日日清,采取晚托值勤签到教师检查的方式,每天量化并公示。

(二)强化措施,全面加强班级管理

学校为每个班级安排了副班主任,对正副班主任实行捆绑式评价。为培养学生自主管理意识,学校采取竞聘方式选举了班干部。每班对内务工作进行了细致分工,每项工作均由专人负责。对学生评价办法也做了改进,每月评选文明班级,评选数量由原来的每级部四个班增加为六个班,让大家跳跳都能摘到果子。文明班级评选成绩纳入期末班级考评,同时计入正副班主任个人绩效考核。期末不仅评选三好学生、进步学生,还评选校园之星、优秀学生干部。各种奖项的评选与每月开展的"校园之星"活动紧密挂钩。

(三)定期反馈,提高细节管理能力

对校园秩序管理,我们主要通过一项公示、两个讲话、三个会议实现定期反馈。一项公示即每天对常规检查成绩进行公示。两个讲话安排在周一与周五。周一国旗下讲话,对学生管理提出要求;周五放学前讲话,总结本周学生管理落实情况。三个会议是每月班主任例会、每周班会、每天夕会。班主任会议总结本月班级管理情况,对下月班级工作提出要求;班会对上周情况进行总结,找出问题,全班共同讨论制订解决措施;晚学前的夕会对学生进行"日行知明、善习养正"教育,并反思一天行为,交流改进办法。

二、以确保教职工绩效考核公正为重点,强化教师管理

(一)精益求精,做好绩效考核工作

1. 集思广益,确保考核工作公平民主。学校对教职工绩效考核的内容、权重等具体问题,先后组织领导班子、年级组长、教师代表、全体教师等多次讨论,统一了思想认识,完善了语、数、英、音体美、后勤职员、班主任等六部分人员的考核细则。

2. 突出重点,确保考核工作公正科学。适当拉大了汇报课、学业水平等差距,突出了教学的中心地位。结果表明,经常评为优秀的教师教学成绩必定是优秀。但仅仅教学成绩优秀的教师不定总评为优秀,这也说明:教学成绩是评价教师工作的重要依据,但不是唯一依据。

3. 及时公示,确保考核工作公开合理。对计入考核的各项工作,平时定期检查,对检查结果做到日公示、周总结、月汇总,自觉接受教师监督。让教师享有知情权,

确保绩效考核阳光操作,公开透明。

（二）耐心细致，做好教职工思想工作

我们在抓好考核的同时,还特别注重做好教职工的思想工作。利用校会、走访、校长邮箱等集道,对教师进行思想教育,不断增强教师的责任心。

1. 细化职责,全员参与细节管理。按照管理制度,层层分解责任,从学校领导年级组长到班主任课任教师,各个层面,人人有责。班级监督岗,对本班监督;校级监督岗,对级部监督;楼层值勤教师,对本楼层监督。逐级管理,环环相扣,保证了各项工作的有效落实。

2. 树立观念,增强后勤人员责任感。帮助后勤人员牢固树立"把简单的事情天天做好"的观念,培养热情周到细致的工作作风,增强工作责任感;明确分工,细化岗位职责,通过限时服务增强后勤人员的效率意识;强化工作过程管理,每周检查、每月公示,定期组织对后勤工作进行评议,使后勤人员明确方向,不断提高服务质量。

今后,我们将以人为根本,以教学为中心,以队伍建设为保障,全面推进素质教育,办一流学校,创一流业绩,推进学校教育教学再上新台阶。

以人为本管理机制，助力学校高水平现代化建设

黄岛小学　王卫杰

打造高水平现代化学校,创办学生喜欢的学校是我们现阶段的首要任务,管理的科学化和规范化是完成这一重要任务的根本保障。近年来,学校坚持实行"制度＋情感＋目标"的管理模式,追求管理的精细化、规范化和人文化,不断创新管理机制,提高管理效能,争创高水平现代化学校。

1. 校委会实行闭环式循环工作法。学校校委会成员在学期工作计划统筹下,确立一个周为工作单位,按照提报计划、汇总论证、布置工作、检查反馈、回头总结的闭环式循环滚动。周工作例会先汇报一周工作完成情况,再提出新工作任务。这种有布置、有检查、有反馈、有效率的工作节奏和方式使校委会成员建立了扎实的工作作风。

2. 教育教学工作实行纪实通报法。黄岛小学所有布置的工作干得好与不好都会有评价,基本方法就是进行过程与结果纪实,取点定标,检查、反馈、表扬、评价。将事情的来龙去脉纪实,将干与不干写实,将干好与不好写实,这种"呈现"的方式,不扣钱,不批评,只讲道理,说实话,讲情境,用力表扬。既有一事一反馈,又有阶段一小结,还有学期一总评。保持了学校主流思想方向一惯性的引导,让主动者感到有成就感,让被动者有榜样,建立了"优秀是自己干出来的不是别人给的"工作观、价值观。全体师生形成了务实、扎实的工作作风和主动工作、创新工作的思想观。

3. 奖励"幸福时光券"——教师激励机制。学校在以制度管理人的同时,更是推行以人为本的管理理念。在制定考勤等刚性约束性制度时,注意突出激励性和人文关怀,学校创新性地提出了"幸福时光券"教师激励机制,对突出贡献的教师,奖励一定时长的假期休息,以更高一级精神层面的激励替代物质化的奖励。至今已有100多人次领取了时光券,极大地调动了教职工的工作积极性。

学生评价改革的创新与实践案例

即墨通济实验学校　王治国

"三好学生"是学生的最高荣誉追求,对学生成长具有激励的作用,但是现行的评价方式过于重视成绩,"三好学生"成了少数成绩优秀学生的专利,对大部分学生失去了激励和引领功能。学生评价如何真正立足于学生的发展为本,持续促进每一个学生全面、健康地发展?对此,学校在德育管理中尝试对学生评价进行创新与改革。李志刚局长说过:"任何一项改革我们都要有这样的认识,不能让教师觉得很复杂、很麻烦,否则改革是没有生命力的。要达到"新三好":简单就好,师生认可度好,效果一定要好!"基于李局长的"三好"要求,学校在借鉴优秀学校的成功经验和本校实际开展"学生评价改革的创新与实践"的研究,创建了一套符合学校实际的"知行教育评价体系"。"知行教育评价体系"在学生评价中实现了"三个转变",形成"两个教育合力",对学生成长进行全方位、全过程的评价,取得了很好的育人效果。

一、知行教育评价的基本操作流程

1. 知行之星评价共分为德育 5 面红旗、智育 9 面红旗、艺体 2 面红旗,共 16 面红旗对学生进行递进式评价,学期末根据得红旗的多少直接授予"三好学生"和"知行之星"称号。

2. 德育评价贯穿于班级管理的各个方面,学生每积 5 分获得 1 枚五星,积满 5 枚五星获得 1 面红旗,此项前 4 面由班主任评价,第 5 面由家长进行评价,家长从孩子在家庭表现的 8 个方面评价,得 5 个五星即可得这面红旗。

3. 智育评价分学科进行,如数学设 3 面红旗,按要求一个学期得 75 个优秀才可得到 3 面红旗。以数学为例主要评价学生的课堂表现、家庭作业、上交作业和学生互助等 4 个方面,智育的评价项目可根据学科和班级特点进行调整,但是红旗的总数是不变的。

4. 艺体两面红旗由学生参加各级艺体活动进行评价,如运动会、书画比赛、才艺大赛等活动,获即墨市以上奖励可直接授予一面红旗,校级和班级活动加 1 分,以此来调动学生参加活动的积极性此项由班主任负责。

5. 红旗发放办法:每班按 4 人一组分组,组员的红旗由组长发放,组长的红旗由排长发放,排长的红旗由分管班长发放,分管班长由课任教师发放,即分管教师只负责一个学生的红旗发放工作,其他的学生都由学生负责,知行之星学生评价在提高学生积极性的同时不增加教师的负担,管理结构如下图所示:

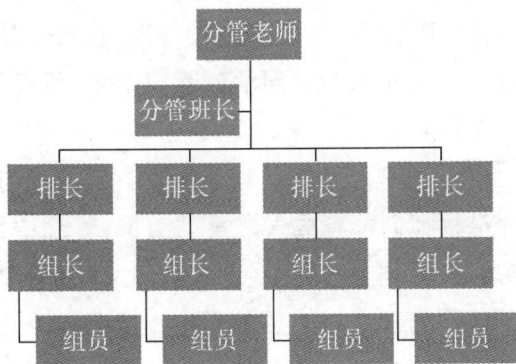

二、知行教育评价实现的三个转变

"三个转变",一是变结果性评价为过程性评价,现行学生评价方式大多为结果性评价,忽视了对学生成长过程的有效评价,生活教育评价关注了对学生成长过程的评价,有好的过程必然有好的结果;二是变竞争性评价为发展性评价,学生是存在个体差异的,有的学生学习成绩无论如何努力也很难进入班级优秀行列,但有些学生态度积极、品行端正,只是因成绩原因而与"三好学生"无缘,容易让孩子失去进步的动力,生活评价着眼于学生个体的发展进行评价,一个人最大的竞争对手是自己,只要今天的我优于昨天的自己,同样可以得到肯定评价,这样的持续进步,同样可以有量变达到质变,成就学生个体的发展;三是变一元评价为多元评价,以前的评价是一考定输赢的一元评价,虽然现在不对学生公布名次,实际操作中班主任还是按成绩评"三好学生"已经成为潜规则,知行之星评价由成绩评价为主的一元评价变为对学生校内外德智体全方位的多元评价,真正促进学生的全面发展。

三、知行教育评价形成的两个教育合力

1. 形成教师间的教育合力。

①班主任与任课教师的教育合力。以前的评价方式由任课教师各自为战对学生评价,很难形成教育合力,知行之星评价由所有任课教师共同对学生进行评价,每个教师的评价都管用,容易形成教育合力。

②全校教师间的教育合力。在知行评价改革基础上对学生管理方式进行改革,在学校开展"发现他班之美"协同管理活动,教师们在校内外发现班级和学生的优秀做法后,直接拍照发学校工作群中为班级和学生点赞,被点赞的班级在周量化积分加1分,被点赞的学生在个人评价中加1分,学校全体教师人人参与、齐抓共管,形成全校教师间的教育合力,树立正风正气,学生校内外秩序明显好转。

"发现他班之美"协同管理活动体现了三大管理理念,一是人人都是管理者,协同管理中学校校长、教师和保安都参与到学校管理中来,所有教职工发现管理中美的因素都可以点赞,做到学校全方位、无缝隙管理,改变了学生只在校长和班主任教师面前守规矩的不利因素;二是点赞活动让教师们自觉的参与到学校管理中来,让学校管理氛围更加和谐,教师们都有成人之美的美德,管理中如果让教师们找别班的缺点,教师们不会参与其中,而会"发现他班之美"为别班点赞,自觉地成为学校管理者之一;三是点赞的协同管理中被点赞的学生直接在和美评价中加分,便于弘扬正气,学生都有向善、向美的要求,点赞活动让学生在和美的氛围中美美地享受来自教师的表扬,使知行的教育导向得到强化。

2. 形成家校教育合力。

知行评价的18面红旗,其中德育评价中的5面红旗中的1面红旗由家长授予,对学生在家中的表现我们规定如"自己的事情自己做,做好妈妈的小助手""每天为爸妈端一盆洗脚水""每天读书半小时"8项要求,只要家长认为有5条符合五星级

别就可获得"知行小孝星"这面红旗,改变了部分学生在家和学校两种表现的现状。

知行评价改革,通过学生成长过程的全方位、全过程的评价,激发了学生的学习热情,促进了学生良好品行的形成,降低了学生管理的难度,丰富了学校教育内涵。

加强校本培训,引领教师专业发展

平度市云山镇云山小学　张春玲

随着教育均衡化发展的深入,农村学校办学条件得到了长足的发展。我认为学校发展的快与慢,好与坏,其关键因素在人。正如前国务院副总理李岚清同志说的,"素质教育最终还要通过教师去实施。"因此教师专业素质的高低决定着素质教育的成败。没有较高专业素质的教师,学校条件再好,学校发展也是无源之水、无根之木。基于此项认识,我校开始探索提高教师专业化发展的途径。结合实际,我们重点开展了校本教研工作。

一、建立了教师课后反思

课后反思分为三部分:一是引发反思的内容简记,二是我的心得和对我的启示,三是我有话说。要求教师把平时上课,外出学习,日常教学中的闪光案例记录下来,并将自己的体会和感悟写下来,有不同的观点也可以在我有话说中发表一下。对教师们的记录学校不作硬性规定,有则多记,少则少记,无则不记,既不加重教师在课改中的额外负担,又培养了教师善于反思的精神。学校要求教师的反思每月整理一次,找出典型的案例结合自己的感悟写成具有较高价值的小文章,教导处每月检查一次。一学期下来,教师对自己的反思进行系统的总结,写出一篇具有较高价值的论文,学校在全校交流的同时,也将评选出的好论文编辑成一本小册子,取名为《在实践中感悟,在反思中提高》。这一举措的实施,极大地培养了我校教师善于反思的习惯,促使我校教师在专业化发展的路上迈出了坚实的一步。

二、开展了以集体备课、精品课堂展示为主的同伴互助活动

为了便于教师们取长补短加强合作,学校为教师们搭建了一个相互交流的平台。

即语文学科周二下午,数学、英语周三下午,我校举行全校性的校本教研活动。活动先由一位教师出示研讨课例一节,课堂教学中把考虑的教学问题进行重点的突出和设计,听课教师则注意探上课教师理念之髓,抓教学闪光之点,析教学疏漏之处,思以后借鉴之点。课后主讲教师对课的设计思路,重点突出的教学问题进行说课,其余教师则在"同科点评,另眼观课,异想天开"三个环节中谈自己对这节课的看法、想法,仁者见仁,智者见智,不以对错论英雄。上课教师在与其他教师充分交流的基础上,对课进行第二次设计,然后在平行班中尝试,以达到巩固和提高的目的。

另外我们有意加强了与青岛市内名校的交流,由支教岛周加惠教授邀请教师到我校上课,与他们共同探讨在课改中的所得所悟,以此达到促进我校教师提高的目的。

三、专业引领是校本教研的关键与支撑,也是教师在专业化发展中突破高原期的有效措施

为了做好专业方面的引领,我们结合学校的实际情况,一方面发挥本校骨干教师的作用,采取了以教学骨干引领带动教师的路子;一方面请市教研室给我们做专业方面的引领。借助专家和骨干教师的先进理念,为我校教师的专业成长搭建起了一个广阔的舞台,为学校的可持续发展提供了强有力的支持。我相信这样一句广告词:心有多大,舞台就会有多大。俯下身子干工作,你会觉得你的天空也很精彩。

四、"一、二、三"校本教研模式,促教师专业发展

1. 一即坚持一个反思:教师课后反思。实践证明:撰写教师课后反思,对于我校教师养成反思的习惯,促进我校教师专业发展方面起到了举足轻重的作用,它是在今后的校本教研工作中需要继续坚持的。

2. 二即采取两种引领:教师读书引领,专业人员引领。我们定期邀请市各位教研员等到我校进行专业方面的引领,取得了很好的效果。但是限于农村小学的条件和实际情况,我们不可能每次教研活动都能聘请相关专业人士,为此我们又适时地推出了教师读书引领。每学期教师根据自己的专业发展情况定出自己要读的书籍,学校统一购买。教师在读时不但要写好读书笔记,每学期结束还要写一篇较高水平的反思性论文,论文在全校交流并进行奖励。两种引领相互补充,相得益彰。

3. 三即实施三种行动:集体备课行动,精品课堂行动,同课异构行动。合作、交流、对比是促进教师专业化发展的有效途径。基于此,我们实施了集体备课行动、精品课堂行动、同课异构行动,旨在让教师们在共研教学设计行动加强彼此之间的合

作,在精品课堂行动中加强交流,在同课异构行动中加强对比。

我们坚信,只要我们在促进教师专业化发展方面坚持不懈地去做、去努力,我们的教师会成为最好的教师。教师专业化发展又会促进整个学校长足的发展,形成一个积极向上的良性循环。

五项举措促管理　教育路上踏歌行

胶州市第五实验小学　赵建华

学校秉承"用爱和智慧开启学生未来"的办学理念,走"文化立校、品质兴校、特色强校"内涵发展之路,构建起"需求式服务、规范化立制、温情式管理、精准化流程、协作式育人"的发展模式。

一、需求式服务，促进学校和谐发展

"给每一个班级配上小壁橱,学生放东西就方便多了。"这些需求都写在了学校每周定时发放的"需求建言表"里,每周一收,送至校长室。这是学校问计于教师,及时了解教师之需、建校之策、教学之法;还问计于学生,倾听学生的心声,想学生之所想,让教育回归孩子;更问计于家长,走进每个家庭,与家长面对面交流教育。这是学校领导班子真正坚持"师之所思,我之所想,生之所需,我之所为"的办事原则,每一件需求回复的最好方式就是行动,我们要求做到有事必办、急事紧办、特事特办。同时,建立规范有序的工作体系,领导干部建立工作日志,记载每天工作的完成情况、工作收获、工作未完成的原因等等,力争做到工作日清日结。学校组织全体教师对领导干部的管理工作进行等级和描述性的评价,并及时反馈意见,落实整改,促使学校管理走向精细、高效。

二、规范化立制，提升教师师德素养

我们把师德师风建设作为学校长远发展的基础性工作来抓,落实好"三条"途径:一是抓底线,引导教师做一个让人"看得起"的教师,为人要有德,守纪守时,对得起工作、对得起岗位、对得起学生家长;工作要有为,教得有劲,教得有用,教得有趣,教得有效,守住教书育人的底线。二是建轴线,以"师德教育月活动"为载体,举行"我的师德,我的爱"演讲活动,举办"校园感动人物"评选,让教师们讲述身边事,通过寻标、对标、达标、超标的实践行动。三是守红线,学校与教师签订《师德师风建设责任书》,开展师德师风民主评议活动,如"家长评教师、学生评教师、教师互评、教师评领导"等民主评议活动。学校实施师德师风"一票否决"制,增强师德考核的结果运用,强化制度约束,突出价值引领,每一位教师值得家长托付。

三、温情式管理,培养"四有"好教师

教师有信仰,教育有力量。"教师是我们的兄弟姐妹。"——我校每一位教师都有如此的认同感。学校领导班子走访了每一位教师,把关怀与温暖送到他们家中。学校鼓励每个人把自己的思考提炼制作成"五实小故事",让教师增强价值感,让教师找到职业成长的重要动力。学校还搭建"月度最美教师"(解决想不想干事的态度问题,分层次推进感动校园人物)和"五小人 出彩事"(解决能不能干成事的能力问题)两个平台,引领大家做好两件事:为他人着想的事,为自己点赞的事,营造彼此欣赏、积极向上的教育氛围,从细微处做起,在不断完善中,相互补台。于是,教师们都安安静静教书育人,踏踏实实干事创业,为五实小教师队伍的发展注入了时代的新气息。

四、精准化流程,提升工作效度

为解决工作"遗漏"或"脱节"的问题,我校推行工作流程化、精准化,面对各项工作,相关人员清楚由哪个部门牵头,每一步该干什么,"按步走棋",确保每一个环节能精准实施。例如,教导处的《集备流程》《教研活动流程》,教科室的《课题研究管理流程》,政教处的《班主任一日常规》《大课间活动流程》,把复杂的东西简单化,用流程来推动工作,从而提高工作效能。

五、协作式育人,提升办学品位

通过名师工作室、项目负责制、师徒结对、传承分享、名师讲坛、赛课研讨等有效活动,不断加强教师之间的业务交流与切磋。以"提质量·塑品牌"为主题,总结、提升、分享管理经验与教学智慧。我们确立了"创设平台,协作互助;理论提升,培养骨干;梯队建设,持续发展"的基本思路,开展每月一期的"慧人慧语"论坛,成立班科联席会,以班主任为核心,由班主任和所有科任教师共同讨论、落实教育教学现场共性问题的优化策略,建设协同育人管理机制。

构筑共建共治共享的教育治理新格局

青岛西海岸新区太行山路小学　肖焕盛

太行山路小学近年来围绕"太行养中华正气，书香育世界情怀"的办学行动纲领，以学校章程建设为核心，以课程为载体，不断完善现代学校制度，加快了教育治理体系和治理能力的现代化步伐。

一、以章程建设为核心，进一步完善学校制度体系

学校章程是学校办学与管理的"基本法"，是全体师生工作和学习的行为依据，也是学校发展的动力之源。太行山路小学在学校章程的制定过程中，广开言路，充分听取教师、学生、家长及社会各界对学校发展的意见和建议，重新梳理了学校的办学思路，确立了"正气树人，品质立校"的办学理念，以"传统文化融国际化"为发展特色，努力培养"具有世界胸怀的中国人和具有中国情怀的世界人"。以章程为核心，我校配套建立并逐步完善学校校务公开、教育教学管理、财务管理、安全管理等系列规章制度，整理汇编成为学校制度集《管理指南》，提升了学校规范化办学水平。

二、以民主管理为基石，进一步完善学校治理体系

民主管理的核心要义是"以人为本"，它唤醒人的主体意识，弘扬人的主体精神，发挥人的主体能力。太行山路小学在学校治理体系建设中，以"校委会""教代会""家委会""少代会"搭建起民主管理的四梁八柱。

（一）校务委员会为学校发展把舵引航

我校采取推荐、选举和聘任相结合的方法，确定了由学校领导、教师代表、家长代表和社区代表组成的校务委员会。委员产生的民主性、分布的广泛性有效增进了学校与家长、学校与社会的沟通与交流。同时出台了校务委员会委员产生、聘任改选、工作例会、议事程序、学习培训等一系列制度，规范了校务委员会建设。委员们通过定期工作例会，在校园发展规划、活动组织、教师考核、教学管理等方面积极建言献

策,有效督促学校完善了管理机制。

（二）教师代表大会激发教职工能动性

有效地实行教代会制度,可以保证广大教职工的知情权、参与权、表达权和监督权,从而保障教职工主人翁的地位。教代会代表由各团队民主选举产生,代表了最广大教师的利益。每年开展"我为学校发展建言"活动,针对教师们关心的热点问题和学校发展的瓶颈问题,广泛征集"金点子",为教职工提供民主参与学校管理的平台。《太行山路小学优秀团队评比方案》《太行山路小学教师月考核出勤量化办法》等制度的出台都是充分吸纳教师们的意见,经教代会表决通过并实施的。

（三）家长委员会成为助力学校发展的重要引擎

家委会是教师和家长联系的纽带,也是家校合力教育孩子的重要方式。学校家委会根据工作需要和学校实际制定了系列家委会工作制度,包括《太行山路小学家委会章程》《家长委员会联席会议制度》《家委会驻校办公办法》等,工作的制度化确保了家委会建设与发展。家委会投资 200 余万元为学校建设了孔子苑、舞蹈教室、操场看台,组织开展的"家长义工""爸爸妈妈开讲啦""亲子运动大会""研学旅行"等已经成为亮点品牌。

（四）少先队员代表大会让学生做学校的主人

在学校治理体系当中,学校建立少先队员代表大会制度,让学生参与到学校管理中来。少代会代表由各中队少先队员公开竞聘产生,当选的小委员们感到使命光荣,能够以身作则地做好少先队的各项工作。他们通过少代会提案制度,从自己的视角对学校治理和管理方面提出提案。凡是少代会委员们提出的提案,件件有落实或反馈,培养了少先队员的主人翁意识、责任感和使命感。我校"读书角""失物招领处"等的设立都是源于少代会委员们的建议。

"悬衡而知平,设规而知周"。太行山路小学共建共治共享的教育治理新格局不断得以完善,有效促进了学校治理能力的提升。在这一过程中,学校民主管理发展的方向进一步明晰,教师、家长、学生参与学校管理的意识不断增强,学校管理的民主与透明度进一步提高,学校决策与执行更加科学高效,营造了"尊重、信任、民主、守则、和谐"的育人氛围。

关心一个人　凝聚一片心

莱西市洙河小学　王闰生

莱西市洙河小学于 2018 年 10 月由镇办学校改制为教体局直属学校。当时学校有教职工 27 人，平均年龄 45 岁，50 岁以上的 8 人。教师学科结构不合理，年龄偏大，没有活力，特别一位别临近退休的老教师，中级职称一直没有解决，个人很郁闷，工作没有积极性。对此学校和教师也很同情，但由于镇办学校的教师积分要与其他学校一同竞争，所以老教师每年只能望分兴叹，学校也无计可施。对于一位即将退休的老教师，带着初级职称回家，这不是工资低少发几个钱的问题，而是面子和尊严问题。

这个问题该不该解决？

我们首先对这位老教师的情况进行了全面了解：年轻时教学勤勤恳恳，经常辅导学生参加数学竞赛，取得了良好的成绩。由于个人对学历进修的忽视，错失了多次机会，一直是中师学历，虽然 30 多年的教龄积分很高，但学历积分太低，再加上年龄大了，教学成绩也不是特别突出，所以屡战屡败。我们又通过其他教师了解到，这位老教师虽然工作积极性不高，但对于学校布置的工作也能完成，群众基础较好，大家对他这种情况也是比较同情。基于以上情况，学校领导班子经过研究决定，这位老教师的问题应该解决，不能让一位干了一辈子的老教师带着伤感离开学校。

这个问题怎么解决？

学校由镇办学校改制为市直学校，职称指标不用再与其他学校竞争，关键问题是学校其他教师也是年龄偏大，有着近 30 年教龄的有好几个未评上中级职称，他们也是非常渴望，竞争非常激烈。这个老教师要评上中级职称，必须要从分配的名额里为他单独拿出一个。为此，我们分为两步走：第一步是拿出这个问题，让教师们公开充分讨论，如果我是一个老教师初级职称退休回家，心里做何感想？通过讨论，让教师们换位思考,设身处地为别人着想。本来教师们对这件事都具有同情心,经过一番热烈的讨论,大家的思想更加统一。第二步,学校在教师们思想统一的基础上,进行了全员不计名投票,我们规定全校只要有一个人不同意,那么这项单独给老教师指标的政策就不执行。原来我们也有顾虑,利益面前大家能否坚守初心?毕竟职称对大家的吸引力太大,每个人的想法不一样。但是投票结果让我们很欣慰,全体教师同意。老教师非常激动当众洒泪,教师们也非常感动,一股强大的暖流在会场流动,温暖着每个人的心。

问题解决带来什么样的效果?

问题的解决,彻底改变了这位老教师船到码头车到站的思想,他工作中像换了一个人似的,时时处处积极主动。临近期末,他的老毛病犯了,需要住院治疗,但是他为了不耽误教师们期终复习用卷子,每天早晨七点就恳求医生为他挂上吊针,吊针一结束匆匆赶到学校为教师们印卷子,而且还经常把学校发生的一些事编成诗歌或顺口溜发到群里,传递正能量。他的工作热情极大感染了周围的教师;问题的解决,也让教师们感受到,成为市直学校后,洙河小学这个大家庭更加有温度,更加温暖,每个教师的工作热情被重新焕发,学校处处彰显活力。

学校管理不能光有一项项冷冰冰的制度、一条条硬邦邦的约定,更多的应该有一句句温暖的话语、一件件暖心的事情。一所有温度、有情怀的学校也就是在这样为教师解决一件件小事当中成长起来。

校长的面谈与访谈

胶州市北京路小学 张坤霞

张坤霞校长每学期都要和学校的每一位教师进行面谈和访谈。她有自己独特的面谈和访谈经验,在她的生活中,和教师们谈谈工作、谈谈家庭、谈谈孩子、谈谈自己对未来的规则是一门必修课。通过谈心,找出解决问题的方法,通过访谈了解每一个教师的心理需求,用自己的一腔真情和其他教师融为一体,成为一家人。

1.谈话不应仅仅停留在了解情况的层面上,必须带有一定的目和意义。张校长每学期的工作计划中,对于本学期的面谈计划是早有规则的,包括怎么谈、和谁谈、在什么场合等。

2. 张校长通过面谈关注教师队伍的思想问题。对于年轻教师,她从建立一个家庭的组建谈起,谈他们的情感需求、家庭状况,心理期待值,鼓励他们好好工作的同时,不忘记多回家看看老人,多关心自己的恋爱对象,多充电蓄能。对于中年教师,她从一个家庭的责任谈起,谈工作压力、谈育儿压力、谈照顾老人的压力等,鼓励他们好好工作的同时,不忘记自我释压,照顾好自己才能顾全大家。对于老教师,她从家庭的贡献谈起,谈他们的成绩,谈他们的奉献,谈他们的付出,让他们安心工作,为中、青年教师做榜样。

3. 改变"谈"的方式,让两个人的静悄悄的"谈",变成与教师们的心灵共鸣,带动教师们一起成长。

4. 建立一种思维方式,站在对方的角度想问题,想清楚你要谈的这位教师最需要的是什么,你谈的重点是什么。其次,在谈话中要拿出自己的"真心诚意"。让教师们感觉到你的大爱和原则。在谈话中,为教师们的思想问题理清脉络,让其放下包袱,轻松上阵,为整个学校营造了一家亲,一家人的家庭文化氛围。

精致化管理激发"书馨教育"新动能

青岛西海岸新区兰亭小学　孙传香

一、背景分析

精致化管理是科学精神与人文精神相互交融的管理,是追求卓越、精益求精、周到细致、精雕细刻的管理,是既注重细节、过程,又重视结果的管理,是质量与效益同步提高,教育投入与教育产出均衡的管理。

兰亭小学秉承"写好人生每一笔"的核心理念,以办好老百姓家门口优质学校为办学目标,精心实施"管理强校、质量立校、特色兴校、依法治校"的发展方略,旗帜鲜明的打造了"书法浸润人生、国学传承文明"的办学特色,享誉全国。2016 年荣登全国书法教育示范学校(全国仅有 20 余所学校)。

二、典型做法

学校深入落实《青岛市中小学校管理办法》，做到校园环境、办学行为、规章制度、管理服务精致化，以书法教育为龙头形成了"以书润德、以书启智、以书健身、以书育美、以书践行、以书立志、以书圆梦"的书馨育人体系。

（一）将新标准转化为新动能，明确精致化管理的新内涵

学校落实日常工作精致化管理责任，注重过程和细节的管理，做到人人管、处处管、事事管。实行值日校长"一日四巡"、学校干部集体调研制，教学常规"九字诀"。充分利用红领巾文明岗、安全值日岗、家委会驻校办公等载体，使每项工作年度有计划，月月有目标，周周有安排，化整为零，事半功倍。经典日日诵、早读午练、作业检测、业务论坛、课堂展示……一日常规、一周常规的管理，把师生优良的日常规范行为沉淀为学校文化。通过办公会、教研会、班主任例会、通报公示等对每项工作从目标计划、实施过程、目标达成度等进行全方位掌控，实现日常工作有布置、有措施、有检查、有记录，发现问题，及时整改，消除常规管理的薄弱环节，达到目标精准、过程精致、结果精品的管理效果。

（二）用思想和情感引领行动，形成奋发有为的新气象

我们把人的发展放在至高无上的地位，以"书馨教育"为抓手，营造精致化校园环境及精致和谐的人际氛围，全面落实"四创建"。

1. 创建"美丽校园"，通过"书道九景"，精心打造一个美妙优雅、墨香飘溢、充满书香气息的校园；围绕学雅养正德育品牌，结合学生特点，实施自主管理四化：即队伍组建多元化，范围扩大化，建设网格化，培训常规化；推进"兰亭小主人"管理模式，通过"校园文明巡查员""雅行监督员"等岗位，实现人人有事做、处处有岗责；通过每周有重点，每月有主题，每期有目标，每年有变化的系列"坐立行小标兵""文明校园小标兵""文明校园礼仪星"等评选活动，培养学生行为有礼、有序、有规；通过开展"两个对话"，即"与心灵对话—幸福人生工作的密码讲座和拓展辅导活动"和"与身体对话—健康养生生活的宝典知识分享和健体活动"，"两个评选"，即评选"校园十佳师德标兵"和评选"学校正能量代言人"活动，弘扬学校正能量，构建积极向上的学校工作氛围。

2. 创建"魅力教室"，从班风建设出发，做好班级文化、走廊文化、墙面文化等文化建设，通过督查评比，彰显教室文化魅力、师生形象魅力和班级特色魅力。

3. 创建"雅致办公室"，以学校制订的雅致办公室"五个一"为标准，通过一周一

检查,一月一总结,每学期评选"文明办公室"等做到制度精致、文化精致、作风精致;通过叙述经典办公故事,引领雅致办公新风尚。

4.创建"实效功能室",根据教师的特长装备特色功能室,特色功能室就是特长教师的工作室,特长教师也就成为特色的项目负责人,自主管理,自主制订计划、目标等,从而使功能室成为充分发挥教师特长和培养特长学生的阵地,目前我校的名班主任工作室(樊淑美工作室)、书法室(马先勇工作室)、陶艺室(徐念霞工作室)、舞蹈室(吴桂凤工作室)等功能室培养了一批又一批的校园小明星。

(三)把制度转化成师生的自觉行动,形成自主管理的新局面。

学校融会科学管理与人本管理各自的优势,努力形成一种以文化为特征的管理理念与模式。

1.推行民主管理。定期召开教代会、党员会、家委会,以现代学校制度建设为着力点,修订兰亭小学办学章程,完善量化考核细则;全面梳理和修订安全、党群、教育教学、信息化、校园文化建设、家委会等各项日常管理制度,按流程做事,保障了各项任务的顺利完成;让教师、学生、家长参与学校管理,参与学校管理制度的制定,增强了人人参与学校管理的积极性和主动性。

2.推行"一日常规管理调研日"制度。执行校长负责牵头,协调教导处、总务处、办公室、学生处等科室进行日常督查指导,校长每周要查处2处常规管理问题,副校长3处,中层干部4处,从管理流程的启动、分配、监控、评价等细节形成连续的"流水线",把各岗位紧密衔接起来,层层签订责任书,实现无隙化管理。

三、实施效果

"精致"是一种意识、一种态度、一种理念,也是一种文化。通过精细化管理,学校的各项工作和教师的工作习惯已约定俗成。事事有人管,时时有人查;时时有计划,事事有总结;消除了管理上的盲点,学校各项工作实现了"完美、高效、一流"的目标。

四、问题与反思

精致管理必然强调量化评价,但学校的有些工作是没法量化的。所以,学校在制度设计和评价教师时既要看量化记录数据,又要考虑其过程的工作表现和效果。

新动能激发了新活力,精致化实现了新作为,"书馨"教育迎来了发展新时代。在今后的工作中,我们将举全校之力,集全员之智,以前瞻的眼光、求异的思维,抓教育改革,改管理陋习,努力把学校建成品位高、特色明、现代化的新型学校。

博大之心容人，关爱之情纳人

——"优化内部管理"专题实践

青岛西海岸新区育才小学　管延爱

学校的一切制度都渗透幸福文化的内涵,以进取、悦纳、包容为核心,以人为本,从师生的需要出发,坚持制度管理与情感交流相结合,刚性制约与柔性关怀相统一。

一、完善制度，以规范的要求约束人

注重加强学校制度建设,依据教育发展实际,不断修订完善旧制度,制定新制度,使管理更趋完善、科学,更具有人文性。制定了《育才小学教育教学管理手册》,定期完善《教学常规管理办法》等教学管理制度,修订相应的具体要求、细则,重视加强过程管理,督查评估学校、教师教学的全过程。制定了《育才小学任课、听评课制度》,对教学管理人员和教师任课、听课、评课在数量和标准上都有明确的底线要求。制定了科学合理、便于操作的《教职工年度考核方案》,对教师教学工作进行科学的定量与定性评估。落实过程中,注重抓好学习、检查、总结、反馈、整改等环节,督促教师逐步由他律向自律方向转化,由被动地接受管理过渡到主动地以规章制度自我约束。

二、深化改革，以竞争的机制激励人

学校每学年一次完善《育才小学教职工目标管理考核标准》《各类先进评选办法》等,积极寻求科学的管理办法,在管理中强化竞争机制,结合学校工作实际,通过《规范》学习落实、师德主题演讲比赛、教师专业精神大讨论、撰写师德教育案例、教师格言征集、联欢庆祝等方式,开展丰富多彩的师德教育活动,营造"爱校、乐业、奉献、创新、进取"的良好氛围,树立"一切为了学生发展"服务的思想,净化教师的灵魂,升华教师的师德。通过教研组、级部组等捆绑式考核,增强团队的凝聚力和向心力,激发广大教职工立足岗位、奉献事业的工作热情。

三、营造氛围，以民主的管理引导人

学校积极创设条件，让教师们参与学校管理，实行民主管理。让教职工参与制度的制定，建立更具人情、更富人性的制度，实现学校的管理者与被管理者在追求学校共同利益上的一致性；建立健全教职工管理组织，充分发挥教代会、工会乃至广大教职工在教育改革、创新、实践中的作用，实施教师人人参与的民主化管理，促进学校发展；工作公开透明，维护教师的知情权。学校注意对各项工作情况及时通过教代会、教师会、宣传栏、网站与学校简报登载等形式及时公开，使教师随时了解学校情况，增强了他们对学校工作的理解与支持。学校广开言路，多方征求教师、家长、学生对学校工作的意见和建议，引导他们积极参与学校管理，促进学校工作全面深入地开展。

四、评优树先，以先进的典型鼓舞人

学校在组织教职工认真学习各级先模人物的同时，通过落实《感动育才文明人、文明事、文明集体评选办法》《校级各类先进评选办法》《学校骨干教师评选办法》，树立教师身边的榜样，引导教职工以争先创优为荣，用先进的标准严格要求自己，在各自的岗位上发挥自己的作用，使不同岗位、不同年龄的教师群体都有自己追赶的目标、学习的榜样，增强教师群体的争先创优意识和进取精神。完善先进教研组、先进级部组、文明办公室评选活动，强化团队集体争优，真正让由教师构成的教师集体的力量发挥出应有的育人功效。

五、关注发展，以人文的关怀凝聚人

学校在完善教师管理机制的同时，实行了"一线工作法"，干部深入教研组、班级，把"第一时间交给师生"，了解教师的工作、生活与发展状况和需求，征集教师对学校工作的意见建议，提高学校评优、晋职、考核、财务收支等工作的透明度，多形式为学习、工作和生活困难的教职工办实事，指导、帮助教师开展好各项工作，及时解决教师工作中遇到的各种问题，解除后顾之忧。以人文的关怀，提高学校的凝聚力，为教师全身心投入工作、学习与发展提供了保障。

优化干部梯队建设，全面提高管理水平

青岛西海岸新区风河小学　王明昌

风河小学作为一所新建校，从长远发展来看，培养和选拔能够担当重任的管理人才，是一项十分重要而又紧迫的任务。目前我校的干部梯队建设工作与新形势、新任务的要求还有许多不相适应的方面。因此，我对学校目前存在的干部队伍建设问题进行思考与反思，从中感悟到干部梯队建设的重要性和必要性。现在是采取有效措施，进一步加强后备干部队伍建设的关键时期。

一、干部梯队建设的步骤

（一）在学校内部建立起干部梯队建设计划

通过制定有效的干部梯队甄选计划及培训计划等，开发培养后备干部。建设规划应采用"滚动进出"的方式进行循环培养。学校办公室作为干部梯队建设的组织协调部门，负责人才的培养计划、人才甄选标准和程序的制定部门，对培养对象的确定和培养计划的落实进行统筹安排。

（二）学校各部门作为干部梯队的培养基地，负责培养对象的初步甄选和培养计划的具体实施

在学校形成一个干部培养造势氛围，召集学校管理人员会议，广泛宣传学校干部梯队建设方案和制度。部门负责人要对方案和制度理解并积极支持和配合。

（三）处室负责人根据梯队成员条件对所属教师进行考察，并列出培养计划

部门负责人按学校人员初选方案，发现有符合梯队建设的人员，要及时上报校委会备案，由办公室及时与成员沟通其发展方向，分析他所具备的优势及劣势，拟定他出所需要得到什么样的提升及培训等。

（四）后期培养

根据学校制定的各项干部梯队建设制度,实行人才培养和选拔,同时要对梯队成员的工作进行跟踪及考核,根据评估结果,对需要培训的按需求及时安排培训,可以提升要及时提升,只有这样贯彻干部梯队建设制度,干部梯队建设才不会形同虚设。

二、干部梯队建设的措施

（一）选人

1. 人才盘点。根据工作需要,对现职干部的现状及发展需要进行盘点,并确定需要储备干部梯队的关键岗位。关键岗位确定后,办公室负责建立关键岗位人员档案,记录其基本信息。

2. 部门负责人通过个人材料对初选人员的基本条件进行分析。办公室通过设置关键资质调查表、访谈等形式进行分析。关键资质调查表可从以下方面并结合岗位进行选择:如沟通能力、分析判断能力、计划组织能力、管理控制能力、应变能力、执行能力、创新能力、领导能力、决断能力、人际关系能力、团队合作能力。

3. 对他们进行发展力评估。评估内容包括两个方面:一是在此岗位期间绩效总体表现,二是基于此关键岗位胜任素质、胜任能力评估。

4. 根据发展力评估报告,并结合学校实际情况制订发展和培养计划。

（二）培训

学校若想建立一支合格的干部梯队,就要针对梯队人员制订不同的培训计划,同时要做好培训中及培训后的评价。

1. 通用培训。提升他们对学校的文化、学校的发展目标的认识,提升管理能力和决断力、系统思考能力、领导能力、团队合作能力等。

2. 通过部门负责人对他们进行"传、帮、带"的培养。根据每个后备人才的实际情况以及特性,为其制订出针对性强、详细切实可行的提升培养方案。

3. 日常锻炼。在日常的实践中给予锻炼的机会,定期评估他们在不同职位上发挥的能力以及业绩水平,并通过沟通,及时引导他们纠正不足之处。

建立干部梯队应注意:要对干部梯队建设的制度落实好,不要挫伤他们的积极性;对要选拔的人员的选择计划范围要广,目标性不可过于明显;评价后备人才的标准要清晰,应根据岗位提出能量化的考核评价指标,这样利于操作,对做培养计划更能有针对性。

建立和完善干部梯队建设、培养机制,合理地挖掘、开发、培养后备人才队伍,让教师得以成长,让学校不断发展。

激发管理活力,实现共赢发展

青岛香港路小学　于庆丽

现代学校从管理走向治理已是一种趋势,作为学校的管理者我认为管理不是自上而下的"管控"手段,而是一种上下联动的"共赢"理念,管理者要善于激发每个人的活力,才能实现个人和团队的共赢发展。正如华为的企业管理理念之一——力出一孔,利出一孔。

一、依托制度建设,让教师动起来

俗话说:不以规矩,不能成方圆。在学校的管理实践中,依托精细化的制度建设,可以不断增强管理效能。为此,我校一方面进行了校务管理委员会、学术委员会、校级班级家委会、教代会等方面的制度建设,充分发挥其职能,调动教师积极参与学校管理的积极性,营造了奋发向上的氛围,共同为学校发展和学生成长负责;另一方面运行"双线管理模式",努力实现科学管理。即学校行政(横向的级部管理)和学术(纵向的学术管理)并行的双线管理,同时运行五个子系统,即学校党支部牵头的思想引领系统、学校学科干部牵头的业务指导系统、教研组牵头的质量保证系统、信息中心牵头的技术支持系统、总务后勤牵头的硬件保障系统,努力实现人人去做事,事事有人管。在学校薪酬制度与"三定一聘"工作改革中,通过自上而下、自下而上的互动交流,明确各教师的岗位职责,教师的内动使学校管理更具有活力。

二、立足专业发展,让研究活起来

在学校的管理实践中,校长不仅要拥有高品位的思考,还需要有低重心的操作,要自觉走进课程和课堂的研究之中,走向教师和学生的成长需求之处。校长不仅是学校师生的精神领袖,还应是教与学研究中的学术首席,要以自己的学术力量,激励与指导师生在研究的状态下进行"教与学"。因为，优质的学校管理一定会不断激发教师发展活力，成就教师的专业发展自觉。

教师的专业发展需要"培植专业精神、丰富专业知识、优化专业技能，提升专业智慧"。这些年来，我一方面加强自我学习与提升，坚持开设"校长微型讲堂"，不断将自己的实践研究与学习感悟与教师分享，引领干部将研究成为一种管理的习惯，真正让研究活起来。另一方面，提升干部团队的学习力，制订了《干部工作管理手册》，建立了干部成长学习机制，引导每位干部不断开拓学校管理新格局，共同提升学校管理效能。近年来，各学科教研组致力于学校研究课题，从学生学习目标的定位到教学目标的达成等细节研磨，从一人一堂课、骨干汇报课到教学节展示课等，教师的研究热情日益浓厚，仅2017～2018年度学校教师近20人次参加了省市区公开课、优质课、的展示，13人次在区级以上进行了教学经验交流，学校研发的《责任课程》获得"青岛市精品课程"，教师的专业素养得到很大的提升。

三、注重过程评价，让管理实起来

关注过程，以评促改，管理才能有实效。学校管理中，发挥干部的传帮带作用，每位干部要做到"三个带好"，即带好一个级部、一个教研组、一位教师，引领我们的教师"把微笑带进课堂""把师爱带进课堂""把素养带进课堂"，打造"有责任、有活力、有品位"的幸福教师；同时以管理评价促教师发展。通过每月评选"党员服务明星"和"教师服务明星"，以及期末的"党员、教师服务先锋"优秀教研团队的评选，及时进行事迹交流和表彰，不断增强教师团队的凝聚力。

除此之外，学校畅通沟通渠道，落实管理细节，实现共赢发展。及时开好"三会"，一是每月开好级部组长联席会，传达每月的学校计划、重点工作，总结已经完成的级部工作，交流分享级部组长的管理心得，不断提升组长的管理执行力；二是每月召开领导班子管理工作总结会，引导每位干部不忘初心，在工作中不断创新；三是学校信息宣传会，以"互联网＋教育"为新契机，充分利用校园网、微信公众号等及时发布学校教育教学动态、校园精彩瞬间，宣传学校新亮点，畅通宣传渠道，实现社会监督，不断形成教育合力，共同为学生成长奠定坚实的基础。

创新管理模式 实现学校内涵式发展办学历程

青岛西海岸新区嘉陵江路小学、安子小学 李晓丽

管理是学校发展的生命线,只有不断创新学校管理运行机制,努力打造文化管理品牌,才能实现学校的内涵式发展。近几年来嘉陵江路小学立足学校自身,抓住教育管理的核心问题"人"的问题,坚持"以人为本",力求实现内涵式发展之路。

一、加强对管理的深层次认识,树立"以人为本"的理念,提升学校的办学水平

学校管理的核心就是"以人为本",主要体现在"管"和"理"两个层面,"管"是管理的初级层面,就是依靠规章制度约束被管理者的行为,被管理者是没有自主意识的,只能被动地接受工作;而"理"才是管理的高级层面,就是遵循人的规律,建立以人为本的管理体系,它实现了被管理者发挥自主意识,为了一个共同的目标,为追求最大效益,而主动工作。"管"是"理"的基础,"理"是"管"的最高追求,只有管得好才能理得顺,才能达到"以人为本"的最高境界。为此在管理管理机制上,实行年级组长负责制,将教育教学以前的"分线负责"变为"条块结合,以块为主"的年级组负责制,将工作重心下移,将教学管理权下放,在具体的实施中推行"人格信任"制度打造"和谐团队"。

二、创新运行机制,实现文化管理

学校根据教育管理的规律,以人为本,大做"人"的文章,在领导班子、教师、学生三个层面依据学校实际情况,建立创新了新的运行机制——"领导班子循环工作法"、教师教育教学"写实管理"和学生养成教育"三个一",同时建立主动发展的文化场。通过文化建设,寻求贴近教师实际的活动来进行构建这种文化场。例如,学校以全国最美教师薛月娥这一典型打造了"寻找嘉小最美教师"的文化品牌,这种通过寻求贴近教师实际的活动使得学校师生快速形成文化价值观的趋向。

三、建立"多元激励性评价体系"，促进师生持续性发展

学校从真正关注每一个师生成长的全过程，追求共性，优化个性做起，尊重差异，发展差异，构建评价体系。在具体实践中对教师的评价重在突出评价的激励和调控功能，激发教师的内在发展动力，促使教师不断进步，实现自身的价值。创新性的实行模糊评价法——A、B、C三级评价法，对学生的评价以面向全体学生，张扬学生个性，促进学生整体发展为宗旨。评价内容由单一向多元转变，以"我的成长目标我来定"为主线，先取自身最适合自己的内容方式，形成了"多元激励性评价"塔式奖项内容。评价方式由静态向动态转变，创新性地实施了如学科类的GZ评价模式、德育体验式教育的通报式评价和考察式评价、单项技能的增量式评价等。注重转换评价主体，实施自评、互评、学长评、教师评、家长评等，让评价功能在管理中放大效能。

创新管理让学校有了大发展。学校相继获得青岛市语言文字示范学校、青岛市足球特色学校、青岛市科普示范学校、青岛市规范化学校、青岛市海洋特色学校、青岛市数字化校园、青岛市"十二五"读书实践工程先进集体、青岛市节水示范学校、青岛市十佳德育品牌、青岛市建设节约型学校、青岛市文明单位、青岛市 AAA 级健康校园、青岛市立德树人最美校园、山东省规范化学校、全国新教育的加盟学校、全国软式垒球实验学校学校等数十项省市级以上荣誉。

党建引领，制度保障

青岛无棣四路小学 钟 芳

学校建立了以《学校章程》为统领的制度体系，涵盖了教育教学、学生管理、教师管理、安全管理等方面，建立了有效的科学决策、多元治理机制。以"群众路线"为指导原则，深入教育教学一线，广泛听取广大教师意见，及时发现问题，召开专项会议开展讨论交流，依据学校的发展，科学合理地对原有制度提出改进建议，对《学校章程》做出科学合理的修订，确保学校科学决策，多元治理，为学校可持续发展提供有效保障。

以"不忘初心，牢记使命"主题教育活动层层推进为主线，以党建工作为引领，提

升广大党员教师的政治觉悟和素养,提高支部的战斗力和凝聚力。学校提出了学习内容有高度,思考反思有深度,研究讨论有力度的"三度"学习举措,确保党员教师学有实效。结合日常教师培训、党建品牌创建等工作,开展"述理论、比学习,述政策、比业务,述典型、比奉献"活动。广大党员教师主动承担学校急难繁重教学任务,在岗位中争先创优,用自己平时踏实的工作基本功和勤于奉献的精神,厚重了学校的党建品牌,为学校树起了一面精于教学,勤于工作,乐于奉献的旗帜。学校将教师大走访活动与主题党日党组织生活相结合,开展走访慰问活动。广大教师通过家访及时了解学生在家的学习、生活情况,思想动态,让每一个学生不在学校却继续享受学校教师的关爱,耐心倾听家长对学校教育工作的意见和建议,取得家长对学校和教师的理解和支持,加深教师与家长的感情,构建学校与家庭共同教育好孩子的桥梁,提升家长对学校教育的满意度。

生态意识有提高——通过生态教育,在理论和实践的结合上使校园的环境质量达到新的层次,师生的生态意识明显增强,保护生态环境成为广大师生的自觉行动。校园整洁优美,教室温馨雅致,生态标语随处可见。

人文精神有提升——学校建立开放日制度,俯身倾听,为师生家长排忧解难。切实开展师德建设活动,不断树立了良好的教师职业形象,传递教育正能量。学校党支部开展了"悦纳成长　共享阳光"创建工作,开展的党课活动被《大众日报》报道,大队部成立了校级学生自主管理委员会,学生的自律意识、自我管理能力明显增强。

课程建设有成效——课程化的教育才能持久有效,这是"生态教育"可持续发展的重要条件。学校通过创建活动,生态课堂建构模式初显,学校课程先后被评为市、区精品课程,教师发表多篇生态教育、教学方面的论文。

生态教育有成果——鼓励并组织学生积极参加多项研究性学习、科技制作、文艺活动等,获得多项荣誉。

优化内部管理

——加强班主任工作

青岛西海岸新区台头小学　李淑红

班主任是一个班级的领头雁、排头兵。因此,加强班主任工作是学校工作极为重要的一环。如何做一个有"学生缘"的班主任？这也是我校一直在探索的一个话题,几年引导班主任做了如下尝试。

一、爱是基础

（一）将教师的目光当作温暖心灵的阳光，将教师的微笑当作世界最美的语言

眼睛是心灵的窗户,是最重要的体语沟通方式,是最有效的显露个体内心世界的途径。学生们非常希望从教师的目光中寻找到教师对于自己的态度。其实在这一方面作为班主任的确深有体会。当班里沉默寡言的同学下课随手关掉班里电灯的时候,班主任恰巧看到这一幕,赞许地看着他,似乎看到他眼中的光辉,很显然同学也读懂了教师的意思,心里美滋滋的,以后,还会看到他主动捡起掉在地上的粉笔,每天都把他靠的窗台擦得干干净净……

（二）将谈心当作滋养学生心灵的"鸡汤"

谈心,是一种双向交流的活动。班主任教育学生的实质实际上是师生心与心愉悦地碰撞,在师生双方不断碰撞中,实现感情的交流、融洽、升华,最终达到"动之以情,晓之以理"的目的。

首先,谈心不是凭借教师的权威,强迫学生说出自己内心的想法,而是教师用平易近人和宽容谅解去赢得学生的信赖,让他们自愿地倾吐。

其次,谈心不是以教师说教的口气对学生进行长篇大论的思想教育,而是师生双

方交流思想,分享心得,倾诉烦恼。

最后,对谈话中涉及隐私的东西,教师应该严守秘密,不能随意向其他教师和学生公开。只有这样,师生之间的友谊之花才会常开不败。

(三)努力做一架误差最小的天平,对于班里的学生一视同仁,骄而不纵

现在的学生大部分都是独生子女,他们自我意识极强,好胜、自尊,情绪波动大,因此,班主任要注意发现学生的优点,从而使每个学生都能够感受到被教师关注的甜蜜。但是,教师一定不能纵容任何学生的缺点,要对事不对人,做到一碗水端平,这样才会让学生心服口服,赢得学生的信赖。

二、安全不放松

孩子们从进校门到放学出校门,一天在校 6 小时,这一天只要平平安安、毫发未损(没损着自己、没损着别人、没损着公物),这一天的班主任工作就是成功的,一学期、一学年没出什么事,一学期、一学年的班主任工作就是成功的,当一辈子班主任学生没出现什么安全问题,作为班主任,就知足了。因此,每天班主任都非常重视孩子们的安全。开学初就制订了严格详细的班规班纪,从孩子们活动的时间、场所、内容、方式,课间操出操、大课间、值日都做了具体明确的规定,并悬挂在教室里,板书在教室后面的黑板上,并告知给家长,称之为"依法治班"。

三、 养成教育很重要

小学教育就是良好习惯养成教育加初步的智力培养,这是小学生德、智、体、美、劳全面发展的具体体现。因此,我们重视学生的习惯养成教育,小至上课的一个坐姿,大至学习方法,都要贯穿于每堂课的全过程。上课时,如果有学生开小差,会有意识地、采取适当方法予以引导;有同学做小动作,会边讲课边下意识地走到该同学身边,直至其专心听讲。学生听课过程当中,专心与否,用举手率来衡量。

培养学生的行为文明、规范,主渠道在课外,主要方法是多示范、多指导。学校也提倡课间或其他课外时间,教师少坐办公室,多和学生一起参与活动。在活动过程中,一旦发现学生有不规范或不文明的行为,绝不姑息,必须指出、示范,帮助其改正。例如,学生卫生大扫除、卫生值日,班主任每天按时到场,不厌其烦地指导、示范,正因如此,才换得如今学生良好的卫生习惯。一个个不规范的举止,一句句不文明的话,只要一有机会,我们就予以指正。

我校班主任工作从不敢懈怠,干的是一份良心活,讲究效率和效果,一点一滴马

虎不得。在教书育人这份工作上，只有进行时。

科学管理，发展特色

青岛天山小学 卢华丽

管理是一门学问，更是一门科学。学校秉承"厚德博学，弘扬民族精气神"的办学理念，在教育实践中，不断丰富和完善学校管理内涵，打造区域优质学校。

一、党建统领，提高党建战斗力

学校党支部牢固树立"抓党建就是抓全局"的理念，"围绕教育抓党建，抓好党建促校建"，通过"党建塑魂123"项目，将党建和推动学校业务工作深度融合，把党的路线、方针、政策落实到学校教育教学工作每个环节。全力打造"和美天山师先锋"党建品牌，组织党员教师上《先锋课堂》，研发《旗帜课程》，与学生结成"红色伙伴"，开展"党徽进万家"家访活动等，切实将党建品牌的打造落实在学校工作中，彰显党员先锋示范作用。推行"把骨干教师培养成党员，把党员教师培养成教学管理骨干"的"双培养"机制，凸显党组织的吸引力与感召力以及战斗堡垒作用。通过开展"三述"，进一步增强学习贯彻习近平新时代中国特色社会主义思想的政治自觉、思想自觉、行动自觉，增强把握政策、执行政策的能力水平，提升谋划工作的高度、宽度、深度、精度，从而引导党员领导干部把学习和研究作为一种人生态度、一种生活习惯、一种生命自觉，做到想透、说清、干实。

二、细节落实，增强管理执行力

学校实施以"行政管理"和"学术管理"双元两线并向发展的管理模式。倡导高站位决策，低重心执行的管理原则，坚持做好干部"四个一"（每周一次护导、每周一次教研指导、每月一次调研、每学期一次质量反馈），体现重心下移，提高管理效率。坚持每月召开"午餐有约"分管干部与学生共进午餐，沟通交流，致力于问题的解决；坚持每月一次的大队、团委、卫生室、网管中心等职能部门负责教师共同参与的联席会，发现问题，及时整改。"家委会"驻校办公加强办学监督，推进办学管理的科学化和法治化,增强团队的凝聚力。全面实施校园安全网格化管理。通过"网格化目录"和"安全职责清单",落实每名学校教职工安全职责。利用每周的校务会结合学校出现的安全问题及时研究,形成有效的解决方法。安全管理常态化,安全督查精细化,安全教育多样化,切实保障校园及师生安全,提高安全管理的执行力。依据学校《课堂教学常规细则》,坚持一日巡视、专题调研、联合督导等形式,做到日巡视日反馈;干部联合巡查,次日反馈;专题调研,当周反馈。加大对规范教学行为和常态课质量的巡查,全面规范教师教学行为,促进学生养成良好的行为习惯。

三、脚踏实地,提升教师综合力

通过形式多样的主题活动,深入开展师德教育,倡导和弘扬高尚的师德情操与精神追求,增强广大教职工热爱教育,在平凡教育岗位上建功立业的理想信念。通过"一体双轨三赛",提升教师发展内生力。一体:成立教师专业发展"研学行"共同体,通过团队捆绑互助的形式,实现共同发展提升。"双轨":建章立制,设立校本研修的"底线之轨"。依托继续教育学分平台,远程研修等,汇总好教师参加山东省"互联网+教师专业发展"工程必修课程、选修课程、工作坊研讨的相关数据,加强指导,督促参训教师保质保量地完成研修任务。项目推进,重点打造"发展之轨"。重点成立"项目式课程研发团队"和"一核三图五有思维悦动课堂研究团队",进行PBL项目化课程研发实施及思维悦动课堂策略的研究。通过团队协同研究,学习、实践、提升教师项目式课程研发能力,悦动课堂驾驭能力,从而实现教师专业的高端发展。"三赛":举行青年教师基本功比武大赛,一师一优课悦动课堂展示大赛,及项目式课程研发成果展示大赛,引导教师赛专业技能,赛课堂研磨,赛课程构建,通过教学节、组长论坛,共同体成果展示会等多个平台,展现教师深度学习、发展的成果。

四、悦动课堂,提升学生学习力

学校以"思维悦动课堂研究"为主线,重点进行"一核三图五有和悦课堂模式"研究,组织教师认真学习区域"悦动课堂"标准,精研细化我校的"一核三图五有思维悦动课堂"观察量化。充分借助思维导图,开展"思维悦动课堂研究",践行召开"思维悦动课堂研究"专题教学年会,完成"思维悦动课堂"模式的梳理、总结与提炼。实现"让学生的自主学习行动活跃起来,让教师的启发式教育行为活跃起来,让课堂的形态与空间活跃起来,让课堂的教学研行动活跃起来"的区域教学质量目标。

学校管理的思考与实践

青岛莱芜一路小学　那朋云

学校管理是影响教师和学生行为的过程。学校管理首先是教师的管理,教师是学校文化理念的学习者、实践者、传递者。教师用自己的行为影响学生的行为,从而实现学校管理的终结目标。

莱芜一路小学在学校管理中重视人人参与、人尽其才的理念。一是体现用学校的发展规划与教师个人工作价值的自我实现与肯定密切联系。制订学校五年发展规划时,请教师具体分析学校发展的现状、自身亟待解决的问题,学校教育面临的挑战等,根据教师的分析,学校具体制订发展规划目标。在规划制订过程中,由于教师的全面参与与讨论,学校的发展愿景与教师个人发展期待相契合,提升了学校五年发展规划的认同感和参与感,不自觉中转变教师的思想理念和行为习惯,改变教师的工作方式,提高五年规划最终实施的效果。

二是体现学校三线并进管理模式。学校发挥每一位教师的作用和能力,全部参与学校各项管理中,设计处室管理和学科管理双线管理模式。设立室长管理机制,各个处室安排一位负责室长,全面负责本办公室卫生、安全、各项活动组织、物品领用、各类通知传达等事务性的工作。各个学科教研组安排集备和教研组长各一人,具体负责各年级各学科的教学研究和集备工作,落实区域教研要求和学校教学专题。各年级有一位级部组长,负责各个级部学生日常管理,各项学生活动安排。三线并进管理模式,既能使学校各项工作下放到各处室教研组有专人负责,保证各种研究,各项活动的顺利开展;又能使学校90%以上教师参与到各个层面的教育教学和学校管理中,树立"我是学校管理一分子"的主人翁意识。

莱芜一路小学的制度制定重视人文关怀。学校管理必须建立相应的制度,但不能忽视人文关怀。人的管理首先是对人的尊重、信任和理解。学校的出勤制度是每个教师最关心的,因为与教师每一天的生活工作、绩效发放息息相关。莱芜一路小学的出勤制度的制定和修改分为三步走:第一步了解日常出勤问题,如教师们的请假方式、时长,请假原因;第二步组织座谈,让大家根据自己的家庭和年龄讨论对出勤制度的建议；第三步基于教师的需要和学校管理目标制定出勤考核制度。

尊重教师需要，充满人文关怀的制度，全体教师认同也能自觉遵守，经过过一段时间的实施，教师们随意请假、迟到现象大大减少，保证了学校正常教育教学工作的稳步开展。人性化的管理能提高教师对管理制度的认识，成为一种发自内心的自觉行为。

莱芜一路小学的学校管理，将"人"的需求放在首位，关注内心需要，关注个体发展，关注情感认同，强化学校的发展和教师个人塑造完美结合，让管理出于形，而落无声。

变革学校管理，提升团队领导力

青岛市崂山区石老人小学　于新良

青岛市崂山区石老人小学 1932 年建校，是一所中等规模的公办小学。面对崂山区经济发展的新趋势和崂山教育的新追求，进一步优化学校管理，以实现制度创新、激活学校发展内动力的目的。

一、变革学校管理，提升团队领导力

（一）建设一支理念先进、主动变革的领导团队

学校校长、领导班子持续学习"新基础教育"理论，学习"生命·实践"教育学最新成果，并主动转化、提升、创新，提高变革意识、转型意识和系统思考、整合融通的能力。坚定对"新基础教育"的价值自觉、实践自觉，通过"教天地人事，育生命自觉"，促进学生主动、健康、全面发展，推动教师专业化发展。

（二）凝练育人理念，培育学校文化，改善育人环境

挖掘石老人的美丽传说中蕴含的"爱"的元素，遵循"让每个孩子扬起希望的风帆"的办学理念，培育"以爱导航，扬长激潜"文化品牌，坚持正面教育、扬长教育、全纳教育，弘扬"方寸海纳，至爱尽责"的学校精神，在践行"生命·实践"教育的过程

中不断提炼、丰富,形成清晰明确的学校文化系统,实现价值提升,培育学校特色。

（三）完善现代化学校机构设置

根据学校发展过程中遇到的新问题和育人需要,建立完善了评优制度、年度考核制度等新制度,完善了家长委员会、校务委员会、理财小组等现代化学校的机构设置。

二、重心下移，深度推进扁平化管理

（一）实施扁平化管理

坚持管理重心、教研重心、教学重心下移,落实"赢在中层、成在基层"的理念,提高中层干部的策划力、执行力、合作力。进一步明确"生命·实践"教育各领域负责人的职责。实行教研组长负责制。除了校级干部、中层干部直接分管年级之外,还设置了六大管理员,如学生工作管理员,具体负责学生日常规范管理;安全管理员,具体负责校车安全运行、安全月演练。

（二）推行项目管理制度

梳理明确学校发展十大项目,包括学校文化品牌塑造、品牌教师和青年教师发展、类型化教学挖掘学科育人价值、学校课程体系构建与实施、"十个一"项目发展学生兴趣特长、班队会和四季活动、党建引领新时代文明实践、平安校园建设、读书工程、家长素质提升工程等。

将学校重点推进的单项工作确定为阶段重点项目,通过招标的形式确定项目负责人,签订项目责任书,组建项目团队,自主策划、自主管理和自主评价,各分管部门之间相互协调与合作,深度推进各项育人工作的开展。

开展品牌项目评选,引领项目负责人出精品、出成果。阶段重点项目根据学校年度计划确定,如普及花样跳绳、开发故事课程、足球运动的普及与提高、中华传统经典吟诵、班本课程实施、开发科学实验课程、培育党建品牌、薄弱学科跟踪提高、提高课后服务质量等。

招聘项目管理员,让教有余力的骨干教师参与到学校管理中来,每学年学校都会设置 10 个管理大项目,如创建党建新时代文明实践中心项目、落实小学生"十个一"项目等;近 20 个管理小项目,如垃圾分类项目、啦啦操训练等。近 2/3 的教师参与到项目管理中来,丰富了教师的管理经历,激发了教师参与学校发展的积极性。

"乐享"助推团队专业成长

青岛台湛路小学　张淑世

　　《国家中长期教育改革和发展规划纲要（2010—2020）》强调指出："百年大计，教育为本。教育是民族振兴和社会进步的基石，是提高国民素质，促进人的全面发展的根本途径，寄托着亿万家庭对美好生活的期盼。"要全面提高教育质量，实施素质教育，实现教育的内涵发展，办特色教育，学校必须把德育放在教育工作的首要位置。而道德与法治课是教师进行德育教育的重要媒介之一，所以打造精英团队，开展道德与法治教研显得尤为重要，一堂好的道德与法治课，应当是优质高效的收获课，也是师生共享快乐的幸福课。让每位道德与法治教师"乐享"教研，让每个学生"乐享"课堂，这样学校的德育工作才会卓有成效，学生才会健康成长。

一、"乐享"教研，智慧分享

　　学校多年来努力营造一个民主和谐的环境，让教师主动教研、快乐教研，让每一次教研活动真正成为学习、交流的乐园，师生共享其中的快乐。

　　1. 健全制度是"乐享"教研的保障。没有健全的制度保障，"乐享"教研终将是空谈，学校道德与法治教研团队制度健全，规划完善。在学校的统筹安排下，团队每学期初制订教研计划、方案，确定教研主题。每次教研要求做到"五落实"，即时间、地点、目标、内容、措施落实。为了使教研活动开展有序、有效，学校将每双周的星期二下午定为教研团队的活动时间，同时积极并根据情况及时调整活动方案。与语文数学学科不同，根据道德与法治兼课教师多的特点，学校并不要求每个教师对于每课内容都独立备课，而是充分发挥教研团队核心成员的作用，积极开展集体备课活动。在校园网开设有道德与法治教学专栏，管理员及时传送国内外先进的道德与法治教学理念和教学动态，提供一些优秀的道德与法治课课堂实录和课件供教师观看和下载。同时将各册教案放置于道德与法治教学专栏上，供全体教师下载使用，并做到同教材教学，统一要求，统一进度，统一考核标准。

　　2. 骨干引领是"乐享"教研的指引。学校道德与法治学科教研团队是一支由精英教师组成的名师团队。五位团队核心成员经验丰富、已形成自身独特教学风格。近几年来更是硕果累累，夏慧教师于 2012 年代表市北区参与了青岛市优质课比武，《献上一朵小白花》一课最终获得一等奖第一名的好成绩；方慧教师《在学校工作的人们》一课获得山东省录像课一等奖。两位教师把自己所学有效地运用到教学中，起到了他山之石可以攻玉的效果；将自己获取的经验、比赛的心得在教研团队中相互交流，"乐享"教研过程，时时迸发出令人惊喜的创新思维和教学设计。

3. 内容丰富是"乐享"教研的核心。教研团队每月开展两次教研活动。为了不拘泥于一种形式造成大家的心理疲劳，"乐享"每一次教研活动，学校在开展教研时想了很多办法：期初传达市、区相关教学工作要求，交流教研组、备课组计划；期中开展优秀理论的学习，教学案例的撰写与交流，道德与法治课程与地方课程整合联系的设计、研究、交流，进行课堂实践中的技术运用研究与培训，加强教学流程管理，及时调整、反馈教学流程管理执行情况；期末以茶话会的形式开展恳谈活动，在轻松的氛围中，各抒己见，畅谈收获与得失，互相学习，取长补短。

二、"乐享"科研，阳光成长

"教育的本质在于研究，研究应该是快乐的。"这是学校道德与法治教研团队将教学研究与教育科研融为一体的基本共识，团队中每一位教师都走在"乐享"科研的路上。自学校承担山东省"十二五"研究课题《以"品德课程为主"让学生在自主管理中成长》任务以来，道德与法治教研团队每一位教师都进行了大量的实验和工作，做了较为广泛和深入的实践和探索，取得了教科研工作的明显成果，提高了教师队伍的教科研素质，享受了科研本身带来的快乐。同时，学生们在教师的引领下，自主管理的能力得到了培养，社会实践活动能力得到锻炼，个性得到发展。通过实验，师生关系融洽了，教学质量在持续提高，师生共享快乐。

1. 优化资源配置，寻求"乐享"科研的切入点。近几年学校投入资金几十万元，让学校旧貌换新颜。正厅的牌匾上展示的是一个学习的过程，书童做伏案思考的状态，体现了"学而不思则罔，思而不学则殆"的古训，这句话是我国古代大教育家孔子对他的弟子的教诲，直到今天，我们每个求学者仍然受益。"一角书落"是专门给学生建立在图书室外的开放式读书场所。让学生用一句话的形式交流自己的读书体验，学校配备即时贴，学生随写随粘，为学生建立了一个方便、快捷的读书交流平台。而国防室、海洋室中，开开船、摸摸枪，和"辽宁号"合个影，孩子们玩得不亦乐乎。

2. 拓展实践活动，激发"乐享"科研的兴趣点。实践活动对学生起着润物细无声的作用，学校结合节庆日开展形式多样的校园活动。如地球日，"我们与地球"科技畅想活动；世界读书节，师生"精读一本书"活动；"我与大地震"主题研究活动，等等。学校积极为学生创设自主管理活动平台，让学生体会到学习的快乐。与社区、警通连联系，引领学生参加社会实践活动，如与宁夏路办事处联合开展消防演习活动、与交警大队联合开展的"交通与安全"大调查活动。这样学生在课堂上培养的道德与法治意识、掌握的自主管理知识，也就有了实践应用的天地，师生共享科研的快乐。

3. 推广课题成果，探索"乐享"科研的增长点。教科研的意义在于指导教学，教科研课题来源于教学实践。学校结合课题研究开展的培训及研究活动，使教师们一步步走进日常教学状态下的科研工作中。正是切切实实的科研实践，使教师们懂得反思自己的教学，在筛选问题中确立研究课题，正是在一次次的交流研讨中，教师们明白了科研怎样与教学有机结合。课题促进了教师业务素质的提高，教师的课堂教学水平呈不断上升趋势。在历届耕耘杯比赛中，道德与法治教师屡获一等奖，在省市两级论文评选中我校也有多位教师荣获一、二、三等奖。更重要的是，通过做科研澄清了教师的思想认识，教育理念得以提升。我们也总结了一些方便适用的策略措施，如道德与法治教学中体验式、探究式活动策略、教学中的猜想策略，培养了学生的研究能力，享受了科研成果带来的喜悦。

三、满园春色，硕果累累

学校道德与法治教研团队一直倡导"乐享"理念，让学生在收获的同时，有快乐的体验。在刚刚结束的市北区优秀教研组展示中，针对"乐享"理念，教师们各抒己见，共同以开放的心态为学生积极创设民主、和谐、生动、有趣的学习环境，使教室成为师生互动的场所。让学生用自己的眼睛去发现，用自己的思维去质疑问难。最后，让学生依靠自己的能力和潜力去探究解决问题，大家"乐享"其中，课堂真正"活"了起来。近几年来道德与法治教研团队硕果累累：其中两位教师分获市北区青年教师优秀专业人才、市北区教学能手称号；二位教师分获山东省课堂教学一、二等奖；多篇论文发表于省、市级刊物……

"乐享"理念，让我们找到了和谐教研团队建设的一个支点，促进了教师理论水平的提高和教学实践能力的提高，培育了一种"勤奋、痴迷、博学、求真"的团队精神，形成了教师间"伙伴"式的团队文化，营造了教师"专业成长"的教研文化，加速了教师的专业化成长步伐。我们有理由相信，一个和谐、高效的精英教研团队的每位成员是幸运的，更是快乐的，"乐享"教育，花香满溢……

坚持依法治校　提升学校管理水平

青岛敦化路小学　刘艳华

依法治校是在落实学校办学自主权的基础上,实现学校管理的制度化、规范化。这就要求学校不断增强依法育人、依法管理的主动性,建立健全依法治校管理体系。

一、树立法治理念，增强依法治校的主动性

（一）领导重视，目标明确，是实施依法治校的重要前提

学校坚持"依法治校,质量立校,科研兴校,特色强校"的办学思路,严格贯彻执行党和国家的教育法律、法规、方针、政策,全面提高了学校的教育教学质量和办学水平。一是深入开展学习教育活动,统一班子思想上的认识,明确依法治校的深远意义,提高干部教师依法从教的意识;二是把依法治校工作作为学校的一项重要工作来抓,以管理创新实施策略作为保障,促进学校依法治校的水平;三是使依法治校工作与学校各项工作同步实施,把目标分解到各个部门和具体人员,与各自工作结合,形成了一级抓一级的工作格局和层层抓落实的高效运行机制,推进各项工作的法制化、规范化、民主化、科学化进程。

（二）网络健全，形成合力，是实施依法治校的根本保证

依法治校是一项系统工程,需要全员参与,广为覆盖。学校成立了依法治校工作领导小组,由校长任组长,副校长、工会主席、法制副校长任副组长,教务主任、德育主任、大队辅导员、总务主任、社区主任、家长委员会代表、班主任代表等为成员的学校、家庭、社会一体的依法治校网络,小组成员各司其职,分工合作,责任到人。

（三）重视教育，提高质量，是实施依法治校的重要环节

一是健全法制教育体系。学校建立了法制教育工作领导小组,从计划的制订、活动组织,到资料的收集整理,都由专人负责。二是抓好法制教育队伍。学校组织教

师们学习各项法律法规，多次组织他们进行学习、考试，强化学习效果。学校每学期两次邀请法制副校长、交警辅导员、消防辅导员对全体师生进行法制专题讲座，提高了全校师生的法律意识。三是作为全国消防安全教育示范学校，我校着力构建特色教育体系，探索出"三加三加一"的消防安全教育模式，即突出三项建设，抓准三个渠道，搞好一个基地——以实现"人人受到宣传教育，人人增强防范意识，人人掌握基本常识"的目标，收到良好成效。

二、完善学校章程，增强自主办学的积极性

（一）民主参与定章程，增强学校的自主发展

《青岛敦化路小学章程》包括行政管理、教育教学管理、总务后勤管理、安全环境管理、教师管理、学生管理等八个部分。学校章程做到全面又符合学校实际，对学校各方面工作提出了基本原则。章程的制定是一个充分发扬教师主人翁精神的过程，全校教师积极参与，提出自己的意见，并在教代会中通过实施，学校在每年的教代会中都会依据新形势要求组织修订。

（二）群策群力谋规划，促进学校持续发展

为促进学校的可持续发展，学校精心制订五年发展规划，通过教代会提案、家长调查问卷等多种形式，广泛征求广大教职工及家长意见，并先后召开了干部、党员、年级组长会议，专题讨论学校五年发展规划的制订，召开教代会审议通过。在规划中，学校进一步明确了发展的总目标，即把学校建设成师资优良、教育优质、管理科学、特色鲜明、条件先进的青岛市名牌学校，并细化了学校的育人目标，即品行端正、学业优良、各有特长、身心健康。为保证规划的实施，确立实施"五大工程"，即管理创新工程、好习惯培养工程、核心特色建设工程、科研兴校工程、学习型组织建设工程，争取五年内完成目标，创建一所名牌学校。

以三维三力，布好学校管理之道

青岛市城阳区第二实验小学优秀管理经验　万　莉

城阳区第二实验小学紧跟上级教育工作部署，全面推进素质教育，全面深化教育改革。以"三维三力"管理模式，切实加强学校管理，完善现代学校管理制度，努力优化育人环境，积极创建和谐校园。努力实践"向阳而立，乐创未来"的办学理念，促进学校管理向规范化、精细化、品质化迈进。

学校目前在校师生 3800 多人。基于学校规模大，管理难度大的现状，为提高学校整体治理能力，以优质的教育质量办好人民满意教育，学校提出"三维三力"管理模式，构建立体、多元治理体系。即从制度体系、人文（关系）体系、目标体系对学校教育管理要素梳理清晰，构建一个具有开放性的主体结构架和治理规则体系框架，以三维促进带动师生内动力、内定力、内生力，发挥好主动参与、多元治理的教育场，实现办有温度、有质量、有美感的学校教育。

依据学校"向阳而立，乐创未来"的办学理念和培养目标，学校重构制度建设。从 2016 年开始在学校管理中实施户籍化管理，户籍化管理涉及学校管理过程的每一个环节。进行户籍化管理的每一项工作，都要做到深入细致的体现这项工作的来龙与去脉。"户籍化"的境界就是将管理的规范性、精细化与户籍化工作对象的渊源有机结合起来。户籍化管理理念认为，户籍化管理分为四个层次：第一个层次是规范化，第二层次是精细化，第三个层次是纵向化，第四个层次是创新化。

但这远远不够，管理不能没有目标，否则团队就没有方向感，管理也缺少高度。所以说，任何一级组织基于管理，都必须建设好适合自己的工作目标体系。因此，学校每一个成员清楚"我们的努力方向是什么？我们要做到什么程度？"这就是方向和目标，一般表述为三年规划或年度任务，并且还要分解到各个部门和各个项目中，也包括个人的工作目标等。每一名教师、家长对学校及个人目标清晰并认同执行。三维三力模式主要从以下六个方面构建落实。

一、以身作则，打造阳光团队，布好班子建设之道

一个学校的管理水平如何，主要取决于学校领导班子人员的水平和管理队伍的质量。首先，学校领导班子定期开展集体学习，将教育新理念、新思想、新方法和上级文件精神学深、学透，确保上级的指示、决议和要求的全面贯彻执行，为学校的发展、师生的发展提供强有力的依据。其次，力戒指手画脚的官僚作风，脚踏实地履行岗位职责，实行校长值周制度，提高管理队伍水平，用实际行动去影响和带动教师形成凝聚力。再次，伏下身子倾听声音，学校设立校长会客室，教师家长学生可随时与校长畅所欲言，学校领导班子关心、体贴、倾听每位教师的建意，全校拧成一股绳，形成合力，抓细、干好各项工作。最后，定期召开教师代表会，努力为他们的工作创造条件，改善环境，提高待遇，形成工作的主动性和积极性，浓厚爱岗敬业、无私奉献的工作氛围。

二、重视班主任工作，细化管理体系，布好班级管理之道

班主任是班级工作的灵魂，是学校各项工作的具体执行者。充分挖掘他们的潜力，调动他们工作的主动性和积极性，是做好学校工作的保障。

一是每学期为班主任颁发聘书，在充分尊重、理解班主任工作的前提下，对班级管理，从课上，到课下，到辅导，学校制订了班主任工作细则，使班主任工作有章可循。每月评选"向阳级部""向阳班级"，鼓励级部抱团发展；每学期两次团队建设：开学初经验分享、团队拉练，学期末一个都不少的班主任述职，交流教育故事、管理金点子分享等，搭建互相交流分享的平台，共同进步。从而规范了班级管理，简化了管理程序，树立了班主任威信，调动了班主任管班、爱班的积极性。

二是组织班主任学习管理方法和先进经验。为使班级管理工作更全、更细、更优，学校构建以问题为导向的"专家培训、团队引领、自我成长"的培训模式，每周固定开展"1+X"班主任论坛，班主任们畅所欲言，谈管理、叙方法、论经验、畅感想、话成绩、体感受、借经验，发挥身边名班主任的辐射带动作用，带领青年班主任快速成长，培养了协作、探索、进取精神，形成了"每一名班主任都能胜任工作，人人争当优秀班主任"的良好管理格局。

三、实行人性化管理，营造和谐的教学管理氛围，布好教师成长之道

人是社会生产力中最积极的因素，学校实行人性化目标管理，张弛有度的管理方法，营造了教师乐教、爱岗、争先、创优的竞争态势。

一是创造条件,搭建平台,树立目标,促进每个人的健康发展。管理以人为本,就要着眼于人的需求,人的发展。学校实行"教师分层培养工程",制订教师个人发展规划,建立教师个人成长档案,实施分层培养,形成有梯度的教师队伍培养格局。对教师不同层次的需求努力搭建成长平台,以"走出去,请进来"的方式推荐骨干教师参加区级以上培训与观摩活动、结拜全国名师等方式,开阔视野,更新理念,提高专业发展。同时开展"百家讲坛"活动,为每一位教师搭建自我发展、展示智慧与才能的平台,将好学上进的敬业精神辐射到每一位教师,形成所有教师人人学习有榜样、有动力、有目标的良好局面。

二是充分尊重、信任每一位教师,学校真心为教师,教师才会有主人翁责任感,才能一心一意为学校,一心一意为学生,才能把"要我干"变成"我要干"。对教师评价,坚持以业绩为主,体现公平、公正、客观;对教师人格、个性充分尊重、信任,扬其之长,避其所短。学校决策问题,多听教师意见,对教师工作,善于包容和沟通,学校各项规章制度制定,努力做到既合理又合情。如在考勤方面,充分利用人文化的情感管理方式和榜样的力量,使教师的教学秩序逐步内化成了一种自觉行为,带来了干群关系的密切、融洽。为教师们营造宽松、和谐的工作氛围,办有教育温度的学校。

四、细化学生管理,提高综合素质,布好学生自主管理之道

学生是学校的主人,培养学生良好的生活、学习习惯,让每一个学生快乐、健康成长是我们办学的宗旨。

一是结合小学生身心特点,进行德育教育,按照《中小学德育工作规程》《公民道德建设纲要》《中共中央国务院关于进一步加强和改进未成年人思想道德建设的若干意见》《小学生日常行为规范》的要求,遵循真情实感的教育原则,在活动中育人、在仪式中浸润、在体验中提升。开展校园节日主题、传统节日主题、垃圾分类主题、感恩主题等主题教育,在中华人民共和国成立70周年之际成立"中国红"党史研习社,做根植中华的教育,为学生全面发展提供广阔的空间和舞台,对学生进行世界观、人生观、价值观等教育,引领学生价值观和高尚人格的形成。

二是发挥学生作用,实行自我管理。在学生、教师、家长层面开展"人人争当志愿者"活动,旨在引导广大师生家长主动担当、无私奉献,让学生、教师站到学校的最中央,具有主人翁意识,让全体师生主动想事、主动做事、主动成事。学生常规管理实行"班级自管+级部负责+校级抽检"三级管理模式,招募班级、本级部志愿者,定点、定岗、定职责,校级志愿者负责检查级部整体情况,用来作为每月"向阳班级""向阳级部"的评选依据。激发学生参与管理的潜力和热情,充分发挥学生在学校管理中

的作用,志愿者在参与管理的过程中既约束自己,又自觉地影响、带动周边的同学,三级志愿者优先参评向阳少年乐德之星,使学生在自我管理、自我监督、自我完善中快乐健康成长。

三是构建科学评价体系,促进学生素质提高。以学生发展六大核心素养和学校"乐创"课程文化体系为依据,在学生中广泛开展"向阳少年乐创之星"评选活动,协同各部门研究制定切实可行的评选标准,每月评选向阳少年乐德之星、乐言之星、乐智之星、乐美之星、乐健之星、乐劳之星,评选采取自荐(对照标准找优势发扬光大,对照标准找差距不断改进)、班级无记名投票选举、学校审查公示、表彰的办法进行,颁发勋章佩戴胸前(荣誉—肯定、激励;鞭策—监督、自省),勋章实行动态管理,若有违反校规校纪者,随时撤章。以评价为导向,培养根植中华、乐学慧创、行至世界的阳光儿童。

五、构建家校教育共同体,布好家校合力共同发展之道

(一)创新家委会管理模式,凝聚家校教育力量

完善班级、级部、校级三级家委会组织,实行积分机制,制定积分内容及标准,让三级家委会有章可依;每学期进行总结表彰,调动激励家委会充分发挥作用。打造"乐德"家长义工团队,让家委会成为家长活动的顶层设计者、活动的组织者和参与者,引领家长全方位助力学校。畅通家校沟通渠道,开展百万家长进校园、家长开放日、校长信箱、校长会客厅、家庭教育交流吧、驻校家长、阳光午餐志愿者等活动,以开放办学的心态鼓励家长走进校园、了解学校,进而理解并支持学校,为学校发展建言献策,使家校关系更加和谐、密切,合力育人。

(二)丰富家长学校内涵,提升家长育子水平

以全国家长学校建设实验学校为载体,以《家庭教育读本》为依托,建立专家、干部教师、家长教师三级家长学校教师库及授课课题,根据学生年龄及身心特点,选择适合的课题对家长进行授课,提高家长陪伴学生的质量。

构建"专家引领、教师指导、家长分享、自我成长"的线上线下学习模式。每个年级每学期确保一次专家授课、两次干部教师授课、一次家长教师授课,确保每位家长每学期4次8课时的培训学习;鼓励家长自我研修、成立学习社团,切实提高家长的家庭教育水平。

扎实开展师爱进万家家访活动,对家长提供有针对性的育子指导与帮助,进行个性化服务。通过"和乐"家庭教育服务站,给社区家庭提供帮助,解决家长教育的困

惑或者难题,提升家长教育水平。

六、加强学校安全工作,布好学生安全防线

学校始终牢固树立"安全第一"的意识,切实落实学校安全"一把手"负责制和教师一岗双责,抓牢学校安全工作,实行生存课程有规划,演练活动常态化,定期隐患排查整改,制定安全预警方案、常见病预防措施、安全责任报告等制度,确保了师生身心健康。

推进教育现代化理念与教育教学、教育管理深度融合,加速推进教育治理体系和治理能力现代化,积极推进办学模式改革,优化教育结构,提高教育质量,是我校教育工作永恒的主题和不懈的追求。展望未来,任重道远,城阳区第二实验小学将凝聚全体师生的力量,干事创业,以三维三力管理模式促进学校内涵提升,办成一所省市一流、全国知名的现代化优质学校。

语文主题学习全面普及　学习效益明显提高

青岛西海岸新区海军小学　毕许彬

阅读使人们聪慧、阅读改变人生。为了"从小培养阅读习惯、开展大量阅读",海军小学于2015年踏上语文主题教育的征程,由开始的班级(级部)实验,到全面铺开,我们的理念就是好的教育要让每一个孩子都享受到。

几年来,结合学校的教学,从主题学习入手,梳理语文教学思路,优化课堂模式,改进教师的教学行为和学生的学习方式,推动学生大量阅读,提高语文素养,并有效带动了教师阅读、家长阅读,使读书成了风尚。

一、努力探索语文主题学习的良策

"语文主题学习"是围绕某一"主题",在尊重学生个性化阅读体验的基础上进行主题材料建构的学习活动。是以高效课堂、学生自主学习和课内大量阅读为特征,以单元"主题"的实验教材为载体的语文学习体系。

为了上好每一堂课,全体语文教师以教研组为单位认真集备。"众人拾柴火焰

高",遇到疑惑之处,他们会进行激烈的讨论。办公室、走廊里、教室里都是教师交流集体备课的阵地。为了上好一堂课,教师们互相邀请入课堂,为了一处小的细节,常常争论得面红耳赤。

为了深化课堂教学改革,落实语文主题学习教学模式,我校开展了多种多样的主题教学活动。每学期举行语文主题课堂教学比赛,教师在比赛中各展风采,各具特色,教师们在互相切磋中交流、成长,展现出一堂又一堂高效的语文主题学习课。全体语文教师在竞争中磨炼教学,提升自己。

为促进语文主题学习的顶层设计,学校积极承办各项区以上教研活动。2015年12月16日,黄岛区"语文主题学习——全国名师进校园"公开教学活动在学校举行。2016年11月24日,黄岛区"语文主题学习"公开教学活动在小学举行,2017年9月15～16日,学校承办了青岛西海岸新区"语文主题学习"实验集体备课活动暨全区小学语文业务干部会议。2018年4月,李晓教师参加了青岛市"语文主题学习实验观摩研讨会"。学校还经常邀请区教研室张秀华教师、樊兆宽教师走进课堂做教学指导,教育体育局宋局长、王主任、孟主任也对我校的教学实验提出了宝贵的意见。教师们在专家的指导下领悟了语文教学的真谛,带领教师走出困惑,使我校的课堂教学改革迈向了一个新的台阶。

积极为教师们争取外出培训学习的机会,通过观摩学习,他们将语文主题学习的新思想、新思路带回学校,每次外出培训后整理资料上课,对全体语文教师进行二次培训。

课堂教学改革的大门已经打开,为了更好地"简简单单教语文",学校鼓励全体语文教师撰写教学案例、心得体会,经常交流,创刊《凤凰教育》,其中的优秀者会刊载在《主题学习》上。

通过各种形式的研讨和实践活动,教师们逐渐摸索出符合自身特点的语文主题学习"课堂教学范式",有"讨论式学习法""课堂内外结合阅读法""亲情阅读学习法"等。

二、努力实现教与学的转变

(一)转变教学方式,切实保障学生的"学"

"语文是学出来的,不是讲出来的",在这一思想的指导下,学校对教学行为进行重新规划,课堂教学在用至多三分之二的时间学完教材的基础上,剩余的时间在教师的引导下自由阅读语文主题丛书。遵循"三讲三不讲"的原则——学生已会的不讲、学生能学会的不讲、讲了学生也不会的不讲,集中力量讲学生学习过程中的易混、易错、易漏点,讲学生想不到、想不深、想不透的,讲学生解决不了的。切实达到教师的"教"围绕学生的"学"进行,教师的引导成为学生有效学习的保证。

（二）倡导自主互助的学习方式

"语文主题学习"重视语文的实践性,重视学生的自学与合作学习。教师精讲,把时间让给学生,给学生提供了尽可能多的实践机会;有效开展合作学习,同学间互帮互助、互相督促,保证了学习效果。语文主题学习重在引导学生积极参与教学活动,促使学生进行主动的、建构的、体验的、发现的学习,使学生真正成为学习的主体。在教师主导的主题课堂教学之外,学生课前通过自己团队搜集资料,在听课的基础上进行补充点拨,"师亦是生,生亦是师",让学生在和谐主动的学习环境中研究主题丛书。除此以外,还开辟主题自主阅读,主题演讲课堂,主题讨论会等多种形式。

三、让校园内外花满枝头，芳香四溢

语文主题学习让学生们会读书,爱读书了。教室里、校园里、家庭里每个角落里都有孩子读书的身影。他们在班级里自主设立图书角,设计走廊图书角,展开图书交流会。学习的氛围也越来越浓厚,孩子们不仅仅阅读主题丛书,还把对主题丛书的学习落实到笔头上来,孩子们在书上认真做批注,精心的制作属于自己的读书笔记。语文主题学习使学生的阅读能力有了大幅度提高,学生的口头表达能力、书面表达能力也发生了质的变化。

语文主题学习使教师和孩子们一样浸润在书海中,普遍喜欢上了阅读,在阅读中成长起来。学校出台了《海军小学师生阅读工程实施方案》,将学生、教师每学期(包括假期)的读书要求、读书目录都规定得很清楚,随时检查、检测。配合读书工程,学校每学期都开展师生阅读比赛、写字比赛、朗诵(演讲)比赛、作文竞赛等,极大地提高了教师、学生的人文素养,师生阅读相得益彰。

家庭是孩子的第二课堂,为了更好地渗透阅读思想,我们还充分发动家长委员会的力量,在各班家委会的组织下,全校所有家长都行动起来,加入阅读群。和孩子一起阅读的行为已走进家家户户,家长们利用阅读群交流孩子的读书心得,每班在群里建立起自己的读书成长册,家长们每天都晒一晒和孩子读书的温馨场面。家长们在平台中互相交流,共同成长,建立了自己与孩子的心灵桥梁,也拉近了家庭与家庭之间的距离。我们和社会一同阅读、一同进步,读书的空气弥漫社区。

我校的治校方略

青岛市城阳区流亭街道流亭小学　韩万青

学校管理系统的核心是校长,一个好校长就意味着一所好学校。作为校长,要想把学校管理好,必须选准工作切入点,讲究务实有效的治校方略,即做好以下四项工作。

一、抓好班子队伍的建设工作

作为校长,要想引领学校有所发展,仅靠个人的能力和智慧是远远不够的,必须组建一支务实、团结、高效的管理团队。

1. 我校正式启动了行政干部民主推荐、竞聘上岗的机制。经过自荐、他荐、竞聘、审核、认定的程序,上岗的行政干部富有激情、勇于创新、工作扎实,既给学校领导班子注入了新鲜血液,又大大提高了领导团队的管理能力。

2. 采用中层民主决策处理学校事务。"智者千虑,必有一失",而科学运用集体决策的智慧和优势,既能弥补个人决策的不足,避免个人决策的失误,又能增强集体的凝聚力。我在处理学校事务的过程中,注重发挥中层干部的作用,群策群力,重大事项的决策、重要项目的安排和大额资金的使用等,必须首先经由校委会集体讨论做出决定,然后在教代会上或全体教师会议上通过。比如制定学校的发展规划,教师考核评价方案,都充分发挥了行政干部的民主决策作用,调动了他们工作的主动性、积极性。

二、抓好教师队伍的管理工作

教师承担着教书育人的崇高使命,建设高素质的教师队伍,是提高教育教学质量的最关键环节。因此,要建一所好学校,必须打造一支强有力的教师队伍。

1. "四不准"提升教师师德水平。为加强教师师德水平,我们提出了"四不准",即不准让学生在我手里掉队,不准让学校荣誉在我这受损,不准让别人因我的言行受伤害,不准让家长在我这里受冷落。在"四不准"的要求下,我校教师在不倦的海人工作中培养了高尚师德。

2. "四个一"提升教师业务能力。为提升教师业务能力,我校实施了"四个一"工程,即:教师每学期读一本教育专著,教师每学期上一节精品课,教师每学期写一篇优秀教育案例,学校每学期为每一位教师提供一次外出学习机会。

3. 多举措加强人文关怀。在日常工作生活中,我始终把教师放在第一位,对有困难的教师尽力给予帮助,对生病的教师及家属及时慰问,加强对教师的人文关怀。

4. 宽胸怀重用各种人才。"人上一百,形形色色",一个教师集体,总会聚集着各种各样的人,作为校长,用人不能以自己的情感好恶为标准,应在调动其工作积极性上下功夫,校长要认真解读教师,充分发掘教师的闪光点,让教师发现自己的长处,淋漓尽致地发挥自己的特长。刚接任校长工作时,曾有几名让前任校长"头疼"的"问题教师",也给我出过不少难题,但只要是为了工作的需要,我就主动放弃前嫌,绝不给他们"穿小鞋",也不故意压制和刁难他们,优质课、教学能手、学科带头人、职称聘任等各类评优评先活动,我对他们都一视同仁。平时,我放下校长的架子,放弃一切成见,主动与他们交流,我用自己的真心和宽容换来了他们的感激,从而让他们脚踏实地的工作,实现了干群的和谐。

三、抓好学生的管理工作

1. 以"三生教育"课程为落脚点加强德育教育。为改变学校传统德育工作习惯采用说教警戒的教育方式,提高德育教学的实效性,我校以"三生教育"为题开发校本课程作为德育工作的切入口,以课程支撑德育活动的开展。"三生教育"系列校本课程包括生存技能、生活质量、生命价值教育。

生存技能教育是帮助学生学习生存知识,掌握生存技能,强化生存意志,提高生存适应能力和创造能力的教育。学校确定了日常安全自我保护能力、灾害、危机时刻安全保护能力、心理意志方面积极生存能力三个重点,主要在低年级进行。生活质量教育是帮助学生了解生活常识,掌握生活技能,确立正确的生活目标,养成积极健康的生活习惯的教育。学校确定了生活与礼仪、生活与健康、生活与审美三个重点,主要在中年级进行。生命价值教育是帮助学生认识生命、尊重生命、珍爱生命,促进学生积极、主动、健康地发展生命,提升生命质量,实现生命的意义和价值的教育。低年级是认识生命,中年级是尊重生命,高年级是珍爱生命。

2. 以精细化管理为抓手加强日常管理。学校无小事,处处是教育,在学生日常管理工作中,我们从细节入手,采取精细化管理。

细化安全管理。学校将学生出入较多的走廊、楼梯等地方划分教师责任区;安排教师周末放学轮流值日,做好学生乘车管理;与教师、家长、学生分别签订安全目标责任书,定期进行安全排查、安全演练,确保师生安全。

细化卫生管理,制订《流亭小学卫生管理细则》,确定卫生责任人、打扫时间、检查人员、整改办法,确保卫生整洁。

细化班级管理,开展"六比"(比文明、比诚信、比卫生、比三操、比纪律、比进步)活动。这项活动的坚持,达到了"六有"(待人有礼貌、出入有秩序、跑操有激情、就餐有规矩、卫生有档次、上网有收获)"六无"(校园无吵闹、考试无作弊、会议无喧哗、休息无违纪、公物无损坏、校园无浪费)的效果。

四、抓好家长委员会的建设工作

家长的根本愿望是把孩子培养成材,这个大方向和学校的工作是一致的,因此,让家长参与学校管理,不仅能增进家长对学校的了解和支持,也会增加家长对孩子学习生活的关注和理解。我校先后健全和完善了家长委员会,学校定期召开家长委员会常委会议,就学校发展思路、重大事项征询家长们的建议,同时也让家长委员会起到监督检查作用。

总之,作为新时代的校长,要与时俱进、开拓创新,带领好班子、教师、学生三支队伍,团结好家长队伍,努力做到"展教师风采,育特长学生,创特色学校"。

开展精细化管理,促进学校内涵发展

青岛市即墨区灵山中心小学　陈学路

老子曾说:"天下难事,必作于易;天下大事,必作于细。"这句话告诉我们:大境界、大事业都是由易事、小事累积而成,它们的成败往往是由细节所决定的。"细节决定成败",在我们"教师无小节,处处皆楷模;学校无小事,事事关教育"的学校中,做好教育的每个细节,于"细中见精",于"细中见大"。精细化的管理,是提高办学质量的基本要求,是推动学校教育内涵式发展的强大动力和支撑,更是学校彰显深厚内功和办学特色的魅力所在。

一、大力推行感恩教育，培养学生健康向上性格

中华民族自古就是一个礼仪之邦，但有的学生因父母对其的过度溺爱，动辄对父母发脾气、使性子，更甚者听到一两句逆耳的话就离家出走，给学校教育带来了极大困难。为解决这一教育难题，我们以"孝"文化为突破口，在学校开设国学课程，举办多彩活动，把中华民族传统文化的推广作为德育教育的着眼点和落脚点，收到了较好的效果。

教育活动多样。在校园先后建设了以"二十四孝"为主题的"孝道文化长廊"，让学生接受古代圣贤以孝传家的感染和熏陶；以"母亲节""父亲节""教师节"为契机，开展帮父母做力所能及的家务、写一封感谢信、给父母洗一次脚等教育活动，让孩子体会父母、师长辛苦，培养感恩情怀。通过感恩教育的实施，家长普遍反映孩子懂事了、知道心疼人了。孩子们树立了"感恩天地谢父母，健康成长报社会"的优良品格，学校的正能量被激发出来，良好的学风、班风不断巩固，违纪现象明显减少。

教育方式灵活。在学校推广"绿色惩戒"方式，对违纪学生不再"家教"，而是让他们针对所犯错误，挑选《弟子规》《三字经》等国学经典相应文章背诵，什么时候能背诵并理解了文章内涵，才算"过关"。过关后，要向全班同学说明自己所犯错误的危害，以自身事例规劝其他同学不再犯类似错误。"绿色惩戒"推行以来，犯错误的学生越来越少，班风、学风积极向上，学习氛围愈加浓厚。

在我们的学生中，有些孩子因父母长年在外打工，从小缺少家庭的温暖，养成学习不努力、花钱大手大脚、一言不合便动手打人的坏习惯。通过开展感恩教育和实施"绿色惩戒"，这些学生好像换了一个人似的。有位学生说："以前认为爸妈不要我了，我就使劲花钱气他们，上课不学习还惹教师生气，我犯的错大了，教师就会给他们打电话，即使挨骂也想让他们回来看看我。现在知道爸妈不容易，教师为我也操碎了心，再不好好学习就真对不起他们了。

二、积极开展引领教育，不断弘扬学校正能量

管理者，不仅要考虑如何"管人"，更重要的是如何"影响人"。我深知，学校管理是一门艺术，要在具备严格管理制度框架的前提下，让每个人都得到尊重、欣赏和重视。因此，我在学校积极推广了引领教育和"暖心工程"。

建制度。为实现管理的制度化、规范化和精细化，加强年级组、处室的有效管理，我们完善了学校的《年级组量化评比考核办法》《教师教学业务量化考核办法》《班主任班级管理量化考核细则》等制度。年级组的教育、教学、教研等工作的量化考核由对口处室负责，周小结、月汇总、期末总结、教师教学业务和班级管理质效的考核

由年级组负责,切实加强了过程性管理,形成人人有担子、事事有人做的合力攻坚的发展态势,保证了课堂教学和班级管理工作的实效。

送温暖。在我校,师资队伍中青年教师数量较多。为解决他们的工作、食宿问题,我们在学校开展了"暖心工程",建设了职工餐厅,在教师宿舍安装宽带专线,满足他们网络教研和学习前沿理论的需求,丰富了课余生活;帮助婚龄教师申请廉租房,联系各单位适龄青年牵"红线",解决青年教师婚姻问题;重大节日组织青年教师举办茶话会、餐厅聚餐,为他们创设一个温暖、温馨、温情的环境,让他们进得来、留得住、有舞台、有发展。

做表率。工作中,我要求学校领导班子时时处处以身作则,用一言一行影响、带动每一位教职工。在我们的校园中,拥挤的教室角落里,有学校领导听课的身影;"一课一研"活动中,因一个难题坚持辩论出是非曲直的,有学校管理层人员参与其中;运动场上,不时有负责安全的教师与学生"一决高下"的"牛刀小试";文明校园创建中,随手捡拾垃圾的,领导班子首当其冲。

抓落实。管理保"质",督查增"效"。为保证学校重点工作"掷地有声",我们在学校专门新设了督查室这一职能处室。督查室会同各处室和年级组搞好日常工作督查,并对学校重点工作进行全程跟踪督导,力求各项工作都能落到实处。

三、创新管理,全面提升教学质量

加强课堂教学改革。课堂教学改革充满风险和挑战,前进一步可能海阔天空,改革失败也许会"今不如昔"。在课堂教学改革之初,教师们心情忐忑,生怕改革半途而废而沦为"邯郸学步"。作为校长,我带领学校领导班子成员进课堂、搞调研,一步步制订计划,一项项逐步推进,最终形成了以凸显学生主体地位、学生全员参与的实效课堂。学生由被动接受知识到提前认知,"对学""群学",忙得不亦乐乎,参与热情高涨。很多学生坦言:"以前的课堂,教师讲得很精彩、很全面,但就是提不起来兴趣。现在自己动手、动脑,感觉效率更高了。"

完善学校管理机制。我校年轻教师较多,而青年班主任由于管理经验不足、思想引导不到位、没有系统的"治班"理念等原因,班级管理工作很容易出现"瓶颈"。为加速"差班"变"优班",我们在学校推行了校级领导、中层干部分包班级制。我和副校长分包各年级最差的班,帮助班主任做好优等生拔高、边缘生帮扶、学困生转化等工作,通过加强学生思想引领、情感疏导、弱科补差,手把手带动青年班主任专业素养提高。同时,对分包班级任课教师常规、"三七候课制"执行情况、每天到分包班级听一节课、班主任与学生思想交流情况、班级环境建设等负责,学校督查室每天督导、通报分包工作进展,并以此评定校级领导和中层干部分包实绩。

也许不是每朵花都开得姹紫嫣红,不是每朵花都能结出丰硕的果实,但我们不会因畏惧虚无的未知而停下探索的步伐。因为我们知道,只有持之以恒,坚持精细化管理,才能给孩子们拓展出一片更加蔚蓝的天空。

优化管理,促德育一体化实现

——青岛莱芜一路小学学校管理案例

青岛莱芜一路小学 金 颖

学校围绕传承美育特色,发展学校课程,围绕美丽校园三年行动,将师生的发展作为学校发展的重点,努力将学校建成有品位、有文化、有美感的充满现代气息的学校。

一、学校管理继续深化

学校管理体现了学校的文化价值和办学理念。我校在过去一年基础上,继续深化民主管理、团队管理,形成和谐开放、合作共赢的组织文化。

1.民主管理继续深化。在学校工会委员会和经审委员会成立的前提下,对学校工会小组、教工代表推选、教代会定期召开等进行进一步规范完善,充分发挥工会民主管理职能作用,工会组织下的学校食堂管理委员会的建立,对师生用餐、食堂管理等情况进行合理化建议和有效监督,在工会参与下,形成良好的民主管理机制。

2.公示制度继续深化。深化学校各项工作公开公平,让政务公开、校务公开、绩效公开,大项目支出公开继续推进完善。继续坚持每月绩效公示、职称评审公示、评优公示、基建项目公示、食堂每月经费收支公示等,接受监督。

3.教师自我管理继续深化。建立室长负责下的处室自主管理,将平日处室事务、环境卫生及安全等各方面工作下放到组室,为组室搭建平台提供契机,实现自主管理自主发展。

4.常规管理继续深化。继续加强干部一日督导管理,通过每日候课、调代课、护导、跟班等进行及时评价,图文评价,小气球评价,发现教师美的言行,弘扬教师中的规范、细节、师德,弘扬教育教学美行为正能量。

5.总务后勤、财务食堂管理继续规范。本年度对后勤财务食堂工作继续进行分工调整、程序优化、规范管理、细节管理,做到分工明确、流程科学、管理规范,重细节、重过程。做到事事有人管,事事有回话,事事有协作。

6.学校文化环境继续深化。学校环境基于"美的教育,好的风景"的内涵和目标,实施美丽校园三年行动。在校园内外、周边、走廊、教室、操场等场所进行科学规划,从优美到特色到互动,形成我校特有的有艺术气息的美丽文化环境。

二、学校德育一体化管理

德育工作是教育工作的首要任务,立德树人,育人在先。这是一个教育观念,需要学校和教师认同并落实。学校德育工作与学校全面工作融为一体,全员育人,全程育人,"人人都是德育工作者"将贯穿在学校工作的方方面面。

1.教师工作。

(1)全员育人工作的继续推进。本学期在上一年度的基础上深化全员育人,推行导师制,在学生导学、导德、导心理等方面落地工作,落实全员育人理念。

(2)全程育人工作继续推进。通过课堂主渠道育人和每周一德育课程两个途径实现全程育人核心价值。学校继续优化课堂观测点来引导教师对学生习惯培养、品行启蒙、落实尊重激励等;继续将每周一德育课程进行提前规划,成为精品德育课程。

(3)班主任德育工作能力提升。本年度围绕"无规矩不方圆""好习惯促好班风"两个主题进行整学期的班主任班级管理工作研究。每月一论、线上交流、案例解析等方式进行互动研究,形成班主任工作项目式学习,推动我校优秀班主任工作室的成立。

2.学生工作。

(1)学生常规管理再推进。围绕班风建设、学生习惯养成两个方面分层落实,重点突破;以起始年级常规养成为突破点,日日抓,周周讲,月月反馈,通过微信平台宣传美好行为,树立榜样激励前行。

(2)学校自主管理岗位的深化实施。学校将继续发掘自主管理岗位,在上学期周四广播站、护花中队、走廊秩序监督员等自主管理岗设定的基础上,本年度继续扩大范围,让更多的学生参与到学校管理当中来,培养学生自理、自立、自能、自信。

(3)班级自主管理岗位的深化。在上年度班级"全员岗位制"的基础上,继续落实人人都是自主管理美少年的目标,让班里的每个学生都有职责,班级达成人人有岗位,人人能管理,人人来实践的目标,提升学生的自我管理能力。

（4）本年度实践活动继续以全员参与为目标和宗旨，面向全体，给每一个学生机会。首先是继续深化"升旗仪式美＋少年说国旗下演讲"，每月一主题，班级展示，亲子合作，培养爱国情感；同时本年度学校还将拓展"小手拉大手，公益助成长"的系列工作，通过公益行动，推动我校德育目标的落实。

多元艺术社团，让学生用整个身体来学习

青岛福州路小学 赵 妤

福州路小学作为山东省教学示范学校、青岛市艺术示范学校，走进校园随处都会发现学生艺术学习的收获：校园里文化石上充满童趣的"幸福"两个字，是全校海选出的学生作品；学校不同位置的每一个古力盖，被美术爱好的学生画上海底世界的鱼、餐厅的美食、凡·高的麦田等色彩斑斓的图画；学生餐厅的名字，是由孩子们起的；课间校园播放的歌曲，是每年"福小好声音"的入选曲目；学生们会津津乐道自己参加的艺术选修课，也会自我陶醉在艺术社团的创作中，还可以积累学习评价自主选择与喜欢的教师共进免费早餐……这就是福州路小学"幸福教育"的润物细无声，这就是学校各级艺术社团不断倡导学生们用整个身体来学习的点点滴滴。

一、具体做法

1. 依托课程选修，激发全员参与兴趣。学校"Istream 选修课程"涉及科学、艺术、机器人、生活、语言、体育、数学等七大领域，其中艺术类选修课有珠宝设计、发"线"美、有趣的藏书票、奇思妙想玩美术、美好生活研究所、神奇的热缩片、衍纸画、缎带手工坊等十余门。学生根据兴趣自主选择，走班选修。为了让每位学生都有机会体验不同的类别的选修课，学校制定了"选修课评价标准"，其中特别强调学生在毕业时，至少要修足 8 门不同类别的课程。每学期的选修课，学生们都兴奋不已：一是学生可以在网上自主选课，学生们经常为抢到最热门的课程沾沾自喜；二是课程内容不断更新，时尚元素的加入更加让学生喜欢；三是学生可以自主申报，通过考核担任小教师，教师来给"小教师"做助教，如衍纸、头奥等课程的主讲都是学生教师，抢课时也会瞬间"秒杀"满员。艺术选修课在国家课程的基础上，更加灵动、有趣，既是对

艺术技能的普及,又能调动学生对艺术学习的极大兴趣。

2. 班校两级艺术社团建设。学校设有"爱尚合唱团""轻舞飞扬"舞蹈团、"梨园春晓"京剧团、"棒棒堂"剧社、"笛韵悠扬"陶笛团、吉他社团、"静心禅绕画"社团、"美创手工"工作室、软笔书法团等多个校级艺术社团。校级艺术社团每学期吸纳和培养学生300余人,为学有特长、热爱艺术的学生提供了一方圆梦的热土。学校"爱尚合唱团"连续多年获青岛市中小学生艺术节合唱比赛一等奖,今年还被授予青岛市中小学生艺术团合唱团,并在市级比赛中脱颖而出,参加山东省合唱展演,获得现场评委、观众的一致好评;"棒棒堂"剧社连续多年在省市区比赛中获一等奖,原创舞台剧《幸福人家》在第五届全国中小学生艺术展演中获得全国表演一等奖、创作一等奖的佳绩……

虽然校级艺术社团收获了累累硕果,但校级艺术团可容纳学生数量毕竟有限。为了让更多的学生能够享受艺术的滋养和熏陶,实现全校学生百分百参与艺术社团,学校在校级艺术团的基础上设立了班级艺术团,鼓励班主任教师发挥潜能、号召有艺术特长的家长通过"家长生活课表"走进课堂,对学生进行多维度的艺术指导。于是各班先后成立了班级合唱、尤克里里、葫芦丝、朗诵、戏曲、啦啦操等社团……丰富多彩的班级艺术社团在此时百花齐放。我校在2018年、2019年青岛市班级合唱比赛中分别获得一等奖;班级戏剧分别获得一、二等奖;班级朗诵获得市北区二等奖。我校六年级一班学生凭借一首自己听音频记谱、自己排练演唱的歌曲《大渔》,在市北区和青岛市的班级合唱展演中获得一等奖。这个班级在市北区教学质量调研中,获得全区第一名的好成绩。这更加印证了,音乐智能能启迪其他智能的同步发展,热爱艺术的孩子学习也会棒棒哒!

我校还结合青岛市颁布的《中小学生"十个一"项目行动计划》构建起"10+X有书有爱有美有健康"的项目体系,并将"10+X"项目与社团建设有机整合,为促进学生艺术技能发展提供了肥沃的土壤。学校于今年6月,承办了市北区中小学生"十个一"项目推进会,我校班级社团分别展示了韵律篮球操、陶笛、葫芦丝、合唱等多个精彩表演,充分彰显了班级艺术社团建设的丰硕成果以及福小学生不断持续发展的艺术素养。

3. 艺术活动为社团活动搭建舞台。为给学生提供放飞艺术梦想的舞台,多年来学校坚持开展丰富多彩的校园艺术活动。学校连续举办了四届"悦中秋艺动城乡"活动,全校师生和家长以及平度、莱西手拉手学校的小伙伴,身着中国传统服装入场,每个班级的学生通过吟诗作画、歌唱舞蹈,同庆传统佳节,共赏艺术盛宴;每年春天举办的班级合唱、器乐、戏剧、朗诵、舞蹈等社团展演,给每个爱好艺术的学生提供了展示的舞台；连续成功举办了七届的"福小好声音"……多元化的艺术活动覆盖到所有班级和全体学生，逐渐形成了校有特色、班有风格、生有特长的浓厚艺术氛围。

二、艺术社团建设保障措施

1.完善的管理制度保障。为规范艺术社团活动，提高艺术社团活动效率，增强社团活动的针对性，我们建立起一套比较完善的学生社团管理制度，先后制定了《福小艺术社团管理办法》《福小艺术社团指导教师聘任方案》《福小艺术社团评比考核细则》《福小魅力社团评价标准》等相关制度，每个社团要做到"五有"，即有计划、有总结、有出勤、有记录、有评价，使艺术社团工作建立在科学、规范、合法、有度的基础上。

2.师资队伍保障。目前，我校校级艺术社团的7位艺术组教师，有5名区级教学能手，1人在全国音乐教师基本功比武中获二等奖第一名、山东省一等奖，4人在青岛市优质课比赛中分别获一等奖，音乐和美术教研组分别获得青岛市和市北区优秀教研组称号。

在师资队伍的组建中，我们本着"1+N"的组建原则，即1个学科教师在课堂教学中渗透学科知识，N个助教（班主任、任课教师、家长、学生教师、学长班）共同保障学生艺术技能的学习。

3.学习的声音评价保障。学校结合课程评价、综合素质评价、学习的声音评价、学习方式的评价等方面，分别从学生显性学习的声音和隐性学习的声音等两方面进行评价。学生隐性学习的声音，通常包括舞蹈的声音、绘画的声音、表情的声音、合作的声音、创作的声音等；显性的学习声音包括：朗诵的声音、歌唱的声音、演奏的声音、戏剧的声音等。在评价中，我们通常采用个体评价与团队评价相结合的方式。例如，班级合唱、戏剧、朗诵、舞蹈、器乐等社团比赛的评价，个人艺术小达人的闯关卡评价，从不同评价角度，激励学生扎实掌握各项艺术的技能。此外，我校还把班级社团评价纳入"最美班级"评选项目之中。

4.专项经费保障。由于艺术社团学生参与面大、专业性强，所以学校在艺术社团师资培训、组织各类艺术展演、比赛、演出服、举办画展等方面，每年都要投入近十万元的专项经费。社团教师的奖励，纳入到学期奖励性绩效考核之中；对于学习优秀的各级艺术社团的学生，学校以奖励观看话剧演出、画展、舞蹈比赛等方式，让学生在接受自己喜欢的奖励过程中，继续学习收获。

艺术社团建设我们一直在路上，期待福小学子通过"用整个身体来学习"的艺术理念，不断健康幸福、可持续的成长！

让学生在多元评价中幸福成长

胶州市香港路小学　孙　慧

当前我们正身处新一轮的教育改革,新的教育形式加之以往的教育经验让我们意识到教育评价对于教学改革有着重要的辅助作用,对于学生素养提升有着重要的促进作用,构建新型的多元评价体系是学校发展必须面对的问题。"问题即课题,探索即研究,解决即成果",于是我们从纵向和横向两个维度,对评价方式和内容实施探索,进行评价体系布局。

一、多种视角,融合多元的评价主体

传统评价以学校评价为主体,以分数作为评价的主要标准,忽视了学生的优势特点与多样化。无法呈现学生在各时期的进步和努力程度,也无法体现学生在教育活动中表现出来的创新精神、实践能力、心理素质等综合素养,不能很好地发挥激励、改进、发展等评价功能。

1.学生评价。通过学生自我评价促进对自我的认识,通过同学互评,学会关注他人,欣赏他人,这有利于学生间的交往,形成和谐的伙伴关系。

2.家长评价。让家长参与到对孩子的评价中来,注重对孩子情感、态度、价值观的评价,使其更加关注孩子的成长,更加理解学校的教育。

3.教师评价。教师的专业性评价,给予学生学业发展方向的引导,注重孩子的成长历程和综合素养的培育,同时检测自己的教学实效性。

二、注重过程,实施多元的评价方式

多元的评价方式是实施多元评价的必要手段,我们主要以关注学生的纵向和横向两个维度的发展来确立、实施。以时间为线让孩子留下成长的痕迹,以空间为面让孩子拥有展示的舞台。

1.分解评价。以拆分成小阶段的多次评价替代大时间段的一次性评价,以两周为一个评价的周期,进行一个小目标的评价。其目的为呈现被评价者在各个小阶段中的进步和努力程度。

2.多向评价。以学生日常生活的多个方面进行评价,发挥评价的教育功能和激励功能,帮助学生认识自我,激发学生的内在潜力,调动他们的积极性,促进学生综合素质的提高。

3.综合评价。以核心素养的评价为导向,尝试跨学科评价,将各学科学期内所学的知识内容和应具备的能力素养,融合到饶有兴趣的游戏活动之中,学生通过闯关的方式完成各个学科融合的综合评价。

此外还有常态评价、自主评价、动态评价等评价方式。

三、三维覆盖,呈现多元的评价内容

1.“过关小达人”训练学生积极进取。使用分项过关评价方式,将一次性的评价进行拆分,实施分解评价。把一个总的评价目标分解为若干小目标进行考查评价。例如,把对语文素养的评价分解成书写小达人、讲故事小达人、古诗诵读过关小达人等评价,每一项考查都会给学生三次机会,最终形成评价结果。对学生评价不再是横向的比较评价,而是就每个个体进行纵向的发展评价,学生努力进步的过程成为评价的要点,在评价的激励中学生积极进取,努力向前。

2.“出彩银杏娃”激发学生自立发展。每一个生命都是独特的,学校通过“美丽银杏卡”的颁发和“出彩银杏娃”的评价对学生学习、生活等方面的表现进行递进式考核。教师根据制订的评价办法,自主灵活的对学生进行及时评价,评价完成后由教师直接颁发“美丽银杏卡”单项卡。学期末,集齐全部银杏单项卡的学生有资格参与“出彩银杏娃”的评选,颁发银杏娃吉祥物及荣誉证书,以此激励和促进学生全面健康发展。

3.“乐考嘉年华”给予学生学习快乐。“乐考嘉年华”分采取面试的方法,分为“童心童语”“童心童慧”“童心童秀”“童心童声”“童心飞扬”五个项目,测试的内容涉及语文、数学、英语、综合、音乐、体育学科,学生通过闯关的方式来完成期末的综合性评价。“乐考嘉年华”闯关活动,对学生是一次全方位的锻炼和提升,让孩子对于“考试”有了特别的感知、快乐的体验和美好的记忆,从而保持他们对于学习的“初心”。

在探索、实践中,多元评价给学校教育带了一缕春风,更激发了学生全面发展、个性发展、特长发展,让学生在多元评价中幸福中成长!

优化内部管理

——关于"三定一聘"的启示

胶州市洋河在洋河小学　宋晓亮

一、工作现状

2019 年结束的"三定一聘"和正在进行的薪酬改革是下半年的一件"非常"的事情。之所以说是"非常"二字,对于学校而言,特别是对于洋河小学而言,有着特别的感受和意义。

一是事情的重要性。说重要,是因为这是一项政策性很强的工作,也是一项限时、限规、限标的必须完成好的工作。既要不折不扣、圆满顺利地完成上级规定的改革任务,又要确保平稳有序、良性发展,对于学校、对于班子、对于校长而言,是一个挑战,更是考验。

二是学校的特殊性。根据文件要求,洋河小学按照班师比 1∶2.4 确定岗位编制和干部职数。当时,学校有教师 68 人,学籍数 497 人,班级数 13 个,在职干部 24 人。除去休产假、直聘、临近退休等因素,学校设岗 40 个,干部职数 11 人。需要外派教师 28 人、分流干部 13 人。任务的艰巨性、工作的考验性可见一斑。

三是师情的具体性。居住在洋河镇而城里没有房子的教师 28 人,大都是 50 岁左右的人员,并且都不会开车,如果安排进城挂职,他们的交通是一个大问题;如果都留在学校,将在一定程度上影响"三定一聘"的进程。

二、取得成绩

经过学校领导班子统筹安排,干部教师的团结协作、教体局领导的指点关怀,我们开学前顺利完成外派挂职教师任务和 13 名干部的转岗分流。并且我们对 2020 年和 2021 年的教师、干部转换和分流,以及 2020 年春天休产假教师的调配都进行了预设和安排。学校运转平稳有序、教师工作积极性饱满。达到了上级文件要求的改革预期,实现了减员不减质量、人少不见效率和满负荷运转的预期。由于暑假中"三定一聘"的有序开展,没留隐患,所以后边进行的薪酬改革进展顺利。

三、相关启示

经历了不眠不休、经历了辗转反侧、经历了反复论证、经历了上下左右,我们顺利地完成了既定工作任务。分流的干部心悦诚服,外派的教师心平气和,留校的教师干劲十足。回顾来时路,感慨颇多。

一是吃透精神。立足"早"字、着眼"细"字、发力"情"字。学校从春天开始就陆续将有关政策在全体教师会上进行了传达。针对可能出现的教师心态浮动和担忧,暑假会议上,我们对全体教师讲:"请教师们开开心心过暑假,对于'三定一聘'改革,我们一定会积极稳妥地推进,请不要担心和忧虑,请教师们对学校有信心,对班子有信心,对我有信心。"假期改革时,我们只召开了一次全体教师会,既没有耽误教师们休假,又顺利完成了改革任务。7月份,正式文件出台后,我们组织干部进行了反复学习、反复论证,模拟演练,做到了吃透精神、把握关键点、明确目标任务,为改革的顺利进行打下坚实基础。

二是明确定位。经过学习文件和了解学校实际情况,我们让全体干部和教师们从思想上提高站位、明确认识,统一思想,达成两个共识:一是改革势在必行,没有退路和余地;二是分流挂职人人参与,个个有份。基于此,在具体工作时,很顺畅,没有任何一丝不愉快和阻力。

三是依靠组织。学校改革的顺利进行,离不开胶州市教体局党组的关心和支持、离不开校委会和改革小组的担当尽责、离不开全体教师的大局意识的责任意识。市教体局相关领导、科室负责人都分别给予了学校关心、鼓励和支持,对学校"三定一聘"工作的顺利进行,提供了有力支撑和保障。

四是精准施策。经过数据统计、分析,我校有28名教师城里没有房子,暂时不能挂职。所以我们把城里的教师情况列了几张名单:年龄情况、子女上学情况、孕期哺乳情况、配偶居住情况、家里是否有老人和孩子需要照顾、学校学科需求和教师专业情况等。先确定好学科需求必须留下的教师,然后采取"因人而异—精准施策—分类谈话—点面结合"的方式进行。

姜山镇中心小学德育治校案例

莱西市姜山镇中心小学　赵　明

我校把办学理念定位为"崇德立本,合和守一,奠基和美人生"。其中"德"是关键,德是根本。

一、健全领导机构、完善工作制度

我校建立有专门的德育工作领导小组和学生操行评定领导小组,领导小组成员分工明确,责任到人,负责定期组织活动,制订活动计划,写出活动计划并对活动结果做出总结评价。同时,学校建立健全了各项德育工作制度,根据制度要求,对各项德育工作做出指导、组织、评价、总结。

二、加强队伍建设

1.教师队伍建设。学生良好道德品质的形成来源于教师孜孜不倦的教育,这就需要我们的教师具备较高的德育素质,从这一点出发,学校通过种种途径加强学习提高教师素质,要求班主任每学期初制订出详细可行的德育工作计划上交学校审验后,照此执行,做到有的放矢。学校为提高德育队伍的教书育人、服务育人和管理育人意识,提高班级管理水平,还通过以下几个途径加强师德教育:教师思想素质建设、文化素质建设、身心素质建设、专业素质建设等。坚持每周召开班主任例会,定期召开专题会议和座谈会,研究德育工作中存在的问题,探讨解决的途径和方法,优秀班主任介绍自己的经验,以老带新,让新班主任很快胜任工作。

2.学生队伍建设。树立"渗透"意识,把德育工作渗透到学生的各项学习实践中去,使学校的全部教育活动都成为培养和促进学生优良思想品德形成和综合素质提高的阵地。因此,我们从培养少先队大队长、中队长、小队长入手,培养选拔一批德智体美劳全面发展的学生,成立"红领巾监督岗",让他们参与到学生管理、班级管理中,以点带面,逐步形成学生自我管理和自我约束的良好氛围,让他们的才华在自我管理中充分展示出来。

三、丰富德育内容、保障实施途径

开学之初,我校遵循由浅入深、循序渐进的原则,结合学生身心发展特点,分学段、分层次的对全校师生进行了系列化的德育教育。首先,教师带领全体学生认真学习《中小学生守则》《中小学生日常行为规范》,使每位学生熟知内容。一二年级小学生我们着重培养其良好的习惯。见到教师先问好,上、下学跟家长说再见、问好,使家长觉得自己的孩子一下子长大了许多,已经懂礼貌,成为"大学生"了,应该重视孩子了。三四年级学生,我校除了日常规范强化训练之外,又召开了主题班会"如何与他人进行交流",教师和学生共同收集一些有关交流的资料,如"演讲口才""交流",大大提高了学生的演讲和交流能力。而对于小学五年级学生来说,我校召开"教师,我想对你说"主题班会、"大队辅导员我想和你说",鼓励学生说出自己想说的话,同时强调,无论学生提出什么样的问题,教师都应该仔细考虑,然后给学生一个圆满的答复。不得歧视和故意刁难报复学生,注意保护学生的积极性。

开展"珍惜粮食"活动,班主任召开主题班会、每天午餐前背餐训"一粥一饭、来之不易、半丝半缕、物力维艰……"在学生朗朗的背诵声中,"珍惜粮食、光盘行动"的理念也润进了孩子们的心田。

我们以时间为节点,以班级、学校为单位,开展了各种丰富多彩的活动,如十月份,我校师生积极开展弘扬和培育民族精神教育活动月。三月份进入社区、敬老院学雷锋、清明、中秋节开展"我们的节日"等活动。

在德育的引领下,学生、教师、学校以最大限度的整合,融合为一个整体,产生强大的凝聚力和巨大的合力,从而形成所向披靡的"战斗力",促进教育者和受教育者都能得到优秀均衡的和谐发展,为学生的发展奠定了人生的第一块基石。

落实中层干部项目负责制,提升精细化管理水平

胶州市第六实验小学　张淑红

为提高学校中层干部的责任意识,提升精细化管理水平,我校实施项目负责制,保证学校在组织开展各项教学、管理活动及积累资料、迎接检查、创先争优等工作落

地落实,收到了良好的管理效益。

项目负责制源于企业管理,是以项目的策划到实施的全过程为工作核心,以项目预期目标的实际完成情况为考核内容,根据考核结果对项目负责人及项目团队予以评价和奖惩的一种管理模式,或可称之为一种运行机制。项目负责制是项目管理上的责任制,项目负责人对项目的调研论证、立项、筹措资金、建设实施、生产经营、贷款偿还及资产的保值增值实行全过程、全权负责。

面对平日学校教育、教学、管理等各方面繁多的工作任务,我们在实施项目负责制时,确立工作流程,使项目负责人明确每个环节的任务目标,责任到人,保证工作的扎实创新,富有实效。

一、明确工作流程

所有项目均使用统一的流程:制定方案—工作布置—活动准备—活动实施—活动总结。根据不同项目类别,每个环节都设置需要落实的具体要素、工作要求和内容。

1.精心制订方案。活动必须贯彻落实上级的指示精神,方案包括以下6项要素:①活动目的。②人员。③时间。④地点。⑤活动意义。⑥活动安排。

2.周密布置工作。通过会议布置、书面文件、周工作计划等方式进行布置,不得使用电话或其他随机方式进行安排。

3.认真做好准备。任务布置后,要随时跟进抽查了解进展情况,协调解决出现问题,推动工作进程。如承担的会议类项目,大致包括以下10项要素。

①安排专人整理会场卫生。②开关室门。③音响、电教设备。④掌握活动人数、座次安排。⑤活动签到。⑥来宾接待服务。⑦活动会标。⑧校内下发通知,书写来宾入门通知(地点、内容)。⑨照相录像。⑩门口电子屏出示欢迎词。

4.活动实施①清理会场。②反馈意见

5.及时总结宣传。①撰写总结。总结要简单明了,包括时间、地点、参加人员、活动内容过程、效果意义、存在不足,今后的努力方向等方面;特别要重视反思。②通讯报道。要特别重视宣传报道,尽量图文并茂,100～200字即可,附照片,同时发学校公众号和市教体局网站相应栏目及其他网站。③整理档案。每项活动档案包括方案、具体通知、过程资料(教师反思总结、教学设计、学生收获体会等)、活动总结、评比结果、宣传报道打印稿、目录。

二、评价督促提升

为不断提升干部的管理能力,持续推动学校管理水平提高,重视项目完成后的评价。重点是两个层面的评价。

1. 自评加强反思提升。对照各个流程各个环节和活动效果作对照自评,是否按时完成,满意或不满意等,自评表要公示上交。简单的自评,督促每位干部不断加强学习研究,使自己管理的能力不断提高。

2. 他评强化整体提升。每个项目结束,抽取项目参与教师和干部对该项目实施过程及效果做对照评价,加强团队协作和整体反思。

项目负责制的实施,形成了人人都管事,事事有人管的良好局面,有效提高了管理的时实效性;同时也达到了锻炼干部队伍的目的。

细节管理宜抓“早”

青岛西海岸新区红军小学 王新华

案例描述:

我校处于城乡接合部,相对城区学校来说,无论从生源、师资、还是政府投入都是比较薄弱的,无法与城区比较。生源方面,学生家长大多都在附近工厂打工,再就是外来务工人员子弟,都是早九晚五,顾及不上孩子的教育;师资方面,教师老龄化现象比较严重,受当时新教师分配制度的影响,有近13年没有进一个新教师的历史,学校教师绝大多数居住在城区,远的有距离学校30千米开外,最近的也在5千米以上,教师每天奔波于城区与学校之间,耗费不少精力和时间,出勤问题成为学校内部管理头疼的话题……种种原因,给学校内部管理带来很大的困难。

案例分析:

魏书生教师说过,教育和教师必须善于把小事做得有板有眼,如诗如画,如歌如舞。学校内部管理工作是一项长期的十分复杂的系统工程,作为这项复杂工程中的校长,尤其是小学校长,对教育的成败起着举足轻重的作用。一个好的校长就是一所好的学校,这话说得是很有道理的。在学校管理中,我们一直在讲从小事做起,把小事做好,细节决定成败。细节和小事在学校管理中何以这样重要?学校的细节和小事有哪些?怎样才能做得更好?

具体措施:

各项工作应立足于一个"早"字。作为学校主要管理者的校长,要想把学校内部工作管理得井井有条,营造一个人心所向的教学氛围,首先各项工作应该立足于一个"早"字。

1.出勤管理早到校。早到校不仅仅是教师出勤这样一个简单的问题,还是校长楷模形象的充分体现。除作为校长每天早到校,之外,要求全体干部轮流值班,每天提前到校值日,给教师以榜样的作用。校长干部到校后,对陆续到校的师生问个"早",每天营造第一个和谐气氛,置身于广大师生之中,使广大师生心情舒畅地一起学习,工作,生活;这样,平时再落后的教师也会以干部为榜样,自觉地提前到校,学校的各项工作就会更好地开展。后来,学校还开设了教师早餐,更好地为教师们解决了后顾之忧,教师出勤问题迎刃而解。

2.思想观念早统一。在一个学校的教师群体中,每个成员的观念意识、文化修养、思维方式、工作能力、个性风格等都存在着不同的差异,作为校长就应该了解教师的思想动向,及早分析不同的思想、观点,用科学的方法、正确的态度去进行正面疏导,做好教师的思想教育工作,确保教师在工作中统一思想,并朝正确的方向发展。

3.教育信息早知道。在新课程改革背景下的今天,作为一个校长必须随时保持清醒的头脑,认真学习各种科学理论,及时掌握各种管理信息、教育动态、教学方法,及时调整工作思路,向信息要质量,以便更好地指导教育教学工作向高层次发展。

4.经验总结早下手。现在的小学校长有计划有系统地读书者,很少;而专心致志,努力写作者,更少。校长不读不写实在是一种缺陷。作为校长,既要有出众的口才,又要能拿得起笔杆子。成功的经验是下一步工作的起点,校长就应该善于及时反思一天的工作得失,总结一天的工作情况,并将成功的经验撰写成文,投诸报刊,进行推广,推进各项工作进程。这样在行动上做教师的表率,工作就会充满活力,广大教师的工作热情就会高涨。

结束语:

校长是学校管理的核心人物,而学校管理又是一项十分复杂的系统工作,要想把一所学校管理好主要靠校长。鲁迅先生早年读书时就在课桌上刻下一个"早"字,并把它当作自己的座右铭,一个"早"字蕴含的含义是多么深刻,绝非仅仅从字面上去理解。在学校内部管理中,校长应做到心中有数,提早做好各项工作计划,尽早根据各方面的特点安排好各项工作,避免因"来得突然无从下手"和"时间紧,任务重"而无法完成工作的现象。

优化管理促发展

青岛明德小学 袁 云

文化建设引领内涵发展。完善"小山鹰"特色文化体系,全面深化特色学校建设,创建符合学校特点的现代化学校管理方式,锻造高水平的教师队伍,进一步提振师生的发展信心,通过优化管理,促进学校长足发展。

第一个特色点是管理文化方面的"一主线三辅线"四线管理网络。即以学校校务委员会为主形成的行政管理线(主线),以教职工代表大会为主形成的民主管理线(辅线),以学生校委会为主形成的自主管理线(辅线),以家长委员会为主形成的参与管理线(辅线)。

再佐以学校的"干部1+5负责制",(即每位中层以上干部担任一个级部的负责人,带好一个团队,分管好一个学科,开展好一次"山鹰大讲堂",指导一节精品课例)就使得我们的管理方式向民主的现代化管理方式逐步靠近。

第二个特色点是多元课程的建设。就学校课程来说,我们陆续建立起来的特色社团,吸引了全校近40%的孩子参与,为了提高孩子们的参与率,我们又开发了100%学生参与的,采用走班上课的学校课程——雏鹰练翼大课堂,设计了3大类32个课程班,让孩子们在每个班中都有收获。本学期,学校在真爱梦想中心的支持下,我们将依托真爱梦想课堂的梦想课程建设,与综合实践学科进行整合,听取孩子们的意见,使每门课程的开设都符合孩子们的意愿,让孩子们更加受益。

第三个特色点是我们的"爱心课堂"。在我们学校,学困生的困难原因具有多样性,因此,我们的教师采取了"分段"辅导法。以英语学科为例,教师们利用"爱心课堂"的时间,针对学生困难的不同点,把相似情况的孩子组织起来进行辅导。以六年级为例,他们的及格率从最初教师接班时的30%提高到了现在的80%,虽然还没有达到100%,但是教师的执着付出,教师的不放弃每一个孩子,是郑州路小学教师们的本色,也是我们必将在教学成绩提高上有所发展的根本保证。

第四个特色工作点是我们的教师团队建设。本学期,学校教师组合成六个团队,各自命名,设定建设目标配以活动措施,期末进行成果展示,目的是培养教师的凝聚力、执行力、战斗力以及团队协作意识,从而使小群体整体实力有所增强。通过团队建设试点落实"人尽其才,共同发展"的教师队伍建设目标。

第五个特色工作点介绍一下我们学校的"玩转三基地,快乐一行动"。

三个基地:阅读小天地、种植自留地、厨房小基地。

阅读小天地——丰羽阁,重新打造高品质学生阅览室,为学生创造良好的读书环境。

种植自留地——阳光种植园,开发四楼平台,培养学生对劳动的积极态度和自觉参加劳动的兴趣以及热爱环境保护资源的情感。

厨房小基地——快乐小厨,进行厨房教育,让孩子在亲身体验的同时去体会和感受父母的抚育之恩,学会珍惜和感恩。

"小山鹰寻山觅水"行动,精选了青岛市的12座山头,在攀登中磨炼小山鹰宝贝的意志品格,提供走出校园,分层次、多角度的社会实践机会,让学生行万里路,增长见识。

"三基地一行动"就是要让孩子们在实践中增强情感体验。因为我们"小山鹰"特色文化的建设,关键着力点之一就是培养师生的自信心,因为师生有了自信,学校的发展才有可能。我们就是要通过有效地活动培养孩子的自信心。

"六个精准"助力教学质量提升

青岛西海岸新区育英小学　于朝霞

教育教学管理是学校管理的核心内容,稳定教学秩序,严格教学纪律,深化教学改革,是提高教育教学质量的重要保证。青岛西海岸新区育英小学学成立于2015年9月,现有61个教学班,2656名学生,124名教师。近三年毕业的新教师有83人,占教师总数的77%。如此大比例的新教师,成了学校教育教学质量优劣的关键,怎样使新教师尽快地成长是我们面临的重要课题。我们的做法是"六个精准"助力教学质量的提升。

一、系统分析，精准解读教材

新教师拿到教材时是迷茫的，他们不了解知识的生成点、延伸点，对教材的重点、难点把握不够。每学期开学初，我们都组织骨干教师，对整册教材进行概况分析，使新教师能够整体把握教材的知识体系、重难点。在学习每个单元之前，同样对本单元的知识进行细致的分析。从写作方法到重点语句，从重点解析到难点突破，从单词发音到重点句型，从实验步骤到实验现象……有了这样精准的解读剖析，新教师的课堂效率大大提高。

二、有效教研，精准课堂指导

我们以新教师入门课、跟踪课、优质课、师徒结对展示课的形式，对新教师的课堂教学进行精准指导。各学科负责人和教研组长在开学两周内，听一遍所有新教师的"入门课"。根据"入门课"的情况，将新教师和骨干教师进行"师徒结对"，实行"骨干教师包干制"，对新教师进行跟踪听课，并进行有针对性的精准指导。每学期，每位新教师都要精心准备一堂能够体现自己最高水平的优质课，并针对本节课进行说课。教师们互相观课、议课、评课，并进行量化打分。每年的五月份、十一月份，举行师徒结对同课异构课堂展示，使每位新教师都能不断提高自己的课堂教学水平。

三、合理优化，精准设计作业

在教学中，我们看到，让学生做大量机械、重复的练习，教学成绩却并不理想。我们特别推行了作业设计一体化研讨。每道练习题要巩固哪个知识点？哪些练习要删掉？哪些内容需要增加练习？增加哪些练习？各学科负责人、教研组长，都要在认真的研讨后，对新教师进行培训，并定期检查新教师的作业布置和批改情况，使新教师的作业布置做到合理、优化，定期举行优秀作业展评，相互学习，共同提高。

四、深度研讨，精准阶段复习

阶段复习，需要教师帮助学生沟通知识之间的联系，形成知识框架。新教师在复习阶段往往事倍功半，要么把课文、例题再讲一遍，要么重复做练习。针对这种情况，我们组织教师们进行复习研讨。每学科、每级部的十几名教师，先各自对知识进行梳理，骨干教师针对其梳理情况进行查漏补缺，并将自己的复习方法、经验，分享给每一位教师。对教学中的分歧点、疑惑点，教师们共同讨论，答疑解惑，达成共识。

五、因材施教，精准学困生辅导

要提升教学质量，各科的学困生的精准辅导必不可少。骨干教师带领新教师采取以下措施进行精准辅导学困生：有的放矢，因材施教；主动辅导，人格感化。用爱心、耐心教育学困生。学困生是在学习上出现了困难，在自觉遵守纪律上出现了问题，他们在困难之际，最需要的是恩师的教诲，同时学生的向师性也决定了教师人格感化有重要作用。要善于抓住学生的个性特点进行教育，因势利导，因材施教。在班级里实行"一帮一"活动，学习好的学生带动学困生，不让他们感到孤独。抓学困生"闪光点"以激励他们进步。正面鼓励，侧面教育。定期做好家访，及时了解后进生的学习和思想状况，努力形成学校、家庭教育的合力，促进学困的转化，并做好记录。

六、直面问题，精准质量分析

我们每学期参加区域学校组织的质量检测。语文、数学、英语、科学统一命题，交换监考，密封试卷，流水阅卷。音、体、美学科由四校教师共同组建考评小组，对各校的音、体、美教学情况进行抽测。检测后，从平均分、优秀率、及格率、总折合、主要成绩、存在问题、改进措施等方面进行全面的质量分析，形成了比学赶超的良好氛围。

"六个精准"，使我校的新教师稳步成长，学校的教育教学质量位居同级学校前列，学校连续四年综合考核获得区优秀等级。

第三部分

中学教育

优化学校内部管理，全面提高管理水平

莱西市城北中学　仇洪财

教育教学质量是学校的立校之本。本学期,我校通过制度完善、促进规范,整合资源、集中优势,正视问题、重点督查等措施,促进学校教育质量的提高。

1. 为加强教学管理,实行情感为指导、制度为教育的管理办法。制定了学校《教职工管理实施细则》6 项 78 条及各类制度 20 类。只有制度的建设、完善,才有管理上规范的保障。为此,我校在加大落实原先制度力度的同时,进一步完善了各项制度。如:结合"监督岗",完善教师考勤的通报制度;学生作业抽查评价制度;图书室、仪器室等功能室的管理使用制度等。

2. 整合内在资源,发挥优势力量,狠抓课堂教学。向课堂 45 分钟要质量,是学校课堂教学的基本要求。本学期,组织教师听取全国优秀教师的指导课,全校教师观摩学习,与自己的第一堂课比较、分析,认识不足,改进教法,然后开展了一轮全校听课互评活动,听课评课多达 20 多节(次),使全体教师在实践中加深了对新课改的理解,尤其是年轻教师的业务水平有了明显提高。强调课堂教学的规范性,听"推门课"指导反馈意见,使全体教师课堂教学水平迈上一个新的台阶。备课检查采取周签字制度,从根本上杜绝了教师漏备、补备现象,作业批阅要求有等级特长评语,有错题订正。鼓励设计分层练习题,实施分层教学,使全体学生都有不同程度的发展,每月月底定期检查教师备课和学生作业情况,以了解教育教学中突出的问题,调整策略。更重视后进生辅导,学校强调后进生辅导的重要性,认识到"辅导一名后进生胜于培养一名尖子生"的理念,重心向后进生辅导倾斜,建立我们学校的《一生一策实施方案》。全校各年级分成 6 人为一组的六七个小组,选一名学习较好的学生为组长,建立让学生管理学生,让学生互动学生的班级学风机构,每考完一次试,教师分析出全班平均分、小组平均分,小组间对比分析,小组与全班均分差距分析,然后进行设奖鼓励,一种竞争机制自然形成,你追我赶、浓厚的学习氛围在班级间形成。根据各小组长的建议,教师建立班级学困生档案,制订出学困生辅导方案,小组长进行辅导,教师进行指导,学生学得愉快,教师教得轻松。

我们正视问题,重点督促,在关注全局的同时,也不放过局部的薄弱环节。根据上学年的检测情况,对个别成绩较差、管理不力的班级进行重点跟踪督促。首先,期初与相关班级的班科教师共同分析、寻找落差根源,有针对性地采取提高措施。做到早计划、早主动;其次,结合"监督岗"加强对相关班级的课堂、学生作业、家校联系等方面情况的督查与指导,以致能早发现问题、早解决,避免出现新问题,从而促进学校教育质量整体的提升。

加强内部管理　促学校内涵发展

莱西市河头店镇中心中学　王晓东

学校管理中以教师为本,就是要全心全意地把教师当作学校生存和发展最基本、最主要、最活跃的因素,通过管理的手段,最大限度地调动他们的积极性和主动性,发挥他们的创造性,优化学校管理,从而促进学校办学目标的实现和学校的发展。

一、强化学校管理,加强队伍建设

1.建立、健全学校各项管理制度,用制度来规范学校的管理,做到依法治校。严格督查、考核和落实各项制度。

2.实行校务公开制度,充分发挥党组织、教代会的作用,坚持"公开、公平、公正"的工作原则,进一步规范工会代表大会和教职工代表会议制度,深化工会和教职工代表会议的民主监督工作。

3.加强领导班子建设,培养团结协作精神。班子成员要切实加强自身建设,努力提高现代教育管理水平、科学决策水平和复杂情况下驾驭全局的能力;坚持原则,团结协作,服从大局,增强服务意识;坚持执行有关政策性规定,确保政令畅通。

4.加强师德、师风建设。认真规范教师教学行为,并以此来规范教师的师德行为。把教师的师德表现作为年度考核和职务评聘的重要依据,坚决杜绝歧视、体罚或变相体罚学生的现象。禁止教师乱补课、乱征订,定期召开学生会、家长会,听取他们的意见,做到依法治教、廉洁从教、文明施教。

二、以教学质量为重点，提升教学内涵

为了进一步推进讲学稿模式下的分组联动合作学习教学研究改革与实践，形成课堂管理、质量监测和学生评价机制，本着"把课堂还给学生"的理念，构建"自主学习"的教学模式，实现减负增效，使学校教学成绩每年上一个新台阶。

1.完善学生自主学习支持体系。

（1）把"讲学稿"作为学生自主学习的指南针。

（2）把分组联动合作学习作为学生自主学习的助推器。

（3）把多形式作业管理作为学生自主学习的清障仪。

（4）注重班级"小先生"的培养，发挥"小先生"在自主学习与合作学习中的作用。

（5）把开放阅览室作为学生自主学习的资料库。

2.加强自主学习课堂教学管理研究。严格控制课堂教学质量，积极开展课堂教学研究工作，从课堂教学内容、课堂教学方式、课堂教学设计、课堂教学评价和课堂教学实效等不同维度开展研究工作，切实提高学校教学的整体实力。

3.建立立体式的学生评价方式。根据不同学生个性和差异，采用不同评价标准和评价方式对学习小组和个人进行评价，评价主体采用教师、学生和家长多向评价，评价流程采用过程性评价和终结性评价相结合。

4.建设教学质量监控机制。加大教学质量的宣传，让每一个教师和管理人员意识到教学质量的重要意义，将提升教学质量作为自己的自觉行动。

三、以自主管理为载体，改革德育模式

搭建学生自主管理平台，围绕"坚持德育为先、能力为重、全面发展"的《纲要》精神开展丰富多彩的德育活动，培养一批擅长指导学生自主管理的教师队伍，初步形成"学生自主管理"的德育模式。

1.以学习型团队建设推进自主管理指导能力。要提高教师团队对自主管理的指导能力，开展学习型团队建设，丰富学习内容，创新学习形式，通过系统学习、团队学习、集体反思等形式，提高德育管理队伍的团队思考力和研究力，培育一支专业性强、研究型的德育管理队伍。

2.以自主管理为重点，实施"三自"管理。构建学生自我规划、自我管理、自我监督的德育管理模式，发挥学生在德育管理中的主体地位，发挥学生的积极作用。

3.以"五化"提升德育实效，实现"人人有事做，事事有人做"。

4.实行学生综合素质评价，是基础教育课程改革的必然需要。课程改革明确提出，要改革学生的评价内容和评价形式，要对学生的成长进行多种形式的综合素质

评价。

5.深入开展"平安校园"创建活动。健全学校安全制度和突发事件应急机制,深入开展安全知识教育和应急演练,提高师生安全意识和自救互救能力。

学校以"乐学生慧、雅行润德"的办学理念,着眼于全体学生,在实现学生的全面发展的基础上,让学生的爱好、特长、个性得以充分健康的张扬和发展。全面打造人文化、智慧化、高效化、专业化的教学名校。为学生营造自主学习的氛围,提供合理探究的舞台,让学生真正成为学习的主人。上善若水梦起航,厚德载物润桃李。

浅析家校合作存在的问题与对策

平度市冷戈庄中学　辛绪照

学校教育需要家庭的支持,家庭教育也需要学校的帮助。因此,建立有效的家校合作至关重要,但在实际过程中仍面临许多问题,如家校合作被边缘化,家校合作追求形式,家校合作缺乏有效的沟通途径,家校合作过程中忽视学生中心地位等。

一、家校合作的内涵

目前家校合作主要有三个内涵:第一,家校合作是一种双向活动;第二,家校合作的中心是学生;第三,家校合作是社会参与学校教育的重要组成部分。家校合作能够弥补学校教育和家庭教育单方面存在的不足,使得家庭教育更科学,学校教育更灵活。

二、家校合作存在的问题与原因分析

1.家校合作被边缘化。对于学校来说,家校合作被置于学校事务的边缘,学校的主要责任被认为是学科教育、德育工作,而不是与家长的沟通、合作,或者是处于提高学生成绩的角度进行家校合作。产生这种现象的原因有:一方面,学校与家长的沟通交流需要耗费大量的时间、精力,在应试环境下,严重的升学压力使得教师不愿意再花更多的时间去进行家访和网络互动;另一方面,学校相比于家庭有着教育专业的自信与权威,教师受过系统的教育专业训练,因而更相信自己的专业教育能力,家长由于没有能力教授孩子系统的学科知识,在教育上只能依附于学校。

2. 家校合作追求形式,缺少实效。当前学校的家校合作的形式仅仅是家长会,家长会的内容也较固定,以介绍学生成绩为主。另外还有一些合作形式如学校开放日、亲子活动、家访、家长委员会、家长学校,这些合作表面上看丰富多彩,实际上却缺乏实效性。开放日时学校动用大量的人力、物力排演节目,组织活动,只为完成任务,至于深层次的交流根本无暇顾及;家访是一项需要长期进行的工作,这对于教学任务繁重的教师来说是很难坚持下去的;家长委员会需要相对优秀并积极的家长主动地参与,而一些文化程度较低或者较被动的家长就会被排斥在委员会的大门之外;家长学校尽管能够教给家长一些教育知识,教育方法,但每个家庭都有自己的特点,家长学校不可能在有限的课堂内针对不同的家庭提供个性化的指导。

3. 家校合作缺乏有效的沟通途径。家校合作是一个双向互动的过程,然而在日常工作中,学校忽视家长的反馈与家长资源的开发,教师与家长的沟通多以单向灌输为主,缺少互动交流,家长会成为成绩通知大会,家长委员会成为家长代表报告会,网络平台成为发送作业平台。

4. 家校合作过程中忽视学生的中心地位。家校合作的中心是学生,学生是家校合作的纽带,学生的健康成长是家校合作的最终目的。家校合作不仅是学校与家长的合作,也应该是学校与学生的合作,家长与子女的合作,学校、学生、家长的共同合作。此外,教师在合作的过程中有时会肆意滥用自己的权利,向学生家长告状或分配任务,以减轻自己的教学负担,这在无形中增加了学生的心理压力。要知道,学生是家庭的一员,教师给学生的压力会无形地传递给家长,家长就会责备学校,学校转而又将压力施加给教师,产生恶性循环。

三、关于家校合作问题的对策

1. 树立平等的家校合作观。学校要充分认识到家校合作是帮助学生健康成长、促进教师专业发展、实现家庭幸福的重要途径。家长不是学校教育的敌人,而是学校教育的同盟军,让家长参与学校管理是现代学校教育的必然趋势,学校应与家长建立平等的家校合作关系,认真聆听家长的建议,尊重家长的态度,积极引导家长参与到学校活动中来,而不是单方面的要求与命令。家长要端正自己的心态,理性地对待教师对学生的批评,认真地与教师交流,分析原因,当发现教师的批评存在误会时,要及时地与教师沟通。

2. 优化家校合作形式。第一,可以根据学生具体情况将学生分成不同类型,召开分层家长会。这样家长们在孩子教育问题上具有更多的共同语言,通过交流学习,制订出具有针对性的家庭教育计划。

第二,学校要积极鼓励并配合教师进行家访工作。以补发工资或补放假期的形式提高教师家访的积极性,对教师的家访工作从质量和数量上进行定期考核,督促教师的家访工作。

第三,制定规范的家长委员会章程,使家委会有章可依。以制度的形式明确家长的知情权、参与权、建议权、决策权、监督权,只有当家长充分意识到家委会对孩子教育有用时,才会真正信赖并积极参加家委会活动。

第四,延伸家长培训。学校将家庭培训由校内延伸到校外,由父母延伸到爷爷奶奶,这样的培训不仅具有针对性,也具有灵活性,有利于形成家庭教育合力,减少隔代教育带来的不良影响。

3.采用有效的沟通技巧。第一,沟通要真诚。指教师和家长坦诚相待,真诚地表达自己的思想感受,教师要对学生真正的关心,在沟通时候可以向家长询问与学生相关的一些信息,如兴趣、爱好、特长,这样可以帮助教师更好地了解学生。

第二,沟通要相互尊重。指教师和家长应互相尊重对方的人格,接受彼此的思维方式,宽容对方的缺点不足,意识到双方在教育孩子上都有自己的独特优势。

第三,沟通要相互理解。指教师和家长设身处地,站在对方所处的立场思考问题,教师在下班后也是一位家长,家长在教育孩子时也是一名教师,这样教师家长就有了共识点。此外,沟通还需要平等,在教育孩子问题上,教师家长不是上下级关系,也不是师生关系,而是一种平等、对话、合作的关系,家长有话语权,建议权,教师与家长可以相互交换意见,形成一种合作互助的关系,共同帮助孩子健康成长。

4.建立"三位一体"的教育模式。"三位一体"的教育模式,指将教师教育、学生自我教育、家长教育相结合的教育模式。学生可以参与家校合作,与教师、家长平等交流,共同反思。对于一些处于青春期的学生来说,教师或家长的批评教育只会加剧学生的叛逆,与其一味地纠正学生缺点,不如让学生自己反思,教师和家长要做的就是与学生一起挖掘问题产生的原因,商量解决办法。学生的成长离不开学校和家庭的教育,学校的教育需要学生的配合,家庭的教育也需要孩子的支持,当学校、学生、家庭三者形成教育合力时,教育效果的最大化也就显现出来了。

用积分制激活学校内部管理

平度市旧店镇祝沟中学　耿军强

为激发广大教师的积极性,祝沟中学在全校范围内实行了积分制管理,具体的做法如下。

一、班级内部积分管理

由各班级具体负责,首先要制定奖扣分细则,采用小组合作的形式,在日常的加分和扣分过程中,实行捆绑式管理,不针对个人加减分,即无论小组的哪个成员获得加分或者被扣分,都从小组总分数中加减,这样可以杜绝少数自暴自弃的学生对自己积分漠不关心的情况出现,通过小组的其他成员对这部分同学进行监督和管理。

小组积分要转化成个人积分,具体方法是一周或两周统计一次,对各小组积分进行统计排序,按积分高低赋予每个小组不同的分数,小组内的各个成员都获得该分数,这样,小组积分就转化成了个人积分。

每学期统计两次,学生获得的分数作为评选三好学生、入团等的依据,分数使用后清零,这样可以重新点燃每一个小组的希望,让学生始终保持旺盛的斗志。

二、各班级积分管理

由团委具体负责,带领班主任制定制管理细则,对各班级的常规管理、卫生情况、早操和课间操情况、集会、文明礼仪等各项活动进行量化,由团委组织一定的人员进行检查量化,每周公布一次,学期结束进行汇总,作为班主任费的发放及优秀班集体评选的依据。

三、教师积分管理

1. 将工作进行量化后由各教师选择各自能胜任的工作,这样避免了先安排工作定工作量,让教师认为对人不对事的情况出现,造成干群之间的矛盾。

2. 对于临时工作实行招标制,先对近期需要完成的某些额外工作进行公示,然后全校范围内进行招标,分数最低者中标。

3. 月终全勤者加给予一定的加分,迟到、早退、下班不关电脑、不服从分工、无故空岗者每次则扣除相应的分数。

4. 针对学校发展提出有效建议被学校采纳者给予加分。

5. 在期刊中发表专业性论文,代表学校参加行业组织的演讲和各种比赛、辅导学生竞赛获奖或本人参加市级组织的各种活动获奖者给予加分。

6. 教学成绩按一定的标准分数量化后给予相应的积分。

7. 如果在教学过程中出现重大责任事故,则实行一标否决制,该学期教师的积分为零。

教师积分主要应用在三个方面。第一,作为评优评先的依据,如市级优秀教师的评选,如果出现积分相同的情况,一线教师优先。第二,作为晋级职称的重要依据,将教师积分由高分到低分进行排序,分数高者优先。第三,对于一些不评定职称的老教师来说,学校采取物质奖励或精神奖励的方法,如到外地进行培训、外出旅游、制作奖杯等方式让老教师也激情昂扬地参与到学校的积分中来。

无论是学生积分还是班级积分或者是教师积分,主要是以加分为主,扣分为辅,对于连续获得积分领先者,学校则通过喜报的方式通知到学生所在的村委或在学校宣传栏进行宣传。

积分管理是一个长期的过程,良好习惯的养成,需要长期的约束,积分管理也容易使学生产生疲劳而对积分失去了兴趣。保持兴趣的关键在于对积分的使用,所以要根据实际情况和积分的使用情况,及时调整积分方案,使学生或教职工始终对积分管理抱有深厚的兴趣,这是积分制使用成败的关键所在。

做一个少"管"多"理"的带动、搅动、领动者

平度市古岘镇古岘中学　李宝进

百年大计,教育为本;教育大计,教师为本。要管理好一所学校,从根本上讲要管理好这所学校的教师。"管"和"理"好比"堵"与"疏"。平时作为管理者,大多习

惯于"管"，而很少关注"理"。对于"理"，我的理解是自己做事要有理，对教师工作生活要多理解，对工作要理清、理顺。要做好这几个"理"，就需要校长的带动、搅动和领动。

一、走在前头，带动教师，提素养、树正气

校长是一所学校的代言人，校长要走在前头，其言行理应成为教师们学习的楷模，言行一定要做到有理有据、有高度深度。校长是一所学校的领路人，其理念一定要做到既先进又符合学校实际，其决策必须建立在民主科学的基础上。校长的"理"来源于植根教育方针，植根教育规律，植根先进教育理念，植根学校、师生发展的制度和个人的修养与专业素养。校长要起到楷模作用，带动教师们执行教育方针，学习先进教育理念，探寻教育规律，不断提升自己的个人修养和专业素养。只有这样才能更好地树立正气，让学校充满正能量。

二、置身教师群体，搅动教学、生活，提升教育的温度

学校是全体师生共同的、温馨的家，校长是一所学校的大"家"长。校长要多理解教师，要知道教师们在想什么，需要什么；要走进教师的教学、生活，实施"搅动"，与教师们"搅动"到一块参与备课、讲课、评课；多组织、参与教师们的文体活动；多关心他们的生活，帮助他们解除后顾之忧，让教师觉得你不是高高在上的校长，而是和他们一样的教育者，更像他们的长辈、兄弟姐妹一样。这样才能真正融入教师的教学、生活当中去，这样的管理者才更有人情味，这样的管理才更有温度，这个学校的教师才更有幸福感，这所学校也才更具人性化。

三、站在高处，引领教师团体形成合力，加大执行力度

面对不同经历、不同价值取向的教职工，要想实施有效管理，实现学校办学目标，校长要站在高处，将学校的发展思路理清，给全体教师一个明确的愿景，并带头执行，充分发挥对全体教师发挥的导向作用、凝聚作用、激励作用、规范作用。在这样一个有感召力愿景的激励下，在校长的"领动"下，团队的凝聚力将会更加坚固。

理顺学校工作需要校长有执行力。从一定意义上来说，校长的执行力高低决定着学校执行力的高低，决定着学校核心竞争力的强弱，直接影响到学校发展目标的达成。如果校长执行力不强，那么不管是多么完美的目标、方案，多么好的工作策略都将是一纸空文，无法有效组织实施。当然校长的执行力不是由校长一个人去单枪匹马地完成，而需要"领动"，需要有中层干部、全体教师执行，所以校长的执行力要

渗透和融合一个团队的执行力,劲往一处使,这样才能形成一股强大的合力,才能使决策落到实处。

作为一所学校的领路人,必须少"管"多"理",站在高处、走在前头、置身教师当中,将工作重点建立在对一所学校发展的科学谋划、调动教师们工作的主动性积极性和工作的落实执行上。引领教师们动起来,去研究教育教学,研究学生管理,研究教育规律、教学方法,带领教师们真正走上教育教学研究的幸福之路,实现教师由教书匠向教育家的巨大转变。

秉初心，勇担当，抓落实，厚植文化建设

青岛第二十六中学　张　艳

党的十九大报告中提出"努力让每个孩子都能享有公平而有质量的教育",正是基于这样的时代要求,学生、家长、社会对学校的选择性需求程度也越来越高,"怎样培养人,培养怎样的人"这一初心时时鞭策着我们,也时时困扰着我们。在我们的苦苦追寻中,在摸索中探讨,越来越趋向于认识到决定一所学校持久发展的根源在于文化建设,而学校的文化建设核心在于师生的发展成长。

杜威说:"兴趣的价值在于它们所提供的那种力量,而不是它们所表现的那种成就。"这充分体现了让每一个孩子乐在其中,有所感、有所思、有所悟、有所得。聚焦学习,回归生长,让学生处于课堂中央,这是我们学校建设孜孜不倦的追求。

以"建设崇尚人文的现代化学校"为办学目标,以创建山东省文明校园为抓手,始终坚定一个理念:文化建设提升学校发展。巩固两个支点:教师发展、课程优化。教学上落实三个策略:减负提质、务实固本、突破立新。

一、深化课程和课堂教学改革，厚植品质文化

（一）加强教学常规管理，巩固教学质量提升的根本

1.认真落实《义务教育学校管理标准》,将平日管理与各种督导、质量检测和随机调研相结合。采取推门听课、访谈、问卷调查、校园巡课等方式进行过程性督导。

2.严格课堂教学管理,提高课堂教学实效。突出教研和备课品质,加强对教学各环节的管理。教导处组织好期中、期末考试和试卷批阅讲评,并进行教学质量分析。采取月检查、座谈、访问、问卷等形式,对教学计划、进度、环节、质量以及作业设置与批改等进行常规督导和评价。

备课方面:加强集体备课,完善青岛26中集体备课流程模式,进行了期中考试后"提高集备质量 提高教学成绩"主题研讨工作。

上课方面:以生为本,加强分层次教学,实施"悦动课堂"项目,改进课堂教学,注重课堂生成效果,引领学生主动思考,促进师生和谐发展。

作业方面:落实"有效作业",作业有布置必批改,有批改必讲评,有错必纠,有漏必补。本学期进行两次作业专项检查评比活动。

考试方面:建立各科题库,提高命题质量,根据2019年考试说明,认真研究毕业年级考试变化,把控学科标准,精准施策。第12周推出在此方面做得较好的教师和集备组进行专项交流。

3.加大学校干部、教研组长对听评课以及集备的督导力度,干部听课不少于20节,教研组长听课不少于15节,教师听课不少于15节。每位学校干部每周必须参加一次本集备组之外的全程集备活动,加强集体备课的管理深化。

4.完善教研常规制度,提高学校整体教研水平。积极参加区市教研、培训等活动;各教研组做好计划研制、教研活动设计和实施;结合青岛市"十个一"项目要求,深入开展经典阅读、教学反思、经验交流、课例研讨、小课题研究。

(二)规范办学行为,夯实提升教学质量的基础

1.规范课程管理。严格按照上级要求开齐课程、开足课时,认真落实《国务院义务教育质量监测方案》;加强学籍管理;加强控辍保学。

2.规范演示实验课。全面完成教材规定的各种演示实验,演示实验开出率达到100%,力争学生实验考试的合格率达到100%。

3.规范作业布置。减轻学生过重课业负担,作业总量不超过1.5小时。开展创新性作业评比,建立26中作业会商制度和作业公告制度。

(三)抓细节、重落实,教学质量管理有突破

学校分年级有侧重进行对点突破:

1.初一年级:践行规范,优化习惯。以"规范养成"为重点,紧抓"教学质量"这个核心,促进行为习惯和学习习惯养成,加强常规管理,形成良好学习风气,不断提升教育教学质量。

2.初二年级：精准落实,凸显优势。注重学习品质培养,要从每一次备课、每一节课教学、每一节自习辅导抓起,从每一次作业的布置、作业的批改抓起,从每一次命题检测、每一次评讲抓起。认真抓好生物、地理中考学科的结业考试备考。

3.初三年级：凝心聚力,全力以赴。以知识点复习为主线,做到"三个到位",即基础知识复习到位、思维方法训练到位、综合能力培养到位。同时制订备考具体措施,圆满完成"优质高中以及普高达线的绝对数有所增加"这一目标任务。

（1）基于实际的目标引领,全力以赴。新学期伊始,学校在学农基地进行2017级八下期末成绩分析,基于地理生物近92%的C等级率的成绩,结合学校近几年的中考成绩及新的中考政策,在与语数外及第一组合教师共同研讨下,共同制定保持二中、五十八中考入率,提升普高率,推动第一组合B等级的达标率,各班级、教师针对目标确立人盯人策略,加强课堂关注和课下落实。11月期中考试后,继续强化目标,分析各班级现状,对比学生变化,整理各班级边缘学生名单与认可教师对接,时时关注学生。

（2）调动学生学习氛围,激发学习主体能动性。开学第三周,初三年级以《成长,不等待》为主题,召开动员会,有优秀学生的学习方法介绍、初三教师的思想动员和价值引领,学生们都以积极的状态投入到初三的学习中。期中考试后,学校针对学生分层动员,对二中边缘和普高边缘的学生,将学生和家长召集在一起开单独开会,二中边缘的由班主任和任课教师一起逐个分析现状和努力方向,普高边缘的学生和家长一起,学校统一动员,鼓舞士气,商讨方法,家校共同携手关注。12月5日,期中考试一个月之后,学校以《用努力实现初三的价值》为题,对学生进行思想动员,引导学生关注常规、稳扎稳打,用良好的状态投入期末复习。

（3）拓展分层,满足学生学习需求。针对初三课程内容多、时间紧的现状,确立先赶课程进度、"十·一"之后分层拓展的思路。开学初保证课时,各学科讲新课,"十·一"后根据期末成绩分成两个拓展班、十个基础班同步进行,每周三课时,夯实语数外。期中考试后,根据前面优生分差小的现状,扩大拓展面,开设三个拓展班,让优秀的学生形成竞争的氛围,提高优生的竞争力。

（4）抓住质检机会,做好过程教学指导。本学期,教育中心实行过程性引领,每一个学科都进行了一次质检,我们坚持做到全参与、全年级统一考试,通过参与统一阅卷掌握知识要求和答卷格式,通过试卷分析和班级成绩分析弥补过程的不足,及时调整教学方法。11月29日艺术模拟考试成绩发布后,音乐美术教师及时集备,查摆问题,上课时人手一份名单做好课堂关注,课后及时找学生了解情况,做好方法指导,确保学生全部过关。

（5）提前规划,合理利用时间。每一个时间节点,对初三学生来说都至关重要,临近期末,各学科即将结束新课之际,学校于12月10号召集初三集备长会议,针对期末复习,把内容分配到每一节,拓展课怎么上、基础班到哪一天、期末复习各学科有什么需求,一一做好研讨和落实,提前规划复习,未雨绸缪。

（四）精准分析评估年级现状，突出对中考年级的指导

1.落实年级主任职责,精心策划年级教学计划,适时组织召开年级会议,分析、总结级部情况。继续细化京山书院课程体系下的拓展性课程,探讨实施初一年级《成长飞翔》、初二年级《奔跑卓越》分类探究课程以及初三年级《拼搏奋进》分层课程,满足学生成长个性需求。

2.初三年级紧紧围绕"以生为本,激发潜能"理念和"抓优促尖,突破边缘,常规落实,细处着手,铸造精彩"策略,全力提升教育教学质量,实现2020年的新跨越。

3.做好中考复习各环节相关工作。制订备考方案,捕捉政策信息;加大跟踪听评课力度;复习课既夯实基础,又注重答题技巧训练;依托统计数据做好质量分析和归因分析;认真研究薄弱环节,制定个性化学习管理方案,努力扩大高分段人数,减少低分段人数。

（五）一生一策，目标定位，做好学困生帮扶

学校做好学困生帮扶工作,针对后30%学生实行"一生一策"方案,落实育人导师责任制,从关注学生的纪律常规入手,保证学习态度。针对学生的考试成绩专门分析,确立"以一科的突破带动总成绩的提高"策略,基本实行"语文不掉队,数英找突破口"的方法,各学科在集备时针对学困生单独集备,总结必会基础知识点,落实基础题型,节节练、天天过关,从基础得分入手,让学生有事可做,有题可会,逐渐获得成就感,逐步减少后30%学生数量。

（六）聚焦悦动课堂，促进"教学相长"

1.抓"悦动之基",加强课堂教学常规管理。

课堂是学校的基石,是传递教育教学思想的阵地。学校加强教研制度建设引领,开展基于问题的教研活动,形成悦动教研文化,开展以"悦动课堂"为主题的教研活动,以有效教研活动构建常态教研,以常态教研活动促进课堂教学高效。各个教研组积极探讨学生的学习方式转变,让"自主、合作、探究、悦动"的学习成为课堂学习的主要方式,聚焦常态备课。各集备组规范集备流程,提升集备实效,开展主题式单元集备,以悦动生本的理念解决课堂教学的问题,10月份开展"悦动集备"展示活动,

通过活动促进团队发展,分享教学智慧,展示团队风采。各教研组每月推出一节"悦动课堂"校级展示课,进行一次校级教研活动。

通过课堂展示,以"悦动小组"合作交流提高课堂学习效率,实现小组互动;以"悦动问题"实现有效提问、高效课堂;通过"悦动分层"作业让学生实现"最近发展区"突破,实现跳一跳就能够得着的目标。

2.抓"悦动之魂",完善京山书院课程体系,让课程悦动。

通过教研和集备研究实现常态课堂的"悦动生本"理念的基础上,学校提供多样的"悦动平台"让学生有机会悦动。初二、初三实行"分层教学"选课的管理,分层教、严管理、重激励、快反馈的教学策略,让学生每周有一次在同层次同学中"悦动问答"的兴奋点,通过有效的管理保障和评价体制,提升学生相互竞争的"悦动兴奋点"后确保分层走班真正地"走"出了实效。

初一学生积极参与"悦动社团"课程,学校开设32门社团课程,基于学生的兴趣和学校的发展需求开设,满足学生"悦动需求",通过平台选课,学生选到理想的课程,实现学生的"悦动选择",打造高质量的社团课程,在学生本身特长和兴趣的基础上提升,形成学生的"悦动提升"。

3.抓"悦动之点",促进学科融合,形成STEAM海洋课程学习项目。

在同学们课堂储备知识、"学科+海洋"课程拓展提升学习、研究能力的同时,我校借助于STEAM课程的方法论,尝试进行海洋课程跨学科融合,形成拓展性项目的深度学习,形成基于"国家课程+"的STEAM海洋课程项目学习。

项目学习是以学科的概念和原理为中心,以制作作品并将作品展示给他人为目的,在真实世界中借助多种资源开展探究活动,并在一定时间内解决一系列相互关联问题的一种新型的探究性学习模式。这一学习方式,本身就让学生有"悦动空间"。学生通过海洋知识的学习,探索海洋的兴趣高涨,根据自己的兴趣爱好,选择自己感兴趣的内容,如青岛的特色海产品——蛤蜊,海洋污染问题、海港的选址依据、洋流漂移问题、海上风暴……进行实践研究,融合其他学科知识与内容。这种综合实践活动,学生通过探究性学习、社会参与性学习和操作性学习等多种实践性学习活动,在不同学科教师的帮助、同伴彼此的交流支撑下,不断提升自己探究发现、大胆质疑、调查研究、实验论证、合作交流、社会参与、劳动等能力。

本学期12个教研组精心研究,整合学科里的海洋素材,每个组确定两个主题,对学科的海洋元素进行整合,给学生呈现了知识和视觉的盛宴。2019年10月17日,中国教育学会会员日活动暨"海洋教育"学术研讨会初中分会场,我校谭小梅、苏珊教师共同执教的《探析青岛海味名片——蛤蜊》,展示了研究性学习为基础的成果汇报课。前期学生针对子课题进行小组分工,通过资料收集、实地考察、实验研究、调查统计、访谈研究、观察研究等方法进行研学实践并归纳总结,梳理研学成果,是学校"悦动探究"的一次展示。黄磊教师执教的实验课——《神秘的海藻》,在学生以小组为单位进行调查和资料的收集、整理、提炼的基础上,通过小组合作完成相关实验,培养学生的合作探究能力和实验技能,通过研究性学习成果的展示交流提升语言表达能力,并启发学生课后找到自己的兴趣点,开展进一步的研究性学习,激发学生进一步学习海洋、研究海洋的兴趣,逐渐增强海洋生态的参与意识和责任意识,是学校"悦动实验"和教科研海洋研究的一次实践研究。

二、加强干部教师队伍建设,形成提升素养的成长文化

创新校本培训模式,以有特色、有实效的校本培训提升学校领导力,促进教师专业化发展。打造"理念先进、管理高效"的干部队伍和"爱岗敬业、能打胜仗"的教师队伍。

(一)加强干部队伍建设,提升干部领导素养

随着新的干部队伍的进一步形成,中层干部团队在教师的心目中应该是一个发展服务中心。本学期有两点思考:因为在学校的运转系统中,每个人都要有强烈的发展意识和优质的服务意识,发展既是一种状态,又是一个过程。中层干部的话语权,不是建立在所赋予的权力上,二是建立在优质的服务上。在座的干部秉承26中的传统文化,敬业实干,本学期加强走动管理,深入年级组进行落实,注重理论与实践结合,注重将执行力内化为自觉行为。

(二)加强教师队伍建设,提升教师专业素养

教师队伍是学校发展的重要战略资源,是学校的第一资源。一所好学校最重要的标志或者优势就在于有没有一支优秀的师资队伍,为每位学生的个性成长服务。在教师队伍建设上,学校抓住和坚守"人本化"与"时代化"这两个核心。通过"三重方略"进行"三师培养","五队伍建设"。

"三重方略":修身方略、研《课程标准》方略、课堂展示方略。

"三师培养":骨干教师、学术优秀教师、风范教师。

"五支队伍":青年教师、班主任、集备组长、教研组长、中层干部。

1.修身方略:师德师风常抓不懈,立德树人持之以恒。身修才能道立。我校按照区教育和体育局的工作要求,以"二十个项目"中四有好教师成长项目为导向,通过设立"师德建设活动月"精准施策,统筹学科建设,开创我校教师培训工作新格局,

形成良好师德风尚。学校领导高度重视,制订了学校师德师风实施意见。升旗仪式上组织全体教职工重温教师誓词;利用教职工大会组织学习《新时代中小学教师职业行为十项准则》等文件精神;学校党支部书记同全体教职工签订了师德师风责任书;利用微信公众平台宣传先进典型事迹,弘扬正气。

2. 深研《课程标准》方略,明确教学任务,进一步强化和落实新的课程理念。加强学科骨干教师领导力的培养,加强《课程标准》研讨,规范教学集备模式。本学期我校开展集备组示范课,每周各个集备组展示一节示范课,同集备组进行听评课,并进行全校性观摩和探索,促进教师教学水平的提高。

3. 课堂展示方略:课堂实践展风采。鼓励教师积极参与各级各类的课堂展示活动,在大赛中积累经验,形成独特的教学风格。本学期开展名师示范课、骨干教师展示课、青年教师基本功大赛等活动。在2019年市南区中小学优质课评选活动中,我校宋霞霞、梁琳、陈晓芳、刘召召四位教师荣获一等奖,肖艳梅、姚伟、王慧、张日萍、朱旭五位教师荣获二等奖好成绩。

4. 通过"三师培养""五队伍建设",分层培训提质增效,强师筑基助推发展。青年教师培养:加强青年教师培养,促青年教师专业成长,在学研上下功夫。青年致远读书班由班主任王新文教师带领每周研读教育专著,以《怎样说孩子才肯听 怎样听孩子才肯说》一书为切入点,结合教育教学实践开展深入研讨;鼓励青年教师积极参与各级各类比赛项目,以赛促教,致远班牟若琳教师开展市南区历史学科同课异构课,曲华颖教师开展信息技术区研究课,秦丹阳教师开展化学区公开课。

校本培训:学校围绕教育教学、常规管理等方面内容,定期开展全体教职工会议及各类校本培训活动,强调了教学常规管理的重要性,引领教师爱业敬业、全面育人,不断成长为一名的优秀教育工作者。在市南区优秀教师、优秀教育工作者、优秀班主任、优秀德育工作者评选活动中,我校刘华艳、张玲、诸葛红雁、张志敏四位教师荣获优秀教师称号;张艳校长荣获优秀教育工作者称号;张玲教师荣获优秀班主任称号;代兴国主任荣获优秀德育工作者称号。

远程研修:我校114位教师全部参与2019年互联网＋远程研修学习,通过远程研修,大家群策群力,聚合更多人的智慧,构建教师之间民主、科学、开放的新型学习化组织,从而实现了教学资源的共享。

三、深化课题研究,以教科研引领课程文化建设

以教科研促进学校课程体系精品化建设、精细化实施,满足学生和家长对优质教育的需求。以学校""十三五""课题实践为引领,发挥教科研骨干的作用,编写《青

岛第二十六中学课程实施纲要》和《学校课程计划》,加强课程建设,提升课程领导力。

本学期,学校在中心科研部指导下,进一步抓实教科研常规工作,增强科研自信和自觉,通过思想引领和学习培训,进一步更新科研观念,在平时的教育教学中大胆实践,勇于探索,尝试创新研究方式,组织有质量的教学反思活动,提升科研品质。

学校课程是学校高水平高质量高境界发展的核心要素,学校课程体系精品化建设,精细化实施是促进学校内涵发展,满足学生、家长对优质教育需求的核心竞争力。"十三五"以来,我校在课题《以学校课程构建促学生核心素养发展的学校行动研究》的课题实践为引领下,以教研组长为教科研骨干,深化课题研究,加强课程建设,提升课程领导力,形成校本教材,进一步完善学校"山海26京山书院"课程体系,在区教育中心于泳、王山教师指导下,做好"十三五"课题的结题工作。

通过整合国家、地方和校本课程,从课程功能和学校育人的理念构建"京山书院"课程(其中包括基础型课程、拓展型课程、探究型课程)。

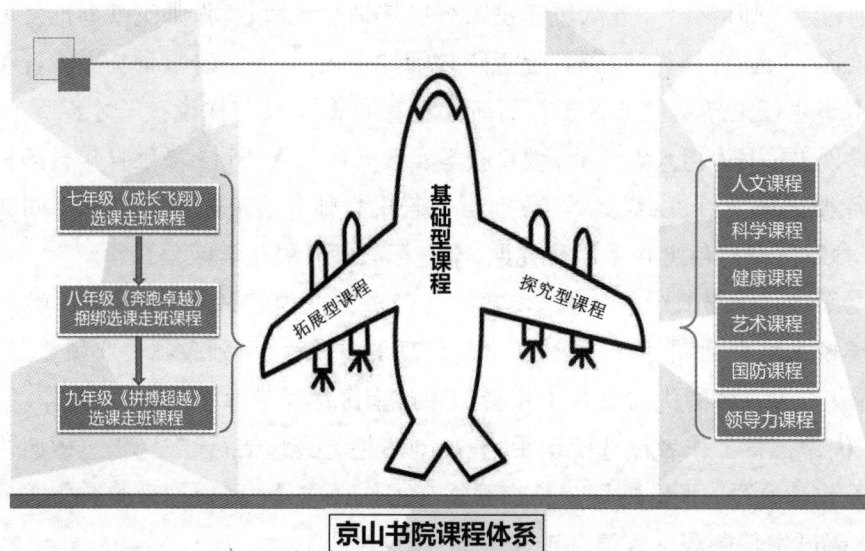

京山书院课程体系

1. 基础型课程。基础型课程包括国家课程的学科课程、综合实践活动课程以及以学生习惯培养为核心的特色校本课程,夯实学生共同发展基础,促进学生基本素质形成,是以发展为目标的全体学生必修的课程。

本学期,通过教师们间大范围的听课调研,真正研究学生的需求,探讨课堂上不容易被学生掌握的痛点问题,从而探索更为高效的教学行为和教学模式,学校和教师通过选择、改编、补充、拓展等方式,对国家课程进行再加工、再创造,使之更符合学生和学校的特点和需要。

2. 拓展型课程。拓展型课程包括两部分：一是在国家课程中重点选择语、数、英课程作为拓展研究的学科；二是专题研究课程和进一步开展的高水平的研究性学习课程，是以专题研究等方式进行。本学期，在前期拓展型课程建设的基础上，继续深入挖掘，基于学生现实，更有针对性地面对不同层次的学生进行适切的教育。尝试与评价方式相结合，使拓展型课程更有体系。

3. 探究型课程。探究型课程包括兴趣类选修课和学校特色活动，是以开阔学生视野、拓宽学生知识领域、满足学生兴趣爱好为目标的课程。校本素养类课程分为健康素养、文学素养、艺术素养、国际素养、现代领导力素养、创新素养六类，其中领导力课程以学校育人目标为指向，以校本课程体系为依据，构建适合学生发展的德育体系。学生可依据自身差异、兴趣爱好充分自主选择，在选课平台上进行选课。

各学科依据学科特点，开发校本教材，如"我读经典"诗文诵读、学校以音乐、美术课堂为主渠道，开展了每学期由教师、学生共同学唱自己喜爱歌曲的班班有歌声活动"每周一歌"和 美术作品鉴赏"每周一画"。《相亲相爱》《蝴蝶飞啊》《春天里》《最炫民族风》《萤火虫》《为梦想找一个家》等耳熟能详的歌曲，都成为同学们喜爱传唱的歌曲。丰富了学生的校园生活，深受师生喜爱！

四、保障信息装备，引领技术服务文化

1. 电子书包应用。青年骨干教师是我校电子书包应用的主力军，本学期，我校有语文、数学、英语、地理和历史 5 个学科 6 位教师使用电子书包进行"悦动课堂"教学和组内示范交流课。数学学科杨璐教师开设"悦动课堂"电子书包课《数据的收集》作为学校教研组内优秀课例进行全校展示，并参加青岛市 2019 年优质课评选。杨教师在本节课中将电子书包切入整个教学过程，让课堂变得简单、高效、智能，有助于开发学生自主思考与学习的能力。在学校，课堂教学环节是学生接受系统教育最重要的一环，做好教学互动环节，是掌握好教学环节的质量，提高教学水平的关键。电子书包的运用使得课堂气氛活跃，学生始终在轻松、愉快的氛围中学习，课堂体现教与学的和谐统一，表现出生动、流畅的特征，课堂因激发了学生的好奇心、满足了学生的求知欲而充满深度愉悦；同时各层次学生在教师的引导下积极思考、自主发现、建构知识、思维灵动，在核心素养的发展上得到个性化需求的满足，形成学科认知结构和良好的学习品质，最后学生积极乐于参与学习活动，生生之间体现平等、互助、合作、分享的关系，取长补短，共同进步。

2. 学科工具平台应用。各学科教研组结合市南区智能教育平台和菁优网平台开展集备研讨，最大化地挖掘这两个平台对教学的促进价值。市南区智能教育平台和

菁优网资源平台提供的丰富题库大大丰富了教师们的教育资源需求,提高了教师们的备课效率。

3. 学校自建信息化应用。学校积极开展创客教育活动,将创客教育打造成学校特色发展的教育新名片。学校创客教育团队从课程构建和学生社团开展两个方面积极推动学校创客教育发展。学校创客课程自 2011 年起被纳入综合实践学科课程,先后开展了《机器人创意设计》《奇妙的 3D 打印》《趣味编程》《Arduino 开源硬件设计》等课程,保证了创客课程的课堂时间;自 2012 年起,大力支持创客教师指导学生创客社团活动,开展各种竞赛活动,最大化的满足不同学生的个性化需求。

学校创客教师团队通过组内研讨、集体学习与个人钻研相结合的方法,不断提升自身专业素养,学校多次组织创客教师团队成员参加创客展、STEAM 创客素养提升培训活动,为教师团队成员的成长和进步提供了必要的支持。教师以授课与社团活动指导为依托,以竞赛为任务驱动,以提升学生创新实践能力为培养目标,将创客课程与学科竞赛相结合,使学校创客教育活动成为发展学生素质教育与教师成长的闪亮舞台,变成了开发学生科学素养和创新思维的"智慧源泉"。学生多次荣获机器人竞赛、信息学奥赛等项目全国一等奖,教师团队成员荣获省和全国优秀创客教师称号,团队主持的市南区"十三五"课题《基于 STEAM 教育理念的中学校园创客教育实践研究》已顺利结题。

学校取得今天的成绩,得到了社会各界的认可、上级领导的赞许,我们深知我们站在巨人的肩膀上,这是和各级领导的关怀、支持和引领分不开的,感谢各级领导的关怀、指导和厚爱。

在责任与担当的互换中提升管理品位

青岛西海岸新区实验初级中学 李 颖

学校管理的核心是"以人为本"。对管理者而言,充分体现以人为本理念,关键是激发被管理者的自我管理意识,把接受管理转变为参与管理,把"要我做"转变为"我要做"。那么如何实现这样的转变呢?我们学校实施的"今日我当家"全员值勤管理模式,是一种有益的借鉴和启示。

　　"今日我当家",就是给非管理层的教师参与学校管理的机会,赋予他们一定的权力和责任,让他们履行权利和责任的过程中理解管理者的初衷,养成作为教师应有的担当。

　　"今日我当家",实行以一天为周期,教师轮流值班的制度。"当家"期间,"当家"教师负有指导监督学生日常习惯养成、发现和宣传师生正能量、发现问题并督办各部门及时解决、评价公示班级管理情况、走课评价课堂教学等涉及学校管理方方面面的责任。可以说,从第一名学生入校开始,到最后一名学生安全离校结束,整整一天,"当家"教师对学校方方面面的事都要关注到、管理到,没有死角,不留空当,且行之有效。

　　"今日我当家",本质上是让"当家"教师站在中层干部甚至校长的角度上来管理学校。那么如何引导普通教师以中层或者校长的视野和担当来管理学校呢? 我们学校紧抓四个关键点:一是以领导引领。每天安排一名中层干部担任值勤组长,明确组员分工,加强管理监督,公示值勤情况,确保值勤工作得以正常运转,高效到位。二是以职责约束。明确规定每一位值勤教师的岗位职责,明确要求哪个时间段在哪个地点做哪些管理,制订详细的值勤流程,便于值勤教师责任明确、落实到位。三是以培训保障。学期初和学期中,学校召开值勤培训会,就值勤安排、岗位职责、管理方式、发现和处置问题的方法等对教师进行专题培训,保证他们"当家"时职责明确、思路清楚、工作到位。四是以总结提升。以日清、周结、月统计为抓手,及时反馈每日值勤工作、每周亮点工作、每月值勤情况,将教师的管理表现与考核绩效挂钩,做到了有制度,有检查,有奖惩,达到了责、权、利的高效统一。

　　"今日我当家",说到底还是个管理方法问题,其效果取决于教师参与的主动性和积极性。为此,我们学校坚持把握好三个原则。一是发现榜样,推树典型。坚持管理不是为了寻找问题,而是为了发现典型的理念,相信优秀学生是夸出来的,出色的教师是表扬出来的。为此,学校把发现和宣扬师生的亮点作为管理工作的重要基础,确定为"当家"教师的必做"功课",让他们用镜头记录下师生们的精彩表现,在学校宣传屏滚动播放,让身边榜样充分发挥正能量引领作用,带动每位师生超越自我。二是真诚关心,及时纠偏。让教师"当家",不意味着原来的管理者撒手不管,而是站在旁边始终关注教师"当家"的过程,发现问题,第一时间靠上去,指导交流,共同研究改进工作、解决问题的方法,有效缓解了教师"当家"的压力,让他们能够放手管理、大胆创新,以此为教师搭建发展平台。三是用心呵护,全程陪伴。最好的教育,是用心陪伴,共同提升。基于这种理念,学校要求每位值勤教师用微笑陪伴学生的每一天,用包容宽待学生成长过程中犯下的每一个错误,用耐心指导学生们克服前进中遇到的每一个难题,让责任和担当在陪伴中落地。

通过实施"今日我当家"全员值勤管理模式,教师们实现了管理者与被管理者角色的互换,体味到了不同角色应有的责任与担当,彼此间更加理解和尊重,遇到问题更愿负责和担当,学校管理日益精细、高效。如今,我们学校每个环节的工作总是有人主动思考,每一处存在的安全隐患定会有人全力解决,角落里每一片纸屑总会有人默默捡起,学校成了师生用心呵护的美好家园。

诚毅教育案例实践

青岛市崂山五中　陆典民

诚毅教育在崂山五中实践已经五年了,五年当中有无数值得回忆和思考的诚毅故事值得我们去借鉴,正是这一个个"诚毅"故事构成了我们的诚毅文化,形成了我们独特的校风、学风以及教风,今天,根据和教师们的交流笔录,择其一二与大家分享。

一、诚毅需要爱

"没有爱,别走进校园——对工作永远满怀坚毅之心;没有情,别靠近学生——对学生永远鼓励诚毅做人。"作为一名实践诚毅教育的管理者和实践者这句话说出了"诚毅教育"的前提条件。我认为,教师应该坚持把爱心分给每一个学生。在日常工作中,我时常提醒自己进行这样的换位思考:"假如我是学生,假如这是我的孩子,假如我是后进生,假如我是家长"的情感体验去理解、关爱每一个学生。

记得2013届的彤,原先是一个开朗机灵的小姑娘。她爸爸原先干个体小有成就,也算村里知名的小老板,后来迷上了赌博,不但经济上出现了问题,而且直接影响了原本幸福的家庭生活,跟彤妈妈三天两头吵架,后来闹离婚,原先活泼的女孩变得沉默寡言,甚至一度出现辍学的举动。彤妈妈千万般无奈之下,领着她和年幼的弟弟到我家想请我帮忙劝劝,因为她知道彤信赖我。我告诉她父母亲是成年人,他们有选择以后生活的能力和权利。作为孩子不管大人的选择如何,他们两方永远是你的亲人,他们也会依然爱你,并且希望看到你依然快乐生活学习,把自己的人生路走好。我苦口婆心地和她交流了一个多小时,她脸上的愁云终于消散了。我又留这母女三人吃完了饭。第二天,她就重新返回了课堂。我不放心又打电话跟她爸爸沟通了一下,她爸爸也想孩子不要因此受到不好的影响,嘱咐女儿好好学习,不要分心。这之后我俩一直书信联系,就算在一个学校也是如此。她有什么心事通通写在纸上告诉我,我再写回去帮她分析解决。初中毕业的时候,她已经出落成一个自信坚毅的阳光女孩了,我为她高兴。人生的路总要自己走,教师只是一个指路人,方向对了,路还是要靠孩子们自己走下去。

当然,爱并不是盲目的、不分青红皂白的。师爱是严慈相济的爱,有时需要"当头棒喝",令人幡然悔悟,痛改前非;有时需如"润物细无声"的春雨,点滴渗透,沁人心脾;尊重信任是爱,严格要求也是爱;赞扬、褒奖饱含着爱,批评、处分也体现着爱,不放弃任何一个落后的学生更是爱。每一届都会有让教师头疼的学生,我都会用坚毅的爱去感化他们。15届学生张同学无心向学,行为散漫,不服管理,家长也有心无力,管教不了他。对此我没有放弃,一直坚持把他列为重点工作对象,与他谈话,肯定优点,指出缺点。一方面帮他分析问题,指出危害,提出建议,约法三章,促其改正;另一方面,给他"配备"可以帮他的同位和好朋友,所谓近朱者赤,他整天跟这些孩子打交道,熏陶是一定的。一旦发现他有进步,周围的人马上给予肯定和继续前进的鼓励。最后还有一个绝招,就是坚持与家庭教育形成合力——我一次又一次去家访,有一段时间去的次数太多了,街上一群打牌的老大爷都认识我了,见到我主动打招呼。有付出不可能没有一点收获,张同学慢慢进步了。正在他进步的过程中,他打球时不小心把手腕弄错位了,我和家长立马一同前往医院。她妈妈年纪大了有点慌神,我便代表家长和医护人员一起帮他复位。医生要求我帮忙抱紧他不要因疼痛乱动,我问医生为什么不打麻药,医生说儿童处于发育期,不适合麻醉。四五个大人分别从两边拽让他的腕骨重新对齐,他愣是没哭一声,把头紧紧埋在我抱住他的两只胳膊里,倒是我比她妈妈哭得还厉害,我太心疼了,就像自己的孩子在遭罪一样,还有他的坚强也让我感动了良久。我发现了一个从前不太了解的他,他竟有这等坚强的性格。从医院回来后,我给他买了一些营养品,又发动全班同学带着小礼物去他家看望他,他妈妈告诉他:"同学来看你了",可他躺在床上就是不转头打招呼。但是我看得到他充满泪水的双眼。不是害羞,不是不理人,而是感动的泪水。他没想到同学们这么重视他,医院那么撕心裂肺的疼痛没让他掉下一滴眼泪,此刻的他却泪流满面。我没当面点明,和同学们回来的路上我给他们做了解释,让他们理解;又讲了他的坚强,同学们没有说话。我知道他们也从张同学身上学到了一些东西。此事以后,张同学有了质的变化,他不但早早吊着绷带来校上课,而且再没惹过事,他爸爸妈妈也连说儿子变听话了,真诚地生活着,学习着。"亲其师,信其道",不抛弃,不放弃,坚定不移的爱终于在他心里点燃了一盏前进的明灯。

教学二十载,我有许多感触:面对纯真的学生和对教师包含无限期望的家长,用持之以恒的真诚去奉献一份爱心与责任心,会在不经意间收获无数的祝福与信任。逢年过节家长和学生的短信纷至沓来,目不暇接。去年教师节我带了两年的学生们送给我一件寓意深远的礼物:一只漂亮的水杯。那是一只透明的玻璃水杯,里面躺着一只纸折的红色千纸鹤,顺着标记打开,里面写道:"亲爱的胡教师,我们感谢您两年来对我们的教育和关心。虽然您不再教我们,但您的一言一行,却深深印在我们的记忆中。在教师节之际,送您一只水杯,这是我们共同的心意,希望您在工作辛苦时喝点水好好休息一下,也希望我们能成为一'杯'(辈)子的朋友。"此情此景,什么也不说,唯有感动与充实,因为感觉自己的耕耘结出了果实,所有的付出都是值得的。

二、把诚毅教育写在日志中

久闻学校各位初三班主任的威严,第一次当毕业班班主任的我,尤其是"柔性远远大于刚性"的我而言,心里很是忐忑。但是校长的一席话给了我前行的动力,"坚持自己的风格"。于是带着我的十分真诚,我走进了九年级三班。可是我发现现在的孩子和以前的孩子相比,似乎多了一些对人情的淡漠。我第一次当毕业班班主任所表现出来的人情味在某些学生眼里显得有些可笑,从业八年来,第一次感到作为一个教育者的悲哀和无能,也是第一次很想凭借自己渺小的能力改变一些事情,哪怕能影响的也最多只有我的这一个班的学生而已,仅此而已!

一如既往地利用有限的班会课、我的语文课和学生交流我的思想,我努力地告诉他们:我喜欢他们,我愿意和他们做朋友,我既可以是他们的教师,也可以是他们的母亲,甚至是朋友。但这样的交流时间实在不多,而且说得多了好像一直都在搞思想政治教育一样,学生一边听一边就付之一笑,忘记了。后来,一个偶尔的机会,在网上看见了"班级日记"这几个字眼,突然萌发出一个想法,何不借助这样一个平台尝试了解班级的细微动态,了解每一个孩子呢? 当我向全体同学宣布要写班级日志时,有同学认为这是我又一次的"搞怪",于是我编了一个善意的谎言:"孩子们,写班级日志的理由其实很简单,就是想给你们,也给自己留下点儿不一样的东西,等到毕业后再回首,记忆或许随着时间的流逝而早已尘封,但这些鲜活的文字将成为大家最美好的回忆和见证。"在我激情洋溢、声情并茂的阐述中,大家决定先试试。

一开始,我让班上每个同学轮流记录班级内发生的事情,而我跟着每天阅读,再传给下一个同学。可好景不长,《班级日记》居然坚持不下去了,难道就这样被扼杀在萌芽之中吗?怎么办?我静静坐在书桌前反思,"只是记录班级事务是否过于单调""只在一旁静观能否向我坦言""没有及时的反馈能否达到效果""没有有效的监管能否坚持到底"……不行,必须重做调整。关于日记的内容,不能仅仅把《班级日记》当作说是非的地方和汇报当天生活状况的记事本,孩子们可以写对班级事务的看法,可以写家庭之间的琐事,还可以写自己的苦恼和快乐……总之只要是学生愿意和教师交流的内容都可以写。关于我的参与,学生在日记中提到的困惑和问题,我会在日记中一一给予回复,如果觉得特别复杂的问题,我会利用课余时间和学生面对面交流。关于有效监管,我让一名比较认真的学生替代我负责日志的流通。关于及时反馈,我尝试利用午自习前10分钟让同学在班上读自己的日志,并适时点评……其实作为语文教师,我自然也有"私心"——让孩子们把每次的日志当成是练笔的机会,尽情发挥;而我自己也可以通过这些文字,进入孩子们的世界,了解他们的说不出的秘密,更好地融入他们、帮助他们。

几周之后,我突然发现孩子们长大了许多,班主任工作也好做了许多,连我自己也成长了许多。不仅如此,更让我感到欣慰的是——我终于赢得了学生们那一颗颗真诚的、坦然的心,这也为我以后的班主任生涯增添很多宝贵的财富。"亲其师,信其道",通过班级日记我走进了学生内心世界和学生交朋友;"运筹帷幄,决策千里",根据班级日记我调整工作策略提高班级管理效果;"勒兵列阵,一马当先",通过班级日记我不仅提高了自身素质还成为学生的表率……这许多许多,我想我会受益终生!

不知何时起,这本《班级日记》已不再是最开始时那"你推我我推你"的额外作业,而俨然成为生活中不可或缺的一部分。仍清晰地记着传递时孩子们如获至宝的微笑,下笔时孩子们小心翼翼的紧张,破损时孩子们主动用透明胶修补的认真……这一切一切细微的举动足见它在孩子们心目中的珍贵地位。后来,随着中考的临近,珍惜的情绪在字里行间弥漫,传递日志的频率也愈来愈快。是的,孩子们开始对它有了特殊的感情,临近初三结束,孩子们显得有些依依不舍,甚至纷纷表示想独自留下它,其实我何尝不想呢!于是同样为了一己私欲,我又编了一个善意的谎言:"孩子们,在即将离别之际,就当是你们送给我和下一届孩子们的礼物好吗?我会把我们曾经的日子、曾经的笑容和汗水……一一讲给他们,并在他们身上延续着……"一阵雷鸣般掌声之后,孩子们默许了,而我也流下了激动更是幸福的泪!

那一年的6月11日,36个孩子带着梦想走上考场,而我也在那天为这本《班级日记》取名为《一起写日记的日子》,并写下这样几行字:"每个平淡的日子,都在这里,变成珍珠。"

转眼间,一年过去了,当我终回首,看着孩子们用风趣幽默的语言、胆大包天的评论和格式多样的文风,记录着成长中的滋味时,我不禁开始设想新的学年……那一年的历练,真得让我收获了许多。真得感谢学校在我经验尚浅时给我的这一次机会,真得感谢校长在我最困难时给我的那一席话语,真得感谢孩子们在我而立之年时给我的又一次成长,更要感谢自己在一念之间所成就的那一本《班级日记》,是他们让我这个青春田野的守望者收获了不曾预想到的快乐、幸福和成功!

终于,我用我的诚心换来了学生的诚意。也许,我的呵护填平不了所有的沟沟壑壑,但是,我愿意给每一点瑕疵、每一道裂痕存在的角落,并且用我的手,指给他们看前面明媚的阳光!

教育工作是一块芳草地,常育常新,常耕常艳,虽然有点累,但因为满怀坚毅之心、诚毅之情,我会一直用心走下去——且行且坚毅!

青大附中提倡干部"创变"

青岛大学附属中学副校长　彭念东

青岛正努力建设成为"开放、现代、活力、时尚"的国际大都市,这八个字已经成为青岛的城市名片,而要想实现这八个字的宏伟目标,一定离不开一个关键词,那就是"创变"。没有创新,人的思维就会不断退化,世界就会停滞不前;没有改变,生活就会枯燥无味,缺乏活力。 所以说,创变是一种时尚。

而对于一所学校来说,管理者即服务者,除了要有爱心,有责任心,有担当,要有良好的工作素养,还一定要有创变的意识和创变的能力。学校领导力是学校以校长为核心的领导团队实现变革式发展的战略性规划能力和执行能力。全方位提高学校领导力是破解现代学校管理瓶颈,推动学校快速发展的有效途径。中层干部是学校领导力的关键,也是时代教育变革中最重要、最具有决定性的力量。创变是为了激发全体干部的思维力、想象力,让他们始终以发展的眼光看待问题,始终能创造性地开展工作。如何"创变",可以从以下三个方面去考虑。

一是有崇高的"信仰"。把"做四有好教师"作为自己的职业信仰,教师有信仰,学生才会感受到力量。教师对民族、对国家的认同、对共产党的领导的维护,对生活的积极态度是对学生进行德育教育的基本前提。对于全体中层以上干部来说，要创变学习方式，营造更好的政治生态，让所有的教职员工时刻保持坚定的、正确的政治信仰，有理想信念，处处严于律己、以身作则，自觉做到自重、自省、自警、自励，为全体学生树立良好的榜样。

二是有科学的"行为"。更科学的教学行为才能换来更有效的教学成果。在教师们的教学过程中，依然有很多的教学行为需要改进，需要创变。如满堂灌的问题，说明部分教师的教育理念仍有待提高；如减负的问题，依然存在作业量过大的现象，直接导致学生的自主学习意识下降，创新潜能未能得到发掘；如对待问题学生过于苛刻的问题，缺乏对问题学生的鼓励，他们的闪光点未能被认可，都需要我们的中层以上干部去创变、去思考，如何通过改变教师的教学行为去营造更好的教育生态。

三是有和谐的"关系"。关系就是关联、维系，关联有很多种，血缘、地缘、师生缘等，维系就是沟通合作。新课程理念要求教师转变自己的角色，由知识的传授者转变为与学生合作学习的组织者。合作，是新课改一个重要的核心思想。乐于并善于合作，是知识经济社会的理念和对现代人才素质的要求。好的师生关系、同事关系才能产生好的教育。全体中层以上干部要认真做好各种关系的维护者、引导者，通过创变加强沟通交流，协调、帮助全体教师、家长共同完成教育目标。

对于全体中层以上干部来说，我们每天的工作可能会有一定的重复性，但生命不应该是一个简单的轮回与重复，热情、执着与勤勉，有信仰，敢行动，善合作，不断改变，不断创新，你的人生才会更精彩！

以人为本，优化学校内部管理

青岛西海岸新区外国语学校　薛秀花

教育的终极目标是培养人、发展人、造就人，在学校中，"人"绝非只有学生，还有教师。在全面实施课程改革的新时期，以人为本的管理理念对学校科学发展起着至关重要的作用。

一、优化内部管理，让干部有使命感

（一）统一思想，提高认识

多年来，我校始终坚持依法治校、以德立校，倡导民主管理和科学管理，坚持教书育人、管理人育、服务育人；把"五好""五有"作为外国语学校领导干部的必备素质。"五好"即：政治素质好、管理理念好、团结协作好、奉献勤政好、作风形象好。"五有"即：有思路、有创新、有激情、有干劲、有作为。班子成员必须做到：大事讲原则，小事讲风格，坦诚相见，合作共事，以此增强领导干部的责任感和使命感。

（二）制度明确，责任到人

进一步完善和细化《青岛西海岸新区外国语学校现代管理制度》，党建、行政、安全、德育、教学管理等方方面面，细化岗位职责，使每个目标任务做到有措施、有责任人、有时限、有考核评估，形成有效的激励奖惩机制。健全校长负责制；实行校长办公会议制度；健全教职工代表大会制度；加强党组织对学校教育教学改革的监督保障；完善校务公开制度，严格财务纪律。多年来，全校无一例乱收费、乱补课和乱订教辅资料的现象发生。熟悉学校人事财务、资产后勤、校园网络、安全保卫与卫生健康等管理实务；努力打造平安校园，建立和完善学校各种应急管理机制，定期实施安全演练，能够正确应对和妥善处置学校突发事件。

二、抓住教学关键，让教师有归属感

（一）树立教师专业自信

1.强化以敬业爱生、为人师表为主题的职业理想和职业道德教育，践行青岛教师誓言。引导教师以人格和学识魅力去教育感染学生，做学生健康成长的指导者和引路人，逐步赢得社会尊重。

2.牢固树立标准意识、底线意识、精细化意识、荣誉意识，狠抓教师责任心和执行力，在最优化的教学过程和结果中提升教学自信。

（二）引领教师专业成长

要求每位教师根据各自情况设计和而不同的职业生涯规划项目，青年教师重指导，中年教师重激励，老年教师重保障。坚持全员与骨干并举，通识与专题兼顾，全面提升教师专业化发展水平和教师职业生命质量。

1. 完善以名师工作室和骨干教师为核心的教师校本专业发展体系。充分发挥我校"青岛市名校长工作室""青岛市名师工作室"的引领作用,建立同伴互助、团队成长的教师专业发展文化

2. 积极为教师,尤其是班主任创设"走出去、请进来"的学习、交流机会,以骨干教师集中培训、大规模远程研修和校本培训为主要形式,构建市、区、校三级联动的教师培训格局。

3. 继续完善骨干教师和青年教师培养机制。实施"骨干教师培养工程""青年教师培养工程""青蓝工程",为青年教师快速成长提供助力。

（三）关注教师现实处境

学校管理者的首要使命应定位于"促进教师队伍的发展",充分发挥教师在校长工作即学校管理中的主体作用。

1. 建立共同愿景,目标驱动发展。作为学校管理者,应该始终遵循一个用人的基本原则——"扬人长,念人功,谅人难,帮人过"。重视教师入职后各种在校生活体验,不仅定期约请新入职教师座谈,而且定期开设"校长沙龙""校长聊天室",校长信箱、手机短信平台,更是长年畅通,以期准确把握教师的思想动态、需求和体验,随时发挥管理的服务功能,促进教师主体的发展,从而实现知人善任、有效管理。

2. 给予关爱支持,情感驱动发展。促进教师个体的成长,除了提供专业发展支持之外,还需时刻关注教师的现实处境,建立"校长——教师"关系之外的普通人与普通人之间的情感联结,给予情感支持,促进教师走上全人发展的健康之路。学校领导真心关心每一位教师包括退休教师的生活,教师的婚丧嫁娶、治家之道、育儿心得、退休生活,教师子女升学、就业、住房、健康等,登门拜访、电话问候、当面约谈是每学期必须要做好的重要事情之一,让所有教师都有强烈的归属感和幸福感。

人本观念告诉我们:管理的核心是能动的人,施行"以人为本"的教育思想是学校发展的动力。学校管理者要善于整合领导干部和教师团队的力量,宽处有教育情怀,细处有爱人之心,实现学校更好更快地发展,创造出更加辉煌的成绩。

潮海中学实行"双线"管理，提高教育教学质量

潮海中学　黄祖润

作为一所城区学校，潮海中学根据自己的实际情况，优化学校制度，实行"双线"管理，有效地提高教育教学质量。

一、实行以校长为首的各级团队管理线

（一）细化团队成员分工，强化成员责任追究；校长全面负责，下设教育教学管理、安全管理、总务管理三个小团队。

1. 教育教学管理团队负责全校的日常教学和教师培训工作。由主管教学的副校长牵头，中层领导挂科，教务处具体负责，教研组、备课组确保集体教研备课做到定时间、定地点、定课题，挂科领导参与，形成浓郁的教研氛围，不流于形式，使学校的教育教学工作井然有序。

2. 安全管理团队负责校园安全、学生安全等工作。

（1）由主管安全的副校长带头，形成政教处与级部、总务、保安室、班主任全员参与，将安全教育常态化，充分利用国旗下的讲话、广播、板报、宣传标语，安全专题会等认真落实和开展防食品中毒、防火灾、防溺水、防踩踏、防地震等方面的安全教育和安全演练。

（2）将安全责任具体化，做到分工明确，责任到人，工作到位，形成有效的安全管理网络，严格执行一日安全管理流程：学生进出校时段，带班领导、门卫、值日教师在校门口接送学生，护送学生安全通过校园外公路。

（3）建立健全"一岗双责"为核心的责任体系，层层签订安全责任书，将安全责任落实到具体的责任人和责任环节。

（4）加强安全防范设施建设，校内安装了监控设备，做到安全无死角。

3. 总务管理团体负责学校的后勤供给，及时解决教学所需，保证学校的日常教学需求。

（二）实行级部管理，领导干部挂科包班，深入一线教学

1.学校由副校长分抓级部，由级部主任和级部长具体实施管理。

2.中层干部根据自己所任教学学科，挂科教研组，从教研活动、课堂教学、日常教学管理等方面深入一线教学。

3.实行领导干部包班制。每位中层干部包3～4个班级，对所包班级教师的课堂教学实行推门听，及时发现问题，解决问题。

二、实行以学生会为主体的学生自主管理模式线

学校由政教处牵头成立学生会，学生通过自荐竞选当选学生会部长和成员，制定并讨论通过学生会规章制度，充分发挥学生会的监督之责。

1.实行流动红旗悬挂制。学生会纪检部、卫生部等每天对班级进行检查，周末汇总，评选出"标兵班级""优胜班级"，利用周一升国旗颁发流动红旗，获奖班级把流动红旗悬挂教室门口，激发学生的集体感、荣誉感，从而激励学生继续努力。

2.学生会积极组织举行各种活动，丰富学生的校园文化生活。如举行名著阅读竞赛、书法比赛、演讲比赛等活动，让学生在学校上张弛有度，学习效率最大化。

"和谐管理"方式演变

青岛市即墨区第二十八中学 李志刚

学校管理就是把错综复杂的事务秩序化，并且形成"一贯性"，是督促人们向正确的方向前进，带有"管束、管制、治理"的意思。学校管理中的"管"，重点不在控制，而在组织，是我们当校长的以一个又一个教育任务为依托，把教师组织起来，进行教育教学改革。"理"包括以下主要内容：一是理清教职工的工作思路，帮助他们明确目标、任务、方法、措施；二是理清教职工的情绪，调动工作积极性，让他们有良好的心态。三是理清学生发展的战略举措。四是理清内外人际关系，让学校置于关系和谐的良好发展状态。我曾经尝试过以下三种管理模式。

一、教研组管理模式

教研组是学校集教学、科研、管理于一身的基层组织。教研组管理模式是由校长领导下的教研组长负责制,学科教研组长拥有对本学科教师的人事使用权,负责备课组长的任免和各年级人事的搭配,本组成员的出勤、思想等方面的管理,并直接对本学科教学成绩负责。学校其他机构都直接为其服务。教研组总是把学校在一定时期的整体目标分解为学科局部目标,并进一步分解为学科教师的个体目标,来作为管理的出发点归宿点的。但是教研组管理模式中教研组长要对本组教学成绩负责,所以不可避免地过于偏重教学,而在对学生德育方面力度减弱,容易形成"一头重"的局面。

二、"双通道"管理模式

所谓"双通道"管理,就是校长负责下的两个分管副校长具体负责的德育管理通道和教学管理通道。德育管理通道的主干由四个成分构成,即"分管德育副校长—政教主任(团委书记)—级部长—班主任"。一级带着一级干,一级对一级负责。教学管理通道的主干由四个成分构成,即"分管教学的副校长—教务主任(挂科干部)—教研组长(备课组长)—任课教师"。上下构成一条线,上传下达,政令畅通。而在教学管理通道中又分成了两条小通道。一条是以级部主任负责的、以常规管理为主要内容的横向管理通道,由级部主任协调各个备课组做好课时安排、作业设置、学风培养与学法指导、成绩统计等工作;一条是以挂科干部负责的、以教学研究和教育科研为主要内容的纵向管理通道,包括理论学习、听课评课、课题研究等。使教学管理形成纵横交错、协调统一的运行机制。这种模式使校长一手抓教学,一手抓德育,两手抓双通道,不会产生一手软、一手硬的问题。

三、级部管理模式

在分管校长领导下的级部主任负责制。实行扁平化管理,减少中间环节太多而导致低效、走样。挂级部校长在级部主任室设置办公桌,做到三"三":每周在级部办公不少于三天,每周听课不少于三节,全程参与级部三会——例会、班主任会和集备会;在级部实行双通道:德育线是"挂级部干部—级部长—班主任"负责学生常规管理,他们全天靠在级部,当班吃在级部,管理问题消除在级部;教学线是"级部主任—备课组长—任课教师"。现在28中就实行这种管理模式,三个副校长每人一个级部,其他各部门都为级部服务,运行效果很好。

教无定法,管也无定法,管理本身没有固定的模式,以上三种模式各有千秋,任何学校都要根据自己学校的规模、发展状况、领导干部的工作能力等实际情况创新出适合自己的管理模式，以最适合的模式促进学校的发展。

青岛启元学校探索九年一贯制学校管理模式

青岛启元学校　马新卫

进一步构建学校扁平化管理体制，逐步建立学校两大学部、三大中心的管理层级，建立学校人才的竞聘上岗制度，选聘优秀的骨干教师担任学部主任主持学部各项常规管理工作，简政放权，减少管理层级，提高工作实效。

一、实施扁平化管理

副校长担任学部执行校长，对学部各年级的整体工作全面负责，各学部配备教学和德育副主任，从业务素质高和教学成绩突出的教师中选拔，同时在青年教师中选拔年级主任助理。完善各服务中心的职能，各管理部门要在职能范围、岗位责任、管理常规等方面建立相应的规章制度，树立服务意识，创新服务内容和方式，提高服务质量。　通过管理创新逐步形成科学规范的决策系统，各中心、学部相互配合支持的执行系统，由各中心落实的监控系统，学校校长办公会、校务委员会、教师例会、学部例会、中心例会等有机结合的反馈系统，确保学校各项工作有效落实。

二、推进现代学校建设

实行校务委员会制度，校务委员会由学校领导、教师代表、家长代表、和社区代表等多方人员组成，负责审议和决定有关学校发展规划、重大合作项目、重要资产处置、教育教学改革等决策事项，必要时邀请有关专家和职能部门进行论证，确保学校重大决策的科学性和规范性。完善学校教职工大会制度，认真贯彻《青岛市中小学教职工代表大会暂行条例》，从制度上推动和保障教职工对学校重大事项决策的知情权、参与权、表达权和监督权的落实，切实提高提案答复率和落实率。紧紧依靠全体教职工，开展"启元发展之我见"——学校发展建议征集活动，充分调动教职工参与学校民主管理和民主监督的积极性。推进校务公开制度，学校的重大事项，重要制度、中远期规划等,及时向教师、家长、社会公开。

三、建立师生申诉调解委员会

教师对职责权利、职务评聘、奖惩考核等方面存在异议,学生对学校处分存在异议,均可通过申诉调解委员会进行申诉,必要时举行听证会,保证处理程序公开公正。通过学生议事会制度,拓展学生参与学校民主管理的渠道,以此落实学生的主体地位,促进教育公平。建立健全家长委员会制度,进一步完善委员会章程,更好地发挥家、校间的桥梁和纽带作用,协调学校、家庭、社会之间的关系,更好地实现教育的合力。

四、完善开放办学体系

以"理解、沟通、信任"为主题,构建学校、家庭、社会"三位一体"合力育人环境,促进学校持续发展与形象的全面提升。通过征求意见座谈会、家庭教育讲座民主评议等活动,进一步深化沟通合作。

五、构建校本评价体系

丰富校本制度内涵,完善《青岛启元学校制度汇编》,以制度促落实,以流程代指导。施行管理问题问责制,规范教育教学行为。提高教师参与学校管理积极性和创造性,加大校务公开的力度,结合扁平化管理改革,对现行工作流程进行变革,提高管理效益,形成和谐互助的干群关系、教师关系。

狠抓干部队伍建设,打造坚强战斗核心

青岛市李沧区实验初级中学 李雅慧

中共青岛李沧区实验初级中学支部作为基层党组织,以提高干部、党员和教师的凝聚力和战斗力为党建工作使命,以为学校的全面发展保驾护航为着眼点和落脚点,扎实推进"六个一"支部建设,党建工作取得显著成效,被评为"青岛市先进基层党组织"。

一是落实"一个责任"。支部班子切实履行党建工作"第一责任人"职责,严格落实"一岗双责"要求,牢固树立"守土有责、守土负责、守土尽责"意识,把学校党建工作摆在突出位置,融入学校持续发展建设中。做到了将党建工作纳入议事日程,与教育教学等中心工作同步考虑、同步部署、同步实施、同步考核,使党建工作与行政工作融合成一个有机的整体,促进了学校的整体发展。

二是抓好"一条主线"。紧密围绕教体局党委下发的"两学一做"教育《配档表》,创新学习形式,让学习内容落地。把推进学习教育与信息技术融合,利用局域网、QQ群、微信公众号、活动简报等形式,及时发布形象直观、丰富多样的学习资源。通过书记上党课、革命老区参观实践等形式,夯实党性教育,坚定理想信念教育,提高政治站位,永葆爱党激情。通过学习教育,确保学校党组织强起来、支部工作活起来、党员教师动起来,把党建优势转化为学校发展优势。支部紧密围绕"两学一做"学习教育在党员教师中进行大讨论——"我们教师的中国梦是什么,怎样实现。""用我们的博学来言教,用自身的行为来身教。教育出祖国之栋梁,未来之肱股。"党员教师们率先诠释出了作为一名人民教师的朴素中国梦,成为"立师德,正师风,强师能"的楷模。

三是依靠"一个保障"。该校党支部把"全面从严治党"作为开展党建工作、推进学校工作全面提升的重要保障。从思想建设、组织建设、作风建设、反腐倡廉和制度建设各个领域,开展从严整顿和治理,加大严守党的纪律和政治规矩教育,自觉执行民主集中制,严格组织生活制度落实,严肃党内政治生活。加强对党员的考核与民主评议,积极推行"李沧区教体局党员积分制动态量化管理(暂行)办法",用好"党员量化考核指标体系评分表",加强过程性、客观性考核和评价。

四是抓好"一个班子"。在校务会议上专门安排时段,集中精力研讨,深入领会习近平总书记重要讲话精神和李沧区委领导讲话精神,进一步做到"方向明、政策清、决策实"。在班子中开展了"比觉悟、讲奉献、树形象"主题活动,抓出了班子的凝聚力、战斗力和执行力,整个班子形成了配合默契、互相支持的工作氛围,对全校工作形成了强而有力的引领。

五是带好"一个队伍"。支部重视党员队伍整体建设,制定了"优秀党员标准",开展了首届"五星党员"评选推介。在全体党员中开展了"亮身份、践承诺""党员师德师能先锋岗在行动"等活动。以"铸梦"党建品牌为抓手,成立了"铸梦义教"志愿者义务辅导团,面向不同需求层次的学生开展义务辅导。党支部引领"铸梦"团队,开展了一系列活动:党员率先家访,要求党员家访自己的学生要达到100%;党员示范召开家长会,为全校教师做成范例;党员"一帮一"活动,要求全校党员,最少结对帮扶一个特殊家庭学生。在党员队伍的引领征,学校中考成绩跨越式提升,2016 年、2017 年连续两年获得"李沧区教学质量奖进步单位"称号。

六是盘活"一个全局"。牢固树立"全校工作一盘棋""党政分工不分家"的意识,围绕学校教育教学中心工作,通过党建工作的政治引领,为学校的全面发展起到了保障和助推作用。在"合格支部、过硬支部、示范支部"三级联创工作中,学校全体党员一致支持直接创建"示范支部",助推了支部的党建工作扎实开展。

在党员队伍的示范引领下,短短两年,青岛李沧区初级中学先后获得了"全国足球特色学校""山东省家庭教育示范基地""山东省城乡妇女巾帼建功工作先进集体""青岛市十佳德育品牌""青岛市文明校园""青岛市心理健康教育示范校""青岛市足球特色学校""青岛市手球特色学校""青岛市先进基层党支部"等 30 余项荣誉称号,学校的办学实力与社会影响力得到了快速提升,"学生喜欢,教师幸福,家长满意、社会赞誉""老百姓家门口满意的学校"的办学目标正在变成现实,为李沧教育事业的发展进步做出贡献。

常规管理"精细化与人文化"

青岛大学城阳附属中学　牟　兵

学校管理工作要做到精细化就是管理工作达到精密、细致的程度,精细化管理就是落实管理责任,变校长一人抓为大家齐心协力共同抓,将管理责任具体化、明确化。它要求每一个人都要到位、尽职,对工作负责,对岗位负责,在教育中"用心工作、爱心育人、真心奉献"。这种理念的目的就是把大家平时看似简单、很容易的事情用心、精心地做好,在学生管理和教师管理上处处做细、处处体现人文关怀和人心感化,这就是学校管理工作中的精细化与人文化。

学校的管理工作千头万绪、纷繁复杂,教育工作的对象是一群活泼好动、富有青春活力的青少年学生,我们教育教学管理过程中有一个环节考虑没有到位,没有做到精细,没有做到人文关怀,就可能出现意想不到的混乱以至发生不可挽回的损失。在教师管理方面没有做到精细和人文化管理也就有可能引起人心涣散,工作消极被动;教学管理方面做不到精细和人文化,也必然引起教育质量下滑;财务、财产管理也是如此,管理不到位,就会出现资金浪费、财物损失引发矛盾丛生;班级做不到精细化和人文化管理,就会出现课堂教学秩序混乱;卫生和安全管理更要做到精细,否则就会造成校园环境脏乱差,甚至有可能造成学生人身伤害以至伤亡现象发生。校长作为学校管理者,无时无刻要考虑到这些工作,包括学生的衣食住行的各个方面。从餐桌到走路,从学业到做人,从现在到未来,无不要求我们学校管理必须精细化、人文化。因此,对于学校内部管理问题,我觉得应从以下几个方面考虑。

一、思想观念要更新

思想意识是人的行动的指南,行为方式的改变必以思想意识的更新为前提。学校管理工作也是如此。学校常规管理要做到精细化人文化,不能仅仅说在口头上,唱唱高调子,随风凑热闹。学校管理者以及各部门和教师、员工都要克服好大喜功、心情浮躁、急功近利、搞形式主义等不良现象,要有"莫以善小而不为"的心态,做好点点滴滴的小事情,静下心来,踏踏实实,一步一个脚印,务求精细,务求实效,不能"小事不愿做,大事做不来"。

二、细处着眼、小处入手

小事做细,细事做精。每件事要求越明确越具体,就越有利于操作和精细化管理。因此,从制定规范和各项制度抓起,建立健全了各项规章制度,不但有据可依,而且能够忙而不乱。做事要有计划,无计划、计划无操作性和计划不落实结果一个样,所以抓好制度的精细化、人文化是管理的首要任务;制度的建立是各项管理工作开展的前提。制度不落实无异于没有制度。具体制度的落实是从环节抓起,环环相扣,一环不让,一环不差是精细化管理的关键,是学校常规管理取得成效的关键。课堂教学是教育教学的主渠道,是学校教育教学质量得以提升的"前沿阵地",课堂管理精细化了、人文化了,教育教学质量就必然会大大提升;学校常规管理的又一个重要的方面就是考核奖惩,学校管理工作有了精细的奖惩规定就能促进学校精细化管理的形成。

社会是发展的,生活是丰富多彩的,学校管理工作中存在着诸多可变和不可预知的因素,无法预知的事件和问题随时都可能出现,各种制度的制定相对于活生生的现实来说具有滞后性,这就要求学校管理工作者应具备处理问题的精细的头脑和分工细致的管理集体,哪里有问题就在哪里研究就在哪里解决。比如,学生在食堂就餐,浪费粮食。就要随时解决学生不节约的"吃饭"问题;学生走路,总是抄近路踩坏草坪、花木。就要立即想办法解决学生不会"走路"的问题。诸如此类,这就充分体现了学校管理的精细化和人文化。

不管制度制定得多么精细、完善，关键是在落实，否则都是空文。在落实各项制度的过程中更要充分体现人文关怀。因为学校管理工作指向的对象是人——充满朝气和青春活力的学生以及有思想有学识的教师，所以在管理方面既要做到管理有据可依、有章可循，又要做到人文关怀、人心感化，还要做好爱心育人，使学校教育教学工作不仅能秩序井然、有条不紊的开展，而且使学校到处充满人文的气息。

以人为本，共筑心灵家园

青岛市即墨区新兴中学　吴成海

2009 年 7 月，即墨市教体局安排我到新兴中学主持工作。临上任前，局领导找我谈话，对我提出期望：解决新兴中学内部矛盾，提高教育教学质量，办好人民满意的教育。当时，新兴中学的情况非常不乐观：校风不正，部分干部和教师之间的关系紧张，部分教师之间的矛盾突出，教师尤其是优秀教师纷纷改投他校，流失严重……凡此种种，导致教育教学质量很低，中考成绩在全市名列中游偏下，甚至考不过一些乡镇学校。

面对当时的状况，作为校长，我感到压力很大，也意识到自己的责任重大，同时也坚信，人一旦受到责任感的驱使，就能创造出奇迹来！经过大量的调研，认真的思考，我于 2010 年提出了"构建幸福教育，建设幸福新兴"的办学思路。当时，我深切盼望新兴中学在我的带领下，能走出一条"构建幸福教育——建设幸福学校——培养幸福教师——教出幸福学生——奠基幸福人生"的办学之路。

一、建立科学的、以人为本的规章制度

科学的、以人为本的规章制度不仅能保障教师的合法权益，为他们创建公平、公正的工作环境，还能够让教师们从制度中体会、学习到学校的价值追求。首先，我们不断地制定、完善规章制度，使学校工作尽可能地有章可依；其次，在制定、完善制度的时候坚持把"规范、激励、倡导"作为中心指导思想，改变规章制度历来仅仅是"预防、约束、惩罚"的传统目的，让规章制度在提升教师的职业幸福指数中发挥正能

量;第三,我们狠抓制度的贯彻落实,坚决做到照章办事,减少学校治理中的人为因素和随意性。

二、营造民主、宽松的工作氛围

没有民主,学校就没有活力,没有创造力,学校就不能激发广大教职工的主观能动性,就无法发挥集体的智慧。没有宽松的工作环境,就没有轻松、快乐的工作心态,而轻松、快乐的工作心态对教师保持昂扬的工作热情是至关重要的。

学校通过实行管理权限下移,充分发挥校务委员会、教代会的作用,坚持校务公开,奖励合理化建议等措施,使教职工真正参与到学校管理中来,让教职工真正成为学校的主人。

三、转变干部管理职能和管理方式

新兴中学以前的干群关系实际上处在两个对立面上,相当于"猫和老鼠"的关系:"猫"千方百计地想要把"老鼠"逮住,而"老鼠"用尽浑身解数想要避开"猫",这样的干群关系下,"众志成城""万众一心""同心同德""齐心协力"只能是空谈。我到任以后,把这种关系转变成"一条绳上的蚂蚱"的关系:干部和教师是一个命运共同体,只是岗位不同、职责不同、但目标相同。

我把领导干部的职责定位为"示范、引领、服务,担当",要求每一名领导干部要把权力看"小",把责任看"大",对教师少一些颐指气使,多一些理解关怀;对工作少一些指手画脚,多一些身先垂范;对责任少一些推诿扯皮,多一些敢于承担。干部和教师的关系由管理者和被管理者转变为服务者和被服务者,管理即服务。

四、重视人文关怀,让学校成为教职工的"家"

学校不仅仅是培养学生的地方,还是成就教师的地方,从某种意义上来说,学校只有成就了教师才能够培养好学生。成就教师有两个方面:一是教师的专业成长,二是教师的生活幸福。让教师在学校里切切实实地感受到关爱,感受到温暖就成为学校的职责。

新兴中学一方面采取多种措施为教师减负,比如,教学常规动态管理,第四节没有上课任务的教师可提前离校,年满52周岁仍在一线教学且教学成绩优秀的教师可不坐班,严格控制教师会议等;另一方面尽最大可能为教师提供生活、工作上的便利,解决他们在工作和生活中的困难。

五、关注教师的心理健康，树立正确的幸福观

所谓心理健康就是遇到人、遇到事能看得开，拿得起、放得下；所谓正确的幸福观就是以正确的方式看待幸福。要使教师养成健康的心理品质、树立正确的幸福观，更新教师对工作、生活、人生、社会的一些观念就显得至关重要。而在实际工作中我们深刻体会到：转变人的观念既是最重要的一件事，也是最难的一件事。以前我们总是说：良药苦口利于病，忠言逆耳利于行。其实，良药一定要苦口吗？忠言一定要逆耳吗？这就是观念的问题。我们通过教坛论道，专题讲座、心理沙龙、模拟沙盘等多种形式，倡导教师不断学习，不断进步，更新观念，养成健康、积极的心理品质，树立正确的幸福观。

以教学机制的优化运营提升教学管理效能

青岛大名路小学　周韫轶

学校之间的差异在于管理效能的优劣，其中教学机制的研究与探索，可以提升学校的教学管理效能。从管理学的角度而言，教学机制是学校制定的具有理念内化、制度外显的各项管理方式、管理策略、管理要素之间相互作用的过程与模式。简而言之，教学机制就是结构关系和运行方式。从结构关系上厘清，教学机制的关键要素包括学生、教师、家长和学校；从运行方式上统筹，教学机制的时空范畴涵盖学生、教师的所有学校生活。

基于此，青岛大名路小学立足问题导向，聚焦目前教学机制中普遍存在的茫无章法、忙于应付、盲从无助等显性共性问题，形成了学校教学机制优化运营的具体路径。

一、主轴统领，形成教学机制运营的闭合环

年度主题，集中攻关又流程循环。学校系统科学地思考办学整体的改革规划，着眼发展，立足当下，秉承学校"纳"文化，以"主题年"的形式，确定每年的年度工作

重点,做到了年度重点工作主题化、系列化,涵盖学校的教师发展、课堂教学、课程建设、学生成长的各个领域,顺序的、持续的、跃升的发力与作用,使得年度工作主轴清晰明确,分支工作体系闭合完整。

巡诊调研,关注细节又统筹常规。"梯级三度"巡诊调研,每个间周选择一个级部,学校中层以上管理者深入其中,对这个级部的教育教学工作进行全面调研,以降低管理层级,了解教师发展需求。

聚焦评价,问题诊断又强调改进。学校建设大数据下的基于事业成就的教师专业发展平台,通过对应发展性指标,以成长质量为标准,以过程轨迹为留痕,累积过程性数据,分解关联性数据,建立了教师评价基本项目库。项目库设定三个维度,即"参与度、成长度、贡献度",根据评价项目的不同,用分值、等级、描述等多种评价形式表现评价结果,形成了兼具个性化与同质化相统一的教师评价标准。

二、要素联动,构建教学机制运营的互动场

"双导师"制,实现师师联动。学校为青年教师配备"学科实践导师"和"班级管理导师",以"三人行"的方式为青年教师在学科教学、班级管理方面领航。专业合同,实现师校联动。学校通过"专业合同签订",帮助教师建构专业自我,形成专业自觉。《教师专业发展合同》立足教师差异发展需求,吻合教师不同发展品性,既有"规定动作",又补充"自选动作",内容涵盖教师专业精神与素养、专业知识与能力。过程监控,实现家校联动。学校加强学生作业管理,根据学段、学科不同,设计并印制了不同作业簿本上的《作业完成情况记录表》,由教师和学生共同记录学生每日完成作业等级、正确率,既能及时地做到学生作业完成情况的留痕管理,又便于学生家长第一时间全面了解各个学科的作业情况。

三、自我激活,建设教学机制运营的自组织

从规划成长到晾晒发展,实现一个人的自我激活。每位教师与学校签署《教师专业发展目标合同》,教师认真履行合同约定,对自己制订的"个性化的发展目标"恒定实现。学期末,学校倡行采用"晾晒发展"的方式,通过"教师专业发展情况"统计图谱,全校每位教师晒一晒自己的专业发展成效,以此实现一个人的自我激活。

组建"两会"共成长,实现一群人的自我激活。学校成立了"经验教师发展促进会"和"青年教师发展研究会"。举行"两会论坛",设立"两会读吧",推行"两会亮课",聘任"两会导师",丰富的"两会"活动最大限度地发挥了"两会"成员自培与培他的效能,成为教师专业发展的决策机构和组织团体,实现了一群人的自我激活。

强化机制体系建设落实，推进学生素养能力提升

——青岛实验初中"十个一"项目行动计划工作情况

青岛实验初级中学　陈　思

学校为深入贯彻落实党的十九大和全国教育大会精神，全面提升中小学生的综合素质，培养德智体美劳全面发展的社会主义建设者和接班人，按照青岛市教育局《关于印发＜青岛市促进中小学生全面发展"十个一"项目行动计划＞的通知》（青教通字〔2018〕71号）文件精神，围绕"十个一"行动计划，以立德树人为核心，就如何以"十个一"项目行动计划为抓手，突出立德树人核心引领，全面提升学生素养，进行了广泛的调研。

学校重视"十个一"项目行动计划，组建了以校长为组长的工作领导小组，先后制订了《青岛实验初中"拥抱新时代 快乐共成长"活动方案——落实青岛市"十个一"全面提升学生综合素养》《青岛实验初中进一步落实"十个一"行动——学生假期自主成长课程实施工作》等方案。

我校"人本立校，快乐育才"的理念与"十个一"项目行动计划契合度高，旨在提升学生综合素养，促进学生全面发展。学校紧抓课堂主阵地，结合地方课程、校本课程，通过选修课、社团、社会实践、体验活动等多种载体，引导学生根据兴趣爱好，广泛参与，提升能力，磨炼品质。

一、推进情况

（一）"十个一"行动课程化

学校充分利用课堂教学，融入"十个一"行动的理念，抓好落实"十个一"的课堂教学"力度"。语文课围绕学生语言能力提升，开展了日（周）记、辩论课、硬笔书写等学生常规工作；音乐课打造了竖笛课堂，每名学生至少学会吹奏两首曲目；体育课的排球、篮球等项目，成为学生日常体育锻炼的主要球类运动；历史课等科目的课

前故事演讲等,成为口才锻炼的主阵地。

(二)"十个一"行动特色化

学校结合实际,"因校制宜、因班制宜、因生制宜",动员开展符合自身特点的行动,抓好落实"十个一"的特色活动"深度"。学校组建了管乐团、舞蹈团、合唱团等校级艺术团队;开设了手工制作、螳螂拳等选修课;班级合唱、班级戏剧、班级跑操等成为班集体建设特色;"校园十大歌手""十大阅读人物"等彰显学生个人成长特色。

(三)"十个一"行动多元化

学校立足学生成长需要,搭建平台,拓展途径,通过"走出去引进来",抓好落实"十个一"的育人道路"广度"。美术课堂搬进了市美术馆、艺术馆,让学生亲身体验美、感受美;"大阅读"活动倡导家长和孩子共读一本书,假期里开展"亲子共读600分",家校合力,形成阅读氛围;"乐知讲坛"积极聘请专家学者,进学校、进班级,开展课外领域知识学习;社区消防体验、明星运动员面对面、模拟法庭、模拟联合国等系列活动,使学生在规划未来人生发展时拥有了更广阔更多元的体验和认识。

此外,今年暑假,学校将"十个一"行动作为学生自主成长课程,结合学科安排,制定了《青岛实验初中进一步落实"十个一"行动——学生假期自主成长课程实施工作》,倡导学生积极开展"十个一"行动,主张学生"自主成长",丰富暑假生活,提高自身能力。

同时,学校还创建了"十个一"行动网上信息填报系统,学生开展的相关活动进行网上填报,予以记录。开学后,学校将根据学生行动开展情况,进行总结表彰,鼓励先进,树立榜样,扩大影响。

二、工作反思

一是做好顶层设计规划。以学校五年发展规划为总路线,将"十个一"行动进一步融入学校发展长期目标;结合课程改革,尤其是在校本课程设置方面,加大统筹力度,研发教学内容,以课程化模式,明晰目标,提炼经验,形成特色。

二是加大体系建设力度。着眼于实验初中学生素质成长需求,在技能供给、菜单式培养、培养目标指数、群体精准化培训等方面,形成有效信息对接机制、自主研究机制、平台化展示机制等。

三是建立信息采集成果展示机制。借助学校"十个一"行动信息管理平台,进一步探索信息化管理和服务的途径,不仅仅局限于对学生"十个一"行动情况的信息收集,更在于以信息化手段,形成学生成长留痕记录,并作为教育鼓励学生的育人方式,提高学生和家长关注度。

四是改进评价反馈。以学生参与过程为主要观测点,重点参照学生参与的获得感程度以及由此带来的积极向上的影响,制订合理的评价方式,创新评价理念,将学生成长的积极方面展现出来,形成影响,树立榜样。拟于下学期尝试设立"十个一"行动系列奖项评选,并在学校微信公众号、校园网站等创建专栏。在条件成熟的情况下,创办以"十个一"行动为主题的校园刊物。

人尽其能,重服务轻管理

青岛六十二中　刘文波

科技是第一生产力,人是生产力的第一要素,这一点在学校中一样适用。我一直认为,学校的发展最重要的要素是干部教师队伍;干部教师队伍建设在学校整体工作中有举足轻重的作用,它关系到学校教育教学改革能否顺利进行,关系到教育教学质量能否提高,也关系到学生能否持续长远发展。搞好师资队伍建设,是提高教育教学质量的有力保障。但在我们的实际工作当中,我们往往过于强调教师个人的专业化发展,而忽视给教师提供更广阔的舞台,人尽其能,更好地服务于教师,让教师要充分发挥内在动力,既能让教师自身得到更大发展,也有利于学生的成长成才。

一、打造团结担当的领导班子

首先,要加强和维护班子团结。团结就是力量,班子团结,才能保障学校高效运转,各项工作高质量开展。校长首先要率先垂范,不能事事亲为,给予班子成员充分的信任,能容人、容言、容事,让干部们能沉得下去,担当得起,充分发挥其才能,让他们有成就感。其次,要带头学习,加强管理理论的学习,落实要言行一致、脚踏实地。实行"管理岗位责任清单制度"和"重点项目责任制",突出落实规章制度的责任、重点项目重点攻关的责任,提高干部的执行力、领导力、创新能力和管理能力。

二、推行学科首席教师负责制

为业务精、能力强的骨干教师提供平台,让其施展才华,这样不仅增强了骨干教师的荣誉感、使命感,促使他们发挥潜能,更是对其他教师的鞭策和鼓励。为发挥优秀教师的带动作用和教育能力,学校采用校长直接领导下的首席教师负责制,实行项目管理,首席教师组建自己的教师团队,重点工作立项,在需要的时候可以调动全校的人力物力资源。探索实践新的管理模式,为教师发展提供平台。

三、尊重每一位教师

在工作中和细节上体现对教师的尊重。每个教师都有自己独特的个性和才能上的优势,学校不要过分追求整齐划一,不过分限制教师充满创造性的教学活动。一是要知人善用,让教师充分发挥自己的才能;二是要科学培养,尽可能地为教师搭建成长平台;三是要关注教师需求,在生活上、心理上给予支持和帮助;四是要公正评价教师。

四、求真务实,精细管理

人非圣贤,我们有时候会听到教师们的抱怨,细听下来,他们往往不是抱怨教育教学有多累,而是抱怨教育教学以外的工作给他们的正常工作带来的太多冲击。这种情况不能怪教师,一方面,我们要执行各个部门的决策部署,另一方面,我们还要尽可能减少对教育教学工作带来的不利影响。学校应本着实事求是的原则,合理地提前规划各项工作,合并或者减少一些其他工作对教育教学带来的冲击,学会统筹,精细管理,提高效率,减轻教师负担,让教师的工作更有实效性。

小组评价激励机制为"学立方"课堂保驾护航

青岛市市北实验初级中学　陈庆祥

让能飞的飞得更高,让能跑的跑得更快,让不同层次的同学在原有基础上都有所提升,这是市北实验初级中学小组评价激励机制建立的初衷。学校小组合作评价激励机制的建立按照氛围的营造,规则的建立,文化的认同三个层次和步骤进行推进与实施。

一、氛围的营造

要做好一件事情,环境的营造和氛围的渲染往往能起到润物细无声的效果。

1. 入校前。通过公众号、平面媒体、自媒体、学校宣讲等方式让家长和学生对学校自主学习意识和能力培养及小组合作评价激励机制的运用有所了解,并逐步认同。

2. 入校时。校园内"学立方"的教育氛围不可或缺。楼层过道的主题展牌,文化长廊的班级小组、个人展示,都凸显两个主题:一是个人自主的学习;二是小组团队的合作。这是我们"学立方"模式的两大核心。

3. 入校后。对新生坚持重点做一件事情:新生入校模式培训。

二、规则的建立

规则的建立主要包括小组的建立、评价机制的建立和激励机制的建立三部分。

（一）小组的组建

结合学生入校综合情况,按照"组内异质,组间同质"的原则将学生分成 6 ～ 8 个组。这几个小组相当于小的平行班,"组内异质"为互助合作奠定了基础,而"组间同质"又为在全班各小组间展开公平公开竞争创造了条件。随着对小组成员的了解,在小组组建初期,人员可以适当调整,直至各小组相对均衡。

（二）小组评价机制的建立

有了分组,就需要建立一个班级内所有成员都能够认可的评价标准和体系。班级对各小组的考核,主要以分数的形式体现,一般分为学习、纪律、体育、卫生、其他 5 项内容。

（三）小组激励机制的建立

小组评价激励采用每天一总结、每周一反馈、每月一表彰的方式进行。

1. 每天一总结:每天放学前,由班长组织总结并公布各小组考核结果。

2. 每周一反馈:每周五进行周评,根据小组周总分评选周"明星小组",张贴小组合照,并给家长发"明星小组"喜报。根据个人周总分评选周"明星组员",张贴个人照片,给家长发"明星组员"喜报。根据搭档周总分评选"最佳搭档",张贴"最佳搭档"照片,给家长发"最佳搭档"喜报。

3. 每月一表彰:学校召开年级表彰会,表彰各个班级的月份最优小组、月份拼搏赶超小组和明星组员。学校每月出一期"月份明星榜"。

三、文化的认同

当一种制度被广大师生广泛接受,并且内化为一种自觉行为时,便形成了学校文化,这种文化会反作用于学生,让学生的行为变为一种行为自觉。

细化管理，优化效率

胶州市第十七中学　史文江

一、增强教学的计划性，避免随意性

在新学期之初,各学科教师都认真研究学期教学计划,制订出每周的教学进度,做到任务具体,要求明确。在日常教学过程中,每周还要以学期计划为依据,制订出翔实可行的周教学计划。落实到每一节课上,各学科教师都严格按计划进行课堂教学,避免课堂教学上的随意行为,并严格要求学生认真做到日清、周清,不留尾巴。

二、建立和完善教学考核奖惩机制，激励教师们不断上进

为了充分调动教师们的教学积极性,我校通过教代会制定了《胶州市第十七中学教职工考勤制度》《胶州市第十七中学教研组考核奖励办法》《胶州市第十七中学教师考核条例》《胶州市第十七中学集体备课规定》《班级工作综合评估实施细则》等一系列规章制度,通过课堂展示、业务考核、学生评价、教师评价等评选胶州市第十七中学名师,为学校名师做风采录,广造舆论宣传,使他们备受鼓舞,增强其投身于教学教研的积极性。

三、探索方式方法，打造教研特色，锻造教师队伍

提高课堂教学的有效性是课程与教学改革的核心课题之一,也是提高教育教学质量的必由之路。十七中学为充分发挥课堂教学的主阵地作用,实施"六课制"助推

校本教研。"六课制"分别为"一人一堂研究课""示范课""诊断课""骨干教师风采课""青年教师过关课"和"教学能手评选课"。校级教学能手评选是"六课制"的顶峰,也是对本学期的一个课堂教学的总结,各类课型讲课的优秀教师方能有资格参加课堂展示。学校采取评委打分的方法,凡是通过的教师,有资格参加市级公开课和教学能手的评选。对讲课的教师要求也很高,邀请部分市级学科教学带头人参与听评课指导,同时学校给参与展示的每一位教师录像,供全体教师学习。

四、加强教学质量管理,确保学校的整体教学水平不断提升

教学质量是学校工作的生命线,我们的一切管理工作,都是为提高教学质量服务的。在以学生发展为本的今天,教学质量的高低,主要体现在学生的学业水平的高低上。

我校大胆进行了学生的学业水平评价机制改革。我校对学生的学业成绩评价,采用的是综合评价的方式,打破了以往的唯学习成绩为标准的模式,从各个方面对学生进行全面评价。我校对学生的音体美成绩、综合科的成绩、日常作业成绩、品性评比等级、学习成绩等都以等级的形式给学生评定,最后加权形成一个综合评定等级。这样做,即使学生的某个学科学习成绩差,若是在其他方面有突出的表现,依然可以得到较高的等级。这样能激励各个层面的学生自由全面发展,特别是学习成绩较差的学生也得到了激励,可以很体面地和学习较好的学生一起学习生活,克服了心理上的自卑感。我校每年都有很多学生凭音体美特长升入了理想的高中。

让德育走进生活

——实施规范养成教育

青岛市城阳第十中学　曲新忠

德育即生活,丰富的校内德育活动是生生之间、师生之间对话的舞台,是促进品德发展的动力。规范养成教育是德育的基本保障,在实施养成教育的过程中,我们通过实施"三步走"策略,实现了"七年级要我做,八年级我要做,九年级我会做"和"学

习知行、训练导行、规范植根、体验树魂"的目标。其主要操作过程是：

第一阶段（七年级）："要我做"，分为以下几个步骤：

一、新生入学集中训练，"逼"着做（两周）

一是"学"，把规范植入脑海。抓6个环节：学、讲、看、记、测、赛，使规范熟记心中，为内化行动奠基。

二是"练"，把规范变为行动。抓三个环节：①集中"示范"，②集中"训练"，③分班、组训练和自我训练。训练"导行"重视抠细节，严要求，勤督导，确保训练到位（这是关键的一环），使学生明确具体做法，初步体验由知到行的转化。

三是"评"，营造以规范为荣的氛围。训练结束时，组织汇报表演和相关人员进行全面考核评比，对考核不合格的继续进行训练，直到验收合格为止。

在集中训练阶段，全体教师人人参与。在这期间，"严"和"细"是两大关键。"严"，就是从严要求，从严管理，纠正学生以前的不良行为习惯，使规范在脑海里植根，行动上体现。"细"，就是在每项规范的细节上要求到位、指导到位，学生行为到位。实现由知到行，逐步内化。

二、展示风采，初露雏形，"扶"着做（1～2个月）

在这个阶段各班要在学生中挑选骨干，为他们提供展示风采的平台，发挥其引领作用。班主任逐步把规范要求的常规管理工作转移给学生干部去做，把管理的重点放在对个别"不规范生"上，让大多数学生逐步做到在无教师监控下，由学生干部管理和学生进行自我管理，展示规范风采，学校则逐步把管理的重心移交给学生会。

这个阶段的重点：一是培养骨干，使他们在学生中起好引领作用。二是建立信息系统，配备"千里眼""顺风耳"。班主任要逐步做到人不"在"，但信息"灵"。三是防止"反弹"，这个阶段是学生"规范"形成的过渡期，防止"反弹"是关键，学校要注意在逐步"放"的同时，加强对学生会、班干部工作的督导。

三、规范植根，净化心灵，"放"手做（2～3个月）

这是规范形成习惯的稳定"维护期"。这个阶段的重点：一是要大胆让学生在学习、生活各方面进行规范实践快乐体验；在实践中，体验成功、体验成长，感受言行规范给自己、给他人带来的快乐，使规范在学生脑海里"生根"，学生的心灵在规范体验中逐步得到净化。二是要"放手"把规范养成教育的日常检查评比交给学生会干部去做，树立他们的威信，培养他们的能力，使学生学会自我管理、自我教育，使规范从不稳定期过渡到稳定期,从"要我做"过渡为"我要做"。三是领导和班主任要当好"幕后指挥"。

第二阶段(八年级):"我要做"。

通过第一阶段的教育,绝大部分学生的言行规范已成为习惯,已不再是被动的"要我做",而是"我要做"。这个阶段的重点:一是要用学生群体的规范去教育、影响和规范学生中的"不规范"现象。二是要进一步放手让学生在生活、学习中进行规范的自我体验,并在体验中实现由植"根"到树"魂"的道德升华。三是要充分利用学生会和班干部做好规范教育日常工作,不定期对他们的工作进行督导;对他们工作中遇到的困难和问题及时给予帮助和解决。四是班主任要注意对个别"掉队生"进行帮扶、指导。

第三阶段(九年级):"我会做"。

通过前两阶段的规范养成教育,学生普遍已达到"我要做"和"我会做"。这个阶段的重点是要引导学生进一步实现由植"根"到树"魂"的道德升华和指导学生为实现自己的人生理想而发奋学习,拼搏进取。

"三步走"规范教育策略,实现了由"拉""牵""扶""引"到"放"的过渡;实现了由"要我做"到"我要做"再到"我会做"的转化;实现了由"植根"到"树魂"质的升华。

智慧教室助力教学质量提升

青岛超银中学(广饶路校区) 梁之合

新学期,我校在30个教学班以及多媒体教室安装了希沃智能白板和西沃录播设备。希沃智能白板是集合传统电视、电脑、投影仪、音响设备的功能为一体的教学工具。这套系统目前是我国最先进的信息化教学工具,具有很多优势,对我们的学校管理、教师课堂教学及课后反思教研起着巨大的推动作用。它更为学生提供了现代化、系统化、直观化、有效化的学习手段,对学生课上学习以及课后复习都会有很大帮助,进一步推动了我校教学质量往更高层次发展。这一系统具有以下几个优势:

一、录播功能助力教师课后反思

以前,教师课堂教学状态以及课后反思,只能凭着自己的课后感觉进行记录。安装录播系统以后,教师可以随时观看自己的上课视频,对自己课上的言谈举止、环节设计的科学程度、生成问题处理的合理程度,教学效果的达成度、学生学习状态都可以有一个全方位的自我观察与反思,更有利于教师教育教学水平的提升。

二、录播功能助力学生难点突破

之前,学生在课堂上可能因为各种原因,对某个知识点的理解、领会、记录不到位,经过一天的学习后回到家,对这个知识点记不起来了,做作业中遇到困难解决不了,既没有资料可以查阅,家长又不能给予有效帮助,又不方便询问教师。现在教师上课的时候把重点、难点、某个题目的分析讲解、板书过程可以通过白班"录屏"软件,录制成小短视频,发布到学习群中。学生回到家,既可以把短视频当作作业前的复习使用,也可以在不明白的题目上反复观看,加深理解。家长也可以观看领会教师上课讲解的重点细节,有效帮助学生学习。真真正正做到了不会哪里看哪里,看完哪里会哪里。

这套系统的实物投影功能,使得学生错题展示纠错更全面。原来的传统教学是学生到黑板上做题,出现错误教师进行纠错讲解。学生的错题展示在全班学生面前,有些学生可能不好意思,进而失去了教师帮助他改错的机会。现在教师采集学生的错点可以利用实物投影,展示面更广,可以利用手机拍照投影,只见错题,不见学生,解决了个别学生不情愿展示错误的问题,减轻了他们的心理负担。

三、智能白板让学生学习更直观

这套系统能够提供更加丰富的模拟场景,能够使得学生在各个学科中都能看得更真实、更深入,听得更真切。比如,原来讲解一个正方体模型的问题,要么是画在黑板上的静止图形,要么是教师手里拿着的实物模型,坐在班级各个位置的学生看的角度是不一样的,感受是不完整的。使用这套系统,我们不光可以全方位展示这个正方体图形,还可以透视,还可以展开,还可以切割,具有交互能力,实现人机互动,这样就使得学生在课堂上对所学知识的感悟更加深刻。

四、希沃系统助力家校沟通

这套系统中有一款配套的手机 App 叫作班级优化大师,教师下载的是教师版,家长下载的是家长学生版,这款 App 将逐步替代微信群。班主任和任课教师会在这款 App 中发布作业反馈、成绩、收费通知、会议通知;和家长沟通交流,直接推送全班性文件,也可以单独推送给学生个性化的微课、课堂表现等。学生可以用这款 App 进行背诵打卡,作业打卡等。

青岛九联中学优化内部管理

青岛九联中学　解　磊

一所学校最优的内部管理就是:每个人各得其所,人人各有事;每件事都能落实,事事能做成。青岛九联中学在优化内部管理方面的主要做法是:

一、抓好学校内部管理

我们的主要做法是,在教学力量的安排上,统筹兼顾教师的经验、能力、专长、禀赋和年级教学需要,使各个年级都有骨干、都有学科带头人,四套教学班子进行循环。重点抓好备课管理和课堂管理,实行集体备课制度,每次集体备课都要求定时间、定内容、定中心发言人,提倡学术民主,形成争鸣气氛,引入教改信息,明确教学的德育目标。各教研组每学期都开展两次优秀教案评选活动。课堂教学都要贯穿"严、实、精、活"的原则,最大限度地调动学生。

二、实现管理整体优化

我们本着实用、高效、精干的原则,合理组建学校管理的职能机构,使各项管理在组织上得到落实,实行"四个一"制度:每人负责分管一条线、教一门课、管理一个年级、深入一个教研组。设职能机构四个,分别为办公室、教导处、政教处和总务处。年级组和教研组交叉并存隶属教导处,实行处、室主任、年级组长负责制。

三、实施民主管理以法治校

我们首先从调动教师积极性、形成学校民主宽松的气氛入手,始终把尊重教师、关心教师作为教师思想政治工作的重要内容。在具体的民主管理机制上,我们切实发挥教代会、学代会的作用,让他们在学校管理中真正发挥作用。学校每学期举行一次教工代表大会,审议学校工作计划、审议学校预决算、表决通过学校行政出台的一系列改革方案,决定教职工福利,对稳定教师队伍,推动学校各项工作的开展起到了重要的作用。

四、深化课堂教改革

为了提高课堂教学有效性,我校提出"先学后教,当堂检测"这一主题,在课堂教学改革方面主动探究、大胆实践,构建有效课堂的教学模式课改实验,以促进我校课堂教学效益的提高,提高学生的自主学习能力,旨在引导家长树立科学的教育观念,帮助学生掌握高效的学习方法,为学生的终生学习奠定坚实基础。

优化内部管理，提高教育实效性

青岛西海岸新区宝山中学　王学纲

学校内部管理,是学校正常教育教学运行畅通与否的重要名片,是教育教学质量、学生素质高低的重要评价标准。现在就我校在工作中的做法与各位校长交流,有不对之处,敬请指正。

一、（学校管理）注重班子队伍建设，强化教师思想政治学习

是学校发展的关键。学校要发展,一要有凝聚力强、服务意识浓的领导班子,二要拥有教育理念超前、业务素质过硬的教师团队。

1.注重班子队伍建设。"车要跑得快,全靠车头带",没有一个好的领导班子,任何单位都难以发展。学校在选拔领导上都有一个最基本的底线,那就是必须是一线的教师骨干。他们与教师们风雨同舟,同甘共苦;教学工作挑重担,教学研讨做标兵;管理学生走在前,服务教师用真心,形成了一个榜样型的领导集体。

2.强化学习研讨,促进教师队伍发展。教师的成长是学校发展的永恒主题,因为学校的教育思想、教育目标,必须通过每一个教师来实现。教师专业的成长一靠学习二靠研究。为促进教师的成长,学校制订了一系列的保障措施。首先加强教师职业

道德建设,加强德育工作,积极引导广大教师确立"敬业博学、律己开拓"的教风。

3.制定可操作易执行的科学的管理制度,做到事事有准则。在学校发展规划实施过程中,现代学校制度建设是一项必须要做而且要认真做好的重要工作,因为它是实施依法治校、提高管理绩效的前提。"人叫人动人不动,制度调动积极性",现代管理的基本原则是靠制度科学管理。制定切实可行的各项规章制度,并严格按制度约束师生的行为是搞好学校工作的最有效途径。

二、(教育教学)全面更新教师教育理念,稳步推进基础教育课程改革,坚持质量为本不放松

教学质量是教育的生命线,提高教学质量,是广大学生、家长的迫切愿望,是学校发展的基石。学校必须始终坚守"质量为根本"的意识,将主要精力投入到提高教学质量上来。

首先,抓好教学常规落实。切实改革备课、上课、作业批改、考试等环节的传统思路。针对学生的不同情况,因材施教,特别加大对学习困难学生的个别指导力度。落实集体备课制度,充分利用好网络教学资源,实现资源共享。突出课堂教学中心地位。面向全体学生,向课堂要效益,向课堂要质量。

其次,大力推进课堂教学过程的革新。改变驾轻就熟的教学方式,从"以教论学"转变为"以学论教";从教材出发转化为从学生出发;从指导者转变为组织者、参与者和合作者。

三、(安全)加强学校安全和内部稳定工作,落实安全和稳定工作目标管理责任制

1.加强领导,建立责任制。成立安全和稳定工作领导小组,健全各项安全和稳定工作的措施和制度;层层签订安全工作目标管理责任书,严格落实安全和稳定工作责任制。

2.认真做好安全知识教育,提高学生的自救、互救意识和能力。按照"六个一"的要求,切实做到每月召开一次安全教育师生大会,每班每周召开一次安全教育主题班会,每学期举行一次"安全知识"竞赛,每个学生每学期做一篇安全教育方面的作文,开辟一个安全教育专栏,举行一次安全防护技能演练。

3.加大对安全隐患排查的力度,采取果断措施,预防安全事故的发生,做到天天排查,周周小结,要把排查出的安全隐患及时登记,并采取果断措施加以解决。

4.建立安全信息通报制度。

四、（财务）强化后勤管理，全面保障教育教学活动

学校后勤管理工作是学校工作的重要组成部分，后勤工作的好坏，直接影响着学校教育教学工作的顺利进行。

1.处理好学校的经费管理。建立健全财务管理制度、经费审批制度，报销验收制度、检查监督和民主理财制度，坚持"校财局管校用"的逐级审批原则；保证专款专用，接受上级有关部门的检查及教师监督。

2.做好校产的管理。学校后勤管理不但要重视开源，而且更应当注意节流，重视节约物力，做好校产的保管维修工作，大力提高校产的使用率，延长校产的使用年限，加速校产使用的周转率。管好校产必须建立和健全各种财产管理的责任制度。

以上所讲，是本人在管理工作中的一些粗浅见解和具体做法。回顾以往，很多工作还不尽人意。我们还有许多工作不够规范化、不够细致化，教研水平、教育质量还需要进一步提高。我们将一如既往、持之以恒，全面提高教育教学质量，努力办成人民满意的教育。

郭庄中学加强课程"思政"工作建设

平度市南村镇郭庄中学　侯　刚

课程"思政"即学科德育，就是学科教师挖掘教学内容中蕴涵的德育因素，在学生获取知识与技能的同时对学生进行的"道德"教育。郭庄中学的主要做法如下。

一、提高认识，明确学科德育在学校教育教学工作中的重要位置

让教师树立强烈的学科德育意识。教师提高德育的自觉性、主动性，成为学生学校生活的价值引领者、思维启迪者、品格塑造者。学校坚持有重点、分层次、全方位的原则，在学科教学中普遍开展学科德育教育。

二、制定学校学科德育章程，提高教师的学科育人能力——"德能"

学校制定了学科德育章程，根据每门学科独特的育人价值，有针对性地开展教

育,并通过多种形式的培训来提高教师的"德能"。"德能"包含"道德能力"和"道德教育能力"。

三、挖掘学科德育因素

学科内容体现着国家、民族的意志和人民广泛认同的价值观,每门课程都蕴含着独特的德育价值,学科思想与方法反映了学科特有的科学与人文价值,是实施学科育人的核心资源,也是实现学科德育目标的重要途径。学校组织每一个教研组结合学科特点,研读《学科课程标准》,依据教学资源,寻找学科德育的切入点。在教学的各个环节(课堂讲授、课堂训练、作业考试、课堂延伸等)不失时机地落实德育工作。不仅教学内容具有德育因素,教学的全过程也蕴涵德育因素。

四、按照学科育人的需要开展教学设计

学校确定学科德育的方向及标准:以学科的方式教学科,就是最好的德育;文本性质的把握,就是德育尺度的把握;站在讲台上,教师的一切都是德育。要求教师在做教学计划时,首先要认真分析本学科对学生而言独特的发展价值,如对科学的感恩之心、对自然的敬畏之心、对人的宽容和体谅之心、对国家和未来的责任感和担当之心。

五、实现"生活化"的教学,达成学科德育目标"生活化"

我校结合当地蔬菜种植品种繁多的优势,在劳动课程中开设了"特色试验田"的开发。试验田分布在教学楼南,每个班级各负责一个区域,师生共同打造,利用各班的综合实践课程时间进行日常维护。各年级的承包地以种植当季蔬菜为主,能有效防止杂草蔓延,让绿色铺满校园。试验田实行"谁种植谁收获"原则,使得学生们充满了好奇心和探求欲。教师和学生分别以内在的体验方式和民主、平等的方式参与教学。

精心服务，精细管理

青岛市即墨区环秀中学　孙福安

《孙子兵法》云："故经之以五事，校之以计，而索其情。一曰道，二曰天，三曰地，四曰将，五曰法。法者，曲制、官道、主用也。""主用"即良好的后勤保障，可见后勤是决定战争胜负的关键因素，同样，学校的总务后勤工作也是现代学校发展的关键因素之一。教育教学环境、教学设备也在不断改善，对总务后勤管理工作提出了新的要求。

朱熹有言："言治骨角者，既切之而复磋之；治玉石者，既琢之而复磨之。治之已精，而益求其精也。"我们对任何事情要做到精密细致，追求更好。后勤的精细化在一定程度上决定着学校发展的高度，因此学校后勤要以"兵马未动，粮草先行"的态度主动先行，树立总务工作必须为学校的中心工作服务，即为教学服务、为师生服务的意识；明确总务工作必须为广大师生的生活服务的责任；坚持总务工作的经济性、教育性原则；强化总务工作的日常科学管理规范。明确后勤服务目标是"四让"：限时高效让师生赞许，良好态度让师生满意，精细过程让师生称心，完美结果让师生感动。坚持"提高服务标准就是提高教育教学质量"的理念，充分发挥服务育人、管理育人、形象育人的功能，后勤促前勤，用后勤工作的正能量来激励一线教师，用后勤工作的高效率来感动一线教师，为学校的教学、科研、师生工作和生活提供良好的保障，要不断地切磋之、琢磨之，精益求精地做好各项工作，促进学校的科学、健康、快速、可持续发展。

一、完善规章制度，为规范化管理定"规矩"

规章制度是一种强制力，是一种比道德、文化价值观更为强硬的一种强制力和约束力。规章制度制定应突出公平、公开和公正。学校靠什么来达到规范化管理？靠制度。近年来，学校围绕"办让人民满意的优质教育"的办学目标，"追求卓越，幸福成长"的办学理念，根据实际，经充分调研制定了《环秀中学规章制度汇编》，其中囊括《财产管理制度》《总务库房管理制度》《餐饮卫生制度》《总务主任岗位职责》等

48项学校总务后勤规章制度,结合学校"三定一聘"岗位设定,切实做到学校总务后勤工作责任到人,谁主管,谁负责,责任追究制度,建立健全评价机制,调动工作人员工作主动性、积极性、前瞻性和进取心,树立精心服务意识,大力提升工作效率。规范管理校产,提高使用效率。杜绝长明灯、长流水等浪费现象,为学校科学、和谐、持续、特色发展提供了有力保障。

二、树立服务意识,为人性化管理注"温暖"

后勤工作质量的高低直接影响教育教学质量、学校声誉和学校发展。"军中无粮千兵散",总务处作为学校的后勤保障部门,它在提供教学设备、物质供应、改善教学条件等方面起着重要的作用。总务工作的首要任务就是为教学服务,为师生服务。这就要求总务工作人员必须树立为教学服务的思想,明确总务工作的主要任务是为教学、为师生创造良好的工作环境和必要的物质条件,使总务工作在期初、期中、期末各个阶段始终与教学工作和服务师生工作紧密配合,保证教学工作和服务工作的顺利进行。

三、营造全员参与氛围,为精细化管理赋"精心"

后勤要为人服务,后勤为教师服务得好,教师才能为学生服务得好,将来学生才能更好地为社会服务;后勤要为学校中心工作服务,后勤为教学服务到位,就会营造和谐的校园环境,促进学校教育事业的健康发展。学校的后勤不仅是总务处的几名教师,而且包含了从学校领导班子到一线教师、政教处、教导处等所有学校人员,在学校大力营造"人人皆是后勤,后勤也是教育"的氛围。

"兵无常势,水无常形,能因敌变化而取胜,谓之神",学校后勤工作涉及师生衣、食、住、行、用、学等方方面面,不是一成不变的。做后勤工作,要抓住关键、抓住细节,因地制宜、因时制宜、因人制宜,与时消息、与时俱进,与教育工作、教学工作,形成相对独立又相互补充、相对完整又相互促进的三大体系。

优化内部管理，使教育更加精致

胶州市第二十三中学 刘作星

一、强化过程管理，确保各项工作落到实处

学校管理不同于足球比赛，不能只看输赢，只有把结果与过程有机统一，才能提高管理效能。我们把"事后把关""秋后算账"的传统思维，转移到质量形成全过程中各个环节的质量控制上。

（一）全校动员、加强学习、提高认识

多次组织全校动员和学习活动，要求全体干部教师提高认识，不能走形式，将精细化管理作为学校的常态工作来抓。通过项目试点，分段实施的方式，用几年的时间，将学校工作全面精细化。

（二）各负其责，领导分工负责学校工作

为了维护学校正常运行，我校遵循教育规律，实行校长负责制，校长全面负责学校工作，对教育行政部门负责。实行"谁分管的谁负责""谁的岗位谁负责"的岗位责任制，坚持把"小事做细，细事做精"，从大事着眼小处入手。

（三）制定和健全学校管理规章制度

结合本校实际，首先制定好学校章程，使之成为学校管理的基本依据；在学校章程的基础上，制定学校发展规划和各项管理规章制度，包括教师管理、德育管理、教学管理、后勤管理、财务财产管理、校园安全管理等方面的管理制度；制定学校各种岗位人员的职责和工作标准，特别是通过教代会制定了教辅人员的工作量及工作标准，每周检查、量化并公布结果，作为检查和考核教职员工工作的依据。

（四）坚持工作例会制度

1.行政办公会：每周五上午三四节召开行政办公会，由校长主持，各部门汇报上

周工作情况,提出下周工作安排。最后校长统一安排学校工作。

2. 教学调度会:每周一上午一二节召开教学调度会,参加人员:校长、分管教学副校长、教导处主任、级部主任。会议内容主要是回顾上周教学工作情况,交流各教学部门、级部优秀的、创新的做法,相互启发,引导形成教学合力。

3. 级部"两会":班主任和备课组长联席交流会,每周一下午三四节召开,由各级部主任主持。主要是交流上周班级管理和教学工作,同时提出本周在学生管理和教学管理上要做的工作。

4. 级部教师会:由各级部主任主持,级部全体教师参加,一是落实学校工作,二是就本级部工作,包括工作纪律、工作中出现的一些问题、学生管理和教学工作等提出具体要求,同时进行教师培训,由每位教师轮流提供学习材料,然后共同学习。

二、优化教学管理,向"精细化"管理要质量

(一)通过建章立制激发教师积极性

制定了《备课组工作量化实施细则》《教研组工作量化实施细则》《集体备课实施细则》等制度。对教备组我们要求开学有计划、期末有总结;对于集体备课我们有教导处及各级部主任协同检查,在集备时注重课件、导学案相结合;在课堂教学上注重落实集备时的"五步教学法",对检查结果随时通报并计入学期量化。

(二)加强集体备课,提高教学质量

集体备课的大力推进促使我校形成了良好的教学研究氛围。备课组长组织教师们集中备课,协调好一学期的备课分工计划,让各位教师提前搜集资料,写出教案,然后大家共同评议、修改、完善,形成教案母本,实现教案资源共享。然后教师在主备人的备课基础上适当修改进行二次备课,以适应不同班级、不同学生、不同特点的教学。从繁重的抄写中解放出来让教师有更多的时间去钻研教材,学习先进理念,改进教学,提高质量,实现教学资源共享,达到教师备课"常备常新,常教常新,常研常深"的目的。

(三)遵循精细化管理理念,加强课堂监控

按照教研室下发的《胶州市中小学教学过程化管理指导意见》,全力加强教学常规监控。一是健全管理规定。先后制定了《二十三中教学工作常规》《教学过程化考核规定》《教师集体备课制度》《达标课、模式课活动方案》《班主任跟班听课制度》《干部包级部联班级制度》等20多项规章制度,从备课讲课到检查监督,都有具体可

行的评价标准,使教师们在教学中有规可循,有章可依。二是强化过程监控。我们抓住常规检查不放松,包级干部深入教研组,组织教研活动,参加集体备课;包班干部深入班级,深入课堂,检评课堂教学效率;校长和中层干部,每周听课不少于2节,而且要做好听后讲评;各项检查做到了有记录、有评价、有总结、有存档。

(四)开展推门听课,加强教学调研

要求所有学校领导班子走进课堂听课搞调研,教师间互相听课交流,互相学习。要求领导班子每人每学期听课不少于40节,教师每学期每人听课不少于15节。在听课调研中,听课人员在常规推门听课的同时,还观察学生在课堂上学习投入状态、小组合作学习、自主学习等情况,并翔实记录教学过程。课后,与被听教师共同分析和反馈学生课堂上的学习状态,组织教师从文本解读、教学组织、教学流程、课堂艺术、教学方法等方面进行全方位的探讨,进一步明确课堂教学需要改进的要点,促进教学效率的提高。

三、学生管理精细化,精抓细管促发展

(一)实行学生自主管理,各司其职显精细

在学生管理中,我们变"管理学生为学生管理",进一步改革和完善"文明岗"制度和"自主管理"办法。学校由政教处牵头,成立了学生会,分为卫生部、体育部、督查部、生活部等,各司其职,做到管理无漏洞,管理无盲区。

(二)各班落实事事有人管,校内公物分工精细化

各班首先确定各科课代表和学科长,争取人人是课代表,人人是学科长,以提高每个学生的学习兴趣。其次将班级的公务安排到每个人,具体细化,包括粉笔长、白板笔长、黑板长、窗帘长等,每个班级将近40个长,将班级所有事务具体到个人,责任包干。

深化学校内部管理，努力提高办学质量

青岛市即墨区金口中学　苑强先

办学质量是学校的生命线，是学校的尊严。围绕办学质量加速提升，学校制定了四步方略，即向管理要效益、向师资要质量、向科研要效率、向宣传保生源。

一、向管理要效益

"火车跑得快，全靠车头带"、学校领导班子是学校管理的核心力量。领导班子人员讲学习、讲政治、讲正气、讲奉献，廉洁奉公，努力创造团结向上的工作氛围，带动教师主要做了以下工作。

（一）德育为首，彰显育人特色

1. 走动式家访。班主任以高度的责任意识和服务意识开展走动式家访。

2. 主题班会资源共享。德育处要求每个班每学年至少开四节面向全校的主题班会课。

3. 以活动促内化。通过开展文明礼仪教育等活动促使学生把良好的规范内化在平时的行动中。

（二）课堂转型，全面提升教学质量

学校始终把课堂教学作为增效的主阵地。我们立足校本培训，大力开展教研教改活动，制定并落实了教研教改方案，教研教改奖励措施。在课堂教学中，我们鼓励教师分层次、分小组合作学习，让每个学生都有收获。引导教师在课堂中注意做好"抓中促尖带下"，有效地提高了学生的知识掌握率。

（三）体艺教育百花齐放

学校认真贯彻落实《学校体育工作条例》，每年举办体育文化艺术节，积极参加各类文体活动，促进了学生的全面发展。在2018—2019学年度青岛蓝谷迷你马拉松比赛中，我校团体总分列即墨区中学组第12名。2018年秋，我校获得"中学生实

践教育工作先进单位"称号,同时被评为 2018 年语言文字工作达标学校。在第五届青岛市乡镇学校合唱比赛中,我校获得即墨区第五名。在即墨区 2019 年中小学生艺术节"校园好声音"朗诵大赛中,我校在 23 处中学中获得第八名。在 2019 年即墨区艺体专业考试中,我校 20 名同学参加考试,有 13 名同学获得艺体专业考试资格证书。刘婷婷同学在 2018 年"中国人寿杯"安全征文比赛中获得二等奖。高珍妮在青岛市第十届"好书伴成长"读书征文活动中获得二等奖。在 2019 年寒假读书摘抄比赛中,我校华蕊获得三等奖,李璐、迟新锐获得优秀奖。在金口中心校中小学生"我为祖国点赞"征文、朗诵比赛中,贾媛媛获得一等奖,华涛、华琳琳、马讯获得二等奖。在刚刚结束的即墨区中小学生书画比赛中,我校贾媛媛获得书法组一等奖,刘书聪获得二等奖,于翔天获得绘画组二等奖。

二、向师资要质量

1. 师德教育常态化。认真学习《山东省中小学教师职业道德规范》,提高师德修养,严守师德规范。

2. 营造青年教师发展的良好氛围。学校为促进青年教师的发展专门成立了领导小组,主要由校长负责,教导处落实。

3. 创新青年教师的发展途径。学校要求每位青年教师制订一个三年专业成长规划,要求教师去认真执行,逐年实施。

三、向科研要质量

为了引导、鼓励教师开展教育教学研究工作,学校根据校情规定教师每学期听课不得少于 15 节,并参加一项课题研究,做到人人有课题,个个有目标,对没有完成教研任务的教师,我们会有专门领导负责督促。同时,我们通过"结对子"来培养新教师。"结对子"是让新上岗的教师与有经验的"名师"建立师徒关系,以"老"带"新",确保骨干教师不断层。

四、加强宣传,不断提高学校声誉

学校一方面抓内部管理,提升办学质量,另一方面主动对外宣传。学校主要通过校园网、电子显示屏、各类活动以及各种会议,微信美篇朋友圈发布等各种形式有意识地宣传学校师生积极向上的精神面貌、取得的各种办学成果,从而不断提升学校的对外形象和声誉。

我校近几年来取得了一些成绩,这是各级领导重视和关心的结果,是社会各界大力支持的结果,是我校全体教师辛勤努力的结果,我们会继续努力,进一步探索新路子,寻找新方法,使我校的内部管理工作再创新水平,再上新台阶。

优化管理,精准发力

平度市蓼兰镇蓼兰中学　隋有善

随着社会发展,教育改革深化,学校竞争日益激烈,社会对学校要求越来越高,家长对优质教育的需求越来越强烈,农村中学的生存压力越来越大。近年来,我校通过一系列改革优化学校内部管理,坚持把"制度是基础、管理是关键、育人是核心、安全是首要、质量是根本"作为学校的管理理念。通过管理实践,我校在各方面都取得了卓有成效的业绩,教学质量位居全市前五名,成为本地区农村初级中学的品牌学校。

一、注重班子队伍建设,加强教师思想政治学习

(一)注重加强班子队伍建设

一直以来,我校行政领导率先垂范,从不脱离课堂,与教师比业绩,与教师比品格。干部与教师风雨同舟,同甘共苦;教学工作挑重担,教学研讨作标兵;管理学生走在前,服务教师用真心,形成了一个榜样型的领导集体。我校现有18个教学班,有5位班子成员担任班主任工作,大多数成员担任语、数、外、物理、化学等主课的教师。班子成员坚持做到学习经常化、廉洁自律化、办事效率化、决策民主化、关系和谐化,增强了集体凝聚力、战斗力、公信力和亲和力,给广大师生树立了可直接效仿的标杆,为学校发展提供了强大的支撑点。

(二)强化学习研讨,促进教师队伍发展

首先,加强教师职业道德建设和德育工作,坚持开展"三爱三养"教育活动:"爱岗敬业、爱校如家、爱生如子"和"道德修养、理论修养、专业修养",积极引导广大教师确立"敬业、爱生、博学、善导"的教风。

注重教师培训和对外交流学习。近两年来,我们先后去过很多学校交流学习。

为督促教师认真参加上级举办的各类培训,学校制度规定对获得优秀学员的教师给予奖励,而未拿到合格证的教师各种培训费用自理。教师通过交流和培训更新了观念,综合素质得到提升,为课堂教学注入了活力,学校的内部管理提高了效能。

二、制定科学的管理制度,做到事事有准则

学校主要领导翻阅相关法律法规,组织教师代表讨论,参阅其他学校的相应成型资料,本着以学校学生发展为本,以人为本的原则,修订、重建、完善了学校制度。制定了以"教学管理""教师管理""学生管理""总务管理"为纲目的系列制度。制度考核做到向班主任倾斜,向第一线教师倾斜,现在"重过程、看结果、讲付出、比质量"成为学校评价的基本价值取向,极大地调动了广大教师的工作积极性,增强了办学活力。

三、抓好教学中心环节,全面提升教育质量

(一)抓实教学常规,注重过程管理

学校对教师备课、作业批改、下班辅导、听课学习等进行严格地要求和督查。教师听课必须真实,有听课记录,每听一节课教务处都有记载,杜绝造假行为。教务处对每节课都巡课,并建立了常规教学登记档案。

深入开展"学生评教"活动,提升教师的课堂教学效果。评教活动由主管教学的副校长主抓,教务处负责具体实施,采取问卷、座谈等形式,由学生对教师的教学情况进行评价,提出自己的要求和希望。

(二)重视毕业班教学管理与研讨

首先,学校每年秋季开学伊始就成立毕业班教学工作领导小组,小组成员蹲点到班,与班主任一道,以班为家,经常进班听课,全面关心学生。

其次,学校制定相应的激励机制,将各层次硬指标按比例分解到各班级。定期召开毕业班教师会议、毕业班班主任专题会议,对毕业班出现的各种问题进行会诊,及时采取应对办法,加强复习教学交流,为教师整体把握复习思路和方向;注重初三学生的思想教育、心理疏导和纪律管理。我们经常利用班会、读报课、国旗下讲话、校园广播、中考誓师大会等,对学生进行有针对性的思想教育,使学生端正学习态度。在此基础上,我们狠抓毕业班学生的课堂和就寝纪律管理,收到了比较好的效果。

（三）狠抓学科竞赛、培优辅差工作

我校每个学期都定期开展包含音、体、美在内的学科竞赛活动，通过竞赛，培养学生的竞争意识，激励学生上进。对于学生培优辅差工作，我校实行专人结对负责，进行精准帮扶，促使学生各科均衡发展，全面提高。

聚焦课堂，分层教学

——学校抓管理、抓创新、抓落实、抓改革等方面的典型案例

青岛三十七中　邓欣元

随着青岛教育综合改革的深化，教育现代化进程推进的加快，我校将推进课堂教学改革作为切入点，积极推进教育教学高质量发展。

作为局属学校，我校生源来自市内三区 80 多所小学，电脑随机派位，学生在思想意识、行为习惯、学习习惯、学习能力上个体差异较大，呈现出多元化和多样性特点，这就要求学校以最有成效的方式凝聚学生、以最合适的方法开展教育教学工作。

一、针对不同学段学生，提出具体的、分层次的要求，初步构建分阶段德育课程

针对现状，结合学生的年龄特征，学校将德育内容进行整合与分解，针对不同学段学生，提出具体的、分层次的要求，初步构建起分阶段德育课程。

每学期寒暑假、开学初、考试前后，学校召开不少于 10 次年级德育研讨会，促进班主任和班级的成长。从最初的常规培训，逐渐演化为全体班主任的"头脑风暴"，通过各抒己见、智慧碰撞，一起寻找符合青春期孩子不同阶段的教育策略、方法和技巧，从教育目标、教育重点、教育原则、教育契机、教育主题等方面，梳理三个年级不同阶段教育的重点，构建德育课程。充分发挥"有志者事竟成"的文化影响力，形成广大师生所认同的核心价值观，使整所学校形成合力，相互影响，共同促进、提高。

二、遵循教书育人规律，遵循学生成长规律，聚焦课堂主渠道，探索分层次教学方式方法、实现全程全方位育人

学校以"激趣导学、小组合作"课堂教学模式为引领，形成适合学情特点的不同学科、不同课型的课堂教学模式。以此为契机，不断深化课堂教学改革，探索分层次教学模式。目前，分层教学模式百花齐放，从课堂分层教学、课堂练习分层、作业分层，到AB层分层走班、同学科大分层走班、提优补弱分层等形式，将因材施教提升到了可操作的水平。

1.学校开展课堂分层次教学活动，制订《"分层次教学模式"研讨及示范课活动方案》，要求教师备课分层、课堂教学分层、课堂练习分层、作业分层等。各学科推出研讨课，进行课例研究，开展集备、听课、评课等活动，通过磨课培养课堂分层教学的意识；开展教学案设计、教学反思、论文撰写、教学论坛等活动，深化课堂分层教学的能力。

数学组教研组长鲍丽教师在全市义务段大集备工作例会做《博采众长，聚焦成长》报告，特别提到对分层教学的理解：

学生在学习、个性、家庭背景、意志品质等方面存在差异，教师要根据不同学生的特点，有针对性、有策略地进行良性沟通。学困生基础弱、自制能力差；潜力生反应快悟性好，但基础不扎实，缺乏持久性；优秀生学习能力强，目标明确，这就要求在教学设计方面更用心：备课、授课要分层，遵循由易到难、循序渐进的认知规律，遵循"低起点，多层次，大密度，快反馈"的原则；课堂提问要分层，激励全体学生积极参与；课堂练习要分层，增强学生自我成就感；作业要分层，不同层次的学生采取不同的标准进行评价，这样才能全面提高各层次学生的学习能力。并且特别呼吁，分层布置作业，注重实效性，才能真正为学生减负。

2.初三学生在学业上出现较大跨度的"自然分层"，基于学情，学校实施"三步走"分层走班计划。

第一阶段：文理深度大分层。初三上学期，各学科教学进度较快，学生的学业水平分化比较明显，针对不同层次的学生，进行系统有效的指导训练很有必要。初三教师利用每天下午的最后一节课进行分层走班上课。以上学期语文、英语的期末总成绩和数学、物理的期末总成绩作为两个分层依据，将420名学生进行了文理深度大分层，各分十个层次，每位教师负责相邻的两个层次。既兼顾了不同学生的文理发展不均衡的问题，又因分层课时少，保证了学科的授课进度不受影响。

第二阶段：文科邻班小分层，理科深度大分层。初三下学期一轮复习阶段，是以基础知识复习为主，主要任务是落实课堂基础练习、作业，尤其是文科，题目难度不

大,不需要明显分层。而理科的两极分化更大一些,同时还有个重要的工作就是高中的自招考试,内容主要以数学、物理的考察为主。这样,对一轮复习期间的文理分层走班,进行了形式上的调整,还是利用每天最后一节课,文科只是就相邻的两个班级捆绑,根据语文、英语期末考试成绩分了 AB 两层。理科依然进行深度大分层,分十个层次。

第三阶段:邻班 AB 分层走班。初三下学期二轮专题复习阶段,学习优秀的学生需要多一点自主的时间和空间,进行反思提升;普高线上下的学生、学习后进生,主要任务还是狠抓基础知识和学习习惯,为此,学校将相邻的两个班级,利用每天的上午三四节课和下午七八节课,根据总成绩分了 AB 两层,语文、数学、英语、物理四个学科分层走班上课,形成 A 层课堂以中等生促优生,B 层课堂以中等生带弱生的课堂局面。这样分层保证了自己的教师教自己的学生,学情把握到位,便于抓好目标生,进行有效的提优辅弱。

分层教学,遵循了因材施教的教育规律,兼顾各层次学生,符合我校学情,减轻了学生课业负担、提高了教师教学研究的积极性,达到提质扩优的目的。

三、积极参与局属初中学校教科研共同体活动,明确教学改革方向和改革任务,勇当初中教学改革的排头兵

2018 年 9 月,我校承办局属初中学校教科研共同体活动研讨会,学校进一步明确了今后教学改革方向和任务,加大改革力度,进而在初中学校中发挥示范引领作用。

1. 课题引领、科研兴校。学校鼓励教师积极申报、开展不同层次的课题研究。现有青岛市教育科学“十三五”规划一般课题 1 项、“十三五”规划教师专项课题 1 项、青岛市教育学会立项课题 4 项、中央电教馆立项课题 1 项,有约 30 名教师参与到课题研究中。课题引领教师积极参与教学研究,保证了学校教学质量不断提升。

2. 成立骨干教师主持的“项目推进工作室”。2018 年共有 8 个工作室挂牌运行,有 40 多名教师在不同的工作室中进行小课题研究,充分发挥骨干教师的辐射带头作用。目前“张业芬学生阅读能力提升工作室”“张成永班级系列教育活动设计与实施工作室”“肖传魁分层走班研究工作室”“赵秀燕学科作业改革研究工作室”“贾道坤创客教育工作室”“薛虓嵩学科发展方案开发工作室”已取得阶段性成果或突破性进展。

3. 加强教研组、集备组建设。教研、集备活动有计划、有主题、有任务、有质量,积极开展案例研讨、学情分析、课例展示、课程开发、作业展示等专题活动,扎实推进

校本教研。全面提升教师分层教学的实施能力,特别是关注后 30% 的学生的成长。引领教师高度关注减负增效这个永恒的主题,以作业改革为抓手,将作业"量"减下来,将作业"质"提上去,减少布置作业的随意性,杜绝作业的无效性。围绕"学科核心素养",开展不同学科的教研集备活动。

党建引领,优化管理

青岛西海岸新区外国语学校党支部　于福清

外国语学校在校生 1680 名,教职工 138 人,其中党员 43 人(预备党员 1 人);党员中在职 39 人,退休 4 人,分为 4 个党小组;支部委员会共 5 人。

一、依托品牌创建,优化管理提质

在区教育工委的领导下,我校全体党员干部教师以习近平新时代中国特色社会主义思想为指导,学习贯彻党的十九大和十九届四中全会精神,以开展"两学一做"学习教育和"不忘初心、牢记使命"主题教育为依托,全力打造"党徽引领育人路"党建服务品牌。

(一)注重理论学习,提升党员政治素养

坚持"三会一课"制度,认真抓好新党章、《条例》和《准则》、习近平治国理政重要思想、《习近平关于"不忘初心、牢记使命"论述摘编》等著作的学习,深入开展"不忘初心、牢记使命"主题教育,把意识形态领域的工作作为学习教育的重要内容;落实"三个一"廉政警示教育,敲响党员干部思想的警钟;认真落实学习强国的各项学习任务,每周通报成绩进行督促。全面提升广大党员教师的思想理论水平,在思想上、行动上与党中央保持高度一致。

(二)抓中心工作,推动党建与教学的融合

近几年分配来的青年教师大部分写了入党申请书,对他们一是抓教学常规管理,按照学校计划要求,抓好"备课、上课、作业的布置批阅"等教学常规工作。二是持续

开展高效课堂构建活动,针对目前教师课堂教学传统低效的情况,我们在年轻人中积极开展"同课异构"教研活动。三是抓青年教师培养工作,在生活上多关心,在工作中多压担子,有外出培训机会优先选派青年教师,促进青年教师专业化成长。

（三）推树优秀典型，促进师德师风建设

加强宣传教育,组织全体教师重温《中小学教师职业道德规范》《中小学教师"十不准"》,引导教师树立正确的师德观念;学校党支部积极开展党员示范岗活动,对党员提出"五带头、五个好"的具体要求,在工作中做出表率;开展"校园十佳教师"评选活动,推树身边的榜样;签订《师德师风承诺书》《党员公开承诺书》,着力规范教师行为,提升队伍整体素养。

（四）强化完善机制，提升党建工作管理科学化水平

党支部重点建好各项制度;严格落实党风廉政建设责任制,规范记录《党支部组织生活"四簿一册"记录本》;加强"灯塔——党建在线"等党建信息平台维护;按程序规范发展党员,本年度吸收一名同志为预备党员,三名同志为入党积极分子;规范整理党建工作档案,在规范和严格要求中提升党建工作管理科学化水平。

二、存在主要问题

1. 理论学习还需要进一步加强。虽然制定了理论学习制度,但大部分教师更多的时间为忙于事务性的工作而放松了学习,对理论知识没有进行深刻的思考和透彻研究。

2. 工作创新意识不强。对当前的分层次教学没有进行很好的探索和研究;学校4、5类生占60%以上,也为我校的教育教学提出了新的课题。

3. 在青年教师培养上功夫不到位。对青年教师特别是入党积极性较高的,要帮助他们规划思想和专业双成长,使他们尽快成长为党建工作和教学业务的中坚力量。

4. 党建品牌建设工作不突出。校园中党建文化的氛围不够浓厚、不够系统。学校改造工程结束后还有很多工作要做。

三、下一步工作思路

新的一年,学校的党建工作将以习近平新时代中国特色社会主义思想和十九届四中全会精神为指导,围绕和服务教育教学中心工作,充分发挥党建的引领作用。

（一）做好党员发展工作

要充分发挥党支部政治思想教育的优势,积极开展党的教育,通过政治上引导督促青年教师上进,业务上帮助青年教师提高,精神上鼓励青年教师奋进等方法,来培养青年教师骨干,把更多青年骨干教师培养成党员。

（二）以党建促进教学,助力质量提升

学校党支部紧贴教育教学这个中心工作,通过精准解读教材、精准课堂指导、精准作业设计、精准复习课指导,让"围绕教学抓党建,抓好党建促教学"成为共识,让党组织的作用切实发挥出来。

（三）以支部活动为载体,深化党建品牌建设

支部活动是让所有教职工了解支部工作的窗口,也是提高党组织吸引力的有效方法。支部活动在突出主题的同时,要丰富内容和形式。以活动为载体,深化"党徽引领育人路"党建服务品牌建设,为擦亮"教育,让新区更美丽"的品牌做出贡献!

科学守正　民主创新　优化内部管理

青岛市崂山八中　肖世强

全面贯彻落实新时代教师队伍建设改革意见和全国教育大会精神,立足学校规划发展,在全面深化教育教学改革的道路上大胆探索实践,加强干部教师队伍建设,完善教职工岗位管理机制,激发教职工工作积极性,提高人力资源使用效益,促进现代学校制度建设,切实提升办学质量和水平。

一、加强科学的制度建设,提高教职工工作积极性

（一）针对问题

以往"评价标准一年一变,职称评优因人而定",人心惶惑不安。

（二）具体措施

1. 制订并完善 2019 年《崂山八中绩效工资发放办法》、职称评选和评优奖励方案，以多劳多得、优绩厚酬为原则，突出班主任、教学课时、业务能力以及教学成绩所占的比重。

2. 完善与修订了《崂山八中教学章程》，制订了《2020—2022 年学校三年发展规划》《教师个人三年发展规划》。

（三）取得的成绩

平稳有效地完成上级"三定一聘""薪酬制度改革"等重大制度改革与推行，充分征求意见，讲求科学与民主并行，形成风清气正、优绩厚酬的制度氛围。

二、加强科学的机制改革，促进教学与德育融合发展

（一）针对问题

原有的年级管理模式，一个楼一个级部，被教师们戏称为"校中校"，即各自为政、各自评价、各自管理，学校部门的统一管理和评价形同虚设，造成各级部互相排挤，加重了师生诸多不必要的负担。

（二）具体措施

1. 改变原有"金字塔式"为"扁平式"管理模式，成立校长负责制下七大部门，对各级部实行管理与评价的统一标准，级部与班级贯彻落实。

2. 教师与学生"人人有事干，事事有人干"，每位教师既是教育者又是管理者，突出年级的组织与管理功能。

3. 教书和育人并重，抓管理和抓成绩并重，既要有章可循，更要做"走心"的教育。

（三）取得的成绩

改变以往"一楼一学校"的现象，特别是教学服务与评价中心、学生发展中心、教师发展中心等部门相继通过一系列活动的开展与统一评价，使各级部管理趋于高效、协调一致。

三、加强干部队伍建设，强化服务协调的职能。

（一）针对问题

前期合校等原因遗留的校级加中层干部近30人的庞大群体，效能低下，在评优、绩效发放等诸多方面干群利益矛盾突出。

（二）具体措施

1. 全出竞进，遵从民意，完成干部民主选拔。设立七大部门8位中层，部分副校级干部分流为督学，剩余4名副校级干部。

2. 每周做好常规管理"十个一"的基本要求，完善并推进"干部跟班包组"活动。

（三）取得的成绩

全体干部既是管理岗位的责任者、奉献者，又是教学岗位的坚守者、引领者，有2名分管干部兼任班主任职务，14名领导干部中12人担任中考学科教学任务。江继波副校长、丁召环主任被评为青岛市教学能手；丁召环主任被评为青岛市优秀教师；孙红芬主任、江志林主任被评为崂山区优秀教师；孙红芬主任被评为优秀教育管理者；团委书记隋晶教师先后代表学校在崂山区教学工作会、街道表彰大会做典型发言；孙红芬主任和丁召环主任的事迹先后被崂山电视台报道。

四、发挥教代会参政职能，建设好民主校园

（一）针对问题："一言堂"、制度不透明、不统一、不延续，干群关系紧张

（二）具体措施和取得的成效

1. 就职称、评优、绩效、教师交流等关键问题，引领广大教职工积极参与重大事务决策，不走形式主义。广开言路并积极采纳，充分调动了教师们的工作积极性，又消除了干群矛盾。

2. 定期召开师生满意度调查，并且通过校长接待日、校长信箱等方式，就师生餐厅、年轻教师接送孩子、教室签到等贴近民心的事务立查立改，提高师生的归宿感和幸福感。

在今后的学校工作中，我们将坚守"科学守正，民主创新"的管理原则，以三个导向为主线，即"问题导向""目标导向"和"效能导向"，扎实、稳妥地提高教育教学质量，不断满足当地群众对高质量教育的新期待，推动学校教育教学质量实现新的提升。

"善"的绽放

青岛第六十五中学　林中先

　　"善的绽放"——六五故事汇,讲述身边的感动,聆听身边的故事,挖掘、传播学校"好声音""美画面""好人物","会"教育智慧,"绘"六五精神,"荟"教育初心,汇涓涓细流,成浩荡江河。新学年开始,学校组织开展以"善"的绽放为主题的"六五故事汇"系列活动,让教师讲述发生在自己身边的教育故事,以讲故事的方式,表达对教育的认识和理解。它不定义教育是什么或该怎么办,而通过讲述一个或多个有意义的故事让人感悟教育的真谛与内涵。

案例1:横向时光轴——六十五中十二时

　　每天七点巡视时,班主任教师们就已早早进入教室。二班早已响起朱敬辉教师洪亮的声音;蔡占玉教师或循循善诱教育学生,或持着扫帚指导学生扫地;李洪华教师抱着校服跑上跑下给孩子们换校服,每一份关爱都藏在细节中……

　　课间操、午餐、午休只要有学生在的时候就会有我们班主任或任课教师陪伴的身影。有一次,蓝月丽教师班上有个学生不舒服,蓝教师安顿好班级学生用餐后送孩子回家,然后赶紧赶回学校陪伴孩子们午休;张召明教师每天都会在班级家长群分享孩子们的用餐和午休情况。这样着眼整体又关爱每一个孩子的例子在初一年级太多太多了。

　　放学时,初一班主任教师们总是先进班组织好学生列队;放学后,指导值日生打扫卫生。经常已经很晚了,还会看到逄金玲教师、邵广元教师还在班里默默打扫的身影;崔显升教师在放学后亲自给读书角的书籍包书皮,那是一个教师用最深沉的爱教给孩子对书本和知识的尊重;郭丽莎教师不得已请假一天,却在放学前匆忙从外地赶回来,落实学生一天的表现……初一的任课教师们教学负担重,也利用一切能利用的时间个别辅导、促膝长谈,有时候吃午饭的时候,都能看到教师们凑在一起集备。

　　这就是我们的六十五中十二时,这往往不是一天工作的结束,而是另一段工作的开始,回到家备课、批改试卷仍在继续。有一次是晚上9点多了,孔繁艳教师将自己班情况比较特殊的孩子的情况进行了细致的梳理,跟每一位任课教师进行沟通……

案例2:纵向时光轴——六十五中那人那事

我们有1997年出生的新教师,也有教龄超过30载的老教师,是你们惊艳了这段美好的时光,让我们的相聚既有青春的活力又有岁月的沉淀。

韶华青春,睿智芳华——黄华和许筱睿是刚刚加入六十五中大家庭的两位新教师。从学校到学校的经历,让她们用朝气书写教育的华章。她们一丝不苟,任劳任怨,每天不断进步着。当然,两位青年教师也得到了老教师们的关爱和照顾。老教师们从业务和生活上,事无巨细地关照他们,让她们感受到六十五中的温暖,让她们的青春不负韶华。

奋斗让时光有了力量——是热爱让我们坚持,奋斗让时光更有力量,请看我们中生代"宝妈天团"。我们初一年级有太多教师孩子小,家庭负担重,但能用大爱与坚持为学生守护。比如,王倩倩教师、高国红教师、李斯佳教师、孙永丽教师都克服了孩子生病等困难,从不耽误学校的工作。我们在用我们的付出带给学生感动,为他们的人生助力,我们也在用我们的勤奋教会我们自己的孩子什么叫责任。

时光易老,初心不改——我们拥有最多的"宝藏男孩"、"宝藏女孩",他们有太多的经验,经常能带给我们很多惊喜,所以他们是我们初一年级取之不尽、用之不竭的宝藏。我们初一年级班主任团队45岁以上的教师占据半壁江山,还有很多资深的任课教师,像王欣教师、张传新教师、李竹君教师,他们用勤恳的工作态度、扎实的治学理念,影响并引领着我们这些中青年教师,他们有着青春的模样,因为他们初心不改!这就是时光,时光给我们的定义,有青春年少,有华发苍苍,但是因为有共同的热爱,赋予了我们每一天的时光,以职业的坚守,以信念的追求,以热爱的名义向我们最深沉的事业致敬。

不断讲好学校故事,传播学校好声音,把师德教育变成教师听得懂的好故事,才能真正走到群众中去、讲到听众心坎上。听故事,看故事,更是品故事。故事中的细小情节,师生之间的点滴碰撞,无不充分体现了每位教师的真情和爱心。教育故事首先要感动自己,然后再感动他人。教师要学会讲故事,学会在故事中感悟教育的意义,让我们的教育更加精彩,让我们的教师更加出色,让我们的孩子更加可爱。

优化学校内部管理，努力形成办学特色

青岛西海岸新区第七初级中学　陈瑞尧

在多年的办学实践中，我们深深体会到，要提高办学水平、形成办学特色，素质教育是目标，办学条件是基础，师资队伍是关键，内部管理是保证。我们在总结学校几十年积累的管理经验的基础上，确立了整体优化、以法治校、科研兴校、特色亮校的管理思路，保证了学校秩序的良好运行，形成了独特的办学特色。

一、 加强内部管理，实现整体优化

学校内部管理千头万绪，要求我们紧紧围绕育人这一总的目标，运用整体原理对各项工作进行总体规划全面安排，使人、财、物、时间、信息等要素合理组合，各条线各层次彼此协同，整体优化以达到最佳的管理效果。近些年来，我们坚持用系统观念、全局观念、相关观念、辩证观念来认识和处理问题，使学校内部管理得到了整体优化。

1. 从整体上确立学校长期和近期管理目标，组织全校上下为之奋斗。建校初，我们提出了优化学校总体布局、兴建教学楼、图书馆、充实电教设备、发展勤工俭学、改善学校德育、改革教学体系、优化师资队伍、完成内部管理体制改革、争创一流的奋斗目标。2015 年我们根据实际情况，又拟出了《2015 年—2020 年学校五年发展规划》，学校建设和办学水平再上一个新台阶。全校上下步调上高度统一，各项目标和规划正在快速实施中。

2. 统筹兼顾学校各项管理，促进各项工作健康协调发展。首先，我们本着实用、高效、精干的原则，合理组建学校管理的职能机构，使各项管理在组织上得到落实。实行校长负责制，值日校长督查通报制度，每位干部挂靠一个教研组。设职能机构四个，分别为办公室、教导处、总务处、政教处。近几年来，我们投入了相当一部分资金改善办学条件、整治校容校貌。配有标准的理化生实验室、综合探究室、音乐教室、舞蹈教室、美术教室、书法教室、史地教室等各种专用教室 24 个。理化生仪器配备、音体美器材配备全部达省要求标准。学校还配备了 51 个多媒体教室，实现了多媒体班班通。学校现有教学用计算机(笔记本)294台(其中教学办公用机144台,学生用机140台)。教学仪器设备总价值445万元。学校图书62320册,生均图书46.06册。

3.以身作则,优化师资队伍建设。工作中以身作则,注重调动和发挥中层干部及全体教师的工作积极性。一是带好干部队伍。干部以身作则,廉洁奉公,身先士卒,充分发挥带头作用。实行了五项有效措施:①班子成员例会制,发挥班子成员的整体合力;②领导班子推门听课制,实行每周一查一反馈;③领导干部值日督查,全过程管理;④干部考查考评制;⑤干部责任追究制。坚持把干部的德放在首位,以德修身,以德服众,以德润才,德才兼备。将社会主义核心价值观教育的要求融入学校日常管理全过程,使广大干部向上向善,纯洁了干部思想,形成干事氛围。认真落实《值日校长制度》《学校管理问题日巡查日通报日整改制度》和"学校常规工作66个一",使学校常规工作制度化,制度运行常态化,形成学校特有的机制文化。二是带好教师队伍。采取多种措施制止有偿补课,加强师德师风建设,传递教师正能量。从师德师风建设、教师专业发展等方面坚持不懈地打造一支"师德高品位、专业高学识、能力多方位"的教师队伍。广泛开展"讲师德、讲纪律、讲奉献,爱教育、爱学校、爱学生"的"三讲三爱"活动以及"师爱在岗位上闪光"和"责任、爱心"大讨论等主题教育活动。建立师德问题一票否决制。开展一年一度的"优秀备课组""优秀教师、优秀班主任和优秀教育工作者"评选。既鼓励优秀教师冒尖,又促进教师队伍整体水平的提高,形成了积极向上、团结和谐的教师团队。

二、实施民主管理,坚持以法治校

民主管理是社会主义学校管理的本质特征,以法治校是当今学校管理改革的一大发展趋势。

实施民主管理,我们首先从调动教师积极性、形成学校民主宽松的气氛入手,我们始终把尊重教师、关心教师作为教师思想政治工作的重要内容。在具体的民主管理机制上,我们切实发挥教代会、学代会的作用,让他们在学校管理中真正发挥作用。学校每学期举行一次教工代表大会,审议学校工作计划、审议学校预决算、表决通过学校行政出台的一系列改革方案,决定教职工福利。近年来,被教代会通过的《青西七中教职工考核方案》《青西七中教职工奖励办法》《青西七中绩效工资实施方案》等,对稳定教师队伍,推动学校各项工作的开展起到了重要的作用。

坚持以法治校。首先,我们不断提高全校教职工的教育法规意识,自觉执行教育方针,多年来坚持做到"六不":不搞有偿教学、不体罚学生、不滥购复习资料、不随意增减课时、不增加学生课业负担、不以升学率高低奖惩教师。同时我们结合学校实际,建立了一整套完备的规章制度,并在实践中严格执行。

三、实施科研兴校,打造高效课堂

我们组织干部教师围绕"怎样教才能促进有效高效地学"开展了一系列课堂教学改革。通过组织学习、专家报告、外出培训,参观考察、组织论坛研讨等多种方式,边学边改。利用课堂反复磨课,构建了"自主学习—互动释疑—展示提升—练习反馈"的课堂基本模式。在课题研究过程中教师全员参与、全过程参与。设立了15个子课题,其中根据学科分别设立了语文、数学、英语、物理、化学、地理、历史、生物、思品等9个学科自主互动课堂教学模式的研究子课题。设立了集体备课研究、学习共同体构建、全员育人导师制、作业设计、小组合作学习、评价体系的重构等深化自主互动教学模式6个方面的子课题。通过"自主互动"课堂教学模式的研究,打破了以往"以教师为中心,学生为配角"的课堂结构,构建起一整套让学生主动学习、创造性学习的行之有效的教学模式和有价值、可操作的教学策略,让教师和学生从"低效"的劳动中解放出来。实现了学生学习方式的转变,学生的学习素养得到进一步提高,学校教学质量持续上升。

四、实施文化引领,实现特色亮校

1. 打造蓝色海洋教育。以现代海洋教育为主线形成校园海洋文化,积极开展"蓝色海洋教育",以课程为依托,以活动为载体,优化校本课程体系。将海洋知识与相关学科教学有机结合,将海洋教育渗透到各学科课程教学,建设了一支素养高、能力强、业务专的蓝色海洋教育的专业师资队伍。 开发了海之湛蓝系列校本课程,有《青岛海洋文化》《30种海洋生物素描》《6种海洋动物折纸》《沙雕制作与欣赏》等;改革了课程设置,构建海洋教育课程体系。学校充分利用"快乐星期三"社团活动时间,师生一起,人人有项目,人人在参与。多彩的活动架起了师生沟通的新渠道,共同推动了海洋特色课程创建。

2. 弘扬校园书法文化。以硬笔书法为切入点,率先启动了硬笔书法特色学校建设,达成"字美"教育目标。赋予学校的每一个角落、每一面墙,每一寸土地以艺术性,逐步使校园处处成为育人的教材,处处成为美的景观。一是设立历代碑帖欣赏、书法知识、作品点评、小小书法家和师生优秀作品等专栏,给学生提供了展示自我的机会;二是创办校刊《翰墨》,每学期出版一期(寒暑假出版),全校学生每人一份,里面选登了学生的书法作品,让学生把我们的成果带回家中,带到社会上,使之成为我们对外宣传的一个窗口。在教师层面,坚持每月对教师的书法水平进行考核,期末列入综合考核,实行了奖优制度。在学生层面,各学科的试卷均设置了卷面分。教师以备课组为单位,学生以班级为单位,每周活动课时间进行集中展示,评选出校园的"书法星"及"小小书法家",学校结合艺术节、传统节庆等展出了学生的优秀书法作品,在全校营造浓郁的书法氛围。

3. 推行民族艺体教育。学校以打造民族素质教育品牌为统领,重点在足球、毽球、围棋、太极拳、书法、民乐、民间艺术等方面办出特色,办出成效,开设"崇文尚武,乐善养生"的民族艺体教育课程,同时,逐步拓展具有浓郁民族特色的项目,真正传承中华民族文化,打造民族素质教育品牌。把七中建成民族素质教育"社区学校",让七中成为风河南岸的民族文化教育中心,推动风河南岸人"字美、体健、人慧"的民风建设。让学生在校三年德、智、体、美都能得到持续发展,从而逐步实现"两大目标",一是:三年实现"三百""四千"目标。"三百"即,人人会唱100首经典励志歌曲,人人背诵100首经典古诗词,人人能讲100个读书(海洋)故事。"四千"即,实现1000人写字养性,1000人围棋启智,1000人踢跳健身,1000人太极讲道。二是:学校通过制订长远规划,不断提升"人文、科学、身体"三大素养,培养优秀的人才,并借助新区的发展,力争30年实现风河南岸人"字美、体健、人慧"的目标。

近年来,通过全体干部和教师的不断努力,学校基本实现了办学条件标准化、学校管理规范化、学生素质优良化、教学质量优质化、教师队伍专业化。全体师生精神面貌积极向上,深得社会各界的好评。

优化管理,凝聚力量

青岛市黄岛区泊里镇信阳中学 王玉存

信阳中学现有9个教学班,289名在校学生,一线教师39名,是地域偏远、行政区划最特殊、师资配备最紧缺、最薄弱的乡镇初级中学。近年来,在教育主管部门的正确领导下,在党委政府的关心支持下,全校师生艰苦奋斗、开拓进取,学校教育教学工作取得了较好的成绩,学校整体工作步入了健康发展的道路。2010年顺利通过青岛市标准化学校的验收,2014年一并创建为青岛市规范化学校和青岛市现代化学校。

我们认为,学校是人才培养人才的地方。学校办得如何,决定因素是人。培养人才的先导是人的思想,关键是人的行为。在人字上做文章,立足实际,注重实效,向课堂要效率,在内涵发展上下功夫,这是改变学校面貌的根本所在。

一、留住人才,就是留住希望

我校 63% 的教师在城里有住房,32% 的教师在泊里居住,仅有 27% 的教师住在本地,大多数教师有调离本校的强烈愿望。因近几年的电脑派位教师调动,造成我校教师队伍极不稳定,学科带头人紧缺,这是目前制约我校发展的最大困难。我们一方面积极争取镇教育办的支持,争取在新教师分配上有所倾斜;另一方面争取区局教研部门的支持,多给教师锻炼机会,引领教师的专业成长;同时做好教师的思想工作,服务好教师的工作和生活,让教师安下心来工作。

近年来,学生流失状况基本得到改善,小学六年级毕业生基本上能留在本地到我校上学。近几年共有 5 名在城区学校就读的学生陆续主动转学回来就读,这一迹象表明,家长和学生对我校的认可程度逐渐增强。学生的回转,不仅直接关系到学校人气的提升,更增强了教师们从教的信心。

二、凝聚人心,才能诞生力量

制度引领,人文关怀,进一步凝聚人心。通过广泛征集干部教师的意见与建议,讨论、修改、完善、通过了《信阳中学干部教师考核方案》《信阳中学班级管理考核方案》《信阳中学教研组长考核方案》《信阳中学关于表彰和奖励教学工作先进个人的意见》。学校评优树先,排除所有人为因素,严格按程序操作、严格按制度办事,全透明、全公开,还教师以公平,让教师在公平竞争、合作共赢的氛围中发展。不患寡,患不均。制度彰显公平,竞争产生活力。在新学期教师会议上,将教师的工作量情况逐一量化,虽然人少活多,但我们尽最大努力做到公平公正,所以没有一位教师对分工提出异议。

心灵沟通,增强仁爱之心。对教师的最高奖励就是尊重。充分发挥团委、妇委会、总务处的职能,想方设法帮助教师解决工作、生活上的种种困难。落实党员干部"三联制度",每学期开展"干部与教师面对面"活动,定期交流、真诚关心、现实帮助,让教师体会到学校大家庭的温暖。坚持民主决策制度,及时征求教师的意见与建议,集体的事情大家说了算。

三、提升素质，才能生出翅膀

学校规模小，同年级同学科教师少，政治、历史、地理教师都是单枪匹马，学校集体备课活动难以组织实施，研究氛围难以形成。因此打破常规，谋取校本培训和校本教研的科学之路、实用之路，成为提升教师素质的重要研究课题。

课前三步，加快新教师成长的脚步。我们深入落实青蓝工程的相关要求，实行帮教双方捆绑式考核策略。青年教师上课前必须达到三步的要求，第一步要精心备课；第二步要带备课本听指导教师的课；第三步听课后要进一步修改完善教案，指导教师审阅签字。课前三步的推行，对帮教双方都是极大的促进。

校际教研，借石攻玉。为弥补校内集体备课的缺失，我们积极争取兄弟学校的支持帮助，在校际区片教研上做文章。与大场、海青、泊里、理务关等校进行联谊，学科教学实行三统一、三公开。"三统一"即教学进度统一、教辅资料统一、过关考试统一；"三公开"即公开教师的联系方式、公开教师的教案学案、公开教师的课堂教学。校际教研的深入开展，开阔了我校教师的视野、促进了交流、加快了教师专业成长的进程。地理学科青年教师王博韬，不但成功出示青岛名师开放课堂，还取得全国微课制作一等奖的好成绩。生物青年教师周佳红，在展示公开课的同时，还针对自己的成长之路在全区教研活动中做典型发言。

四、创新实践，才能特色发展

（一）顺应课改，构建"自信自主自省"高效愉悦课堂

针对传统课堂的填鸭式和满堂灌，我们借鉴洋思中学蔡林森校长的"先学后教、当堂训练"课堂模式，构建了"自信自主自省"高效愉悦课堂。经过三年的实践，师生受益匪浅。前段时间，我校又专门组织语文、数学、英语三大学科教研组长前往扬州学习"有效备课"和"生本作业"研讨会。下步要继续加大有效课堂的研究，让教师教得轻松，学生学得快乐。

（二）推行全员育人导师制，营造"人人自信、阳光成长"的育人氛围

仅凭班主任一个人的力量，很难对全班同学进行细致入微的全面工作。针对此现象，我们采用承包政策，推行全员育人导师制，即将所有的学生分配至每名任课教师，平均每名教师承包 8 ~ 10 名学生，作为他们的成长导师。学生在校和在家的一切表现，导师必须了如指掌，为他们的成长提供帮助。每学期末根据考核办法对导师进行考核，考核结果与绩效工资挂钩。

（三）成立家长问教服务站，促进家庭教育与学校教育的融合

由于多种客观因素的影响，家长学校缺少对家庭与学生个体的充分关注，缺少教育的针对性和实效性。为弥补家长学校的不足，满足家庭个体对学校教育的要求，我们成立了家长问教服务站。家长问教服务站由校长任站长，分为三个科，五个室。调度科，接收家长的预约，根据家长提供的情况，选择调配服务科服务人员，负责家长问教服务站的日常建设、档案材料整理，并协助搞好其他各科室的协调工作。业务科，负责服务科工作人员的培训，服务过程的监督与管理，相关材料的整理与积累，服务质量的评估等。服务科，全面做好对家长、家教的服务工作。服务科下设五个室，即行为研究室、心理研究室、学习研究室、信息研究室和就业研究室。通过三年的运行，家长问教服务站已成为家庭教育与学校教育联系的纽带，成为学生与学校、家庭心灵沟通的桥梁，成为彰显学校良好形象的一面镜子。

位置偏远，不等于思想偏远；学校小，不等于舞台小。我们坚信，在全社会尊师重教的氛围下，信阳中学将走向更辉煌的未来。

以制度文化建设促学校管理水平提升

莱西市第七中学　赵树斌

三流的管理靠人治，二流的管理靠制度，一流的管理靠文化。制度建设是一个单位发展的必经之路，也是精神文化的重要载体，尤其是在提高教师待遇、实施薪酬制度改革的新形势下，完善考核评价制度具有更强的现实意义。基于这种认识，莱西七中多年来一直致力于学校制度建设，通过制度建设创造公平、公正的竞争环境，弘扬以作为求地位、多劳多得、优质优酬的正能量文化，学校呈现出高水准、常态化运转和健康向上、和谐进取的良好局面，办学特色日益彰显。

一、完善一线教师绩效考核制度，促进教师专业发展

一线教师的绩效考核涉及德、能、勤、绩各个方面，其中比较难考核的是"师德"。学校根据上级有关文件精神和学校实际，在广泛发扬民主的基础上，研究制定了《教

师课堂教学规范十条》和《教职工职业道德规范十条》,采取定量和定性结合、底线管理评价的办法,代替传统而笼统的民主评议打分方法。"两个十条"也是对教师职业的规范要求,发挥了有效的导向作用。

在此基础上,突出对"课堂教学能力"和"教学效果"的评价。课堂教学能力由各学科教研组通过常态化的听评课等教研活动,对每个教师的课堂教学能力进行等级评价。教学效果兼顾"减负增效"情况的评价,而不仅是评价教学成绩。这种考核办法,使一线教师明确了努力方向,激发了教学教研的积极性。

二、完善非一线教工岗位目标责任制,提高各岗位服务质量

员工真的清楚自己的岗位职责吗? 真的知道自己应该干什么,干到什么标准吗? 这是长期以来往往被管理者忽视的看起来不是问题的问题,也是制约系统管理水平提升的重要问题。

对于管理岗和教辅岗等非一线工作人员,学校实行岗位目标责任制办法管理。在发扬民主的基础上,学校和干部教工共同研究制定每个工作岗位的工作量和目标责任,然后按照双向选择的原则,确定每个员工的岗位。所制定的岗位目标责任,既是每个员工努力的方向,也是期末考核的内容和标准,做到目标清晰、考核透明,有效地调动了非一线教工的工作积极性,也大大提高了各岗位的服务质量。

三、坚持民主参与的原则,确保各项制度好用管用

学校每项规章制度的制定,都遵循好用、管用、易于理解执行和考核操作的原则。在制定的过程中,充分发扬民主,让全体教职员工平等参与讨论制定。如此,每项制度的制定出台,既吸取了全体员工智慧,确保了各项制度的群众性、科学性,也让每个员工都是知情者,为后续制度的执行、落实奠定了坚实基础。

推进精细化管理,提高养成教育档次

胶州十八中　姜　新

我校努力创新思路,积极探索适合我们自己的管理方式方法,办学生喜欢的学

校,办社会满意的学校,积极推进精细化管理,进而提高管理水平,提高养成教育档次。

一、进一步规范学生的日常行为规范,强化学生良好的行为习惯

我们着重从强化行为训练入手,既重视整体塑造,又不放过"细枝末节",综合多种教育方法,全面提高学生的素质,从而达到最终的目的——形成和巩固良好的行为习惯。为了做好管理工作,我们由政教处牵头重点做了以下三项工作。

(一)遵循"从他律到自律"这一规则,培养学生自主管理的能力

我们经历了从全部由教师管理到学生管理的一个比较长的过程。从组建学生会,扶着学生走路,再到放手由学生进行自主管理监督,包括纪律、卫生、日常行为、两操等涉及学生日常生活的各个方面,全部由学生为主体,我校的学生会担当了自主管理的大部分工作。

(二)从整体着眼,从细微处入手,提高学生的自觉意识,全面规范学生的良好行为习惯,提高特色品牌档次

以政教处为核心,经过详细摸排、梳理、归纳,将学生的行为进一步细化,如见到教师和客人,要主动打招呼问好;听到预铃提示,脚步轻快地进入教室,做好课前准备,静候教师上课;课间活动、上下楼自觉右行,不拥挤;打饭自觉排队、不抢不挤,互相礼让;公共场合安静不喧闹;上学放学路上不并排行走,遵守交通法规……经过训练和矫正,现在基本做到了相处彬彬有礼,举止文明大方,环境整洁,秩序井然,文明氛围日渐浓厚。

(三)在实践中体验,在活动中感受,进一步强化学生的良好行为规范

我们每学期都相对固定地坚持开展惜时月、感恩月、诚信月、安全教育月等主题教育月活动。利用主题班会、周一次升旗仪式等形式进行行为习惯养成教育,而且要求做到每一个活动都有计划、有方案、有过程、有总结,并且尽最大努力创新方式方法,力求内容新颖,为师生喜闻乐见、乐于参与。每学期初,认真组织学生收看开学第一课,收看道德模范的先进事迹视频,延伸教育,引导学生懂得感恩,重视诚信;通过全班学生为同学唱生日歌,让学生感受集体的温暖、感受学校生活的魅力。

在宏观管理的操作上,我们按照由易到难、由面到点、由点成面,由有形到无形的顺序,从学生的日常琐事、从学生最易做到的事情入手,逐项落实,积土成山、积水成渊。

我们首先从营造干净整洁优美的校园环境、培养学生良好的卫生习惯入手。政教处把清理、保持环境卫生当作第一件大事来抓。根据不同的季节特点，对教室、卫生区、宿舍、墙面、楼梯和洗漱间等各个区域制定了详细的标准要求，每天由学生会进行检查，每天及时公布结果，反馈给各年级、各班级，限期整改。经过长期坚持不懈的治理，使全校始终保持一个干净整洁的状态。在此基础上，我们又对教室、宿舍、自行车排放、厕所卫生等进行了分项治理，均达到了预期的目的。

二、深入进行教育科研课题研究，提升养成教育管理理论水平

我校的养成教育课题研究已经走完了从实践到初步形成理论的过程，并先后出版了三本理论专著。为了实现理论反哺实践，再实践，再提炼成果的目标，我们继续对养成教育的内涵进行了深入地论证，进一步提出了"学会做人、学会求知、学会劳动、学会健体、学会审美"的"五会"养成教育内容，作为学生修养的指南，在日常管理中落实实行。

这项工作中，我们重点做了两项具体工作：一是修订已有的规章制度，从人治到法治，完善细化《规范》落实。依据《中学生日常行为规范》等规章制度，修订了《胶州市第十八中学学生在校一日常规》等一系列制度；进一步完善了双轨式管理体制：一方面充实"校长室—政教处—教导处—团委—总务处—级部—教科室"职能部门体制；另一方面落实学生自我管理，强化学生会职权职能，完善"学生会—班委会—团支部—学生干部"基层管理机制，由他们全面负责学生日常行为的检查落实。二是按照便于操作、内容新颖、实效性强的思路，开展农村学生喜闻乐见、兴趣浓厚的教育活动。结合胶北地域特色，开展了桃乡文化教育、红色旅游体验活动，并以这些活动为载体修订已有的日常行为指南。由韩显群教师为骨干，根据自己多年管理学生的经验和积累的第一手资料，继《养成教育三字歌》教材之后，新编写了《胶州市第十八中学德育工作手册》，并已经在学校管理和课堂上使用。

胶州七中优化校园内部精细化管理举措

胶州市第七中学　冷建栋

学校深入落实"以人为本"的办学理念,注重管理的精细化、科学化、规范化,努力把管理的每一处细节落实到每一位教师、每一位学生,实现"人人都管理,处处有管理,事事见管理"的工作机制。学校各项管理制度健全、措施得力、方法得当、检查到位、反馈及时、严格精细;校园布局合理、设施齐全、美观整洁、富有人文气息;教师爱岗敬业、教书育人、为人师表、师德高尚;学生文明守纪、自立自强、乐观向上、珍爱生命。

一、队伍建设精细化

完善制度建设,规范干部管理。学校制定各部门干部职能细则,各部门分工明确,职能清晰;坚持干部例会制度,干部挂靠教研组制度,让干部积极参与到学校的管理中来,深入到教育教学一线中去。努力建设一支政治素质高、思想作风正、服务意识好、工作能力强的干部队伍,促进学校各项工作规范、精细发展。

规范教师管理,促进专业发展。学校根据《教师法》《中小学教师职业道德规范》等法律法规要求,结合教体局相关文件精神,制订"胶州七中教职工薪酬制度改革方案",通过德、能、勤、绩四方面对全体教职工进行考核,并作为绩效工资发放、评优选先的重要依据;深化校本培训,通过周前会、班主任例会,组织教师深入学习教育教学理论,潜心研究教材教法;通过青年教师优质课比赛,青年教师基本功比赛,以及外出参加活动等,为教师提供展示平台,不断提升教师的业务能力。

二、教育教学精细化

教学常规规范,保障教学顺利进行。落实课程管理,开齐课程,开足课时,突出教学工作的中心地位,认真制订学校教学工作计划、教研组工作计划、个人教学计划、制定学科教学活动计划,确保教学活动正常有序进行;强化作业管理,分层次设计作业,严控作业数量,提高作业质量,及时批改,准确掌握学生学习情况;有计划有目的地进行预习、复习、课外辅导,落实"一生一策"制度;实施单元过关检测制度,通过协调会,科学进行质量分析,注重以考促教,以考促评;学校还对教师备课、上课、作业批改、参加教研互动等方面,做出明确要求,教务处做好翔实记录,并与绩效工资奖励制度紧密结合,激发教师积极性。

强化集体备课,打造高效魅力课堂。抓好集体备课,做到"四定",即定时间、定地点、定内容、定中心发言人,形成了"集体(集体备课)—分工(主备人撰写)—完善(个人完善)—巧用(活学活用)—存档(保存好教案)"五环节备课模式;根据学校魅力课堂建设要求,积极开展相关理论研讨和课堂教学实践活动,推动民主进课堂、合作进课堂、学法进课堂。

三、学生管理精细化

明确德育目标,完善德育途径。以社会主义核心价值观为引领,加强对学生的爱国主义教育,弘扬和培育民族精神;加强中华民族传统美德教育,培养学生健全人格;加强法制教育,增强学生法律意识;加强日常行为养成教育,培养学生良好行为习惯;加强诚信教育,培养学生良好的道德情操;加强心理健康教育,促进学生身心健康成长。学校利用专题讲座、升旗仪式、校会、班会、团队会、家委会等多种方法,通过主题教育、社会实践活动、传统节日、各种纪念日、新生军训以及开设"心理咨询室"等多个平台,以班级量化管理、期末先进评选等多种手段,全面落实德育指标。

规范日常管理,提高育人实效。继续加强学生的思想政治教育和道德品质教育、行为习惯养成教育,教育学生严格遵守《中学生守则》《中学生日常行为规范》。为提升管理水平,学校制订《知行合一 筑梦未来》学生成长手册,包含校园文明安全出行规定、楼内文明行走规定、楼内卫生相关规定、教室卫生相关规定、个人卫生相关规定、卫生间使用相关规定、停车场使用相关规定等一系列行为要求,并通过教师执勤、校园文明监督岗监督、总务处各专项检查逐一落实,教育并约束学生诚实守信、文明礼貌、遵守公共秩序和学校纪律、讲究卫生、注意安全、爱护环境等。

四、后勤保障精细化

严格财务制度,加强公物管理,严格执行学校财产管理制度,做好学校财物的购买、登记、供应、保管、维修工作;加强全校水电管理,对校园定期巡视和检查,避免浪费水电的不良现象;建立学校固定资产详细的部门台账和学校总账,细化各项设施和设备的使用管理制度,并落实到具体的责任管理人员;制定班级财产的管理规定,与各班主任签订了班级财产的管理协议。

增强服务意识,提高管理水平。学校负责后勤、图书、仪器、印刷等的工作人员,牢固树立服务意识,工作计划性、主动性强,服务到一线,保障学校教育教学和各项工作的顺利开展。

五、安全工作精细化

提高安全意识,落实安全措施。建立安全领导小组,切实抓好师生安全知识和安全防范自救技能的教育,强化师生交通安全、消防安全、防溺水安全、大型活动安全管理,层层签订责任状,完善保障师生安全的相关规章制度,如学校大门出入制度、"1530"安全教育工程、"511"防溺水安全教育要求、安全短信提醒制度;严格门卫管理,雇佣专业保安并真正落实 24 小时值班制度,切实加强校园的安全保卫;校园内,采取学校领导巡查、教师执勤、学生会纪检员监督相结合的方式,实行无缝隙、网格化的安全管理模式;学校通过安全知识讲座、安全标语上墙、安全主题教育、安全演练、安全隐患排查,不断强化师生的安全意识,入心入脑,确保学校安全,争创平安校园。

优化学校内部管理,全面提高管理水平

胶州市第二初级实验中学　李　疆

教育教学质量是学校的立校之本。本学期,我校通过制度完善促规范,整合资源集优势,正视问题重落实等措施,促进学校教育教学质量的提高。

一、加强教学规范管理

实行情感为指导、制度为主导的管理办法,制定了《胶州市第二初级实验中学教职工管理实施细则》三项 53 条,只有制度的建设、完善,才有管理上规范的保障。为此,我校在加大落实原先制度力度的同时,进一步完善了各项制度。例如,完善教师考勤的通报制度;学生作业抽查评价制度;图书室、仪器室等功能室的管理使用制度;营养餐的收获、签领、发放、储存等制度。

二、整合内在资源，狠抓课堂教学

向课堂45分钟要质量，是学校课堂教学的基本要求。本学期，组织新教师展示新人亮相课，同学科教研组听课评课，寻找不足，优化提升；同时学校要求新入职教师必须听老教师课后再上课，老教师回头听新教师的课并进行反馈，形成"新学老，老带新"的固定帮扶模式；邀请教体局教研室来校指导，及时精准聚焦，寻找薄弱环节，确立帮扶对象；强调课堂教学的规范性，听"推门课"指导反馈意见，使全体教师课堂教学水平迈上一个新的台阶；备课本、听课本检查采取随时抽查制度，从根本上杜绝了教师漏备、补备现象；作业批阅要求有等级特长评语，有错题订正；鼓励分层教学，设计分层练习题，实施分层教学，使全体学生都有不同程度的发展，每月月底定期检查教师备课和学生作业情况，以了解教育教学中突出的问题，调整策略；重视后进生辅导，学校强调后进生辅导的重要性，认识到"辅导一名后进生胜于培养一名尖子生"的理念，重心向后进生辅导倾斜。继续秉持小组合作教学模式，形成让学生管理学生、让学生互动学生的班级学风，每考完一次试，教师分析出全班平均分、小组平均分，小组间对比分析，小组与全班均分差距分析，然后进行奖励，一种竞争机制自然形成，你追我赶，浓厚的学习氛围在班级间形成。

我们正视问题，重点督促，重视落实，在关注全局的同时，也不放过局部的薄弱环节。根据上学年的检测情况，对个别成绩较差、管理不力的班级进行重点跟踪督促。首先，期初与相关班级的班科教师共同分析、寻找落差根源，有针对性地制订提高措施，做到早计划、早主动；其次，结合"监督岗"加强对相关班级的课堂、学生作业、家校联系等方面的督查与指导，以便能早发现问题、早解决，避免出现新问题，从而促进学校教育质量整体的提升。

学习惯、抓养成、勤反思、促成长

青岛市城阳六中　刘方明

多年来，学校始终坚持抓学生的养成教育，逐步形成了以严抓养成教育为龙头、多种教育方式为辅的培养模式。通过课堂教学，熏陶良好品德；通过常规管理，促进行为规范；通过教育活动，培养良好素质；通过家校合作，提升养成教育实效。把培养学生良好习惯和素质，落实到学生的学习生活中，追求卓越，不断创新，促进了学生思想道德素养的全面提升，同时也促进了学校教学成绩的不断突破，全校师生良好的精神面貌受到社会各界的一致好评。

一、参与，充分发挥全员的育人作用

（一）领导重视，统一认识

几年来我校尝到了抓管理、重养成、促教学质量所带来的甜头。这项工作是我校常抓不懈的一项重要工作之一。学校成立了养成教育领导小组，校长多次在领导例会和教师会议上强调抓好学生管理及养成习惯的重要性。正因为有领导的重视、全体教师的努力才使我校的学生管理和养成教育工作得以扎实地开展，并取得良好的成效。

（二）加强级部管理，促进级部的稳定、和谐

在管理上实行级部负责制，在明确级部职责的基础上，学校严格抓好级部管理。实行级部班主任例会制，成立班级、级部学生督查组，建好班级、级部反馈平台，增加班级管理透明度，促进各班均衡发展。做好上通下达、协调反馈工作，起好桥梁纽带作用。

（三）提高班主任的育人水平

扎实做好班主任每月一次的培训工作，召开阶段工作总结会及期中班主任工作交流会。为调动班主任的积极性，平时在做好过程管理的基础上，重点做好班主任工作情况评价，促进班主任管理水平的提高。

（四）加强教师队伍建设，提高全体教师的师德修养

以师德活动月为契机，开展活动，引导教师加强师德修养，践行师德规范，增强教书育人的责任感和使命感。

（五）发挥家长学校的作用

每位班主任能充分发挥家长在学校管理及子女教育中的积极作用，做好多方面的沟通交流：组织家长学校课堂，多次召开家长会，针对学生情况进行家访、校访，发挥网校平台及时反馈了解学生情况。

（六）发挥学生会参与学校管理的作用

学生会对学生管理每天督察，及时反馈，较好地发挥了作用。

二、落实，扎实做好养成教育工作

为巩固、深化养成教育成果，我校一直坚持"面向实际，严格管理，贵在坚持，重在渗透"的原则，围绕"整仪容、正言行、端品行"，扎实抓好城阳区中学生"八个好习惯"及我校一直推行的"十个好""十个道德好习惯""十个一""三别""四带""五个无""三个轻轻"等行为规范养成教育，在此基础上扎扎实实抓好班级"五个一"的训练，严格完善"制度约束、严格检查、评价激励、教育熏陶"的养成教育管理模式和班主任管理评价机制，充分调动了学生、班主任的积极性。严抓一日常规，细抓制度管理，实抓过程管理，实现管理目标的系统化，管理制度的规范化，管理过程精细化，构建了"纵向到底，横向到边"的精细化管理平台。

（一）完善制度，约束行为

有制度才有章可循，才会对学生起到约束作用。学校养成教育配合城阳区"八个好习惯"的活动，在《"文明礼仪在身边，不给他人添麻烦"活动方案》的基础上，制定了《"在错误中反思自己"活动方案》，完善了《六中学生一日常规细则及评分标准》，详细编写《城阳六中"八个好习惯"养成教育解读细则》，还制定了《城阳六中学生养成习惯量化评价细则》《城阳六中"好习惯示范班"量化评比细则》《城阳六中评选"文明礼仪标兵""好习惯示范生"活动要求及评选条件》等一系列评价体系。一系列制度的制定让班级学生有了努力的方向。

（二）严格检查，及时反馈

严格校值日检查制度。政教处作为责任部门对校值日生要求、并对校值日情况阶段总结及班级量化反馈评价，能较好地在严抓、细抓、实抓上下功夫。值日领导教师能提高责任心，带领学生做好校值日。学校也成立了由部分校领导组成的督查组；团委能组织学生会做好每周的督查反馈；级部建立级部督察组，各班级建立班值日制度，完善班规班约，做好日评价、周小结、月总结、期中综合评价工作，落实学生日常行为习惯的量化考评反馈总结。

（三）做好评价激励

为充分发挥激励作用，本着弘扬先进、促进后进的目的，扎实做好学校、级部、班级三级评价激励，激励过程中尽量做到：设置奖项多，多发现学生的闪光点；获奖学生范围广，力争让每个学生都有希望得到表扬；表彰要隆重，让学生心生自豪感、光荣感；家长分享孩子的成功喜悦，营造家长和孩子交流的契机，鼓励学生不断进步。

按照三级评价获奖表彰情况,对学生实行积分制,纳于综合考评中,培养学生的荣誉感、进取心。

加强宣传校园中的好人好事好班,大力弘扬正气。结合每月德育教育,通过多种形式在学生中弘扬典型,表扬先进;经常抓拍好人好事、不文明行为进行展览表扬或曝光,通过进行各类班级、学生榜样的评比,激励班级、学生争先创优,激励学生不断进步。例如,开展评比"路队优秀班级""课间秩序优秀班级",开展评选"文明礼仪标兵"评"校园之星""好习惯示范生""好习惯示范班""错题集日记"优秀班级、"习惯养成反思日记"优秀班级、"综合评比星级班""纪律、卫生、学习"流动红旗。

(四)抓好反思提升

围绕培养学生"在错误中反思自己"这个良好习惯为核心习惯,以及《城阳区初中生八个好习惯》,开展了促进习惯养成的一系列活动。坚持做到每日三省,每周一日记,日思日省,引导学生做到时时、事事、处处与自身心灵对话,反思自己,提升自己,从而实现在反思中进步、成长的目标。学校建立了习惯养成反思日记制度:每周每个学生针对一周来自己在思想、行为、学习等各个方面存在的不足通过日记的形式进行反思,做到"吾日三省吾身,择其善者而从之,其不善者而改之",发现自己的不足,及时进行行为矫正,逐步提高自我观察、自我认识、自我分析的能力。学校建立城阳六中学生每日养成习惯自我评价记录表,学生对每天做到的文明、养成习惯小事和每日文明习惯没做到的小事进行自我记录,每周进行自我评价;每个学生每周都要留下自己的《成长足迹》,或收获或反思,班主任每周进行点评,学校团委及政教处每月进行评比,并对优秀班级进行表彰奖励。通过对各个级部跟踪观察,习惯养成反思日记制度收到了较好的效果。

多年的实践证明,记省身日记是一种很好的德育手段和教育措施,再配合班主任的反复抓,抓反复做法,取得了非常好的效果。学生逐步形成了"在错误中反思自己"的良好习惯,超越自我,形成品质,提升人格。我校认真开展"我进步我成长"道德点评活动,以"身边人讲身边事,身边人讲自己事,身边事教身边人"的形式,坚持正面教育为主,以评正事、评正理、评正气、辨是非为主。在全校中传播凡人道德故事,通过"五个一"的形式,即唱一首歌曲、讲一个故事、诵一篇经典、看一部短片、做一番点评,让学生从歌唱中振奋精神、从故事中获得感动、从经典中汲取养分、从短片中感受力量、从点评中领悟真谛;更重要的是,通过道德点评,引导学生及时发现身边不文明的现象,并对这些现象进行分析,点评,阐明利弊,并进行自我反思;学校建立曝光台,学生会利用校内广播,对这些不文明的行为加以剖析,对全体同学起到很好的警示作用。全校同学都行动起来了,不文明的现象也就无处遁逃了,慢慢也就销声匿迹了。

（五）建立了集锦本和"纠错本"机制

为配合学校养成教育的开展,我们在各学科中特别是英语学科和数学、物理学科中建立了集锦本和"纠错本",以此来强化学生行为习惯的培养,促进了学生学习方式的改善,使学生获得了真正学习的体验与收获。如我校的数学学科,数学组认真钻研,针对中学数学的学科特点,系统、深入地调查和研究"纠错本"在具体实施过程中存在的各项问题,并制定出一份合理、清晰、操作性强的数学学科纠错本使用方法,提高其使用效率,让纠错本发挥最大的功效。为了激励更多的学生参与到养成教育活动中,上学期我们在全校开展了"好习惯荣誉申请制",主要分班级、级部级、校级三级申请,学生根据各自情况,制订申报计划,并进行自我评价,一月后由班主任和小组进行综合评价,学校进行审批。被评为荣誉申请达标生的同学可以进行高一级的申请,也可以申请其他项目。我们在月总结、期中、期末中总结进行表彰奖励,收到了良好的效果。美国著名教育家曼恩说:"习惯像一根缆绳,我们每天给它缠上一股新索,要不了多久,它就会变得牢不可破。"

三、活动,提升学生良好素质

学校扎实开展每月的德育主题教育活动,结合重大节日,通过多种形式,引领提升学生思想道德素质。三月份学雷锋活动月,培养学生乐于奉献的精神。四月结合清明节缅怀革命先烈,培养学生"感念烈士丰功伟绩,感激祖国培育之恩,珍惜今天幸福生活"的道德习惯。五月开展感恩教育活动,这也是我校一直延续的重要活动之一,通过活动,教育学生学会尊重,懂得感恩。六月开展励志教育活动,为初三的中考壮行。九月份结合教师节,开展尊师教育活动。每年我们还举行隆重的文艺会演。十月份结合国庆节开展爱国主义教育活动等等。这一系列的德育主题教育活动,让学生在体验、感悟和实践中陶冶情操,提升人格,加强了学生道德行为习惯的培养。

四、氛围,发挥学校、班级文化引领作用

校园文化是学校精神文明建设的窗口,同时又是学校日常德育的载体,我校全力打造"时时受教育,处处受感染"的德育环境,致力于打造文体品牌。

（一）体育艺术教育是展示学生养成教育的重要平台

长期以来,学校认真贯彻"全面发展打基础,培养兴趣加特长"的教育理念,积极探索多角度、全方位、多元化的体育艺术工作模式,通过大课间,严抓学生的行为养

成,加强精细化管理要求,使大课间活动形成了体育与艺术、锻炼与审美、健身与育人有机结合的活动模式。大课间总体模式为"跑步入场—操场踏步—葫芦丝演奏—广播体操—感恩手语操—课间舞—走操"。在形式、内容和结构上,更具科学性、趣味性和教育性。

(二)体育艺术节是我校校园文化的浓缩,是全体师生魅力展现的一个平台

体育艺术节我校德育、美育、体育活动的一个重要课堂;是锻炼身体素质,培养良好审美感受和审美能力的课堂。在学习任务非常紧张的情况下,体育艺术节的成功举办为同学们的成长、成才,提供了良好的条件。

(三)让"歌唱声、读书声、喝彩声"三声充满校园

歌唱声——要做好"五个坚持":坚持每周一升旗仪式让学生唱国歌及有意义的歌曲;坚持音乐课上教唱每周一歌;广播站坚持每天播放经典歌曲;每天午休后唱响午间歌曲;坚持在集会活动等场合回响起学生优美的歌声。读书声——要落实"四个重点":每天半小时书香阅读;每周一次读书交流;每月一次好书推介;每学期一次书香评比。喝彩声——要达到"三个学会":让学生从班级集会、师生发言、受表彰等活动中学会分享、学会倾听、学会尊重。通过三声满校园活动营造充满童心、细心、爱心的校园文化。

(四)通过校园宣传文化营造浓厚的育人氛围

各班围绕学校养成教育要求,高质量办好班级板报、壁报;学校把优秀的班级、优秀的同学公开在大厅展览、广播表扬;高质量办好广播站、校报;班校学生宣誓、唱感恩歌、做感恩手语操等活动;开展好升旗活动,紧紧围绕学校每月德育教育主题进行升旗讲话,对学生进行德育教育;艺术节比赛节目及汇报演出节目都紧紧养成教育主题来开展活动。学校采取多种形式和措施创办校园文化,打造育人环境。

(五)扎实开展班级文化特色管理活动

鼓励班主任在日常管理中用"爱心去塑造,用真情去感化,用榜样去激励,用人格去熏陶",认真并耐心细致地做好班级日常管理工作,班班有特色,努力形成具有鲜明特色的管理模式。

积极优化内部管理，向精细化管理要质量

青岛第三十三中学　王明强

把简单的工作做好就是不简单，天下大事必做于细，天下难事必做于易。教学工作需要我们细化常规要求，向精细化管理要发展、要提升。

我校结合学校教学实际，经过反复实践提炼总结，形成了环环相扣的层级制日常教学管理流程，即由"学校领导—教导处—教研组长—集备组长—教师个体"层层落实，并形成了一整套有效的教学日常管理规范标准。

一、层级计划，上下贯通

教学计划主要包括学校计划、教研组计划、集备组计划、个人计划。为了确保计划的时效性，教务处在制订学校计划之前，召开基层智囊团会议，八方问计，再进行顶层设计。四项计划一以贯之，上下联动。为确保每项计划都能落到实处，采取了上下互相审阅、修改、次第完善的策略。基层采智，团队汇智，完善补智，让教学计划真正发挥目标纲要的引领规范作用。

二、集体备课，智慧丛生

总的要求："三备要透"，即备透教材、备透学生、备透教法。备课的程序一般为个人自备，集备组集备，再个人自备，三备到位，形成初案—集备组集备，群英汇智，形成共案—结合个人授课风格和班级特点，个人生智，形成个性化课时教案。"33"备课制，让共同发展、全面优化成为可能。

三、学案导学，微课助学

课堂基本要求：乐学—助学—善学。创设环境，让学生乐学。首先是优化教学手段，革新授课方式，积极采用导学案、微课教学。其次树立"生本"观念，唱响"动享课堂"。重视学生学习兴趣、学习方法、学习习惯和创新思维的培养，助推学生动起来，享受学习的快乐。其三重建善学、高效课堂。按照"目标导学—活动建构—当堂

达标"的形式,"教师设标创境—指导尝试—测标矫正(目标清晰,重点突出,结构安排合理)—学生质疑—自主建构—达标巩固"。课堂教学充分体现学生主体性、自主性、生成性,有效地培养学生的学习兴趣,不断地培养学生的学习能力。

四、作业布置与批改,务求实效

各个集备组要提前集备作业内容,根据授课实际布置有效作业,量度适中,针对问题,体现分层。作业批改与反馈要及时认真,提倡教师进行作业面批。鼓励改革与创新,鼓励布置开放性、探究性、实践性的作业;鼓励学生参与作业批改与反馈活动。

五、个性化辅助,实现三个超越

总的要求:提优补差,促中间,积极尝试小组合作的形式,在加强教师指导的基础上进行"兵教兵,兵强兵"策略。营造了超越教师、超越课堂、超越自我的学习氛围,创造了课内外翻转、线上线下翻转、生生间翻转的多元学习路径。

六、跟进课堂,实施零距离参与

分管教学的领导,每学期听评课不少于 60 节,其他领导不少于 30 节,组长不少于 20 节,教师不少于 15 节。听课要选准观察点,尤其要关注学生的学,听课有记录,有思考,有建议。听课后评课要及时,注重实效,优点评价透,不足分析清,建议措施要合理。

不留空白的精细,无所不在的精致

平度市实验中学　耿金堂

我的民主管理思想和精致管理理念受崂山育才学校崔仁波校长的影响很大。

从学校发展的趋势上看,关注细节,实施精细化管理,追求结果精品,永远是优质学校科学发展的正确策略,提出精致化教育也是符合学校发展实际的。精致教育,简言之,就是精巧细致的教育。它是一种以精致手段研制精品成果、追求尽善尽美的教育,是针对目前教育中的粗放弊端和社会实际需要提出来的。

精致教育并不排斥学校教育中常见的方式。它应该是立足于学校教育现状的基础上，通过特色品牌的一些教育活动，通过课题的研究，形成学校深层的文化，从而推动学校的可持续发展，为教师和学生的成长发展服务。

精致教育也不是形成细密的教育教学管理网络。它不是将学校的管理变成精密的流水线式操作，而是从教师和学生发展的角度，进行真正促进教师专业发展，促进学生心灵成长的教育。

精致教育不是一个趋同的模式，它是一种个性化的建设。每一个学校，在其走向发展走向完善的过程中所走过的道路，都是一种"走向精致"的模式。

我现在担任平度实验中学校长。这是一所建校16年的平度最优初中学校。"传承、守正、创新"是我履职新学校的工作原则。传承"让每一个人成为最好的自己"的办学理念，我们集全校师生之智慧，凝练了学校精神：卓然独立，越而胜己。用卓越文化引领学校高端发展。

一、我的学校管理理念：建设和谐的学校关系

1.培养建设一支好的干部团队。我一直认为"没有完美的个人，只有完美的团队。最伟大的力量是团队的力量。"

（1）校长要善于授权并让其他人知道授权已经发生。

（2）调动中层干部的工作积极性。让中层干部参与决策。要引导他们自主工作、主动工作、创造性工作。

2.从心底尊重每一个教师。要容易被教师感动，并常怀感激之心。

3.制度保障公平，公平创造和谐。完善相关制度，规范工作程序，制定公开透明的学校办事规则。使学校管理达到科学有序，各项工作都有法可依，有章可循，进而确保工作的高效率。

二、精细管理，追求精致

用精致教育引领学校文化，形成了"虑事精心、过程精细、结果精品"的工作理念。

1.岗位明确，职责明晰。

2.项目管理，计划先行。

3.重在落实，反馈迅速。

三、创新管理机制

丰富扁平化管理内涵,实行副校长级部负责制,成立了四个服务中心,将行政管理转变为服务管理。创新民主管理,实行值周校长和双值周制度。

在教学管理上,我们营造尊重、信任、和谐的工作环境,真正给教师松绑、减负。教学常规考核项目由一线教师来制定。

打造教师成长共同体,实施集体创优、团队评价制度。把集体备课、课堂教学、教学成绩纳入团队评价,团队成绩占个人成绩的 50%。

四、创新德育管理

实行全员育人导师制,构建了 136 德育体系。在班级中推行学生 e 积分,培养微习惯,养成大品格。实施核心素养教育的"六个一"工程,把核心素养教育落实到具体项目上。

五、加快教育信息化带动教育现代化的进程

根据《教育信息化 2.0 行动计划》《中国教育现代化 2035》等文件精神,结合学校实际,提出了三年信息化建设总目标。把教师办公、学生管理、课堂教学、资源管理、家校沟通等全方位纳入教育信息化建设范畴,通过软硬件升级,深化应用研究,全面打造信息化智慧校园。

一是加快"三通两平台"(三通:宽带网络班班通、优质资源班班通、网络学习空间人人通;两平台:青岛教育 E 平台、校园大数据平台)建设,基本建成网络、资源和服务全覆盖的教育信息化公共服务体系。

二是加大培训力度,完善教育信息化人才队伍培养机制。做好常规的全员培训,重视特色培训。把最前沿的教学理念与技术进行融合创新,提升教师综合素养,引领和推动信息化教学应用全面开展,推动课堂教学常态发展。

三是以活动促应用。通过开展新媒体新技术应用大赛、科技成果展示交流等活动,将信息技术逐步融入日常教学活动当中,有效推动交互式电子白板等新媒体、新技术在教育教学中的广泛应用。

四是高度重视科技教育。争取多方资金支持,打造科技教育示范校学。在校内创办机器人、3D 打印、无人机、物联创新、编程等科技教育社团。通过组织参加各级比赛,提高各社团活动的积极性。定期举办科技节,为学生提供实践创新的学习和展示平台,在校内掀起科技教育的热潮,提升学生的信息素养、科技素养和创新能力。

五是打造高效智慧课堂,大力推进教学方式变革。在全面推动"互联网＋教育"

的时代背景下,从课堂本身出发,基于先进的教学理念和真实的教学情境,结合云计算、大数据等新一代高新技术,为教学决策提供大数据支撑,打造智能、高效的学习环境,全面推进信息技术与教育教学融合。

做有温度的教育,优化学校内部管理

莱西市实验中学　刘本帅

陶行知先生说:"国家把整个学校交给你,要你用整个的心去做整个的校长。"用心用情做有温度的教育,不断优化学校内部管理是校长的责任和担当。

一、提升师生幸福感,让教育更有温度

孔子说:"学而时习之,不亦说乎?"自古以来,快乐与教育总是如影随形。刘本帅校长觉得教育的本质内涵就是幸福,这里的"幸福"既指向全体学生,也包括全体教师。于是,在他刚就任实验中学校长时,就在全体教师大会上说:"我会把学校当成家来经营,把所有教师当成自己的兄弟姐妹,把所有学生看作自己的孩子来对待"。这之后,学校将提升师生幸福感落实到了每一处细节。

教师是学生幸福的源泉,幸福教育的根基在教师。"教师在学校幸福成长,才能将幸福传递给学生,让学校教育在质和量上双提高。"他是这样说的,也是这样做的,他坚持用情感、待遇、事业留人,增强教师的成就感,培养出了一批理念新、素质高、有担当、有情怀的幸福教师。

学校制订了教师业余活动方案,利用课余时间组织丰富多彩、健康文明、喜闻乐见的文体娱乐活动,丰富教师的课余文化生活,充实了教师的精神世界;学校建立健全了教师思想动态分析、民主生活会、谈心谈话制度;学校开始举办教师退休欢送仪式,培植正能量;学校开展了保健知识讲座、体育健身、定期定向体检等活动,不断提升教师身心健康水平……

二、创设教师成长平台,让教育更有温度

学校要有温度,就要求教师要有温度,教师素质是学校的温度计。为此,实验中

学十分重视教师专业化发展,全力支持教师培训进修,满足他们的学习需求,学校多次举行校本培训,经常性派骨干教师外出参加培训。

学校采取了"推门听课制""集体备课制""师徒结对制"等教学引领活动。加大了听评课力度,本着"组内协作、资源共享、共同进步"的原则,真正达到"个人讲、大家点、互相帮、同提高"的效果;加大了青年教师和骨干教师的培养力度,每学期初开展"师徒结对"活动,指导青年教师课堂教学及班主任工作,组织了教龄不足5年的青年教师参加专题培训和青年教师基本功比赛。另外,学校完善了教师荣誉表彰体系,给予教学成果突出、育人效果显著的教师特别奖励,激发他们奋进争先的勇气。

教师们干事业的热情被激发出来了,怎样让教师更好地把这份温度传递给学生呢?(1)学校提出了把每一个学生当成自己的孩子对待的要求,确保每一个孩子身心健康,规范了体育课,加大了运动量,每学期学生全部进行体质达标检测,引进了高水平的心理辅导教师,成立了心理健康辅导中心。(2)学校从文明礼貌、仪容仪表、学会听课等各方面加强学生精细化管理,督促学生养成良好习惯。组织开展了"芳林新叶、逐梦青春"十个一项目大型综合展示活动;开展了"职业生涯规划""应急救护、心肺复苏"培训"礼仪"培训;"四入活动"全面铺开;"激情教育""无活力,不青春"等研学旅行活动让学生在活动中感悟,在活动中成长。(3)学校采取"全员导师制",坚持一生一策学业指导记录,加大了对后30%学生的辅导。

一分付出一分收获,近几年来,实验中学的中考成绩、初四自主招生考试、基础年级学科素养展示、学科调研考试的成绩均走在了全市前列。

有效结构让学校高效运转

青岛实验学校 李爱华

北京十一学校盟校校长李希贵说,当一位校长进入一所新学校任职时,他希望首先改善的是什么?根据我们的观察,绝大多数关注的是制度。许多时候,他会认为眼前出现的种种问题都是不合理的制度带来的。然而,当他如愿地改变了制度后,却产生了另外一些新问题,甚至更多、更严重的问题。为什么?原因可能有很多,但很多时候是因为组织结构自身有问题。

有人说,在管理工作中,能用结构解决的问题,就不用制度;能用制度解决的问题,就不靠开会。因此,在十一体系的每一所学校中,每学期教师开会的次数极少,不会超过两次,就连校务会的次数也是比较少的。因为学校的正常运转靠的更是结构管理、机制管理。

青岛实验学校目前的管理结构就是按照杰出的管理思想家亨利·明茨伯格(Henry Mintzberg)的理论,借鉴企业管理经验,结合中小学校实际,从功能的角度把学校组织结构拆分为五个部分,即战略高层、中层管理者、教育教学一线、支持人员和研发平台。

"战略高层"是指以校长为代表的最高决策层。传统学校里只有管理人员群体,他们似乎都是学校的领导者,都可以对基层人员发号施令,只是因为所处的层级不同,其权力大小不同,左右基层的程度不同。然而,在上面这个组织结构图中,管理人员群体被拆分了。处于战略高层的管理者,权力是有限的,既不可一竿子插到底包打天下,也不应该左右横行,缺乏相互制衡。

"教育教学一线"是学校产出最终效益的部分,它是学校的心脏,也是学校存在的理由,其主体人员就是直接从事教育教学工作的教师。正是他们与学生的互动,带来学生的成长,形成组织的效益,彰显学校的价值。

处在组织结构图右侧的"支持人员",就是学校里普遍设立的教务处、总务处、办公室等部门里的人员。他们在传统学校里的位置有些复杂,既被界定为服务支持人员,又因为拥有相应的资源调配权而自然成为指挥人员。现在,我们必须对其重新界定,十分明确地把他们划为支持人员。

处在组织结构图左侧的"研发平台",是目前学校普遍缺失的部分。然而,对一个专业性很强的组织来说,它存在的意义十分重大。由于大量工作需要专业化引领,各个岗位人员的专业素养也需要不断提升,研发平台如果能生产出大家需要的产品,就可以对组织中各部分的工作起到事半功倍的作用。尽管研发平台本身不需要多少固定人员,但它却应该搭建若干个平台,形成相应机制,聚合组织内各个部分的人员,包括教育教学一线、管理者和支持人员共同参与研发工作;有时,也会根据研发工作的需要,邀请组织以外的相关人员参与。研发平台相当于组织的参谋部、智囊团,帮助组织的大脑——战略高层思考,也为组织其他部分的人员提供智慧。

这里的"中层管理者"仅仅是指对教育教学一线拥有指挥权的很小的一个群体,如年级主任、学科主任,这样能保证让听到枪响的人指挥战斗。

其余的管理者,大都可以划归组织结构的其他部分,如教务主任、总务主任、办公室主任以及分管他们的副校级领导,应该划归支持人员;课程中心主任、教师专业发展中心主任、科研室主任等类似负责组织研发工作的管理者,则应该划归研发平台。这两类管理者对教育教学一线不再拥有指挥权,属于职能管理者,通过为一线提供相应的支持与服务而发挥作用。

这样的结构划分,完全超出人们的传统认知。但这样的结构却有可能造就一所可以实现自我成长的学校。

其次,学校的扁平化结构,让供需有效连接。青岛实验学校采取去中层化。我们把所有的中层部门变成职能部门,不再是管理部门,所有的副校级不再分管任何一个领域,因为他只要分管任何一个领域,他就会特别重视这个领域,而不重视学生,而且他没完没了要开教师的会,所以所有的学部主任均由副校级兼任,而不是分管。这样学校层面除了校长可以组织全体教师开会,别人无权开会。同时,扁平化管理后,让供需方直接对接,减少了中间传递环节,提高了工作效率。

以品牌建设为驱动力,推进学校特色发展

和美教育集团 张 颖

学校特色是学校在长期的办学过程中逐渐积淀所形成的一种独特文化、办学理念或教育风格。它是学校发展过程中所表现出来的独特的、优化的、稳定的、带有整体性的个性风貌。

特色学校其亮点就在一个"特"字上。"特"意味着与众不同,意味着人无我有,人有我优,人优我精。更进一步说,特色学校就是在办学方面有自己的理念,有自己的思路,有独特的举措,并已经形成传统的学校。具有优质、稳定、独特的办学风格和显著的育人效益,在培养目标、课程开发、师资建设、学校管理、校园文化、教学设施等方面实现规范办学,又有区别于一般学校的独特个性。

学校品牌与学校特色是相互联系、相互促进的,品牌可以彰显特色,特色能够铸就品牌,学校品牌是学校特色的具体表现形式,是社会对学校的认同度、美誉度,是学校特色建设的重要抓手和着力点。

和美教育集团重点打造"和美小镇"特色品牌校本拓展课程,小镇课程旨在营造

一种平等和谐的学习情境、自由钻研的探索环境和个性发展的生长空间,为培养学生的创新素养提供可能。

"和美小镇"课程将六个年级分成六个社区,根据各年段学生的年龄特点,在小镇课程中设计了"我和自己""我和社会""我和未来"三大板块的小课程。"我和自己"板块的课程关注学生个人经验,主要任务是引导学生认识自我、了解自我、挑战和展现自我的能力。"我和社会"板块的课程将提供模拟的小社会情境帮助学生认识和了解身边的社会,在体验中培养学生独立见解、交往合作的能力。"我和未来"板块的课程更注重扩宽学生的视野,培养学生发现问题、提出问题和创造性解决问题的能力。

一、"和美小镇"课程让学生获得了体验的幸福和满足

首先,"和美小镇"是一种情境中的无痕课程。每个星期五下午,当轻松活泼的乐曲在校园响起,学生就迈着轻松的脚步,开始神奇的小镇之旅。研究表明,大多数学生都喜欢玩办家家的模拟游戏。小镇课程就是把微型社会搬进校园,把学生带到一个模拟的小镇情境之中。学校是小镇、年级是社区、教室是社会公共场所、学生和教师都是小镇镇民。学生的角色发生了变化,从学生的角度看,这不是学习的过程,而是快乐的游戏和活动。例如,第一社区的星星邮电局,负责分拣、分发学校的信件和报纸。对于一年级学生而言,送信送报是一个好玩的模拟游戏,但是在这个过程中他们无意间学习了如何礼貌地与人交往,学习了认字读词,还探究了怎样送递走的路最少、不走重复的路。这些学习都发生在无痕的游戏和活动中,所以是快乐而有收获的。

其次,"和美小镇"课程没有标准答案。例如,第三社区的"巧手美发厅"课程中,有的学生可能热衷于编织发辫方法的研究,有的学生可能对管理美发厅的规则感兴趣,有的学生可能更关注美发师要如何工作……每个学生的体验、感悟和关注点都不尽相同。即使都关注同一点,学生也可能在体验中发现了不同的方法和规律。这些知识和技能的获得表现出学生的个性,没有对错好坏之分,学生可以尽情表达和尝试自己的思考,因为这是一个没有标准答案的课程,它具有鼓励、发展和培养学生创造意识的功能,更为每个学生提供展示的机会和舞台。

再有,"和美小镇"每个小镇民都有一本《和美护照》,只要成功完成选修的一门小课程,护照上就可以获得一枚小印章。这枚印章记录着小镇民在小镇中快乐学习和自主探究的奇妙历程。不要小看这些印章,它可以兑换成小镇货币到小镇超市购买心仪的货品;也可以选择把钱存入小镇银行获取利息。这些印章还可以兑换成积

分,积分累积到一定标准,就能成为"和美镇民",这是小镇民可以获得的最高荣誉,将由小镇镇长亲自颁发荣誉证书。

二、"和美小镇"课程让教师实现了自我价值提升

首先,"和美小镇"课程不同于常规课程,因此小镇的课堂对教师提出了更高的要求,需要教师不断探索新型的教学方式,以满足学生的学习需求。从三维目标来看,一般的课程往往都是从知识和技能的点切入,而"和美小镇"的课程性质决定它更多地是从过程与方法的点切入,即学生先体验和操作,在活动中发现问题并且尝试解决问题。例如,第四社区"服装设计室"有一课目标是能够用现有的材料设计制作服装。课堂上,教师不直接告诉学生我们必须掌握什么统一的知识技能,也不直接通过示范告诉学生操作方法,而是让学生自己先体验,然后引导学生发现问题、共同讨论、再尝试和讨论的过程。学生在这个过程中达成情感、态度和价值观的要求,形成属于他个人的个性化的知识与技能。

其次,"和美小镇"课程让大家感受到一种新型的师生关系。这里没有教师和学生,大家都是小镇镇民。大镇民和小镇民一样,穿着同样的衣服,做着同样的工作,一起在体验中探究和发现。比如,"未来超市"里,大小镇民一起整理货物;"镇园艺中心"里,大小镇民一起种植管理盆栽;"剪纸设计院"里,大小镇民一起设计图样;"茶艺生活馆"里,大小镇民一起品味茶香……在小镇里,师生之间不仅是平等的体验者,更是合作的伙伴、亲密的朋友。

三、"和美小镇"课程让学校得到了综合发展

"和美小镇"已经成为和美教育集团的一张名片,推动着集团各方面的发展。随着小镇课程的不断开发和完善,"和美小镇"被越来越多的人认可和喜欢。小镇课程不仅让学生、教师和家长获得成长和提升,还融入到了其他常规课程中:美术课上画画心中的小镇;健康课上请镇防保所的护士讲课;数学课上更是把小镇情境搬进了课堂。小镇课程还走进了校园节日中,在体育节、艺术节活动中,红星警察局、镇环保中心、红色消防局的工作人员在节日中执勤,教给学生遵守规则。小镇课程还与学生德育工作结合在了一起,镇长选举、镇长办公室活动,迎宾导游,这些都是小镇课程的有益延伸。

现在,"和美小镇"已经成为学校的特色品牌,多次在学校承办的区市大型现场活动中亮相,让本市区和外地的校长教师感受到"和美小镇"的魅力。

优化内部结构，深化育人功能

青岛市田横岛省级旅游度假区中学　陈懋庆

现代学校管理是集教育科学、管理科学、管理实践和教育创新于一体的工作体系，作为校长，一项重要的任务就是怎样深入做好内部管理，协调好学校内部的各级各类关系。尽管以本人为校长的度假区中学在不断的探索和实践中，但离国家、主管部门及社会对学校办学水平的要求还有很大差距。一个学校最优的外在表现就是：每个人各负其责、各得其所；校长要能识人、会用人，要能团结人、凝聚人，让学校正气氤氲。因此我校把打造学校文化作为优化学校教育教学目标的最终愿景。作为校长，我主要从以下几个方面做好工作。

一、优化学校班子建设，提升整体管理水平

一个坚强有力的学校领导班子是办好一所学校的保证。把班子建设好，是校长的头等大事。首先要把全体班子成员的思想统一到办学理念、办学目标上，把每个人分管的工作和学校整体发展目标紧密联系起来，使每个班子成员充分认识到自己所分管的工作对学校发展全局所起的巨大作用。为此，学校通过校委会，反复学习讨论，让每个班子成员领会学校办学理念、办学目标及发展规划的内容和内涵，探讨如何把办学理念、办学目标细化到学校章程、规章制度、发展规划、年度工作计划当中，如何渗透到学校常规管理当中，研究如何找到教师专业发展和学校发展的结合点。

二、优化学校人际关系，发挥团队合作精神

良好的学校人际关系是办好学校的重要因素。理顺校长和班子成员的关系、班子成员和教师的关系、教师和学生的关系、教师之间的关系、学生之间的关系、打上学校确立的"民主、平等、尊重、关爱"的领导作风烙印，倡导"领导就是服务"的管理理念，践行学校提出的"校长为班子成员和中层干部服务、中层干部为教师服务、全体教师为学生服务"的管理思想，促使全校师生正确定位自己在教育教学工作中的

角色。

三、优化制度建设体系，实现学校管理科学化

学校十分重视"发展规划"。"规划"既贯彻党和国家教育方针,体现上级主管部门政策法规和工作要点精神,同时从学校实际出发,在教师队伍建设、制度建设、德育工作、学校安全管理、校园文化建设、办学条件改善、艺术教育、信息技术教育、教研教改、教学质量等方面确立工作目标,制订年度和学期工作计划,使《规划》得到细化和落实,保证各项目标如期实现。

四、加强教师队伍建设，深化教育教学改革

学校始终把师德建设作为教师队伍建设的核心,建立骨干教师和年轻教师"结对成长"机制,促进教师专业成长。通过上述一系列措施,教师队伍整体素质不断提高,教学质量稳步提升。

以解决教学中出现的问题和困惑为校本研究课题,从理论角度寻找破解途径,再通过教学实践加以探索和验证,逐步形成适合教师和学生实际的教学方法。

五、优化教学常规管理，实现精细化管理

教学工作是学校的中心工作,教学质量是衡量办学水平的重要标尺,而规范、科学的教学管理则是提高教学质量的根本保证。近年来,我校认真落实县教体局下发的《度假区中学教学管理规程》,狠抓教学常规管理,着眼学生的健康成长,以培养学生良好的学习习惯、科学的学习方法和自主实践创新能力为重点,不断夯实基础,深化课程改革,稳步推进素质教育,教学质量稳步提高。

六、优化校园文化建设，发挥文化育人功能

我校一贯坚持"文化树人,特色立校,全面发展,和谐快乐"的办学理念,确定了"厚德、博学、求真、创新、自强、卓越"的校训,在教育教学活动中努力践行教书育人、管理育人、环境育人、文化育人的现代教育理念,让课堂教学、主题活动、校园建筑、标语展牌、橱窗板报、学习园地、经典壁画等相辅相成,处处渗透德育成分,对学生起到感染、熏陶的教育作用。

"一分耕耘,一分收获",依靠县教体局的正确领导和全校师生的艰苦努力,学校教育教学质量稳步提升,教研工作深入开展。今后,我们将不断开拓进取,争取新的成绩。

优化管理，助力提升

平度市明村镇明村中学 董希平

明村中学秉承"健全人格、启迪智慧"的办学理念，完善管理制度，优化内部管理，促进了良好教风、学风的形成。

一、落实制度管理，激发工作学习热情

学校认真完善、落实《明村中学职称加分暂行规定》《明村中学托底培优实施办法》《明村中学课堂教学督查制度》《明村中学教师业绩考核方案》《明村中学绩效工资实施方案》等制度，将教师的教学成绩与业绩考核、职称评聘、工资晋级、评优评先挂钩。用制度引领教师的工作，把教师的关注点带到教学上来，对优秀教师在教育教学年会、开学典礼上进行表彰。从根本上激发教师工作热情，爱岗敬业奉献，积极争先创优。

二、实施分部管理分层教学

为进一步做好抓差促中培优工作，让学生学习有自信，学习能尽力，教师课堂教学有的放矢，真正做到因材施教，制定并实施《明村中学分层教学分部管理暂行规定》，在全校三个级部中引入竞争机制，实施学部制管理，每个级部分"明德""明志"两个学部，在竞争与合作中提高成绩。在七年级实行小班化教学，在八九年级实行分层教学，让学生依据成绩进入相应的课堂学习，学生实行动态管理，激发学生之间的"比学赶帮超"的正面情感。借助班教导会，落实好"明村中学一生一策精准帮扶"，进一步巩固扩大"托底培优"成果，抓两头促中间，进一步提升教育教学质量。

三、加强对课堂秩序的督查

为进一步规范课堂教学秩序，提高课堂教学质量，校长室牵头，学校成立了由教导处和教科室等部门教学干部组成的课堂秩序督查小组，每天不定时对课堂秩序进

行督查,并对发现的问题及时进行通报。重点检查上课期间教师有无随意外出、接打电话、体罚和变相体罚等现象,检查学生学习状态,有无上课睡觉、玩东西、看小说等违规违纪现象。继续进行"推门听课"和课堂教学评估工作,加强教学督查,着力抓好常态教学,努力提高课堂教学质量和效率。将结果适时公布,并存档。

四、加强对教学常规的检查

组织领导干部、教研组长、备课组长定期进行常规检查。形成级部主任周查、教研组长月查、学校层面的期中、期末大检查的制度,做到查前有标准,查后有通报。以上检查结果均纳入教师业绩考核。

学校将在不断的探索和追求中进一步更新教学管理方式,通过优化内部管理,引领学校发展,在提高办学水平的同时,成就更多的教师与学生。

灵山中学校园安全管理措施

青岛市即墨区灵山中学　陆金祥

学校为进一步加强学校安全工作管理,明确安全责任,落实各项安全措施,有效地防范重特大安全事故的发生,保障学校及其学生和教职工的人身、财产安全,维护学校正常的教育教学秩序,制定了一系列校园安全管理措施。主要措施如下:

1. 成立学校安全工作领导小组,制定《安全应急处理预案》,建立健全各类安全档案盒,进一步明确安全的责任和要求。利用微信家长群每周发送安全提醒,向家长宣传安全工作的重要性,取得家长的支持和配合。每学期放假前,向全体家长印发《致家长的一封信》,确保学生度过安全、有意义的假期。真正做到了学校、教师、学生、家长职责明确,齐抓共管,安全工作无缝隙覆盖。

2. 始终把安全工作放在学校工作的首位,利用升国旗、教师例会等时间及时将上级有关安全稳定文件的精神传达给每一位师生。充分利用专题讲座、主题班队会、校园广播、黑板报、校园横幅、宣传栏等形式,强调防溺水、防校园欺凌、防火防盗、防震防灾、用电安全、食品安全、交通安全、网络安全等安全常识。

3. 建立重大事故报告制度。校内外学生出现的重大伤亡事故一小时以内报告教育局；学生出走、失踪要及时报告；对事故的报告要形成书面报告一式三份，一份报教育局，一份报公安派出所，一份报乡镇人民政府，不得隐瞒责任事故。

4.严格值班制度，设置中层干部带班、教师值班制度和每日巡查制，确保防患于未然。组织各类安全演练，切实提高师生的自我防范意识和自护自救技能。

5.加强学校教育、教学活动的管理，保证学校的教学秩序正常；负责学校安全保卫的人员要经常和辖区的公安派出所保持密切联系，争取公安派出所对学校安全工作的支持和帮助。

6.加强对教师的师德教育，树立敬业爱生思想，提高教学水平和质量，随时注意观察学生心理变化，防患于未然，不得体罚和变相体罚学生，不得将学生赶出教室、学校。

7.教育学生遵守学校规章制度，按时到校、按时回家，防止意外事故发生。

8.牢固树立"安全第一，预防为主，防患于未然"的防范意识，把安全隐患消除在萌芽状态。总务处每月对教室、食堂、消防设施、电路、教职工宿舍等进行安全排查，及时整改安全隐患，对有不安全因素的设施立即予以维修或拆除，确保师生工作、学习、生活场所和相应设施既安全又可靠。

除此之外，学校积极响应上级部门有关安全的文件要求，及时展开各类安全教育活动，使安全观念深入到每个学生的心中，创建安全平安校园。

用研究的方式优化内部管理

青岛市即墨区七级中学　孙元兵

在学校工作中规章制度必不可少，发挥着重要的作用。而在一些实际问题的解决过程中，指导原则成为我们解决问题的关键所在。我想通过两个案例来汇报一下我们工作的思维。

案例一：

（1）问题：我校从教学楼到餐厅的甬路两边是绿化草地，我发现因学生经常抄小路将拐角处的草地已经踩成了光秃秃的路，就像鲁迅先生说的："走的人多了，也便成了路"。该怎样解决呢？

（2）解决：我在双周干部例会上提出了这个问题，竟然发现大多数的干部都知道这个事情。讨论解决办法时出现了两种声音：有的干部认为要管理好人，提出明确要求禁止学生抄小路，安排值日师生对违规学生进行检查扣分。有的干部认为这不是长久之计，存在就有存在的道理，变堵为疏，在改变路上多想想办法。这是两种截然不同的思路，其实我也倾向于后者。我们实地考察后决定将拐角处已经光秃秃的地方安装上弧形的地砖。实践证明这一改动效果很好，既美观又实用，从此我校甬路拐角都从直角变成了圆角。

（3）思考：这个问题虽然圆满解决了，但说实话，我认为我的管理是失败的。为什么我们的干部面对问题能够熟视无睹呢？今后遇到此类的问题我们应该建立怎样的解决原则呢？

（4）启示：①"谁分工，谁负责"原则，以制度明确责任，理顺工作关系，建立责任追究机制。②"以人为本"的原则，尽可能地多为师生考虑。③平衡原则，解决问题要反复平衡各方面的关系，最终制订最佳解决方案。

案例二：

（1）问题：我校餐厅面积相对较小，每天中午近千名师生同时用餐就显得拥挤不堪。杂乱的就餐秩序，喧哗的就餐环境，胡乱堆放的餐盘连同剩菜剩饭各种垃圾，再加上师生及餐厅职工的各种抱怨，餐厅就成了我到校后亟须解决的一个老大难问题。

（2）解决：在观察了一段时间对问题有所掌握后，中午就餐时间我就在餐厅召开现场办公会，全体干部一起现场观察研究就餐存在的问题，当天下午再次开会逐人汇报发现的问题并提出解决的对策。最终形成了四点整改意见：①提高饭菜质量。②错时就餐，固定座位，公物卫生承包到人。③制定餐厅规范。例如，北门进，南门出，实行"单行线"管理。④加装音箱，就餐播放优美的音乐，营造舒心的就餐氛围。

餐厅的问题得到了圆满解决，现在餐厅也成了我校一道温馨的风景线。

（3）思考：餐厅的问题暂时解决了，那我们怎样才能巩固成果，培养学生良好的就餐习惯呢？如何将餐厅精细化管理的这个点上升到全校工作的这个面呢？

（4）启示：①坚持不懈，"反复抓，抓反复"的原则。②多渠道立体化管理原则。③树立精细化管理意识。④突出问题专题研究制度。⑤积累经验，形成案例。

就这样，我们在解决实际问题的过程中，有问题、有办法、有思考、有启示，我们逐步建立起了解决问题的指导原则，从而有效保障了我校工作的有序开展。

推行精彩教育，探索创建文明学校

青岛市即墨区蓝村中学　王高洪

　　蓝村中学精神文明建设工作以教育改革与发展中长期规划精神为指导，以办人民满意教育为宗旨，以促进学校全面、快速发展为目的，坚持党的领导，坚持解放思想、实事求是、与时俱进，坚持贴近实际、创新内容、创新形式、创新管理体制和工作机制，大力开展师德建设和群众性精神文明创建活动，努力营造和谐的校园环境和精神环境，实现新时期精神文明创建工作上新台阶。

一、继承先进办学理念，打造学校核心价值观念

　　学校提出了"精彩教育"的品牌发展目标，就是坚持以师生发展为本，满足、促进学生个性的充分发展和卓越发展。它完全符合全面实施素质教育，培养学生创新精神和实践能力的要求。它以师生发展为本，在学校营造一个开放、生动、民主、和谐、学生自主选择、自主设计的个性化学习环境，通过学生自主选择激发自身内在需求，通过学生主动学习，实现既掌握各科基础知识和基本技能，又充分发展个性特长的教育目的，使学生成为能适应 21 世纪社会经济发展要求、具有扎实基础素养、丰富个性和健康人格的新一代卓越初中生。

二、继续完善学校管理制度，优化"两级管理"工作机制

　　充分发挥各年级、各处室的作用，优化学校"扁平化两级管理"的工作机制，年级在执行学校确定的办学策略、教育要求的基础上，发挥工作主动性和独立性，利用各自的人员特色，组织进行文明班级、温馨教室评比等各种教育教学活动和德育活动，保证教育教学质量，保证师生的安全，落实日常管理要求，制订精神文明工作计划，督促指导各班和学科组积极参与创建活动。

三、努力推进教学改革，不断提升办学质量

　　学校积极落实即墨区课改的精神，逐步优化套餐式课程结构，减少基础型课程所

占的比例,加大拓展型课程、研究型课程的比重,积极开发校本课程。学校鼓励支持全体教师开发建设校本课程,用广阔的视野为学生提供丰富的经历,增强课程的选择性。学校不断拓宽拓展型课程内容,从竞赛辅导类拓宽到学科指导,从自然学科类拓宽到人文学科类,从学科类拓宽到艺体类,从单学科拓宽到跨学科。如"物理实验探究""机器人""动画制作""化学与环境"等,让这些课程成为学生学习的热门,学生的个性和特长得到充分的发展。继续加强国内外交流,扩大办学的影响。

四、发挥德育工作的效能,做实、做强、做出品牌

进一步做好生活经验课程的开发、研究和实施,加强评价体系的建设,加强学习手册的编制,加强课程网络化管理,加强师资队伍的建设,使之成为即墨市优质德育品牌。进一步研究德育进课堂的方式、内容、评价,构建学校与家庭、社区协同教育体系,加强对家庭教育的指导,发挥社区教育资源的作用,促进"三位一体"工作的深入与发展。

五、促进教师队伍建设,育名师、创品牌、出人才

学校建设了一支结构合理、师德高尚、素质优良、业务精湛、团结进取、具有先进教育理念和国际视野的专业化教师队伍,这是实施素质教育的需要,是进一步提高教育教学水平、实现学校可持续发展的需要。为此,学校要以提高师资队伍整体素质为核心,以培养中青年骨干教师、区市级教育领军人才为重点,以优秀教师群体带动基本教师队伍素质提升为突破口,以完善教师管理制度为手段,探索适应新时期教育发展需要的人力资源开发、管理运行机制,逐步建设一支与一流教育相匹配的高素质师资队伍,为把学校建成传承百年文化底蕴、具有鲜明办学特色的现代化名校提供人才保障。

六、探索文明共建模式,深入开展志愿服务活动

学校顺应社会发展的要求,积极探索和参与各类共建活动,丰富精神文明创建工作的内涵。充分利用系统内外的资源,加强横向交流,实现单位之间、学校之间、班队之间的优势互补、资源共享和内涵提升。

广泛普及志愿者理念,大力弘扬服务社会、服务社区的志愿精神,形成关心、支持和参与志愿服务的良好氛围。各年级、各部门和班级要创新理念,走出学校,鼓励学校教师走进社区、走上社会,为大众提供专业指导及志愿服务,为学校创造良好社会声誉。

优化学校内部管理，提升学校办学质量

青岛西海岸新区弘文学校　王金奎

我校自建校始，就坚持把"制度是基础、管理是关键、育人是核心、安全是首要、质量是根本"作为学校的管理理念，通过连续六年的管理实践，在各方面都取得了很好的成效。

一、注重加强班子队伍建设

行政领导率先垂范，从不脱离课堂，与教师比业绩，与教师比品格。我校现有 20 个教学班，有 5 位班子成员，其中 2 位兼任班主任，4 位担任语文、英语教师，其数学成绩名列前茅。 在教师中广泛开展"三养"教育，即"道德修养、理论修养、专业修养"，大力提升教师的专业素养和师德水平。

二、制定可操作易执行的科学的管理制度，做到事事有准则

学校主要领导查阅相关法律法规，组织教师代表讨论，参阅其他学校的相应成型资料，本着以学校、学生发展为本，以人为本的原则，修订、重建、完善了以"教学管理""教师管理""学生管理""总务管理"为纲目的系列制度。尤其是考核制度做到向班主任倾斜，向一线教师倾斜，现在"重过程、看结果、讲付出、比质量"成为学校评价的基本价值取向，极大地调动了广大教师的工作积极性，增强了学校的办学活力。

三、抓好教学中心环节，全面提升教育质量

抓实教学常规，注重过程管理。深入开展"学生评教"活动，提升教师的课堂教学效果。重视毕业班教学管理与研讨，特别是注重初三学生的思想教育、心理疏导和纪律管理。狠抓学科竞赛、教学研讨及培优辅差工作 。真正做到"一个不放弃"的全员管理，连续五年学校中考成绩位居全区前列。

提质创优，螺旋发展

青岛市城阳区第二实验中学　矫　伟

精致化管理源于细致，成于极致，是高品质学校管理的重要表征。城阳区第二实验中学校长矫伟充分重视管理对学校发展的重要作用，不断探索带有学校自身特色的、实践性强的管理方式，在"计划、实施、检查、整改"的 PDCA 环式管理模式基础上，整合管理工具、优化层级管理理念、提升管理效能，使学校管理由规范精细进而达到精致水平，并向着品质卓越的目标不断迈进。

一、螺旋上升的 PDCA 管理体系

在矫伟校长的领导下，城阳区中小学以"计划（P）、实施（D）、检查（C）、整改（A）"四个环节组成的"质量提升环"来规范每项工作，促进学校管理形成环环相扣、螺旋发展的态势。

（一）强化规则与流程，打造"实心环"

学校公开透明、上下认同、系统完整、行之有效的规则网，确保工作的各个环节按照规则进行。每一项工作如何做、何时做、做到什么程度的流程清晰明确，活动模式常规而持久、科学合理、可复制，管理的基础环节牢固可靠。

（二）环环相扣，螺旋提升

矫伟校长组织各部门开展"晨会管理"，使各种行为在"计划、实施、检查、整改"的重复中不断改进提升；处理临时性重点工作有明确时间节点，责任到人，注重痕迹管理，做到大任务、小细节不遗漏，有条不紊推进工作。

学校实行"日查、周总、月结、季理顺、学期评价"的制度，以后一环节的启动倒逼前一环节落实；依据校务公开制和各部门内审，及时公示各项制度实施情况，提高管理透明度。通过动态分析科学高效地分析和监管各方面的工作，锁定短板、发现问题，准确把握评价与改进的方向，保障整个系统螺旋上升。

二、精细管理的有效工具

矫伟校长在"细"字上做文章,在"实"字上下功夫,通过"清单化管理"明晰工作内容,通过"项目负责制"明确管理责任,让每一名成员都成为管理的一部分,变一人管理为大家管理,实现横向到面、纵向到底,精细管理无死角。

（一）"清单化管理"，横向到面全覆盖

各部门细化、量化工作内容,建立台账和推进时间表,形成任务清单,不留死角逐项落实:顶层管理"目标清单"全面规划学校阶段发展;后勤服务中心"专题清单"分门别类成体系;教学管理中心"执行清单"目标引领、保证质量;安全预防中心"责任清单"强化意识、落细落实;党建、工会"底线清单"划清师德红线;教师队伍建设上,梳理"日志清单"进度,循序渐进。

（二）"项目负责制"，纵向到底精而深

学校管理突出校长的领导核心作用,强化中层领导督查、协调作用,重视一线教师各展所长。个人对自己分管的事务负责到底,形成"我的岗位我负责""我的班级我负责""我的课堂我负责""我的活动我负责"的岗位责任制,提高每个人的责任心和使命感,并与教师考核、评优、职称评定等重大问题挂钩,在公平公正教师权益的同时,有力督促大家提升精细度。

在矫伟校长的带领下,学校工作权责明晰、措施具体,学校管理实现由粗变细、由细变精、由精变强。去年,我校新建教学楼带来新增供热面积约10000平方米,供热能耗却从原来的约29万元降至约20万元,创造了反降31个百分点的卓越节能成果。站在学校新的发展节点上,城阳区第二实验中学人将一如既往向规范要质量,向管理要效率,深入挖掘PDCA管理模式的价值,精致管理、追求卓越,更好地实现立德树人根本任务。

阳光校务，让校园更和谐

青岛长沙路小学　康彦华

一、产生缘由

2013年4月的一天，学校家委会的QQ群瞬间爆棚，在短时间内的发言量达到了500多条，所有的发言都围绕第二届"育才杯"青岛市校园国际象棋比赛报名这一话题展开，家长们纷纷质问学校为什么没有组织孩子们报名参赛。德育处在了解了这一情况后，立即上报，分管领导对这个情况进行了调查。

原来，学校在收到相关文件后，第一时间转发给了体育组，要求体育教师们组织选拔选手参加比赛。由于参赛名额有限，体育组的组长根据开学初对各运动项目选手的摸底和了解，提报了报名表和材料。通过进一步的了解，学校得知：这次国际象棋比赛的成绩，直接与育才中学的特长生选拔挂钩，很多家长送孩子学国际象棋，除了培养孩子的兴趣和能力之外，还想为孩子升学多开辟一条途径。因此，一项普通的体育竞技比赛，引起了家长们如此的关注与轩然大波。

虽然针对这一情况，学校重新组织了选手的选拔与报名，但是这一事件却引发了学校对校务公开工作的进一步深入的思考。

二、措施成效

多年来，学校一直坚持将校务公开作为学校管理和发展的基础，将民主管理、透明管理、公开管理作为学校发展的基础和保障，不断提高学校管理质量，提升师生的主人翁地位，营造民主和谐的校园氛围，但是这次"报名事件"依旧暴露出工作存在的一些问题和不足。因此，依托学校家委会、校务会委员、工会等部门，通过举行座谈会、下发调查问卷等方式，广泛征集校务公开工作的意见和建议，决定从公开的渠道与内容两个方面入手，进一步完善校务公开工作，真正做到阳光治校。

（一）开辟"四条"公开渠道，完善校务公开监督体制

校务公开是学校发展过程中的坚定基石，公开透明的阳光管理能激发教师的民

主意识,为更好地将校务公开工作做细做实,我校在坚持教代会制度的基础上,不断依托各种平台,拓宽校务公开的渠道,加强公开的实效性,完善了校务公开的监督体制。

1. 以公示栏为阵地,展示校务公开全部过程。我校在校园显著位置安装了校务公示栏,按上级要求,对财务管理收支情况、工程建设、大宗物资采购、教职工奖惩、干部人事工作、教职工切身利益、领导干部重要事项等校务公开的七大内容坚决做到及时公开、全员公开,对于重点及重大事项的公开,做到全过程公开。

2. 以"两箱两线"为渠道,确保校务公开全员监督。我校设立并公布了校务公开"两箱两线",即校长信箱、学校电子邮箱和校长热线、班主任爱心热线,由专人负责每天进行接听、查收,做好整理和归纳,听取各方意见,接受全员监督。及时对每一项意见、建议给予答复,对其中合理化的建议予以采纳并逐步落实;对不合理或者暂时无法实现的意见,也全力做好解释工作,力争使答复率和满意度达到100%。

3. 以网络平台为抓手,打造校务公开创新举措。通过校园网实施公开是我校近年来着力打造的校务公开新举措。在校务管理中,我校充分利用网络优势,建立教师QQ群、一得书吧等沟通平台,通过网络平台将学校评优选先、定岗竞聘等情况及时、快捷地传达给每位教师,使教师们及时了解工作动态,第一时间对公示结果进行反馈。网络校务公开使我校的管理空间更为宽广、透明,更好地规范了学校的管理行为,提高了学校管理的效果。

4. 以家校畅通为契机,拓宽校务公开多条途径。为了更好地争取家长对学校工作的支持和帮助,使家长真正融入学校建设和发展中,我校还将校务公开作为了家校沟通的桥梁和纽带。在组织活动、相关竞赛或进行校园建设前都要通过微信、QQ群及外置家长宣传栏等不同渠道向家长进行公示,征求家长的意见,提高家长的监督力度,调动家长参与学校活动的积极性和主动性,帮助家长更加全面地了解学校工作,拉近了家校间的距离,扩宽了校务公开的新途径。

(二)确定"四层"公开内容,确保校务公开细致全面

在公开内容的设定上,我校坚持把学校的重点、难点、热点问题公开,给教职员工以知情权、管理权和监督权。坚持做到校务公开与学校的管理工作、学校改革相结合,与学校的领导班子建设、师德建设和行风建设相结合,与维护教职工和学生的合法权益相结合。力求通过校务公开工作,让教师明白,让学生清楚,让家长放心,让社会满意,让全校师生参与到学校管理中来,取得家长和社会对学校工作的支持和认可。

1. 公示教师关注问题,提高教师民主意识。针对教师层面,我们坚持将教师最为关注的问题作为公示重点,坚持做到"五公开",即学校的发展规划、办学主体和管理制度公开;教育教学改革方案公开;学校的基建项目、承建单位,学校采购物品公开;职称评定公开及评优选先公开。我校在出台发展规划、办学目标和各项规章制度前,都要经过教职工认真、反复地讨论,在广泛听取各种意见的基础上,制订切实可行的方案和办法,从而保证发展规划、办学目标等的科学性、可操作性。同时,我校的每一项教育教学改革方案的提出,也都是经教职工讨论后决定的。教职工自己参与制订和修改的方案,在实施过程中更加便于操作和管理。在职称评定及评优选先等各项关系到教师切身利益的工作中,我校更是严格按照程序和步骤进行操作,坚持做到一步一公示。规范的实施,透明的管理,使得各项评选工作真正成为激励教师不断发展提高的有力手段。

2. 公示学生发展问题,激发学生参与意识。我校非常注重学生层面的校务公开工作。对各级三好学生、优秀学生的评选,学生干部的选拔与聘任,学生的表彰与奖励等工作,都会先向全校教师予以布置与说明,然后向全校学生公布评选标准与评选办法,并将评选结果予以公示。同时,学校每年期末都会将本学期学生获奖情况以喜报的形式向全校公开与公布。通过校务公开的形式,记录学生成长中的点滴进步和发展,帮助学生树立学习和进步的榜样,激发学生的参与意识,促进学生的成长和成才。

3. 公示家长关心问题,加强家校同心意识。让每一位家长及时了解学校重点工作和热点问题,是校务公开工作的重要任务之一。对于收费、学校建设、班主任聘任等家长关注的问题,我校都能坚持做好公示,同时还在校门口建立了面向全体家长的宣传公示栏,定期公示学校特色建设成果及组织的活动等,使家长更加清楚地了解学生在校的生活和学习,起到沟通和监督的双重功效,促进了家长对学校工作的支持和肯定。

4. 公示社会热点问题,提升全民监督意识。"办人民满意的教育"一向是我校遵循的办学宗旨。学校定期向社会公开家长、社会对教师的民主评议结果,群众关心的招生工作以及节庆活动等,使社会各界更加关注学校发展和管理,提升了全民的监督意识。同时,在学校发展规划及特色建设方面,我们也多次在社区居民和共建单位中发放调查问卷及建议和意见表等,征求来自社会各层面的意见和建议,不断提高学校的办学品质和办学特色,扩大学校的知名度,争取全社会对学校工作的支持和帮助。

我们欣喜地看到,通过校务公开,增强了校园的民主氛围,密切了党群、干群关系,促进了师生、师师、家校关系的进一步融洽。学校中师生关系融洽,尊师爱生、团结互助的风气日益浓厚,教师爱岗敬业、无私奉献,学生阳光自信、快乐成长,教师职业幸福感与日俱增,每年的教职工满意度测评工作中,我校均名列前茅。校务公开,使师生精神面貌焕然一新。

同时,阳光、透明、民主的校务公开工作还为学校各项工作的开展提供了助力。一年来,我校先后被授予山东省五五普法优秀学校、山东省依法治校示范学校、青岛市平安和谐校园、青岛市廉政文化示范点、青岛市法制教育示范点等荣誉称号。《中国教育报》《青岛日报》《青岛财经日报》《半岛都市报》青岛电视台等多家媒体先后对我校的校务公开、民主管理、特色发展进行了报道,学校各项工作得到了稳步提升。

三、案例启示

1. 校务公开要从实际出发,突出三个重点:一是围绕学校改革决策抓公开;二是围绕教职工关心的热点问题抓公开;三是要围绕家长和社会关心的事件抓公开。

2. 校务公开有力地促进了以教代会为基本形式的学校民主管理制度的完善、发展和全心全意依靠工人阶级指导方针在教育战线的贯彻和落实。

3. 要使教职工全面享受自己的民主权利,就必须通过多种公开途径,保证渠道的畅通。通过校务公开栏、校园网、教职工大会等形式,对学校工作实行全面公开,把学校更多的工作置于广大教职员工的监督之下,这是教职工群众民主权利在内容上的充实和形式上的扩展,同时又为教代会注入了新的时代内涵。

4. 围绕"办人民满意的教育",对社会、家长公开学校办学情况、评优选先、学生竞赛等,在有效地提升了学校办学声誉,扩大了学校办学影响的同时,凝聚家长力量,争取家长支持,一定会促进学校办学质量的进一步提升。

我们清楚地认识到,校务公开工作是一项长期、复杂、系统的工程,有赖于全体师生、家长及社会各界的关心、支持和帮助,在今后的工作中,我校将在"一得育人"文化理念的引领下,不断积累经验,拓宽思路,以求真务实的工作态度,扎实有效的工作方法,把校务公开工作做细做实,使校务公开真正成为学校提升、教师发展、学生成长过程中的有效助力!

用心从此不"夹心"

青岛大学路小学　张文龙

有人说,小学教师难当,干部更难当。还有人用"夹心饼"来形容时下学校管理者的尴尬处境,夹在教师与上级中间,夹在业务教学与日常琐事之间,面临着重重的压力。下面这个案例就非常典型。

【"丁零零……"1点20的预备铃响了,刘主任赶紧放下手头的活,拿起工作笔记冲向会议室,1点半有个教研组长会。到点了,还有一位教师没来,一会,她气喘吁吁地跑了进来,边坐下边说:"抱歉抱歉,接了一个家长的电话。"会议开始了,在总结完前一段的工作后,刘主任说了接下来一段时间的重点工作:区级经典诵读比赛,需要中年级学生参加;课题阶段小结,要收集部分资料;区级作业展示之前,学校要组织一次作业展示;一个年级下周全区质检;按照期初教学计划,下周是教研组展示时间,各组报展示方案;学校的读书手册,还需要各级部提供一下必读和选读书目,要尽快上交……而这些工作,每一项都很重要。她讲完以后,短暂的安静,终于,有一个年纪大一些的教研组长说话了:"主任,我们知道,教学是学校工作的根本,我们也很想扎扎实实把这些工作做好,不过,最近学校的事情多你也知道的。运动会入场式要训练要参加,开幕式观众要训练要参加,学校的艺术节也是大活动,光是彩排就占了半天时间,我们最近连作业都是加着班在批,每天6点半都出不了校门,咱们有些工作可不可以推一推? 或者减一减?"一石激起千层浪,组长们你一言我一语地打开了话匣子,纷纷表示有心干好,无奈时间紧,活动多,学生抓都抓不住,光是学生的思想工作,每天也要多拿出一些时间来做……

看着教师们焦急又无奈的表情,刘主任突然想起了自己当班主任那会儿,每次学校布置很多工作的时候,也是经常跟同事们发发牢骚,埋怨两句,甚至也跟领导嘟囔嘟囔。现在,自己走上了管理岗位,该如何既减轻教师负担,又把教学工作抓好呢? 定了定神,她对教师们说:"最近学校工作是比较多。这样吧,对于大家的建议,学校再商量一下,不管最后怎么安排,还是希望教师们能多理解,谢谢大家!"后来,刘主任在校务会上把教师们的建议提了出来,商量以后,决定教研组展示暂时推后,部分教研组的展示可以跟接力课、精品课合并进行,读书手册由学校出部分书目,各级部再调整和补充。学校的调整方案得到了教师们的认可,大家高质量地完成了各项工作。】

这个案例告诉我们,中层干部的"中"字,说明它在中间,既是领导,又是职员,兼有领导者和下属的双重身份,不是单纯的上传下达,而是按照学校的规划和总体工作部署,创造性地开展日常工作的组织者和实施者,是学校办学目标得以实现的推动者和实践者。因此,作为中层干部,一定要正确对待领导、下属和自己,做到敬以向上、宽以对下、严以律己。"敬以向上"是需要尊敬自己的领导,但不是阿谀奉承、溜须拍马,而是站在上级的角度去思考问题;"宽以对下"是需要对自己的下属宽容,但不是听之任之、放任自流,要站在下级的位置去解决问题;"严以律己"是需要对自己要求严格,但不是只讲奉献不要回报,要以更多的办法解决问题,把所有挫折和困难都变为提升自己的良机。特别是在实际处理工作的过程中,我们会经常面对教师的牢骚和抱怨,如果单纯拿校务会决定去压教师,他们也会不情不愿地接受,可结果呢? 教师们肯定会带着抱怨去工作,效果可想而知。而且这样的中层干部在民主评议时普遍票数很低,因为你没有站在教师角度考虑问题。但考虑民意也不是一味地顺从,如果这样就会把矛盾推向校长,表面上讨好了下边,实际上工作并没有布置下去,教师照样不佩服你。因此,中层管理干部的地位与作用可以用三句话来描绘:落实、执行; 管理、服务; 联系、沟通。

如何让教师"顺从"学校的改革要求

青岛汾阳路小学　仇立岗

学校一线的管理者在推进教育改革的过程中难免遇到不"顺从"的教师、不配合的干部,但是面对社会对当下教育的各种诉求,"变"似乎成为唯一的"不变",这就不得不让我们思考如何在变革中争取更多的理解,让更多的教师成为"顺从"教育新理念的支持者和践行着。

一、"道"的层面看待如何引领教师跟随

在我看来,所有的改革初衷都是好的。没有任何一位学校管理者想要把学校办差,但是好的愿望不等同于教师的认同,只有教师在顺从学校改革中获得幸福感,才是管理者获得拥护的基础。这就需要思考和把握以下几个方面。

1.让改革成为一种习惯。我们推动改革的基础是让学校适应外界和内部的要求,因此改革的发起不是领导,而是市场,这就如同我们已经适应了"油价的涨跌"这一经常性的变化。当学校面对问题或是挑战而发起的改革成为教师的共识时,当教师们认为改革是需要时,那么改革的初级阻力将不复存在。我们恰恰就是要帮助教师形成改革的习惯,一旦改革的习惯形成了,那么保持则相对简单,改革从此就不再是外来的压力。因此如何巧妙地开始,同时让改革不是任务而是一项额外的奖励变得尤为重要。心理专家给出的建议是让改革的行为保持30天以上。

2.带领教师感受当下快乐的同时渴望未来的荣耀。换句话说,当我们告诉教师如果改革了,那么很可能获得教学质量奖,到那时候我们将如何如何。这种表述或许能取得一部分人的认同和顺应;但是很多人觉得遥遥无期,也就慢慢掉队。因此我们必须思考,如何让教师们享受当下的改革,寻找改革的快乐与意义,进而让改革取得当下的谅解以及未来的利益期许。这一体验的本身就是引导教师接受短期与长期利益的相互促进。需要特别注意的是,一定要让参与的教师品味到改革伊始的滋味,并将与美好的体验与改革相关联,哪怕对美好的关联略微牵强一些,都是让教师们坚持下去的核心动力。

3.明确改革的大目标,引导教师的小目标。改革的目标确立十分重要,心理学研究已经证实有具体的目标则会获得较高的成就机会,同时也会获得较好的表现。最终参与改革的教师们会在达成目标的过程中收获幸福,目标不再是结果而是意义本身。同时尽可能地将学校的目标与教师内心感兴趣的"小目标"或"出发点"结合起来,形成教师内心的坚定意识,进而确定自我和谐的目标。考察北京花园村二小时,我感觉可以像他们那样再大胆一些,将改革的过程性小目标,由教师自己选择,围绕学校改革的大目标想尽办法增加教师们想干的事情,减少不得不做的事情,这样才会让教师们坚定地从事改革。在目标的确定过程中,还需要管理者帮助教师制订个人成长计划和专业提升计划,个人成长计划包括积极心理学、哲学与艺术等,专业提升计划包括专业领域导师和领域最新动态等,以此给予教师参与改革的能力扶持。

4.改变教师对"幸福"的思维模式。卢志文校长谈道:"在教学改革中,我们习惯于"溺水模式",无论是对待学生还是教师,我们总是给他们压迫式的终极目标,让他们奋力达成从而获得幸福,但是最终达成终极目标的人总是少数,这就导致绝大多

数教师和学生在追求成功的路上成为失败者,或者迟早成为失败者。而在改革的过程中,我们需要绝大多数教师的参与,因此原有的'溺水模式'将不再会激励改革者坚持下去。因此泰勒·本沙哈尔提出了"恋爱模式"的概念,我将这一模式理解为无论追求的过程有多艰难,都是甜蜜的付出,是爱情的前奏,直至获得伴侣的应允,从始至终的快乐才是确保改革在艰难中行进的正确道路。"

二、"术"的层面看待如何驱动教师顺从

1. 保持教师们对待工作的热情。拥有热情是推进改革的重要一环。我们应当重点思考如何为教师建构幸福的工作环境,通过学习总结出三点经验:一是尽量让工作激发教师的才华和潜力。哪怕这种才能和潜力目前没什么用处(与学业成就相关较小),但是帮助教师保有创新的激情本身就是学校领导者最大的成就(如同教师保护了学生的学习兴趣)。二是让教师获得更大的发挥空间,让更多的人参与学校改革项目,而非作为旁观者。这点十分需要我们警示,如卢志文校长在报告中所说的,学校管理者应当格外注意"相马"与"赛马"的学校管理文化,否则大家会为校长看见而做,而非为了改革成功去做。三是及时与参与改革者分享他们业绩的意义和价值,这就需要发挥项目总结、过程表彰的力量。最终让教师们将改革的任务转化为职业的需要,甚至是个人的使命。

2. 给教师心灵放空的场所和机会。学校管理者能否给教师保留一个场所或提供一个机会,让他们获得适合的休整与冥想,如同化学实验的催化剂。人不可能总是激情饱满,如果有一个场所让教师们的信心、热情和充实感互相传染,进而找寻幸福的意义,品味当下的快乐,我想也是一个极好的手段。

3. 及时帮助教师之间、干群之间解决冲突。学校管理者应当承认冲突是正常的,不要试图掩盖,而是要寻找给冲突双方带来幸福(或是伤害最小)的解决方案,对待"问题教师、问题事件"的处理方向,或许应当以交战双方是否心气顺畅为衡量标准。

4. 尽量动员更多的人动起来,触发社会认同。如同室内情景剧中的掺入假笑声,让人不自觉中也进入想笑的状态。心理学实验表明 95% 的人喜欢"随大流",参与的人越多,旁观者就越少,反对者就没有市场了。

5. 根据对比原理,在改革伊始给参与者提出具体要求之前先给一个更"差"的要求做铺垫。

6. 依据互惠原则,引发改革的管理者应当主动示好,给予参与者一定优惠条件,触发参与教师的亏欠感。

7. 给参与教师以承诺的机会。为他们搭平台、提供场所去让他们有机会在众目

睽睽下描述改革,这就会刺激改革教师的信仰、语言、行为发生改变。个人承诺一旦发出,中途则很难放弃。

8. 激发忠诚和奉献精神。及时承认参与改革教师额外的努力和付出,不要以暂时的成败去打击参与者。

9. 适时地推出榜样,让观望着或者改革中的慢行者有样可学。甚至针对教师的"小圈子"重点塑造"典型案例",让圈子领袖带动改革,最终实现无穷链接。国外的研究表明社会纽带的影响力是200%。

10. 树立改革引导者的权威。我们在推动改革的时候,"头三脚"最好是有一定权威的人来做,而不是学校管理者自己亲力亲为,有头衔的某领域专家最为合适。

11. 制造稀缺的资源,在改革中期我们需要给参与改革的团队一定的资源倾斜,同时可以借鉴"数量有限、最后期限、限定条件"等"商业方法",引起更多观望者的注意。再给予资源时我们需要小心一点,就是撤销支持比从来没给更"可恨",一旦树立了典型或者倾注了资源,教师们对到手了的资源是不会放弃的,学校支持的举措前后如若不一致,必然会招致逆反。

12. 减少对改革者的评价压力,只有当教师们认为外界不存在强大压力时,才会对自己的改革行为负责起来。

综上所述,运用心理学的原理去推进学校的改革是正义的。但是如果用改革来促成某些私利,或者祖护(栽培)某几个人,大众一旦回过味来,可能彻底翻脸。那么管理者应当怎么办?核心价值观给我们了答案:诚信、友善。

创新学校治理,构建和谐校园

姜山镇泰光中学　于同磊

要以治理的理念做好学校工作,建立现代学校制度,构建和谐校园,必须从以下几方面释放"治理"内涵的多元能量。

一、主体的共同参与

面对复杂多元的学校主体,单纯依靠学校的行政推动显然已不适应形势需要了,必须动员以师生为主体的学校各方面力量形成合力,参与学校治理。这里最基础也是最重要的,就是要注重主体培育。要加强法律政策宣传,教育师生和学生自治组织依法行使权力、履行义务,依法维护合法权益,正确处理集体与个人的关系,在支持事业的发展与谋求个人的进步成长中获得双赢。

二、决策的沟通协商

随着改革开放的深入和学校民主管理进程的推进,师生参与学校管理的民主意识不断增强,师生对学校管理与决策的公开、公正、公平更加期待,对平等、协商、沟通的诉求更加强烈。因此,必须改变过去那种居高临下的态度和作风,发挥教职工代表大会、学校学术委员会、家长委员会以及学生自治团体的作用,让教师、学生和家长参与到学校决策的酝酿生成过程之中,充分尊重教师、学生和家长的知情权、参与权、建议权、监督权,集中民智,尊重民意,这样,不仅从制度层面提高了决策的科学化、民主化水平,从而赢得更多的民意支持,而且能在实施决策的过程中得到更广泛的民意响应。在日常管理中,要敞开并不断创新沟通渠道,通过座谈交流、校长信箱、校长热线、QQ 群、校园论坛、情况调查等形式,广开言路,在多层面的对话中,汇聚改进工作的良策,引导舆情的正确释放,把师生的精力集中到关注学校持续发展的目标上来。

三、方式的多措并举

在建设现代学校制度的过程中,首先,要体现法治精神,即民主法治社会中所普遍尊崇的法律至上、公平正义、保障人权、权力制约、社会和谐等价值追求;其次,要体现民主意识,要让教师和学生在规章制度和班规公约的自下而上到自上而下的生成和实施的全程参与中受教育,从而激发师生的主人公意识,激活学校各基层组织的活力,培育师生在学校事务和教育教学活动中自我管理、自我教育、自我监督、自我服务的内生动力。在注重制度建设的同时,重视德育的教化作用,通过丰富多彩的德育实践活动和校园文化活动,提升师生的品质修养和行为自觉。

四、职能的服务导向

"管理"与"治理"从本质上讲,最大的区别就是前者强调控制,而后者强调服务。随着信息时代的到来和市场经济的不断发育,人们的思想与行为越来越开放活跃,对学校管理而言已无法通过单向的控制与约束来实现目标,只有在加强和创新学校管理中坚持和运用社会治理的理念,牢固树立以人为本、服务为先的意识,变控制为疏导,变约束为服务,切实解决师生思想、学习、工作和生活中的困难,依法维护师生的合法权益,及时回应师生的正当诉求,积极创造宽松愉快、向上进取的环境,主动提供与师生的成长与发展相适合的服务,才能凝聚人心,汇聚能量,协同步调,从而实现学校与师生个人的共同发展。

阳光校务,让校园更和谐

青岛北山二路小学　高先喜

校务公开是学校发展过程中的坚定基石,公开透明的阳光管理能激发教师的民主意识,为更好地将校务公开工作做细做实,我校在坚持教代会制度的基础上,不断依托各种平台,拓宽校务公开的渠道,加强公开的实效性,完善了校务公开的监督体制。

一、以公示栏为阵地,展示校务公开全部过程

在校园显著位置安装了校务公示栏,按上级要求,对财务管理收支情况、工程建设、大宗物资采购、教职工奖惩、干部人事工作、教职工切身利益、领导干部重要事项这校务公开的七大内容坚决做到及时公开、全员公开,对于重点及重大事项的公开,做到全过程公开。

二、以"两箱两线"为渠道,确保校务公开全员监督

设立并公布了校务公开"两箱两线",即校长信箱、学校电子邮箱和校长热线、班主任爱心热线,由专人负责每天进行接听、查收,做好整理和归纳,听取各方意见,接受全员监督。及时对每一项意见、建议给予答复,对其中合理化的建议予以采纳并逐步落实;对不合理或者暂时无法实现的意见,也全力做好解释工作,力争使答复率和满意度达到100%。

三、以网络平台为抓手,打造校务公开创新举措

在校务管理中,充分利用网络优势,建立教师QQ群、一得书吧、企业号、公众号

等沟通平台,通过网络平台将学校评优选先、定岗竞聘等情况及时、快捷地传达给每位教师,使教师们及时了解工作动态,第一时间对公示结果进行反馈,网络校务公开使我校的管理空间更为宽广、透明,更好地规范了学校的管理行为。

四、以家校畅通为契机，拓宽校务公开多条途径

为了更好地争取家长对学校工作的支持和帮助,使家长真正融入学校建设和发展中,学校还将校务公开作为家校沟通的桥梁和纽带,在组织活动、相关竞赛或进行校园建设前都要通过微信、QQ群及外置家长宣传栏等不同渠道向家长进行公示,征求家长的意见,提高家长的监督力度,调动家长参与学校活动的积极性和主动性,帮助家长更加全面地了解学校工作,拉近了家校间的距离,扩宽了校务公开的新途径。

五、明确"四层"公开内容，确保校务公开细致全面

在公开内容的设定上,坚持把学校的重点、难点、热点问题公开,给教职员工以知情权、管理权和监督权。坚持做到校务公开与学校的管理工作、学校改革相结合;与学校的领导班子建设、师德建设和行风建设相结合;与维护教职工和学生的合法权益相结合。力求通过校务公开工作,让教师明白,让学生清楚,让家长放心,让社会满意。

1. 公示教师关注问题,提高教师民主意识。针对教师层面,坚持将教师最为关注的问题作为公示重点,坚持做到"五公开",即学校的发展规划、办学主体和管理制度公开;教育教学改革方案公开;学校的基建项目、承建单位,学校采购物品公开;职称评定公开及评优选先公开。

2. 公示学生发展问题,激发学生参与意识。注重学生层面的校务公开工作,对各级三好学生、优秀学生的评选,学生干部的选拔与聘任,学生的表彰与奖励等工作,都会先向全校教师予以布置与说明,然后向全校学生公布评选标准与评选办法,并将评选结果予以公示。

3. 公示家长关心问题,加强家校同心意识。对于收费、学校建设、班主任聘任等家长关注的问题,坚持做好公示,同时还在校门口建立了面向全体家长的宣传公示栏,定期公示学校特色建设成果及组织的活动等,使家长更加清楚地了解学生在校的生活和学习。

4. 公示社会热点问题,提升全民监督意识。学校定期向社会公开家长、社会对教师的民主评议结果,群众关心的招生工作以及节庆活动等,使社会各界更加关注学校发展和管理,提升全民的监督意识。

我们欣喜地看到,通过校务公开,学校增强了校园的民主氛围,密切了党群、干群关系,促进了师生、师师、家校关系的进一步融洽。学校中师生关系融洽,尊师爱生、团结互助的风气日益浓厚,教师爱岗敬业、无私奉献,学生阳光自信、快乐成长,教师职业幸福感与日俱增,每年的教职工满意度测评工作中,我校均名列前茅。校务公开,使师生精神面貌焕然一新。

用制度管理,引领学校发展

青岛第五十中学　张文革

在学校的发展历史中,有很多过去的名校,逐渐滑落到了低谷,分析这些学校产生滑坡的主要原因,是因为管理者在内部管理中随意性大,人情占先,缺失原则和标准,制度不健全,民主性、通透性、公开性、公正性不足,打破了知识分子群体中不患寡而患不均的意识,特别是在荣誉和福利的分配上,尤为明显,最终导致人心涣散,干群关系紧张,利己主义严重,上访事件频发,影响了教学秩序,导致教育质量下滑。

我接手过几个这样的学校,接手后要做的首要工作,就是要深入基层调查研究,查病灶所在,对症下药,查关键点进行分析。当群众谁都不想多干活,也不想替别人干活的时候,就说明绩效分配制度出现了问题;当出现了帮派小团体和上访事件,是说明评优制度出了问题;大家都不愿干班主任的时候,说明政策导向不明显。首先,整顿从绩效分配制度、课时量分配方案进行利益再分配开始。方案出台后要几上几下,充分征求意见尊重民意,在反复讨论酝酿的过程中,让教师们明确什么叫多劳多得、优劳优得,对难点工作岗位多倾斜,如班主任工作。钱的问题解决了,跟着就是荣誉评选问题,对职称评审、岗位竞聘、评优选优的制度要体现先进性原则,而不是论资排辈,用分值量化,以示其公平公正性。每个人的工作业绩得分,全校公示,以示其公开性,在评选的同时每个人对照先进典型和制度找差距,明确各自的今后努力方向。

民主管理监督之下的管理体制,单纯的个人行政干预发挥不了作用,也正所谓在风清气正的环境影响下,制度取代了特权,权力被关进了笼子。

在管理制度的制定方面,班主任管理岗位的制定尤为重要。因为班主任是学校的骨干力量,抓住了骨干也就抓住了全体。设定的班主任考核制度,要方向明确,责任明确,指导性强,可操作性强,工作的覆盖面大,重奖轻罚,充分调动班主任工作的积极性。在晋级选先时,都要体现政策倾斜性。每个班主任就是一个细胞核,每个细胞都是一个健康的小团队,那整体团队也就健康和谐。

干部制度的制定,要体现团结合作精神,吃苦奉献在先。把品德作为选择优秀干部的第一要素。放手让他们大胆实践,鼓励他们创新,又允许他们产生失误。

大方向确定以后,各项规章制度也就会随之应运而生,有制度管理的学校各项工作就会井然有序。

优化学校内部管理,提高学校办学水平

青岛重庆路第二小学　邱　涛

学校通过改革优化学校内部管理,以"回归教育初心 科学精细育人"为保障,以"生长教育"办学文化的深入实施推动学校教育高质量发展,演绎着文化之韵,铸就着品牌之魂,学校逐步实现"学校发展、教师提升、学生成长"和谐多赢的局面。

一、加强党的建设,发挥组织管理效能

学校党支部坚持以政治建设为统领,有效提升基层党组织组织力,充分发挥基层党组织的战斗堡垒作用和党员的先锋模范作用,做到办学理念正确、办学特色鲜明。

1.在工作中,学校党支部按照上级党委指示精神,结合实际,在全面从严治党、基层党建和党风廉政建设三方面践行"十二字"方针:即"真、敢、长、早、严、紧、硬、实、学、做、改、干",强化管党治党,深化责任担当,促进了学校教育教学各方面工作稳步发展。

2.结合学校"生长教育"办学特色,为教师搭建发展的平台,探索提高教师专业素养的有效策略;进一步加强和改进教学工作,将教学质量作为学校的生命线,常抓不懈;为学生创设成长的舞台,以培养创新精神和实践能力为重点,以体验教育为基本途径,充分鼓励少先队员自我管理、自我教育、自我服务和自我发展,着力培养具有扎实基础、身心健康、有所特长、有持续发展能力的时代少年。

3.学校党支部在"解放思想大讨论"活动中，叫响"党员就是旗帜，党员就是标杆"的口号，充分体现了党组织的凝聚力和战斗力，展示了党建工作在学校整体工作中的引领作用。

二、注重班子队伍建设，强化教师思想政治学习

学校的发展，师资是关键。学校要发展，一要有凝聚力强、服务意识浓的管理队伍，二要拥有教育理念超前、业务素质过硬的教师团队。我校始终以此作为学校发展的前提。

1.注重加强班子队伍建设。一直以来，我校中层干部领导率先垂范，干部与教师风雨同舟，同甘共苦；教学工作挑重担，教学研讨作标兵；管理学生走在前，服务教师用真心，形成了一个榜样型的领导集体。班子成员坚持做到学习经常化、廉洁自律化、办事效率化、决策民主化、关系和谐化，增强了集体凝聚力、战斗力、公信力和亲和力，给广大师生树立了可直接效仿的标杆，为学校发展提供了强大的支撑点。

2.强化学习研讨，促进教师队伍发展。首先，加强教师职业道德建设和德育工作，坚持开展"爱岗敬业、爱校如家、爱生如子"和"道德修养、理论修养、专业修养"，积极引导广大教师确立"敬业、爱生、博学、善导"的教风。

三、重视教师队伍建设，人人争做"四有教师"

学校建立"全员育人、全程育人、全方位育人"工作机制，引领教师坚定职业信念和职业操守，以"回归教育初心 科学精细育人"为保障，引导教师做"有理想信念、有道德情操、有扎实知识、有仁爱之心"的"四有"好教师。

1.学校重视教师专业成长规划和班主任、骨干教师、年轻教师的培养和培训，重视师德师风建设，注重教师专业成长规划，充分注重教师"十项教学专业能力"的有效提升，着重抓好两支队伍的发展：加强青年教师的培养力度，为青年教师的快速成长搭建平台；重视骨干教师的业务提升，为学校长远发展提供不竭动力。

2.学校通过实施"同伴互助工程"，加强完善拜师带徒工作，充分发挥师带徒的作用，跟踪听课、评课，在相互磨课中共同提高；加强学校"一园一团"工作室建设，将有经验的骨干教师和有待发展的青年教师一同吸引到工作室中，有计划、有目的地开展一系列活动，工作室的21位教师在"教学节"的展示课中相互磨课，师徒互助，共同达到提升课堂教学效率的目的。

3.学校通过多种师德教育主题活动的开展，学校在师德工作中紧密围绕"四有教师"要求，结合学校"生长教育"办学文化，全面提高教师师德意识、师德素养，引

导教师做"四有"好教师。

优化内部管理，共建阳光校园

青岛市城阳区国城小学　郝玉芹

一、抓好教师队伍建设，创新课堂教师专业发展

努力建设一支政治坚定、品德高尚、业务过硬、结构合理、精于教书、勤于育人的教师队伍。学校建立了师德建设工作领导小组，组织广大教师深入学习习总书记关于教师节讲话重要精神，进一步加强职业道德规范教育，规范教育行为，签订师德承诺书并开展"万名教师访万家"活动，努力培养爱岗敬业、乐于奉献、为人师表的师德风范。同时，积极鼓励教师不断学习，提高教师的学历层次和现有的教学能力和水平，大力培养高中骨干教师和覆盖各学科的学科带头人队伍。加强教师的继续教育，不断更新知识，提高技能，特别是提高教师掌握运用现代信息技术等现代化教育手段的能力，培养教师的创新意识和实践能力。突出抓好对现有教师教材教法的培训工作，培养提高教师的教学基本功，提高优质课率。切实抓好传、帮、带工作，加大青年教师的培养力度。坚持请进来走出去原则，组织教师们参加全国、省、市、区级培训活动，邀请李晨红、刘宪华、区市教研员等教授专家走进国城举行活动，开展各类青年教师赛教课、骨干教师引领课、党员示范课等，继续开展"知明慧行"师徒结对活动，通过结对的方式，让师傅带动徒弟，师徒菜单式帮扶，促进青年教师的成长。组织青年教师走进环城路小学、古庙小学等共同体学校进行同课异构教学交流活动，使青年教师带来思维的交流碰撞，达到优势互补，积极实施名师工程，着力树立一批优秀教师，对于他们的先进典型事迹，大力宣传、弘扬和表彰奖励。

二、提升学校管理水平，促进领导班子建设

学校通过定期开展中层干部培训，要求管理人员撰写学习心得、体会，每学期在全体教职工面前进行述职等系列化、体制化的做法，努力把校领导班子建设成为一个德才兼备、胸怀大志、开拓创新的集体，学校领导班子作风正派、公正廉洁、凝聚力

强;同时,使教学管理逐步走上科学化、规范化、现代化的轨道。学校进一步完善各类工作人员的岗位责任制度和各项工作制度,学校与各处室、年级组(教研组)、班主任层层签订目标责任书,并推进"一班一品"和"最美办公室"评选活动,调动教师的工作热情。进一步完善各项管理制度,对每一项工作都要提出规范性要求,认真执行考核评估方案,强化常规管理,注重过程管理,积极推行项目负责制管理。

三、建立学生评价制度,完善学校机制

课程评价的内容与方式要依据育人目标而确定,并服务于育人目标的达成,我们依据校情建立一套与育人目标相匹配的发展性评价体系,通过评价帮助学生正确认识自我、肯定自我、超越自我,促进学生多元发展。

一是学校依托"慧爱"理念构建起一套评价体系,设立了成长币和行动卡来评价激励学生。在课程作业、上课积极发言,在活动参与、成果展示优异、责任履行等品德塑造方面表现优秀的学生,可以获得一枚风雅成长币。集齐20枚成长币就可以换得"风雅"行动卡。学校特别设立"置换日",学生可依据手中的行动卡选择置换各种礼品。除评价卡评价之外,学校还将设立"阳光少年""风雅国城人""多彩风雅课程积分卡"等多种评价方式,激励孩子向更优秀的国城人前进。二是提议区级制订小学生管理惩戒办法。据相关调查表调查统计,小学生中高年级的小学生心智已趋成熟,我们发现小学生多是奖励办法,而无相关法律法规对违反规矩、伤人损人的事件进行惩治,建议出台相应规定,对制造校园暴力和欺凌事件的个人进行反省并惩戒。

学校将不断提升学校综合品位,为奉献优质教育,走内涵发展之路,加快学校教育大发展做出积极贡献,努力办好让人民群众满意的学校,我们也将虚心接受领导和同仁们的监督。

"精致管理，向新而行"

——管理实践案例

平度市胜利路小学　赵　艳

身处在教育革新的大浪潮里，我们更需要拥有前瞻性的思维，坚守教育初心，以"精致管理"的智慧、变革的姿态迎接挑战。通过创新思路，着力提高学校管理效能，才能切实办好人民满意教育。近年来，学校始终坚持实施"131"人文管理模式，树立"1"个意识——管理即服务，通过"3"渠道——发挥校委会的榜样引领、家委会的桥梁纽带、教代会和少先队的群众参政作用，实现"1"个目标——师生健康主动发展。胜利路小学的管理工作推陈出新，精致到位，成效显著。

一、创新学校行政办公例会

胜利路小学自 2018 年初创新学校行政办公例会，制定了《学校行政办公例会制度》。行政例会主持人每学期第一周和最后一周由校长担任，其余周次由领导干部轮流主持，统筹安排学校各项工作。参会人员除校级干部、中层干部外，还有教师代表、家委会代表列席。会上，主持人首先根据本周工作计划和自己的观察，对全校工作进行梳理总结；并且根据会前汇总的下周工作计划，确定工作重点，对需要集体研究的工作进行讨论并确定，随后进行常规工作梳理，合理统筹安排下周的工作计划。

学校例会还有一个特色环节便是"头脑风暴"，主持人选定一个主题，所有参会人员进行十分钟的头脑风暴学习。最后参会人员逐一对主持人的工作点评，表达己见，主持人进行反思，营造出胜利路小学独具一格的、民主、轻松又不失严谨的会议氛围。

学校新的行政办公例会有三大优点：一是能够让每位干部树立起"全局观"；二是将会议内容提前通过办公软件推送给每一位参会人员，让大家带着问题上会，提高了会议效率；三是大家可以从自己分管的角度出发，对重点工作进行补充和完善，在短时、高效完成例会的同时，能够将会议内容丰富起来，做大做好。这样的行政办公例会,充分体现了"民主治校"的理念,能够让每一位行政例会的参与人员都能置身于到学校的管理中,在会议上各抒己见,从学校管理者的高度,共同为学校发展献计献策。

二、实行班级管理一日督导制

实行班级管理一日督导制,是我校强化常规管理的创新举措。每次活动制订详细的活动方案,全体干部、各学科教研组长、级部家委会成员一起走进班级。通过一日督导,以"一看、二查、三听、四座谈、五反馈"的方式,重点对该班级各学科教师的课堂教学进行评价,同时检查作业布置与批改,调查课业负担、教师、学生满意度等。过程中时刻关注课堂教学常规、班级文化建设、卫生、课间秩序、两操等情况,对该班级的学习习惯、行为习惯、管理成效的落实等进行全面的了解和评价,发现问题,诊断原因,寻找解决策略。活动结束后立即召开该级部全体教师会议,总结经验并提出指导意见力促整改。评价的结果与班主任及学科教师的业绩考核和评优评选相结合。

一日督导制充分体现学校民主办学思想,邀请家长作为督导组成员,全程参与督导。借督导智慧,强化精致管理。如今,胜小的每一扇门窗、每一盆花都有自己的主人;每一个楼道、每一个楼梯间都有人疏导;每一间教室、每一处角落都有人照料。需要强调的是,精致管理不是事无巨细、事必躬亲;不是将师生盯严、把时间卡死,不是只有规范而没有人文关怀,而是有放有收,张弛有度,把看似平凡的事做优,把看似简单的事做精,做到有计划、有执行、有检查、有反馈、有整改,为师生自主发展谋求更大空间。不断提升学校办学品质,开创教育的美好未来。

案例反思:

"行然后知不足,思然后知困。"在精致管理的过程中,我们也发现了一些不足:一是例会在具体细节上的质量有待加强;二是一日督导注重细节,但缺发系统性的思考。在精致管理的道路上,我们还要以一颗初心和匠心,更加扎实和细致。

有作为才有地位。如今的胜利路小学生机盎然,散发着向新而行的蓬勃力量。我们坚信:只要脚踏实地、奋发创新,就会迎来教育的春天;只要始终坚持爱与责任,也一定会开创一个有情怀的学校,成就万千孩子,幸福万千家庭!

明确定位，完善秩序，发扬民主

青岛五中　李　红

学校内部管理的核心是人，管理的目的是最大限度地发挥人的主动性，激发人的工作潜能。在管理中做到人尽其才，用人用其长，为每个人的发展搭建平台。众人拾柴火焰高，学校的发展才会进入良性循环。

一、明确定位

有了正确和明确的定位，每个人才能更好地体现自身的价值，为学校发展服务。学校要熟悉每位教职工的擅长点，引导、帮助教职工找准自己的定位，在合适的岗位上，干部、教师、后勤人员才能更好地发挥自身的专长。

二、完善秩序

大自然和社会都靠秩序运转，学校的内部管理也不例外，需要建立并不断完善秩序，各项工作才能有条不紊地推进。

一是进一步完善管理秩序。学校细化每位干部的分工，清楚各自的职责，互相补位。坚持干部周报制度，回看工作并反思。坚持办公会工作讲评制度，更好地完善管理和加强团队合作。坚持干部每周听评课及反馈制度，找榜样、整改问题。坚持每天出勤公示制度，为教职工营造公平良好的工作环境。加强团队合作，坚持各部门每周处务会制度，协调工作，提高服务质量。

二是完善教师梯队管理。组织德才兼备的教师成立学术委员会，高位引领全校教师的师德和业务成长。培育"一组一品"的"松兰"文明组室，用教研组的文化力量带领教师们前行。成立两个名班主任和四个名师工作室，发挥名班主任、名师的辐射带动作用。成立骨干教师"松兰班"和青年教师"明德班"，制订发展规划，明确发展方向。培养教辅人员发展为"松兰服务明星"，提高服务一线的工作品质。

三、发扬民主

要发挥教职工的工作积极性,就要在学校管理中充分发挥民主,充分发挥教代会的作用,群策群力,调动教职工的力量一起把学校的事情办好。在"三定一聘"和薪酬制度改革工作过程中,坚持各个环节公开、透明。学校将教代会代表分为六个小组,各组自己推选组长。学校将分配方案的各项内容分解到六个教代会小组,在各组组长的带领下,各组在全体教职工范围内,就自己分工的内容充分征求意见,讨论后形成合理化的提案。因此,最终形成的分配方案充分代表了教职工的利益,得到一致认同。教师通过教代会参与到学校的管理中来,真正体会到主人翁的责任和担当意识,从而更好地调动了教职工的积极性。

"yue·动之星"多元评价 引领学生全面发展

青岛市崂山区第三实验小学 王秋霞

一所学校的评价体系考量着学校的核心价值追求,引领着课程内容的不断变革与教学品质的持续提升,是教育教学环节中重要的组成部分。学校如何构建既匹配自身育人理念又符合时代发展要求的评价体系?不同的价值取向决定了不同的行为方式。作为一所近百年老校,崂山区第三实验小学将"yue·动每一天"的教育思想与现代信息技术手段有机结合,在业已成熟的课程体系框架中,构建起"为了学生的当下和未来"的"yue·动之星"多元评价体系,致力于让学生能够自主、自然、自由地生长,成长为"有爱心、会生活,有慧心、会学习,有童心、会创造"的"主动、健康发展的时代新人"。学校以"成长体验"为主线,确立学生立场,重心下移,关注学生生活及其成长的需要,把评价自己和他人、个体与群体的责任还给学生,使他们在实践、反思、评价和树立新的目标过程中发展集体、发展个性。

学校"yue·动之星"多元评价体系,就是基于当前大数据背景下的学生综合素养的评价系统。多元化、多视角地关注孩子,注重孩子个性发展,通过个体数据科学分析来因材施教,从而全面提升学生的综合素养,培养学生成长为主动、健康发展的人。"yue·动之星"多元评价旨在促进学生全面发展为根本目的,采用多种途径,实现"四个改变"：改变评价主体、评价方法、评价内容、评价结果。具体来说，评价主体由学校教师单一主体改变成以学生评价、教师评价、家长评价、学生自评、互评为多元主体；评价方法以纸质和集中评价改变成以数字化、信息化和过程性评价为主；评价内容以学业成绩为主改变成以道德与情操、科学与文化、审美与表现、运动与健康、实践与操作五个维度为主。为此，学校围绕学生的思想品德、身体素质、心理素质、艺术修养、学业成绩、专业技能和个性特长等方面，从"阅动·教学""愉悦·德育""跃动·体育""乐动·艺术""超越·自我""家校·合力"六个领域进行全过程、全方位的评价。

例如，"阅动·教学"，学校主要从学生的课堂表现、阅读考级、作业质量以及参加学校组织的各级各类教学活动等方面进行评价。学校每月举行的阅读考级活动，包含报名参加、考级过关、积累卡入选学校库三项，学生每项达到要求就可获得1颗星。"愉悦·德育"，通过德育主题活动培养学生学会学习、学会做人、学会合作、学会创新，增强学生的爱国情感、感恩之心，提升学生自主能力等，评价主要从学生自主管理、德育活动以及少先队建设等进行。班级每周获得一次流动红旗勋章，全班每人加1颗星；遇到拾金不昧、好人好事、随手捡起垃圾等，也可以加星；学校红领巾志愿者学期末获得十佳志愿者称号，加3颗星等。有奖励就有惩戒，对学生违反学校规定的地方，我们以小警钟的方式进行记录，以便学生能够了解自己存在的问题并及时进行改正。

学生参与"yue·动之星"多元评价的结果，学校采用大数据的方式，通过雷达图等现代化信息化技术手段，科学合理地进行分析，让家长、教师都能够清楚地看到孩子的优势与不足，同时也使学生不断认识自我、发现自我、完善自我。另外，学校将学生每学期的成长数据进行保留，为每个孩子建立电子成长档案。每学期末，学校根据学生获得"yue·动之星"的数量评选出"yue·动少年"，并利用集会时间隆重进行表彰。另外，学校成立了"yue星超市"，里面有学校吉祥物、学习用品、体育器械、饮料、食品等，学生可以用不同数量的"yue·动之星"来兑换超市中自己喜欢的物品，在精神层面表扬的同时进行物质方面的奖励，学生积极性空前高涨。

目前，学校的"yue·动之星"多元评价体系仍处在探究发展阶段，因为每个学生都有自己的独特性，都应得到尊重，对他们的发展有基本要求，但不能用一把尺子量，所以未来学校将结合评价过程中出现的问题及时进行修订完善和创新，充分挖掘其育人价值，将评价反馈与激励完善融为一体，逐步形成以"推进性评价"为核心的综合评价体系，真正体现出评价对每个学生幸福人生与生命价值的关爱。实现评价的终极目标：成长留痕，为学生留下温暖一生的礼物；行为聚焦，让评价引导学生全面发展；综合提升，以评价推动学生能力与素养的持续发展。

"双轨"齐行，推进精致化管理

青岛新昌路小学　薛　燕

学校探索管理制度的流程化落实，创新"发展联盟"学生自主管理模式，以规范为底线，依托精致化管理，保证了学校教育教学管理的规范性与实效性，持续提升了团队整体管理效能，全面提高学生综合素养，逐步达成"打造精致学校"的办学目标。

一、以制度流程化实施，落实精致化管理

指向于"打造精致学校"的办学目标，学校不断强化了各项工作落实的力度，创新举措，立足校情，让管理制度化，制度流程化，依托精致化管理，持续提升了管理效能。每一项流程的制订，都要基于学校规范管理的需要，从问题出发，在实践中不断地探索、磨合，寻求问题解决的最佳途径，逐渐形成思路，提炼管理范式。学校主要从"提升德育课程实效""优化教学管理路径"两个维度予以推进制度流程化实施。

一方面学校坚持"立德树人"根本任务，将宏观的教育目标，逐一细化、落实，以课程引领，以环境塑造，根据学生的思想道德发展需要，制订相关流程，予以扎实落实。如在"春秋季研学课程"的实施中，学校每次出行前周密计划，在确保安全的基础上，明确提出研学主题；过程中全程跟进，指导观察、体验；回来之后，学校层面要召开校务会对于活动的亮点和问题及时进行反思、汇总，教师要指导学生完成研学报告及评价展示。通过《春秋季研学活动流程》的制订与实施，使研学课程的开展更加规范，将学习效果发挥到最大化。

另一方面学校坚持"教学管理是学校实施精致化管理的核心"。依托立项的市级课题"基于深度学习的课程资源整合研究"，学校着力进行了"科研训一体化"的研修路径探索，从备课模板改革入手、学科课程目标切入，将如何有效整合课程资源、促进学生深度学习为着力点，探索形成了"三次集备六步研"的校本研修流程，初步实现了课题研究与常态课堂的紧密对接，推进了科研和教研集备的融合与扎实开展，提升了常态教研的实效。而常规管理重在常态，为提高管理效能，学校采取"六

度"常态管理策略,即管理反馈有速度、坚持管理有长度、规范标准有尺度、人文管理有温度、目标实现有精度,团队合作有协同度,保证流程化管理的落实。

二、 以德育机制创新,推进精致化管理

结合学校"点滴尽致"的核心文化,秉承"以儿童为中心,尊重差异,激发动力,因材施教"的学生"发展联盟"建构理念,学校改变传统的班级管理、学习、活动的方式充分发挥学生自主管理的优势,优化班级组织管理架构,将班级放手给学生,使其在合作、交流、反思的过程里实现"做中学"。

(一)邀请德育专家,做好创新管理论证规划

学校邀请区域有影响的德育专家,对学生发展联盟这一新型班级管理方式展开调研,并论证优化方向和推广路径。结合学校本土化特点,梳理总结联盟创建原则及实施策略。

联盟组建应遵循互信、竞争、个性发展、自由选择、有利交流等原则,依据性别比例、兴趣倾向、学习情况、交往能力、守纪情况等合理搭配。这样做既能保证联盟内各个成员之间的差异性和互补性,也便于联盟间开展公平的良性竞争。

建立平等和谐的师生关系,真正把学生当成小主人,对学生尊重、信任、关心、鼓励。特别是要给暂时落后的学生以更多的温暖和关爱,使学生充满自信。学生都有自己的独特性,存在差异,要从研究差异入手,承认个性,尊重个性,因材施教。为每个学生的个性发展创设一个和谐、愉快的氛围。让人人都有展示个性、体验成功的机会。

(二)多元化评价推进,激发学生成就最好的自己

学校将"联盟目标落实,进步就是成功"作为联盟评价的最终目标,将过程评价与结果评价相结合;将个人评价与联盟整体评价相结合;多角度、多尺度地评价联盟发展。

1.评价内容:包括学科知识的掌握、联盟任完成情况、班级常规的遵守、活动比赛的参与、联盟活动的组织、暂时落后学生的帮扶、联盟的团队意识等方面。

2.评价方式:教师根据联盟的日常表现对联盟实行星级评价,盟主对成员的个人表现(包括纪律、作业等指标)进行打分。

3.结果运用:班主任根据自己本班的情况探索联盟评价结果的运用。如有的班主任根据每星期各联盟获星数量,评出 2 ~ 3 个"金牌联盟",在班会上进行通报表彰,每月评出 1 个"钻石联盟"和优秀盟主,颁发奖状,并在校报上通报表彰,对联盟

中的优秀个人授予称号等。通过以上激励措施,增强了联盟成员的荣誉感,增添了前进的动力。

(三)学生"发展联盟"德育创新机制的优势与成果

从课堂教学的合作到研究性作业协力完成,从班级管理的集体性优势到社会实践活动中联盟凝聚起来的家长、社会资源,"发展联盟"已根植于学校管理、学生成长、家校合作等方方面面。这使得教师从班级管理中抽离出来,以指导者、调控者的角度推动班级自主管理和联盟成员合作发展。教师掌握专业的评价策略,运用现代技术进行评价落实,对过程中遇到的问题有针对性地解决,并能形成自己的班级特色。参与发展联盟的学生,在学习生活中,学会合作互助,能在活动中展现自己的特长,并发挥所长帮助联盟发展。学生们具有较强的团队意识,充分的体验到"个人促进团队,团队成就个人"的关系。同时,依托学生"发展联盟",还形成了有效的家委会的组织网络,促进了联盟活动的开展、信息的传达、任务的落实反馈……真正发挥了学校、家庭、社会的教育合力,为学生的发展携手同行。

坚持问题导向,优化内部管理

胶州市正北小学　梁　健

2020年胶州市正北小学的发展到了新的节点,如何"百尺竿头,更高一步"是摆在胶州市正北小学校长梁健面前的一个严峻问题。只有结合学校特点,既继承了优良传统,又开拓创新,以人为本,真抓实干,坚持问题导向,创建胶州市正北小学教学管理特色,才能真正走上有内涵有特色的发展之路、创新之路。

一、追求卓越,创新发展

胶州市正北小学管理日臻完善,教育教学成果丰硕,校园文化建设成效显著,社会赞誉度越来越高。然而部分干部教师中出现了"小富即安"的思想。学校干部会议提出:不甘平庸,追求卓越,树立更高更大的目标。要志存高远,打破传统思维,要充分认识到所有"事"的问题都是"人"的问题。

（一）协调教研，干部身先士卒

学校要求教师向"梅花"学习，发扬"梅花精神"，耐得住寂寞，守得住清苦。干部率先垂范，走进课堂搞调研。对薄弱学科深入听课，发现问题，及时与任课教师沟通；对薄弱班级跟踪听课，帮助班级逐个学科找问题，提出可行性建议，促进班级更好地发展。干部参与到各学科的集备中，在此基础上进入课堂听课，在听课过程中，一旦发现教师独创的、有效的课堂教学模式，马上在全校范围内推广展示。

（二）承前启后，培养青年教师

我校每年都有新考录教师、挂职教师。为了让他们尽快成长，采用"导师"制，对青年教师进行指导。每年9月份，青年教师向"导师"递交"两个久成长计划"，"导师"则签署"帮扶责任书"。从备课、上课、说课、评课、命题、批改作业等多个方面对青年教师进行一对一地指导。请年轻教师先听课，后讲课。教学水平迅速提高。学校还组织青年教师参加各类教研活动、业务比赛，并组织青年教师外出听课学习，促进了他们快速成长。

（三）想方设法，注重骨干教师专业发展

在立足教师整体优化的基础上，按照"面向未来，重点选拔，梯次培养，合理分布"的原则，采取"树典型、搭台子、铺路子、压担子"的方法，让每位教师都有获得成功的机会和显露身手的空间，鼓励引导教师立足本岗成才，在平凡中创新。

二、换位思考，集思广益

在开学前，梁健校长让各部门认真思考：如果你是家长、学生，最想要怎样的教师？如果你是干部，该如何做好自己的工作？经过讨论，形成了"换位思考，集思广益"的工作思路，各级部从家长、学生、学校、教师等多个不同身份来筹划新学期的工作。

（一）想在家长前头，做到学生心里

为了更好地加强教学管理，不负重托，我们在假期里分年级对不同层次的学生和部分家长做了调查统计，了解家长、学生对新学期的一些期待和建议。家长主要有"给优生加压，除加强基础训练外再给予适当的提高和拓展"等15项建议；学生主要有"学校加强对学生的体育锻炼"等9项建议。各年级根据家长和学生的建议有针对性地制订工作计划，抓住重点，找出突破点。

（二）群策群力，发挥备课组的作用。

学期开始，每个教师响应学校号召，如"梅花"绽放，努力进取，"换位做事"。站在备课组长的角度，思考本组的教学工作。名师、教学能手、学科带头人等骨干教师勇挑重担，起引领示范作用，大家想点子、出新招，这样制订的计划科学、有效。

这样，胶州市正北人换位做事，换位做人，集思广益，心往一处想，劲往一处使，形成合力，开创了胶州市正北小学教育新天地。

捋顺心劲，激发动能

青岛西海岸新区铁山学校　吕献志

学校按照区教体局工作部署，深谋思进，集智聚慧，以提高质量为核心，坚持依法治教，开拓创新，取得了较为突出的教育教学成绩，学校师生安全稳定，在区局综合考核中一直稳定在西区初中学校前列。

学校发展，关键在人。学校的首要职责就是要捋顺教职工的心理预期，打造和谐团队，构建竞合机制，形成工作凝聚力。

一、干部先干一步

校长是学校工作的第一责任人，校长的一言一行、一举一动关乎教师的人心向背，抓落实从校长开始，不论到岗时间、还是工作落实，喊破嗓子不如做出样子。校长的职责就是以上率下，抓班子、带队伍，捋顺心劲，激发动能。对学校干部，将敬业、务实作为考评的主导因素，激发学校干部干事创业的主动性、积极性和创造性，形成想事、干事、成事、担事、敬业奉献的工作氛围。对教师，要倍加珍惜目前学校良好的干群关系和工作状态，崇尚团队和谐、集体创优，本着对学生、家长和铁山老百姓高度负责的态度，认真扎实地做好教育教学工作。

二、做事民主公开

"公生明，偏生暗。"学校严格按照区局要求，提高工作透明度，增强工作纪律性，严格落实区局校务公开、民主决策及财务制度和学校资金管理流程,健全完善学校依法办学、自主管理、民主监督、社会参与的运行机制,健全教职工代表大会运行机制,全部、全程、全方位公开教职工关注的热点事项,让教师明白政策规定,请教师全程参与过程,引导教师平和心态,认真工作,校委会的决策要得到教代会、家委会的参与和监督。

三、疏解职场压力

现在的教师群体职场压力很大,面对着教职工评先树优数量减少、职称评审没有名额、工作的持续动力不足的状况,学校通过每月一讲(校长主讲)、活动引领(教技比武、文体竞赛)、培训提升(远程研修、外出学习)、关爱抚慰(生日蛋糕、婚丧嫁娶)等提高教师教学管理水平,疏解教师职场压力,引导教职工心态阳光,形成"工作上一步、待人让一步"的心理定位,立足岗位追求成功,获得自我满足的教育幸福感。

五、强化作风建设

一是加强党建工作,在党员干部中深入开展"两学一做"教育活动,发挥党员的先锋模范作用。二是根据区教体局《青岛市黄岛区教育系统全面加强和改进行业作风的实施方案》《关于进一步治理在职教师有偿辅导等师德失范行为的实施意见》等文件精神,扎实开展师德师风建设系列教育活动,要求每一位教师做出书面承诺,学校将教师集体签名的承诺书和倡议书张贴到公示栏内。三是建立和完善学生、家长和社会参与的师德和作风建设监督机制,将教师师德失范行为和作风建设情况纳入教师的年度绩效考核,形成教育、预防和惩治相结合的治理作风建设和师德失范行为长效机制。

学校严格按照区局要求,认真落实各项政策规定,扎实做好教育教学各项工作,创造一个平安和谐、积极向上的工作学习环境,办成让铁山百姓满意的学校。

英姿学校管理模式及管理分工

青岛胶州英姿学校　王金玺

新的时代需要新的教育,新的教育需要新的理念。作为一所九年一贯制学历教育学校,如何创新管理模式,使学校管理效能不断提升,是摆在管理者面前的重要课题,为此,学校根据"面向未来,使每个都成功"的办学理念和办学实际,调整了办学管理模式及管理分工。

一、主题思路: "一个中心＋五横、四纵"

"一个中心"指党支部领导下的校长室;"五横"指五个学部: 基础学部、发展学部、衔接学部、毕业学部、国际部;"四纵"指四个职能管理部门: 党建服务中心、教师发展中心、学生成长中心、学校服务中心。

二、管理模式的具体分工

校长室分工: ①党支部(校长室)主持学校党政全面工作。②行政副校长室,分管学校行政工作,分管党建服务中心和后勤服务中心,联系上级科室: 综合科、党建服务中心、职业技术和成人教育科、政策法规指导监督中心、基教科(团委)、政工科、安监科、计财科、核算中心、基建办、后勤管理服务中心。③教学副校长室: 分管学校教育教学,分管教师发展中心和学生成长中心,联系科室: 教研室、课改办、教育科学科(语委办)、教育装备和电化教育科、督导室、健康成长指导中心、招考办、体育科、教师进修学校、监审中心。

整个管理实施党支部领导下的校长负责制。党支部是学校一切工作的领导核心,党支部书记是学校党支部的第一责任人,是集体领导的一把手。校长室是整个管理系统的核心点、灵魂点,是行政第一责任人。所有工作部门对党组织的集体领导负责、对校长室负责,两位分管校长直接领导相应学部和服务中心工作。学校工作实行民主集中制原则,实行集体领导,重大问题在党组织领导和监督下报校长室交校委会讨论决定。各学部与各服务中心工作交叉管理。

三、按照"九年一贯、一以贯之"的一贯制原则，划分五个学部管理实体和四个纵向管理服务中心

五个学部分为：基础学部、发展学部、衔接学部、毕业学部、国际部，每个学部由学部长负责、负责本部工作的布置、检查、指导、评比，课程开发及实施，师生管理等，实行横向管理。

四个纵向管理服务中心分为：党建服务中心、教师发展中心、学生成长中心、学校服务中心，专项工作由四个中心按工作分工处理。设立固定成员与临时成员结合的方式，保证事事有人做，人人在做事，党员干部要发挥模范带头作用，使工作条理性，提高工作效率。其中，党建服务中心负责学校党建工作、行风建设、政策研究、档案管理、教师评优选先、信息宣传、通知签收；教师发展中心、负责教学研究、教育科研、教师进修、心理健康教育、教育督导、语言文字、电化教育和装备、招生考试、体卫艺教育；学生成长中心负责学生德育管理、住宿管理、团委、少先队、重大活动组织、学生评优选先竞赛活动、国防教育、安全教育、卫生与健康；学校服务中心：负责学校安全保卫、食堂管理、后勤管理、教务、妇女和计划生育工作、工会、图书管理。

和美育人，文化浸染

青岛西海岸新区弘德学校　王连英

最美的获得是成长，学校文化就像润物无声的春雨，滋润着弘德人的心田，塑造他们的品行与人格，引领他们成就健康幸福人生。

三年来，学校通过统筹整合优良教育资源，秉承"以德立校，和美育人"的办学理念，坚持"和而不同，各美其美，美人之美，美美与共，成就最好"的价值追求，构建了制度文化、环境文化和课程文化的校园文化管理体系，收到了春风化雨的理想教育效果。

一、"和衷共进"，以文化人

学校本着"从师生中来，到师生中去"的原则，在问卷中征集，在座谈中碰撞，在

研讨中完善,在专家中求证……实现了学校文化的共商共建与文化认同,在学校办学最艰苦的第一年,激发起广大师生"激情工作,快乐成长"的热情,和衷共进,打牢学校可持续发展的"底色"。

弘德学校以"明德—崇德—正德—润德—尚德—弘德"为育人路径,并以此命名六栋建筑,时刻鞭策教师"进德修业,爱生乐群",启迪学生"明德博学,日进绽美",自觉成长为"志存高远、崇文尚德、勇于担当,具有国际视野、实践与创新的统一,适应社会发展的现代公民",塑造"知行合一,亦德亦能"的校风,创建教育生态和美的优质学校。

推行民主开放的管理文化。组织家委会、专家支撑,提高家长、社会力量的民主参与和监督水平,推进现代化学校开放程度。我们将1～9年级划分为"四学段",即入门段(1～2年级)、奠基段(3～5年级)、衔接段(6～7年级)、升学段(8～9年级),在不断完善"九年一贯、学段主管,目标整合、年级分解"管理模式的基础上,探讨"整分矩阵式"学校管理模式,提升管理效能,打造九年一贯教育链条。

开展落地生根的班级文化,着力推进"我的文化我的班"活动。营造特色班级文化,强化自我管理,培育现代公民。从精神、环境、制度、组织、活动、行为、网络、课程文化八个方面构建班级文化体系。

二、"美美与共",环境育人

马克思说:"人创造环境,同样,环境也造就人。"高雅格调的法式建筑本身就赋予学校浓厚的现代气息,在此基础上,学校精心全面统筹规划,细心精密布局,将办学理念、精神内涵、价值取向、育人目标等通过实体建筑的外观造型、内部装饰、校园景观等形式表现出来。"让学校的每栋建筑都诉说着教育,让学校的每面墙壁都蕴藏着文化,让学校的每株草木都涌动着温情。"

"一室"彰显文明,乡情浓郁。在区文化局的大力支持下,胶南年画教育基地、胶南年画展室落户弘德学校。学生在学校就能了解胶南年画的起源、发展历程、艺术表现技巧……感受年画艺术魅力,激发创作激情和家乡自豪感,让乡土文明源远流长。

"六厅"主题鲜明,亦文亦德。学校根据六处大厅的楼座位置及所对应的年级,按照学生的心理特征和兴趣特点,进行区别设计。弘德厅,是学校文化理念的集中外显,校训、办学理念、培养目标是全体弘德人践行的纲领。养正厅,诠释着全体教师以正确的文化与教育涵养培育学生,打好人生成长底色,奠定终身发展的基础。正德厅的"德"字墙诠释了学校以"立德树人"为核心教育目标。"汉字之美"厅,让学生了解汉字文化的博大精深,感受"小汉字大文化",从而热爱汉字、努力学习理解汉字,并努力做到"方方正正写字,堂堂正正做人"。"数字之美"厅,了解数字的起源、种类,了解特殊数字的奇妙之处。在动手操作中,感受数字加运算的魔力。"青春之美"厅,让学生感悟到"少年强则国强"的家国责任,树立"为中华之崛起而读书"的远大抱负。

三、质量核心,课程塑人

学校以质量为核心,抓规范亮特色,抓根本促全面,抓拓展促提升,在学校管理工作的精细化、课程实施的校本化、文化引领的品牌化、队伍建设的优质化上寻求持续突破,保持高位运行,螺旋式提升。

德育一体化教育,培塑学生"心美"。学校坚持课程育人,持之以恒地落细落实,通过养成课程、节日课程、乡韵课程、伙伴课程、学科德育课程,促进学生"美言""美行",成就"美心",实现"知行合一,亦德亦能"的教育目标。

放大九年贯通的体制效应,推进课程改革,聚力提升以培育学生核心素养为核心的教育教学质量。一方面,课程研发中心带领专题项目组开展深入扎实的课程研发。另一方面,学科教师做"课堂的明师",致力于教学"三级建模"的研究,接地气创建"六实"课堂,真正让学生动起来、课堂实起来、效率高起来。

四、结语

让校园文化成为隐性课堂,以文化打造弘德名片。这所美丽的具有鲜明特色与高远文化追求的现代化学校定会青岛教坛中悄然绽放。弘德人满怀"和衷共济"的博大胸怀和求真务实的创新创业精神,在充满无限生机与活力的美丽新区沃土上,为创办"教育生态和美的新优质学校",不忘初心,努力前行!

"教育故事分享会"引发的教育思考

青岛市即墨区普东中学 王霄业

2019年4月18—20日随青岛市徐玉红名校长工作室,到北京参加育英学校教育故事分享会。学习充实,收获颇多。

北京育英学校是一所从西柏坡走来的前中共中央直属子弟学校,一所有 70 年红色基因的革命传统学校,一所没有教学处和德育处的近 7000 人的大规模学校,一所涵盖高中、初中、小学三个学段九年一贯十二年一体的学校,一所办学质量在海淀区连续 7 年上升 18 个位次的学校,一所为一名小学生建立昆虫实验室的学校,一所建高铁实验室的学校,一所校园里露天的地方都有图书的学校,一所角角落落都有教育故事的学校。这是一所学生放学后不愿回家的学校,这是毛主席题词"好好学习"的学校。老一辈革命家几乎都给这所学校题过词。这是北京四环内占地面积最大的公办学校,这是一所没靠任何特殊政策而快速发展的学校,其丰富的文化内涵和管理经验值得每所高中、初中、小学去看一看,分享他们的教育故事和办学经验。

几十年积淀而成的优秀文化是这所学校传承和发展的根本,这所学校不宣传、不浮夸,多年来默默无闻的潜心办学。正如这所学校的校风:"静静挂在枝头的桃子。"

在这所学校主楼的门厅,没有校长的寄语和照片,悬挂的是八年级一个学生的文章《尊重、尊严》;这所学校没有教务处和德育处,也没有分管的教学副校长和德育副校长,学校实行扁平化管理,只有一个一站式服务的"政务中心"(教育教学服务中心),在一口屋里摆了几张桌子,从小学到高中,从办理学籍到中高考咨询,从学生评价到校服预订,学生和家长到这里来,大事小事一条龙服务全部搞定;学校每一位教职工只要是为了工作,为了学生的成长,都有权调动学校的各项资源,包括校长、书记。但学校在扁平化—矩阵管理的基础上组建了超越矩阵横纵边界的"课程研究院",重视校本课程的开发和建设。特别是学校的"体验式课程",高年级学生可以给低年级学生上课,体验教师备课和上课的艰辛;学生可以当一天保安,体验门卫工作的严格;学生可以在学校办公司,体验创业的过程。学校的运动会高年级学生可以和低年级学生自由组合,在校园里"携手寻宝";"育英讲堂"也是由学生自主管理和演讲。在国学馆有价值不菲的红木家具,学生可以自由地在这里写字、绘画、诵读,无人管理;在实验室里,具有博士学位的教师指导小学生做大学的化学实验;在校园里到处是书架、到处是座位,学生们可以自由地读书、下棋、玩耍,放了学也不愿意回家……这里有太多的新鲜事,有太多吸引眼球的地方,一棵枯树,一张褪了色的照片,一个门上的若干小洞,一张学生自制的课余时间安排表,都是生动的故事,管理的理念……

在育英学校,这种讲故事的形式,让教育变得更加生动,更加生活化。简洁的语言、富有哲理的小故事把教育诠释得更加富有诗意。那到处充满吸引力的校园环境,不管是干净的沙子还是顽皮的滑梯墙,都承载着教育者的智慧,蕴含着孩子们童年的留恋。将教育生活化,不仅提高了教育质量,更加增强了孩子们对校园的眷恋。

育英学校扁平的管理模式,更是值得我们借鉴学习。简单的"行政服务中心"一站式地为教师们服务,减少了无用的审批,大大的提高了管理效率;而且减少了管理层级,也拉近了团队成员间的关系,更有利于提高团队作战水平。

以"法"治校,为教师营造公平的工作环境

青岛西海岸新区海之韵小学 赵炳梅

每年暑假新学期开学前的一段时间,是学校教务处干部工作最艰难的日子,因为要进行新学年的人事分工。相当一部分教师在领导分配工作时拈轻怕重,表现在:不愿意担任班主任,不愿意任教双班数学,嫌弃自己课时多,积极申请后勤岗位不教课……一旦申请担任班主任的人数不够,学校干部就得苦口婆心做工作,数学教师人数达不到每班一个,就需要有人任教双班数学,学校干部做说服工作时,一些好说话的教师年年被动员去教双班,一些不好说话的教师还会提额外的要求,如任教双班要单独考核,提高优秀比例,为了把工作分下去不影响开学,有时分管干部就委曲求全,答应他们的要求,结果又给后续工作带来了矛盾和纷争。每当学期初公布人事分工以后,总会有一些教师对自己的岗位很不满意,个别教师还会三番五次找学校干部调岗位,硬说自己胜任不了当前岗位,甚至哭鼻子流泪,想尽一切办法脱离已分配的岗位,影响了教学秩序,败坏了学校风气。出现这些现象的原因何在?怎么去解决这类问题呢?带着这些思考,我进行了问题反思和新的实践。

一、问题反思: "不细致"带来"不公平"

负责教师岗位分配的干部认为,教师的评价"宜粗不宜细",于是一套"粗而不细"的评价制度就在学校内运行开来,教师中有一部分人对于工作推三阻四,多一点都不想干,多干一点就想要待遇;有的人小病大养、无病呻吟,有的不坐班,有课来,无课走;还有的动辄请假……这些现象对那些认真上班、踏实工作的教师是极大的不公平。由于考核"优秀等次"的比例很小,导致绝大部分认真工作的教师和不认真上班的教师都只能得一个"合格等次",绩效工资制度粗而不细,导致那些不认真上

班的教师和认真上班的教师差距很小,导致干多干少一个样、干与不干一个样、干好干坏一个样的现象,久而久之,就出现了工作上拈轻怕重的情况。究其原因,学校评价制度不完善,不细致,对教师的工作量没有科学合理的分配制度和奖惩制度,"不细致"带来"不公平"。

二、应对策略:"尊重""法治""公平"

(一)尊重教师意愿,强化制度管理

以前在学期初分配工作时,主要由学校干部根据工作需要进行岗位分配,很多教师的实际困难学校干部也不了解,结果岗位一公布,很多教师觉得与自己的预期相差很远,于是就抱怨、牢骚,产生很多负能量。上学年,我们首先设计了教师自主择岗信息表,在放暑假之前就让教师对下学期的岗位进行预报,假期中我们认真阅读了每位教师的志愿表,在充分了解了每位教师情况的基础上,结合新学期学校的规模、教师人数变化,再次制订新学期岗位设置和教师择岗原则,开学组织教师重新申报志愿,申报之前,先宣读择岗原则,让教师在制度约束的范围内发扬民主,所谓"知己知彼,百战不殆"。安排工作时,尽可能满足教师的工作意愿,如不能满足,就及时跟教师说明情况,使这部分教师知道为什么自己申报的岗位要调整,并且不只是调整自己一个人的岗位,然后按照制度和定好的择岗原则进行岗位调整,对条件相同的教师一视同仁,整个过程公平、公正、透明。

通过调查教师的工作意愿安排教师工作,大部分教师能够做自己喜欢的工作,那么对工作会更加负责任,碰到困难时,会自觉发挥主观能动性,想方设法把工作做好。少数没有按照个人意愿安排工作的教师,因为有原则和制度在先,实施过程又公平公正,也就心安理得地接受了工作安排。这个工作分配过程实现了民主与法治的有机融合。

(二)完善评价机制,细化评价标准

绩效考评制度的"粗",带来了对奉献者的漠视和对偷懒者的包容。过去有些教师因为身体原因承担不了正常的工作量,学校就照顾他们,给他们减少了工作量,结果引来其他教师的不满:以什么尺度为标准来确定谁可以少承担工作? 他身体不好,我们身体也不好啊,我们为什么就要多干? 同样的待遇大家承担的工作量为什么差别这么大? 久而久之,其他教师产生了不满情绪。相反,这些受照顾的教师反而把这种照顾当成了理所当然的事情。当学校遇到困难的时候,他们总是先想到自己,而不是顾全大局,没有半点感恩。这些现象给我们带来新的思考:以法治校和人

文关怀如何平衡？在"法治"前提下的"人文关怀"才更久远。一支队伍的健康发展，仅仅凭着表扬和空洞的口号，没有相应的奖励和惩罚机制显然不够，于是我们进一步修改了绩效考核方案，对工作量、出勤等项目都制定了明确的奖惩标准，每月结算，凡是达不到平均工作量或出勤不全的教师，都会在当月的绩效工资中有所体现。同时，什么样的人可以享受"照顾"，也是有明确规定的，如有在医保中心享受大病医疗并持有大病证的教师、离退休还差5年的老教师可以适当减少课时，教师们感受到工作分配的公平，工资待遇的确是"多劳者多得，少劳者少得"，让奉献者感到"心安"。

在这样的环境中，教师们的牢骚少了，工作中负能量大大减少，大家心无旁骛地工作，工作效能大大提升了。

加强制度建设，强化内部管理

平度市崔家集镇中庄中学 袁书慧

学校制度是学校各项工作全面落实的基本保障。对全校各部门与师生起着约束、规范、激励和引导作用，既能促进教师不断自主学习，提升业务，又有利于促进学生德、智、体、美、劳等全面发展。

一、加强制度建设，强化学生管理

对于学生来说，严格的管理也是一种关爱。只有有了严格的管理制度，学生才会守纪；只有学生乐学愿学，成绩才会提高。为此，我们制定并完善了《中庄中学学生十二分管理法》等一系列学生管理制度，在学生管理上起到了有力制约、激励效力。另外，针对不同的学生，我们采取了托底培优、分层教学、小目标成就大梦想等奖励机制：只要你有进步就奖，只要你实现自己预定的目标就奖。为提高学生的全面素质，我们还开展了"四个一工程"。一是一手好字，利用周一至周四晚饭后时间，练习写字，定期评出优秀的学生作品，展览、发奖，年前教研室领导晚自习时间不打招呼来到我校，查看学生装订整齐的一本本书法练字纸，给予了高度评价；二是一副好身体，除去正常的体育活动外，学校要求周四下午第四节所有学生走出教室，由体育组、班主任协同组织到操场参加体育锻炼;三是一副好口才,四是一篇好文章,利用周二下午的第四节的时间,组织学生进行阅读文章、谈 5 分钟的阅读体会等,学校团委也利用清明、国庆等节日组织学生进行演讲比赛。同时,我们还利用晚饭的 15 分钟时间(和学生的练字时间间隔进行)加强学生的英语听力训新练,利用大课间 5 分钟时间提高英语单词的识记量,开展国旗下双语讲话、朗诵少年中国说、午休后唱红歌等活动,全方位提升学生素质。

二、多项激励机制,激发教师教学积极性

(一)制订"中庄中学评优评先和职称晋升加分项"

颁发校级的教学优胜荣誉证书,上面注明考试的时间、取得的名次、应该加的分数,晋级时以此证加分,以此来调动教师教学积极性。这也是我校考试成绩稳步提升的一个重要原因。

(二)制订"中庄中学托底培优实施意见"

发挥好教育教学成绩的引领和导向作用,进一步调动教师们的教学积极性,更好的应用教学研究中心提供的大数据,实现教育教学评价机制的科学性,公正、公平的对待每一位教师的成绩。每学期结束后,按期中占 40%,期末占 60%,将此二数据相加即为本学期该教师的教学成绩积分。按绩效考核方案规定所占的权重进行计算,记入该教师的业绩考核档案。并按比例折合成相应分数用于教师晋级、晋档。

三、抓好常规管理,提升学生全方位素质

1. 为使学生得到全面发展,学校开展了促进学生成长的"四个一工程",即一手好字、一副好口才、一篇好文章、一个好身体。"一手好字",学校要求全校所有班级,在晚饭后,预铃前 10 分钟的时间,每生认认真真地写 20～30 个汉字;"一幅好口才",利用周二的阅读课,学生把阅读的好文章,进行 3～5 分钟的演讲,提高学生的口头表达能力;"一篇好文章",要求学生多阅读、多记录、多背诵,定期举行写作比赛;"一幅好身体",除去学校常规的体育课、大课间外。学校开展多种形式的体育活动,如拔河比赛、越野赛、乒乓球赛。

2. 为抓好学生的学习常规管理,学校提出了"入室则静,落座则学"的 8 字学习习惯。

3. 加强微习惯的养成:从卫生、纪律、德育、文明用语、坐立行走、餐厅就餐保持安静等方面提出要求。

依靠大数据优化内部管理

青岛市崂山七中 范延松

利用智学网实现精准教学,是崂山七中信息技术与学科教学深度融合创新的又一实践,同时实现了依靠大数据优化内部管理。

一、大数据提升试卷讲评的有效性

传统教学中的试卷讲评,教师往往凭借自己的教学经验,选择需要讲解的错题,这样做有可能遗漏学生真正需要讲解的题目。采用大数据分析系统阅卷能够清晰地看到每个小题的得分情况,课堂讲评就可以聚焦共性薄弱知识点,提高课堂教学的精准性。

二、大数据可减轻教师负担

利用智学网大数据分析系统,教师可以用电脑或者手机随时阅卷,减少纸质翻阅的麻烦,大大提高阅卷速度,降低了批改出错和人工统分出错的概率,提高了精准度。系统会自动保存学生答题卡便于教师查阅每一个学生的答题情况。

三、大数据可实现个性化学习

通过学生学习大数据分析,实现个性化、基于知识图谱的学习诊断,不但可以帮助学生挖掘错题根源,还可以推送相匹配的微课讲解和难度适中的习题资源为学生针对性学习。如果在教学中形成这样的课堂主学、网络平台助学的机制的话,对于学生的学习反思能力提升非常有益。

在传统的教学中,由于学生没有自我判断的需要,他们往往都是跟着教师的教学节奏走的,教师教什么,他们就学什么,教师怎么教,他们就怎么学。而在有了网络课程平台之后,学生需要反思,需要自我判断哪个学科的哪一部分知识掌握得不太好,而有了这种判断意识与能力之后,他们就可以迅速地借助于网络平台上的相关资源来完善自身的知识结构,从而达到个性化学习的目标。

依托信息化的有力支撑,短短几年里,我校已有 17 名教师开设区级公开课、9 名教师开设市级公开课、研究课,2 名教师取得青岛市优质课一等奖。

目前崂山七中在教育信息化方面荣获中国青少年创客奥林匹克系列活动实验基地、山东省教育信息化试点单位、山东省翻转课堂与微课程开发实验基地、青岛市翻转课堂联盟校、青岛市中小学电子书包建设应用课题协作体成员校、青岛市第三批优质资源学校等荣誉称号。

通过不懈的努力,我们已深刻体会到教育信息化带来的便捷与高效。教育信息技术助力课堂教学,因势而新、因时而新,将是我们崂山七中永不停止的探索与追求。

强化形象意识,提升学校声誉

青岛西海岸新区实验高级中学   张宏昌

强化形象意识,全面提升学校影响力。形象即声誉,"个人或组织最重要的资产是它的声誉",学校形象是学校最重要的无形财富,是学校在激烈的竞争中取胜的法宝,同时,良好的学校形象还能增强学校内部的凝聚力,增强团队成员的归属感、自信心,从而激发工作热情和创新精神,形成学校强大的内部活力。学校从以下四个方面塑造形象。

一、好形象源于好环境

在学校"一二五"工作思路中,我们提出"实施美丽校园建设工程",就是要以时不待我的紧迫感,坚持"量力而行、量入为出、循序渐进、有所为有所不为"的原则,努力改善办学条件,通过努力,各方面的条件得到了初步改善。同时,从规范、精细入手,进一步提高管理水平,包括绿化美化、卫生保洁、管线规整、校园文化建设等,需要继续往深里做、实里做、细里做。

二、好形象源于优管理

一所学校在社会上有没有信任度、美誉度,很大程度上取决于学校内部管理,也就是学校的组织形象,而内部管理水平往往是通过一些点滴小事、一项项活动体现出来的。如果一个单位内部存在沟通不畅、内耗不断、推诿扯皮、不负责任、故意设门槛、遇事打太极,对外交往中有摆架子、甩脸子、绕弯子、设绊子等现象,那就不是好的管理。我们要以"完善管理制度、优化运行机制、提高管理效能"为重点进一步加强内部管理,努力构建"以制度管人,用办法管事,凭机制运行,靠思想引领"的内部管理运行机制。

三、好形象源于高质量

一方面,立德树人是教育的根本任务,我们每个人都要牢固树立育人为本,德育为先的教育理念,坚持"靠管规范、用理引导、以文化人"的原则,立足思想教育这个根本,充分发挥课堂主渠道作用,精心设计活动载体(课程、社团),毫不松懈地加强学生管理,切实提高德育实效,努力提高学生综合素质。另一方面,普通高中直面高考,高考成绩如何,是社会评价学校的最重要指标,所有人都在关注,容不得半点松懈,必须抓紧抓好,要把提高学生学习成绩这一中心任务紧紧地抓在手上,放在心里。要围绕"保持好定力、调控好节奏、落实好常规、控制好进度、把握好起点、指导好学生"这六个方面,把教学工作做细、做实、做出成效。

四、好形象源于你我他

学校的整体形象是由一个一个的人的形象集合而成的,树立良好的个人形象,必须从自己做起,从一言一行做起,从一点一滴做起。全校师生都要从自身做起,严于律己,自觉树立和维护学校形象,不断向社会传递正向力量。网上有句话讲得好:"你所站立的地方,正是你的中国;你怎么样,中国便怎么样;你是什么,中国便是什么;你有光明,中国便不黑暗"(2010年10月,著名学者、北京电影学院崔卫平教授发表于微博)。这跟我们常说的"一个人就是一所学校,一个班级就是一所学校"是一个道理。每一名教职工,都要从自身做起,做好每一件事、讲好每一句话,要记住,人人、事事、时时都体现着学校的形象。我想,只要我们每个人都能尽量做到"心善、心宽、心正",就一定会向社会展示我们实验人的朝气(精神振作、朝气蓬勃、积极进取的气概)、正气(为人正派、光明正大的作风、纯正良好的风气)、大气(胸怀宽广、从容淡定、包容接纳、坦坦荡荡的风范)、灵气(思想敏锐,善于学习,勇于创新)。注意培养自己的"形象意识",无疑是一种自律,也是一种责任感的体现。

好形象是一项长期的投资,其提升是无止境的,要按照既定目标和措施,同心同德,群策群力,抓管理,提水平,树形象。

推进学校改进行动计划

平度市第九中学校长　赵子军

学校工作应该不断创新,与时俱进,才能始终立于时代潮头。平度市第九中学在赵子军校长的带领下,全校上下积极反思学校的各项工作,拟定了近期本学校改进行动计划。

一、近期工作改进的重点项目

1. 全校教职工开展定编、定岗、定员(三定)工作,根据当前高考的新形势,适当调整部分非高考学科的设置,如信息技术、通用技术等不再设专职教师,而是由工作量不足的教师兼任。从而进一步理顺编制、岗位、人员职责之间的关系,在一定程度上改变岗位设置不合理、岗位职责不明、劳逸不均等问题。

2. 全面开展以改革课堂教学模式、实现有效学习为宗旨的课堂教学改革,着力打造高效课堂、生态课堂、智慧课堂、和谐课堂。在部分教研组先行研究实验的基础上,予以全校展开,并在全校各教研组中开展重点面向青年教师和教学困难教师的课堂教学观察活动,以此推进课堂教学效率的提高和教学质量的提升,促进教师专业化发展。

3. 开展"创建和谐校园、促进学校发展"大讨论专题活动。面向上级主管部门、社区相关单位、学生及家长和全校教职工,做大规模问卷调查;分类召开专题座谈会;走访领导、专家、兄弟学校的领导、学生家庭以及在平工作的校友等,直接听取意见和建议。对所征集的意见和建议进行整理归类,交由各部门提出分阶段改进方案,学校研究后公开反馈。此举目的在于集多方智慧为学校发展献计献策,让社会及家长更多地了解、参与学校工作的改进进程,进一步密切与各方面的关系,巩固和强化他们对平度九中办学与发展的信心。

4. 开展平度九中办学实力形象展示活动。学校将办学成果与特色、名师队伍与学生风采、课堂教学与校园文化活动、校园环境建设与教育教学装备等方面,通过新闻媒体、展板橱窗、校园活动等途径予以广泛宣传。

5. 全面启动中层以上干部管理理论培训及级部、教研组建设与管理工作制度化培训。采取校本培训与工作考察相结合的方式,努力提高管理工作骨干队伍的理论水平与实践能力。

6. 夯实国际教育根基,拓宽多元办学渠道。2012 年 6 月,平度九中与中国海洋大学合作办学取得新突破,并列入 2012 年中考招生计划,正式招收首届国际班,至此,学校国际办学课程设置融合了中西文化的精髓,以"高起点、高标准、高目标"的管理模式,由资深外籍教师和中方英语教师同时授课。通过三年的学习,学校将为每位学生提供个性化学习方案和留学规划,帮助学生提高语言水平、学术水平、综合竞争力和独立学习能力,为学生提供认真、负责、专业的留学规划、申请、签证和境外跟进的一站式留学服务。

二、改进的保障措施

1. 成立改进管理工作领导小组,由学校领导、名师代表、教工代表组成,为实施改进提供组织保障。

2. 成立改进管理工作专家指导小组,邀请上级管理部门的领导和有关专家,组成学校管理改进工作指导小组,为实施改进提供专业保障。

3. 结合"三定"工作,对学校管理岗位进行调整并对各岗位管理职责做进一步明确,为实施改进提供政策保障。

4. 调整学校经费预算,以"以人为本、和谐发展"为基本原则,对管理工作改进的具体实施开列专项经费并努力争取上级专项资金支持,为管理改进提供财力保障。

当前,平度市第九中学正处于教育发展的黄金期,学校将以党的十九大精神为指导,在学校发展特色化、教师成长专业化、学生发展个性化上实现新突破。

一名新校长对学校的引领

青岛 59 中校长　葛宏涛

我于 2019 年 7 月底被任命为青岛 59 中校长,此前我担任市南区另一所学校的党支部书记兼副校长。角色发生了变化,工作的任务、要求自然也发生变化,我开始思考如何规划发展好这所学校。我学习了学校的五年发展规划、相关规章制度,访谈了相关干部、教师,对这所学校有了初步了解。

作为校长,我还是应该在学期工作方面有一个方向性引领,在征求干部们的意见后,我决定在开学第一天传达学校计划后,面向全体教职工明确提出学校办学的"四项坚持和要求"。

一、立德树人是学校的首要任务

学校的首要任务是育人,培育每位学生成人、成才。学校的每位教职员工都应该承担起这个责任,"人人都是德育工作者",学校实行全员育人导师制,并在薪酬改革方案里进行了工作量体现,对育人工作提出了具体要求,也是重视立德树人工作的具体体现。

德育教育绝不应当仅仅是政教处的责任,也绝不应当仅仅是班主任、授课教师的责任,而应当是在青岛 59 中工作的每位教职工的责任。每个人都应该在自己的岗位上抓住时机对学生进行教育引导,要有从一言一行的细节上对学生进行德育教育的意识。

德育教育要重细节、抓具体。从学生的具体习惯、言行抓起;从班级的良好课间秩序、卫生习惯抓起;从课堂认真听讲、课后独立完成作业抓起;从语言文明、右行礼让抓起……每位教职员工既要会对学生讲人生大道理,更要重视对学生守规则、讲秩序、养习惯的培养,天长日久方可成"文化"。

青岛 59 中是一所规模大、知名度高的学校,每位教师都要努力提升育人能力,在育人上要搞好合作,教师与教师的合作、教师与干部的合作、教师与家长的合作、教师与学生的合作,这些都很重要,切忌出现互相推脱责任的现象。人人要树立起"我的岗位我负责,我的工作请放心"的思想,同心协力为学生的发展打下坚实的道德思想基础。

二、课堂教学是学校的中心工作

学校育人的方式是丰富多彩的,如体育、艺术、卫生、实践、社团,但是学生每天有五分之四的时间是在课堂里度过的,课堂永远是育人的主渠道。

全体干部、教师、职工工作分工不同,但是都应该自觉向课堂这个中心工作聚焦。学校需要不断推进课堂建设来提升教学质量和办学水平。

对教学工作我们提出如下几条要求:

1.要对学生有正确的"三观"引领。课堂要渗透正确的世界观、价值观、人生观,这首先决定了一个学生"成人"的问题。三观正确与否,决定了一个人一生是否幸福。教师要以身作则、言传身教、潜移默化给学生引导影响,努力为学生一生幸福打下思想根基。

2. 要关注基础知识的掌握。教师教得好的标准是学生学得好。教师要将个别关注的重心下移一点,这才是努力实现"教育公平"的有效法宝。教师讲得简明扼要,学生掌握扎扎实实,我们对这样的课堂更加敬佩。希望教师们在课堂上经常问问自己:学生掌握得怎么样? 学生只有掌握好基础知识,才能打下人生发展的知识基础。

3. 要重视学生综合素养提升。学生上学绝不仅仅是为了会解题、考高分,而是应当在学习知识过程中,他们的倾听能力、表达能力、讨论能力、合作能力、质疑能力等都得到同步提升。我们努力打造"悦动课堂",就是关注学生综合素质能力的提高,希望所有学生在课堂上都能做到口动、眼动、耳动、手动、脑动,最终追求学生的"心动",这样的教学才能取得好的育人效果。

4. 要营造和谐融洽的学习环境。要乐于多给学生鼓励,不断提升每个学生的自信。学习上对学生要严而有度、严而有格、严而有爱,不要因为恨铁不成钢就口不择言,更不要讽刺挖苦,努力为学生创设安全的学习环境,不断提升学生学习的成就感、成功感。

5. 要坚持不懈抓好常规。教师上课要提前到位,准点上课,杜绝拖堂,上课过程张弛有度,热烈而不喧闹吵杂,沉静而不死气沉沉。作业要做到有发必收,有收必批,有批必改,有改必评。要有计划进行单元检测,并及时向家长、学生反馈。要注意学法指导,培养学生良好的学习习惯。要注意培养学生坚韧的学习品质。

三、教学质量是学校发展的生命线

优质学校的评价标准是多元的,教风、学风、队伍、管理、教育理念、体卫艺工作等等。但有一个学生、家长、社会、教师公认的重要标准:教学质量。

如何不断提高我们的教学质量? 至少有两点不能缺少。第一,向课堂要质量。不能采用无限延长学生的学习时间来求取好的升学成绩,要不断提高课堂教学效益,努力在国家法定课时内,不断提升学生的学习效果。第二,要向管理要质量。学校管理不仅仅是干部的事,而应当是全校教职工共同的责任。干部要做好学校统筹管理,班主任要做好班级管理建设,教研组长要做好教研组的管理建设,任课教师要做好课堂的管理建设。人人都是管理者,事事做得有章法,这是提高教学质量的有效保障。

四、营造有利于学校发展的和谐环境

我们要打造一支积极上进的团队,努力建设一支团结幸福的干部教师团队。教师与教师之间要"守规则、尚业务,互包容、乐合作",工作中努力求最大公约数,画最大同心圆。干群之间要"以学校大局为重,能够换位思考",建设我们和谐融洽的学校同事人际环境。我们还要善于建设好学校发展的外部环境,要严守党的教育方针,自觉服从上级政策要求,努力争取驻地政府、派出所、社区的支持,努力建设和谐融洽的家校关系。要从减少内耗、外耗两个方面下功夫,为学校争取最佳发展环境,不断提升办学水平和教育品质。

因地制宜全面加特色发展,努力营造良好育人氛围

青岛海山学校校长　王世杰

我校结合学校实际,本着因校制宜、始终坚持全面发展加特色发展的育人思想,为学生终身发展奠定坚实基础。

我校以党的十九大精神和习近平新时代中国特色社会主义思想为指导,全面落实党的教育方针,把立德树人作为根本任务,树立科学的教育质量观、学生中心观、全面成才观,培养具有健全人格、健康体魄、才艺广泛、崇尚劳动和具有社会责任感、创新精神、实践能力的德智体美劳全面发展的学生为目标,以"十个一"项目行动计划为抓手;进一步完善了《青岛海山学校促进学生全面发展"十个一"项目实施方案》,成立"十个一"项目领导小组和工作小组。

领导小组负责全面领导、宏观规划、考核机制。工作小组负责组织、协调、落实各项工作的具体实施。做到领导到位,分工负责,目标明确,责任到人。促进学生的全面发展,为学生终身发展奠定坚实基础。

多措并举,让"十个一"项目形成课程,走进课堂,与学科核心素养深度融合。

我校共有 32 名体育教师,他们各有专长,为学生多样化体育技能的选择提供扎实的师资基础。学校将课堂作为落实"十个一"项目实施的主要渠道,以让每个学生学会一项体育技能和提升学生体质健康为本,以课外活动时间和社团活动时间辅

助,组建了舞狮、武术、篮球、足球、排球、羽毛球、乒乓球、田径、健美操、啦啦操等18个社团组织,使每一个学生都可以自主选择自己喜欢的运动项目,让所有的学生都能学会一项体育技能,在体育锻炼中享受乐趣,增强体质,磨炼意志。

我校充分发挥艺术特色的优势,坚持以美育人、以文化人,努力提高学生的审美和人文素养。进一步完善古琴、声乐、钢琴、古筝、军乐团、合唱团、美术、播音主持、编导等特色专业的课程设置,各学期开设不同模块的选修课程,让每个学生都能选择自己喜欢的一项艺术才能,发掘自己的艺术潜能。

学校根据董事长提出的"大语文"教学改革思想,结合《青岛海山学校"每月精读一本书"读书活动方案》,扎实开展"读名作,诵经典"活动,让学生养成精读书、读好书的好习惯。继续坚持书香校园活动,开放学校的图书室、阅览室,鼓励各班建立图书角,要求语文教师根据课程标准每学期向学生推荐两到三本名著,每周拿出一节语文课的时间作为阅读课,每月一次阅读分享课,通过阅读分享课的形式,让学生分享阅读心得体会,同时也起到检查、督促、评价的作用。

每学期我校依据《青岛海山学校"记好一篇周记"方案》,语文教研组负责举办"践行'十个一',学而有思,周记载情"展示活动。日常教学中制定制度,培养学生记周记、写随笔的习惯,提高学生感悟生活、发现生活的能力,注意在日常生活中积累素材、锻炼文笔。

要求语文组的教师根据课程标准要求,每学期从唐诗、宋词、元曲等古典诗集中选取古典诗词近百首,穿插在语文教学中,利用早读、课前演讲、课堂、课外活动等时间诵读、赏析、背诵巩固;结合庆祝中华人民共和国成立70周年,学校还举行以爱国主义教育为主题的诗歌朗诵大赛。

语言建构与运用、思维发展与提升是语文学科核心素养的两个重要方面,每日一课的课前演讲是培养学生语言运用能力、提升思维发展能力的有效途径。同时为了丰富学生的课外积累,提升学生分析问题的能力,提高思辨能力,我校每天课堂上利用五分钟进行课前演讲。每学期,学校都举办一届"我是演说家"大赛,大赛由语文组牵头,校团委、传媒组共同组织。大赛分初赛和决赛两个阶段,在初赛阶段,要求所有学生都要参与,利用每天的语文课,学生选择自己感兴趣的主题进行课前五分钟的演讲,最后每班推选一到两名同学参加学校在学期末统一组织的决赛,并评出等级,给予表彰奖励,记入成长档案。

改进管理理念，优化管理制度

平度市第九中学校长　赵子军

学校管理制度应该与时俱进。近年来,平度九中在赵子军校长的带领下,根据形势变化不断改进优化学校管理制度。

一、管理理念改进

重新审视现实的管理文化与学校培养目标、教师专业化发展之间的关系。

1. 认真组织全校教职工在学习相关理论和教育改革新理念的基础上,分析学校管理工作现状,自下而上全面参与对学校问题的自我诊断,在科学的理论指导下形成对学校状态和问题改进的共识,力求在认识层面真正理解管理对于学校发展的价值。

2. 围绕"以人为本、和谐发展"的办学思想和"精细管理、精致育人、精品办学"的育人目标,组织专题研讨与分析。对学校管理中与之相一致及不相一致的因素进行梳理与归因。对理念的、制度的、过程的、方法手段的、评价的等不同层面的问题,力求有比较清醒的认识。

3. 管理层反思剖析。中层以上干部在深入开展调查研究、广泛听取群众意见的基础上,采取个人反思与集中研讨相结合的方式,学习相关教育管理理论,对自身工作进行全面深入的反思和解剖。

4. 面向学生及家长、社区、上级主管部门进行问卷调查或访谈调查,了解并征求他们对改进学校管理的具体意见与建议,寻求他们对学校管理改进的理解与支持。

二、管理制度体系的重构与完善，力求建构体现学校理念、关注教师发展与学生成长的更富积极文化意义的学校管理制度体系

1. 整合校内外资源。组建教学管理、人力资源管理、学生管理、后勤财务管理、党务群团管理等专题工作小组,对学校现行管理制度与管理行为进行分析,提出对所负责方向的制度架构方案及现行制度文本的修改意见。

2. 组建审查小组。组织由教工代表、学校管理人员、有关方面专家、学校领导参加的专题审查小组,对学校拟修订的重大制度的修订方案及修订文本进行研讨论证,提出进一步的修改意见,各专题工作小组进行二次修改。

3. 组织面向全体教职工的意见征集。将二次修改后的制度文本公示并印发全体教职工,在组织教职工充分酝酿讨论的基础上,各专题工作小组召开专题座谈会,汇集教职工的意见并进行讨论。学校领导与各专题工作小组分别进行研究,对各专题提出三次修改意见并形成修改方案,准备提交学校教代会讨论。

三、学校管理制度体系重构与完善的核心内容

1. 综合管理制度与规章:《平度九中发展规划》《教职工考核、评价与奖惩条例》《教职工考勤办法细则》《青年教师培养实施方案》《关于教育科研的规定与要求》等。

2. 教学管理制度与规章:《教学质量检测与评价标准》《教学研究例会制度》《教学常规管理考核制度》《校本课程设置与开发管理办法》《学校艺术、体育教学与特长生培养实施办法》《教学活动有关规定》《教研组建设实施方案与评估细则》《课堂教学评估实施方案》《关于进一步规范教育教学行为几项规定》《班教导会制度》等。

3. 德育管理制度与规章:《师德建设考评细则》《教职工工作纪律》《促进学生社团发展实施办法》《学生参与学校管理的实施办法》《班集体文化建设评价标准及考核办法》《学生表彰与处分条例》等。

4. 后勤财务管理制度与规章:《学校后勤服务工作条例》《学校收费与经费管理制度》《职员工作效益评定办法》《校园绿化与文化设施管理办法》《学生健康教育与疾病预防工作实施方案》及学校安全类制度和应急预案等。

5. 人力资源管理制度与规章:《学校人事管理工作规程》《教师专业技术职务竞聘方案》《骨干教师管理考核办法》《中青年教师专业成长行动方案》《教学名师评选办法》等。

6. 群团工作制度与规章:《学校校务公开实施与管理办法》《学校工会工作规程》《教工社团建设发展规划》《团组织建设与团员管理考核实施方案》等。

坚持目标导向，紧抓常规管理不放松

青岛海山学校校长　王世杰

我校作为民办学校，教师队伍普遍较为年轻且流动性较大；但我们也深知教师作为兴教之源、立教之本对于一所学校的发展具有十分重大的意义。为了更好地落实立德树人的根本任务，我校历来十分重视教师队伍的建设工作，于 2012 年成立了教师发展中心，由曹锡慧主任专门负责日常工作。现将具体做法总结如下。

一、抓常规管理，培养教师教育教学的规范性

1. 每天抓集备。各级部各学科组在集备组长的组织下充分利用每天集备时间认真集备，由分管校长、各级部主任、副主任不定时检查，有时坐在集备组参加组内集备活动，目前集备活动已在我校蔚然成风，很多年轻教师一致称赞集备给他们带来的收获非常大，业务能力在快速进步，教学成绩也在不断上升。另外，集备活动还积累了很多宝贵的集备案，本学期每个级部平均积累集备案 500 余份。

2. 每月对教案、作业进行常规检查。各级部采取全查和抽查相结合，每月对教师们教案和作业批改情况进行检查。绝大多数教师教案书写认真，教案中体现"先学后教，当堂训练"教学法的基本环节，教案内容能够明显体现集备的成果，且教案内容充实；年轻教师大多都能按照学校要求书写详案，在教案检查中书写规范、内容充实；栏目齐全的教研组主要有语文组、英语组、政治组、化学组、生物组。在作业批改检查中，各教研组做得都很好，作业批改实际次数大大超过学校规定的作业批改系数；语文学科素材积累较多，作文批改认真；其他学科教辅资料使用较充分，能够反映出教师指导学生练习充分，反馈及时，为知识的落实和巩固提供了保障。

二、重教学研究，提高教师专业水平

1. 注重教育教学理论的学习。开学初，为了帮助教师们更好地理解"新课标"，经过校务会研究，学校紧急为各学科教师购买了《高中新课程标准（2017 年版）解读》一书，提高他们对"新课标"的理解，使教学更具有针对性。

2.注重研究适合我校学情的教学方法。通过对历次期中、期末、一模、二模以及高考成绩的分析,发现各班优生还有很大潜力没有挖掘出来。为了寻找适合我校提高高分段学生数量的方法,校长不断跟踪听课,课后与任课教师、学生交流,另外还多次组织召开教研组长会议,重点商议提高优生的有效办法。校领导和教师们集思广益,很快确立了"诊断式教学,处方式练习"的教学方法。这种方法在实际教学中凸见成效,2019届学生在最后三个月备考中取得了优异的成绩,高考时高分段(达自主招生线)的学生达到51人,比二模增加20人,比一模增加34人。深入研究学情,密切关注学情,才能有针对性地开展教学,才能使我们的教学方向更正确、方法更灵活、效果更理想,才会使学生获得最大程度的发展。

3.注重研究高考。组内教师在各学科教研组长的组织下下载近五年甚至近六年的全国卷高考试题,有的基础年级的教师还跟着高三师生一起做衡水周测卷、山东各地市一模、二模试题,在集备、组内教研活动中针对典型试题做充分的交流。通过做高考题,很多年轻教师对高中知识有了综合了解,在基础年级教学中能够站在高考的角度去组织教学,在高考的考查方向、知识间的联系、答题技巧等方面,给予学生针对性地指导,使基础年级的学生逐渐接触高考难度,体会高考试题的综合性,逐渐适应高考的要求。

4.深入课堂,加强听评课。每周教导处坚持点课,每月教研组长至少听组内三位教师的课,每学期每位教师至少出一节公开课。本学期教导处点课98节,教研组长听课164节,组内公开课130节(语文组24节,数学组21节,英语组20节,政治组15节,历史组10节,地理组12节,物理组5节,化学组12节,生物组11节)。各教研组长认真组织听课、评课,有些教师提前调课去参加听评课,一是通过听评课汲取他人长处,为自己的教学提供借鉴,二是通过听评课找出自己的不足,及时做教学工作的调整,使自己的业务能力尽快提高。新入职的教师平时能积极去听师父的课,甚至还跨学科听课,学习劲头十足。

5.认真组织校内培训,大力支持校外教研,努力提高教师队伍建设。每周一下午4点召开教研组长会议,统一思想,布置教研教学任务、分析考试成绩、研究教法学法、交流集备经验等。

每周二第8节是我校教师集中充电时间,教导处组织全体教师参加业务培训、师德培训、解读新高考政策;各级部召开集备组长会议、部分教师会议,及时总结阶段性教学工作,展示教学中涌现出的优秀教学案例,为教育教学做正确的导向工作。

学校还大力支持教师外出培训,及时提供外出教研信息。本学期各教研组参加青岛市教研活动63次,共计320余人次;另外,3月3日我校各学科教师代表共42

人集体参加北京百师联盟和山东中学联盟举办的高考研讨会；每次培训收获颇丰，外出参加培训的教师认真学习，把培训内容和心得体会及时在教研组内交流。

教师们通过参加市教研活动开阔了眼界，增长了知识、深刻理解了"新课标、新教材、新高考"的变化及要求，促进了教师的自我学习、自我发展、自我创新，也推动了我校教学工作进一步发展。

年级管理工作的理念：管重于教

青岛海山学校校长　王世杰

立足我校生源实际，根据高一新生自律意识差、生活和学习行为习惯不规范的现状，结合高一年级教育教学方面"管重于教"的策略，从常规管理和目标管理两个层面将高一年级工作计划如下。

一、抓好常规管理，培养学生良好的行为习惯

1. 抓纪律卫生，培养学生讲卫生、守纪律的好习惯。纪律和卫生是班级常规管理的重要内容。学生养成讲卫生的好习惯，有利于营造整洁健康的生活和学习环境，避免传染病的滋生，减少因病缺课对学生学习的影响。学生养成守纪律的好习惯，有利于营造秩序井然的学习氛围，提高课堂学习效率。

高一年级对政教和舍务教师的检查结果及时地进行汇总、公示和反馈，为班主任加强对学生的常规管理，培养学生讲卫生、守纪律的习惯提供抓手。

2. 抓课间与课堂管理，培养学生课前积极准备、课上高效听讲的好习惯。课间能否做好课前准备直接影响课堂效率。高一年级不断加强对课间和课堂的管理。在加强对课间的管理方面，通过班主任教师向学生讲明如何利用课间时间做好上课准备——整理上节课的笔记和资料、解决个人问题、准备好下节课的学习用品、背诵教师上课要提问的知识点；通过楼层政教教师加强对课间楼层和教室纪律检查，对于课间大声吵闹、跑跳的学生及时地进行制止，并及时反馈给班主任教师；鼓励任课教师们提前到班候课，组织学生做好课前准备，提前进入学习状态。

在加强课堂管理方面，年级通过教师会、学生会等方式组织师生共同学习我校的

学习行为七大纪律和课堂秩序检查制度,让师生明确课堂要求。同时,加强课堂秩序检查,针对学生存在的问题,及时向教师们反馈,努力培养学生养成课上高效听讲的好习惯。

3. 抓班级文化管理,培养学生积极进取、静专思主、杜绝三闲的好习惯。班级文化对学生具有潜移默化的影响,对端正学生态度、激发学生学习热情具有重要作用。高一年级按照学校要求,认真组织好每天的"三宣誓一支歌"活动,让学生明确自身承担的来自师长的期望,让学生将"静专思主、杜绝三闲"内化为对自身行为的要求和评价标准,激发学生学习的斗志和热情。

4. 抓书写和朗读管理,培养学生认真书写和大声朗读的好习惯。练字是我校一直高度重视的常规工作,规范书写对于学生来讲既是考试的要求,又是一生的财富。高一年级将与班主任和任课教师们一起严抓学生书写,从日常练字到平时作业再到考试答题,都要求学生规范书写,培养学生养成认真书写的好习惯。

大声朗读是语文英语等文科类学科学习的重要方法。针对我校学生不愿出声读书的问题,高一年级分管主任与教师们一起着手培养学生养成大声朗读的习惯。

二、抓好目标管理,提高教学的针对性和有效性

1. 抓集备管理,推动分层教学的实施,提高教学的针对性。高一年级共 22 个行政班,按照学生专业类别和入学成绩分成 5 种类型,文化课基础由强到弱依次分为实验班 1 ～ 2 班、普通班 3 ～ 8 班、普通班 9 ～ 11 班、美术班 12 ～ 20 班和音乐班 21 ～ 22 班。班级不同,文化课基础不同,这就要求教师们在授课时要根据学生的学习能力选择适合学情的难度水平。

高一年级新入职的教师多,集备工作显得尤为重要。高一年级将严格按照《青岛海山学校集备制度》抓好集备管理,重点做好分类集备,针对不同层次的班级学生,分类集备知识、教法、学法和练习,不断提高教学的针对性。

2. 抓优生管理,促进优生成绩进步。年级根据学生中考成绩及入学后的考试成绩,开好学情分析会,明确各班重点培养的冲击重本和普本的学生。教师们在平时教学中要重点关注这些优生,确保优生成绩不断进步。

我校自 2017—2018 学年施行分年级管理的模式以来,始终坚持"教育无小事,事事是教育"的理念,扎实地做好高一各项工作,培养好学生的行为习惯,努力促进学生的全面发展。

创新多元评价机制，引领教师价值提升

青岛二中分校 于 青

随着时代的变革和发展，教育正在改变传统的存在状态。青岛二中分校以"造就终身发展之生命主体"为教育信念，以满足学生发展的多样化、多层次需要为准则，这对教师和学校的文化提出了挑战。教师在教育的变革中起着关键作用，为此，学校以"创新·创业"为引领，以"业绩＋贡献"评价为驱动，挖掘教师潜质，激发教师自身的智慧优势，充分发挥教师的主动性和创造性，促进教师创新，实现教师专业升级，实现其最大价值，从而为学生发展提供更加全面、更加多元、更加个性、更高水平的支持，体现学校的育人价值。

分校延承青岛二中"人人是人才，赛马不相马"的理念，鼓励教师追求创新，颠覆再造自我，教职工在各自的岗位突破边界，创新教育教学方式，支持学生个性发展、特色发展、主动发展，取得突出成绩。为了体现对教育教学取得成绩的激励，进一步激发教师发展动力，我校制订了多种类的教育教学成果评价奖励办法。在对教师评价上，坚持公平、公正、竞争的原则，坚持重师德、重业绩、重贡献的原则，坚持以人为本的原则，将对教职工评价着眼点确立为"贡献度"，根据教师的价值创造，确定贡献等级。教师的贡献评价确定为：1+N，其中"1"是指教师的教学工作，"N"是指教师其他方面的工作。

学校系统规划教职工评价体系，修订、制定各类评价方案，先后制定了《教师责任事故认定及处理办法》《岗位聘任办法》《教师评价办法》《青岛二中分校教坛新秀评选办法》《青岛二中分校教学能手评选办法》《学院导师工作职责》《青岛二中分校优秀首席导师、助理导师评选办法》《青岛二中分校关于教师指导学生个性化发展的奖励办法》《青岛二中分校贡献度评价办法》等10多项制度，从课堂教学、校外实践、课程体系建设、社团指导、学院建设、创新素质培养、学术素养提升等方面对教师进行贡献度评价，建立起客观有效、规范科学、多维度、突出"价值创造"的评价机制，更好地引导教师发展自己、贡献学校。

完善《青岛二中分校职工工作考核办法》，由干部、教师、学生代表对职工从"工作作风、工作纪律、工作承担和工作实绩"四个方面进行评议,考核结果作为职工岗位聘任、年度考核、奖励性绩效发放的依据,实现"争先、创新、服务、效率"的工作目标。

建立"贡献者讲坛"制度,遴选优秀教职工讲述"我的教育故事",彰显贡献的价值,引领教职工以对学校发展、学生发展的贡献为价值追求,激发发展潜质,实现专业能力和创新力的不断提升,促进终身发展理念的深化。

学校将评价、聘任、推优结合,修订学校评聘、评优制度,将各类评价结果作为教职工年度考核、全员竞聘、奖励性绩效核算、教师培训遴选的依据。

激励评价的实施,充分调动了教职工的积极性,教职工队伍有了很大改变,业务更高端,素质更优良,成绩更明显,学校声誉越来越高。该管理模式也获得行家好评,我校因此被评为"青岛市事业单位人事管理示范点"。

胶州四中依法依章规范治校

胶州四中　周华文

胶州四中的学校管理从"随意"向"规范"转变,从"人治"向"法治"转变。学校通过建立健全各种机构和议事制度,实施民主管理,法治管理,极大地调动了全校教职工的积极性,保障各项工作科学、公正、有序实施开展。

一、建立健全各种规章制度,保障学校工作依法开展

学校经过充分发扬民主,制定胶州四中章程和一系列规章制度。在学校章程和相关规章制度的制定过程中,首先广泛征求全校教职工的意见,然后由专门的工作委员会讨论制订讨论稿,交由教代会展开不少于三轮的审议,最终表决通过,体现最广大教职工的意愿;在实施过程中,根据形势的发展和师生的建议随时进行必要的充实修订完善。学校有完善的议事制度,校长办公会、校务委员会、教职工代表大会、工会、家长委员会、教职工大会、社区工作委员会,包括学生会,各级各类议事机构保障学校规章制度的有力实施。学校规章制度的建立和实施充分体现了学校贯彻依法治校、民主管理等法治精神。

二、建立健全各种管理机构，保障学校工作有序开展

学校明确管理机构设置，明晰管理的权责，形成决策、协调和实施的有序进行。学校实行校长负责制，通过校长办公会来实施相关决策；下设学术委员会、办公室、教导处、总务处、政教处、学管处、团委、教科室等中层管理机构，负责具体工作的布置和落实；在中层管理机构下设立教研组、年级组、社团指导组、后勤服务组等，开展具体工作。各级机构各司其职，相互补充，保障了学校各项工作的有序开展。

三、贯彻实施三定一聘工作，确保工作开展平稳有效

胶州四中积极响应上级要求，贯彻落实新时代教师队伍建设改革意见，落实中小学教职工"以县为主"管理体制，按照"按需设岗、竞聘上岗、按岗聘用、合同管理"的原则，在教体局统筹的基础上，学校按岗聘人，教师有序流动，师资均衡配置，落实工作量（课时量）在教职工职称评审、岗位聘任、考核评价、绩效工资分配等方面的重要权重，进一步明确教职工岗位数量及岗位职责，有效落实岗位能上能下、人员能进能出的人事管理体制，激发教职工工作积极性，提高人力资源使用效益，促进现代学校制度建设，切实提升办学质量和水平。

四、探索实施薪酬制度改革，激发全校教职工工作积极性

建立公平合理、公开透明、有效激励、管理规范的校内分配制度，充分发挥绩效工资分配的激励导向作用，提高教师的获得感和幸福感。坚持总量控制、自主分配、动态调整的原则；坚持人才导向、优绩优酬、多劳多得的原则；坚持规范管理、严格考核、注重公平的原则；坚持注重业绩，提高工作量在奖励性绩效工资中的分配权重的原则。

实施目标管理，提升教学质量

青岛十六中　田广廷

为促进学生发展和教学质量提升，近几年来学校一直积极推进教学质量目标管

理制，即根据生源实际，为各年级确立发展指标，将指标作为评价年级教学工作的依据。主要做法有以下几点。

一、目标多元化，促进学生多元化成长

我校生源状况一般，单纯从文化课成绩来看，学生很难有更好的发展机会和空间，因此在目标的制订上，学校从学生多元化发展的需求出发，分别从文化课类、艺术类、体育类、书法类、出国留学等不同类别为年级确定多元化目标，而不是只把文化课学生作为评价指标，这样就非常有利于年级抓全体学生、抓多元发展。

二、目标多层次，让每一名学生都有发展

在目标管理中，除确定多元化目标外，学校还针对学生实际为年级确定了多层次目标。就是在每一个类别的目标中，又分出了不同的层次。以文化课类为例，就分出了 A、B、C 不同层级，每一个层级有各自的发展任务和成绩要求，不管哪一个层级的学生都在目标管理的要求之内，而不是将目标只集中在各类别中的优秀群体上，这对于促进每个学生都有发展起到了积极作用。

三、目标分解制，让每一个班级、教师目标具体化

在制订好年级目标的基础上，各年级根据班级学生实际，制订每个班级的不同类别和不同层次的发展目标，使班主任教师明确自己班级的目标类别和层次数量，对于帮助学生起到良好的指导作用；班主任教师再根据自己班级的目标情况，以学生学业发展情况和发展兴趣为基础，结合全员育人导师制落实，让科任教师明确自己学科的重点学生及其发展目标，这样就使得每个班级有目标、每一位教师有任务、每一名学生有方向，层层分解，共同努力实现目标。

四、目标评价激励制，让每一名师生都有"优秀"的机会

在目标评价上，学校以学期为单位进行目标落实评价。学校班级类别层次较多，在评价上，学校着眼于发展性原则，重点评价在原有基础上的提高和进步，无论什么类别、什么层次只要有提高就进行激励表彰，这样，学生教师就都有了"优秀"的机会。

让班级成就每一位师生

——青岛第六十八中学"ECM"班级管理模式

青岛第六十八中学　郭　俭

为进一步推进学校生涯规划教育,建设智慧型班主任队伍,学校为学生搭建自主管理平台,提升班主任的管理效率,提高学生的综合素质,探索新的班级管理模式。

"ECM"班级管理模式是由我校生涯规划指导中心负责人陈文教师创新设计的。她借鉴了企业管理的理念,大胆突破传统管理模式,将班级管理和生涯教育相结合,真正为学生的自主管理和成长搭建起实践的平台。

一、改革班级架构,三部管理,小组轮值

班级内建立"三部制"的管理机构。设行政部、立规部、监督部,三部各司其职、分权制衡。每班有6～7个小组,小组长带领团队每周轮值,负责班级常规工作。

三部正、副部长,全部通过自荐推荐、个人述职、学生投票三个环节产生。同时产生小组长、舍长,所有学生干部都不兼任。小组和宿舍都是自愿组合而成。每学期选举一次,实行轮岗制。这是一个双向选择的过程,更是一个学生自我认识的过程。

学校给出的组织架构改革的指导原则:

"这种班级管理模式,由原来每个班6～7名学生参与管理,到现在增至20余人,并采用轮岗制,让每个学生都有机会体验和积累团队组建、制度化管理团队的经验。给他们机会参与班级管理,能唤醒他们的主体意识。"——陈文

二、自定规章制度,团队合作,增强意识

立规部根据学校的各项规章制度和量化标准,牵头完成班规,小组长、舍长牵头组规、舍规。目的是加强团队合作,培养学生发现、解决问题的能力,增强学生的自律性、责任感,树立规则意识。

学校为学生们提出了制度建设的原则:

因为班级规章制度是同学们一起制定的,所以大家愿意遵守,减少了班级管理的问题。

三、推行例会制度，提供平台，实践能力

学校推行了例会制度,主要由行政部负责班级日例会、周例会、月度会,中期会、期末会的组织,各部学生根据不同会议内容要求,上台展示,每个人都有实践的机会。

会议内容很丰富:有常规工作、有规章制度制定、有生涯规划教育。

学校给出学生开展例会的原则:

从会前准备、会议召开、到会后总结,整个流程中,学生的语言表达、团队沟通、观察分析、解决问题的能力增强。学生组织的生涯教育活动,也使学生进一步明确了目标,激发了内在的学习动力。

四、强化监督作用，自觉自律，自主管理

"ECM"班级管理模式正常运转的重要环节是检查、监督和落实。监督部的职责是监督全班一切事务,每周进行总结并提出改进方法。目的是培养学生的自觉自律意识,加强学生自我管理能力。

"我们就是要努力做好自己。被家长班主任管,会抵触逆反。现在我们为了团队荣誉,互相监督,规范自己的行为习惯,主动发展的意识提高了。"——学生

五、开展师生培训，理念先行，引导在前

班主任是学生的引导者,学生是班级的管理者。把学生推到前面,给学生提供自主管理的平台,这是新的管理模式,对于教师和学生都是全新的学习和探索。所以,理念先行,引导在前,对所有班主任教师、部长、小组长的培训,就成为我们开展工作的重中之重。

大量的培训工作,采取体验式的培训方式。通过培训,班主任在开展各项工作前,都提前做好了预案,进行情感、理论方面的准备;依据班级特殊性制定合理的程序和规则,给出学生原则和指导意见。

六、变革评价机制，制度保障，助力推进

学校为进一步助力"ECM"班级管理模式的推进,将原有的班级量化考核等级排名变革为现行的星级班级的评价机制。

改变原来的单一以分数评价,实现以达星级标准来评价,不再限定名额,提升了班主任管理动力、激发了学生的自主管理热情。

星级班级的评选分为五个等级。每月根据各班级在当月 11 单项中累计的分数,参照相关星级标准,授予相应星级班级称号,进行表彰。

从被管理者到主人翁的角色转变,使学生获得成长。"ECM"班级管理模式,不仅改变了班级传统的管理方式,也促进学生个人的能力提升、情感成长,提高了学生的综合素质。

从管家到引导者的角色转变,让班主任收获幸福。"ECM"班级管理模式转变了教师的管理理念,相信学生,支持学生,从台前走到幕后,给予学生鼓励和指导,把锻炼和实践的平台提供给学生,减轻了班主任工作负担,增强了教师的职业幸福感,实现了师生共赢。

在这里人人都是管理者,在这里人人都被需要!

让班级成就每一位师生!

愿每一位教师、学生都能体会到教育的美好与幸福!

建设以满足学生发展需要为核心的现代学校制度
——青岛二中建构学生自主发展模式

青岛二中 矫 蕾

青岛二中积极探索符合教育规律和学生身心成长规律的现代学校管理制度,在促进学生发展方面,以系统教育观为指导,以学生的发展需求为核心,以"人格健全、素质全面、个性鲜明"的育人规格为引领,扭住学生发展十项素质目标,激发学生主体意识,建构符合学生成长规律的学生自主发展模式。

青岛二中 23 届学生会主席曹光宇(曾任北京大学光华管理学院学生会主席,现在北京大学攻读博士学位)这样评价学生自主发展模式:"青岛二中学生自主发展模式,更加看重的是'学生需要什么',从尊重学生的需要出发,满足学生的发展需求,从内而外的激发学生自主而多元的发展。在二中,每一个学生的发展既'多元'又'个性'。自觉地'领先一步,追求卓越',成为二中人的一种习惯和责任。在二中时我坚持学业与活动并重,我曾担任学生会主席,还参与海峡两岸高中生辩论赛并率队取得了冠军。在二中优秀而丰富的资源的帮助下,我一直在发掘自身更多的可能性,从心底燃起对卓越的追求与渴望,在自由的发展氛围中成就自我。"

一、青岛二中学生自主发展模式的创新何在

学生自主发展模式将学生视为一个整体的人,在生活的过程中既注重通过创设外在的环境,由外而内的为学生的发展搭建平台,又注重通过引导学生的发展需求和欲望,由内而外的激发学生自我规划和主动发展。它包括五个方面:

一是建立自我反思机制,激发学生主体意识自我教育,实现教育由内而外的激发。

二是建立自主管理机制,激发学生发展领导力,培养学生卓越的领袖气质。

三是建立自主实践机制,引导学生知行合一,培养学生开放的国际视野。

四是建立自创社团机制,促进学生发展优势智能,激发学生独特的智能品质。

五是建立自主学习与研究机制,助推学生发展创新思维,培养学生执着的创新精神与研究能力。

二、青岛二中建构学生自主发展模式的意义何在

从根本上说,普通高中教育的品质,就是学校培养人才的品质,就是学校紧紧扭住学生创新素质发展的核心追求。青岛二中学生自主发展模式的建立与创新,已经上升为学校教育机制创新的新维度、新高度、新挑战。青岛二中的教育体制改革的实践表明,在建构学生自主发展模式的过程中,学校的系统教育观真正落地生根,学校的办学质量和效益持续改善,学校办学的影响力持续扩大,学校的生活化、智慧化、个性化的校园文化氛围日益浓厚,学生的发展不仅实现了由外而内的规范,更有着由内而外的激发。

近年来,学校的学生自主发展模式得到了教育同行、教育主管部门和社会的广泛认同。围绕学生自主发展模式,学校先后在中欧名校德育论坛、华师大校长培训班、云南贵州等省级德育干部培训班上进行专题报告;每年几十所全国各地的名校到学校参观交流,对学校的学生自主发展模式给予高度评价;青岛二中历届毕业生在此发展模式下受益匪浅,在高校乃至今后的发展过程中体现出了无限的发展潜力。

青岛二中始终坚守"全人教育"的信念,用全面发展、个性发展和主动发展来诠释和实践着育人的价值追求,努力创造"自主·开放"的教育环境,让每个学生的未

来建立在今天不断自我锻造、自我成就、自我超越的基础之上，让每个学子绽放出自己最炫丽的生命之花。这是青岛二中教育体制改革的根本追求，也是推进建构学生自主发展模式的根本所在。改革在路上，任重而道远。

坚持问题导向，专题"五会"强化教学管理

胶州市第一中学　王持九

胶州一中为贯彻学校整体制定的发展理念，近两年逐渐形成了校长办公会做决策，分管领导全跟进，部门班级抓落实的全员化管理机制。

管理形式就是立足问题导向，以"教学管理五会"为主体的专题会议制度，即校长专题办公会、班主任会、备课组长会、班级协调会、主题班会。层层落实，使师生认识统一，为更好推动学校教育教学工作落实奠定基础。

我们的会议坚持问题导向，既有针对学校整体教育教学的执行，也有针对具体专项的落实。

一、对于学校整体教育教学

我们学校每年的招生规模在 1000 ～ 1100 人，这些同学从宏观上说学习基础和学习习惯差别很大，从更微观上分析每个学生的遗传基因和成长环境更是千差万别。针对这种现状，根据学校的发展理念和充分调研听取教师、学生和家长的意见，校长办公会做出决策：高一入学就要实施"分层教学"，在全省范围内率先进行"选课走班"。根据校长办公会的决策，各个级部迅速召开班主任会和备课组长会。在班主任会上年级主任和班主任一起分析每个班级的情况，找出每个班级学生的差别。在备课组长会上，学校分管校长和年级主任、备课组长一起分析不同班级、不同层次的学生所能达到的目标，从而确定不同班级的授课容量、不同学生的作业分层，我们有一个班级在布置作业的时候某些学科分出了五个不同的层次，从而使这个班级的每个学生每天都感觉有收获，增强了学习的信心。班主任根据班主任会的布置和分析，在班级内召开班会，根据生涯规划的理论结合学生的实际，让每个同学写出自己的优势和不足，在班级中属于什么层次，从而组建小组，确定自己的发展方向。最后，

班主任根据班会的反馈情况,召集本班任课教师召开协调会,统一任课教师的思想,确定不同学生的育人思路和方向,以及分层作业的具体落实。

二、对于教学管理个别专项的落实

本学期开学初,领导们到高三听课时,发现高三课间比较吵闹,学生浮躁。

在校长办公会上各位领导集中反映了这个问题,我们当即决定在高三开展"静能生慧"学生主题教育活动,具体安排如下。

由一位副校长负责,安排学校宣传办公室立即着手设计"静"文化系列楼道文化建设。

由分管教学校长牵头,当天下午召开高三班主任会,布置学校要求,安排各班准备主题班会;召开备课组长会,强化教师参与课间管理要求。

周三下午又召开班级教师协调会,专门就学生学习状态、课间管理汇总班级问题,商讨对策,明确各班管理重点。

周五各班召开主题班会,对学生进行主题教育。

同时成立以分管校长为组长的工作专班,对高三课间每天进行督查。

这些工作加上周六周日楼道文化建设完成之后,整个高三楼的氛围就营造起来了。教师、学生逐步达成共识和默契,课间渐渐安静了下来。

隔周的教学专题会,我们又做了专题汇报,其他领导也进一步反馈了他们的建议。学校整体对这项工作很满意。

三、对于学生多元发展的落实

我们也通过"五会"来层层推进。每届总会有文化课学习困难的同学,这是我们不可回避的现实。在文化课领域他们是困难生,但是他们可能有良好的身体素质和协调的运动能力,我们充分利用我们学校的武术特色和体育特色教育,挖掘潜力,近年来在体育高考领域有较大突破。

根据近年来体育高考的变化,学校专门召开由体育教师参加的校长办公会,专门研究体育高考的政策和训练策略。班主任召集有体育教师参加的各科教师的班级协调会,确定本班内适合训练体育的同学名单,然后召开班会,对同学们解读体育高考的政策和校长办公会的决定,结合往年的体育高考成功的经验做学生动员。根据各个班级动员的学生情况,级部召开体育生会议,从身边的鲜活实例上鼓舞这部分同学的学习动力,在平时的训练和文化课学习方面改变原来的松垮状态。学校主要领导和分管领导跟进落实,加强管理。

总之,为完成一项工作任务,我们就是通过这种管理方式,让全体教师参与到学校管理中来,以达到最理想的管理效果。

保持创新超越之品性

青岛西海岸新区第五高级中学　丁纪申

一、创新管理模式,切实激发干部活力

青岛西海岸新区第五高级中学对学校亮点、特色和创新工作实施了项目式管理。"党员先锋岗"、师德标兵等项目,从项目策划、方案制订、过程实施到项目总结、项目归档,整个过程由中层干部作为项目负责人负责完成,切实提升了干部能力,激发了干部活力,保障了学校各项工作快速落地、落实。

二、强化党建引领,加强学校党建工作规范化、制度化建设

学校党总支严格落实"三会一课""两学一做"、党务公开、组织生活会、民主评议党员等制度。全体党员对工作任务尽职尽责,争先创优,充分发挥了党支部的战斗堡垒作用和党员的先锋模范作用。全力创建"阳光队伍·润泽五中"党建品牌,增强了学校党组织的影响力、凝聚力和领导力。先后开展"党员先锋岗""党员奉献日"等活动,亮出党员身份,为学校发展广开"活力源",举行了"党员先锋岗"授牌仪式,评出了 26 位"党员先锋岗",引导全体党员立足岗位、敬业奉献,在担当作为上争先锋,在精细落实上立标杆,在业绩贡献上树楷模,在教师队伍中做出表率,有力地带动全体教职工提升了工作的精品意识。人人与时俱进,加强了对全体教职工"学习强国"学习的发动和督促,全体教职工每天打卡并力争获得满分,充分利用碎片化的时间掌握时情、党情和国情,有效地开阔了教师们的学习视野,加强了理论修养,提高了思想觉悟。

三、加强师德师风建设,有效提高教师道德修养

认真贯彻《中小学教师职业道德规范》等文件精神,完善了教师违反职业道德行

为责任追究机制,对有偿辅导、体罚和变相体罚学生等师德失范行为实行一票否决。举行了"不忘初心,牢记使命,争做'四有'好教师"演讲比赛和"最美教师"的宣传发动和评选活动,有力推进了我校师德师风建设,进一步增强了广大教师的使命感和责任感,营造了人人争做"有理想信念、有道德情操、有扎实学识、有仁爱之心"的好教师的良好氛围。

四、加大培训力度，进一步促进教师专业发展

制订了《教师培训计划》,结合学校教育教学实际,加大校本培训力度,进一步促进了教师专业发展,提升了教师综合素质。开展了五年以下教师教学基本功竞赛,重点抓好"五个一"工作,即写一手好字、上好一堂课、写一份精品教案、做一个漂亮课件、说一口标准普通话。继续与重点高校联合对教师分批进行菜单式精准培训。我校全体教师赴大学进行应对高考改革专题研修。与高校联合精准培训使教师们拓展了教育视野,更新了教育理念,提升了思想境界,提高了教研能力,增长了教育智慧。

五、建设班主任队伍，切实提高管理育人实效

全力抓好班主任队伍建设,对班主任的选拔、培养、任用、考核、奖惩等方面制定了明确有效的措施,努力打造一支过硬的班主任管理团队。多次召开全校班主任工作会议,加强了班主任培训,明确了班主任工作方向,有效提高了班主任的专业化水平,使我校班主任成为一支思想素质高、管理科学、富有教育智慧的班主任队伍。面向班主任举行了班级管理典型案例征文活动,推动了我校班主任对班级管理工作的反思研究,实现了班级管理经验共享。

优化学校内部管理

莱西市第一高级中学　刘同光

学校管理永远都是一个很大的课题。莱西市第一高级中学在优化学校内部管理方面,不断探索,不断改进,主要做了以下几方面工作。

以先进的办学理念作为指导。一所学校要健康发展，必须有自己的方向。我校经过不断学习、实践、探索，在"自强不息、志在一流"精神的指引下，确定了"培养既有东方传统美德又有世界文明素养的现代中国人"的办学理念，以"厚德重智，为国树人"为校训，树立"崇真尚善，思学知行"的校风，不断向"创办现代化、高质量、有特色的品牌学校"这一办学目标稳步推进。

建立"公平、公正、公开"的管理体制。我校在学校管理方面一直坚持"公平、公正、公开"的原则，专门成立教职工代表大会、学术委员会等机构，只要涉及学校发展，教师利益的事，一律通过教职工代表大会或学术委员会表决通过才可实施，比如《绩效考核细则》、教师职称评审、各项荣誉选拔等，都是经过表决、公示后才最终确定。"公平、公正、公开"的管理体制，有效地解决了利益分配中的各种矛盾，凝聚了人心，激发了全体教职员工的工作积极性。

培养优秀的管理团队。学校的发展离不开人才，为充分激发广大教职员工的工作积极性，让干事业的教师有市场，干成事业的教师有舞台，有地位，我校实施了《领导干部选聘晋级制度》，骨干教师—后备干部—学部副主任—学部主任—级部副主任—级部主任—总支委员—副校长按照工作业绩，实行逐级聘任，领导干部选聘摒弃了任人唯亲、任人唯利的陋习，真正实现了任人唯贤、唯才是用，大批优秀的青年教师走上领导干部的舞台，为学校的发展献策献力；同时，我校还实行了《值班校长制度》，让一批责任心强，业务能力强的中层干部参与学校日常值班，站在校长的高度，拓展管理视野，提升管理水平。一系列措施的实施，让青年干部快速地成长起来，成为学校发展的强力基石。

优化基层管理机制。在基层管理方面，我校实施责任分工机制，做到分工明确，责任到人。教学、行政、后勤各负责人直接对校长负责，各自分管的工作职责明确，协调有序，有效整合各种资源为教学服务；各年级又实施级部主任负责制，协调各学部有序发展。基层管理机制的优化，让各科室、各年级各项工作有条不紊，形成了规范有序、充满活力的工作流程，极大提升了团队工作的效能。

创新教学管理模式。教学管理是学校发展的根本，有效地教学模式能极大提高教师"教"和学生"学"的效率。我校在教学实践过程中不断创新，形成"课堂教学五学五原则"，来指导教师的教学实践。

课堂教学的时段性原则。基于大脑皮层兴奋与抑制交替进行、互相转换的原理，按照学生的用脑规律，我们提出了课堂教学"课中操"概念，将学习内容分板块进行。板块间的"课中操"，激发了学生兴趣，提高了学习效率。

教学方法的多样性原则。根据学生学习方式对效率影响实证性研究结论和学生学习的策略,教师上课科学灵活地选择教学方式,让学生将已学的知识与新知识建立联系,让知识与学生的大脑产生"共振",提高效率。

知识学习的多轮次原则。根据遗忘规律,教学中要在遗忘最快的时段内进行复习,为降低遗忘要进行多轮次复习,做到堂堂清、日日清、周周清、月月清、年年清。

教学目标的具体化原则。教学目标是一堂课的方向,是判断教学是否有效的直接依据。我校教学目标要求的形式是 ABCD:A 指学生,即教学对象;B 行为,即期望学生具体做什么;C 条件,即学生表现出预期行为的条件;D 标准,即学生达到预期成就的程度。

能力提高的实践性原则。技能是练出来的,理论的掌握需要实践层面的训练,要通过反复纠正、循序渐进的学习实践,让学生掌握知识系统的构建,提高解决问题的能力。

"课堂教学五原则"为教学模式创新提供了理论保障,进而形成了"五学"教学模式:一是课前学案引导学,课前以学案引领学生自学;二是学生探究合作学,让学生带着自学发现的问题,开展学习小组的合作学习;三是教师启发点拨学,教师精讲学生在自主学习中发现的问题,让学生从中受到学习思路上的启发;四是目标检测巩固学,让学生通过限时限量的练习,巩固所学知识;五是课后反思拓展学,让学生通过对所学知识的总结,举一反三,延伸拓展。

实施全员育人导师制,为每个学生的成长负责

青岛西海岸新区第八中学　于庆杰

青岛西海岸新区第八中学为全面提升学校教育管理水平与质量,加强德育工作的针对性、实效性和主动性,把德育工作落到实处,营造优美的育人氛围,树立良好的校风,构建"管理育人,教书育人,服务育人,全员育人,全程育人"的德育机制,实现全员参与、共同育人的目的,最大限度地提高学生的整体素质,制定实施了全员育人导师制。

一、目标任务

1. 动员多方力量，整合多种资源，探索一条"教师人人做导师，学生个个受关爱"的教育管理之路。

2. 以教师为主导，发挥教师在教育、教学过程中的主导作用，充分发挥教师对学生的亲和力，对学生实施亲情化、个性化教育，寻找发现学生的发展潜能，深入学生心灵深处，促进学生全面发展、健康成长。

3. 采取定人、定时、定标的方法，面向全体，侧重后进生，对学生实行全方位的管理和教育，全面贯彻党的教育方针，全面实施素质教育，全面落实新课程理念，指导学生学会生活、学会生存、学会学习、学会合作、学会创新的能力，努力把学生培养成为人格自尊、行为自律、学习自主、生活自理、心理自强的新时代学生。

二、导师职责

1. 对受导学生进行思想政治教育和道德品质教育，保护学生的心理健康，教育学生爱国、爱校、爱生活、爱学习，帮助和指导受导学生养成良好的习惯，遵纪守法，明礼诚信。

2. 教育受导学生努力学习科学文化知识，帮助学生明确学习目的，端正学习态度，掌握学习方法，提高学习成绩。

3. 关心受导学生的课外生活，指导学生参加有益身心健康和个性特长发展的活动。

4. 协助学校和班主任对受导学生进行日常行为规范教育。

5. 经常与受导学生家长及其他科任教师沟通，积极参加班级教导会，全面了解学生成长过程中的各方面表现，对受导学生的操行品德及评定提出意见和建议。

6. 做好相关档案记录，积累素材，撰写育人案例。

三、工作方法

1. 摸底调查，建立档案。导师要调查所带学生，为他们建立档案，内容包括学生家庭详细情况、学生道德品质、心理健康和学生跟踪档案等，记录受导学生成长过程中的闪光点和不足之处，并提出改进措施。

2. 师生双向交流制度。导师坚持每半月至少与学生个别交流一次，及时了解学生的学习、思想、生活动态，在学习方法、生活、行为等方面，帮助其制订切实可行的计划，同时要求受导学生每半月向"导师"汇报生活、学习情况。建立导师工作手册，记录师生活动全过程。

3. 建立教师家长经常沟通联系制度。家长学校联系要因生而异,注重效果。每月至少与受导学生家长联系一次,每位导师必须对受导学生本人及其家庭有清晰的了解,对其家庭情况简要分析,密切与家长联系,共同探索有利于促进孩子健康成长的有效方法,及时与学生家长沟通,帮助和指导家长改进家庭教育方法。结合学校开展的"坐到家长炕头上"活动,建立定期和不定期的登门家访等形式的联系制度。

4. 班级学情会商制度。每周班主任与学生成长导师研究一次"学情",班主任与学生成长导师互相交流每位学生近期的思想、学习、生活等情况,利于班级、导师工作的针对性。

5. 学生成长导师指导学生,应根据学生的不同个性需求,采取个性化、亲情化的教育方法,切勿挖苦、讽刺、体罚或变相体罚学生。导师应认真倾听受导学生的心声,及时解决学生困惑,承认学生的个性差异,尊重学生身心发展的特点和认知水平,当学生取得成绩、进步时应及时给予表扬和鼓励,当学生遇到困难或麻烦时给予热情帮助。

四、导师选配

1. 科任教师原则上都应担任学生成长导师,并在级部主任的指导和管理下开展工作。

2. 班主任根据班级的师资、学生情况确定本班级导师的选配,也可由学生和任课教师自愿搭配。

3. 各级部要统筹安排,认真做好学生导师的选配、协调和实施工作,面向全体学生,要侧重特殊群体学生的导师选配。

管理:始于尊重,重在服务,优于评价

青岛西海岸新区第二中学 张德建

长期以来,学校管理只看重校长与主要行政人员的作用,忽视或无视学生、教师、家长的主体作用,造成"目中无人"的现象。如何提高学校管理的效率是一个重大课题。经合组织的研究结论是:一所学校是否具有高效能,取决于教学的组织性、有效的学习时间、学校氛围、评估、激励、学校领导能力、家长的参与等十多个因素。

基于上述认识,青岛西海岸新区第二中学积极探索实践"始于尊重,重在服务,优于评价"的学校管理路径。

一、用"尊重"刷亮学校管理的底色

尊重是学校管理的根基,是学校管理应有的底色。为此,我们努力做好以下三点。

1. 重视教师。教师需要感受到自己被重视,自己是重要的,感受到他们参与学校活动是有价值的,能够对学校产生一定的影响,感受到他们所做的努力是必需的、是被欣赏的,如此他们就会逐渐形成一定的成就感。基于这一认识,我们开展了三项工作:一是新老教师师徒结对,特别强调老教师首先是青年教师做人的师傅,其次才是业务上的师傅,以自身良好素质去影响、引导青年教师爱岗敬业、精于业务。二是让教研组长转型为学科领导者。三是让广大教师成为活动的主角。

2. 相信教师的能力。让教师感觉到自己有能力承担责任,有能力把事情做好,即使困难重重,也愿意接受挑战。两年来,我们新任用了15名备课组长、16名班主任,实现了从高一到高三的教师三年轮岗。事实证明,他们不负众望,而且大多成了岗位上的先进。

3. 让教师有安全感。教师需要感到安全,尤其是情感上的安全,让教师感受到学校是为他们着想的,尊重他们的观点。

罗曼·罗兰说过,要散布阳光在别人心中,先得自己心里有阳光。学校给予教师的尊重,深深地影响着教师给予学生的尊重,也正是这种尊重,让我校教师在生源变化的情况下,能够接纳学生、理解学生、相信学生、成就学生。

二、用"服务"践行学校管理的真谛

学校管理工作,要实现整体优化,就必须增强服务意识、提高服务质量,干部为教师服务,教师为学生服务,学校一切工作为教学服务,一切为了学生,为了学生的一切,从而为优化学校管理和最优目标的实现奠定基础。

1. 干部服务于教师。学校管理的最大价值就是怎样为教师服好务,进而全面为学生服好务。为此,全校干部以"三个走向"落实"四项服务"——即走到师生的身边,走进师生的心里,走入工作一线,在服务中,全面把握师生教情和学情,真正做到所布置的每一项工作都能发挥最大效能;在服务中,发现教师的个性特长与需求,搭建平台,助推其专业化成长;在服务中,了解学校群体的心理,化解不和谐,注入正能量;在服务中,为教师完成任务提供和创造有利的条件。

2.教师服务于学生。教师服务于学生,就是一切教育教学活动都要遵循"以学生为本",牢固树立立德树人根本任务,全力服务学生成长成才。两年来,实现了三个转变:一是育人的气息浓了,各年级、各班级通过各种有效的精神引领和德育活动,强化学生的"做人教育";二是教师的眼中有学生了,教学由"统治者"向"平等中的首席"转变,不断让位于师生互教互学,形成了真正的"学习共同体";三是有了大服务观,服务的对象不局限于学生,也面向家长。

3.学校一切工作为教学服务。学校管理的终极目标是培养高素质的合格人才,高素质人才的培养是以教育质量为保证的。要提高教育质量,首先就要提高教学质量,我们只有紧紧围绕教学这一中心来安排各项工作,才可能实现管理的整体优化,从而达到既定的管理目标。因此,我们始终坚持在抓其他工作时,必须有利于教学,有利于推动教学工作的开展,减少与教学无关的活动,闸住无关事务对教学的干扰。

三、用"评价"撬动教师工作的积极性

为切实解决教师们对评价的意见,学校领导班子多方调研、广泛论证,修订完善了考核评价、绩效工资发放办法以及各类先进评选办法,得到了教师们的高度认可。为促进各年级教育教学工作齐头并进,我们每次办公会都要从课间秩序、自习状态、两操、午晚休等方面进行年级的横向比较,强化干部的责任意识。

近年来,学校管理在动态平衡、开放互动、团队合作的过程中,给予了教师充分的信任,重视他们的参与意识和创造意识,使教师的才能得到充分发挥,学校呈现出了前所未有的心顺气望,拼搏进取、百事和谐的良好局面。

家长学校管理案例

青岛 37 中　周　强

青岛 37 中充分依托青岛市教育局家庭教育处和家校合作促进会以及家庭教育联合会等机构,丰富和创新家长学校、家长委员会工作形式,做好家校共育工作,取得多项荣誉和成果:2016 荣获年青岛市首批全国优秀家长学校、青岛市优秀家长学校,2017 年荣获青岛市家庭教育示范校,2019 年在荣获"青岛市示范家长学校"二

等奖;2017年山东省教育科学规划重点课题"构建小组合作 多元互动 资源共享家长学校教学模式的研究"结题,5项家长学校家委会特色工作、3位教师的家庭教育指导教学设计被家校合作网采纳。

健全机制,保障家长学校工作常态化,是青岛37中精致化、创新化管理的保障。

一是"家校有约、开学第一课"例会、例课制度。家长学校例会、例课活动在每学期期初开学一个月后举行,听取学校工作计划、工作总结、发展规划、特色建设等的汇报,协商制订新学期家长学校工作计划,开设"开学第一课"主题讲座。

二是"家校同盟"联席会议制度。家长学校工作小组与学校教学、德育、总务、团委等相关部门召开专题联席同盟会议,协助学校解决办学中遇到的实际问题和困难。

三是"智慧分享"提案制度。每学期召开两次家长代表大会,家长学校成员在广泛征求家长意见的基础上,汇聚家长智慧,以提案的形式对学校工作提出建议与意见,"学校家委会建设与管理工作"领导小组负责回复提案。

四是"驻校体验日"工作制度。家长学员通过驻校体验日,参观餐厅、品尝师生餐、驻班听课、体验两操、参观功能教室等,全方位了解、体验学校日常管理,让家长学员与学校、师生亲密接触,增进家校联系。

五是"课堂互动"授课制度。家长学校一方面由学校、教师、外聘专家等为家长学员授课,另一方面充分发挥、挖掘家长学员的专长、资源,为学校师生、家长学员授课。

六是家委会驻校办公制度。学校期望通过"家长驻校办公"的施行,形成家校育人合力,提升学校的教育教学品质,助力孩子健康成长、全面发展。

七是建立"家庭教育指导菜单"。学校专门做了关于家庭教育的问卷调查,了解家长对家庭教育的认识和需求,作为学校广泛、深入开展家委会工作和家庭教育指导的参考和依据。根据问卷调查情况,形成家庭教育指导菜单,协助家委会统筹校内外资源,定期举行家庭教育指导讲座或沙龙,家长自主选择参加。

重构选课走班教学班的管理新模式

青岛实验高中 苏延红

选课走班之后,教学班的学生来自多个不同的行政班,以走班的形式组建,具有临时性;学生的不同学科有不同的教学班,经常会在不同的教室上课,具有流动性。这些都增加了教学班的不稳定性,进而使教学班的管理工作显得格外凌乱。另外,行政班和教学班之间的班级管理也容易出现缺位,学生的班主任与任课教师之间沟通也比较烦琐。面对这些问题,必须重构教学班的管理新模式,才能稳定好教学秩序。

第一,教学班班主任制度。"我的地盘我做主",每一个教学班的任课教师在教室中就是学生的第一责任人,既要完成学科的教学任务,又要承担起对教学班学生的学生管理工作。在教学班上课过程中,任课教师要负责学生的学习、纪律、出勤、卫生、财务、安全等各方面事物,课后有义务与行政班班主任及时沟通,互通信息,通力合作。

第二,教学班管理要统一要求。为保证稳定的教学秩序,从课前、课上到课后,要求各教学班任课教师都必须遵循统一的管理要求,如课前两分钟教师必须到岗;每节课做好出勤记录,有请假或未到的学生必须反馈给行政班班主任;学生座位必须固定,学生不能随意更换;教室卫生的保持与清理;保证教室的财务安全;作业的小课代表收发办法;课后辅导的集体与个体处理办法;每天级部管理群的信息互通等等。事情虽小,但是只有每一位教师配合去做,整体的教学秩序才能够稳定。

第三,教学班授课要体现层次差异。从我校的三个层级来分析,一是要明确不同层级学生的学习特点:三层级学生理性思维能力较强,学习习惯很好;二层级学生理性思维能力稍弱,比上不足,比下有余;一层级学生学习能力有限,自我分析意识较差,自觉性较差,不愿多下功夫。二是要定位不同层级教学的关注度:三层级学生要"立志向、导探索、自己走";二层级学生采用"慢变化、多练习、小步走、抓反馈";一层级学生注重培养学生的自重、自尊、自信,为他们搭建一个成功的思想意识与实践平台。三是要采取不同层级的教学策略:三层级应尽可能放手把课堂交给学生,并适当地进行知识的拓展延伸,强化学科思维,锻炼学科能力,让优生拔尖;二层级应有选择的将课堂部分交给学生,既尽可能地锻炼他们的学科能力,又能保证知识点全部掌握;对于一层级来说,整个课堂应在教师循序渐进的指导下慢慢理解,尽可能地保证学生掌握基本知识点,要适当降低知识和习题的难度。四是布置不同层级的课后作业:不同层级的课后作业都不一样,虽然在集备的时候,各层级已经做了删减和补充,但是在具体实施过程中,各层级教师根据教学班级的学生情况,进行再调整。五是尝试不同层级的评价方式:面对统一的会考和高考,学校的学段考试目前还是采用一张试卷的考查方式,各学科组在进行单元测试的时候,已经开始进行分层评价的尝试,让学生首先从心理上得到分数的平衡,增加了学生学习的信心。

深化民主管理,优化内部管理

青岛市城阳三中　葛永信

近年来,城阳三中积极推进学校民主管理,借此助推内部环境优化,尤其是把教师、学生、学生家长参与学校管理作为突破口,拓宽民主参与渠道,实现学校和谐管理。

一、民主参与,让教师成为学校的主人

(一)参政议政,增强教师民主管理意识

学校健全教职工代表大会制度,每学期都定期召开一次教职工代表大会,让教师代表参与学校重大决策的审定,参与对学校领导、处室、部门的评价。学校领导经常走进教师办公室,搭建教师与校长直接沟通的桥梁,使校长、分管领导更好地了解教师需求,为下一步决策提供了依据。定期召开座谈会、茶话会,用好校长邮箱和监督电话,及时反馈教师信息、意见和建议,使师生关心的难点、热点问题得以及时解决。对评优选模、晋职晋级、财务管理等涉及职工切身利益的事情和学校重大事项,严格执行校务公开,接受师生员工监督。

（二）全员育人，班级每位教师都成了班主任

学校构建了"学校监督、年级实施、学生自治"三级全员育人管理网络,落实了"全员育人导师制"和"一岗双责制",形成了教师人人为导师、学生个个受关爱的良好氛围。在班级教师团队建设中,学校把全员育人工作纳入班级教师团队评价指标,制定了《全员育人班级团队考核评价办法》,从教师值班、班风与学风、全员育人、考试成绩等方面进行过程评价和阶段评价。政教处、年级部每月对各班级团队进行一次过程性评价,公示成绩,每学段对优秀班级团队颁发奖牌,通报表彰。

二、自治自理，让学生成为有社会责任感的人

（一）建设学生组织，确保学生话语权、评价权、参与权

学校坚持学生来信公开答复制和学生联络员、学生校长助理制度,担任这一职务的学生代表,是从三个级部的所有班级中民主推选产生,负责从学生中广泛搜集管理意见,及时修正管理中的偏差,使管理更符合实际,更贴近学生,让学生能直接与校长对话,能评价学校工作,确保学生有话语权、评价权、参与权。

（二）活动育人，提高学生自我管理能力

学校积极引导学生主动参与各种富有学校特色的主题教育活动,在活动组织中充分发挥学生的主观能动性,提高了学生自主组织、自我管理的能力。我们多年坚持由学生自己组织开展全校性活动,学生自主参与,让学生在活动中涵养心灵,启迪智慧,强健体魄,展示风采,陶冶情操。

（三）学生评教，给教师提供参照

我们既坚持学生"评教",又不断完善学生"评教"办法,科学利用学生"评教"结果。每学期组织问卷调查,不定时开座谈会,从教师的教学态度、教学能力、教学组织、师生之间的交流等方面设计评价指标,让学生从师德表现、育人业绩等方面对教师进行客观公正的评价。同时通过评教评选"学生最喜爱的教师"等专项活动,发现教师的亮点,激发他们工作的积极性,增进师生之间的相互了解,促进了师生关系的和谐。

民主管理有效促进了学校的内涵发展、创新发展、特色发展和跨越式发展。

加强以章程为核心的现代学校制度建设

青岛六十六中　李世杰

现代学校制度建设是学校发展的重要保障,完善学校制度,建立科学运行机制,使学校管理纳入现代化管理轨道。

一、做法与经过

(一)更新管理理念,构建学校章程

通过多次集中专题研讨学习,全体干部教师在思想上逐步认识到:现代教育最重要的特征是规范化、制度化。建立完善的学校章程是学校管理高效运行机制的需要,也是切实保障教职工民主参与学校管理、推进依法治校进程的需要。2014 年,学校成立章程修订小组,广泛征求教职工、家长、学生意见,几易其稿,2015 年完成修订,确立学校基本法。

(二)稳步推进,构建基本制度,配套基本管理流程

围绕学校章程,重构学校管理制度体系,不断加强现代学校制度建设。明确制度建设的三个阶段:一是重构学校管理制度,二是配套学校管理流程,三是构建学校各专门委员会。

2015—2016,2016—2017 学年度都确定为学校制度建设年,新建制度 8 项、废止制度 3 项。

2017—2018 学年度,我们制定《青岛六十六中 2017—2018 学年度现代学校制度建设工作方案》,修订绩效工资实施方案、教职工年度考核奖励办法、教职工考勤、教职工考核、教师教学规范等 5 项学校核心制度,制定教师培训学分登记、创新教育项目团队等 3 项制度,学管处制定修订班级工作考核方案、班级工作事故认定办法等 10 项管理规定。

2018—2019 学年度,逐步形成学校制度的基本框架,完成学校制度汇编。

（三）完善管理机制，健全管理体系，依章构建民主决策机制

按照《青岛六十六中学校务委员会章程》,调整了校务委员会成员并展开工作；制定《青岛六十六中办公会会议制度》促进学校日常行政工作的科学化、制度化、规范化；制定《山东省青岛第六十六中学学术委员会章程》,成立学术委员会,提升学校决策的科学性、民主性、权威性；结合校长办公会等决策机制,对学校发展进行谋划和组织落实,保证了学校的科学高效发展。

二、取得的成效

（一）实施民主管理，依章发挥民主监督作用

定期召开教职工代表大会。教职工代表民主讨论学校改革和发展方案、民主评议干部等。近年来,教职工代表讨论通过了《绩效考核方案》《教师岗位竞聘方案》等涉及教职工切身利益的重大决定,充分调动了教职工参与民主管理与监督的积极性。

坚持校务公开制度,完善监督机制。坚持校务公开制度,坚持党政领导班子重大问题议事规范制度,保证了决策的民主化。

（二）依章管理，促进各项工作制度化

现代学校制度建设得到了全校师生员工的广泛认同,大家都高度重视章程的实施。把章程作为学校自主发展、自我约束的基本依据；把章程当作办学主张和规则的纲领以及塑造学校形象的代言,促进了管理的规范化、制度化,克服学校管理工作的盲目性和随意性。

三、思考与启示

（一）制度建设要特别注重科学性、规范性和可操作性

科学性,就是制度必须符合客观实际,各项制度之间遵循内在的有机联系,制度内容要具体化,条文要有逻辑性。规范性,就是制度的制定必须经过严格的程序,每一项制度的出台,都要广泛征求意见,经过教职员工讨论,达成一致意见,并以正式文件下发执行。一旦形成就有了权威性、严肃性,中途不得随意更改。可操作性,就是制度的制定必须与时俱进,既不能超前也不能滞后。

（二）加强现代学校制度建设关键在抓落实

一是要强化按照规章制度办事的意识，使遵章守纪成为学校教职员工的自觉行动。二是提高制度的执行力，强化制度的刚性约束。加强制度执行情况的监督检查，防止打折扣、搞变通，防止"破窗效应"。三是建立严格执行制度的保障机制。

现代学校制度建设永远在路上。需要传承与创新才能建立起更系统、更科学、更利于学校内涵发展的现代制度体系。

莱西二中的校内多维度管理

莱西二中　郑文波

莱西二中始终注重内部控制规范建设。按照要求，建章立制，积极推进，完善各项内控制度，不断优化内部管理制度和工作流程，健全工作机制，认真落实各项责任，切实做到多维度管理，对提高办事效益和教育教学质量起到了积极作用。

一是充分利用法律保护单位利益，遵循法律维护集体及个人的合法权益，努力实现教育管理法制化、规范化。建立了符合实际的学校章程，着力解决了学校办学、管理中的重大问题，经核准已经成为学校依法办学、自主管理、履行公共职责的基本规则。建立了重大决策的论证评估机制，对有关学校发展规划、基本建设、重大教育教学改革等决策事项，都通过专家咨询、听取教师意见、专业机构或者主管部门测评等进行合理性论证并形成风险评估机制。遵循公开、民主的程序，所有规章制度的制定都在学校不同层面和范围内公开征求意见、充分讨论，重大问题还采取听证方式听取意见。同时建立相应的监督机制。根据工作分工，建立了明确的问责机制，所有工作谁分管谁负责，重大问题必须第一时间进行调查访问、通报批评和整改落实。

二是根据实际制订学校的办学特色和发展目标，将学校宏观办学理念和学校发展战略具体化、制度化，要协调好上下左右的关系，建立团队，化解矛盾，开展活动，同心协力完成组织目标。

三是学校各部门的分管与组织。切实抓好学校的各项办学工作，根据教育局的任命，合理地安排分管副校长的工作；根据学校优质发展的实际需要，对原有的组织结构不断进行调整、优化，适当增加新的内设部门，通过考察、试用，选拔优秀人才充实中层干部队伍,确保学校各项工作正常运转。促进教师深入理解教育职责、深入挖掘差距和问题、形成改进共识,研定改进方案。善于调适学校内部的矛盾,高度关注教师的生存生活状态,公平、公正处理利益分配,努力提高教师幸福指数,同时注重加强对教学常规管理、课程管理、质量管理、教学改革和招生学籍考试管理等教学工作的管理。

四是教师教育能力的提升与塑造,注重教师能力培养。定期组织外出学习和讲座、论坛等形式的集体学习,鼓励教师将学习的新理念应用到本职岗位实践、将个人教学技能迁移到具体教学工作上去,将教学工作做精,做实。同时注重学校信息系统的建立,建立教师个人信息管理系统、教师个人阅读学习记录系统,形成教育教学信息管理体系。做到每一名教师都有存档,有记录,形成积累,强化交流和汇报,定期上传周记,专人负责督导和跟进。让每次付出都有意义,让每个教育者都有使命感。

本学期,全校教职工精神面貌焕然一新,学校教育教学、后勤管理等各项工作井然有序,整个学校呈现出一派良好的态势。

学校治理体系的新探索

青岛六十七中　施宝书

现代学校制度建设是保障学校现代化发展的重要工作,学校体系治理行动的目标是促进治理体系与能力的现代化,以进一步激发学校的办学活力、教师的工作热情、学生的主动发展。

在"出彩教育"理念引领下,我们提出了建设高品质学校、实现学校高质量发展的"六大行动"计划,深入推进学校治理体系行动,优化学校治理,提升办学活力,用现代学校制度保障学校健康持续发展,已成为学校治理的新常态。

一、理念引领,用价值观奠定制度的思想基础

让现代教育理念成为现代学校制度的灵魂。制度的力量从根本上讲是一种思想的力量,缺乏对制度背后思想观念的坚信,任何制度无论多么健全齐备都不可能真正地执行。我们提出了《"出彩教育"蓝图》,明确了我们的愿景、使命、价值观,修订

完善了《五年发展规划》，赢得了全体教职工高度认同。出彩教育思想，激活了每个人的内驱力，发挥每个人的创造力，培养每个人的持久力，凝聚了师生突破自我的新能量。

二、治理创新，在探索中提升治理的品质

重设组织架构，体现发展构想，一室一委五中心突出各自职能；在完善新闻宣传中心基础上，建立创客中心，推进学生社团发展与社会实践中心，形成三个二级中心；改革三个平台，强化科学决策和分工执行力；构建年级领导管理团队LMT，引领学校创新发展；实行校级干部联系教研组制度。

三、加强并完善制度管理

制度建设明确责任，完善运行机制，系统做好全面服务工作，引导全体教职工奉献学校发展，奉献师生成长。结合学校35项管理权限清单制定，在一事一单的基础上，完成对应制度"废""改""立"，形成新的制度汇编；出台《干部工作规范》和《规范月活动方案》，以规范、标准、精细、现代的工作要求提升学校品质；坚持工作清单制度，项目负责制，增加工作计划性、协调性；全面推行干部教师述职与评议制度。

四、激发活力，推进教育评价改进行动

规范教师管理，深化教师选聘和管理改革，开展"三定一聘"工作；修订完善绩效工资、岗位竞聘量化积分办法，利用现代信息技术手段实施全体学生对教师教学满意率和跟班率测评；研究制定教职工贡献度评价；发挥榜样典型示范引领，教师节评选表彰师德标兵、最美教师、十佳班主任等，特别是每周升旗仪式进行出彩六十七中人表彰，营造了积极向上，干事创业，和谐幸福的学校发展氛围。

五、开放办学，让治理激发出办学活力

畅通渠道，发扬民主，发挥教代会、工会、群团组织作用；完善学校开放自主管理平台，加强与社区共建，发挥校务委员会、家委会、家委会专门委员会、学生会、学生自主管理委员会、校长助理、社团联合会、校长会客厅等的作用，发挥主人翁精神，积极参与，理解学校，宣传学校，建设学校；广泛开展群众性的创新活动，征集在设计、推进、落实高品质学校建设六大行动上的"金点子"；动员广大教职工落实全员育人导师制，履行一岗双责，发挥在班教导会、落实"十个一"、参与社团、建设特色课程等方面的主体作用；鼓励参与学校重大活动，积极投身到高品质学校建设中，让每个人

更有成就感、归属感;通过集体的力量去教育集体的每一个成员,培育集体热情,为人为学,满怀热忱,高品位的和谐、团结、积极、努力、向上,更好践行有温度的教育。

拓展教育队伍,形成教育合力。创建家委会新职能部门,重点加强班级家委会建设,更好地服务学校发展;开展家长开放日活动和家长驻校值班制度。

全员育人导师制的探索与实践

青岛市即墨区市北中学　孙吉超

即墨区市北中学按照对学生"思想引导、心理疏导、生活指导、学习辅导、人生规划向导"的总体要求,积极推行全员育人导师制,促使全体教师把课堂教育与课外教育相结合,共性教育与个性教育相结合,严格管理与言传身教相结合,让每个学生都能获得足够的关注及个性化指导,不断为学生提供支持和反馈,引导学生领悟责任、挑战、成长的真正含义,从而更好地成长为社会需要的人才。

一、确立导师制的目标任务

1. 动员多方力量,整合多种资源,探索一条"教师人人做导师,学生个个受关爱"的教育管理之路。

2. 以教师为主导,发挥教师在教育、教学过程中的主导作用,利用教师对学生的亲和力,对学生实施亲情化、个性化教育,寻找发现学生的发展潜能,深入学生心灵深处,促进学生全面发展、健康成长。

3. 采取定人、定时、定标的方法,面向全体,侧重后进生,对学生实行全方位的管理和教育,全面贯彻党的教育方针,全面实施素质教育,全面落实新课程理念,指导学生学会生活、学会生存、学会学习、学会合作、学会创新的能力,努力把学生培养成为人格自尊、行为自律、学习自主、生活自理、心理自强的新时代学生。

二、明晰导师职责

1. 对受导学生进行思想政治教育和道德品质教育,保护学生的心理健康,教育学生爱国、爱校、爱生活、爱学习,帮助和指导受导学生养成良好的习惯,遵纪守法,明礼诚信。

2.教育受导学生努力学习科学文化知识,帮助学生明确学习目标,端正学习态度,掌握学习方法,提高学习成绩。

3.关心受导学生的课外生活,指导学生参加有益身心健康和个性特长发展的活动。

4.协助学校和班主任对受导学生进行日常行为规范教育。

5.经常与受导学生家长及其他科任教师沟通,积极参加班导会,全面了解学生成长过程中的各方面表现,对受导学生的操行品德及评定提出意见和建议。

6.做好相关档案记录,积累素材,撰写育人案例。

三、制定导师制的主要工作措施

1.摸底调查,建立档案。

2.师生双向交流制度。

3.建立教师家长经常沟通联系制度。

4.班级学情会商制度。

5.导师指导学生,应根据学生的不同个性需求,采取个性化、亲情化的教育方法,切勿挖苦、讽刺、体罚或变相体罚学生。导师应认真倾听受导学生的心声,及时解决学生困惑,承认学生的个性差异,尊重学生身心发展的特点和认知水平,当学生取得成绩、进步时应及时给予表扬和鼓励,当学生遇到困难或麻烦时给予热情帮助。

四、做好导师选配

1.科任教师原则上都应担任学生成长导师,并在级部的指导和管理下开展工作。

2.班主任根据班级的师资、学生情况确定本班级导师的选配。也可由学生和任课教师自愿搭配。

3.级部要统筹安排,认真做好学生导师的选配、协调和实施工作,面向全体学生,要侧重特殊群体学生的导师选配。

以德立校，以德治教，以德育人

——青西三中优化内部管理促进学校内涵发展之探索

青岛西海岸新区第三高级中学　刘光平

一、严细勤实，精细化管理，规范学校内涵发展

1. 明确岗位责任制，落实"严细勤实"工作原则，让每个人正确做事、高效做事。

2. 实行民主管理，始终把尊重教师、关心教师作为重要内容，充分发挥党支部的政治核心作用，教代会的民主监督作用，通过各种有效途径实行校务公开，做到党政工团一条心，职工领导一股劲，群策群力创品牌。

3. 管理服务化，每位班子成员以服务广大师生为本，努力做到：价值引领，让教师在成长中感受幸福；感受尊严，让教师在工作中体会幸福；持续提升，让教师在成就中确证幸福；身心健康，让教师在生活中享受幸福。

二、厚德强能，倾心打造高品质队伍，成就学校内涵发展

1. 深入开展师德师风建设活动。坚持开展"做学生满意的好教师"教育活动，进一步强调爱与责任是师德之魂。建立教师个人信用承诺制度，签订《师德信用承诺书》，集体宣誓，经常性举办师德演讲比赛、班主任工作论坛，开展"感动校园人物""十佳师德标兵""优秀班主任""优秀教师""最受学生喜爱的教师""教学能手"评选等系列教育活动，进一步树立服务意识、责任意识、诚信意识、合作意识和个性发展意识，促进教职工队伍素质的整体提高和学校事业健康发展。

2. 加强教学研究，组建学习型团队。以教学名师、骨干教师、学科带头人引领开展大教研活动；对青年教师重点培养，开展青蓝工程师徒结对活动，注重教师培训和对外交流学习，采取"请进来""走出去""互相交流"等多种培训方式，不断壮大骨干教师队伍。

3. 建立校本教研制度，有计划地进行尝试性校本课程开发。鼓励教师以开放的

心态进行教育科研,利用远程信息教育资源,给教师提供学习与展示的平台,促进教师由经验型向科研型转变,实现以研促教、以研促学,走科研兴校之路。

三、精益求精,追求优质高效教学,诠释学校内涵发展

1. 抓实教学常规管理。加强对常规教学工作的过程管理,特别注重抓好"备课、上课、作业批改、考试、辅导、研究"为核心的教学常规工作,做到"把常规做好,把细节抓严,把过程抓实"。

2. 重视常态下的大集备活动。每次集体备课要求定时间、定内容、定中心发言人,采取"个人初备—集体共备—特色个案—课后补备"的环节,全体教师共同钻研教材、探讨教法、研究题型、整合内在资源,发挥优势力量从而大面积提高教学质量。

3. 强化大教研活动。狠抓课堂教学,向课堂要质量,以新课程培训、优质课比赛、新教师过关课、展示课、示范课等形式开展听、评、改活动,转变教育观念,改变教学方法。

4. 推行全员育人导师制度。实施一生一师导师制度,开展目标学生推优辅差工作,安排专人教师固定时间进行辅导,让各类学生在原来的学业基础上有所提升、进步,使人人获得关爱、人人获得尊重、人人健康成长。

5. 扎实推进"分类分层、多元发展"。本着"为每一位学生发展找出路"的育人原则,以"分类推进"为突破口,确立学生多元化发展的办学策略,逐渐形成我校"分类推进,多元发展"的办学特色。

四、立德树人,开展丰富多彩的活动,彰显学校内涵发展

1. 规范社团建设,培养学生广泛兴趣。学校进一步规范社团活动,强化课程意识,构建比较完善的社团活动课程,确保活动时间,丰富活动内容,组建书法、绘画、合唱、诵读等各类社团,让全校学生根据兴趣、爱好参加各类社团活动,充分体现活动的选择性、自主性、实践性。

2. 打造"尚德树人"德育品牌,提升学生综合素养。学校把做人教育作为学校德育工作的突破口和关键,弘扬和培育社会主义核心价值观,以"引领式"德育课程体系激发学生成长的主动性和内驱力,努力打造"尚德树人"德育品牌,以爱国、责任、尊重、诚信、感恩、励志等主题为教育内容,以常规教育为突破口,遵循"一切为了学生"的育人宗旨,开展德育系列教育活动,通过"文明修身月""读书交流会""经典诵读会""体育节""成人节""艺术节""尚德树人道德讲堂""元旦文艺汇演""纪念五四运动 100 周年班级合唱节""徒步远足"等活动把握学生发展脉搏,造就优雅

博学之士,厚植国家和民族最持久最深层的精神力量。

五、曲径通幽,营造和谐文化氛围,润泽学校内涵发展

1.弘扬"文明奋进"的校园精神。"文明"是做人的根本品德,"奋进"是做人的精神追求。坚持"文明奋进"的校园精神教育,以激励和鞭策全校师生不断向前发展。

2.建设优美的校园环境。重视环境育人的作用,在规划和建设学校的建筑、设施时,着力让每一栋楼说话,每一棵树招手,每一片草地净化人的心灵,不仅注重使用价值、美化价值,而且重视深刻的教育价值。教室、宿舍、食堂、运动场、楼梯、走廊等不仅整洁有序,而且文化内涵丰富,给学生"润物细无声"的教育,提供美的享受。

精细化管理推进标准化食堂建设工作

青岛五十八中　袁国彬

青岛五十八中现有食堂两个,建筑面积达3000平方米,其中厨房面积1500平方米,就餐面积1500平方米。食堂为学校自主管理,学校高度重视食堂工作,推行精细化管理,向管理要质量,向服务要质量。

一、加强领导,完善制度

1.组织机构健全。为加强对学生食堂的建设与管理,健全食堂管理的长效机制,切实做好标准化食堂的各项工作,学校成立了由校长任组长、分管总务后勤副校长为副组长、总务主任、督查室主任、食堂负责人等组成的创建标准化食堂领导小组、食品安全领导小组,全面负责食品安全的各项工作。学校督查室、卫生室对食堂各运行环节进行全面监督,设了专职检查员对食堂进行监控,防患于未然,从而为食堂的各项工作顺利进行提供了可靠的、强有力的组织保障。

2.加强制度建设。我校先后制定了《青岛五十八中食堂管理制度》《青岛五十八中食堂管理员工手册》《青岛五十八中食堂卫生管理制度》等,进一步明确了各岗位的职责,各项工作的流程,各种机具的使用和操作规范,食品安全责任落实到人,大宗物资采购索证制度,食品留样制度,餐具消洗程序,完善了各种应急突发事故预案

459

等，从而使食堂的管理工作更趋规范化、合理化和科学化。

3. 重视安全工作。我校食堂严格执行《食品安全法》，设有食品卫生安全组织机构，配有食品卫生专职检查员，每天对食堂工作流程、卫生要求进行巡查，发现问题及时纠正。餐厅环境整洁卫生，操作间"三防"设施齐全。新进人员均需取得李沧区疾控中心健康证、培训证，每年组织一次炊管人员健康体检，所有员工持有效健康证并经卫生知识培训合格后，方能上岗。炊管人员上班统一着工作衣、帽，销售人员和熟食制作人员戴口罩，并实行晨检制度。在食品留样工作中，各工作组加工的食品，由食堂专职食品检查员进行留样并登记，使食品留样工作更细致，程序更严密。

4. 资金保障有力。我校高度重视食堂的硬件建设，在政策和经费方面给予了全力投入，从而使食堂硬件设施齐备，为食堂正常运行和提供优质服务提供了良好的硬件平台，今年暑假便投入280万元用于食堂天然气改造和设备添置。

二、规范管理　科学配餐

1. 注重队伍建设，提升服务质量和服务水平。优质、安全的餐饮服务离不开人这一主体，通过"走出去学、请进来教、动起来赛"的方式来提高食堂员工的管理水平和服务水平。多次组织食堂技术骨干到青岛海尔集团、府新大厦、中国海洋大学等处进行观摩交流学习，提供专项资金组织食堂厨师、面点师参加各类培训，学习培训结束后均需在食堂专门会议上汇报学习心得，开展内部培训；聘请青岛市立医院、第八人民医院营养师进行校内营养配餐讲座、担任特聘营养师，邀请广业锦江等酒店大厨到校进项专项培训；食堂将每年4月定为"情满餐厅月"，10月为"技能创新月"，12月为"厨艺展示月"，通过比赛提升技能，从加强员工素质提高服务质量入手，定期召开服务意识培训会，每年组织员工进行消防演练。目前，餐厅共有炊管服务人员45人，其中厨师8名，面点师5名。在用人上任人唯贤，大胆起用有管理能力的外聘员工，充实食堂管理队伍，从而保证了食堂各项保障工作的顺利进行和优质服务。

2. 严把采购关，降低伙食成本。食堂为保证食品质量，米、面、油、肉、调料等原料均采购自市政府"阳光工程"，且货比三家，并全面审核其生产、加工、储备、供货能力、价格、标准等综合指标，严格采购索证制度。食堂有完整的出入库登记表，食堂菜品质量、品种、价格实行"统一核定、统一规划"，实行全成本核算，高、中、低菜品搭配合理，比例基本为3∶5∶2，基本满足了学校师生多层次的就餐需求。早餐品种20余种，中餐品种40余种，晚餐品种40余种。菜品价格坚持"定价公开、明码标价"，在原材料、人工成本不断上涨的情况下，积极采取措施挖掘内部潜力，最大限度降低伙食成本，稳定价格，减轻学生负担。

3. 吸收师生、家长参与民主管理。学校成立了由教师代表、学生代表、家长委员会代表组成的膳食管理委员会参与食堂管理。每餐膳食管理委员会实行现场监督。提前一周通过校园网公布食谱。此外，还建立了多元化的意见收集渠道，如校长公开电话、校长信箱、食堂意见箱、问卷调查等，听取就餐者意见，增进师生、家长对食堂工作的了解，融洽两者关系。

更新优化智慧校园软件平台，支撑教育教学与管理模式变革

青岛五十八中 吴 峰

自学校启动智慧校园建设以来，学校智慧校园软件平台主要开发应用了综合办公平台、资源中心平台、网络点播平台和一卡通集约化管理平台。各类平台在学校各项信息化应用的不断推进中也进行着更新优化。各类应用的逐渐推开，为学校师生办公、教学教研以及其他各类教育管理应用提供了较大的便利。

一、教学资源存储与共享从"私有云"到"公有云"

学校在智慧校园云平台建设之前，教师的备授课资源存储途径多为电脑硬盘和学校 FTP 服务器，但基于 FTP 的校内资源共享方式给教师的备授课和教学研讨带来了很多不便。随着"云"概念的兴起，部分教师开始探索云盘的使用，"360 云盘""百度云"等网络云盘进入教师们的视野。2014 年暑假，学校数学组的教师利用"博客＋百度云盘"，在假期对学生进行在线指导和答疑，获得了较好的反响。但资源的存储与传播基于百度云个人空间，对于资源的分类汇总和共享仍不方便，这些手段仍然限制在一个"私有云"的高度。

而学校智慧校园云平台的出现改变了这一现状。平台中"资源中心"与"网络点播平台"子系统的建设，使学校的教学资源实现了真正意义上的汇集与互联网共享，师生、校外家长等可以不受时间、空间限制地使用教学资源。基于软件定义的超融合分布式服务器架构、网络点播平台的流媒体服务器技术以及网络传输基础设施建设

为平台运行和用户体验提供了稳定的硬件支持。智慧校园云平台的出现,使学校的教育资源存储初步达到了一个"公有云"的高度。

二、教学研讨由"线下"转向"线下线上结合"

学校传统的教学研讨为备课组内的线下教研,部分教师与校外同行的交流多采用QQ等社交工具的方式,但资源的整合和教研记录非常受限制。智慧校园云平台的建立,拓宽了教研活动的时间与空间。校内可以通过网络跨年级拓展到其他年级备课组,"资源中心"子系统可以为教研提供丰富的资源支持,"教师研训"子系统可以为教研活动提供网络空间的支持,让教师得以记录、共享教研活动,后加入的教师也不会错过精彩部分。网络点播平台的直播功能,更是将远程听评课、课堂交互变为可能。2015年青岛市高中教学工作会现场展示活动中,学校教师就使用了学校的网络直播平台,与贵州安顺一中进行了课堂即时互动,取得了良好的效果。

三、学习活动由"线下"学习转向"线下线上混合式"

学校在传统的授课模式下已经获得了较好的成绩,但信息技术的发展经过检验确实可以为师生的交互提供更强大的支撑。从"传统"的学习到"多媒体技术支撑"下的学习,再到"网络环境下"的学习,在不断的实际应用中信息技术展现出了强大的魅力。

智慧校园云平台"电子书包"板块,是基于"一对一数字化学习"理念建设而成,集合了教师备课、学生在线学习、课堂交互等功能,对现有的课堂授课模式进行了有利补充。网络平台具有的在线预习、即时交互、学生作业批阅等功能是传统模式下不能实现的,它的出现为学校尝试在信息化环境下教学模式的变革提供了一个较有力的支撑点。

2015年全国中小学互动课堂教学实践观摩活动在青岛举行,学校为教学展示活动高中分会场。学校两位教师使用"电子书包"在线学习子系统,结合交互式电子白板以及平板电脑,利用学科教学软件展示了两堂精彩的课,双双获得了全国一等奖。这也是学校在信息化环境下进行教学模式探索的成果体现。

四、学校教育管理从"纸面化"到"网络化"

教育管理是学校除教学外的又一个重要的环节。在非信息化环境下,学校的教育管理有很多方面具有低效、易产生重复工作、"信息孤岛"等缺点,如传统模式下的教师专业成长记录与评价、教务管理、学生成长档案、后勤管理等方面。学校智慧校园云平台中,有针对教育管理的各类子系统,通过该平台的数据存储与处理,在很多方面大大提升了管理的效率与效果。以下是学校管理中的几个具体小实例。

其一,学校传统的教师成长记录与评价需要教师以备课组为单位在期末提交含有各个项目的 Excel 表格,学校教导处对教师的表格进行汇总评价。在智慧校园子系统中,教师日常就可随时提交自己的论文、公开课等,通过平台得以记录个人的成长,建立业务档案。教导处只需要管理员汇总下载、审核即可,效率得到大大的提升。

其二,学校传统的教师薪资告知方式是每月财务处打印教师工资条发放,在智慧校园云平台中使用教师薪资管理子系统,教师使用个人账号可以随时查询自己往月的薪资记录,实现了无纸化与便捷化。

其三,学校传统的故障报修方式为到总务处登记,然后管理员维修反馈。在智慧校园云平台中使用报修子系统,教师可以通过电脑、手机端进行报修,相应管理员处会收到报修提醒,教师端可以查看维修进度以及反馈。学校总务处可以每月进行维修情况汇总与生成报表公示。

五、学生日常学习数据从"碎片化定性记录"到"系统化定量分析"

学校在启动智慧校园建设之前,学生的日常检测均以练习的形式发放,教师批改对错,学生练习的效果大多只定性地存在于任课教师的记录本上,为"碎片化定性"的记录。在智慧校园建设过程中,学校引入的极课大数据分析系统,将学生日常的作业练习也赋分并实现网上批阅,每次练习的成绩均如实记录并存储。数据在量的积累达到一定程度之后,通过数据分析可以清楚地看出学生在某学科学习的某段时间内学习效果。实现了初步的"系统化定量分析"。

极课大数据在学科作业上的使用,是我校尝试进行学生教育大数据积累的开始,随着不断的探索与实践,以及各学科数据的积累,更多有价值的信息可以在数据中不断挖掘。这将为学校教育评价分析带来全新的体验,极大地促进学校教学质量的提升。

以上只是学校教育教学和管理信息化历程中的几个小案例,但正是很多这样的小案例中的信息化应用,大大提升了整个学校的教育教学和管理的水平与效率,对学校的发展起到了如虎添翼的作用。

建立健全学校内部治理结构，优化内部管理

青岛市即墨区实验高级中学　王崇国

大力推进现代学校制度建设，建立健全校务委员会、教职工代表大会、家长委员会制度，加快学校章程建设，建立健全事中、事后监管机制，优化学校内部管理，挖潜增效。

一、加快现代学校制度建设和学校治理模式改革

结合山东省普通高中办学自主权试点工作，推进现代化学校制度建设，大力推进基于民主决策、权责分明、效率优先、扁平管理原则的学校治理模式改革，优化机构设置，提高级部主任负责制效率，打造教学管理一体化、师生管理一体化、过程评价与结果评价一体化学校管理模式，鼓励级部、职能处室进行内部管理体制创新；进一步完善向教师报告、听教师意见、请教师评议的充满生机活力的现代学校制度，逐步形成"自主管理、自主发展、自我约束、社会监督"的管理机制，探索一条"科学化、民主化、规范化、法治化"的学校管理新路子。

二、提高依法治校水平，完善学校章程

学校章程是学校的基本纲领性文件，是学校办学管理的"基本法"，要按照学校章程，认真行使职权，维护教工合法权利，适时出台《〈青岛市即墨区实验高级中学章程〉实施方案》，规范学校中重大事项和基本问题。

三、实施多元化、民主化治理，坚持教代会制度，发挥校务委员会和家长委员会作用

在坚持落实校长负责制、发挥学校党总支政治核心作用的同时，注重发挥教代会参与学校民主管理的职能作用。继续做好每年不少于一次的教职工代表大会，听取校长的工作报告，民主讨论学校规划、评先选优、改革方案等，民主评议干部，充分调

动教职员工参与民主管理与监督的积极性。

四、健全校务委员会，坚持校务公开制度

强化学校领导班子重大问题议事规范化，定期召开校务委员会、教职工代表大会审议学校重大事宜，提交校长办公会、党总支会议讨论决策，保证决策的民主化。

五、建立实施管理权限清单、负面清单制度

逐项梳理、公布权限清单，针对学校管理权限和重大决策事项，规范办理依据、工作流程等，实现依法民主规范运行。

六、端正办学思想，规范办学行为

成立由校长任组长的规范办学行为工作小组，在自律机制、课程计划、作息时间、课业负担、教材教辅、社会评价和群众满意度等方面开展针对性工作，促进学校和谐、健康、可持续发展，办人民满意的教育。

七、发挥党员模范带头作用，带动群团组织，服务教育教学中心工作

深入学习贯彻习近平新时代中国特色社会主义思想和党的十九届四中全会精神，积极参与"不忘初心、牢记使命"主题教育活动，围绕教学中心调整党支部，将支部建在年级上，充分发挥基层党组织在教学一线的战斗堡垒和党员先锋模范带头作用，发挥群团组织的带动作用，有效助推办学层次的提升、教育理念的更新和策略举措的升级。

八、加强干部教师队伍建设，增强干部教师执行力

加强师德建设，选树一批师德高尚的模范典型，严肃处理有违师德的不良行为，营造风清气正的育人氛围。干部深入教学一线调研制度化、常态化，坚持问题在一线发现、矛盾在一线解决，将教育教学中心工作始终置于视野范围中。加强干部教师作风建设，强化制度管理，提高站位，真抓严管，敢于担当，创造性开展各项工作。全面排查廉政风险点，规范微权力运行，在项目招标、物资采购、教辅材料征订、艺术培训机构推荐、学生干部选拔任命、座次安排等各方面建章立制，规范干部教师的自由裁量权。

从精细到精致

青岛第二实验初级中学　战志蛟

一、突破传统壁垒，构建现代学校管理服务指导体系

我校在学校行政机构设置和学生自主管理组织两方面做重点突破，探索让学生在自我教育和自主管理中做学校主人的机制，其中重置学校行政机构是我校的一大亮点。

去行政化管理桎梏，突出学校部门的"育"和"导"功能。我校首先从内部管理机构进行革新，改组传统的中层部门，设立了党政服务处、学业指导处、生活指导处、师生发展服务处和教师发展指导处，用来替代传统意义上的办公室、教务处、政教处、总务处和教科研室，增设创新实践指导处和信息化教育指导中心。以内部机构革新为抓手，强化学校行政组织对教师和学生的指导与服务职能，将校长和管理干部的职责定位于组织者和协调者，强化干部对教师和学生的指导、服务职能，从而摒弃了传统意义上的领导和管理的观念，营造一个真正为师生服务的管理文化。

改名容易改观念难，"服务与指导"是改组后各部门名称中的核心词，这是一个鲜明的信号，它时刻提醒着每一个干部，使之更加明确自己的工作职责和方向；这是一种专业的引领，它引发每一名教师对自己所从事的这份事业的再思考、再定位；这是一份厚重的承诺，办社会满意的优质教育，它从一个侧面诠释了我校"成就教育"办学理念的核心要义。

二、拉近空间距离，实施"一站式"管理服务模式

如何能让师生的校内工作生活享有更高品质？我校采用"一站式"管理服务模式，合理规划布局，最大可能地整合各种服务资源，形成管理服务CBD，高效运转学校各项工作。

1. 重点职能部门联合办公。在教学楼一层设立"联合办公室"，将学业指导处、生活指导处、团委三个部门与副校长室整合在一起办公，工作原则是"常规工作分工

负责,重点工作集体突破,突发事情联合解决",真正实现学校重点管理工作的无缝隙对接。

联合办公室是我校"一站式"管理服务的核心区,是"作战"指挥中心,是三级服务网络。其特点是①因联合而互相配合;②接地气、贴民心、解民忧;③应对突发"快、准、稳"。

2. 主要服务保障部门集中设置。物品保管室和油印室是教师和学生最常接触的两个服务保障部门,学校将这两个部门的办公地点设在联合办公室的旁边,减少因地点设置过于分散而人为增加的"无效距离"。此举不仅节省了师生的时间,更拉近了干群、师生间的距离,还明显提高了办事效率。

3. 教师办公室辐射状分布。以联合办公室为轴心,三个年级的教师办公室依次设置在三个楼层,位于班级教室的核心位置,实行大办公室"隔断式"统一办公,便于整个楼层班级的日常统一管理。"一站式"管理服务模式最大的特点是集成融合性,在实施过程中我们充分感受到这项举措的利好之处。

1. 便利服务。这是二实验人以及来二实验的每一位客人最大的感受,也是这项举措的外部感受。集中办公使教师、学生、家长少跑路,遇到困难或问题,直接到联合办公室,第一时间解决问题。特别是服务指导中心设在师生教学区,为全校师生主动提供"快速、周到、贴心"服务。这就像政府的服务大厅,集中办事方便师生家长,加强监督提高效率。二实验口头语"有问题,找联合",就是这个意思。

2. 整合力量。学校管理最忌讳的是各部门"各自为战",教育教学本来就是不可分割的整体,联合办公是解决问题的有效途径。其一教育教学两大主力军合力解决问题,发现问题第一时间补救和解决,很大程度上减少了管理盲区,实效性特别好。自实施联合办公以来,我们学校从未出现空堂、乱堂和缺课现象,更未出现学生打架等安全事故,这些都源于我们日常处理问题"快准稳"。其二分管校长与分管主任在一起办公,有利于对中层干部工作的指导,增强了干部间的合作与沟通,提高了工作效率,干部队伍成长的速度快。其三部门间相互取长补短,互相学习,互相帮助,团结合作,工作氛围相当融洽。其四加强了家校间的沟通与合作,提高了课堂教学效率和学生的学业成绩,提升了家长的满意度和支持度。我们公开了校长和联合办公室的所有电话,无论是人访还是电话访,我们都会第一时间处理完善达到满意。这是这项举措的内部效应和隐性作用,也是二实验各项工作不断取得新突破的法宝。

教育信息化实践探索

莱西实验学校　吕建刚

信息技术作为当今世界更新速度最快、通用性最广、渗透力最强的技术之一,深刻地影响着人们的生活——通过网络搜索,瞬间得到海量信息;借助智能手机等工具,世界各地的人可以合作完成项目……

成功的教育、面向未来的教育,必须适应信息化时代,而信息技术的全面渗透也必将深刻影响着教育理念、模式、方法的走向。如何利用信息技术更有效地促进教育教学活动的开展?学校做了一些有益的尝试。

一、技术使用——理念先行

任何新生技术的推动都需要一个过程。推动的障碍源于人们的惯性思维,不想改变的畏难心理。高中阶段,在现有的教育教学制度下,推动技术的应用,需要循序渐进的过程。

我们注意到,无论是微课、翻转课堂,还是电子白板、录播教室的使用,大部分教师最初是非常有激情的,但是在参加过一到两次培训后有些教师激情会减弱,直至回到原点,即所谓的“知易行难”。如何让教师们能够有持续参与的热情,并进而进行实践的应用呢?

我们采取了通识培训、骨干先行、同伴互助、人人参与的工作思路,即技术的推进首先进行全体教师的通识培训(扫盲),进而选定骨干教师进行研究、突破,在此基础上通过展示(比赛、论坛)等进行分享,骨干教师带动同组教师进行研究应用,最终通过集体教研达到人人参与的程度。

教师们的畏难情绪,大部分是来源于对技术的“畏惧”,通过以上工作流程,就能逐步消除教师们的这种“畏惧”,从而推动技术的应用。

二、录播教室使用——课堂教研的助推剂

在教育局的大力支持下,我校申请建设了三个录播教室,供三个级部使用。录播

教室就成了各教研组进行教研活动的"圣地",有力地促进了学校教育教学水平的提高。在录播教室使用的推进过程中,我们思考了两个方面的问题:谁来用?怎么用?

谁来用:录播教室是为全体教师服务的。谁来用决定了录播教室用来干什么,决定了使用的频率与效果。经过讨论,我们将级部单位、教研组单位、教师个人、班主任作为录播教室应用的主体。主要涉及的活动有级部听评课、教研组教研、教师录播课、学生活动、班会展示等,这样的定位拓展了录播教室的应用途径。

怎么用:要保证录播教室能够有效地使用,首先要保证教师能够掌握录播技术。仅靠专业人员的帮助做不到随时、随地的高效利用,基于这样的考虑,学校进行了学科骨干教师的培训,每组至少推选两名教师进行技术培训,能够独立掌握录播技术及简单的剪辑技术,建立了学校"民间"的技术力量,技术保障得到实现。

学校通过改善听课环境、微课题研究、教师教学基本功比赛等方式把录播教室的使用导向常态化。学校把听课终端之一放在了咖啡屋,采用"圆桌会议"的形式,使得教师们在一种"非正式"的环境中开展教学教研活动,消除了教师们心理上的怠倦感,促进了他们敞开式的交流。

学校利用课题引领的方式,通过录播听评课的方式,引导教师通过视频实现即时评课、课后自我反思。上学期,共开设录播课45节。

为了更好地发挥录播教室的功能,我们还把教师教学基本功比赛的现场放到录播教室,通过集体研讨、教研备课、现场赛课、现场评课、视频录制、评委反馈、教师自评反思、论坛分享八个环节把教师基本功比赛的活动效果发挥到最佳。

第四部分

职业教育

深化现代学校制度建设，完善学校内部治理

山东省轻工工程学校　　迟本理

一、推进依法治校

2018年，在全国教育大会上，习近平总书记指出要依法治教、依法办学和依法治校。作为教育现代化实践者和推动者的学校校长，应以法治思维和法治方式推动教育变革。

（一）构建以章程为核心的制度体系

1. 学习贯彻国家有关教育类法律法规和《青岛市中小学管理办法》《青岛市职业教育条例》，制定了《山东省轻工工程学校章程》，对规章制度汇编进行规范化提升，重点是对照国家法律法规和上级政策，对各项规定的政策依据、内容进行全面梳理，使规定合法合规，增强了权威性。

2. 推进规章制度与时俱进，进行废改立，如废弃了《学生日常行为量化考核办法》《学生量化考核办法实施细则》，代之以《学生综合素养4+X考评办法》《"学生德育千分制"考核办法》等新规定，使学生培养与考核更加科学化、规范化。修订了《正高级讲师专业技术职务资格评审办法》《山东省轻工工程学校学生专业技能竞赛管理办法》《教育装备检查验收管理办法》《绩效工资实施细则》《教职工劳动纪律规定》等。

（二）加强"执法"检查

制度的力量在于执行。再好的制度如果不付诸实施，等于纸上谈兵。我校把执行制度作为依法治校的重点内容。加强督查室力量，选配政治素质过硬、业务能力强的干部负责督查室工作，细化督查室职责，除日常工作督查外，重点督查规章制度执行情况，促进依法依规办事。

（三）加强普法教育

开展宪法学习宣传月活动，组织师生开展以《宪法》为主的法律学习；把普法教

育与国旗下的演讲、主题班会等结合；开展"法育未来"宪法诵读活动、走进上马街道综治工作中心等活动；开展防治校园欺凌活动，制订方案，成立了工作机构，建立了预防网络。发挥法制副校长和法律顾问作用，协助开展法制宣传教育。

二、提升自主管理水平

（一）完善决策机制

1. 遵守青岛市教育局《中小学校长工作暂行规定》《中小学党组织工作暂行规定》，创造性地把坚持校长负责制与发挥党委政治核心作用相结合，"三重一大"及事关学校发展的重大工作和事项，由校长办公会、党委会共同决策，发挥党委监督和保障作用。

2. 重大事项要进行决策风险评估，进行充分调研，听取师生意见，健全、规范重大决策程序。完善法律顾问制度，进一步健全学校重大决策、重要文件合法性审查机制。

（二）运行学校管理权限清单

以教育法等法律法规为依据，制订了包括教育教学管理、学生管理、干部教师管理、财产财务管理等权限和其他事项共五大类38个项目的管理权限清单，落实了学校办学自主权，规范了办事责任和程序，方便了师生和社会群众。

三、加强民主参与、民主监督

（一）健全教代会制度

扩大教职工代表大会对学校管理的参与范围。学校重大决策、重大事项向教代会报告；关系到教职工切身利益事项，提交教代会讨论审议，通过才实施，不通过则继续修订。

（二）校务、党务公开

执行《校务公开工作制度》和《校务公开工作实施方案》《党务公开制度汇编》和《党务公开工作实施方案》，通过宣传栏、AM、网站、微信群等对干部任免、职称评审、工资福利、组织发展、采购招标等校务、党务内容进行公开，建立公开台账。

（三）发挥纪检监督作用

制订《党风廉政建设领导班子主体责任和纪检委员监督责任清单》《关于落实党风廉政建设纪检委员监督责任的工作方案》，发挥纪检委员监督责任。纪检委员全程参与学校重大决策、各类校内招标。

（四）健全校内监督

全体教职工测评领导班子和中层干部，作为干部年度考核的依据；干部换届，教职工代表参与中层干部、各系部干部民主测评，分数作为干部选拔的重要依据；教职工代表参与干部竞选答辩打分和旁听。

（五）加强决策监督

落实《关于建立学校领导与师生群众联系长效机制的通知》《学校领导接待日工作方案》，通过校长公开电话、校长信箱，征求师生对学校的意见建议及需要解决的困难问题等，对学校决策进行监督、提出建议和意见。每学期召开教师和学生代表座谈会，征求各方面意见，形成了校领导与师生和家长联系的长效机制。健全法律顾问制度。制定规章制度，对外订立合同协议，都要由法律顾问进行审核，签署意见；重大决策、重要文件和合同协议，由法律顾问审核，报教育主管部门审批。

红袖章里的"三全"育人情怀

——平度师范学校推行全员、全程、全方位育人值班制度

平度师范学校　王启龙

平度师范作为一所以培养未来人民教师为主业的师范学校，目前有学前教育和小学教育两个专业，在校生1100余人，其中女生占92%以上，且学生均为寄宿制。原先学校只安排领导干部及外聘宿管人员负责夜间值班，近年来，在上级部门及社会各界对校园安全极为关注的背景下，为进一步贯彻落实青岛市教育局关于全员育人和寄宿制学校安全管理有关要求，切实防范校园安全事故的发生，确保学校财产

及寄宿生人身安全,保障学校安全和正常的教学、生活秩序,维护学校良好的育人环境,在全面调研及深入思考后,我积极建议实施教职工 24 小时全员育人值班制度,具体做法如下。

一、实施原则

根据上级有关要求,结合我校全体学生寄宿的实际,按照"全员、全程、全方位"的原则,实行在编教职员工全体参与、24 小时全时段覆盖、无死角全方位管控,实现校园内部精细化、无缝式安全管理。

二、人员安排

实行"1+2"3 人值班小组编排模式。每天由一名领导干部和男、女教师各一名组成当天值班小组,当班领导干部任组长。

三、值班时间

值班当天早 7:20 至次日早 7:20。

四、工作内容

(一)值班期间工作职责

值班人员需佩戴值班袖章,负责值班当天 24 小时的学校内部各项安全事宜。重点是巡查校园、排除隐患、维持纪律、保证秩序、检查人数、处置突发事件等。

(二)值班期间巡查时间节点要求

1. 学生三餐、三操、上放学时间:值班人员要到学生集中场所进行巡查。

2. 午休和晚休时间:值班人员要与宿舍管理员、学生会干部一起,分别到男、女生宿舍楼各寝室清点人数,督促学生及时就寝。熄灯后要巡查晚休纪律,检查楼内门窗、水电等,检查完毕后与宿舍管理员共同在当天宿舍检查记录表上签字确认。

3. 晚自习时间:值班人员要到教室、琴房等场所巡视检查学生秩序、纪律等情况。

4. 大休及节假日学生离、返校时间:值班人员要在学校门口巡查,直到学生全部离校或入校,并负责检查各楼门窗水电等情况。

5. 周末时间:值班人员要加强学生生活区、教学区等人员密集活动场所的巡查,白天期间巡查不少于 2 次。

以上各时间节点的巡查情况均需认真填写《值班记录表》,并由三人共同签字。

五、突发事件的处置

值班期间,要时刻保持高度警惕,要做到勤巡、细查。若遇到突发事件,值班人员为现场第一责任人,要迅速根据情况予以及时妥善处理。重大事情要第一时间向分管领导汇报请示。

六、有关要求

1. 值班人员应按规定的值班时间上岗、下岗,按点签到、签退。值班小组 3 人必须同时在岗,不得轮替到岗,不得早退、迟到、脱岗等。

2. 值班期间要佩戴值班标志。未经批准不得自行找人替岗,如有因公外出等确需换岗的特殊情况,须提前报分管安全校长批准,并同时报办公室备案。

3. 值班人员值班期间必须保证电话畅通,不得关机、静音等。

4. 值班人员须认真填写值班记录表,并由组长于次日 7:20 将三人共同签字的值班情况记录表交下一值班小组组长。

七、有关待遇

凡参与全员值班人员,均给予一定的值班补贴,相关费用从上级每年核定的寄宿制学校补贴中列支。值班工作情况将作为年终绩效和寄宿制补贴发放的重要依据。

八、责任追究

1. 对不按时接班或提前交班按迟到和早退处理,脱岗按旷工处理。

2. 学校对值班实施责任追究制。若因脱岗或工作责任心不强等失职行为造成师生人身伤害或安全事故的,将根据有关规定予以严肃处理,追究相应的赔偿责任和事故责任,并视情节轻重减发直至取消各种绩效。

经过一年多来的实践,这项在平师历史上首创的全员育人值班制度取得了非常好的效果。每天佩戴红袖章的值班人员随时行走在校园的各个角落,出现在学生需要的每一个时刻,被学生们亲切地称为"红袖章"教师。

构建人事管理体系，推动现代学校制度建设

青岛幼儿师范学校 于 朝

随着现代学校制度建设及各项人事制度改革的深入推进，青岛幼儿师范学校根据各项改革政策，全面创新管理模式，引领教职工转变观念，构建人事管理体系，推动现代学校制度建设。

一、学习研讨，增强教职工的参政议政意识

我校分别召开中层以上干部、党员代表、教职工代表等专题培训会，学习相关人事政策，集中研讨学校的各项管理制度，坚持"目标导向，问题导向，效果导向"，最大限度激发教职工的积极性、主动性和创造性，确保深化现代学校制度建设的各项任务有效落实。

二、完善制度，构建科学的人事制度体系

我校就关系到教职工切身利益的问题召开了多次研讨会，充分听取广大教职工的意见和建议。并依据学校章程，对部分陈旧、不符合当前发展、不利于促进当前教职工工作积极性的制度、规定，按程序、有计划地实施废、改工作。对教职工反映比较强烈的制度盲区加强了调研力度，设立了相应规定，使学校的人事管理制度更加完善，同时更能够符合当前的新形势和新要求。该校本着依法治校的理念，完善各项工作程序，聘请了法律顾问，对学校制度进行了合法性评估，确保新制度的合法性和可操作性。

三、多元联动，推动人事制度纵深发展

教育不是闭门造册，幼儿园是幼师的共赢体与合作者，学校一直重视与幼儿园的共建与联动。一是校、园各取所长，优势互补。幼儿园应学校要求派出业务骨干到学校交流幼儿教学实际情况，学校也急幼儿园所需给予帮助，共同建立备课室，与幼儿园教师研究幼儿教育热点问题。二是深化幼儿教师教育职前职后一体化研究，促进

学校与幼儿园的互动交流。学校为幼儿园名师名园长培养工程人选配备学术导师和实践导师,同时幼儿园优秀教师被学校聘为实习指导教师和在职培训授课教师。三是健全机制,保障联动。学校成立由骨干幼儿园园长参加的校园合作委员会,制定《青岛幼儿师范学校园校合作委员会规程》,建立校、园双方定期研讨机制;制订教学实习联合育人办法,实行双导师制和毕业论文答辩,给予专项经费支持;出台流动研究规定和在职培训调研考核办法等。

四、重抓落实,扩大人事管理良好效应

我校各项工作在新的人事管理制度体系下,取得了更显著的效果,制度运行更为顺畅,也得到了广大教职工的认可。同时,我校严格按照章程管理,成立了校务委员会、学术委员会、家委会等,增加了社会、家长的参与度,主动接受各界的监督;成立了纪检监察小组,对各项工作的进程进行全程监督,使各项制度在阳光下运行。

我校以创建人事管理示范点为契机,全面推进人事制度改革,完善了各项人事管理制度,建立了科学合理的人事管理制度体系,各项工作成效得到全面提升。一是推动工作务实调研,干群关系更为融洽。在制度制定过程中,我校领导始终密切联系群众,深入调研,关心群众诉求,满足群众合理的需求。二是我校氛围更加和谐,工作效率显著提高。教职工体现出了更加积极主动的工作意识,形成了以点带面的良好势头。

完善学校治理体系,提高治理效能

青岛综合实践教育中心　张　春

学校为转变管理理念,强化法治、民主、公开意识,积极稳妥地推进现代学校治理体系,提高了治理效能。从实施情况看,学校的各项工作严格按章程执行,以章程办学的理念已经渗透到广大教职员工思想当中,学校从人财物的管理到评先评优评职称都能体现出制度的作用和影响力,也取得了各项工作的实效性。

一、明确完善现代学校治理体系的意义

学校的现代治理体系是提高学校治理效能的根本保证。学校瞄准治理体系中存在的问题，坚持问题导向，进行改进提升，并建立科学有效的治理体系，为高质量发展提供治理基础。推进现代学校治理体系建设，有利于促进学校管理的民主化、科学化，满足广大师生接受良好教育的需求；有利于调动教工的积极性，提高教育资源的使用效率，形成较为完善的现代学校教育体系。

二、确定学校章程制定程序

1. 明确政策依据。根据上级相关文件要求，成立学校章程起草小组，及时修订章程初稿。

2. 修改章程初稿。召开学校教研组长会、班主任会、学生代表会议、家长委员会会议和行业专家会议，广泛征求意见，修改章程初稿。

3. 召开相关会议审议。召开学校专题校长办公会和行政办公会，讨论审议。召开了学校教职工代表大会和校务委员会会议，全员进行讨论审议。

4. 报批核准。根据教育局对学校章程核准前的建议要求，报请上级相关部门审核，根据上级指示，再次修改并审议

三、研究确定相关内容

学校的章程制度共八章 76 条，八章内容分别是总则、办学理念与学校文化、学校治理结构与运行机制、教育教学管理、学生、教职工、学校资产和附则。

四、治理体系主要特点

1. 充分体现依法治校理念。依托现有法律法规，对校长、党组织、教代会、校务委员会、家长委员会职权以及学生、教职工权利义务进行了明确界定，构建了分工明确、层次清楚的校内治理体系和结构。

2. 充分体现职业教育特点。治理体系成为学校自主办学的有力支撑，如可以将校企合作委员会涵盖在内，对校企合作委员会下设的教育教学科研工作委员会、招生实习就业工作委员会、专家指导工作委员会三个委员会职责进行了明确界定，鼓励以企业冠名、订单培养和嵌入式合作进行校企深度融合，深化办学模式改革；同时规定了成人教育培训规模、职业教育的社会服务功能。

3. 体现了学校办学的最新成果。例如在学生德育中，明确了学校突出传统文化教育，坚持开展"三五"工程（"晨读、午练、暮省"和"读名著、诵名诗、看名剧、赏名画、

品名肴"),建立学校校友导师的工作制度,实施校内班主任和校外校友导师"双师制"教育模式。在教学中,明确了加强"双师型"综合师资队伍建设、现代学徒制和建立国家、省、市、学校四级技能大赛联动机制,创新专业人才培养模式,实施"二七工程"(即20%学生达到全国大赛获奖水平;70%学生达到省、市级大赛获奖水平),建设拓展性课程体系等方面内容。

4. 体现了学校办学的国际视野。明确了优化学校对外合作办学项目的相关要求,提出围绕学校专业建设、师资培训、教师互换、学生学分互认等核心课题,加强与国外教育机构和知名餐饮院校的交流合作,探索具有国际化特征的办学模式改革;搭建国际职业资格培训平台,鼓励支持学生在取得学历证书和职业资格证书的基础上,考取行业公认的国际资格证书,打造行业尖端人才等方面内容。

5. 体现了以人为本的理念。章程积极为学生发展、教师成长搭建平台,并且明确提出建立校内申诉制度,分别成立校内学生申诉处理委员会和校内教师申诉处理委员会,建立健全了校内权益救济制度,保障学生和教职工的合法权益。

五、实施情况及取得实效

学校严格按章程办学,靠制度治理学校,几年来,各项工作非常顺利,也取得了工作的实效性。在治理效能方面,凝聚了全体教职工的智慧与力量,打造了高端校园文化;建设了具有职教特色、产业特点的治理文化;推进了产教融合、工学一体人才培养模式改革创新;打造了结构合理、业务精良、爱岗敬业、梯队合理的高水平师资队伍。学校连续多年绩效考核名列前茅,实现了高质量发展。

青岛商务学校运用"互联网+"
思维加强内部管理

青岛商务学校 马素美

当前,随着互联网的快速普及,"互联网+"思维广受关注,其阐释了一种全新的思维方式,而随着互联网,尤其是移动互联网和新媒体的出现,教职工的生活环境、思想意识形态和行为方式趋向多元化、信息化、复杂化。站在"互联网+"的"风口"上,面对新常态下学校内部管理出现的新情况、新问题,青岛商务学校主动融入新一代信息技术的发展大势,运用"互联网+"环境下的移动互联网和新媒体,创新实施多维度学校内部管理,积极推动学校管理模式由传统型向"互联网+"模式升级,逐步建立学校日常管理三大"E平台"。

一、建立各部门工作微信群,搭建内部管理和信息发布"E知道"平台

1. 发布通知。时效性强、文字量小的会务、活动通知等重要信息通过微信平台向全校教职工推送,确保送达全覆盖、接收不漏人。

2. 组织学习。以商务学校微信公众号为主体,定期开设理论学习"微课堂",发送党的重要精神、政策法规、教育系统工作动态、先进典型、校内工作亮点等,让全体教职工可随时接受行业信息、教育理论、先进经验,让学习教育插上"互联网+"的翅膀。

二、运用多种即时分享网络工具,搭建"掌上""指间"移动多维"E互动"平台

新媒体交互性的特点,使全体教职工在微信群内可随时随地分享生活,畅谈经验,点赞先进。通过微信群、AM将开展的"创先争优""做四有好教师""不忘初心牢记使命"主题教育、"创建阳光校园"等活动搬到"网上",及时发布活动进展情况,推动活动的开展和教育的实效性,促进教职工管理单向式向互动式转变,实现了校内交流的畅通性、即时性和全时空无障碍性。

三、开通"校长信箱""心灵港湾"微信群,搭建教职工诉求"E表达"平台

通过"E表达"平台开通干群交流的直通车,使所有教职工通过微信、AM可自由地表达想法、建议,诉求渠道不再单一,打破了地域、时空界限。各部门负责人、分管校长和部门成员同在一个"群",相关干部能第一时间真实地了解基层情况,全方位加强信息沟通,从源头抓起改善管理,提高执政能力和服务意识,真正意义上践行群众路线。部门负责人可以主动发起组织话题讨论,通过微信群、QQ群等渠道,定期分享美文、专业知识、教育感悟等,多举措建立温馨互联之家、心灵移动港湾。

四、成效

1. 管理形式更具灵活性。通过"互联网+"思维下多维度管理,建立了层级式交流网络,实现了工作、学习跨时空,干群沟通零距离。

2. 管理目标更具针对性。通过微信公众号、各部门微信群等全方位多渠道发布政策法规、业务理论,打破地域、时空界限,信息资讯"点对点"精准推送到部门和教职工本人,营造了"即时学习和交流"的管理氛围。

3. 管理对象更具参与性。运用"互联网+"思维构建内部管理模式有效契合了当前人们的生活习惯和行为趋向,使教职工参与学校管理由过去的"被动式"向"主动式"转变。新媒体技术和工具的介入运用,使教职工参与校内外活动的主动性和活跃度明显提升。例如,本年度我校通过微信平台宣传"党员先锋""魅力教师""商务四有好教师""职教故事"等典型,全体教工都积极参与点赞,在微信群、QQ群里刮起了一股"商务精神"学习讨论风。

筑牢安全防线,打造平安校园

青岛西海岸新区滨海中学　吕恒杰

笔者2018年起参加青岛市教育局面向全市职业学校校长组建、由青岛电子学校崔西展校长担纲主持的"崔西展名校长工作室",接受崔校长的耳提面命,努力成长。崔西展校长作为全国职业教育先进个人、全国优秀教育工作者、全国第四届黄炎培职业教育杰出校长,是一位特别有情怀、特别爱研究、特别有思想的职教先锋。

在崔校长的指引下,滨海中学根据个人现岗位工作分工,按照新区教育和体育局"坚持把安全稳定作为教育系统最大的政治、教育干部最大的责任"的要求,切实抓好安全管理常规,确保教学秩序,筑牢校园安全防线。

健全安全网络,完善安全制度。为了进一步落实校园的安全工作,成立由校长任组长的安全工作领导小组,领导小组下设专门科室,负责全校的安全工作,并设置专职安全人员六名。学校各处室、年级主任、班主任各方全员参与,加强协调,注重合作,形成了安全工作的网络体系,为学校的安全工作提供强有力的组织保障。我们遵循安全工作"谁主管,谁负责,谁在岗,谁负责"的一岗双责的原则,层层签订安全工作责任书,层层抓落实。并与学生及其监护人签订了安全承诺书,形成了安全工作整体联动网络系统,实行安全工作"一票否决制"。不断健全完善安全工作的各项规章制度,建立健全了《门卫工作制度》《食品安全管理制度》等制度。制订了各种安全工作防范预案,明确责任追究制度,大大加强了学校安全工作群防群治机制。

强化安全教育,营造安全氛围。利用全校师生大会,每周教职工例会,强调校园安全,提高安全意识。举办了安全知识竞赛,开展了以"珍爱生命,拒绝毒品""崇尚科学、远离邪教"等主题的实践活动。聘请法制副校长对师生进行专题教育报告会,让广大师生在活动中强化安全意识,养成良好习惯。安全教育培训面达到100%,形成了人人珍爱生命、个个关心安全的局面。

加强安全管理,筑牢安全防线。学校制定了严格的门卫制度和来访人员的登记、验证制度,校门出入管理制度,严格值班巡查,强化夜间巡查,节假日实行领导带班值班制度。重点落实一岗双责制度,领导、教师、班主任、职工填写安全工作日志,校园分区安全值班。同时,学校加强了学生住宿、食品卫生饮用水的安全管理,不定期对学校的消防设施和器材进行检查,实行专人专管,应急备用。对现有的校舍、楼梯、走廊、护栏和体育设施等加大了安全检查频率。加强了校园警务建设,建立了学校警务室和校园110,成立了教师护校队、学生护校队,全力整治维护校园治安秩序。

开展应急演练,提升安全意识。为强化广大师生安全意识,增强对各类突发事件的防控能力,该校经常开展各种应急避险大演练活动。今年以来,学校相继开展了安全教育月、净化校园周边环境、防毒教育、消防安全、法制安全行为月等主题活动,强化了安全教育和管理成效。安全无小事,安全工作也不能一劳永逸。为使安全意识深入人心,学校党政每月召开一次综治安全工作专题会议,坚持安全工作逢会必讲的原则,不定期对安全隐患进行排查。学校成立了应急管理领导小组,组织了应急救援队,定期组织师生员工的应急培训。根据安全形势变化针对性开展各种专题安全教育,注重安全教育形式多样化,提高安全教育实效性。安全工作,重于泰山,学校始终紧绷学校安全工作这根弦,切实做到"零失误、零事故",警钟长鸣,常抓不懈,努力营造学校安全工作的和谐大环境。

优化学校内部管理，提高教育教学质量

青岛市即墨区第二职业中专　金积善

优质的管理服务是实现学校办学理念和培养目标的首要条件,是全面实施素质教育的提升的基本保证。现代学校管理是集教育科学、管理科学、管理实践和教育创新于一体的工作体系,即墨二专在学校内部管理方面不断地探索和实践,取得了一定的成效,主要做法如下。

一、优化学校班子建设，提升整体管理水平

一个坚强有力的学校领导班子是办好一所学校的保证。把班子建设好,是校长的头等大事。学校工作千头万绪,每个班子成员都承担着学校某个方面的领导工作,既要分工明确,各司其职,能充分发挥个人特长,又要相互帮助,团结协作,分工不分家,只有这样才能发挥整体管理效应,保证学校各项工作健康、协调、可持续发展。一是统一思想、凝聚力量,使每个班子成员充分认识到自己所分管的工作对学校发展全局所起的巨大作用。学校通过办公会,反复学习讨论,探讨如何把办学理念、办学目标细化到学校办学章程、规章制度、发展规划、年度工作计划之中,如何渗透到学校常规管理之中,研究如何找到教师专业发展和学校发展的结合点。第二,明确班子成员的工作职责,工作任务具体化。第四,全力支持,给班子成员创造必要的工作条件,对因客观原因造成的工作失误要正确看待,让班子成员放下思想包袱,消除顾虑,放手工作。第五,及时总结,肯定成绩,通过考核评价、评优选先、出外培训等途径给班子成员以精神上的回报,使他们在辛勤付出的同时,感受到自己的专业成长和精神收获。

二、优化制度建设体系 实现学校管理科学化

学校十分重视建立健全管理制度和管理机构,完善学校管理体制。各项规章制度既贯彻党和国家教育方针,体现上级教育主管部门政策法规和工作要点精神,同时从学校实际出发,在教师队伍建设、德育工作、学校安全管理、校园文化建设、办学

条件改善、艺术教育、信息技术教育、教研教改、教学质量等方面确立工作目标,制订年度和学期工作计划,使各项规章制度得到细化和落实,保证各项目标如期实现。制定了《即墨二专办学章程》,并根据"章程"制定各项管理制度,如《即墨二专教职工出勤管理制度》《即墨二专教工年度考核积分办法》《即墨二专班主任工作考核办法》《即墨二专绩效工资发放办法》《即墨二专推荐教师中、高级职称量化积分实施方案》《即墨二专"三定一聘"工作实施方案》《即墨二专财产管理制度》《即墨二专财务制度》等,同时不断完善学校党支部、工会、妇委会、团支部等部门的规章制度,建立健全校总支会、行政办公会、教职工代表大会和全体教职工大会等各种会议和组织机构的职责权限、议事规则,形成相互配套的制度体系——《即墨二专学校规章制度汇编》,为教育教学质量的提高提供了组织和制度保证。

三、优化学校人际关系 发挥团队合作精神

良好的学校人际关系是办好学校的重要因素。校长和班子成员的关系、班子成员和教师的关系,教师和学生的关系,教师之间的关系,学生之间的关系,无不打上了学校文化的烙印。即墨二专实行民主管理,确立了"民主、平等、尊重、关爱"的领导作风,倡导"领导就是服务"的管理理念,促使全校师生正确定位自己在教育教学工作中的角色。重大、重要事项由校委会集体讨论决定,再提交到教师大会讨论,定期公示经费使用和评先选优等事项,主动接受全校师生和家长监督。

此外,学校还努力优化校园文化建设,发挥文化育人功能;优化教学常规管理,实现精细化管理;加强教师队伍建设 深化教育教学改革。高效优质的服务管理,才能保证学校各项工作高质量地完成,才能推动学校朝着现代化方向高水平发展。

高质量建模,推进学校管理创新

青岛华夏职业学校　侯　蕾

学校以创建全国中职优质特色学校为目标,围绕"以内涵发展推进学校精品化、特色化建设进程"、"构建中职高职衔接、技能培训与终身教育融通的现代职教体系"两大核心工程,构建学校以制度建设为支撑、以人本管理为核心、以文化管理为途

径的现代管理体系,科学建设运行模式,推进学校管理创新,形成学校鲜明的办学特色。

一、建设均衡发展的"机型发展模式",推进学校管理体制创新

学校围绕青岛市区域经济社会发展态势,抓住青岛市经济发展重点,以服务为宗旨,以职业能力培养为导向,以人的全面自主发展为核心,以"强化内涵、突出特色"为主题,打造以"中职教育为主体,中高职衔接教育和技能社会化培训为两翼"的现代职教培训体系,形成"中心突出、两翼壮大"的"机型"发展模式。学校制订适合模式运行的三年发展规划,建设配套管理体系,推行"系统管理模式",提高了国办学校这一主体的办学效益。推行项目管理,遵循"效能化服务、信息化建设、规模化扩张、品牌化运作"的发展路子,扩大联合办学和社会职业技能培训的规模、质量,凸显"依托中心、两翼齐飞"的多元发展格局。"机型发展模式"创新了学校管理体制,促进了学校健康发展。

二、建设体系完善的"系统管理模式",推进学校管理机制创新

学校围绕"为学生终身职业素质发展奠基"的办学理念,构建了以学校精神培育系统、科学管理支持系统、教育教学质量支持系统、就业服务支持系统、联合办学支持系统、职业培训支持系统六大支持系统和谐运转为支撑,促进学生职业素质发展和走向市场的系统管理模式。围绕"追求卓越、和谐发展"学校精神内核,实施七大工程,即"学校 CIS 形象战略系统工程"、依法治校"四个三工程"、"诚信·合作"校园文化建设工程、办学质量"三双工程"、教育教学督评工程、就业指导服务工程、集团办学建设工程,建立了"机制顺畅,结构合理,功能匹配,职责清晰"的学校管理机构,完善了"依法办学、自主管理、民主监督、社会参与"的《章程》引领下的学校管理制度,形成了"文化引领、行为导向、全员参与、和谐规范"为主要价值取向的学校管理机制,促进了学校的和谐发展。

三、打造"基于职教集团高效运行环境下的校企嵌入式"合作模式,推进学校办学管理模式创新

学校办学模式改革围绕"机型"发展模式,适应经济社会发展需要,开展"三个一"实践,即建设一个"青岛市财会金融业职教集团",设立一个"现代服务业服务外包培训基地",尝试一条经济类专业"学校办班进企业、企业办班进学校"的校企结合办学模式改革新路子。目前,学校已构建起"校企合作""校校合作""中外合作"、"政

校合作"联合办学平台,创立了"订单"培养型、工学交替型、顶岗实习型、勤工助学型、"产学研"型五种合作形式,创新了"校企合作、工学结合、顶岗实习"人才培养模式和"模式共创、专业共建、资源共享、文化共融、师资共育"的五位一体运作形式,形成了"基于职教集团高效运行环境下的校企嵌入式"合作模式。

四、打造"自信、负责、成功"自主德育模式,推进学校德育管理创新

学校全面实施"自信、负责、成功"自主德育模式,以"为学生终身职业素质发展奠基"为价值核心,抓住"自信、负责、成功"三要素,锻造"我骄傲我是华夏人"的自信心,培植"诚信做人、诚信做事"的负责态度,积淀"每天进步一点点"的成功体验,形成良性循环,使学生"自信地走进来,负责地学本事,成功地走出去",实现其个性化和社会化的统一。为此,学校摸索形成"以班主任队伍专业化建设为前提,以班级健康发展为保障,以德育目标分层次选择、达成为基础平台,以系列化文明修身为核心的始业教育为主要载体,以社团活动和华夏职教义工德育实践为主要形式"的实施体系。"自信、负责、成功"自主德育模式的正常运行,促使学生健康成长、和谐发展。

五、打造"合作能力生成"课堂教学模式,推进学校教学管理创新

学校为加快特色化、精品化建设步伐,在教学领域大力推行以"学生是学习的主人"为教学理念,以"学生的主体发展"为教学宗旨,以职业学校学生岗位能力要求为能力目标,以师生间、生生间的合作学习为主要途径的"合作能力生成"课堂教学模式改革。围绕这一模式建设,学校出台《师资队伍发展规划》,坚持"四个完善",一是完善教师发展的三项激励机制和制度,即"双师型教师培养与激励机制""专业教师进企业实践锻炼制度""骨干教师访学与国内外研修制度";二是完善教师成长制度,落实"绿叶—星光结对成长"方案,落实"五子登科"管理办法,落实"三阶段"培养模式;三是完善"名师工作室"的职能和运行体制建设;四是完善科研课题选择和评价制度。同时学校实施教师督评管理制度,制定"课堂教学负责制"和"三类课课堂教学标准",建立管理评价、自主评价、教育对象评价相结合的"三元评价模式",开展"我的课堂我做主——精品课堂"建设活动,推行"精品课堂建设规划书"制度,提高课堂基础性管理效度,推进了学校教学管理创新。

高质量建模,推进了学校管理创新,促进了学校的办学质量和办学效益的提升。

构建中职特色评价体系，多维度助力学生成长成才

青岛市城阳区职教中心学校　张　葵

面对中职生学习动力不足，做事缺乏自信，自我认可度不高等现状，我校在教学评价中注重过程性评价的激励作用，挖掘学生潜能，为实现"人人有才、人人成才、人人出彩"的培养目标，主要采取了以下几方面策略。

一、从培养学生综合素质入手，多维度构建学生评价体系

1. 发挥评价激励作用，多维度构建评价体系。学校成立四个评价改革小组，分方向实施评价模式研究。一是德育素养评价围绕德育课程、主题教育、社会实践、社团活动、文体比赛、个人荣誉、志愿服务等项目建立相关评价制度。二是文化素养评价从"基础模块、实践模块和职业模块"三方面开展评价内容、评价手段及评价模式研究。三是实践操作评价开展"分阶段、分项目、递进式"评价模式改革。四是实习质量评价围绕企业观摩、企业见习和企业实习三种实践形式，针对学生实习态度、岗位技能操作、绩效考核结果、综合实习鉴定及安全生产等方面组织评价。

2. 修订学分制管理办法，推行学分毕业制度。学校更新学分制管理平台，修订学分制管理办法，三年共为学生设置185学分，包括课程学分、综合实习学分和奖励学分三部分，学生修够156学分则准予毕业。多维度评价体系建设，拓宽了学生的成长途径，有效激励学生全方位挖掘潜能，发展自己。

二、从提升学生文化素养入手，改革文化课评价内容和手段

1. 着眼学生实际，改革文化课评价内容。面对中职生文化基础普遍薄弱这一现状，改革评价方式，调整评价内容。建立教学日志，将学习态度、作业质量、课堂表现、活动参与等过程评价内容纳入平日成绩；将与职场活动密切相关的应用文写作训练、英语口语表达能力训练、数学的电子文档应用能力等纳入实践考核内容，参加文化课竞赛活动成绩则纳入奖励学分。评价内容的改革推进了学校校本教材、精品课程的开发和校本教改实验项目研究，先后有17门校本课程被评为青岛市精品课程、

青岛市精品网络课程、青岛市精品校本课程。

2. 依据评价内容,实施多样化评价手段。按照文化课学科特点和学生实际,灵活选取评价手段和考核形式。例如,语文课通过组织答辩、演讲、应聘等活动测试语言表达能力,采取撰写应用文、制作专题报刊等形式考察语文应用能力,英语课借助情景剧表演、讲故事等形式测试口语水平,这些评价形式有效激发了学生的学习动力。近 5 年,学生参加青岛市文化课技能大赛共有 27 人次获奖,职业英语赛项参加全国职业院校技能大赛斩获 2 枚金牌,其中 2015 年获团体冠军。

三、从提升学生技能水平入手,开展"项目递进式"评价模式研究

1. 遵循循序渐进原则,实施技能实践评价模式改革。学校成立"分阶段、分项目、递进式"评价模式小组,围绕"基本技能、综合技能、技能大赛、生产实训和毕业设计"五个层次确定实践项目。基本技能训练项目主要训练学生基本岗位能力。综合技能训练项目主要比对企业生产典型任务设置,提高学生的岗位实战能力。基本技能和综合技能采取"每周进行项目考核,每月进行阶段测试,每学期进行技能过关,每年技能比武"的评价形式。技能大赛、生产实训和毕业设计评价采取岗位技能抽测、第三方评价及作品展览等形式进行,评价结果纳入奖励学分。

2. 评价改革成效显著,学生发展状况喜人。近 5 年来,学校有 736 名学生通过春季高考实现了就读大学本科的梦想,学生参加全国职业院校技能大赛共获 27 金 22 银 9 铜,近 200 名学生获市级技能大赛一等奖以上奖励。优质就业岗位数日趋提升,电子专业于晓文,在青岛海信集团和研究生、博士生一起从事新产品的研发与设计;机电专业孙强,入职半年即破格转正为正式员工,成为月薪 6000 多元的机械手操作者;数控专业赵月美,被浙江亚龙公司破格录取为技术研发部正式员工,成为公司该部门唯一一名中职学历的技术员……

民主管理助推学校发展

青岛财经学校　孙丕珍

青岛电子学校工会紧紧围绕教育教学中心任务,全面履行"参与、维护、教育、建

设"四大职能,树立并贯彻落实创新、协调、绿色、开放、共享发展理念,切实落实教代会职权,推动学校民主管理科学化、规范化、制度化,努力打造"亲情一家人"工作品牌,引领广大教职工凝心聚力,奋发有为,建功立业。

学校按照"建立制度、形成规范、落实职权、发挥作用"这四项基本建设的要求做好教代会的各项工作。先后制定《青岛电子学校职工代表大会实施办法》《青岛电子学校校务公开制度》等指导性文件,并编印成册,推动工会民主管理、校务公开、困难职工帮扶等各项工作的开展。

每学期至少召开一次教代会,有重大事情可临时增开教代会。在教代会召开前,工会认真做好筹备工作,如代表的产生、培训、会议的程序、会议的主持。做到领导充分重视、机构和制度建全、会期和经费有保证、筹备和准备工作充分、代表的个人素质高、教代会资料齐全并规范。规范的形式能使教职工代表得到深刻的体验,并增强自豪感。近年来通过教代会审议并通过了《青岛电子学校校长工作报告》《青岛电子学校工会工作报告》《工会经费收支情况报告》《青岛电子学校岗位晋级方案》《青岛电子学校教职工考核评价办法》《青岛电子学校职称评定实施方案》及《青岛电子学校管理权限事项清单》等文件数十件。

组织开展"金点子"征集活动。坚持"围绕中心、服务大局、服务师生"的原则,开展"问计于民""问政于民""问需于民"的教职工合理化建议"金点子"征集活动。校工会在进行汇总整理和与相关职能部门初步论证会商后,提交教代会集体讨论。教代会中,保证审议、决议、评议、提议、商议和询问等环节的完整,保障教职工合法利益,推动学校工作。

教代会后,定期进行"三会"活动。充分发挥教代会闭会期间民主管理作用,教代会闭幕后,工会要负责落实教代会交办的各项工作。电子学校工会定期组织"新闻发布会",由校领导通报学校发展情况;定期组织"师生恳谈会",倾听全校师生对学校工作的意见和建议;定期组织"工会干部会",不断加强自身建设。同时,工会主席、委员坚持深入组室,与所有教师面对面交流,重点解决教职工提出的阻碍学校发展和影响个人职业发展的问题,对学校各项工作监督问责。

学校的重大举措得到了教职工的理解、支持和落实。同时教职工参与学校改革和管理的积极性和主动性得到了调动,教代会上的提案能根据本校的实际情况得到落实。民主管理制度得到进一步加强和完善。在校工会做的对校务公开工作满意度调查中,100%的人选"满意"和"基本满意"。实现了"三个促进":促进了学校党风廉政建设,促进了教职工热点、难点问题的解决,促进了教育教学质量的提高。

寄宿制学校值班管理"五步"法

莱西职业中专　王振忠

寄宿制学校学生管理是日常管理的重要环节,晚自习、晚睡的管理是重中之重,如何抓好重点时段的管理,确保学生不出任何安全问题,是很多学校都在努力探索的一个重要课题。莱西职业中学在重点时段的管理方面,出台新举措,采取"学部报单—值日点单—问题列单—督查通报—数据管理"的"五步工作法",收到了较为理想的管理效果。

第一步:学部报单。每天下午下班前20分钟,学部主任将本学部当晚应上自习、入睡学生数报当日值日校长,并注明男生人数、女生人数、请假人数,请假学生需注明姓名、所在宿舍。值日校长将各学部报单进行汇总,初步掌握学生晚自习、晚睡情况。

第二步:值日点单。晚自习期间,值日主任对每个班级的晚自习人数及纪律情况进行检查,初步核对学部报单情况。如有出入,值日主任迅速与学部值日教师、班主任等进行核实,确保人数的真实性。晚自习结束10分钟内,学部值日教师要迅速赶到学生宿舍,做好点睡的准备和纪律的维持。各学部学生会协助学部教师做好点睡管理,确保每个应入睡学生及时入睡。点单结束后,值日主任汇总4个学部入睡学生数量,报给值日校长,值日校长根据报单进行核对,无误后填写值日记录。如有出入,值日校长需立即会同值日主任、学部值日教师查找问题所在并尽快解决。

第三步:问题列单。学生清点完毕后,值日主任带领学部值班教师在宿舍区每隔半小时巡逻一次,维持学生晚休期间宿舍纪律,发现问题马上处理,并将检查结果记录在案。第二天早晨将晚睡纪律情况及其他事件汇总后汇报值日校长,由值日校长填写值班记录。

第四步:督查通报。值日校长汇总当日值班情况后,写好值班评价,交由考核督查室进行全校通报,并纳入学部整体考核,对存在较大问题的班级责成学部拿出整改意见,并限期整改,考核督查室跟踪督查整改效果。

第五步:数据管理。一是所有值班检查数据汇总上报到考核督查室存档,每周进行汇总,根据学部实际人数和学生请假总数折算学生的出勤率,纳入学部考核。二是考核督查室对于检查数据,进行周比较、月比较、学期比较,给学生管理者提供数据的变化,查找管理的漏洞,便于领导采取必要的措施,及时应对,防患于未然。

通过实施"五步工作法",学校重点时段的管理日渐规范,未发生一起学生夜不归宿和深夜外出等现象,学生晚睡质量明显好转,课堂教学效果也有了根本的改善。

提振向上向善的精气神

青岛外事学校 褚维东

学校的风气,是一种精神力量和优良传统,有着巨大的同化力、促进力和约束力。为了实现"行业看重 企业首选 学生喜爱 家长放心 教工自豪"的国家级重点职业名校的发展愿景,学校积极营造师生向上向善的精气神,有效促进学校发展。

一、以"五风"建设凝聚师生精气神

学校借两个布局调整之际,组织全校师生、家长、校务委员、合作企业和社区代表分析学校现状,查摆问题,通过问题理出学校、教师、学生等各方面发展方向,开展校风、教风、学风、班风、党风的大讨论和"外事先锋+五风"党建活动,凝聚大家的智慧,通过教代会确定了"明德 规则 雅致 创新"的校风、"修身 爱生 博学 严谨"的教风和"勤学修德 立业报国"的学风,积极学习理解践行,提振全校师生员工的精气神。

二、以制度落实规范学校办学行为

1. 学校将2019年确定为"规范落实年",坚持"质量、规范、创新、落实"的标准,将提高质量确定为学校发展的生命线,将规范教育教学管理作为学校发展的保障线,将工作创新确定为学校发展的增长线,将工作落实作为学校发展的底线。

2. 以学校章程为核心,修订完善学校规章制度;严格落实管理权限清单要求,推动管理机制规范化;召开教职工代表大会、校务委员会工作例会,落实民主决策、民主管理、民主监督的办学体制;进一步推进依法治校,加强合同管理、审核,推进校务党务公开和学校信息公开。

3.校务委员会、家长委员会、师德与学术委员会、学生会积极参与涉及学校发展的重大问题,以及涉及教师、学生实际利益的有关工作的调研、决策,保证公开公平公正。

4.加强监督知己问责。学校把师德师风建设与教师培训与管理紧密结合,制定师德师风负面清单,完善评价机制,考核内容具体化、规范化。

三、以创建文明校园引领师生向上向善

1.坚持"立德树人"根本任务,贯彻党的教育方针,通过课堂主渠道和实践活动开展践行社会主义核心价值观,营造积极进取向上向善的校园文化。

2.构由学校、驻地街道办事处、派出所、社区、家长委员会、市北区法院等相关领导组成的学校德育工作联席会议机制,定期研究学生和家长教建育问题,形成校内校外、专职兼职齐抓共管的良好局面。

3.完善学校文明组处室和先进班集体评价指标,评选美丽教师、优秀学生,充分发挥榜样示范的引导作用,激励教职工干事创业,学生学习进取。

优化内部管理,形成办学特色

莱西市机械工程学校　徐　东

《国务院关于加快发展现代职业教育的决定》中指出全面部署加快发展现代职业教育,加快发展现代职业教育,是党中央、国务院做出的重大战略部署,对于深入实施创新驱动发展战略,创造更大人才红利,加快转方式、调结构、促升级具有十分重要的意义。其中现代学校管理是集教育科学、管理科学、管理实践和教育创新于一体的工作体系,在多年的办学实践中,莱西市机械工程学校校长徐东深深体会到,要提高办学水平、形成办学特色,学生成功、家长放心、企业欢迎、社会满意是目标,办学条件是基础,师资队伍是关键,内部管理是保证。徐东校长不断探索和实践,优化内部管理,确定了整体优化的全面质量管理思路,保证了学校良好运行,形成办学特色。

一、优化学校质量管理，实现学校管理现代化

2013 年莱西市机械工程学校成功引入了"ISO9001 质量管理体系"，使我校教育现代化、标准化和质量化，现已形成了"人人有职责、事事有程序、作业有标准、工作有目标、过程有监督、创新有路径、不良有纠正、体系有改进"的现代化管理模式，努力实现"学生成功、家长放心、企业欢迎、社会满意"的学校办学目标。结合职业学校特点和学校办学思路，在充分论证的基础上，制定了学校质量方针，根据学校质量方针制订了岗位职责，根据岗位职责制订了工作目标，根据工作目标制订了工作计划，并对计划实施的过程和结果进行严格监督和考核。同时全面系统的修订完善了学校各项规章制度，编制了《莱西市机械工程学校制度汇编》，使学校各项工作的开展都能做到有章可循。

二、优化校园文化建设，发挥文化育人功能

莱西市机械工程学校校长徐东倡导开展"阳光学生，幸福教师"校园文化工程，着力让师生主动于学校发展的主人翁，切实感觉到学校的兴衰与自己息息相关。创新成就阳光学生，搭建学生进阶三梯度：让学生认识教育、让学生喜欢教育、让学生拥抱教育。创新成就幸福教师，建构中职教师能力发展"金字塔"，从教育的消费者，到教育的创新者，再到教育的生产者三级梯队，建构"层次幸福"行动，力求教师幸福工作、幸福生活、幸福发展。

三、优化学校基础工程，实现精细化管理

在各种要素相互联系、交互作用而构成的学校系统工程中，起基础作用的，一是对教师的教学常规管理，二是对学生的行为规范管理。

（一）教学常规管理

徐校长每学期都会固定的召开多次教师座谈会，学校通过与教师沟通、谈心，引导教师认识自我，明确自己的长处与不足，了解自己当前所处的教师职业发展阶段，明确自己的发展目标与定位。

学校要求每一名教师熟悉教材、熟悉课标，对教材必须了如指掌，知其重点与难点，知教材之特点及由此而生发出来的各种知识点。同时徐校长也倡导教师研读教育教学专著，教师站到教育家肩膀上看教育，才能看得准、看得深、看得远。

学校每周举行教研活动，让教师上示范课、公开课等。在课堂教学实践中，不断探索教学规律，提高教育艺术水平。通过听课、评课、磨课等途径载体，提高教师课

堂教学能力,教材处理能力,组织教学能力。同时,学校也为每一位教师搭建"请进来""走出去"的舞台,让教师有更多的机会向"高手"请教,有更大的舞台展示自己的才能,坚持不让一位教师掉队。

（二）行为规范管理

始终坚持把学生的行为规范管理作为学校管理的一个切入口,制定了"扎扎实实学艺,堂堂正正做人"的校训,"学生成功、家长放心、企业欢迎、社会满意"的办学目标,建立了一整套适合我校学生实际的规范要求,如《学生行为管理手册》《莱西市机械工程学校学生一日常规》。学生在校的一切活动,包括上课、早读、出操、升旗、用餐、就寝、清洁大扫除、自行车停放,都有一系列细致具体的规定。在常抓不懈的努力下,一个良好的校风已经形成。

"三位一体"德育管理体系提高德育实效性

青岛艺术学校　王守暖

青岛艺术学校学校重视德育队伍建设,充分发挥学校、家长、社会等多方力量,组建了由班主任、任课教师、心理健康教师、社团辅导员、学生、家长、校外辅导员组成的多元化德育队伍。落实全员育人导师制,保障了学校德育工作的实效性。

一、加强班主任队伍建设，促进班主任专业化发展

班主任工作采取"文化课班主任 + 专业课班主任""班主任 + 副班主任"的双班主任工作模式。学校精心打造班主任队伍,严把班主任聘任关,选择有班主任工作经验的,认真负责的教师担任班主任。在部分班级设置副班主任,加强对学生学习的指导与监督。积极开展新老教师结对帮扶工作,为青年教师安排班主任师傅,提高青年教师的班级管理能力。严把班主任考核关,通过周考核、月考核、学期考核,全面评估班主任的工作绩效,将考核结果与班主任绩效发放、评优评先紧密相连,切实提高了班主任工作积极性和班级管理能力。坚持班主任例会制度,通过班主任例会统一教育思想。做好班主任高端培训,促进班主任的专业化发展,形成了年龄结构合理、

责任心强、综合育人能力高的班主任队伍。

二、以心理健康教育和职业指导为切入点，提高德育工作实效性

学校目前共有专兼职心理健康教育教师 8 人，职业指导师 2 人。开设心理健康教育课和职业生涯课程，解决学生心理困扰，培养学生的生涯意识和目标意识，提高德育的艺术性、针对性、有效性和接受度，促进学生的全面发展。

三、加强社团辅导员队伍建设，促进学生综合能力的提高

学校以"兴趣为先、彰显个性、自主管理、专业践行"为社团建设理念，共建设服务类、科学人文类、体育类、文化类、兴趣类、音乐舞蹈类 6 大类 31 个社团。每个社团都配备专业教师作为社团辅导员，制定了《青岛艺术学校社团辅导员工作制度及考核奖励方案》，对社团辅导员工作提出了严格要求，保证了社团辅导员的工作待遇，激发了社团辅导员的工作热情。

四、以班级心理委员为基础，构建同伴互助式德育共同体

在班级设立心理委员一职，开展第十四期心理委员训练营，以选修课的形式向心理委员传授心理健康知识和心理咨询技能。心理委员以同伴互助的方式帮助学生解决人际关系、情绪问题等简单的心理困扰。定期汇报班级学生心理动态，帮助心理教师掌握学生心理状况。在班级内部形成良好的同伴互助的氛围，形成同伴互助式的德育共同体，促进德育工作顺利开展，

五、以家长委员会为依托，家校共育促进学生健康成长

学校成立校级、级部、班级三级家长委员会，参与学校、级部、班级管理。并以此为依托，开展家长委员会座谈会议 4 次，开展家长问卷调查 2 次，通过家长观看专业考试、重要节假日的家长信、家长会和家访等通过多种渠道对学生的生活、思想、学习、心理、德育等方面提供意见和建议，促进学生健康成长，促进学校的良性发展。

六、以社会力量为补充，构建完善的德育体系

学校与辖区民警、军民共建单位建立联系，积极开展警官、法制校长进校园活动，加强学生的法制教育。利用新生军训的契机，开展爱国主义、国防知识等方面的教育。邀请行业专家开展专业讲座和专业把脉，提高了学生的专业技能和德育水平。以驻地所在社区为舞台，开展职教义工志愿者活动，促进学生的专业发展，形成了社

会、学校、家庭"三位一体"的德育体系。

七、以全员育人为理念，促进学生全面发展。

开展全员育人导师制，教师全员参与、覆盖全体学生，以谈心谈话、家访联络、青青助学等方式，对学生"思想引导、心理疏导、学业辅导、生活指导"，促进学生的健康成长。

"三导法"培养"会学、勤学、立志学"的学生

胶州市职业教育中心学校　匡德宏

中职生的教育管理是个重要的问题。一方面，社会和家长对中职教育的认识存在误区，认为上中职学校的学生普遍学习差，家长对中职生的学习成绩不再有期待；另一方面，学生带着中考失利的想法升入中职，丧失了学习的自信心。

初入中职的学生在学习上有以下表现：无求知上进的愿望，缺乏自尊心和自信心，学习不好不觉得丢面子，考试不及格也无所谓，没有学习的压力；不想上课或上课不专心听讲，课后不肯花时间复习巩固所学的知识，做作业应付了事，满足于一知半解；缺乏吃苦精神和学习毅力，学习时一遇到困难就"缴械投降"，不惜把时间用到玩手机、看小说、打游戏、谈恋爱等方面。

针对这些情况，分管教学工作的匡德宏校长决定从抓学生的习惯养成入手，尝试运用"四步导做、问题导向、评价导行"为主要内容的"三导法"管理模式，启发诱导学生的学习兴趣，将他们培养成为一个"会学、勤学、励志学"的学生。

一、四步导做，养成良好习惯

开学之初，学校为新生量身定制了"四步习惯养成法"。

第一步"一天明确要求"：开学第一天，班主任和任课教师向学生明确班级课堂纪律条例和学科课堂学习规范。

第二步"一周规范行为"：教导处坚持教学秩序常规检查及周通报制度。

第三步"一个月形成做法"：学校每月评选"学习标兵"，三个月巩固习惯。

第四步"学期末全校性大考核：期末考试前全校性考核各教学系课堂管理情况，评选出教学管理优秀系。

就这样一步步推进，校长、处室、系、班主任、任课教师进行"一线式"的管理，学生的学习习惯有所改善，综合素质有明显的提高。

二、问题导向，纠正不良行为

建立学生问题清单，实施"一症一策"，全面纠正不良习惯。

针对学生表达能力、书写能力、艺体素养较差的问题，学校推出"小课辅助"举措，开设晨读小课、课前演讲小课、书法小课和艺体小课；针对手机低头族现象，制定了《科学使用手机管理办法》。

针对学生作业完成不及时的问题，实施作业上黑板、专人监督制。

针对学生自信心不足的现状，开展兴趣小组活动，让学生体验成功的快乐。"一症一策"，引领学生向健康良好的习惯出发。

三、评价导行，激发学习动力

制定《学分制指导方案》，实施德育学分、课程学分、实习学分"三位一体"的学生学业评价模式。

立足"六德"德育体系，进行文明修身量化，形成德育学分。立足"合作教学"课堂模式，落实学科过程学分，形成课程学分。立足校企共育双评价，形成实习学分。毕业证发放与德育学分、课程学分、实习学分紧密结合，严格执行学分不足延迟毕业和学分重修的规定。

"三位一体"学分制学业评价模式的实施，提升了学校的管理水平，该评价模式也已成为青岛市及山东省的教学成果。

四步导做、问题导向和评价导行的"三导法"管理模式，使学生以积极健康上进的心态投入中职的学习生活，有效提高了学生学习的积极性，提升了学生学好专业课的自信心，全面提高了学生综合素质。同时，学校依托"三导法"进行精细化、科学化、规范化管理，提高了学校管理工作的针对性和实效性，提升了学校管理水平，学校各项工作均取得了新的成绩。

对接国际标准，优化内部管理

青岛海运职业学校　刘　航

我校部分专业考取国际通用的岗位适任证书，需要按照国际培训考试和发证规则要求，开展教育培训，因此我校将专业教学对接国际标准，按国际要求开发课程标准，制定人才培养方案，通过对接国际标准，优化内部管理。

我校船舶驾驶、船舶轮机、国际邮轮乘务专业，严格按照国际标准组织教学，以"讲国际语言、行国际礼仪、做国际船员"为人才培养目标，按照国际海事组织 STCW 公约的船员培训考试和发证规则要求，开展船员教育培训，实现人才培养标准国际化。学生在校考取国际船员适任证书，该证书对国际海事组织（IMO）缔约国 100 多个国家有效，毕业生可直接进入世界远洋运输企业工作。

航海捕捞专业 1/3 的毕业生就职于国际海运公司和远洋捕捞公司，我校结合《联合国鱼类种群协定》等要求来培养学生，遵守 IUU 捕捞国际计划严禁非法捕捞，在国际渔场自觉接受国际渔业管理组织，如北太平洋渔业管理委员会（NPFC）、中西太平洋金枪鱼委员会（WCFC）、南极海洋生物养护委员会（CCAMLR）等国际组织的管理和要求。

工程潜水专业与国际专业潜水教练协会 PADI 合作，采用 PADI 培训标准、培训专用教材及评估标准，培养国际标准的潜水专业人才。

制冷专业参与联合国环境署制冷行业 ODS 淘汰行动，按国际标准开展制冷维修良好操作项目培训，并积极面向社会开展制冷维修良好操作培训，近几年共开展 22 期培训，共培训 540 人。

为了更好地对接国际标准、提高人才培养的规范性，学校成立了质量管理办公室，建立并高效运行基于 ISO9001 质量管理要求开发的船员教育与培训质量管理体系，持续改进学校质量管理工作。现在学校拥有一套包含 1 个质量手册、17 个程序文件、53 个岗位工作职责和 28 个受控管理规定的质量管理体系文件；拥有国家注册审核员 1 人，内审员 9 人，质量管理水平和国际标准对接能力逐年提高。

青岛高新职业学校推进现代学校制度建设

青岛高新职业学校 于江峰

一、优化学校管理体制改革

实施三级管理两级负责管理体制,加强教研室管理和班主任年级组管理,发挥职能处室集约管理的职能,缩减管理层级、降低管理能耗,增强管理效度。加强职能处室能力建设,优化部门处室职责和岗位职责,活化工作程序,提高部门处室集约统筹力度,提高服务力、执行力、创新力。

二、完善制度体系建设

以章程为统领,推进《青岛市中小学校管理条例》有效实施,推进学校章程配套规章制度建设,进一步完善《青岛高新职业学校制度汇编》,将制度的修订、执行过程作为提升学校治理能力的重要措施。建立健全师生权益申诉制度、法律顾问制度、法律副校长工作机制,规范决策程序、固化工作流程,坚持民主管理下的校务、党务公开制度,健全师生权益申诉制度,把民主参与、专家论证、风险评估、法律合法性审查、集体讨论决定作为学校重大决策法定程序。建立并落实法治教育制度,理论学习中心组每月集中学习法律法规,举行全校性的法治讲座、防校园欺凌讲座、宪法宣传日等教育活动。有效推进学校管理权限清单制度,实施正面清单管理,畅通办学利益关系人权益救济渠道,规范合同合法性审查程序,促进学校内涵发展、科学发展。

三、完善多元内部治理结构

高效落实《青岛市教育局直属学校校长工作暂行条例》《青岛市教育局直属学校教职工代表大会工作暂行条例》,完善教师自治、学生自治工作制度和工作流程。完善校长负责制下的民主决策委员会,逐步建立"一体三翼"的现代学校管理体制,以校长负责制为主体,教职工代表大会、行政事务委员会、校务委员会为三翼,教职工代表大会侧重内部民主管理、监督,行政事务委员会侧重执行,校务委员会侧重于协调学校外部关系,重点在协调学校、家庭、社区(社会)之间关系、维护学生权益、营造有利于教育发展的良好环境。明确校长办公会议、党政联席会议的议事规则,合理界定了学校内部不同事务的决策权,推进学校决策的科学化、民主化、法治化。本年度召开了五届七次、五届八次、五届九次三次教代会,在广泛征求教职工意见的基础上,教代会审议通过了《青岛高新职业学校绩效工资发放办法》《青岛高新职业学校专业技术岗位聘任办法》《青岛高新职业学校管理权限清单制度》《青岛高新职业学校竞争上岗办法》等制度。

四、发挥民主监督与社会参与

加强"三个监督(党组织、师生、社会)"体系建设,健全学校自主发展、自我约束的多主体参与治理制度与机制建设。继续推进校领导接待日和学校开放日制度,设立校长信箱。开展"与校长周五聊聊吧"活动和"师生午餐有约"活动。完善家长委员会、家长学校等组织体系建设,落实《家长学校章程》《家长委员会章程》《优秀家长评选制度》《家委会驻校办公制度》《"通达高新·家长助教"制度》,建立班级、年级、学校三级家长委员会组织,成立由校务委员会、家长委员会、社区、共建单位为主体的教育网络联盟。学校家委会代表参与新生校服采购方案制定、招标、抽检全过程,并就餐厅学生用餐、男生宿舍供水等问题提出合理化建议。每学期开展二次"家长开放日"。本学年召开2次校务委员会全体会议,委员们就学校办学模式改革、综合高中挂牌、学校山东省优质特色校建设、高新育人十字诀等工作给予肯定并提出合理建议。按照"引领、矫正、激励"原则,建立完善校内督评制度,建立督评台账,完成每月教师、教辅岗位和班主任三个系列的督评,形成学校、家长、社会"三位一体"督评体系。

聚力"十个一",用心助成长

青岛市城阳区职教中心学校　王建国

为深入贯彻落实党的十九大精神,深刻领会习近平总书记在全国教育大会上的讲话精神,培养德智体美劳全面发展的社会主义建设者和接班人,城阳职教中心学校结合青岛市和城阳区关于"十个一"项目的具体要求,因地制宜,发挥学校创新精神,制定出我校推进"十个一"工作的具体方案。

一、合理布局保障健康发展

"十个一"活动旨在通过学生在校期间的十件事系统促进学生德、智、体、美、劳"五育"全面发展。"十个一"活动本身就囊括十项内容,十项内容要达到教育目的又要设计许多的小的活动,所以整个"十个一"活动是个庞大的活动组合。为了让这个庞大的活动组合运转起来,学校做了大量的工作:布置学校展示栏、悬挂宣传横幅,让校园环境会"说话";举行"十个一"活动启动仪式,让"十个一"项目正式和师生"见面";召开"十个一"活动协调会,德育处、学生处、教导处、教研室、招生就业处认领"责任田",各司其能,协调合作;制定各项活动实施计划和评定标准,推进"十个一"活动顺利进行;进行活动追踪,及时地调整、改进、总结,让"十个一"各项活动齐头并进,"花"开满校园。

二、多元化资源提供适合教育

学生在校的学习不仅仅是对知识技能的学习,更是对良好习惯、健全人格、兴趣培养等各方面的学习。"十个一"活动让学生在学校这个大平台里能够获得充分以及多元化的学习资源。这些学习资源在设计和整合的过程中注重了全面发展与个性发展原则,既面向全体学生,又鼓励学生个性发展,让学生有更多选择。

以学会一项体育技能为例。"学会一项体育技能"共含有四项内容。将体质健康测试内容作为学生体育技能的基础,是必选项;将专业部体育特色活动和各类体育社团作为体育技能的补充,是选择项;将体育节、运动会作为体育技能的展示,是加分项;将各级体育赛事作为体育技能的挑战,是突破项。这四个体育项目的设计、实施一方面是面向全体学生普及体育技能,培养体育兴趣,另一方面是把学生潜能尽可能挖掘出来,突出特殊禀赋学生的发现和培养。总而言之就是为每一名学生提供可以选择的适合的教育。

三、职业元素成就学校特色

"十个一"项目的实施要求不搞一刀切,鼓励学校结合地域、学段和学生的实际进行创新,丰富和拓展项目内容。学校在设计和开展"十个一"活动的过程中就将职业特色作为学校的活动亮点进行打造。这种特色在"参加一次研学""参与一次志愿服务"方面尤为突出。

志愿服务建立了立足专业、辐射周边的志愿服务体系。学生走进社区、走进人才供应会的、走进养老院、走进农村学校、走进工厂……学生用自己的专业知识学生服务社会、体现价值：微机专业的学生进行计算机软件安装服务，机电专业的学生进行家电的维修服务，财会专业的学生展示点钞技能，国贸的学生演示电商平台操作……

在研学方面，更是结合自己的学校性质，将研学和职业体验相结合，独辟蹊径地进行了职业研学。学校组织学生到专业对口的企业进行参观学习，让学生和自己所学专业近距离接触，培养适应未来的能力，真正让学生走出课堂，走向未来。

四、反思与评析

通过积极开展"十个一"活动，让"十个一"项目进课程、进家庭、进社区、进评价，融入学生的成长全过程，力争培养具有健全人格、健康体魄、才艺广泛、崇尚劳动的未来合格公民。"让学生学会一项体育技能、掌握一项艺术才能、精读一本书、记好一篇日记（周记）、参加一次劳动、演唱一支歌曲、诵读一首诗词、进行一次演讲、参加一次研学、参与一次志愿服务"，让每一位学生立足基础，培养兴趣，开发潜能，养成习惯，受益终身，真正实现人的全面发展。

实施网格精细化管理，构建平安校园

莱西市职业中等专业学校　范旭政

莱西市职业中等专业学校实施网格化、精细化管理，努力打造平安校园。主要做法如下所述。

一、分层要求抓落实

学校形成了校长抓总，分管校长分工负责，职能处室督查落实，学部具体执行的管理网络。学校有总的工作方案，各部门有具体的落实计划，一级抓一级，层层抓落实，提纲挈领，紊而不乱，由一人操心变为大家操心，权力层层分解，任务个个承担，责任人人要负，为学校高效科学的管理奠定了基础。

二、管理谋划求创新

在值班管理上,坚持领导带班,全员值班、24 小时无缝隙、全覆盖管理,探索形成了"学部报单—值日核查—问题列单—督查通报—绩效考核"五步工作法。

在安全管理上,构建了"横向到边、纵向到底、纵横交错、全面覆盖"的网格化管理格局,完善了"校部—处室—学部—班级"四级管理机制,实现了"分级管理、层层履责、一岗双责、责任到人"的目标。

在后勤服务上,坚持"一诺二严一重点",分管校长、总务主任、生活管理员三级承诺,严抓财务管理和物资财产管理,以食品安全为重点,保证师生都能吃上安全放心的饭菜。

三、立足常规谋细化

一是管理制度细化。本着以学生发展为本的原则,依据学校章程,修订、完善学校制度,形成了行政人事、教学管理、学生管理、后勤服务、考核督查、招生就业、安全管理等七个方面 139 项规章制度。通过制度来规范师生的行为,强化学校管理,保障教育教学的有序运转。

二是标准要求细化。将大门出入、仪容仪表、集合上操、宿舍内务、教室卫生、环境卫生、校园纪律、餐厅就餐、值班管理等九个方面的管理标准细化,形成管理精要,便于师生学习落实,便于学校对照检查。

三是人员职责细化。全体教职工实行"一岗双责",并对每个岗位的职责进行了具体的明确细化,编印成册,职责上墙。在值班管理上,实行领导带班,教职工轮流值班、全员参与的管理模式。学校每天安排一名值日校长、两名值班主任、八名值班教师以及一名巡逻教师带领学生执勤。值班人员分工明确、职责明晰、分区域管理,做到全时段、全方位、全覆盖、无缝隙管理。

四、强化检查重过程

一是校部督查。设立考核督查室,主要督查重点工作的完成情况、教职工工作纪律、值班人员履职情况;设立安全管理办公室,主要负责学校的安全隐患排查及整顿整改、学校周边安全管理、学生安全教育;设立半军事化管理工作小组,按照分工对各学部、班级的上操、内务、着装、文明礼仪、就餐、午晚睡等进行检查,每月汇总评比;组建教导队,协助值班教师做好各项纪律的维持。

二是学部检查。学部主任负责每天正常上课期间的教学常规检查,每天的晚睡报单;学部值班教师带领学部学生会成员检查每天晚自习纪律和晚睡情况。

三是班级自查。班主任及班委成员对班级当日的纪律、卫生、内务、文明礼仪等情况进行自查,发现问题及时整改。

论职业学校的"问题学生"

平度市职业中等专业学校　张培生

由于种种因素的影响,"问题学生"有增多的趋势。作为教育者,面临着严峻的挑战,教师越来越难当了。班主任是学校教育工作的领导者、组织者、实施者,是教学工作的协调者,班级管理要求班主任热衷于本职工作,恪尽职守,持之以恒,讲究方法,对学生的关爱贯穿于班级管理的每时每刻。这不仅需要班主任具有强烈的事业心、责任感,更需要班主任具备一定的组织管理能力。

一、问题学生的"问题"

1. 厌学情绪严重。
2. 不思进取,视违纪为个人能力的表现。
3. 心理处于亚健康状态,对社会失去信心。

二、问题学生产生"问题"的原因

1. "上学无用"论。
2. 在中学阶段,缺乏人生观、价值观、世界观的培养。
3. 家庭意外变故,给学生的心灵造成创伤。
4. 家庭教育失控,社会教育的负面影响,以及与学校教育的不协调。

三、制定问题学生的转化措施

(一)真情投入,营造温馨和谐的"家庭"

首先,创设优化的管理环境。在班级工作中,班主任应时刻注意自身形象,事事从我做起,以良好的形象率先垂范,潜移默化地影响班里的学生。其次,凡要求学生做到的,班主任首先做到。例如,班主任与学生一起打扫卫生,这就是榜样的力量,这就是无声的教育。虽然只是付出了一点劳动,但对学生心灵的影响是巨大的。

（二）采用鼓励机制，增强学生的自信心

要求不同层次的学生制订出不同的、具体合理的目标,使学生有目的、有意识地学习,激发学生内在的动力。让每个学生制订"学习目标"、"学习计划"、"实施方法",并由家长监督,帮助孩子共同完成学习目标,使学生"跳一跳,够得着"。对达标的学生,及时表扬和鼓励,使他们产生自信心,从而增强上进心。把更多的爱心、关心、赞赏、宽容、接纳给予每一个学生,呵护、唤醒每一个学生稚嫩的心灵。

（三）平等对待好学生和问题学生

在我们的心中应该牢牢记住一句话:没有差生,只有差异。学习有困难的学生,是智力因素的问题;经常违反纪律的学生是自控能力不强导致的;性格孤僻、抑郁是外界因素的影响。只要我们认真分析每一个的"症结",都能发现他们的病因,因而才能对症下药,做到药到病除。

（四）善于捕捉学生的闪光点

学生的世界观、人生观尚不成熟,所以缺点很多,如懒惰成性、随意打骂同学。但是每个孩子都有他闪光的地方,就看你发现没有。（1）拿起表扬的武器,大张旗鼓地表扬后进生哪怕是极小的进步,且随时发现随时表扬;（2）给后进生更多的爱;（3）注意教育过程中的每一个细节（每一句话,每一个教育契机,每一点希望的火花）;（4）让后进生上台唱主角,给他们创造成功的机会;（5）允许后进生的错误反复,给他们反思的机会和时间。对他们要抱以满腔的热情,要与其他同学平等对待。

四、反思与评析

转变一位后进生或问题学生比培养一个优生价值更大,对他们教育道德要尊重他们,蹲下身子和他们说话,多鼓励、表现,少批评打击,多方面去引导他,把相互的心理沟通放在第一位,育人首先从育心开始。尽管"问题学生"的转化任重而道远,但我们要相信问题学生是可以转化过来的。我们设身处地的想一想,任何一个学生谁不想受到别人的夸奖和称赞?问题学生非常需要别人的认可和尊重。而这种认可和尊重有时是有低限的,只要一个欣赏的眼神、一句"听懂了吗"之类的问候他们就受宠若惊了。在学生的心目中,不歧视学生是教师最优秀的品质。我们不要认为你偏向好学生好学生就尊敬你,有时恰恰相反,结果是好学生也不买你的账,所以我们

千万不要歧视任何学生。教育有规律,但没有一条规律适合于所有的学生。

办学条件不足,如何提高教学质量

莱西市机械工程学校　贾喜捷

2019年7月莱西市机械工程学校针对学校存在的问题召开了一次行政扩大会议,与会者在会上就如何提高教育质量展开了热烈讨论。有的同志认为,学校教育质量之所以难以提高,主要是因为生源太差,招收的学生都是其他学校挑剩下的,这样的学生缺乏学习积极性。有的同志认为,教师福利待遇太差,教师没有工作积极性,这是学校教育质量难以提高的主要原因。

贾副校长发表了自己的看法。他说:"学校教育质量要提高,离不开师生的积极性。学校生源差是事实。可是有的学校办学条件与我们差不多,甚至不如我们,但为什么他们的教育质量却比我们高呢?"史教导主任插话说:"他们的一条重要经验就是重视学校管理科学理论的学习,以理论指导实践,科学育人。"贾副校长接着原来的话题说:"生源我们无法改变,因此,我们要向科学管理要质量。只有提高科学管理水平,才能调动广大师生的积极性,才能提高学校教育质量。我建议大家认真学一点教育科学理论和好的办学经验,齐心协力共同办好学校。"

会议最后讨论确定组织大学习活动,学习可以分两个层次进行:一个层次是学校中层以上干部,学习的内容是哲学、教育学、心理学和学校管理学,最好还能学一些控制论、系统论、信息论的有关知识。通过学习,认识学校管理活动的规律,掌握学校管理工作的原则和调动教职工积极性的有效方法。另一个层次是全校教师,以班主任为重点,最好以优秀教师、班主任管理班级和学生的先进经验为教材。通过学习,认识班级管理活动的特点,掌握学生管理工作的原则和方法。学习形式以自学为主,定期组织讨论交流。

任何一个特定的组织都离不开管理,管理可以协调有限的人、财、物等资源,使其合理配置来实现组织目标。但是,学校管理不同于企业和政府的管理。学校管理活动不但要符合科学管理理论,还要符合教育科学理论。学校管理是管理的一种特殊形式,是在一个学校的具体范围内,合理有效地利用现有的人、财、物等要素,协调好各方面力量,处理好各种关系,高质高效地实现学校教育目标的活动过程。学校管理除了具有一般管理的共性之外,还有其特殊性。

1.教育性。学校管理要实现教育目的,因此,其教育性是不言而喻的。我国对教育的投入不断增加,这说明我国对教育重要性的认识正不断提高。

2.学术性。教育行政管理是一种学术性活动。教育行政如何体现教育的价值追求、如何反映政府的意愿和要求是值得研究的。教育行政管理学术性的另一表现就是,教育改革是探索性、创新性工程,需要科学理论的指导。

3.综合性。学校的主要任务是培养人才,也就是说,学校要生产的产品是"人",是德、智、美、劳体全面发展的人。这种"产品"加工生产的过程、产品的特性和质量标准带有多种性质,这就决定了各部分管理职能的实现以及成效的检验不能采取单一的技术性手段。

4.滞效性。十年树木,百年树人,百年大计,教育为本。教育的长效性决定了教育行政的滞效性。这在教育投入上表现得非常突出。

中小学属基础教育阶段,基础教育是塑造国民素质的奠基工程,所以提高中小学的管理水平意义重大。我国现代中小学管理的实践充分说明,先进的学校管理理念和高素质的学校管理者对确保和提高中小学教育质量至关重要。同样一所学校,由不同的管理者管理,其结果是不一样的。管理者必须认识到学校管理的特点,在学习先进管理理论的基础上结合学校实际进行创新性管理。只有这样才能以最少的投入获得最大的效益。

针对生源不是十分理想的现实情况,要加强后进生管理工作。多数后进生从小就有许多不良的行为习惯,这会对其认识观、人生观和价值观的形成产生不良影响,同时也会导致其学业退步。因此,要使后进生有所进步,不应从其学习方法和学习态度入手,也不应从其思想状况入手,而应该从根源抓起,即从其行为习惯这些小事抓起。做人做事应该认真、负责、有规矩,做一个文明人必须要有丰富的文化知识和良好的素养。这样,他们就会逐渐改掉不好的行为习惯,并开始喜欢学习。

刚柔并济，优化黄海职业学校内部管理

青岛西海岸新区黄海职业学校　刘志强

黄海职业学校是全体师生的学校，每位教师和学生都热爱黄海职校这个集体，都有权利和义务对学校发展实施管理；黄海职业学校通过教育承载每位师生的发展，尊重人的发展规律，遵循教育的客观规律。黄海职业学校在执行校长刘志强的治理下，逐步形成了平衡融洽、自觉循规的发展共同体。

一、全员育人，全员管理

学校是发展人的场所，为此黄海职校执行校长刘志强提出全员育人的教育理念，指出全体员工都要为学生发展提供服务和帮助，为学生发展做贡献。学校要为学生发展创设环境和条件。教师们都以服务学生全面发展作为个人价值追求。

黄海职校通过校企合作创新育人模式，建设基于产品商品的实训基地育人平台，搭建基于项目的双师培养平台，拓展多渠道成长路径。教师关注每名学生的知识习得和特长发展，班主任关心每一名学生的身心状态，家长关切孩子的发展水平。

黄海职业学校在执行校长刘志强治理下，"全员育人"的教育氛围已逐步形成。"全员管理"这一管理理念提出后，教师们在管理范畴的理解上出现了偏差，狭隘地理解为都去管理学生。刘志强校长发现后并没有第一时间纠正大家的错误，因为他知道职业学校学生管理是最难的一个方面，只要学生能科学管理好，其他方面就好拓展到，为此刘志强校长动员班主任和班级任课教师成立"班导会"，同心合力解决班级出现的问题，还推行了"捆绑评价"，目的就是把大家的心绑在一起，形成教育合力，课堂学风建设取得了让教师自己都惊叹的效果。在此前提下，刘志强校长才给教师们纠正错误，让大家认识到全员管理的范畴是广义的，包含校情校务的方方面面，全员管理的范畴正在加以拓展。黄海职业学校在执行校长刘志强治理下，"全员管理"的民主管理氛围也已逐步形成。

二、全员发展，科学管理

通过南京职校调研学习、教学副校长培训大会熏陶、企业调研、对职教改革实施方案的深入理解以及"以人为本"理念的加深，刘志强校长深谙采用科学管理，让教育最大效能地发展人，并把科学放在民主前位的重大意义。

以科学为前提，以人文关怀为基础，以发展为宗旨，刘志强校长在管理与被管理者之间，架设"规范＋规程＋评价＋制度"四层中间介质，双方以中间介质为契约，相互尊重，公平地开展工作。刘志强校长牵头编制了《黄海职业学校教学规范手册》，并制定了岗位聘任制度、资产管理制度、财务管理制度、档案管理制度等。

在刘志强校长的治理下，在全体师生科学、民主管理下，黄海职业学校教育质量正稳步提升。

"私人定制"综合素质评价网络平台，
促进学生自主发展

青岛旅游学校　王　钰

青岛旅游学校学生综合素质发展与评价网络平台是青岛市首家"私人定制"研发的网络版中职学生综合素质发展与评价系统，平台将"互联网＋"与教育评价完美融合，实现了信息网络发布与上传、多角色管理与评价、数据智能汇总与分析、学生违纪预警与管理、综合素质评价档案生成与打印等多种功能。

平台坚持过程性与终结性评价相结合，充分发挥评价的导向、激励、管理和育人功能，以日常评价和学生的成长记录为基础，覆盖学生德、智、体、美、劳诸方面素质。平台改变了传统的单一的人才评价模式，对于全面反映学生情况、鼓励学生个性发展起到积极的促进作用。《中国职业技术教育》（2017年22期）刊发了学校综合素质发展与评价平台先进做法。

一、　"评价改革"突出教育功能，实现学生自主发展

突出学生的主体地位，学生要通过网络上传自己的计划总结、军事训练、社团活

动、志愿服务、研究课题、生涯规划、实习实训等社会实践作业,以及参加学校艺术、体育、美术和技能竞赛的获奖情况,最终形成学生在校期间三年的成长记录,形成合计40页的《学生综合素质发展与评价报告》,打印输出即作为学生的毕业档案。评价系统成为教育学生诚信自律,激励学生自主发展的有效措施,成为学校培养国际化的现代服务业人才的强大引擎。

二、"互联网+"构建广阔平台,带给教育无限可能

学生综合素质发展与评价系统成了青岛旅游学校学生教育资源的发布平台、班级文化的展示平台、家校沟通的联络平台、全员育人的教育平台和学生实践创新的展示平台。平台首页有规章制度、活动通知、专业课程、就业项目等模块。需要知晓的课程介绍、30多项学生管理的规章制度、10多个就业项目等。平台首页还有社团活动、旅游义工和班级文化模块,每个班级的博客都在平台上展示出来,宣传班级风采,交流班级文化。

三、网络平台拓展教育空间,形成"四位一体"的育人格局

依托综合素质发展与评价网络平台,我校还研发了学生实习管理模块,实现了用人企业、实习指导教师、学生和家长共同对学生进行实习管理和评价的"四位一体"立体化管理模式。实习处主任、实习班主任、用人单位的指导教师可以利用网络平台对学生进行评价,学生和家长利用网络平台进行自我评价和互动交流,让教育、管理和评价不受时空的限制。

青岛开发区职业中专国家示范校
建设工作机制与举措

青岛经济技术开发区职业中等专业学校　侯方奎

一、成立专职部门，完善学校管理制度汇编，建立制度保障机制

　　成立示范校办公室,设立质检组、统筹组等 6 个项目小组。质检组全面监控示范校建设期间的进度及质量,提出整改建议;统筹组全面协调学校整体工作。学校修订了《学校管理制度汇编》,制定了《青岛开发区职业中专国家示范校建设项目实施管理办法》《青岛开发区职业中专国家示范校建设项目经费管理实施细则》《青岛开发区职业中专国家示范校建设师资队伍管理办法》《青岛开发区职业中专国家示范校建设校企合作管理办法》等专项文件,以此规范学校管理,提高教育教学质量和学生职业素养、技能水平。

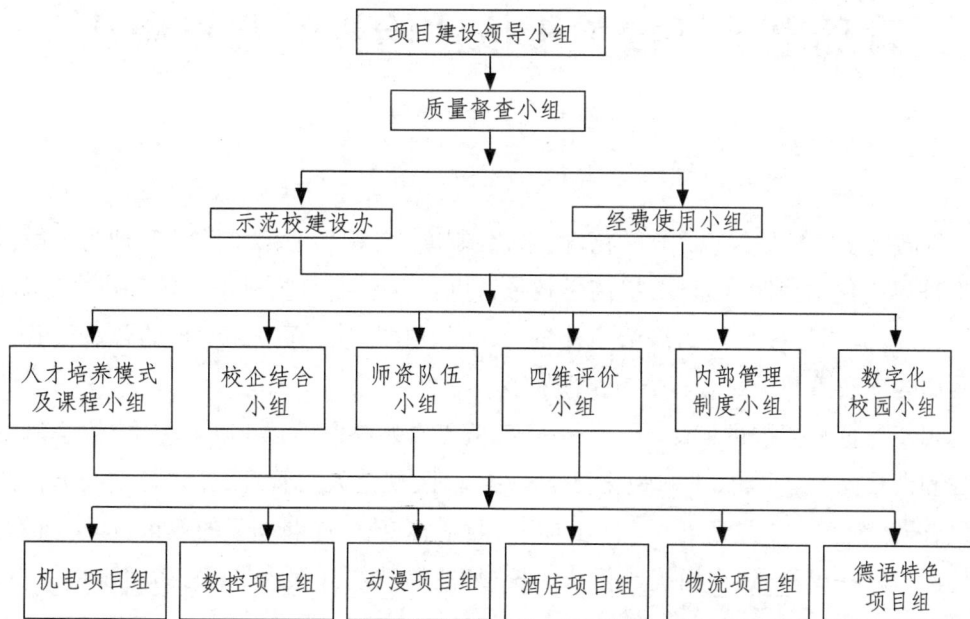

```
                    ┌──────────────────┐
                    │  项目建设领导小组  │
                    └──────────────────┘
                    ┌──────────────────┐
                    │   质量督查小组     │
                    └──────────────────┘
        ┌───────────────────┐   ┌───────────────────┐
        │    示范校建设办     │   │   经费使用小组     │
        └───────────────────┘   └───────────────────┘

┌────────┐ ┌──────┐ ┌──────┐ ┌──────┐ ┌────────┐ ┌────────┐
│人才培养模式│ │校企结合│ │师资队伍│ │四维评价│ │内部管理 │ │数字化  │
│及课程小组  │ │ 小组 │ │ 小组 │ │ 小组 │ │制度小组 │ │校园小组 │
└────────┘ └──────┘ └──────┘ └──────┘ └────────┘ └────────┘

┌────────┐ ┌────────┐ ┌────────┐ ┌────────┐ ┌────────┐ ┌────────┐
│机电项目组│ │数控项目组│ │动漫项目组│ │酒店项目组│ │物流项目组│ │德语特色 │
│        │ │        │ │        │ │        │ │        │ │项目组   │
└────────┘ └────────┘ └────────┘ └────────┘ └────────┘ └────────┘
```

二、重点专业建设校内辐射机制

学校一把手亲自参与,所有副校长每人分管一个重点专业,重点专业的教学质量和办学水平有了显著的提高。为了提高学校整体办学水平,学校内进行专业辐射,5个重点专业辐射 5 个非重点专业,使外国语、汽修、网络、财会、幼师专业得到了快速发展。

三、加强过程管理,实施周例会、月汇报、阶段检查验收推进机制

通过到一批示范校考察学习、参加示范校专题培训、邀请示范校专家到校指导等方式加强学习,不断提升团队业务水平和工作能力。实施周例会、月汇报、阶段检查验收,关注过程数据,及时发现问题、商讨解决方案。

四、引入第三方评价,确保示范校建设质量

学校聘请会计师事务所对资金使用情况进行了两次审计,进一步规范了资金使用。邀请市、省、国家级专家对学校建设方案和成果进行了六次评审,对专家评审提出的问题制定具体整改方案,项目组均进行认真整改,保证示范校建设的质量。

青岛电子学校关于依法治校的几点做法

青岛电子学校　唐好勇

青岛电子学校始终以"科学化、民主化、制度化、规范化、法制化"管理为手段,切实推进现代化学校制度建设,提高学校依法办学、民主管理、科学决策和民主监督的水平,在校园内形成良好的法治精神氛围,积极维护广大师生和学校的合法权益,保障党的各项政策和国家教育方针的贯彻落实。

我校一直坚持推进依法治校。一是各项工作始终坚持以"以人为本、依法治校、构建和谐校园"为平台,不断强化科学法制管理,规范人文管理,深化各项改革,与时俱进,开拓创新。二是达到了"两个提高,两个转变,一个推进"的效果,即全面提高全体师生的法律素质、全面提高依法治校、依法治教的管理水平;努力实现由提高全

体师生法律意识向提高法律素质转变,由注重依靠行政手段向注重运用法律手段转变;为推进依法治校、依法治教奠定坚实的思想基础。

具体做法如下:

1. 依法建章立制。依照国家出台的相关法律制定了《青岛电子学校章程》。章程内容丰富,合法、公正、公开,涵盖了学校管理各个方面,制度健全,体系完备。学校章程报上级主管部门审阅并备案,学校严格按照章程实施办学活动。学校章程面向社会开放,接受社会监督。

2. 健全领导组织机构。一是成立依法治校领导小组,由一把手任组长、副校级任副组长,部门正职任组员。认真落实校长责任制,做到校长亲自抓,分管副校长着力主抓,办公室、教务处、学生处、总务处、团委具体抓,构建由各部门及教研组、工会组等分工负责的工作网络,各司其职,分工合作,责任到人。同时,实行集体决策个人负责制,各部门职责清、信息通、效率高,全员呈整体优化态势。二是明确领导小组工作要求。为了提高工作效率,领导小组明确了"三统一"做法要求,即一是事前先统一认识,二是办事统一步调,三是事后统一评价标准。"对人讲公正,对已讲廉明,办事讲民主,彼此讲相容",这是我们班子的行为规范。"遵规守矩,从我开始"成为学校领导的自觉行为准则。有力推进了依法治校工作的全面开展。

3. 深入开展学习教有关法律和学习学校章程活动,明确依法治校深远意义,从而确立"以人为本、依法治校,构建和谐校园"的育人总思路,同时,结合学校实际,认真制定了《青岛电子学校五年发展规划》,把依法治校工作纳入学校工作议程,作为学校的一项重要工作来抓,做到同计划、同部署、同检查、同总结、同奖惩。

4. 加强科学管理,畅通民主监督渠道,确保了依法治校工作顺利开展。一是完善教职工代表大会制度。坚持每年召开教代会,坚持学校的重大决策必须由教代会讨论通过,让教职工知校情、参校政、议校事、督校务。二是规范各项校务公开制度。做到"六个一":制定了一个切合实际、统一规范和便于群众监督的《校务公开实施方案》;设置一个校务公开栏;规定学校主要领导为校务公开第一责任人;设立一本公开记录本;设置一个意见箱;成立一个校务监督小组,还公布了举报电话。坚持"八公开":学校把财务管理、招投标、工程建设项目、教职工奖惩、职称评审、招生事务、评优、学校重大决策等8个方面作为公开的主要内容,特别注意选准那些群众最关心、社会最敏感、最容易产生不正之风的问题,作为公开的重点向群众公开。对重大而又敏感的问题实施"阳光操作",增强了学校教工的主人翁意识,调动了他们的积极性,密切了党群、干群关系,开创了"政通人和"的局面。

2013年12月,青岛电子学校被评为市级依法治校示范校。

青西新区高职校打造智慧管理校园

青岛西海岸新区高级职业技术学校　张继军

近年来,学校本着"统一规划、分步实施、软硬并重、重在应用"的原则,形成以用户为中心,集教学、科研、管理、服务、学习为一体的"开放、参与、互动、共享"的数字化校园新环境,提高校园信息化管理水平和工作效率,提升教育教学质量和综合实力,实现教育的信息化和现代化。

一、完善校园网基础设施建设

全校 200 多名教职工均配备办公电脑,各微机室、实验室、实训车间、图书馆、实训基地等都接入互联网,建成了拥有 900 余个信息点的校园网络系统。为保障互联网教育信息化互动平台的顺利建设,以及教学成果的高度共享和共享型教学资源库的服务与辐射功能的顺利实现,我们对现有校园网基础设施进行了必要的建设和补充。学校将现有双光纤线路(电信网、联通网)出口 120M(兆)带宽扩充为三线路220M(兆)。减轻目前网络运行负荷,建设千兆校园网络系统,采用多网合一的多媒体综合校园网解决方案,开通公网 IP,学校网站、互动论坛、共享教学资源库等均放置在学校内部网络中心,并确保互联网访问的快捷、安全、高效。

二、学校网站互动平台建设

学校网站除了作为树立学校形象,展示学校风采的重要宣传窗口之外,还为教学互动、教育管理提供了一个可实现丰富交互性的平台。互动式学校网站能够为教师与教师、教师与学生、学生与学生之间的交流提供一个全新的方式,它不再受到传统课堂的制约。师生借助该平台进行学习、生活上的交流和讨论,更有利于师生关系的良好发展。校园论坛和留言板成了师生互动、学校管理工作获得及时反馈的一个大舞台,集合了全社会的力量共谋教育发展大计,网络优势彰显。建设了可实现交互性的电子教研室,为教师教研组活动、精品课程资源课题开发研究提供全新交流方式,便于大家共同讨论、分享。

三、数据资源建设

我校购买了中国知网全文信息量规模最大的"CNKI数字图书馆",实现校园入网计算机即可以检索使用海量的内容资源,资源包括期刊文献、博士论文、硕士论文、会议论文、报纸、工具书、年鉴、专利、标准、科技成果等。为师生提供了最丰富的知识信息资源和最有效的数字化学习平台,也为知识创新提供了优越的信息化条件。

四、建设完善教育教学管理系统平台

建成学校行政管理平台、教务管理平台、网络教学管理三大平台。基于学校网络,建立了一个灵活的、可扩展的、集成的、面向应用和服务的统一信息管理系统平台,保证了共享型信息化系统平台有效运行,使学校的教学、科研、管理和服务等信息资源实现信息化、无纸化、现代化。

五、建设综合教学资源中心

购置了9门网络课程资源,新建了精品课程资源中心。精品课程资源中心包括相应课程标准、课程考核标准、教学大纲、多媒体教学课件、专业教学资源库、特色教材等,全部电子资料上网,实现教学资源的集中管理、共享使用。教师自主研发的各专业主干课程多媒体课件上传至网络数据库,实现共享。逐步形成系统完整、管理高效的综合教学资源中心,方便教师开展视听教学,形成对教学的补充资源。重点学科均建有完善的教学资源库,真正体现多媒体网络教学的优势,为师生提供优质的教学资源。

六、建设素材库资源管理系统

利用素材库资源管理系统,方便教师对教学过程中积累的丰富经验和大量教学资料进行汇集,构造各个学科和专业的素材库。购置了统一的素材库(包括行业标准库、实训项目库、考核试题库、教学案例库等),对提高教学质量具有实际意义,对提高学生的知识技能起到有力的推动作用。

七、校园电视台及演播室建设

装修装饰校园演播室,实现实时会议、讲座等校内直播,促成精品课程资源库建设,在对外宣传中充分发挥校园媒体宣传优势,提高了对内教学管理、德育管理的多样性和有效性。

青岛华夏职校信息化融合教学改革的实践

青岛华夏职业学校　吴章鑫

青岛华夏职业学校以"创新、应用、共享"为引领,倡导教师开拓思路、改革创新,积极推动信息技术与教学深度融合,以信息化推动教学改革,探讨"互联网＋职业教学改革",积极打造信息化背景下的"智慧校园"。主要做法如下所述。

一、将信息化融合于专业建设

以创新教育思想为指导,以现代化信息技术手段为依托,以培养发展学生职业能力和创新意识为目标,优化组合现代信息化教学媒体,积极构建"互联网＋"背景下的创客教育模式,并以此来促进专业现代化建设,极大地激发了学生的学习兴趣,发挥了学生的积极性,使学生自主学习、主动发展、善于创新。

二、将信息化融合于课程建设

在"互联网＋"背景下,着力实施资源共享、线上线下混合教学的精品网络课程体系建设。一是校企合作共同构建项目化课程体系和实施体系,以岗位需求为依据,以职业能力为目标,以企业项目为主线,将职业素质、职业道德、职业规范贯穿始终,参照职业资格标准,校企共同研究开发教学项目。以学生为主体,充分考虑学生的个性发展和未来职业规划,优化教学团队、教学组织、教学场所、教学评价,打破传统课程体系。二是在"智慧课堂"总构架下,探索新路子,规划并实施建设教学信息化平台及教学资源库。各专业通过建设新形态一体化教材和微课程逐步累积碎片化资源,形成个性化校本课程信息化资源库。引入网络通识课程平台,开展校本课程的网络化教学改革试点,推进专业课程情景式、仿真式、项目式、探究式、生产式、案例式等教学方法改革,建设具有企业元素的专业核心课程。完善学生自主学习平台,推进分层教学分类培养。系统设计集教学资源、教学展示、教学交互、教学管理于一体的信息化教学平台。

三、将信息化融合于课堂教学改革

教育信息化的核心是教学信息化,而教学信息化的核心是课堂。信息技术与教学融合才能真正促进课堂教学的变革。学校采用校企合作共建的模式,开发了华夏校园信息化教学平台。学生可以利用平台上的个人空间实现个性化学习、小组协作学习、与企业专家远程交互对话学习等,让学习变得更容易、更有趣。学生可以在平台上发布有关学习方面的讨论话题,同时,可以邀请教师、同学参与到讨论当中,教师可以对学生的讨论进行批注、引导。学生可以在平台上浏览教师的课件资料,查找有关学习资源,实现互学互促,自主学习。

四、将信息化融合于实训体系构建

紧跟"互联网＋"时代发展的步伐,以校企共建为基本原则,结合智慧校园建设,统一数据标准,在专业综合实训教学资源完备的基础上加速各专业综合实验实训室的互通与融合,为技术技能型人才培养搭建良好平台。学校按照"互联网＋"背景下的综合实验实训体系构建要求,优化资源配置,加大校企共建实训基地建设力度,充分发挥职教集团和合作办学理事会作用,加大投入,引企入校,创新机制,谋划管理,切实加强信息化与实训基地建设的有机融合。

五、将信息化融合于师资队伍建设

以行业企业专家与教师共同互助成长为目标建设了信息化背景下的新型师资队伍培训建设工程。学校以名师为表率,以精品课程建设为载体,以信息化教学改革为手段,将"互联网＋"融入了课堂信息化教学及课程建设中。通过专题讲座、典型报告、教学观摩、竞赛评比等形式加强培训,提高广大教师的信息化教学能力。同时,优化考核激励制度,将考核结果与年终目标绩效奖励、职称晋升、岗位聘任、评奖评优等直接挂钩,提高教师信息化能力提升与信息化教学改革的积极性。

优化教师评价制度，完善学校内部管理

青岛市城阳区职业中等专业学校 苟钊训

城阳职专近几年不断优化教师评价制度,完善学校内部管理,对于克服现有的教育弊端,提升教师素养和教育教学,改进学校管理提高教育质量,进行了有意义的尝试。

一、明确评价目标

教师评价的根本目的在于:确立衡量一个教师的标准,充分发挥教育评价的导向、激励、改进的功能。通过评价过程的反馈、调控的作用,促进每个教师不断总结、不断改进自己的工作,调动广大教师的工作积极性和创造性,同时也促进学校的领导不断加强对教师队伍的管理和建设,最终达到全面提高学校的教育教学质量的目的。

二、确立评价标准

对于教师评价的依据应是:正确的教育价值观、学校的教育目标、教师的根本任务及国家教委颁布的有关教师职业道德规范要求。

在此依据的基础上,逐步明确以师德为首的内容体系。其中包括第一,教师的师德水平。第二,教师的法制意识。第三,教师的知识结构和水平。第四,教师的工作能力及水平。第五,教师的工作业绩。

三、 制订评价方案

（一）教师自我评价

教师自评是主要倡导的评价形式,也是教师评价中最重要的措施之一,它能促进教师教学能力的提高和专业素质的发展。学校管理者可依据课程改革的理论和本校的师资情况,拟定出 A 类和 B 类评价内容和标准,每个教师可根据自身情况以及自己所教学科的特点,找出自己的发展优势和不足,然后把拟定出的改进要点和改进计划作为 C 类的评价内容和标准,形成一个教师自我分析表。比如在教学能力方面,学校把"教学目标"定为 A 类目标;将"把学生培养成学习型的学习者"作为 B 类目标;教师也可把对学生的尊重、让学生有发言权、培养协作精神、关注学生思想行为和社会价值观念的发展作为 C 类目标。同时教师还要注意在教学发展中,利用不同方式写出教学发展体会、教学日记、周期性总结等形式的自我监控总结材料。

（二）学生对教师的评价

学生作为教育的对象,是教师教育教学活动的直接参与者,他们对教师的教育教学活动有着最直接的感受和判断。因此,教师首先要打破"师道尊严"的局面,让自己和学生建立平等、和谐、民主的师生关系;然后,通过学校管理者向学生定期召开学生评价教师的座谈会(一般每学期两次专题会),作为定性评价;与此同时,教师自己还要不定期地召开学生专题座谈会(每学期不得少于四次),作为灵活性、过程性评价;学校还在校内设立学生评价教师教学专题信箱,让性格内向、不敢在教师面前评价教师的学生,通过写信的方式,敞开自己的心扉,说心里话,一周开一次信箱,一月做一次总结;也可设计学生问卷,让学生通过纸面答卷的形式,完成对教师的评价。

（三）家长对教师的评价

学生家长作为学生的父母和教育投资者之一,自然十分关心自己孩子在校受到什么样的教育。促进家校协同也是学校教育的重要职责。因此,家长评价教师是家长的一项权利,也是促进家长了解学校和教师,形成家校合力的有效途径。根据这一理论,学校定期召开学生家长会,征求家长对学校,特别是对教师的评价;教师每学期要按时完成全班学生家访工作,及时了解孩子在家的表现和家长对教师的评价,并认真做好记录;学校定期举行家长开放日,让家长主动地、积极地参与听课、评课活动,了解教师的素质和教学能力;由学校和任课教师联合向家长发放调查问卷,让家长对教师的教学和学生的学习状况进行评价(可以在平时,也可以在家长开放日)。

第五部分

特殊教育

"组合拳"出击，助力优化学校内部管理

莱西市特教中心　王曙光

莱西市特教中心从优化领导班子建设、优化制度体系建设、优化教师人际关系、强化教师师德建设等各方面着手，紧紧围绕育残成才这一总目标，运用整体原理对学校各项工作进行总体规划、全面安排，优化学校内部管理。

一、优化领导班子建设

首先，统一思想。学校通过每周班子领导会议反复学习讨论，让每个班子成员充分领会学校办学理念、办学目标及发展规划的内容和内涵，把全体班子成员的思想统一到办学理念、办学目标上，让班子成员制定各自部门的工作标准，把每个人分管的工作和学校整体发展目标紧密联系起来。其次，采取"分工负责制"，分工协作。各班子成员各司其职的同时，通过办公室协调，团结协作，分工不分家，发挥整体管理效应，保证学校各项工作健康、协调、可持续发展。第三，发挥每个领导班子的特长，使每个人都能够在最适合的岗位上做最适合的工作。第四，每个班子成员工作任务具体化，工作应该达到什么程度、什么水平，要提前制定出标准，之后学校有监督，有考核。

二、优化制度体系建设

学校不断加强制度建设，结合实际制定一系列规章制度。既贯彻党和国家教育方针，体现上级主管部门政策法规和工作要点精神，同时从学校实际出发，在教师队伍建设、制度建设、德育工作、学校安全管理、校园文化建设、办学条件改善、教学质量等方面确立工作目标，制订年度和学期工作计划，使各项计划得到细化和落实，保证各项目标如期实现。

三、优化教师人际关系

引导全校教师正确定位自己在学校工作中"服务型"的角色，即领导层应该全心

全意为全校师生员工服务；教师应该真心实意地为学生服务。首先,改变传统的学校领导层与教师之间"主从型"的人际关系,倡导"领导就是服务"的理念。其次,实施民主管理,重大、重要事项由班子会仪集体讨论决定,再提交到教师大会讨论,定期公示经费使用和评先选优等事项,主动接受全校师生和家长监督,形成民主宽松的气氛。第三,实施人性化管理,尊重教师、关心教师,及时了解教师在工作和生活中的困难,主动为教师排忧解难。

四、强化教师师德建设

学校始终把师德建设作为教师队伍建设的核心。 一是每学年与教师签订《教师安全管理及师德师风责任书》,严格兑现奖罚;二是每学期开展师德师风集中教育活动,学习法规,查找问题,反思自省,承诺表态;三是将师德教育渗透到教育教学管理的每一个细节,作为每次教师例会的主旋律;四是实行年终考核违反"师德"有关规定"一票否决制";五是利用例会经常组织教师学习师德模范、身边榜样,用模范以及身边的人、身边的事迹感召和激励教职工。

落实教职工大会和校务公开制度

青岛市崂山区特殊教育学校　高秀娟

为了充分体现教职工的主人翁意识,落实现代化学校制度,作为副校长兼工会主席,我充分认识到落实教职工大会制度和校务公开制度的重要意义。

一、教职工大会是民主管理的重要载体

每学年两次的教职工大会是常规动作,期间有需要讨论通过的大事再加开。从会前准备到会议召开,再到会后报告,都严格按照教职工大会的流程进行。例如,在通过学校"三定一聘"实施方案前,先由校委会根据上级文件精神出台学校的方案,然后下发给各工会小组,由组长带领教师们研究,提出意见,再由相关领导对意见进行答复,上下反复,直到大部分教师认可这个方案再召开教职工大会通过。这样做不仅让教师们感受到我们工作的规范,也感受到其身为主人翁的自豪。学校的各项制

度、评先评优的方案、教职工评聘的方案等关系到教师切身利益的大事都要经过召开教职工大会并获准通过才开始实施。只要是教职工大会通过的文件，无论是领导还是教师都要严格执行，充分体现了教职工大会的权威性。

二、校务公开是加强学校实行民主管理、民主监督的重大举措，其根本目的是调动全体教职工的工作积极性、主动性，争取学生家长及社会各界的理解、支持和配合，群策群力办好教育

1. 学校通过公示栏、即时通、教师微信群等及时向教师们公示出勤情况、评比结果、月考核成绩、推先推优名单等，最大限度地保障了教师们的知情权。

2. 在学校橱窗里设置校务公开栏。主要公开学校工作目标、任务和学校重大事项，最新工作动态，收费项目标准，学校财务收支情况，教师职业道德规范，师德师风建设等相关事项。

3. 教职工、学生家长来信来访

1. 设置校务公开信箱或意见箱，收集教职工及学生家长、社会各界人士对学校教育教学工作、校园建设、师德师风建设等方面的建议和意见，放在固定位置，由专人定时开启、收集、汇总。

2. 对收集上来的意见和建议要认真对待，及时研究解决，做到对教职工、家长群众反映的问题"事事有交代，件件有着落"。

在工会的推动、规范和监督下，这两项工作在学校里落实得很好，有力地保障了学校民主管理的有效实施，调动了全体教职工的工作积极性，达到了凝心聚力的作用。

以"层级带动"模式，加强教师梯队建设

青岛市中心聋校 袁凯道

青岛市中心聋校在加强教师队伍建设方面，遵循"分层培养、层级递进"的原则，构建了教师队伍梯队发展平台。在全力推进全体教师全面发展的基础上，以骨干教师队伍建设为抓手，以成就名优教师为重点，探索了多元开放的教师培训体系和梯

队建设模式,有效利用信息化平台,开展个性学习、碎片学习及自主学习,充分展示教师风采,培养了一支"有理想信念,有道德情操,有扎实知识,有仁爱之心"的高素质专业化教师队伍。

学校的"层级带动"模式采取名师带动骨干教师,骨干教师带动青年教师的模式,以点带面,形成教师培训全覆盖。第一层级是省特级教师、齐鲁名师;第二层级由骨干教师组成;第三层级为青年教师。

层级带动培训模式,五年为一个周期。培训内容包括师德培训、先进的教育教学理念培训、教育教学能力培训、学科培训、现代信息技术培训、手语培训、康复技能培训等,培训有针对性、创新性,体现了聋校教师培训独有的特色。

层级带动培训,以课堂为主阵地开展活动,引导教师积极参与课堂研究。每学期名师都要开设一节示范课,骨干教师与青年教师各开设一节研究课,团队内部相互听课、评课,聆听名师专业的分析指导,学习骨干教师丰富的教学经验,感受青年教师先进的信息技术应用能力。团队成员之间也会结合自己的学科,相互交流,切磋教学、学法。各团队还定期组织成员听取骨干教师的常态课,青年教师的推门课和其他教师所上的研究课,在观摩、研讨中,增强自己的教学能力。

层级带动培训,以教学沙龙活动展示培训成果。每学期都举办一次教学沙龙活动。两位名师带领各自的团队,聚焦课堂,关注听障学生个性发展,挖掘潜能,大胆探索,实践创新。每次沙龙都会确定一个主题,由资深名师做引领,进行经验交流,团队成员做主持发言,全体教师参与研讨,就当前教育教学中的热点、重点问题展开教育理念和创新思维的碰撞,呈现多姿多彩的教学风貌。

层级带动,充分发挥了名师的影响力和带动作用,有效提升了骨干教师的教育教学水平和综合素养,促进青年师迅速稳步地成长,也壮大了学校的名师队伍,进而带动学校整个教师队伍梯队化发展。学校一位教师被授予"齐鲁名师"称号,一位教师列入新一期齐鲁名师培养工程人选,两位骨干教师被评为青岛市学科带头人、教学能手,一位骨干教师成为青岛市初中数学学科工作坊主持人。在全国教育教学比赛中,三人获一等奖,六人获二三等奖;在省级比赛中,六人获得一等奖;在青岛市比赛中,七人获一等奖,七人获二等奖。

优化学校内部管理的目标手段

青岛市盲校 韩胜昔

学校内部管理简单地说,就是学校管理者带领和引导师生利用校内外的资源和条件,优化学校教育工作,有效实现学校工作目标的组织活动。校长是学校的一面旗帜,要能识人、会用人,要能团结人、凝聚人,让学校正气氤氲。拥有正确的管理理念,优化内部管理机制,才能协调好学校内部的人际关系。一个学校最优的外在表现就是:每个人各得其所,各有所归;每件事都能落实,凡事都能做成。

1. 实现学校工作目标是管理的目的。因此,学校管理首先要规划和确定好学校管理目标,这个目标要贴合实际,更要成为大家的共同愿景,学校的全体师生要围绕共同愿景作一篇大文章。一个好校长,就是一所好学校。校长得有好的办学理念,在此基础上,才能有明确而先进的管理目标,才能坚持全人教育思想,立足于面对全体学生,立足于学生的全面发展,重视以体育强健学生的体魄,以诗韵艺术塑造学生的灵魂,建立起追寻生命诗意的校本课程。

2. 管好一所学校需要制度,管好一所现代化学校,那就需要建立健全现代化学校管理制度。学校规章制度将会切实成为学校内部管理的基本依据,成为学校成员之间的共同约定和法则。

3. 学校制度的执行,靠的不仅仅是制度本身,更有制度之外的东西,那就是学校文化。文化包括精神文化、制度文化、行为文化、物质文化。所有的文化主题一定要突出,更要有正确的价值取向。学校文化要达到润物无声,要成为全体师生的一种意识,一种向往与追求,需要全体师生围绕目标、用心积淀。

4. 要刚柔相济。"管理","管"是制度,"理"是文化。制度是对教师的外在约束,文化是对教师的内在约束。因此我们既要规范学校的管理,严格执行制度,又要与人为善,给教师人文关怀。要尊重教师的劳动,要以成人之美之心,关注教师的生命成长。要在培养教师教学技巧、教育能力的同时,帮助教师树立正确的教育教学价值观、教师职业价值观,从而使学校的管理制度融入全体教师的共同价值观念,使制度成为学校教师的共同行为模式,成为学校的一种精神文化,成为全体教师的自觉行动。这才是学校管理的最高境界。

5. 学校激励是优化学校内部管理的重要方面。激励要关注教师的需求。依据马斯洛的"需要层次论",人有基本的五个层次的需要：生存需要、安全需要、社交需要、尊重需要、自我实现的需要。作为校长一定要学会关注,不同的人不同时期有不同的需要。在这各种需要中,自我实现的需要是最有挑战性的,也是最有吸引力的。要搭台助力教师专业发展,让教师在工作中找到成功感与幸福感。坚持公平公正,简单说就是让教师各得其所,多劳多得。

6. 利用 AI 检测、人脸识别等高科技手段优化内部管理。管理模式向信息化的方向发展,构建学校管理系统平台来帮助规范、优化内部的管理,通过线上线下方式,使学校内部的管理做到细分的管理,环环相扣,避免管理的疏忽,提升管理水平。

优化学校管理，建立现代化特殊教育学校

青岛市城阳区特殊教育中心　刘佳胜

近年来,学校文化不断提升,以专业的师资、规范的管理、优良的办学条件进一步实现学校跨域式发展,形成"阳光育人,爱满校园"的"阳光教育"品牌,成为一所环境优美、文化浓郁的现代化特殊教育学校。

一、优化机制，改革学校管理模式

学校改革教师管理模式,一是成立学前、低、中、高四个级部,主要负责组内教师备课、上课、教研活动等常规工作以及学生日常管理,培养团队精神,发挥团队作用。二是成立教研组,围绕学科教学、孤独症教育、心理健康教育、职业教育等内容集中优势力量整体推进重点工作的开展。

二、以现代化学校管理理念为引领，形成"依法执教，依法治校"的现代学校管理体系

学校认真贯彻《中小学管理规程》,不断完善《城阳区特殊教育中心制度汇编》,加强精细化管理,建立健全德育工作、教学管理、财务后勤、少先队工会、安全卫生、

校务公开、学籍档案等方面管理制度,进一步规范制度建设。

学校领导班子本着全心全意为师生服务的思想,以实现管理的科学高效规范为工作目标,分工明确、团结协作,贯彻落实校长负责制,实施全员聘任制和岗位责任制,积极稳妥推行人事制度改革,为规范学校管理提供制度保障。

在此基础上,学校秉承"民主、科学、规范"的管理理念,坚持依法治校,注重加强民主管理,坚持教代会制度和校务公开制度,校务公开工作有专门的《校务公开工作制度》,学校的各项工作坚持阳光操作,实行校办公会提议、教职工代表审议、教职工大会决议,决议事项公开、实施结果公开,让教职工在管理中感受尊重,体验快乐,收获成长,从而实现民主、公开、规范的学校管理体系。

三、以现代教育装备为保障,实现办学条件的现代化

学校重视现代教育技术的建设及应用,完善教师网络办公共享平台,树立全程网络管理思想,学校完善基础应用数字化校园建设,支持师生通过网络方便快捷获取各种教学服务与资源;学校设有教育教学资源共享系统,为全体教师提供了一个集教学交流、信息共享和管理为一体的校园网平台,实现教师之间的交流与互动。

另外,学校逐步改善办学条件,建立和完善了沙盘游戏室、多感官功能室等,教育装备配备基本达到青岛市教育装备指标要求,设施设备管理规范,制度完善。各功能教室每周定期向学生全面开放,师生使用率较高,为教育教学和学生成长提供了有力的保障。

四、以"阳光教育"为核心,营造"阳光育人,爱满校园"的特色文化氛围

学校以"让每一个学生都阳光"为办学宗旨,以"努力创办一所适合学生发展需要,具有示范性、实验性、现代化的特殊教育学校"为办学目标,结合当代教育理念及我校实际,确立"阳光教育"的办学理念,着力营造"阳光育人,爱满校园"的文化氛围,以"阳光成长"为主线,创建"五愿""五境",提倡责任与奉献,强调爱与关怀,让学生体验快乐、阳光成长;让教师感受快乐、自我发光。通过阳光的教师,创设阳光的体验,蕴养阳光的教育,培育阳光的学生,使教育真正为智障学生创造阳光的生活。

抓好党组建设，优化内部管理

青岛西海岸新区特殊教育中心　王永宾

学校始终以党建工作为引领，抓好党组织建设，优化学校内部管理，着力办好有思想、有力量、有温度、有色彩的特殊教育。

一、抓学习，党员干部思想政治素质不断提升

学校将每周五下午作为集中学习日，全体教职工进行集体学习。学校结合"创建学习型党组织""大学习、大改进、大调研""两学一做""解放思想大讨论"等开展"每日一学、每周一读、每月一讲、每季一考"四个一学习活动。以集中学、小组学、自学、互联网学等多种学习方式引导干部教师进一步明确责任与使命，提升政治素质，增强思想自觉和行动自觉。

二、抓制度，支部党风廉政建设不断深入

学校深化制度建设，本着"用制度管人、用办法管事，把第一时间交给问题"的原则，遵行新时期特殊教育方针，结合校情、学情，对各项规章制度不断进行修改完善，力求形成一套细致入微、可操作的管理制度，并通过学习和培训活动，引导教师把制度思想内化于心，外化于行。同时学校围绕新时代党风廉政建设和反腐倡廉工作大局，规范党内活动流程，依托"三会一课"等党的组织生活制度，完善创先争优活动制度、健全党员民主评议制度，建立党员学习培训机制，严明政治纪律，强化日常监督管理，每周进行工作作风督查，与干部教师签订廉洁从教责任书，进一步推行党务、校务公开，接受家长、社会监督，把党风廉政建设融入日常教学工作中，切实抓好党风廉政建设工作。

三、抓作风，充分发挥党支部战斗堡垒作用

学校清晰管理结构，领导干部准确定位自身角色，责任到人，明确分工，互相配

合,通过校长接待日、教师座谈会、家长座谈会、干部带班制度等形式深入基层,从各个方面征集党员干部、群众教师、学生家长的意见,以问题为导向,列出问题清单,制定整改措施,进一步优化学校管理。学校通过开展主题党日活动充分发挥党员模范带头作用,党支部把开展好主题党日活动作为严肃党内政治生活的重要抓手。学校党支部通过开展"学最燃党课""观红色影片""交流心得体会""党员示范课""党员谈心活动"等形式多样的党日活动,抓牢规范、抓实载体、抓好经常,促进党员组织生活正常化、规范化、制度化,构建素质过硬的党员队伍。

四、打造党建品牌,加强组织管理

学校积极打造"关注每一个,温暖每一天"特殊教育党建工作品牌。围绕学校办学目标,聚焦关注,凸显温暖,从"党日活动""党员先锋""党群联动""党教融合"等方面打造党建品牌,定期开展主题党日活动;树立党员先锋模范;党员群众紧密联系共同开展学习研讨活动;党建与特教一线相融,以党建促进教学,以党建规范学校内部管理,使学校大家庭更加团结、更加向上、更加和谐。